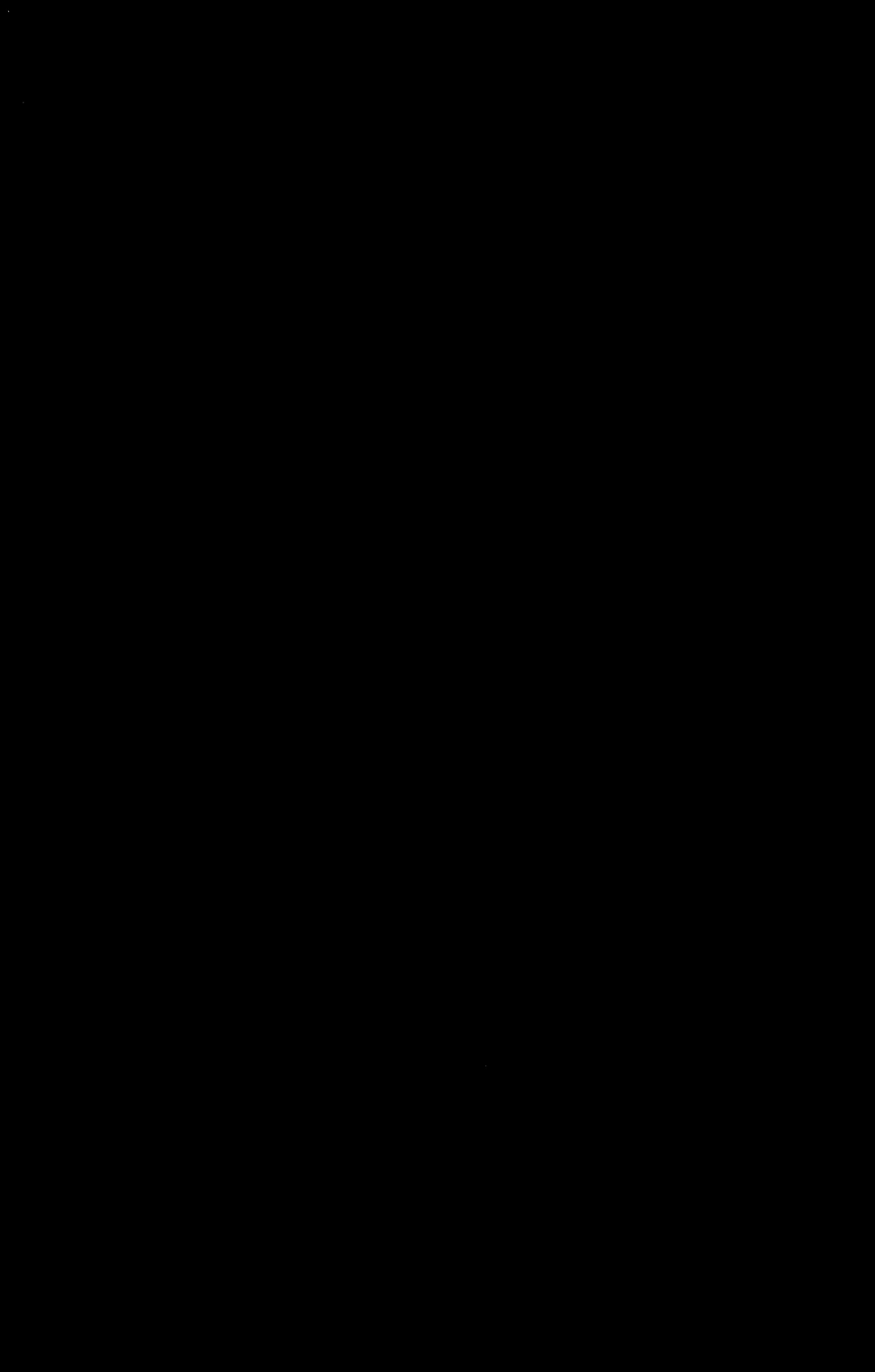

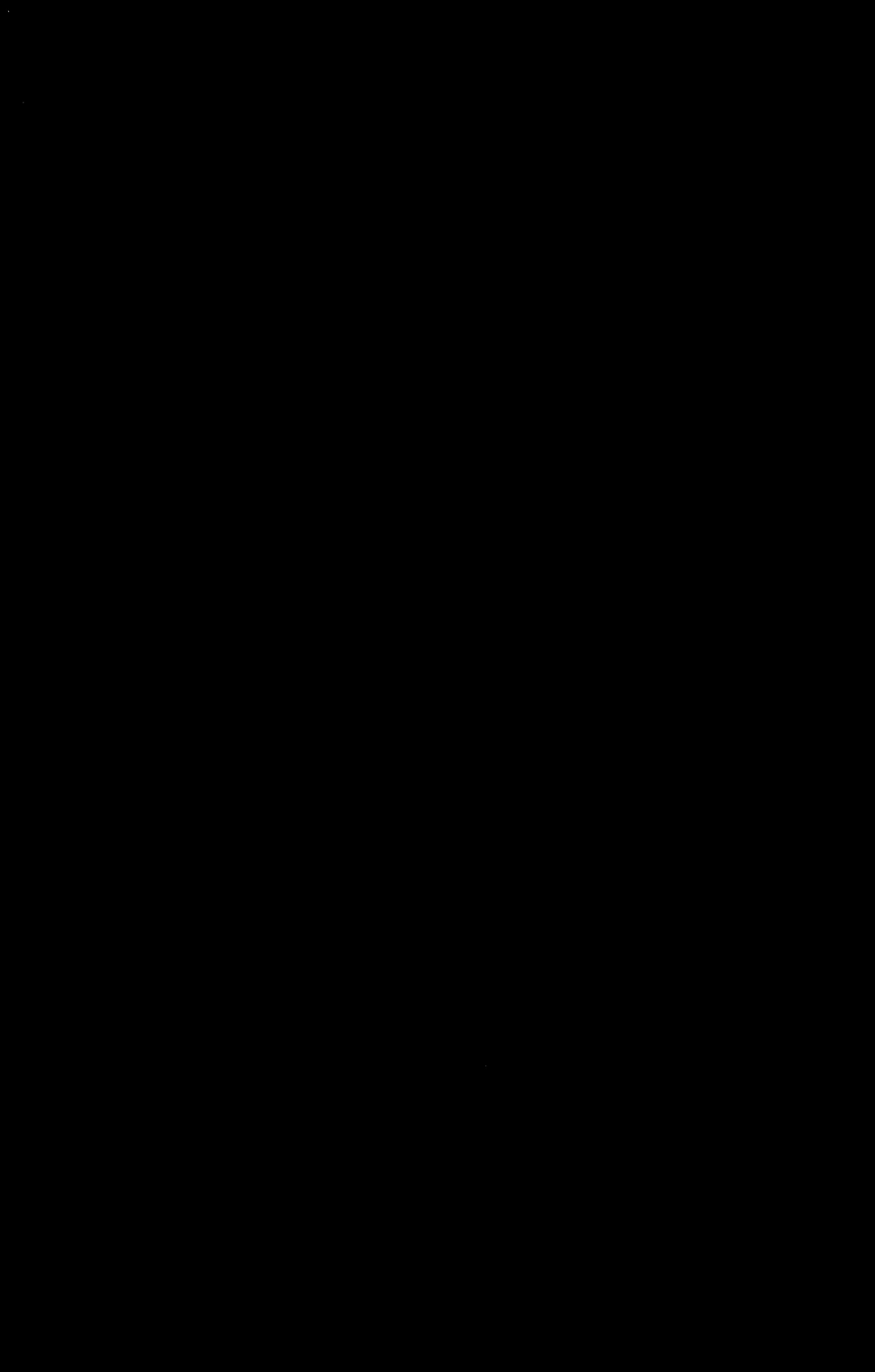

정근두 목사의 「읽는 설교 야고보서」는 자신의 목회 인생을 결산하는 소중한 책입니다. 그는 일찍이 남아공 포체스트롬 대학으로 유학 가서 세계적인 강해 설교자 마틴 로이드 존스 목사의 설교 연구로 박사 학위를 받았고 국내 강해 설교에 불을 붙였습니다. 50대 중반이 된 장년들은 그들의 청년 시절, 정근두 목사가 수천 명의 청년 앞에서 온 양복이 땀에 흠뻑 젖을 정도로 두세 시간씩 설교하던 모습을 생생하게 기억할 것입니다.

「읽는 설교 야고보서」는 마치 그의 육성을 듣는 것처럼 쉬운 설교로 되어 있지만, 성경 한 절 한 절을 완벽하게 설교하고 있습니다. 또한 자신의 신앙 체험과 교회에서 있었던 일들을 소개함으로써 더욱 생생한 적용을 보여 주고 있습니다. 이 책은 우리 한국 교회의 소중한 재산입니다.

김서택(대구동부교회 담임 목사)

무르익은 한 목회자의 삶이 이 설교집에 녹아 있습니다. 평생 학문을 사랑하고 친구에게 의리를 지키며 손님 대접을 잘하고 목회에 전념하신 나의 지음(知音) 정근두 목사님께서 이제 삶의 편지인 야고보서를 한 절 한 절 풀어내십니다. 마치 거미가 거미줄을 풀어내듯이 끝없이 풀어내십니다. 누가 야고보서를 600쪽가량으로 풀어낼 것을 상상이나 했을까요? 그만큼 저자는 다소 낯선 이 책 속에서 온갖 다양한 삶의 이야기들을 보고, 단순해 보이는 믿음의 삶 속에 깔려 있는 미묘한 뉘앙스들을 잘도 담아내었습니다.

다른 모든 장점보다 친화력이 탁월하게 좋은 저자는 학자이지만 고담준론(高談峻論)이 아니라, 보통의 신자들과 보통의 신앙생활을 잘 이해하고, 마치 대화하듯 그리스도인의 본질적인 삶의 모습을 증거하며 설득해 나갑니다. 만약 야고보서를 '지푸라기 편지'라고 했던 마르틴 루터가 이 책을 읽을 수 있다면, 이 책이야말로 '믿음의 든든한 밧줄 편지'라고 수정하여 말할 것만 같습니다. 이 책으로 정근두 목사님은 야고보가 되었고, 한국 교회는 '흩어진 열두 지파 교회'가 되었습니다.

김정우(한국신학정보연구원 원장)

한국 교회가 직면한 과제는 기독교 신앙이 구체적인 삶의 현장에서 체화된 경건으로 나아가는 것입니다. 이런 경건의 부재가 기독교의 대사회적인 이미지를 흉하게 일그러뜨려 전도의 문을 막고 한국 교회를 몰락의 위기로 몰아가고 있습니다. 그 어느 때보다 믿음이 행함으로 증명되며, 지혜가 온유한 인격과 존재로 드러나며, 말과 행동이 조화를 이루는 신앙의 품격을 세상에 보여 주는 미션이 시급합니다. 저자는 이런 시대적인 요청에 부응하는 목회적인 관심을 가지고 야고보서를 강해하였습니다. 강해 설교에 일가를 이룬 목사답게 야고보서에서 마르지 않는 깊은 말씀의 샘에서 생수를 계속 퍼 올립니다. 야고보서의 모든 말씀을 하나도 빠짐없이 강해하느라 책이 두껍습니다. 그러나 여기서 다룬 주제들은 오늘날 한국 교회가 참된 경건과 화평한 공동체로 도약하기 위해 가장 적실한 문제들입니다. 야고보서에서 우리가 나아갈 길을 찾는 모든 설교자와 교인들에게 이 책은 큰 유익을 안겨 줄 것입니다.

박영돈(작은목자들교회 담임 목사, 고려신학대학원 교의학 은퇴 교수)

제가 신학대학원을 졸업한 후 30대에 목회 초년병으로서 서울에서 전임 사역을 시작하던 시절, 정근두 목사님은 유학을 마치고 귀국한 후, 서울 두레교회에서 사역을 하셨습니다. 그때부터 제가 가장 좋아했고, 가장 많은 영향을 받았던 설교자 중 한 분이 정 목사님입니다.

정 목사님의 설교를 처음 들었던 때가 생생하게 기억납니다. 그 설교를 통해서 본문 속에 감추어져 있던 예수님의 모습, 예수님의 음성, 예수님의 마음, 그리고 예수님의 의도가 그대로 드러나 제 앞에 펼쳐지는 것 같았습니다. 그때 이후로 정 목사님처럼 성경을 강해하는 설교를 하는 것이 저의 목표가 되었습니다.

정 목사님의 야고보서 강해를 통해서 독자들이 오늘도 우리에게 말씀하시는 하나님의 음성을 들을 수 있기를 기대합니다. 하나님은 이천 년 전이나 지금이나 동일하게, 치열한 삶을 사는 자기 백성을 향해서 말씀하시는 분이기 때문입니다.

박은조(은혜샘물교회 은퇴 목사, 아프간 선교회 이사장)

정근두 목사님의 「읽는 설교 야고보서」 출간을 축하합니다. 정 목사님은 일평생 강해 설교에 전심전력해 온 분입니다. 이런 그의 설교들은 수많은 책으로 출간되었습니다. 그는 나의 선배요, 친구이지만 그의 설교를 읽을 때마다 감복할 때가 많았습니다. 명쾌한 성경 해석은 물론, 어느 때나 어떤 곳에서나 적용할 수 있는 구체적인 교훈들, 그리고 미려한 문체와 그 행간에 흐르는 인간적인 따뜻함이 느껴지는 설교들입니다.

특히 야고보서는 생활 신앙의 교과서라고 할 수 있는 성경입니다. 저자가 서문에서 언급한 대로 세상 사람들은 그리스도인들의 말보다 행동을 보기 원합니다. 그들은 기독교의 신학이나 교리를 알지 못할 뿐 아니라 그것들에는 관심도 없습니다. 그들은 그리스도인들의 삶을 보며 감동을 받기도 하고 반발을 느끼기도 합니다. 그래서 전도는 말이 아니라 생활로 해야 합니다.

지금 한국 교회는 일반인들의 불신과 비난 가운데 서 있습니다. 우리 그리스도인들의 이중성 때문입니다. 말과 행동이 다르고 신앙과 삶이 다르기 때문입니다. 야고보서는 이런 우리를 책망하고 경고합니다. 저자는 이 성경을 아주 세밀하게 해설하고 구체적으로 우리의 생활 신앙을 돌아보며 반성하게 합니다. 요즈음은 사람들이 책을 많이 읽지 않아 안타깝습니다만, 이 책은 꼭 구해서 찬찬히 읽어 보십시오. 생활의 양식이 되고 지침이 될 것입니다.

정주채(향상교회 은퇴 목사)

3년의 공생애 기간에 예수님을 가까이 지켜보았던 열두 사도와 달리 야고보는 약 30년 가까운 세월을 아우로서 곁에서 구주 예수님을 지켜보았습니다. 야고보도 처음에는 예수를 구주로 믿지 않았으나 부활하신 예수를 만난 후 그는 이제 예수님을 육신의 형이 아닌 자신의 구주요, 하나님으로 믿게 되었습니다. 회심한 야고보가 기독교 공동체 안에서 할 수 있었던 최고의 공헌은 바울처럼 기독교 구원 진리를 일목요연하게 정리하여 선포하는 것이 아니라 그가 예수의 삶에서 보고 경험했던 대로 우리의 믿음이 구체적인 삶의 자리에서 어떻게 나타나야 하는지를 말하는 것이었습니다. 그래서 야고보서는 일반 사람들이 쉽게 알 수 있는 단어들을 사용하여 우리 신앙이 일상의 삶에서 어떤 모양으로 나타나야 하는지를 잘 담아내고 있습니다.

이 귀한 서신을 강해 설교의 대가이신 정근두 목사님의 섬김을 통하여 만나게 되는 것은 우리의 큰 행복이며 특권이라 할 수 있을 것입니다. 회심한 후 얼마 지나지 않아 예루살렘 교회의 기둥처럼 여기는 인물이 된 야고보처럼 조국 교회와 성도들의 삶에도 참되고 바른 변화가 이 책을 통해 풍성해지기를 기대합니다. 조국 사회로부터 지적받고 비난받는 조국 교회와 성도들의 삶이 하나님을 사랑하고, 구체적으로 달라지며, 실천적인 경건이 넘쳐 나기를 바랍니다. 우리 삶이 믿음의 증거가 되고, 우리와 가장 가까이 있는 남편, 아내, 자녀와 부모, 이웃들이 먼저 우리 믿음의 선한 영향과 혜택을 받아 누리고 참여하는 복된 날을 기대하면서 즐거이 이 책을 추천합니다.

화종부(남서울교회 담임 목사)

정근두 목사가 은퇴하면서 야고보서 설교집을 내놓았습니다. 그는 학창 시절부터 그 영성이 탁월하였습니다. 유학하면서 한 주간씩 말씀을 맡아 새벽 기도회를 인도하였는데, 그의 차례 때마다 많은 은혜가 있었습니다. 그의 강렬한 주님 사랑과 깊이 있는 본문 연구 및 적용이 참석자들의 심금을 울렸기 때문입니다. 생활비와 학비, 그리고 자녀들의 교육비까지 지원받는 우리 유학생들의 생활은 새벽 기도로 많은 은혜를 받았습니다. 그 이유 중 하나는 그의 탁월한 말씀 연구 때문이었습니다. 그는 귀국 후 울산교회 목양에 헌신하였습니다. 이제 은퇴를 앞두고 본서를 출판하였으니, 설교학자로서 목회적 총 결정판을 내놓았다고 해도 과언이 아닙니다.

저자는 오늘날 야고보서 연구 경향에서 다루는 구조(structure)적 연구와 석의(exegesis) 및 강해(explanation)에 성실히 임하였습니다. 하지만 설교집이라 그 내용을 모두 반영할 수는 없었습니다. 다만 성도들이 하나님 나라 건설의 역군으로서, 신실한 삶을 살도록 인도하는 탁월한 설교집입니다. 따라서 신학생 및 목회자는 물론 모든 성도가 반드시 읽어야 할 신앙생활 필독서로 이 책을 강력히 추천합니다.

황창기(전 고신대학교 총장)

읽는 설교 야고보서

죠이선교회는 예수님을 첫째로(Jesus First)
이웃을 둘째로(Others Second)
나 자신을 마지막으로(You Third) 둘 때
참 기쁨(JOY)이 있다는 죠이정신(JOY Spirit)을 토대로
하나님 나라의 확장을 위해 지역 교회와 협력, 보완하는
선교 단체로서 지상명령을 성취한다는 사명으로 일합니다.

죠이선교회출판부는 그리스도를 대신한 사신으로
문서를 통한 지상명령 성취와 하나님 나라 확장을 위해 노력합니다.

《읽는 설교 야고보서》
Copyright ⓒ 2019 정근두

이 책의 저작권은 저자와 독점 계약한 죠이선교회에 있습니다.
신 저작권법에 의하여 한국 내에서 보호받는 저작물이므로 무단 전재와 무단 복제를 금합니다.

죠이북스는 죠이선교회의 임프린트입니다.

· 읽는 설교 ·

야고보서
James

· 정근두 지음 ·

죠이북스

차례

한없이 설레다_ 마흔네 편의 설교를 책으로 펴내며   011

서론_ 평범한 삶에서 확인되는 참신앙   015

야고보서 1장

01. 하나님과 예수 그리스도의 종 야고보   029
02. 흩어져 있는 열두 지파에게   043
03. 문안하노라   057
04. 믿음의 유익   073
05. 기도의 유익   085
06. 새로운 신분   097
07. 생명의 면류관   111
08. 시험의 원천   127
09. 축복의 원천   139
10. 피조물의 첫 열매   153
11. 새 삶을 위한 명령   167
12. 말씀을 받아들이라   181
13. 말씀을 실천하라   195
14. 거짓 경건과 참경건   211

야고보서 2장

15. 영광의 주 예수 그리스도   223
16. 상속자냐 핍박자냐   233
17. 최고의 법   247
18. 긍휼과 심판 1   259
19. 긍휼과 심판 2   273
20. 행함이 없는 믿음   287
21. 행함으로 증명된 믿음   299
22. 믿음을 증명한 사람들   313

야고보서 3장

23. 선생이 되려고 하지 말라   327
24. 혀를 다스리는 신앙인   339
25. 온유한 마음, 착한 생활   351
26. 공동체를 깨뜨리는 것들   363
27. 위로부터 난 지혜   373
28. 의의 열매   385

야고보서 4장

29. 궁극적인 관심사   397
30. 세상이냐 하나님이냐   409
31. 절대 사랑, 절대 헌신   421
32. 더욱 큰 은혜   433
33. 하나님께 복종하라!   445
34. 서로 헐뜯지 말라!   459
35. 허탄한 자랑을 하지 말라!   471
36. 실천하지 않은 선행   481

야고보서 5장

37. 가진 자에게 임할 재난   493
38. 주의 강림을 대망하라 1   507
39. 주의 강림을 대망하라 2   521
40. 신실한 말을 합시다   533
41. 기도할 때와 찬송할 때   547
42. 믿음의 기도   561
43. 의인의 간구   575
44. 돌아서게 하라   589

- 본문에 인용된 성경 구절은, 개역개정판 성경을 인용하였습니다. 그렇지 않을 경우 따로 표기하였음을 밝힙니다.
- 야고보서에서 성경 구절을 발췌하였을 경우에는 괄호 안에 따로 권 명을 표기하지 않았음을 밝힙니다.

한없이 설레다
마흔네 편의 설교를 책으로 펴내며

함께 사역하던 한 젊은이가 캐나다로 유학을 떠나며, 손수 만든 감사 카드를 한 장 남겼는데 거기에 "한없이 설레다"라는 문구를 적은 가족사진이 있었습니다. 카드의 글귀에는 가족과 함께 유학을 떠나면서 설레는 마음이 잘 담겨 있었습니다. 그때부터 "한없이 설레다"라는 문구는 이제 곧 연말에 은퇴를 앞두고 있는 제 마음의 표현이 되기도 했습니다. 울산교회 담임 목사로 청빙받아 내려온 지 만 24년째 되는 해인 올해, 울산교회 담임으로서의 사역은 완료됩니다. 현재 남아 있는 사역도 정말 감사하지만, 또한 은퇴 후를 한없이 설레는 마음으로 기다리고 있습니다. 읽고 싶은 책, 듣고 싶은 음악, 가고 싶은 곳, 만나고 싶은 사람, 즐기고 싶은 온갖 일이 나를 기다리고 있기 때문입니다. 무엇보다도 한동네에 살고 있는 분들을 전도할 시간이 주어질 것이라고 생각하면 정말 마음이 한없이 설렙니다.

게다가 2년 전에는 옛 논문을 다시 손봐서 「마틴 로이드 존스에게 배우는 설교」(복있는사람)라는 이름으로 책을 내어 독자들과 만난 경험이 있는데, 이번 역시 죠이선교회 출판부를 통해 「읽는 설교 야고보서」를 출간하며 새로운 책으로 독자들을 만나게 되니 이 또한 한없이 설레는 일입니다.

남아프리카 공화국에서 유학 생활을 할 때 친구였던 두세 가정과 함께 새벽을 깨우던 시절이 있었습니다. 그중 두 사람이 목사였으니 한 주간씩 돌아가며 새벽 기도회를 인도하였습니다.

그 당시 제가 맡은 주간에 야고보서를 연속해서 설교한 적이 있습니다. 4-5년을 예상하고 시작한 공부가 7년을 넘어가고 있었으니 시간 여유가 그리 많았던 시절은 아니었습니다. 빨리 공부를 마치고 고국으로 돌아가라는 지도 교수의 압력을 받고 있던 때였습니다.

하지만 제가 새벽 기도회를 인도하는 주간에는 기도회가 끝나면 바로 다음날 새벽 기도회를 위한 본문 연구를 시작해서 온종일 말씀에 파묻혀 지냈습니다. 그리고 저녁 식사를 한 후에는 본문에서 발견한 보화를 다음날 새벽 기도회에 오는 세 가정에게 어떻게 전달할 것인지를 고민했습니다. 말씀과 더불어 시간을 보낼 때 가슴에 기쁨이 가득했던 것을 지금도 생생히 기억합니다.

그때 야고보서 본문을 연구한 것으로 서울에서 한 차례 주일 낮에 설교를 했고, 울산에 와서 처음에는 수요 기도회, 그다음에는 주일 낮에 설교를 했습니다. 「읽는 설교 야고보서」에 담긴 마흔네 편의 설교는 울산교회에서 주일 낮에 전했던 것을 기본으로 죠이선교회 출판부가 다듬었습니다.

말씀이 선포될 때마다 성도들에게 설교 말씀이 은혜가 될 수 있다는 명제를 확인시켜 주었습니다. 슬프게도 현실에서는 설교가 하나님 말씀의 선포라는 것이 자주 확인되지 않기 때문입니다. 영적 생명이 있는 성도들은 말씀의 은혜에 빠져 들어갈 수밖에 없습니다. 야고보서 강해 설교는 10년의 시간이 흘러도 성도들이 그때 느꼈던 감격을 잊지 않고 고백하는 설교이기에 이 설교가 감히 〈읽는 설교〉 시리즈에 포함되는 것을 기쁘게 생각합니다.

제가 하루 종일 본문을 연구했다고 말했더니 어떤 성도는 이 말에 무릎을 치더군요. 은혜로운 야고보서 설교의 비결을 알아냈다고 말이지요. 말씀에 주의를 기울이면 기울이는 만큼, 그리고 더 넘치도록 깨닫게 하시는 하나님의 섭리를 찬양할 수밖에 없습니다. 하늘 아버지께서 듣는 성도들에게 주신 은혜를 읽는 성도들에게도 동일하게 주실 것이라 믿고 책을 통해 여러분을 만나는 설렘으로 이 글을 맺습니다.

2019년 8월
정근두

James
야고보서

서론
평범한 삶에서 확인되는 참신앙

야고보서 강해 설교를 처음 한 것은 2003년입니다. 그리고 10년이 지난 2013년에 한 번 더 하게 되었습니다. 이 책은 이렇게 두 번 했던 야고보서 강해 설교를 모아 정리한 것입니다. 야고보서가 전하는 메시지는 시간이 흐른다고 해서 달라지지 않습니다. 그때나 지금이나 세상은 기독교를 향해 돌팔매질을 서슴지 않기 때문에 야고보서의 메시지는 지금 우리에게도 필요합니다. 세상은 우리에게 바른 교리가 무엇인지를 묻지 않고 바른 삶에 대해서만 요구하고 있기 때문입니다.

야고보서는 이른바 공동 서신 가운데 하나입니다. 공동 서신이라는 말은 이 편지를 받는 사람들이 특정 교회 성도들이 아니라는 말입니다. 처음부터 어느 한 교회를 겨냥해서 그 교회의 성도들에게 보낸 편지가 아닙니다. 예를 들면 로마서는 로마에 있는 성도들을 위해서 쓰인 편지이고 고린도전후서는 고린도 교회에 보낸 편지입니다.

그러나 야고보서부터 시작하는 일련의 책들은 특정 교회를 위해 기록된 편지가 아닙니다. 받는 교회가 정해져 있지 않기에 쓴 사람의 이름으로 불리는 야고보서, 베드로전후서, 요한일이삼서, 유다서를 통틀어서 공동 서신이라고 부릅니다. 그러므로 이 편지들은 특정 교회의 형편보다도 당시 교회들의 일반적인 상황을 배경으로 기록하고 있습니다. 그러하기에 오늘 우리 상황에 좀 더 쉽게 적용할 수 있는 진리가 담겨 있을 법합니다.

예수의 동생 야고보

그러면 이 야고보서를 쓴 야고보는 누구입니까? 물론 야고보서를 쓴 사람은 야고보임이 틀림없습니다. 그러나 성경에는 야고보라는 이름의 사람이 더러 나옵니다. 그중에 중요한 사람은 사도 중의 한 사람인 야고보입니다. 하지만 사도행전을 읽어 보면 그는 일찍 순교를 당했습니다. 그러므로 그가 이 편지를 썼다고 보기는 어렵습니다.

초대 예루살렘 교회에 이름만 대면 알 수 있는 또 한 명의 야고보는 예수님의 동생 야고보입니다. 그는 회심 이후에 곧 예루살렘 교회의 기둥 같은 역할을 담당했습니다. 일반적으로 그 예수님의 동생 야고보가 이 야고보서를 쓴 사람이라고 생각합니다.

이런 일반적인 생각을 뒷받침할 수 있는 근거 중 하나는 야고보서에 주님의 산상보훈과 흡사한 교훈이 많다는 것입니다. 주님의 산상보훈 내용이 그렇게 많이 반영된 신약의 다른 서신은 없습니다. 그래서 학자들은 야고보서의 저자가 제자들과 비교할 수 없을 만큼 예수님에게서 많은 영향을 입은 사람이라는 결론을 내립니다. 그렇게 볼 때 예수님의 동생 야고보가 유력한 저자로 지목됩니다.

야고보서의 특색은 비종교적인 용어를 써서 신앙생활을 이야기하고 있다는 데 있습니다. 신앙생활이 무엇인지를 아주 일상적이고도 구체적인 삶에서 풀어 가고 있습니다. 야고보는 신앙이 일상생활에서 어떻게 나타나야 하는지에 대해 누구보다도 많은 관심을 쏟았습니다. 이렇게 관심을 쏟게 된 것은 야고보가 오랫동안 예수님을 형으로 여기며 함께 살아온 사실과 무관하지 않습니다.

먼저 야고보와 열두 제자가 받은 훈련을 비교해 보십시오. 예수님께서 제자들을 훈련시킬 때 자신의 삶을 제자들에게 다 공개해 주셨습니다. 그래서 제자들은 예수님이 어떤 분인지 보고 배울 수 있었습니다. 또 제자들은 예수님의 교훈을 날마다 들을 수 있는 특권을 누렸습니다. 그뿐만 아니라 예수님은 비유로 말씀하신 후 비유의 뜻이 무엇인지 제자들을 따로 불러서 가르쳐 주기도 했습니다. 말하자면 담임 선생님한테 과외 수업까지 받은 셈입니다.

그러나 야고보는 열두 제자 가운데 한 사람은 아닙니다. 다른 사도들처럼 3년 동안 예수님을 따라 다니며 매일매일 함께 생활하지는 못했습니다. 하지만 야고보는 열두 제자가 주님과 함께하기 전 거의 30년 가까이 주님을 형으로서 지켜볼 기회를 가졌습니다. 형 예수의 삶을 누구보다도 가까이, 그리고 오랫동안 지켜본 그는 다른 어떤 사도들이 가질 수 없었던 특권을 누렸습니다. 제자를 훈련시키는 동안, 공사역 3년 동안 야고보는 예수님을 주로 믿지 않았습니다. 그저 자기 형으로만 대했습니다. 오히려 공사역에 나선 형을 이해하지 못했습니다.

착한 형님이 느닷없이 전도하며 귀신을 쫓아낸다고 하니 걱정이 되었습니다. 형을 집으로 데려가기 위해서 어머니와 함께 사역 현장에 나타나기도 했습니다. 형 예수를 강제로 데려가서 쉬게 해야 한다고 생각했습니다. 야고보는 예수님의 상태가 어딘가 정상이 아니라고 판단했기 때문입니다.

그러나 예수님은 부활한 다음 가장 먼저 동생 야고보를 만나 주셨습니다.

야고보는 그 후 자기가 형으로만 알아 왔던 그가 영광의 주(2:1 참조)라는 것을 알게 되었습니다. 부활 사건 이후에 비로소 예수를 영광의 주로 영접하고 제자가 된 셈입니다. 그리고 영광의 주로 예수님을 영접한 순간부터 그의 모든 관점은 바뀌었습니다.

교회 안에서 자라는 사람들을 보십시오. 어떤 사람은 나이가 서른이 되었는데도 예배에는 늘 참석하지만 설교 말씀이 귀에 감동으로 다가오지 않습니다. 한 번도 말씀을 자기 삶을 감동시키는 이야기로 느낀 적이 없습니다. 어릴 때부터 교회에서 자랐기 때문에 주일이 되면 교회에 나오는 것 외에 다른 일을 하는 것이 오히려 어렵습니다. 그럼에도 어릴 때부터 신앙의 가정에서 보고 듣고 살아온 사람과 나이 삼십에 처음 예수님을 믿은 사람은 차이가 있습니다.

어떤 차이가 있습니까? 비기독교 집안에서 자라 비신앙적인 환경에서 살다가 예수를 믿게 되면 그 순간 하나님과의 관계는 바로 맺어지지만 하나님에 대해서는 하나하나 처음부터 배워 가야 합니다. 성경 이야기를 들으면 창세기도, 사도행전도 모두 생소합니다. 예언서나 계시록은 더 말할 것도 없습니다. 단지 우리 주님과 인격적으로 관계를 맺은 것이지 하나님의 역사에 대해, 예수님의 사역에 대해 아는 것이 거의 없습니다.

그러나 신앙의 가정에서 자란 사람들은 예수를 인격적으로 만나게 되면 그동안 들어 왔던 성경의 모든 이야기가 하루아침에 제자리를 찾게 됩니다. 예수를 인격적으로 만나는 순간, 지금까지 들어 왔던 정보들이 한순간에 생명력을 지니게 됩니다. 지금껏 별 의미가 없던 말들이 순식간에 깨달아집니다. 어릴 때부터 교육받은 모든 정보가 적재적소에서 제구실을 하게 됩니다.

그런 일이 부활하신 주님을 만난 야고보에게 일어났습니다. 우리는 야고보서의 특징을 이해하기 위해서 야고보와 예수님의 관계를 좀 더 살펴보아야 합니다. 형 예수와 동생 야고보는 한 집에서 동일한 신앙 교육을 받으면서 자랐다는 것을 기억하십시오.

형도 신앙인으로 자라고 동생인 야고보도 신앙인으로 자처하며 자랐습니다. 신앙의 부모를 만나 교회학교에 나오는 두 아이를 생각해 보십시오. 형은 어릴 적부터 주님을 인격적으로 만났고, 동생은 그저 교회를 다니고만 있다고 가정해 보십시오. 두 아이 모두 신앙의 가정에서 태어나 자라고 교회를 다니고 있습니다. 둘 다 자신이 하나님을 믿는다고 생각할 수 있습니다. 예수님에 관한 지식은 둘 다 가지고 있습니다. 그런데도 불구하고 신앙의 수준이 같다고 볼 수 없습니다. 형을 보면 뭔가가 조금 다르다는 것을 동생도 느꼈을 것입니다. 자기는 주일 아침에 교회 가느라 만화 영화를 못 보는 것이 불만인데 형은 즐겁게 교회로 달려갑니다.

예수님은 열두 살 때 자기가 하나님의 아들인 것을 확실히 알았다는 근거가 있습니다. 물론 그 이전에도 자기가 하나님의 아들임을 알았는지는 모르지만 열두 살에는 확실히 알았다는 기록이 성경에 있습니다(눅 2:41-52 참조). 소년 예수가 열두 살이었다면 야고보가 바로 밑의 동생이니까 아홉 살이나 열 살쯤 되었을 것입니다.

제 생각에 야고보의 형 예수는 세상의 모든 다른 형과는 차이가 있었을 것입니다. 동생 야고보를 못살게 굴지 않았을 것입니다. 소년 예수는 그렇게 동생을 놀리고 괴롭히는 데서 즐거움을 취하는 형은 아니었을 것입니다. 그는 하나님의 아들이었습니다. 그는 죄가 없는 사람이었습니다. 그가 그런 데서 즐거움을 느끼지 않았을 것은 몹시 당연합니다.

그뿐만이 아닙니다. 신앙생활도 달랐을 것입니다. 야고보도 안식일에는 회당에 가고 유월절이 되면 성전에 갔지만 자기 형은 뭔가가 조금 다르다는 것을 느꼈을 것입니다. 그 느낌이 그를 하나님과의 새로운 관계로 연결시키지는 못했지만, 자기 형은 무엇인가 다르다는 생각을 막연히 했을 것입니다. 사실 성경은 예수님이 자라난 시기에 대해서는 거의 침묵하고 있습니다. 아주 어린 시절과 열두 살 때의 기록을 제외하고는 예수님이 어떻게 살았는지 이야기하고 있지 않습니다.

주님을 만나면 삶이 바뀐다

지나치면 잘못이지만 한 번쯤은 상상해 볼 필요가 있습니다. 앞에서 말했다시피 자랄 때에 두 아이가 서로 주고받는 영향을 상상해 보는 것은 잘못이 아닙니다. 오히려 성경을 바로 이해하기 위해서는 그런 상상을 해 보는 것이 유익합니다. 상상력은 성경을 더욱 풍성하게 이해하는 디딤돌이 되기도 합니다.

야고보가 야고보서에서 실제적인 삶을 강조한 이유는 자기 형의 구체적인 삶이 자기와 달랐다는 충격 때문입니다. 그래서 야고보는 주님을 만난 자신이 기독교 공동체에 할 수 있는 공헌은 바울처럼 기독교의 구원 교리를 일목요연하게 쓰는 것이 아니라, 오히려 구체적인 삶의 현장에서 기독교인들이 어떻게 살아야 하는지를 말해 주는 것임을 깨달았습니다.

어려서부터 형과 자신의 신앙 차이를 뚜렷이 보며 자랐습니다. 남다른 영향을 받고 자란 오랜 세월 때문에 남다른 기여를 할 수 있었을 것입니다. 세상 모든 사람은 누구나 남다른 영향을 받고 자라기 때문에 남다른 공헌을 할 수 있는 존재입니다. 태어날 때부터 가지고 있는 유전적인 정보가 다릅니다. 다른 환경에서 자라기에 세상을 살면서 다른 기여를 할 수 있다는 사실을 기억해야 합니다. 우리는 서로 경쟁자가 아닙니다. 우리는 서로 다른 사람들이고 서로를 위해 기여할 수 있습니다.

형제는 뚜렷하게 인식하지 못하는 사이에 많은 영향을 주고받습니다. 적어도 야고보는 자기와 다른 형님의 기도 생활을 보았을 것입니다. 함께 식탁에 앉아서 식사 기도를 할 때, 동생 야고보는 유대 종교인이 해야 하는 의무로서 기도했다면 형은 정말 하나님과 나누는 대화로서 기도했을 것입니다. 그 중심에 감사가 자리했을 것입니다.

저희 가정은 아이들이 어릴 때 매일 가정 예배를 드렸습니다. 저희 아이가 어느 날 저녁 가정 예배를 드리면서 주님을 영접했는데 바로 다음 날 친구 집에서 식사 기도를 하게 되었습니다. 그런데 기도를 하며 자신이 만난 인격적인 하나님과 대화하는 모습을 보고, 기도를 시킨 아이 친구의 부모님께서 큰 충격을 받아 바로 저에게 전화를 했습니다.

주님을 만나면 그날부터 삶이 바뀔 수 있습니다. 삶이 증거가 되는 것입니다. 어릴 때부터 신앙의 가정에서 자라 30세, 40세가 되었는데도 삶에 뚜렷한 증거가 없다면 그냥 종교인인지 신앙인인지 자신을 돌아보아야 합니다.

또한 야고보는 형이 사람들을 대하는 것을 지켜보았을 것입니다. 가난하다고 해서 무시하지 않고 잘산다고 해서 우대하지 않는 것을 보았을 것입니다. 두 형제 모두 홀어머니 밑에서 자랐으리라고 추측하는데, 어머니의 말씀을 순종하는 데 있어서도 형은 자기와 달랐습니다. 자기는 기분 좋을 때는 순종하고, 기분이 별로일 때는 안 하는 식이었지만, 형은 항상 순종하였습니다. 그러니까 이상하게 생각했을 것입니다. "형은 무엇인가 달라" 하고 중얼대기도 했을 것입니다.

또한 형이 거짓말하는 것을 동생 야고보는 본 적이 없습니다. 형이라고 해서 폭력으로 지배하려고 한 적도 야고보는 기억할 수 없습니다. 누가 말하면 다 듣고 나서 침착하게 대답하는 것을 관찰했을 것입니다. 말하자면 예수님의 인생관을 배우면서 자랐습니다. 적어도 공사역을 시작하기 전 약 30년간을 같이 지낸 것은 다른 제자들이 누릴 수 없는 특권이었습니다. 그래서 그는 경건 생활에 대해서 다른 사람보다 큰 관심을 갖고 있었습니다. 무엇이 진정한 신앙생활인지에 대해 교회에 말해 주고 싶었던 것입니다.

하나님 아버지 앞에서 정결하고 더러움이 없는 경건은 곧 고아와 과부를 그 환난 중에 돌아보고 또 자기를 지켜 세속에 물들지 아니하는 이것이니라(1:27).

하나님이 기뻐하시는 신앙생활은 환난을 당한 사람들을 돌아보는 것이라고 말하고 있습니다. 자신을 세상 풍조에서 지키는 것이라고 말하고 있습니다. 형 예수를 주 예수로 만난 이후에 그는 신앙을 새롭게 인식했습니다. 하나님을 사랑한다는 것은 구체적인 삶에서 달라야 한다는 것을 알았습니다. 그래서 야고보는 진리를 이론적으로만 접근하기 좋아하는 사람들에게 그것의 잘못된 경향을 바로잡아 줄 수 있는 사람이 되었습니다.

야고보는 예수님과 더불어 살아온 삶의 세월이 있었기 때문에 그가 주님을 인격적으로 만난 다음 즉시 예루살렘 교회의 기둥과 같이 여기는 세 사람 가운데 한 사람이 될 수 있었습니다. 동시에 그의 이름은 세 사람 가운데 가장 먼저 등장합니다. 야고보, 베드로, 요한의 순서로 등장합니다. 초대교회에서 야고보의 위치는 탁월했으며, 무엇보다도 그는 기독교 경건 운동의 터를 닦은 인물이 되었습니다.

야고보의 이 실천적인 경건을 예수와 함께 삶을 산 특권의 결과로 볼 때, 우리는 다른 사람과 어떤 상호작용을 하며 사는지 생각해 볼 필요가 있습니다. 사람들이 흔히 이런 이야기를 하지 않습니까? "목사의 아내가 남편 설교에 가장 은혜를 받지 못한다"라든지, 혹은 "장로 가정의 아이들이 오히려 교회에 잘 나오지 않는다"는 이야기 말입니다. 우리는 자신을 한번 깊이 돌아볼 필요가 있습니다.

경건한 예수님의 삶은 경건한 야고보의 삶을 준비시켰습니다. 만약에 우리가 하나님을 참으로 안다면 적어도 우리와 가까이 있는 사람들이 먼저 혜택을 받아야 합니다. 남편이 경건하면 아내가 그 혜택을, 아내가 신앙이 좋으면 남편이 먼저 혜택을 받아야 합니다. 우리가 영적으로 힘을 잃었을 때 집안 식구들이 가장 먼저 알게 될 것입니다. 한 집안의 식구들에게 숨길 수가 없을 것입니다. 반대로 우리가 영적으로 충만해 있을 때, 그 혜택 또한 식구들에게 주어질 것입니다. 우리 마음에 평안이 가득하면 어린 자녀라도 알 수밖에 없습니다.

우리 신앙의 혜택은 우리와 가까운 주위 사람에게 먼저 주어질 수밖에 없습니다. 여러분은 누구를 만나고 있습니까? 식구와 이웃들에게 어떤 영향을 주고 있습니까? 서로에 대해 어떤 영향을 주고받는지 생각해 봅시다. 오늘의 여러분이 있기까지 여러분에게 누가 가장 영향을 끼쳤는지 생각해 보십시오.

주님과 더불어 친밀하게 살아가고 있는가

사랑하는 성도 여러분, 신앙은 평범한 삶에서 확인되어야 합니다. 종교적인 활동에서만 신앙이 측정되는 것이 아니라 평범한 삶에서도 측정되어야 합니다. 교회에 와서 설교를 들으며 "아멘" 하는 것은 누구나 쉽게 할 수 있습니다. 그러나 집에 돌아가다가 좁은 골목길에서 마주 오는 차를 만나는 상황에서는 쉽지 않습니다.

이미 오래전에 교인 수가 천만을 넘었다고 하는데도 참신앙인의 모습을 보여 주지 못하고 있는 것이 오늘날 한국 교회가 안고 있는 가장 큰 문제입니다. 그래서 세상은 이제 기독교를 기독교라고 부르지 않습니다. 그런데도 우리 마음속에 거룩한 부담이 없는 것이 문제입니다.

누군가 자기에게 좋지 않은 말을 하거나, 누군가 자기 자존심을 상하게 하면 길길이 날뛰면서, 우리의 창조주요 구원자인 거룩하신 그리스도의 이름이 모욕을 당하는데도 무심하게 넘길 수 있다면 여러분은 건강한 성도가 아닙니다. 나의 이름은 짓밟힐지라도 그리스도의 이름이 짓밟힐 때는 그 자리에 그대로 있어서는 안 됩니다.

우리가 기도해야 할 구체적인 부분이 어디 있는지 알아봅시다. 첫째는 경건, 그 자체를 점검해야 합니다. 하나님을 인격적으로 만난 사람만이 새로운 삶을 살 수 있습니다. 하나님과 인격적인 관계를 가진 사람만이 정말로 거룩한 삶을 살 수가 있습니다.

둘째로 우리는 자신이 항상 하나님과 더불어 1차적인 경험을 나누고 있는지를 살펴보아야 합니다. 우리 삶을 있는 그대로 내놓고 이웃과 서로 도울 수 있어야 합니다. 누가 우리의 약점을 찌른다고 과민 반응하지 말고 우리의 연약한 부분을 지적하면 그대로 인정하십시오. "집사님도 보셨어요? 저도 그 점 때문에 괴로워요. 그 약점을 위해서 기도해 주세요. 그런 모습이 제 삶에서 더는 드러나지 않도록 저도 노력할게요."

우리의 경건 생활이 잘못되어서 내 자녀조차 설득시킬 수 없는 삶이라면 심각한 문제입니다. 이중인격을 가지고는 여러분의 십대 자녀들을 설득시킬 수 없습니다. 때로는 교회 내의 직분과 상관없이 그리스도의 복음에 대해서 전혀 몰랐기 때문에 그런 현상을 빚을 수 있습니다. 안다고 해도 영적으로 침체되었을 때는 문제가 발생할 수도 있습니다. 만약 후자라면, 우리는 주일 예배에 관심을 기울여야 합니다. 예배의 자리는 한 주는 나오고 한 주는 나오지 않아도 되는 자리가 아닙니다. 여러분이 살아 있는 한, 예배의 자리가 있는 한 주일에는 시간을 내야 합니다. 여러분이 그리스도인이라는 가장 기본적인 증거가 주일을 지키는 것입니다.

그뿐만 아니라 허물어진 가정 제단을 수축해야 합니다. 가정 예배는 소중합니다. 사실 어떤 때는 목사로서 성도들을 만날 시간은 있어도 식구들을 만날 시간이 없을 때가 있습니다. 결혼 초기에 아내가 저에게 한 말이 있습니다. "당신이 나를 아내로 대접해 주기를 기대하지는 않을게요. 그러나 성도 중의 하나로 기억해 주세요." 대학부 사역자일 때 저는 학생이 늦게 찾아오면 아무리 피곤해도 좋은 얼굴로 만나 주었습니다. 그런데 아내가 할 말이 있다고 찾아오면 쉽게 "지금은 피곤해요. 다음에 이야기합시다"라고 말했습니다. 그래서 아내는 자신을 아내로서가 아니라 양 떼 중 하나로 여겨 달라고 말한 것입니다.

같이 살기만 했지, 한 사람 한 사람씩 식구를 살피지 못할 때도 있습니다. 어떤 때는 쓸데없이 바쁘기도 합니다. 안 바빠야 될 때 바쁘면 반드시 문제가 생깁니다. 자신이 주님과 더불어 친밀한 교제를 나누고 있는지 한번 물어보십시오.

주님과 정상적인 교제를 나누면 우리 삶은 다른 사람에게도 유익을 끼칩니다. "그 나무 잎사귀들은 만국을 치료하기 위하여 있더라"(계 22:2)라고 성경이 말하지 않습니까? 서로에게 불만이 생겨도 서로 기도하면 그것이 해소되는 것을 저는 여러 번 경험했습니다. 8년의 유학 생활은 제게 신학이라는 학문을 연구하는 기간이기도 했지만 신앙생활을 배우는 좋은 기회였음을 고백합니다.

교인들끼리 만나도 경건 훈련이 되어 있지 않으면 서로 피곤합니다. 교인들끼리 만나도 힘이 빠질 때가 있습니다. 서로 만날 때 영적으로 깨어서 만났으면 하는 것이 제 바람입니다. 그러기 위해서는 여러분 자신의 영적 관리를 바로 해야 합니다.

"그리스도의 말씀이 너희 속에 풍성히 거하여"(골 3:16)라고 바울은 골로새 성도들에게 권면합니다. 공동체 안에 말씀이 풍성히 거하려면 공동체를 이루는 한 사람 한 사람 안에 그리스도의 말씀이 풍성히 거해야 합니다. 기본적으로 말씀이 선포되는 주일 예배에 빠지지 말아야 합니다. 격주로 나오는 사람은 이제부터 주일마다 말씀의 자리를 향해 나아가십시오.

말씀 묵상의 자리를 사모하라

사랑하는 성도 여러분, 여러분 안에는 그리스도의 말씀이 풍성히 거하고 있습니까? 그러기 위해서 매일 말씀 묵상의 자리를 무엇보다 사모하십시오. 20년, 30년 동안 말씀을 묵상하지 않고도 신앙인으로 살아 왔고 집사, 장로, 목사가 되었을 수도 있습니다. 그러나 제가 분명히 말할 수 있는 것은 지금껏 여러분이 경험한 것이 세상에서 전부가 아니라는 것입니다. 항상 기뻐할 수 있는 그리스도인의 삶이 있습니다. 쉬지 않고 기도할 수 있는, 범사에 감사할 수 있는 그리스도인의 영역이 있습니다. 우리를 향한 하나님의 뜻을 사모하십시오. 지금 내가 경험해 온 이것이 삶의 전부가 아닙니다.

부부 생활만 해도 천차만별입니다. "저 사람을 만나서 내 인생 망쳤다"고 말하는 사람이 있는 반면 매일 눈을 떠서 자기 배우자를 쳐다보며 하나님께 감사하는 사람도 있습니다. 신앙생활도 마찬가지입니다. "아휴! 오늘 또 주일이네" 하는 사람이 있는 반면 주일이 오기만을 기다려 온 사람도 있습니다. 여러분이 아는, 여러분이 경험한 신앙생활이 전부가 아닙니다. 주님은 우리가 고달픈 삶을 살게 하시려고 구주가 되신 것이 아닙니다.

"처음 예수를 믿을 때가 좋았어", "신혼 때가 좋았어"라고 말씀하시겠습니까? 아닙니다. 여러분이 주님을 인격적으로 만나 왔다면, 여러분이 정상적인 부부 생활을 한다면, 처음 예수를 믿을 때가, 신혼 때가 더 좋다고 말할 수 없습니다. 좋았던 옛날만 생각하지 마십시오. 여러분의 삶이 어디서부터 잘못되었는지 보아야만 합니다.

목회자로서 안타까울 때가 있습니다. 처음 복음을 듣고 그렇게 기뻐하고 눈을 반짝반짝 빛내던 사람들이 어느 날 보면 설교 시간에도 눈을 지그시 감은 채 조는지 안 조는지 알 수 없는 상태로 앉아 있습니다. 그런 상태로 권사, 안수집사, 장로가 되는 것은 여러분의 영혼에 재난입니다. 교회에 아무런 도움을 줄 수 없습니다. 그것은 정상적인 신앙생활의 모습이 아닙니다. 날마다 새로워져야 하고 날마다 주님을 만나는 것이 거룩한 소원이 되어야 합니다.

그리스도의 말씀이 마음에 풍성히 거하고 있습니까? 말씀 묵상의 자리를 사모하십시오. 하나님을 사랑하는 사람은 그 말씀을 사랑하는 사람입니다. 어떤 사람과의 만남보다, 어떤 일과의 맞닥뜨림보다 말씀을 사모하십시오.

신앙은 우리의 구체적인 삶의 현장에서 드러나야 합니다. 예배드릴 때뿐만 아니라 생활의 현장에서 정말로 우리가 주님을 어떻게 사랑하는지, 주님을 사랑하기 때문에 내가 내 형제를 위해서 얼마만큼 희생할 수 있는지를 배워 가야 합니다.

한국 교회 140년 역사의 현장에서 사랑을 실천한 분들의 발자취를 살펴보십시오. 그들이 삶의 현장에서 지불한 값을 오늘 우리도 지불해야 합니다. 그들이 받았던 존경을 우리도 받아야 한국 교회가 살아날 것입니다.

경건한 형, 예수의 삶이 경건한 동생, 야고보를 배출했듯이 경건한 선배들의 삶을 통해서 경건한 성도들이 많이 배출되기를 소원합니다. 경건한 목회의 혜택을 남보다 많이 받은 사람들은 더욱 경건한 삶을 살도록 노력해야 합니다. 오늘 여러분이 있기까지 헌신적 사랑을 베푼 분들이 있습니다. 여러분이 받은 사랑을 누군가와는 나누어야 합니다. 야고보의 아름다운 경건의 전통을 이어 가는 성도들이 되기를 소원합니다.

James
야고보서 1장

야고보서 1장 1절

1 하나님과 주 예수 그리스도의 종 야고보는 흩어져 있는 열두 지파에게 문안하노라

01.
하나님과 예수 그리스도의 종 야고보

그리스도 안에서 사랑하는 성도 여러분, 그리고 사랑하는 이웃 여러분, 오늘부터 야고보서 본문을 살펴보겠습니다. 사람이 만나면 먼저 인사가 있게 마련입니다. 첫 만남인 경우는 무엇보다 서로 자기를 소개하는 것이 먼저입니다. 직접적인 만남에도 인사가 필요하지만 편지로 만나도 인사가 먼저 있게 마련입니다.

오늘 본문 야고보서 1장 1절에는 야고보의 문안이 기록되어 있습니다. 한 절이기는 하지만 잘 살펴보면 세 부분으로 나눌 수 있습니다. 먼저 편지를 보내는 사람, 받는 사람, 그리고 인사의 내용이 나옵니다. 별도로 대지를 나눌 필요가 없는 본문입니다. 하지만 오늘 우리는 그 가운데서 편지를 보내는 사람, 야고보의 자기소개에 귀를 기울이겠습니다.

야고보는 자기를 어떻게 소개하고 있습니까? 우선 야고보는 자기를 어떤 직책으로 소개하지 않습니다. 자기소개를 할 때, 자신이 어떤 일을 하는지,

지금 맡고 있는 직책이나 직함이 무엇인지를 말할 수 있습니다. 그러나 야고보는 그렇게 소개하지 않았습니다. 사실 야고보는 초대 교회에서 누구보다도 내세울 만한 직책을 가지고 있었던 사람입니다.

직분자가 아닌 예배자

갈라디아서에서 바울은 야고보를 이렇게 언급합니다.

> 또 기둥같이 여기는 야고보와 게바와 요한도 내게 주신 은혜를 알므로 나와 바나바에게 친교의 악수를 하였으니 우리는 이방인에게로, 그들은 할례자에게로 가게 하려 함이라(갈 2:9).

여기서 사도 바울은 자신이 어떻게 해서 예루살렘에 올라갔으며 예루살렘 교회의 지도자들이 자신들을 어떻게 환영하고 어떤 사역을 각각 분담했는지 언급하면서 그가 교제한 사도들의 이름을 언급하고 있습니다. 바로 "야고보와 게바(베드로)와 요한"입니다.

순서를 주의해서 보십시오. 초대 교회가 기둥과 같이 여기는 세 인물 중에서 야고보의 이름이 가장 먼저 등장합니다. 수제자인 베드로보다 앞자리에 야고보가 등장하는 것은 그가 초대 예루살렘 모교회에서 첫째가는 위치에 있었다는 것을 보여 줍니다. 지금으로 보면 원로로 대우하는 것입니다.

그뿐만 아니라 사도행전 15장을 살펴보십시오. 야고보는 교회 역사상 최초로 모인 총회에서 초대 총회장을 역임한 사람입니다. 지역 교회만으로 해결할 수 없는 중대한 사안을 해결하기 위해서 모든 교회가 최초로 함께 모였습니다. "할례와 믿음이냐? 아니면, 오직 믿음이냐?"라는 주제로 열띤 토론을 벌였습니다. 말할 만한 사람들이 다 나서서 한마디씩 하고 드디어 예수님의 수제자 베드로 즉 게바가 자기 입장을 밝힙니다. 그러고 나서 마지막 결론을 내린 사람이 야고보입니다. 신약 학자들은 이 최초의 공의회에서 야고보가 마지막 결론을 내리는 것을 보고 그가 최초로 모인 총회의 회장이라고 인정하고 있습니다. 결론은 회장이 내리는 것이 상식이요, 예의입니다. 제대로 된 집안이라고 하면 가족회의에서는 가장이 최후의 결론을 내립니다. 아버지가 마지막 말을 했는데도 나서는 자녀가 있다면 문제가 있는 가정입니다. 똑똑한 아내라도 마찬가지입니다.

교회 역시 마찬가지여야 합니다. 당회를 하건 제직회를 하건 말할 사람들이 모두 의견을 진술하고 나서는 마무리를 회장이 하도록 하는 것이 보기에 좋습니다. 꼭 뒤에 말을 걸치는 사람들이 가끔 있기는 하지만 이것은 존경받을 만한 사람의 태도는 결코 아닙니다. 회장 대신 자기가 결론을 내리려는 자는 자신의 위치를 모르는 안타까운 사람이요, 우리가 본받을 만한 사람이 아닙니다.

야고보, 그는 직책으로도 누구 못지않은 사람입니다만, 자신을 하나님의 교회 앞에 소개하면서 자신이 가진 직책으로 소개하지 않았습니다. 교회 내에서 그가 맡은 직책인 예루살렘 교회의 원로요, 초대 총회의 회장이라고 자기를 소개하는 대신에 "하나님과 예수 그리스도의 종"으로 자기를 소개하고 있습니다. 오늘날 교회에서 필요한 것은 이러한 자기 인식입니다. 예배 시간에도 마찬가지입니다. 교회에서 받은 직분을 의식하고 앉아 있다면 은혜 받기가 어렵습니다. 여러분은 예배자로서 주일날 이 교회당에 발을 딛으시기 바랍니다. 결코 관리자로서 발을 딛지 말기를 바랍니다. 만약 여러분이 예배자로서 나아오는 것이 아니라 관리자라는 의식을 가지고 나아온다면 은혜 받기가 쉽지 않습니다. 관리자인 여러분의 눈에 들지 않는 모습을 보면 마음이 불편해지고, 화가 나서 소리라도 치고 나면 자신은 말할 것도 없고 예배하러 온 다른 사람들조차 은혜 받지 못하게 만듭니다. 부탁 드립니다. 제발 주일날 교회 올 때는 여러분 모두가 예배자로서 나아오시기 바랍니다. 직책에 따라서 교회를 섬길 일도 있습니다. 그러나 예배 시간에는 예배만 드려야 합니다.

예배에 나아올 때 여러분은 하나님이 누구신지를 생각해야 합니다. 예배자로서 내 죄를 용서해 주시고 나의 주인 되시는 그분께 영광과 찬송을 드리기 위해 나온다면 눈에 거슬리는 어떤 일이 있다 하더라도 감히 불평하거나 소리칠 수 없습니다. 제대로 된 집안에서는 아버지가 계시면 아이들이 큰소리를 치지 않습니다. "온 땅은 그 앞에서 잠잠할지니라"(합 2:20). 이것이 예배자의 태도입니다.

하나님과 관련해서 내가 어떤 자리에 있는지, 내가 누구인지가 중요합니다. 다른 사람들이 나를 무엇으로 인정해 주느냐는 하나님 앞에 나올 때 아무 소용이 없습니다. 하나님께서는 직분 있는 어떤 사람을 만나려고 하지 않습니다. 그냥 우리 인생 그대로의 모습을 만나고 싶어 하십니다. 교회의 직분자로 자신을 인식할 때 장로는 사람들이 오는 것을 살피게 됩니다. 집사는 자기가 봉사해야 할 일을 생각하게 됩니다. 그러다 보면 정작 우리가 예배해야 할 하나님을 잊어버리게 됩니다.

새 관계의 축복

야고보는 직분만이 아니라 혈통도 내세울 만합니다. 예수님의 육신의 형제인 것을 내세울 만합니다. 적어도 교회 안에서는 예수님과 한 형제라는 사실이 대단한 것이 아닙니까? 그러나 여기서 그는 그런 암시조차 하고 있지 않습니다. 육신적인 관계가 신앙에 아무런 도움이 안 된다는 것을 매우 잘 알았던 사람이 야고보였습니다. 야고보는 예수님이 공사역을 시작하실 때 예수님보다 두서너 살 아래의 청년이었으니까 형 예수가 사역을 시작할 때부터 마칠 때까지 그분을 누구보다 잘 알았습니다.

그런데도 불구하고 그때의 그는 예수를 주로서 만난 적이 없는 사람이었습니다. 육신적으로 말하면 누구보다 가까이 있으면서도 예수가 누구인지 철저히 몰랐던 사람이 바로 야고보였습니다. 육신적인 관계가 신앙에 있어서는 아무런 도움을 주지 못한다는 것을 알았기에 성도들에게 편지를 쓸 때에 자기가 육신적으로 예수님과 어떤 관계인지를 밝히지 않았습니다.

신앙은 모든 관계를 영적인 안목으로 파악하는 것입니다. 우리의 직분이 무엇인지는 관계없습니다. 우리가 그 직분자와 어떤 관계를 가지고 있는지도 아무 상관이 없습니다. 예수님과 형제지간으로 살았지만 야고보는 예수가 누구인지 몰랐다는 것을 기억하십시오. 여러분 부모나 형제가 교회 안에서 어떤 직책에 있다 하더라도 그것이 여러분과 주님 사이를 보증해 줄 것이라고 생각하지 마십시오. 여러분의 부모가 장로일 수도 있고 권사일 수도 있습니다. 그러나 그것이 여러분의 영적인 신분을 보장하지는 못합니다. 여러분의 부모가 새 생명 훈련원 간사일 수도 있습니다. 그래서 하나님과 사람 사이의 네 가지 영적 원리를 누구보다 잘 알고 전달하는 숙련된 사람일 수 있습니다. 하지만 그것이 여러분의 신앙을 보증하지는 못합니다.

보십시오. 여기 야고보는 예수님을 형 예수가 아니라 주 예수 그리스도로 만나고 있습니다. 자신과 주님의 관계를 육적인 관계가 아니라 영적인 관계로서 파악하고 있습니다. 부활 후 주님은 동생 야고보에게 자신의 영광된 모습을 나타내 보여 주셨습니다. 그 후 야고보는 주님이 정말 누구인지를 알게 되었습니다.

야고보서 2장 1절은 "내 형제들아 영광의 주 곧 우리 주 예수를 믿는 믿음을 너희가 받았으니 사람을 차별하여 대하지 말라"고 말하고 있습니다. 자기에게 나타나신 영광스러운 부활의 주님의 모습을 야고보는 결코 잊어버릴 수 없었기 때문입니다. 그 후 야고보는 이 새로운 관계에서 항상 예수님을 만났습니다. 지금 야고보는 예수님과 맺은 새로운 관계로 인해 모든 성도와 새로운 관계를 맺고 있습니다. 예수님을 주님으로 만난 이후 모든 주님의 백성과의 새로운 만남이 시작되었습니다. 이제는 흩어진 열두 지파, 모든 성도가 그의 관심의 대상이 되었고 안부와 교제의 대상으로 다가왔습니다.

이것은 육신적인 관계에서 해방된 자가 누리는 새로운 가족관계에 대한 축복입니다. 주님이 친히 말씀하시기를 "나와 복음을 위하여 집이나 형제나 어머니나 아버지나 자녀나 모든 땅을 버린 자는 내세에 하늘을 상속하는 것뿐 아니라 현세에 땅에서도 백 배나 축복을 받을 것"(막 10:29-30 참조)을 말씀하셨습니다.

예수 그리스도를 믿게 되면 이전의 육신과 혈연에 더는 매여 있지 않습니다. 거기에서 해방되어 우리는 모든 사람과 더불어 새로운 관계를 맺습니다. 특별히 예수 그리스도를 주로 만난 사람들과 형제자매의 관계에 들어갑니다.

> 누구든지 하나님의 뜻대로 행하는 자가 내 형제요 자매요 어머니이니라 (막 3:35).

누구든지 주님의 뜻대로 살려는 사람은 사랑스러운 사람으로 다가옵니다. 이것은 주님 안에서 새로운 인간관계를 맺을 때 얻는 축복입니다. 사랑하는 성도 여러분! 이 축복받은 새 관계를 여러분은 확인하고 있습니까? 여러분 옆에 함께 앉아 있는 형제자매가 여러분의 관심과 교제의 대상이 되어야 합니다. 교회는 그런 곳이어야 합니다. 함께 찬양대에서 봉사한 지 6개월이 지났는데도 그 사람에 대해서 아는 것도 없고 알려고도 하지 않는다면 그것은 성도의 봉사의 자리가 아닙니다.

영화관에 가면 각각 표를 사 가지고 들어가서 자기 번호에 앉아 영화를 감상하고 나옵니다. 옆의 사람에 대해서 특별한 관심을 보이지 않아도 됩니다. 그러나 교회는 그런 곳이 아닙니다. 바로 옆 사람이 누구인지 알고 싶어해야 됩니다. 여기는 나만 축복받고 가는 곳이 아니고 형제자매가 모인 곳입니다. 그래서 모임을 통한 교제가 소중한 것입니다. 기억력이 뛰어나지 않더라도 모임에 나오는 사람 정도는 다 알 수 있을 것입니다.

성도의 교제는 거기서 끝나지 않습니다. 우리가 비록 육신으로는 한 번도 만나지 못했다 하더라도 주님의 모든 백성과 우리는 형제자매가 되었습니다. 그들의 어려움은 나의 어려움으로 다가와야 합니다. 그들의 고통은 내 고통이 되어야 합니다. 그들의 기쁨은 내 기쁨으로 다가와야 합니다. 그것이 거룩한 공교회를 믿는다고 고백하는 신앙 공동체입니다.

우리는 주일날 사도신경으로 신앙을 고백할 때 거룩한 공교회를 고백합니다. 장로교회를 고백하는 것이 아닙니다. 한국 사람으로만 구성된 교회를 고백하는 것이 아닙니다. 세계적으로 흩어져 있는 보편적인 교회를 고백합니다.

하나님의 백성이 되면 흩어져 있는 하나님의 모든 백성에 대해 관심을 가지게 됩니다. 그들이 나의 사랑의 대상으로 다가오게 됩니다. 하나님과 주 예수 그리스도의 종으로 자기를 소개하는 야고보에게 주어진 새 관계의 축복이 여러분의 것이 되길 바랍니다.

'종'이라는 칭호가 주는 의미

종의 본래 의미가 무엇인지 살펴보겠습니다. 현대 사회에 우리는 종을 두고 살지 않습니다. 대부분 머슴조차도 잘 모릅니다. 단어는 알지만 경험적으로 알지 못합니다. 이미 우리는 머슴을 두고 살 수밖에 없었던 농경 사회를 지나왔기 때문입니다. 그래서 종이라는 단어는 알지만 이것은 사실 아는 것이 아닙니다.

예수님의 동생인 유다와 야고보만이 편지를 하면서 다른 칭호를 사용하지 않고 오직 "하나님과 예수 그리스도의 종"이라고만 자기를 소개합니다. 바울은 자기를 소개할 때 어떻게 했습니까? 예수 그리스도의 종이요, 사도라고 밝혔습니다(롬 1:1 참조). 그러나 야고보는 종 이상으로 자기를 소개하지 않습니다. 야고보는 예수님의 동생이라고 밝힐 수도 있었습니다. 그가 교회에서 가졌던 위치를 드러낼 수도 있었습니다. 그러나 야고보는 종이라고 자신을 소개합니다.

이것은 무엇보다 그의 겸손을 나타내는 칭호입니다. 야고보는 하나님과 주 예수 그리스도의 자원하는 종이요, 주인의 명령에 복종밖에 모르는 종이었습니다. 종은 자기 권리라는 것을 생각도 할 수 없습니다. 당시의 종은 주인의 소유에 불과했습니다. 부잣집 주인은 두 가지 종류의 도구를 가지고 있었는데, 말을 하지 못하는 도구인 연장과 말을 하는 도구인 종이었습니다.

하나님의 종은 하나님을 섬기는 일에 완전히 몰입한 사람입니다. 자신의 욕망에 대해서는 "아니오"라고 대답하고 하나님에 대해서는 "예"라고 대답하는 사람입니다. 야고보는 자기를 "하나님과 주 예수 그리스도의 종"이라고 소개하고 있습니다.

이것은 또 절대적인 충성을 뜻합니다. 하나님께 전적으로 속해 있는 사람은 자신에 대해서 관심이 없는 사람입니다. 자신의 꿈을 포기한 사람입니다. 자신의 욕망을 못 박아 버린 사람입니다. 자신의 것은 계산에 포함되어 있지 않습니다. 하나님께 전적으로 충성하는 자를 일컬어 하나님의 종이라고 합니다. 여러분도 하나님의 종으로 부름 받았다는 사실을 기억하십시오. "하나님과 주 예수 그리스도의 종"으로 부름 받은 대로 살아가십시오.

그러나 하나님과 주 예수 그리스도의 종이라는 말에는 겸손이라는 의미만 있는 것은 아닙니다. 여기에는 야고보의 직무가 나타내는 명예와 권리가 내포되어 있습니다. 그러면 야고보가 자신을 "하나님과 그리스도의 종"이라고 소개할 때 거기에 그의 직무에 따른 명예와 권리가 어떻게 나타나고 있습니까?

같은 비서라도 누구의 비서인지에 따라 신분이 달라지는 것을 여러분은 알고 있습니까? 작은 개인 사업체 사장의 비서와 큰 기업 회장의 비서는 신분이 다릅니다. 같은 비서 실장이라도 시장 비서 실장과 대통령 비서 실장은 급수가 다릅니다. 한마디로 누구의 종이냐에 따라 신분이 달라지는 것입니다. 미국에서는 국무장관을 가리켜서 "Secretary of the State"(직역하면, 국가의 비서)라고 부릅니다. 누구나 얕잡아 볼 수 있는 비서가 아닙니다.

그러므로 여기 야고보가 "하나님과 주 예수 그리스도의 종"이라고 소개할 때 그것은 치욕스러운 칭호가 아니라 영광스러운 칭호입니다. 전적으로 하나님을 섬길 뿐만 아니라 하나님의 일을 맡은, 선택받은 자의 즐거움이 거기에는 내포되어 있습니다. 하나님 나라에서 하나님의 종이라는 칭호보다 더 존귀한 칭호는 없습니다.

천사가 마리아에게 나타나 아들을 잉태하리라고 했을 때, 마리아는 "주의 여종이오니 말씀대로 내게 이루어지이다"(눅 1:38)라고 반응했습니다. 그런데 마리아가 예수님을 낳았다는 이유로 천주교에서 마리아를 '하나님의 어머니', '모후', '여신'이라고 표현하는 것은 변질된 이야기입니다. 하나님 나라에서는 하나님 한 분이 주인이시고 전부입니다. 나머지는 모두 종입니다.

오늘날 어떤 사람들은 잘못 생각하고 있습니다. 언젠가 황해도 어느 노회에서는 교인들로 하여금 목사들을 종(從)이라고 부르지 말고 사자(使者)라고 부르도록 했다는 기록이 남아 있습니다. 최근에도 어떤 모임에서 이런 말을 들은 적이 있습니다. 사자는 일 사(使), 놈 자(者), 즉 일하는 놈입니다. 일하는 놈이나 종이나 별반 다를 것이 있습니까?

'하나님의 종(從)'이라고 불리는 것이 얼마나 영광스러운 칭호인지 깨닫지 못하는 무식이 교회를 이렇게 만들어 가고 있습니다. 하나님 나라에서는 그보다 더 귀한 직분은 없습니다. 하나님께만 전적으로 순종하고 충성하는 영광스런 자유를 누리는 사람의 칭호가 "하나님의 종"입니다.

여러분은 하나님의 종입니까? 여러분은 예수 그리스도의 종이라고 자신을 소개할 수 있습니까? 하나님의 종은 자기의 이기적인 욕망에서 해방된 사람입니다. 그는 자기의 사욕과 관심에서 벗어난 사람입니다. 예수 그리스도의 종은 마음속에 하나님의 뜻을 이루고 싶은 원대한 꿈이 가득한 사람입니다. 저는 여러분을 하나님의 종이라고 명실공히 소개할 수 있기를 바랍니다. 하나님 나라에서는 그보다 더 영광스러운 칭호가 없기 때문입니다.

이것은 구약에서 하나님의 사람들이 불리던 칭호입니다. 여호와의 종 아브라함, 하나님의 종 모세, 하나님의 종 여호수아, 여호와의 종 다윗, 많은 선지자가 불리던 칭호가 바로 '하나님의 종'입니다. 지금의 사람들이 좋아하는 '리더', '지도자'라는 칭호는 실패한 지도자 사울과 관련해 구약 성경에 두세 번 언급된 것이 전부입니다. 하나님의 나라를 이루어 가는 데 쓰임 받은 사람들은 하나님의 종이라는 칭호로 만족했습니다. 이 소개를 통해서 야고보는 자신이 구약 족장과 왕들과 선지자의 반열에 나란히 선 자임을 암시하고 있습니다.

하나님의 권위와 그리스도의 이름으로!

세 번째로, 야고보는 자신이 하나님의 권위와 그리스도의 이름으로 백성들에게 다가서고 있음을 암시하고 있습니다. 야고보서를 통해 말하는 이는 인간 야고보가 아니라 바로 주님이라는 것을 암시하기 위해서 하나님과 주 예수 그리스도의 종 야고보가 문안한다고 자신을 소개하는 것입니다. 그러므로 이 편지에 쓰여 있는 내용은 어떤 한 사람의 종교적 의견이 아닙니다.

하나님에게 전적으로 지배당하고 있는, 하나님의 영에 전적으로 사로잡혀 있는 사람이 하나님의 권위로 말하고 있는 것입니다. 그는 이 말씀을 듣는 우리 모두에게 하나님의 권위로써 전적으로 다가오고 있습니다.

사랑하는 성도 여러분, 그리고 사랑하는 이웃 여러분, 예배 시간에 선포되는 말씀에 대해서 여러분이 "예" 할 것인지 "아니오" 할 것인지는 설교하는 사람의 종교적 견해에 대한 여러분의 태도에 따라 결정하는 것이 아닙니다. 하나님을 향해서 "예" 할 것인지 "아니오" 할 것인지를 결정하는 것입니다. 말씀이 말씀 그대로 선포될 때 이 말씀은 하나님의 말씀입니다.

그러므로 누구든지 하나님의 백성에게 할 말을 가진 자는 하나님과 주 예수 그리스도의 이름으로 다가와야만 합니다. 그래서 야고보는 자기가 바로 하나님과 그리스도 예수의 종이라는 것을 밝히고 있습니다. 그 소개를 통해서 '나는 흩어져 있는 열두 지파를 향해서 말할 수 있는 권위를 가진 자'라는 것을 암시하고 있습니다.

아무도 '하나님의 이름으로'라는 권위 말고는 하나님의 백성을 구속할 수 없습니다. 그리스도의 위임을 받아서 진리와 부합하는 말만이 성도를 구속할 수 있는 힘을 가집니다. 강단에서 선포되는 말이라고 해서 여러분이 그 말을 따라야 할 절대적인 이유는 없습니다. 한국 교회는 하나님의 영광스러운 자녀들의 자유를 억압하고 있습니다. 저는 어떤 교회에서 담임 목사가 군림하고 있는 것을 보면 매우 기분이 나쁩니다. 자신이 무엇이기에 하나님의 백성 위에서 군림한다는 말입니까. 목사라는 직책은 일하는 직책일 뿐입니다. 제게는 하나님의 자녀라는 것보다 더 영광스러운 신분이 없습니다. 종들이 하나님의 백성을 함부로 지배하는 것은 있을 수 없는 일입니다.

우리는 흔히 신교라고 말합니다. 신교도를 영어로 'Protestant'(항의하는 사람들)라고 합니다. 이것이 신교도가 출발부터 가진 생득적인 권리입니다. 강대상에서 어떤 직함을 가지고 말하든지 성경과 부합하지 않고 성령으로 말하지 않으면 그 말은 우습게 여기십시오. 그래야 하나님의 교회가 새로워질 수 있습니다. 그래야 교회가 세상의 빛과 소금의 역할을 감당할 수 있습니다. 뭐든지 시키는 대로만 따라하게 되면 소경이 소경을 인도하는 것처럼 비극만이 기다리고 있을 뿐입니다.

개혁주의자들은 설교를 하나님 말씀의 선포라고 인식했습니다. 혹시 설교자가 여러분의 귀에 거슬리는 말을 하더라도 설교자에게 감정을 표출하지 마십시오. 여러분의 삶을 보시고 안타깝게 여기시는 하나님의 말씀으로 청종하시기 바랍니다. 혹시 전하는 말씀이 여러분에게 위로가 됩니까? 그렇다면 설교자에게만 감사를 표하는 것은 옳지 않습니다. 여러분의 형편을 위로하시는 하늘 아버지께 감사드리십시오.

여러분은 자신을 누구라고 생각합니까?

오늘 우리는 야고보서 1장 1절 야고보의 문안을 본문으로 택해서 그 가운데 한 부분인 야고보의 자기소개를 살펴보았습니다. 그는 자기가 가진 직책으로 하나님의 백성에게 다가오지 않았습니다. 그는 자신의 대단한 혈통을 내세우지도 않았습니다. 그는 다만 자신을 "하나님과 예수 그리스도의 종"이라고 소개합니다.

그 말의 의미가 무엇이었습니까? 무엇보다 먼저 거기에는 그의 겸손함이 표출되고 있습니다. 내세울 만한 모든 것을 감추고 오직 종으로 자신을 소개하는 야고보는 당시 모든 사람의 존경을 받을 만한 자격이 있는 사람이요, 지금도 우리가 본받을 만한 의로운 사람임이 틀림없습니다. 그리스도인이든지 유대인이든지 모두 야고보를 존경했다고 기록하고 있습니다. 겸손으로 다가서는 사람들을 존귀하게 여길 줄 알아야 합니다. 여러분에게 헛된 권위를 내세우는 사람을 향해 코웃음 칠 수 있는 담대함을 가져야 합니다.

야고보가 단순히 종이라고만 자신을 소개하는 것이 아니라 "하나님과 예수 그리스도의 종"으로 자신을 소개하는 데는 그의 직무, 그 직무의 영광, 그리고 명예와 권리가 내포되어 있습니다. 그러므로 그는 하나님의 백성들에게 다가설 수 있었습니다. 그러므로 그는 하나님의 백성들에게 말할 수가 있었습니다.

여러분은 자신을 누구라고 생각합니까? 오직 자신을 하나님과 예수 그리스도의 종으로 인식하는 사람만이 하나님의 백성들에게 다가설 권리가 있습니다. 타고난 어떤 신분이나 교회가 준 어떤 직책으로는 하나님의 백성들 앞에 설 수 없다는 것을 인식하십시오. 하나님의 백성들에게 다가서서 무언가 말을 하려면 하나님과 예수 그리스도의 종 된 자리에서 말하십시오. 그때 여러분은 하나님의 백성들에게 비로소 은혜를 끼칠 것입니다.

사랑하는 성도 여러분, 그가 어떤 혈통을 가졌든지 어떤 직책을 가졌든지 하나님의 진리로, 하나님의 영으로 말하지 아니할 때는 순종할 이유가 없습니다. 거룩한 거부권을 행사하시기 바랍니다. 성숙한 하나님의 백성은 분별할 능력을 가진 자입니다. 누가 큰소리를 친다고 기죽지 마십시오. 당당히 여러분의 입장을 밝히고, 함부로 화내는 사람이 있다면 조용히 가서 사과를 받아 내기 바랍니다.

다만, 하나님의 권위로 다가오는 분들에게는 순종하시고, 자신의 혈기로 공동체의 분위기를 깨는 사람들을 부끄럽게 하는 건강한 교회를 만드는 일에 최선을 다하십시오. 새로이 주어지는 날마다 "하나님과 예수 그리스도의 종"으로 처신하는 여러분 모두가 되기를 바랍니다.

James
야고보서 1장

야고보서 1장 1절

¹ 하나님과 주 예수 그리스도의 종 야고보는 흩어져 있는 열두 지파에게 문안하노라

02. 흩어져 있는 열두 지파에게

그리스도 안에서 사랑하는 성도 여러분, 그리고 새롭게 신앙생활을 하기 위해 예배의 자리에 나오신 이웃 여러분, 이 시간에는 야고보서 1장 1절에 대해서 살펴보려고 합니다. 앞서 우리는 이 편지를 쓴 사람인 야고보에 대해서 보았습니다.

야고보는 자신을 "하나님과 주 예수 그리스도의 종"이라고 소개하고 있습니다. 그는 이 소개를 통해서 자신이 하나님의 권위와 그리스도의 이름으로 그 백성들에게 다가서고 있음을 암시합니다. 그는 이 편지를 통해 하나님의 영에 전적으로 지배당하는 사람의 권위로 말합니다. 그러므로 야고보서는 편지의 형식이지만 하나님의 영으로 선포되는 말씀이기에 우리는 그 말에 순종해야 합니다. 그러므로 설교를 하나님 말씀의 선포라고 하는 것은 올바른 것입니다. 오늘 우리는 이 편지를 받는 사람들에 대해서 살펴보려고 합니다.

야고보의 문안을 받는 사람

　우리는 편지를 쓸 때 받는 사람이 누구냐에 따라 어떤 내용을 쓸지 결정합니다. 야고보가 이 편지를 쓸 때 누구에게 썼는지는 내용을 이해하는 데 중요합니다. 야고보는 이 편지를 받는 자를 어떻게 부릅니까? "흩어져 있는 열두 지파에게"라고 합니다. 열두 지파란 무슨 뜻입니까? 교회에 처음 나오신 분이라면 '열두 지파'라는 말이 생소할 수도 있습니다.
　본래 이스라엘 민족은 열두 씨족, 부족으로 형성되었습니다. 열둘은 성경에서 완전한 숫자를 상징합니다. 유대인들은 완전한 것을 표현하고 싶을 때 열둘이라는 숫자를 쓰기 좋아했습니다. 그래서 이스라엘의 전 공동체를 나타내는 말로 열두 지파라는 말이 사용되었습니다.
　그런데 본문은 그냥 열두 지파라고 하지 아니하고 "흩어져 있는 열두 지파"라고 합니다. 본래 이스라엘은 열두 지파로 형성된 백성을 사사들이 다스리다가 후에는 왕이 다스리는 나라를 세웠습니다. 초대 임금이 누구였습니까? 초대 임금은 사울이었고, 두 번째는 다윗, 세 번째는 솔로몬이었는데 솔로몬 왕이 죽고 나서 왕국이 나뉘었습니다. 북쪽 이스라엘과 남쪽 유다로 나뉘었습니다. 그 후 몇백 년이 흘러 북쪽 이스라엘이 앗수르에 망합니다. 그리고 주민들은 잡혀가서 사방으로 강제 이주를 당합니다. 거기에 살던 대로 놓아두면 또 반역을 일으킬까 봐 먼 곳으로 이주시킨 것입니다. 후에 유다도 같은 꼴을 당합니다.
　여러분, 역사는 어느 관점에서 보느냐에 따라 해석이 달라진다는 것을 아십니까? 이스라엘을 정복하고 지배하는 황제들의 입장에서 보면 예루살렘은 언제나 민중 봉기가 일어나는 반항의 도시입니다. 그러나 이스라엘 사람들의 입장에서 보면 독립을 위한 운동이 끊임없이 일어나는 도시가 예루살렘 성입니다.

그래서 앗수르와 바벨론의 역대 황제들은 예루살렘뿐 아니라 온 이스라엘 땅에서 쓸 만한 사람을 모두 잡아가서 흩어 버렸습니다. 그런 역사적 배경 때문에 예수님 당시만 해도 이스라엘 땅, 즉 팔레스틴 안에 있는 사람보다 그 주변 여러 나라에 흩어져 있는 사람이 오히려 더 많았습니다. 그리고 이 흩어진 사람을 '디아스포라'라고 불렀습니다. 그것이 이 야고보서를 쓸 당시 이스라엘의 처지였습니다.

어떻게 보면 흩어져 있는 유대인 전부에게 문안하는 것처럼 생각할 수 있습니다. 그러나 "하나님과 주 예수 그리스도"라는 구절이 그런 가능성을 배제시킵니다. 왜냐하면 흩어져 있는 유대인들은 민족적으로 그때 예수님을 주로 받아들이지 않았기 때문입니다. 예수라는 이름은 그들이 가장 싫어하는 이름이었습니다. 그런 사람들에게 예수님의 종이 문안한다고 하면, 그것도 하나님과 예수님의 이름을 동일 선상에 넣어서 문안한다고 하면 편지는 다 읽히기도 전에 찢겨졌을 것입니다. 그러므로 야고보가 편지를 쓸 때 유대인 전부를 대상으로 하지 않은 것은 분명합니다. 당시의 유대인들은 예수를 '나사렛 이단의 괴수'라고 규정하고 십자가에 처형한 지 오래되지 않았습니다.

유대인들의 공식 입장이 조금 변한 것은 2,000년 후의 일입니다. 1950년대에 랍비들이 모여서 자기들의 공회에서 한 결정이 잘못되었을 수도 있다는 것을 비로소 인정했습니다. 하지만 이 편지가 쓰인 당시에는 유대인이야말로 기독교에 대해서 악의를 품고 있었으니까 단순히 '흩어진 열두 지파'라고 해서 일반 유대인에게 이 편지를 보낸 것으로 볼 수는 없습니다.

어떤 이들은 팔레스틴 밖에 있는 유대인으로서 개종한 사람들을 가리킨다고 보기도 합니다. 본토 팔레스틴 바깥에 흩어져 살고 있는 많은 디아스포라 유대인 중 개종한 사람들에게 이 편지가 보내졌다는 것입니다. 이것은 리빙바이블(Living Bible)의 입장이기도 합니다. "Jewish Christians scattered everywhere, Greetings"(어디든 흩어져 있는 유대인 기독교도들에게 문안하노라).

이 입장을 지지하는 증거로, 편지를 읽어 보면 유대적인 색채가 강하다고 볼 수 있습니다. 편지에 나타난 유대적 색채라면 받는 사람의 영향이라기보다는 쓴 사람이 유대인이기 때문일 가능성이 더 높습니다. 만약 유대 개종자들에게 편지를 보냈다고 하면 야고보는 유대인 기독교의 지도자로서 이 편지를 쓴 것으로 이해할 수 있습니다.

그러나 그것이 타당한 해석이 될 수 없는 이유는, 첫째로 우리가 이 서신을 공동 서신이라고 부른다는 점입니다. 공동 서신이라는 것은 공동으로 쓰였다는 것이 아니라 받는 사람들이 지정되어 있지 않다는 뜻입니다. 보편적인 성도들을 향해서 쓰였다는 것입니다. 둘째로 당시의 교회들에는 유대인 기독교와 헬라인 기독교가 섞여 있어서 이 둘을 나눈다는 것은 불가했다는 점입니다. 실제로는 유대인으로만 구성된 교회나 헬라인으로만 구성된 교회가 존재하지 않았습니다.

물론 미국에 가면 한국인 기독교인으로만 구성된 교회가 있습니다. 미국에 이민을 가서 살고 있지만 미국 언어가 능숙하지 않은 한국인 기독교인들이 한국어로 설교를 듣고 기도하기를 원하기 때문에 생긴 교회입니다. 그러나 그것은 요즘의 일이고, 2,000년 전에는 지중해를 중심으로 한 모든 나라의 공용어가 헬라어였습니다. 그러다 보니 굳이 예배를 따로 드릴 이유가 없었습니다.

달리 말해 그런 해석은 역사적인 사실과 일치하지 않습니다. 아주 일찍부터 교회는 유대인과 헬라인이라는 민족의 구별 없이 예수 그리스도를 주로 시인한 사람들로 구성되어 있었습니다. 더 나아가 야고보가 하나님의 백성에게 편지를 쓰면서 여전히 자신의 민족인 유대인만을 대상으로 편지를 썼다는 것은 그리스도인으로서 우리의 경험에 비춰 보아도 타당한 해석으로 받아들일 수 없습니다.

우리의 궁극적인 관심

저는 그리스도인이 된 후에 한국 사람이든 미국 사람이든 상관없이 예수 믿는 사람들에 대해서 동일한 관심을 가지고 있습니다. 우리가 그리스도인이 되면 동양인뿐 아니라 서양인도, 황인뿐 아니라 백인과 흑인도 같은 관심의 대상으로 바라보게 됩니다. 우리가 그리스도인인 이상 그들 모두가 우리의 형제자매이기 때문입니다. 그들도 하나님을 아버지라고 부르고 우리도 하나님을 아버지라고 부르니 우리가 서로 형제자매인 것은 분명합니다. 설교자의 관심은 모든 사람을 향하지 특정 민족에게만 한정될 수 없습니다. 그래서 저는 이 표현이 세상에 있는 하나님의 백성 전부에게 문안하는 것이라고 생각합니다.

그래서 저는 "흩어져 있는 열두 지파"라는 표현이 새 이스라엘 전부를 지칭하는 상징적 의미라고 봅니다. 굿뉴스바이블(The Good News Bible)은 이 입장을 지지합니다. "Greetings to all God's people, scattered over the whole world"(온 세계에 흩어져 있는 모든 하나님의 백성에게 문안하노라). 베드로전서를 보면 비슷한 표현이 실제 이런 의미로 쓰이고 있다는 것을 알 수 있습니다.

> 예수 그리스도의 사도 베드로는 본도, 갈라디아, 갑바도기아, 아시아와 비두니아에 흩어진 나그네 곧 하나님 아버지의 미리 아심을 따라 성령이 거룩하게 하심으로 순종함과 예수 그리스도의 피 뿌림을 얻기 위하여 택하심을 받은 자들에게 편지하노니 은혜와 평강이 너희에게 더욱 많을지어다(벧전 1:1-2).

여기서 베드로도 예수 그리스도의 사도로서 흩어진 나그네들에게 편지하고 있습니다. 이 "흩어진 나그네"는 예수 그리스도의 피 뿌림을 얻기 위하여 하나님의 택하심을 입은 모든 사람을 지칭하고 있습니다.

지금 야고보는 땅 위에 흩어져 있는 신앙 공동체 모두에게 주님의 이름으로 문안하고 있습니다. 야고보는 누구입니까? 사실 야곱이나 야고보나 같은 이름인데 발음이 유대식이냐 헬라식이냐에 따라 달라질 뿐입니다. 야곱이라는 사람은 아들을 열두 명 두었던 사람입니다. 구약의 야곱은 열두 자식으로 이루어진 식구를 먹여 살리는 책임을 지고 있었습니다. 이와 같이 여기 야고보는 신약 열두 지파를 돌보는 책임을 느끼고 있습니다. 그는 모교회에서 가장 큰 어른이었기 때문입니다.

초대 교회에서는, 특별히 핍박 아래 있는 상황에서는 상징적으로 표현하기를 좋아했습니다. 정치적으로도 탄압이 심해지면 은유와 암시가 많이 나옵니다. 구체적으로 표현하면 지목이 되고 핍박의 대상이 되기 쉬우니까 상징적 표현을 쓰는 것입니다.

예를 들어, 베드로는 로마에 있으면서도 "로마에 있는 교회가 너희에게 문안하고……"라고 쓰지 않고 "택하심을 함께 받은 바벨론에 있는 교회가 너희에게 문안하고 내 아들 마가도 그리하느니라"(벧전 5:13)라고 했습니다. 만약 '로마에 있는 교회'라고 쓰인 문서가 드러나면 로마에 그리스도인이 있다는 것이 온 천하에 드러날 것입니다. 그러면 핍박을 받게 될 것입니다. 그뿐 아니라 사도 베드로는 지금 그리스도인을 핍박하는 로마가 옛날 하나님의 백성을 핍박했던 바벨론과 같다고 보고 있습니다. 흩어져 있는 열두 지파라는 것은 그런 상징적인 표현입니다. 그것은 지상에 흩어져 있는 하나님의 백성 모두를 뜻합니다.

사랑하는 성도 여러분, 꼭 기억하십시오. 주님과의 새로운 관계에 들어온 사람은 이제 국수주의자일 수 없습니다. 제가 유학 생활을 하면서 상당 기간 함께 지냈던 남아프리카 공화국 친구가 한 명 있었습니다. 처음 만났을 때는 신학생이었는데, 후에는 제가 출석하던 교회의 목사가 되었습니다. 유학 당시 그 집에 세 들어 살고 나이도 비슷해서 이야기를 많이 나누었는데 어떤 때는 벽에 부딪히는 듯 느껴지기도 했습니다. 왜냐하면 이 친구는 나를 항상 '한국인 그리스도인'으로 생각했기 때문입니다. 어떤 문제에 대해서 제 개인적인 생각을 말해도 그는 내가 한국 사람의 이익을 대변하는 것으로 여겼습니다. 정말 어떤 때는 이 친구를 국수주의자로 분류해야 할지 아니면 형제 그리스도인으로 분류해야 할지 고민이 되었습니다.

당시 그 친구의 조국인 남아프리카 공화국은 매우 오랫동안 민족과 교회가 나란히 걸어왔기 때문에 나중에는 무엇이 민족적인 욕구이고 무엇이 성경이 말하는 진리인지 구별할 수 없는 상황에 빠져 있었습니다. 개혁주의 교회가 그렇게 판을 치고 있으면서도 당시 민중 봉기로 인해서 지탄을 받고 있었다는 것은 시사하는 바가 있습니다. 하나님의 진리와 민족적인 요구를 구별하지 못하는 데서 일어난 상황입니다. 그리스도인이 된다는 것과 국수주의가 된다는 것은 결코 하나가 될 수 없습니다. 그리스도인이 되면 민족지상주의가 설 자리를 잃게 됩니다.

그렇다고 해서 제가 민족을 무시하거나 경시하는 것은 아닙니다. 저는 사는 날 동안 한국인으로서 살아갈 것입니다. 그러나 제게 한국인이라는 것이 결코 절대적이 될 수는 없습니다. 히틀러가 독일 민족 절대 우위를 내세운 것처럼 민족을 절대화하지는 않을 것입니다.

하나님의 백성이 된 다음에 우리가 궁극적으로 관심을 두는 것은 하나님 나라입니다. 대한민국이라는 지상의 나라가 제게도 중요하지만 절대적인 것은 아닙니다. 한 사람이 참으로 주님을 만나게 되면 우주적이고 보편적이 될 수밖에 없습니다. 그러므로 우리는 "거룩한 공교회를 믿는다"고 고백하는 것입니다.

그래서 저는 한국에 신학교가 많이 있어도 형편이 되면 최종 학위는 외국에 나가서 하는 것도 유익하다고 말합니다. 왜냐하면 그래야 "거룩한 공교회를 믿는다"는 것이 개념이 아니라 경험으로 다가오기 때문입니다. 외국에서 그들과 함께 예배에 참여해서 찬송도 불러 보고 소그룹에 참여해서 신앙에 대해서 이야기해 보면 '이 사람들이 나보다 코는 큰데 생각은 나하고 같구나' 하는 것을 배웁니다. 피부색은 나와 달라도 관심은 같은 데 있다는 것을 직접 느껴 보면 거룩한 공교회를 고백하는 것이 무엇인지 더욱 알 수 있습니다.

땅 끝까지 이르러 내 증인이 되리라

왜 오늘까지 '영국 성공회'라는 것이 남아 있습니까? 당시 영국 성공회를 세운 사람들은 모두 옥스퍼드, 케임브리지에서 공부한 사람들입니다. 물론 정치적으로 왕의 이혼 문제를 합법화하기 위해 들러리를 섰지만 어쨌든 한두 사람을 제외하고는 그 일을 감당한 사람들 대부분이 영국 대학교 출신입니다. 그래서 교회라고 하면 영국을 벗어나 생각할 수 없었습니다. 이에 대해 같은 영국인인 청교도들은 반대했습니다. 그들은 교회란 모든 민족으로 구성되어야 한다고 생각했습니다. 왜냐하면 그들은 영국을 벗어나 대륙에서 칼뱅을 만났고, 개혁주의자들을 만나서 교제한 경험이 있었기 때문입니다.

야고보는 일부가 아니라 모든 하나님의 백성을 자기의 관심 대상으로 삼고 있었습니다. 그의 교제 대상은 이제 유대인 신자만이 아니었습니다. 그의 문안 대상은 이제 유대인으로 한정할 수 없었습니다. 그리스도의 보혈로 말미암은 하나님의 백성은 그때나 지금이나 온 세상에 흩어져 있습니다.

하나님의 백성은 옛 이스라엘을 계승한 공동체이기 때문에 열두 지파라 부를 수 있는 동시에 이제는 국적을 고집하지 않는 열두 지파입니다. 그래서 야고보는 "이스라엘 열두 지파"라 하지 않고 "흩어져 있는 열두 지파"라고 부르고 있습니다.

옛날 이스라엘 사람들은 하나님의 말씀을 듣지 않다가 그 죄의 대가로 흩어졌습니다. 강제 이주 당했습니다. 그러나 여기 새 이스라엘도 흩어졌다고 합니다. "흩어져 있는 열두 지파"라고 부릅니다. 그러면 새 이스라엘은 왜 흩어졌습니까? 무슨 죄를 또 지었습니까? 아닙니다. 이제 새 이스라엘은 "예루살렘과 온 유대와 사마리아와 땅 끝까지 이르러 내 증인이 되리라"(행 1:8)는 명령을 받은 공동체이기 때문에 흩어져야 했습니다.

스데반의 순교 이후에 일어난 핍박으로 교회가 비로소 흩어지기 시작했습니다. 예루살렘 교회는 땅 끝까지 이르러 내 증인이 되라는 명령을 받았으면서도 흩어지기를 싫어했습니다. 그러다 핍박이 닥치니 비로소 흩어졌습니다.

때로는 동일한 것이 우리에게도 일어납니다. 이제 더는 한 민족만 알고 살 수 없도록 주님은 이미 많은 외국인을 우리 가운데로 보내셨습니다. 그러므로 때로는 흩으시기도 하고 다른 민족을 보내기도 하십니다.

하여튼 우리는 복음을 받아들인 이상 모든 사람에게 관심을 가져야 합니다. 모든 사람이 난 곳 방언으로 복음을 듣도록 전해야 합니다. "각 족속과 방언과 백성과 나라 가운데에서 사람들을 피로 사서 하나님께 드리[는]"(계 5:9) 일에 관심을 쏟아야 합니다. 벌써 우리 가운데 들어와 있는 140만의 이주 외국인을 통해서 하나님께서는 이 사실을 직면하게 하십니다.

어떤 사람은 이 땅에서 사는 삶으로 만족할 수 있습니다. 적당히 주일날 모이는 것으로 만족할 수 있습니다. 삶의 구체적인 현장에서 복음을 전하는 사명을 잊어버리고 모이는 것 위주로만 살고 있다면, 혹 형편이 변해서 먼 곳으로 떠나 직장 생활을 하게 될 수도 있다는 것을 기억하십시오. 그래서 주님께서는 우리가 복음을 전하지 않으면 안 되도록 하실 수도 있습니다.

사랑하는 성도 여러분, 여러분이 어디 있든지 여러분이 있는 곳을 사명 때문에 흩어져 있는 곳으로 간주해야 합니다. 학원을 다니고 있습니까? 학교를 다니고 있습니까? 아니면 직장 생활을 하고 있습니까? 모든 그리스도인은 복음 때문에 자신이 존재함을 알아야 합니다. 같은 곳 같은 일터에 있어도 어떤 사람은 돈 때문에 마지못해서 직장 생활을 하는 사람이 있는가 하면, 어떤 사람은 자기가 그 직장에 있어야 할 이유를 복음에서 발견하기도 합니다.

물론 저는 직장 생활을 하며 근무 시간에 큐티하는 사람을 싫어합니다. 그런 사람은 복음 전파를 가로막는 사람입니다. 회사에서 돈을 줄 때는 일을 시키기 위해서 주는 것입니다. 그러면 돈을 받는 만큼 일을 해야지 그 시간에 다른 일을 하면 안 됩니다. 근무 시간에 다른 일을 하는 것은 그리스도인답지 못합니다.

또한 일터를 선교지라고 알고 지내는 것은 입에 예수의 이름을 달고 살라는 말이 아닙니다. 모두가 하기 싫어하는 상황을 만날 때, 어떤 사람이라도 화낼 수밖에 없는 상황을 만날 때, 마음의 평화를 유지하고 모두가 하기 싫어하는 일에 참여해서 사람들이 "어? 예수 믿는 사람은 다르네?" 하고 구별된 모습을 보여 줄 때 직장에서 복음 전도가 이루어지는 것입니다.

사랑하는 성도 여러분, 부디 여러분이 있는 곳이 여러분으로 말미암아 그 백성을 불러 모으시는 하나님의 뜻을 성취하는 장소가 되기를 바랍니다. 바벨탑 이후에 인류가 온 지면에 흩어졌습니다만 이제 하나님은 그리스도 예수로 인해 인류가 믿음 안에서 하나로 모아지는 것을 원하고 계십니다. 모든 이름이 예수 그리스도의 이름으로 하나 되기를 바라십니다.

믿음 안의 한 나라

제가 남아프리카 공화국에서 산 지 5년쯤 되었을 때 어떤 목사님이 자기네 교회에 와서 설교를 한 번 해 달라고 요청한 적이 있습니다. 그 목사님을 만났을 때 제가 그분의 나라말로 대화를 했더니 제가 그 나라말을 잘한다고 생각해서인지 자기 나라말로 설교를 해 달라고 했습니다. 일상생활 용어는 100개의 단어만 알아도 아주 잘한다는 말을 듣습니다. 하지만 설교에 필요한 언어는 다릅니다. 그런데 정말 대책 없이 제가 하겠다고 대답했습니다.

그때가 제가 유학한 지 5년이 되었을 때인데 그 5년 동안 강대상에 서서 제대로 설교한 적이 없었습니다. 당시 몇 달째 새벽 기도를 하고 있었는데 처음에는 세 명, 그 다음에는 다섯 명이 모이는 것이 고작이었습니다. 설교자로서 갈증을 많이 느끼고 있었습니다. 그래서 저는 영어로 설교를 준비하고 그것을 다른 사람에게 아프리칸스어로 번역을 부탁해서 그 원고를 완벽히 외워서라도 설교를 해야겠다고 생각했습니다.

그런데 주일 새벽에 기도를 하는데 마음속에 하나님께서 말씀을 주셨습니다. 저의 예상과 달리 "예수 그리스도의 생애에 하나님의 나라가 임했습니다"라는 말씀을 아프리칸스어로 주신 것입니다. 더는 기도만 하고 있을 수 없어서 방에 가서 말씀을 적기 시작했습니다. 그렇게 해서 사나흘 동안 설교 쓰는 일을 얼마나 놀랍게 다시 시작했는지 모릅니다.

2주 동안 준비한 말씀으로 설교를 했습니다. 설교가 끝난 후 할머니 한 분이 제게 오셔서 말씀하셨습니다. "목사님, 제가 알아들을 수 있는 하늘 가나안 방언으로 말씀해 주셔서 감사합니다." 그때 생각했습니다. '아! 영적인 의미가 전달이 되었구나.' 그런 생각을 하며 막 돌아서는 순간 한 어린아이가 와서 "목사님! 제가 목사님 말을 다 알아들을 수 있었어요"라고 말했습니다. 제가 처음으로 해 본 일이었는데 얼마나 위로가 되었는지 모릅니다. 처음으로 모국어가 아닌 다른 나라말로 설교를 했는데 그 나라 어린아이가 알아들었다면 알아듣고자 한 사람은 다 알아들을 수 있었을 것입니다.

제 설교를 직접 들어 본 분들은 아실 것입니다. 한국말로 설교해도 처음 제 설교를 듣는 분들은 잘 못 알아듣습니다. 발음이 분명하지 않아서 말입니다. 그런데 아프리카에서 다른 나라의 말로 설교를 했으니 얼마나 긴장했는지 모릅니다. 그런데 어린아이가 와서 다 알아들었다고 하니 이것은 하나님께서 주시는 위로라고 생각할 수밖에 없었습니다. 그 후 3년간 한 달에 한 번 정도, 후에는 아침과 저녁에 설교를 했습니다. 하나님께서 놀랍게 말씀을 사용하신다는 것을 경험했습니다.

바벨탑 이후 하나님께서 인류를 흩으실 때 말이 서로 통하지 않도록 하셨습니다. 그런데 하나님께서는 하늘 가나안 방언, 천상의 언어를 우리에게 주셨습니다. 성도라면 같은 문장에 감동하고 같은 사실에 은혜를 받는 새로운 공동체를 이 땅에 지어 가고 계십니다. 이제 하나님은 그리스도 예수로 인해 믿음 안에서 하나로 살아가는 한 나라를 건설해 가고 계십니다. 모든 사람이 예수 이름으로 하나 되기를 바라고 있습니다.

하나님은 모든 무릎이 예수 그리스도의 이름 앞에 굴복되기를 바라십니다. 죄 가운데 사는 인생들을 불러 모으는 역사가 일어나기를 소원하십니다. 우리는 흩어져 죄 가운데 사는 사람들을 그리스도의 교회에 한 몸으로 연합시키는 일을 위해 살고 있습니다.

여러분이 어디에 있든지, 여러분 살고 있는 형편이 어떠하든지 상관없이 여러분은 복음을 전하는 일을 사명으로 맡은 사람들입니다. 사랑하는 성도 여러분! 꼭 한국이라는 곳이 가장 살기 좋아서 산다고만 여기지 마십시오. 대한민국에 우리가 산다면 환경이나 편리함 때문이 아니라 복음 때문이어야 합니다. 높은 소득 수준을 탐하여 어느 한 곳에 머물러 살지 마십시오.

주 안에서 사랑하는 성도 여러분, 어디든 흩어져 살고 있는 우리 삶의 영역을 하나님 나라를 확장하는 영역으로 삼아야 합니다. 그리스도인은 살아도 죽어도 주님을 위해 충성하는 사람들입니다.

주를 위해 전적으로 헌신하지 않고 신앙생활을 적당히 할 때 적당한 평안이 있을지 모릅니다. 전적인 기쁨, 감사, 찬양이 터져 나오게 하기 위해서는 우리 삶이 전적으로 우리의 왕께 드려져야 합니다. 여러분이 전적으로 충성하기 이전에는 전적 기쁨, 전적 만족은 삶에 찾아오지 않습니다. 우리가 사는 곳이 하나님 나라를 건설하는 현장이 되기를 바랍니다.

James
야고보서 1장

야고보서 1장 1절

1 하나님과 주 예수 그리스도의 종 야고보는 흩어져 있는 열두 지파에게 문안하노라

03.
문안하노라

    그리스도 안에서 사랑하는 성도 여러분, 그리고 하나님을 만나기 위해서 이 자리에 나오신 사랑하는 이웃 여러분, 오늘은 1절 말씀으로 세 번째 살피는 야고보서 설교입니다.

    혹시 한 절을 가지고 세 번이나 설교를 하면 언제 야고보서를 다 끝낼 수 있을까 걱정하는 분은 없습니까? 그러나 책을 빨리 떼는 것이 중요한 것은 아닙니다. 그보다 더 중요한 것은 시간마다 하나님 말씀을 듣는 것이고 시간마다 하나님 말씀이 은혜로 받아들여지는 것입니다. 그러므로 말씀을 듣는 일에 모든 관심을 기울이시기 바랍니다.

    야고보서의 첫 번째 설교에서 우리는 야고보서를 쓴 사람, 발신인을 살펴보았습니다. 야고보가 하나님과 주 예수 그리스도의 종이라고 자신을 소개했던 것을 기억합니다. 그리고 두 번째 설교에서는 야고보서를 받는 사람들, 수신인을 살펴보았습니다. 흩어져 있는 열두 지파라고 불린 그들은 누구였습니까? 그들은 흩어진 이스라엘 열두 지파를 의미하지는 않았습니다. 그렇다고 팔레스틴 밖에 사는 유대인 개종자를 의미하지도 않았습니다. 이 편지를 받는 흩어진 이스라엘은 영적 이스라엘 전부를 가리킵니다. 온 세상에 흩어져 살고 있는 하나님의 백성 모두에게 보낸 편지입니다. 옛 이스라엘은 죄를 범한 대가로 약속의 땅에서 살지 못하고 흩어져 살았지만 이제 새 이스라엘은 복음 전파의 사명 완수를 위해 흩어져 살고 있습니다. 그럼 오늘 우리는 흩어진 열두 지파에게 보내는 야고보의 인사말을 통해서 우리에게 하시는 하나님의 말씀을 들어 봅시다.

독특한 인사말

야고보는 어떻게 인사합니까? "하나님과 주 예수 그리스도의 종 야고보는 흩어져 있는 열두 지파에게 문안하노라"고 했습니다. 야고보는 "문안하노라"는 표현을 사용합니다. 사실 신약 서신서를 보면 편지 초두의 인사에서 "문안하노라"는 표현을 잘 사용하지 않습니다. 보통 어떻게 인사합니까? "하나님 우리 아버지와 주 예수 그리스도로부터 은혜와 평강이 있기를 원하노라"(고전 1:3)와 같이 모든 축복의 원천이신 하나님과 유일한 축복의 통로이신 그리스도의 이름으로 은혜와 평강을 비는 것이 신약 서신의 일상적인 방법입니다. 특히 바울의 편지가 그러합니다.

그러면 다른 사도들은 어떻게 문안합니까? 베드로의 경우를 살펴봅시다. 그는 "하나님과 우리 주 예수를 앎으로 은혜와 평강이 너희에게 더욱 많을지어다"(벧후 1:2)라고 문안합니다. 은혜와 평강이란 표현을 사용합니다만 "더욱 많을지어다"라고 그 나름대로의 표현을 합니다.

그러면 사도 요한은 어떻게 인사를 합니까? 요한일·이·삼서에는 통일된 형식이 없습니다. 그때마다 적절한 형식으로 접근합니다. 요한일서와 요한삼서에는 형식적인 인사말 자체가 아예 생략된 느낌을 줍니다. 다만 요한이서에 그런대로 한 번 인사말이 나오는 것 같습니다.

> 은혜와 긍휼과 평강이 하나님 아버지와 아버지의 아들 예수 그리스도께로부터 진리와 사랑 가운데서 우리와 함께 있으리라(요이 1:3).

하지만 여기서도 일상적인 표현을 피하고 있습니다. "너희에게 있을지어다" 대신 "우리와 함께 있으리라"고 말함으로 문안에 자기 자신을 포함시킵니다. 말하자면 세 번 가운데 한 번 문안하면서 그것도 탈형식적으로 접근합니다.

마지막으로 유다서를 살펴봅시다. 자신을 "예수 그리스도의 종이요 야고보의 형제"(유 1:1)라고 소개하는 유다는 "긍휼과 평강과 사랑이 너희에게 더욱 많을지어다"(유 1:2)라고 인사합니다.

우선 사도들마다 인사말에 통일된 형식이 없다는 사실을 주목하십시오. 모두 개성을 가지고 인사를 합니다. 같은 사람도 경우마다 다를 수 있습니다. 요한처럼 아예 형식적인 인사를 생략하기도 합니다. 그러나 우리는 요한의 편지를 조금만 읽어 보아도 거기 내포된 성도들을 향한 따뜻한 관심을 발견할 수 있습니다. 형식을 초월한 그리스도인의 사귐을 감지할 수 있습니다.

> 우리가 보고 들은 바를 너희에게도 전함은 너희로 우리와 사귐이 있게 하려 함이니 우리의 사귐은 아버지와 그의 아들 예수 그리스도와 더불어 누림이라 우리가 이것을 씀은 우리의 기쁨이 충만하게 하려 함이라(요일 1:3-4).

비록 형식을 갖춘 인사말은 없지만 구절구절마다 진한 관심과 사랑이 배어 있음을 발견할 수 있습니다.

사랑하는 성도 여러분, 중요한 것이 무엇입니까? 성도가 서로에게 관심을 가지고 사랑하는 일입니다. 주님의 이름으로 서로 인사를 나누는 것은 성도들에게 필요합니다. 우리 모두는 성도가 서로 교통하는 것을 믿고 고백합니다. 그러나 어떻게 교제하는지 방법을 고백하지는 않습니다. 그러므로 그 교제의 방식에서 서로 간에 작은 차이는 있을 수 있습니다. 그것은 우리가 같은 하나님과 주 예수 그리스도를 믿는 신앙 안에서 서로 교제하는 데 아무런 걸림돌이 되지 못합니다. 오히려 그러한 다양성은 우리의 교제를 풍성하게 만드는 촉진제의 구실을 합니다.

사랑하는 성도 여러분, 다른 사도들과 달리 야고보는 "문안하노라"고 인사하고 있습니다. 그렇다고 야고보가 무언가 잘못한 것은 없습니다. 틀을 깨는 처신을 한다고 비난받을 이유는 없습니다. 그것은 야고보의 개성이기 때문입니다. 야고보의 개성은 하나님이 주신 야고보 나름의 독특한 것입니다. 반면에 바울은 한 번도 '문안하노라'는 인사말을 쓴 적이 없습니다.

'문안하노라'고 인사를 하는 경우는 오늘 본문에 쓰인 것 외에 신약 성경에서 꼭 두 번 쓰였습니다. 그것은 둘 다 사도행전에 나오는데 한 번은 '글라우디오 루시아'라는 로마의 고위 지휘관인 천부장이 바울을 체포하여 총독 벨릭스에게 편지를 써서 보낼 때 "글라우디오 루시아는 총독 벨릭스 각하께 문안하나이다"(행 23:26)라고 기록하고 있습니다.

또 한 번은 사도행전 15장에 나오는데 첫 공회가 모여서 회의한 결과를 보낼 때 "그 편에 편지를 부쳐 이르되 사도와 장로 된 형제들은 안디옥과 수리아와 길리기아에 있는 이방인 형제들에게 문안하노라"(행 15:23)는 인사말이 나옵니다. 첫 회의 결과를 통보하면서 야고보의 어투로 인사말이 쓰인 것을 보고 신약 학자들은 이 첫 번째 총회를 주관한 사람이 야고보였다고 결론을 내리기도 합니다. 15장 마지막을 보면 야고보가 결론을 내리고 있는 것을 볼 수 있습니다. 그리고 그 결과를 교회들에 알리면서 야고보의 어투를 그대로 편지에 쓰고 있습니다. 야고보가 이방인 형제들에게 편지를 보낸다고 해서 특별히 이렇게 편지를 쓴 것이 아니라 이 "문안하노라"는 말은 야고보의 일상적인 용어라는 것입니다.

바울은 인사말 한마디를 해도 예수를 믿는 이상 철저하게 기독교인다운 인사말을 해야 한다고 생각했을지 모릅니다. 그래서인지 바울은 언제든지 세속적인, 일반적인 인사를 피하고 독특한 신앙의 말로 인사를 하고 있습니다.

반면에 야고보는 일상적이고 세속적인 인사말을 그대로 사용하고 있습니다. 여기서 우리는 기독교인들이 누리는 자유의 폭을 볼 수 있습니다. 실제로 바울과 야고보, 두 기독교인이 생각하고 말하고 행동하는 것에서 보여주는 이런 여지는 우리에게도 항상 있어야 한다고 생각합니다. "은혜와 평강이 있기를 원하노라"라고 할 수도 있고 "문안하노라"라고 할 수도 있어야 합니다. 바울이 자기의 방식이 아니라고 해서 속된 것으로 여겨 야고보를 비난할 수 없습니다. 신자는 서로 다를 수 있습니다. 생각도, 말도, 행동도 다 다를 수 있습니다.

사랑하는 성도 여러분, 우리는 무슨 말을 하고 무슨 생각을 하며 어떤 행동을 하든지 자유합니다. 누구든 다른 사람에게 "이렇게 해(하지 마)!"라고 규제할 수는 없습니다. 그러므로 바울은 골로새 성도들에게 명합니다.

> 무엇을 하든지 말에나 일에나 다 주 예수의 이름으로 하고……(골 3:17).

이런 지침을 골로새 교회에만 준 것은 아닙니다. 로마에 있는 성도들을 향해서도 마찬가지입니다.

어떤 사람은 모든 것을 먹을 만한 믿음이 있고 믿음이 연약한 자는 채소만 먹느니라 먹는 자는 먹지 않는 자를 업신여기지 말고 먹지 않는 자는 먹는 자를 비판하지 말라 이는 하나님이 그를 받으셨음이라(롬 14:2-3).

어떤 사람은 이 날을 저 날보다 낫게 여기고 어떤 사람은 모든 날을 같게 여기나니 각각 자기 마음으로 확정할지니라 날을 중히 여기는 자도 주를 위하여 중히 여기고 먹는 자도 주를 위하여 먹으니 이는 하나님께 감사함이요 먹지 않는 자도 주를 위하여 먹지 아니하며 하나님께 감사하느니라(롬 14:5-6).

사랑하는 성도 여러분, 하나님은 우리가 서로에게 관심을 갖고 서로 문안하기를 원하시지 인사말까지 일치하기를 원하시는 것은 아닙니다.

각자의 개성이 남아 있는 공동체

이런 문제가 인사말뿐이겠습니까? 우리가 한 교회에서 서로 교제할 때도 같은 원리가 적용되어야 합니다. 핵심적인 문제에서는 서로 일치해야 합니다. 그러나 부수적인 문제는 서로 다를 수도 있습니다. 핵심적인 교리에서는 같은 고백을 해야 함께 교제할 수 있습니다. 그래서 우리는 예배를 드리기 전에 어떤 사실을 함께 믿는지에 대한 고백을 했습니다.

청교도 설교자들은 모든 일을 사랑으로 하라고 자기 시대의 성도들에게 가르쳤습니다. 핵심적인 고백을 요약한 것이 사도신경입니다. 말하자면 사도신경을 함께 고백할 수 있으면 우리는 성도가 서로 교제하는 교제권에 들어갈 수 있습니다. 그러나 그것부터 차이가 나면 한 형제자매라고 부를 수 없는 것입니다. 그래서 이단을 구별하는 가장 좋은 방법은 사도신경을 고백하는지, 예수님의 이름으로 기도하는지를 보는 것입니다.

주님의 초림을 신뢰하는 신자들은 주님의 재림에 대한 신앙고백을 해야 합니다. "거기로부터 살아 있는 자와 죽은 자를 심판하러 오십니다." 성도라면 여기에 이론이 있을 수 없습니다.

신앙 공동체라면 그리스도의 재림이라는 신앙고백에 있어서는 일치해야 교제의 터전이 마련됩니다. 그러나 재림의 방식이나 시기에 대해서는 서로 다를 수 있습니다. 성경이 분명하게 밝히지 않았다면 우리는 나름대로 생각할 여지가 충분히 있습니다. 우리의 이해는 항상 한계가 있으니까 말입니다.

이른바 전천년설을 신봉하든 후천년설을 주장하든 또 무천년설을 따르든 서로 관용할 수 있어야 합니다. 전천년설은 예수님이 천년왕국 전에 재림하신다고 보는 것이고, 후천년설은 천년왕국 후에 재림하신다고 보는 것입니다. 그리고 무천년설은 천년왕국이 미래에 별도의 왕국으로 임하는 것으로 보지 않고 현재 그리스도께서 자기 백성을 말씀과 성령으로 다스리시는 것을 천년왕국이라고 보는 것입니다.

어느 것을 믿든 그 문제는 중요한 것이 아닙니다. 제가 신학교를 다니던 당시 고려신학교에는 세 분의 박사님이 교수로 계셨습니다. 그래서 학생들은 그분들을 동방박사 세 사람이라고 부르기도 했습니다. 그분들은 종말론의 시기에 대한 견해가 서로 달랐지만 한 학교에서 같이 일하는 것이 가능했습니다. 모두 주님께서 심판주로서 다시 오실 것을 믿었기 때문입니다. 주님이 오셔서 온 세상을 심판하실 것임을 믿는 이상 언제 어떤 상황에서 오실지는 크게 중요한 것이 아닙니다. 세상에는 주님의 재림과 심판을 전혀 믿지 않는 사람도 많다는 것을 기억하면 서로 간의 사소한 차이를 수용하는 데 어려움은 없습니다.

우리가 교회에서 어떤 일을 해 나갈 때도 그렇습니다. 무슨 일을 할 것인지 목표에 있어서 일치하면 어떻게 할 것인지 방안에 있어서 서로 다르더라도 관용할 수 있어야 합니다. 예를 들어 교회의 공간 활용 문제를 보겠습니다. 요즘 많은 교회가 직면하는 문제 중 하나는 주차 공간 문제, 교제 공간 문제입니다. 성도 수가 많은 교회를 오랫동안 다닌 성도라면 이에 공감할 것입니다. 이렇게 해결해야 할 문제가 무엇인지에 대해 합의가 되었다면 그 다음은 어떻게 그 문제를 해결할 것인지, 방안에 대한 것을 다루어야 합니다. 주차 문제를 해결하는 방안도 여러 가지가 있습니다.

중직자들부터, 아니면 서리집사로 임명되면 그때부터 임명동의서에 "서리집사로서 주일에 차를 가지고 오지 않겠습니다"라고 명시한 후 서명을 하도록 하는 방안도 검토할 만합니다. 아니면 '주일은 대중교통 이용하는 날'로 정하면 일시에 주차 문제가 해결될 수 있습니다. 아니면 교회 근처 학교를 빌려 주일날 주차 공간으로 사용하는 방안도 검토할 수 있습니다. 이런 방안과 함께 주일 주차뿐 아니라 원활한 주중 주차를 위해서 공원 주차장 부지에 주차용 구조물을 몇 층으로 만들 수도 있을 것입니다. 물론 어떤 방안을 세워도 다른 사람을 배려하는 성숙한 성도 의식이 없이는 다른 문제가 또 발생할 것입니다.

어떤 문제가 생겼을 때 무엇보다 다른 사람을 존중하고 사랑하는 마음으로 그의 의견에 먼저 귀를 기울이는 성숙한 태도를 가져야 합니다. 자기의 의견이 가장 낫다는 교만을 버려야 합니다. 그래야 다른 사람의 말이 귀에 들립니다. 문제를 다룰 때에 의견이 서로 다르다고 해서 "앞으로 당신과는 더 논의할 필요가 없다"고 선언하는 것은 성급한 일입니다. 또 자기 생각과는 다르다고 상대방을 존중하지 않는 것은 하나님이 결코 기뻐하는 일이 아닙니다. 듣기는 속히 하고 말하기는 더디 하고 성내는 것은 더더욱 피하십시오!(약 1:19 참조)

서로가 서로에게 귀를 기울이고 잘 들어줄 필요가 있습니다. 때로는 방안도 서로 다르지 않은데 순서에 있어서 좀 차이가 있는 정도일 수도 있고 아니면 완급에 있어서 서로 생각이 다를 수 있습니다. 어떤 경우에는 서로 표현이 좀 다를 뿐인데 그것을 두고 열변을 토하고 시간을 낭비합니다. 바른 자세로 듣다 보면 가장 아름다운 놀라운 합의를 이룰 수 있습니다.

수많은 목표 가운데 같은 목표로 나아가기로 한 것만 해도 얼마나 놀라운 일입니까? 그 방향으로 가기만 한다면 걸어가든지 뛰어가든지 차를 타고 가든지 방법은 서로 논의해 볼 수 있습니다. 방안에 있어서 서로 의견이 다르다고 적대시하는 것은 정말 어리석은 일입니다. 우리는 여기에서 아옹다옹하지만 결국 하나님 나라에 가서 만날 사이가 아닙니까? 영원토록 서로 교제할 우리가 아닙니까?

생각해 보십시오. 수천 명이 모여서 신앙생활을 하는데 무엇이든지 다 일치한다면 그것이 정말 문제입니다. 하나님이 지으신 각자의 개성이 남아 있는 공동체라면 목표뿐 아니라 방안이 항상 같을 수는 없습니다. 방안이 다른 것을 가지고 문제 삼는다면 그것이야말로 큰 문제입니다. 하나님의 창조의 다양성이 말살되는 일이기 때문입니다.

비본질적인 문제에서는 상호 다양성을!

의견 일치뿐 아니라 신앙생활하는 방식도 생각해 볼 만합니다. 예를 들면 찬송이나 기도를 생각해 봅시다. 성도라면 누구나 찬양하는 특권을 가지고 있습니다. 우리 하나님은 이스라엘의 찬양 가운데 거하시는 분이라고, 내가 너희를 찬양을 위해 지었다고 말씀하셨습니다(사 43:21 참조). 이 특권을 어떻게 행사할 것인지 그 방안은 사람마다 다를 수 있다고 봅니다. 성가대에 속해야 찬양의 특권을 제대로 활용하는 것이라고 생각할 수도 있고, 반면 혼자서 조용히 찬양을 불러도 된다고 생각할 수도 있습니다. 아니면 모여서는 큰 소리로 찬양하고 혼자서는 조용히 노래를 불러도 좋다고 생각할 수도 있습니다.

기도도 마찬가지입니다. 모든 성도에게 기도하라는 명령은 공통적입니다. 성경은 우리에게 "쉬지 말고 기도하라"(살전 5:17)고 명령합니다. 그러나 언제 어디서 어떤 자세로 기도하라고 명령하지는 않습니다. 물론 시간을 정해 두고 "내가 새벽을 깨우리로다"(시 57:8)라고 개인적으로 서원한 사람도 있습니다. 아마 그는 "새벽에 하나님이 도우시리로다"(시 46:5)라는 말씀대로 하나님을 경험한 자일 수도 있습니다. "새벽 아직도 밝기 전에 예수께서 일어나 나가 한적한 곳으로 가사 거기서 기도하시더니"(막 1:35)라는 구절에 감동했을 수도 있습니다.

또 어떤 성도는 밤중을 사랑합니다. "내가 주의 의로운 규례들로 말미암아 밤중에 일어나 주께 감사하리이다"(시 119:62). 그리고 이런 성도는 성경을 읽어도 눈에 띄는 구절이 다를 수 있습니다. "한밤중에 바울과 실라가 기도하고 하나님을 찬송하매 죄수들이 듣더라"(행 16:25). 자기가 보고 싶은 것만 보고 성경적이라고 주장해서는 안 됩니다.

저는 1978년에 남아프리카 공화국으로 유학을 갔습니다. 남아프리카 공화국 사람들은 한국인에 대해 잘 모릅니다. 그래서 "당신네도 커피를 마십니까?"와 같은 질문을 많이 했습니다. 서로 궁금하다 보니 이런저런 것을 많이 물어보았습니다. 그때 어떤 사람이 이런 말을 했습니다. "저는 성경적인 결혼을 했습니다." 이 말이 무슨 뜻인가 했더니 이삭과 같이 중매결혼을 했다는 것입니다. 이삭처럼 중매결혼을 해서 성경적이라고 말한다면 연애를 7년 동안 한 야곱은 어떻습니까? 성경에 기록되어 있다고 해서 규범은 아닙니다. 성경에 있는 대로 따진다면 야곱처럼 결혼해서 아내를 네 명 두어야 성경적인 것입니다.

우리가 성경적인 것이라고 말할 때는 성경이 규범, 규제, 요구하는 것을 말합니다. "쉬지 말고 기도하라"는 것은 명령입니다. 명령은 이론이 있을 수 없습니다. 순종해야 합니다. 그러나 한 사람이 서원을 하는 것은 서원하는 사람의 자유에 맡겨져 있습니다.

기도하는 장소나 시간에 대해서도 사람마다 선호하는 것이 다를 수 있습니다. 심야형은 모든 일의 효율성이 밤의 깊이와 비례하는 것이라 믿는 사람입니다. 밤중에 드리는 기도만큼 은혜가 되는 것은 없다고 주장합니다. 그러나 그런 주장을 하는 사람을 아주 측은한 눈으로 바라보는 사람도 많습니다. "새벽에 맑은 정신으로 기도해야지 잠 오는 밤에 무슨 기도냐? 새벽에 일어나지 못하니까 억지 주장하는 것이다"라고 합니다.

시간뿐 아니라 자세나 음량도 서로 선호하는 것이 다를 수 있습니다. 어떤 방식으로 기도해야 합니까? 어떤 사람은 조용한 것을 선호합니다. 그런가 하면 너무 조용하면 질식할 것 같은 느낌이 든다는 사람도 있을 수 있습니다. 좀 큰 소리로 부르짖어야 기도한 것 같은 기분이 드는 사람도 있습니다. 그런가 하면 시끄러운 분위기에서는 도무지 무슨 기도를 드려야 할지 미리 생각했던 기도 제목도 사라진다고 하는 사람도 있습니다. 또 어떤 사람은 기도는 모름지기 묵상이어야 한다고 생각할 수도 있습니다.

기도 시간이나 소리의 크기에만 이견이 있겠습니까? 장소도 마찬가지입니다. 기도 장소는 오로지 예배당이라야 한다고 말하는 사람도 있고, 모든 식구를 다 내보낸 다음 혼자 있는 방 안만큼 좋은 곳도 없다고 주장할 수도 있습니다. "아니 무슨 이야기를 그렇게 하십니까? 기도원에는 한 번도 가 보신 적이 없으세요? 산 기도도 안 가 보신 모양이네요. 그러니까 말씀을 그렇게 하시지요." 이렇게 점잖게 한마디 거들 수도 있습니다.

주 안에서 사랑하는 성도 여러분, 본질적인 문제에서는 언제나 같은 정신과 같은 보조로 나아가야 합니다. 그러나 비본질적인 문제에서는 상호 다양성을 인정하고 서로 받아들여야 합니다. 오늘 아침에 양복을 입은 사람을 보니 그 사람의 넥타이 색깔이 나와 다르다고 "날씨가 더운데 넥타이 색이 왜 분홍색입니까?"라며 시비를 걸 필요는 없습니다. 이런 것은 성경에서 따지지 않았으니 알아서 하는 것입니다. 그런데 천 명이 넘는 사람들이 모였는데 복식이 같고 넥타이가 같고 음량이 같다면 틀림없이 이단 집단입니다. 건강한 교회는 각자 생각이 다를 수 있고 그 생각을 표출할 수 있습니다. 그러나 서로의 이야기를 귀담아 듣고 존중해야 합니다.

우리를 독특한 존재로 지으신 하나님의 뜻

저는 요즘 사람들의 생김생김을 보면 그렇게 기쁠 수가 없습니다. 있는 그대로 독특하고 예쁘고 다 아버지의 솜씨라는 생각이 듭니다. 그리고 옛날 같으면 답답해서 속이 터질 것 같은 말이라도 요즘에는 잘 들으려고 합니다. 저 사람도 나름대로 할 말이 있을 것이라는 생각이 듭니다.

혹 같은 장소에 모이기 어려운 처지에 계신 분들은 각자 편한 장소와 시간을 정하십시오. 기도의 방식이나 장소나 시간에 대한 선호도가 다른 것이 우리의 교제에 벽이 될 수는 없습니다. 오히려 서로 수용하고 격려할 때 기도의 불길은 타오르기 시작할 것입니다. 그때에 우리 교제의 폭이 넓어지고 다양화될 것입니다.

하나님이 우리를 창조하신 개성을 살려서 우리의 관심과 사랑을 표현해 보십시오. 그러면 우리의 삶이 더욱 풍요로울 것입니다. 장미는 장미꽃처럼 필 때 아름답습니다. 국화꽃은 국화꽃처럼 필 때 가장 아름답습니다. 모든 꽃은 그 나름의 아름다움을 가지고 있습니다.

문제는 그것을 파악하는 능력입니다. 문제는 그것을 수용하는 여유입니다. 왜 야고보는 신앙인이 되었는데도 세상 사람들이 다 쓰는 인사말을 써서 인사를 하느냐고 비난하는 것은 옳지 않습니다. "문안하노라"는 표현 속에서 온 교회를 향한 그의 관심을 읽을 수 있으면 은혜로운 교제가 시작됩니다.

바울은 바울대로 세상에 있는 모든 교회를 향해 눌리는 마음이 있다고 고백하고 있습니다. 그것을 이해하게 되면 "하나님과 주 예수 그리스도로 말미암아 은혜와 평강이 있기를 바란다"는 인사말이 정말 의미 있게 다가 올 것입니다.

다르게 창조한 것을 획일화시키는 것은 창조 질서를 위반하는 것입니다. 거울에 비친 여러분의 얼굴을 찬찬히 바라보십시오. 거기서 창조주 하나님의 솜씨를 감상해 보십시오. 생긴 모양만큼이나 다양한 여러분의 개성을 항상 기억하십시오. 기질도 다르고 성격도 다르고 은사도 각기 다릅니다. 하나님이 다르게 만든 것을 획일화시키지 마십시오. 있는 그대로 받아 주고 주신 은사대로 섬길 때에 신앙 공동체는 더욱 풍요롭게 변모할 것입니다.

개성을 말살하는 것은 하나님이 기뻐하시지 않습니다. 그런 일들이 저질러지는 대표적인 집단이 군대 조직이나 이단 집단입니다. 여호와의 증인들이 다니면서 하는 일이나 표정을 보십시오. 전도할 때도 같은 표정이고, 가지고 나오는 문구도 같고, 목소리도 같습니다. 북쪽 방송을 들어 보십시오. 어쩌다가 들어도 곧 '북한 방송이구나'를 알 수 있도록 억양까지 획일화되어 있습니다. 그렇게 하는 것은 하나님 나라의 법칙과는 어긋나는 것입니다.

하나님은 획일화된 것을 우리에게 요구하시지 않습니다. 오히려 한마음으로 주님을 사랑하고 주의 백성 모두에게 관심 갖기를 원하십니다. 그러나 그 표현 방식에 있어서는 서로 다를 수 있습니다. 중요한 것은 한마음의 공동체가 되는 것입니다. 서로가 서로에게 관심과 사랑을 표현하는 것입니다.

사랑하는 성도 여러분, 이제 우리 모두가 사소한 표현의 차이를 넘어서 마음이 하나 된 공동체를 이루어 갑시다. 흩어진 인생을 불러 모으시는 하나님의 뜻을 성취합시다. 곳곳에 흩어져 살고 있는 이웃들을 영혼의 대목자 되신 예수님께 돌아오게 합시다. 하나님은 이 사명을 여러분을 통해 완수하기를 원하고 계십니다.

　서로 돌아보고 서로 문안하십시오. 관심을 표하고 서로 섬기고 사랑을 실천하되 구체적인 표현 방식은 여러분의 개성에 맞게 하십시오. 하나님은 여러분을 독특한 존재로 지으셨습니다. 상대방을 이해하고 그 사람에게 맞는 방법이 무엇일까 생각해 보십시오.

　제가 아는 어떤 분은 직접 이야기하는 것을 부담스러워 하십니다. 그런데 어느 날 보니 딸들이 보내 준 이메일을 뽑아 와서 제게 자랑을 하셨습니다. 그것을 보니 '아! 저분에게는 이메일로 다가가는 것이 비공격적이겠구나'라는 생각이 들었습니다. 그 사람을 이해하게 되니 그 사람과 중요한 이야기를 할 때는 이메일을 보내야 한다는 것을 알게 되었습니다.

　하나님께서는 여러분을 각각 독특하게 지으셨습니다. 여러분 나름대로 그리스도의 사랑을 표현해 보십시오. 그때 온 세상에 흩어진 하나님의 백성들과의 교제가 더욱 친밀하게 다가올 것입니다. 복되고 풍성한 믿음 생활 하시기를 바랍니다.

James
야고보서 1장

야고보서 1장 2-4절

² 내 형제들아 너희가 여러 가지 시험을 당하거든 온전히 기쁘게 여기라 ³ 이는 너희 믿음의 시련이 인내를 만들어 내는 줄 너희가 앎이라 ⁴ 인내를 온전히 이루라 이는 너희로 온전하고 구비하여 조금도 부족함이 없게 하려 함이라

04.
믿음의 유익

사랑하는 성도 여러분, 오늘은 야고보서 1장 2-4절 말씀을 통해 믿음의 유익에 대해서 말씀드리려고 합니다. 교회에 처음 나오신 분들은 마음 한편에 신앙생활을 하면 어떤 유익을 얻게 될지 궁금한 마음이 있으실 것입니다. 물론 그동안 신앙생활을 잘 해 오신 분들이라도 같은 질문을 마음속에 품을 수 있습니다.

오늘 저는 그런 질문을 가진 분들을 마음에 두고, '믿음의 유익'이란 제목으로 설교를 준비했습니다. 신앙생활을 하면 어떤 유익이 있는지 여러 가지 측면에서 말씀드릴 수 있습니다. 그러나 오늘 저는 우리가 읽은 야고보서 말씀에 근거해서 '믿음의 유익'을 말씀드리려고 합니다.

이 편지를 쓴 야고보 선생은 신앙생활을 하면 어떤 유익이 있다고 말하고 있습니까? '이웃 초청 잔치'에 초대받아 교회에 방문 카드를 내고 선물을 받아 드는 순간 인생길이 꽃길로 변한다고 약속한 것은 아닙니다. 그리고 그날 설교를 듣고 나서 신앙생활을 하기로 결심한다고 해서 곧바로 삶이 새로워지는 것은 아닐 것입니다.

물론 여러분이 주님을 마음에 모시기로 결단하는 기도를 진심으로 드렸다면 여러분의 느낌과는 상관없이 변하는 것은 있습니다. 가장 큰 변화는 예수 그리스도께서 여러분 안에 들어오신 것입니다. 그리고 여러분의 모든 죄가 다 사함을 받은 것입니다. 여러분은 영광스런 하나님의 자녀가 되었습니다. 여러분이 하나님을 아버지라고 부르는 순간, 여러분은 하나님의 영광스러운 자녀가 됩니다. 이제 하나님이 주시는 영원한 생명을 소유하게 되었습니다. 그리고 이제부터 하나님이 예비하신 풍성한 새 삶이 시작된 것은 틀림없는 사실입니다.

비록 우리의 느낌이 따라오지 못해도 여러분의 삶에 일어난 변화는 아무도 부인할 수 없습니다. 한 사람의 생애에 하나님의 아들 예수 그리스도를 영접한 것보다 더 놀라운 사건은 없습니다. 여러분은 세상에 태어나서 죽는 날까지 많은 경험을 하게 될 것입니다. 그러나 그 어떤 경험보다도 놀라운 경험은 예수 그리스도를 여러분의 삶에 영접하는 것입니다. 그러므로 우리 모두는 하나님께서 우리를 위해서 행하신 일에 대해서 감사하고 찬양 드려야 마땅합니다. 감사와 찬양은 믿음의 표현이기 때문입니다.

신앙은 현실을 있는 그대로 바라보게 한다

신앙의 삶을 살기로 결심하고 예배 자리에 오셨다면 여러분의 신앙은 삶에 어떤 유익을 가져다줍니까? 야고보의 말에 귀를 기울여 보십시오.

> 내 형제들아 너희가 여러 가지 시험을 당하거든 온전히 기쁘게 여기라 (1:2).

헬라어 가정법은 가정하는 사실을 기정사실로 두고 말합니다. '혹시 여러분이 시험을 만난다면'이라는 뜻이 아니라 '내 형제들아 너희는 반드시 여러 가지 시험을 만난다'고 기정사실로 말하고 있습니다. 기독교가 말하는 기쁜 소식은 우선 듣기에 달콤한 이야기가 결코 아닙니다. 사탕발림의 소식이 아니라 냉엄한 현실을 있는 그대로 직시하게 합니다.

신앙의 첫걸음을 내딛는 사랑하는 이웃 여러분, 신앙의 발걸음을 내딛는다고 인생의 모든 문제가 다 사라지는 것은 아닙니다. 교회에 다니기 시작하면 만사형통의 보험에 가입하는 것이 아닙니다. 건강도 좋아지고 가정도 평안해지고 사업도 보장되는 만능 처방이 아닙니다. 그랬다면 여러분이나 저처럼 보통 사람들은 교회에 발 디디기조차 어려웠을 것입니다.

힘 있고 잘난 사람들이 모두 다 차지해서 우리에게까지 차례가 돌아오지 않았을 것입니다. 엄청난 프리미엄이 붙어서 우리 같은 서민에게는 그림의 떡이었을 것입니다. 일주일에 교회 한 번 나오고, 기천 원 헌금하는 것으로 이처럼 종합 보장이 된다면 정말 권세 있고 능력 있는 사람들이 이미 자리를 모두 차지했을 것입니다. 다행히 신앙은 인간사 제반 문제에 대한 완벽한 보험증서를 제시하지 않습니다. 오히려 신앙의 선배 야고보는 온 세상에 흩어진 믿음의 형제들에게 첫 번째 권면으로 신앙인의 삶에도 여러 가지 시련이 있다고 일러 주고 있습니다.

비록 우리가 기대하지 않았던 사실이라도, 아니면 기대와 반하는 사실이라도, 있는 그대로 미리 말해 주는 것이 기독교의 입장입니다. 그렇다면 우리가 신앙생활을 할 때 어떤 시련을 만날 수 있습니까? 특정한 종류만이 아닙니다. 여러분이 상상할 수 있는 모든 시련을 다 만날 수 있습니다.

사람들이 당하는 모든 시련을 신앙인도 다 만납니다. 신앙생활을 한다고 해서 사업에 실패하지 않는다는 보장이 없습니다. 신앙생활을 한다고 해서 온갖 시험에 붙으리라는 보장도 없습니다. 신앙생활을 한다고 해서 사랑하는 사람을 앞세우는 일이 없다는 보장도 없습니다.

세상 사는 사람들이 당하는 모든 일을 신앙인도 다 당하게 되어 있습니다. 그렇다면 왜 구태여 신앙생활을 해야 합니까? 세상에 사는 사람들이 당하는 모든 시련을 다 만난다면 신앙의 유익이 무엇인가 하는 의문이 생기지 않습니까? 신앙의 유익은 모든 시련을 피해 가는 보장을 하는 데 있지 않습니다. 신앙의 유익은 어떤 시련이라도 겪을 수 있다는 현실을 직시하게 하는 데 있습니다.

이웃 초청 잔칫날 선물로 드린 우산으로 모든 우환을 피해 갈 수는 없습니다. 신앙의 유익이란 비바람이 몰아치는 광야 길을 우리도 걸어갈 수 있다는 현실을 있는 그대로 인정하고 미리 준비하게 하는 데 있습니다. 그러므로 어떤 인생도 면제될 수 없는 시련의 날들을 미리 준비하도록 도와주는 데 신앙의 유익이 있습니다.

기독교는 허황한 보장을 하면서 들을 때는 즐겁지만 시련의 순간에 아무런 도움을 주지 못하는 유사 종교와는 다릅니다. 길거리에서 파는 만병통치약과는 그런 면에서 다릅니다. "우리 종교를 믿기만 하면 병도 고치고 사업의 성공도 보장된다"고 혹세무민하는 사이비 종교와는 다릅니다.

이 사실을 처음 들을 때는 여러분의 기대를 깨뜨릴지 모르지만 여러분이 살아가면서 유익한 종교가 기독교인 것은 확실합니다. 신앙의 유익은 다만 현실을 직시하게 하는 것이 전부가 아닙니다.

신앙은 현실에 대처하게 도와준다

신앙의 두 번째 유익은 현실에 대처하게 도와준다는 것입니다. 신앙은 모든 인간이 피해 갈 수 없는 온갖 시련을 기쁨으로 간주하는 능력을 제공합니다. 왜 그렇습니까? 어떻게 그런 능력을 공급합니까? 그것은 신앙인이 갖는 관점 때문입니다. 신앙인은 전능하신 하나님을 믿는 사람입니다. 또 그 전능하신 하나님께서 우리를 사랑하신다는 것을 믿는 사람입니다. 그리고 하나님께서 우리의 삶을 위한 놀라운 계획을 갖고 계신다는 사실을 믿는 사람입니다.

우리가 전하는 사영리의 제1원리는 그것을 말해 주고 있습니다. "하나님은 당신을 사랑하시며, 당신을 위한 놀라운 계획을 가지고 계십니다." 믿는 사람은 이 사실에 대해서 신뢰합니다. 우리는 하나님께서 우리를 사랑하신다는 것을 어떻게 믿게 되었습니까? 우리를 위해서 자기 외아들을 십자가에 내어 주셨기 때문입니다. 사랑하는 성도 여러분, 우리 모두 요한복음 3장 16절을 함께 외워 봅시다.

> 하나님이 세상을 이처럼 사랑하사 독생자 [예수 그리스도]를 주셨으니 이는 그를 믿는 자마다 멸망하지 않고 영생을 얻게 하려 하심이라(요 3:16).

어떤 시련이나 극한 상황 가운데서도 하나님이 우리를 사랑하신다는 이 놀라운 사실은 불변합니다. 그러므로 우리는 산이 변하여 바다에 빠지든지 바다가 흉흉하여 땅에 넘치든지 두려워하지 않습니다. 어떤 시련이나 극한 상황이 우리에게 밀어닥쳐도 우리는 하나님이 여전히 우리를 사랑하신다는 사실을 신뢰합니다. 그러므로 우리는 극한 시련 가운데서도 두려워하지 않습니다.

저는 여러분에게 시련이 없는 내일을 보장해 드리지 못합니다. 비바람 없는 삶을 보증했다면 우산을 선물로 드렸을 리 없습니다. 그러나 그 어떤 시련 속에서도 그것을 기쁨으로 여기는 새로운 삶의 비결을 알려 드릴 수는 있습니다. 신앙의 선배 야고보가 당대 흩어진 하나님의 백성에게 들려준 지혜를 확인해 드릴 수 있습니다.

내 형제들아 너희가 여러 가지 시험을 당하거든 온전히 기쁘게 여기라(1:2).

왜 우리의 삶은 극한 시련 가운데서도 좌절하는 대신 온전히 기뻐할 수 있습니까? 다시금 말씀드립니다만 우리는 우리 삶을 향한 하나님의 완벽한 계획을 신뢰하기 때문입니다. 주님께서는 그 사실을 이렇게 말씀하셨습니다.

…… 내가 온 것은 양으로 생명을 얻게 하고 더 풍성히 얻게 하려는 것이라(요 10:10).

우리 주님이 세상에 오신 것은 양과 같은 우리에게 새로운 생명을 주시기 위함입니다. 그리고 더 풍성한 생명을 주시려고 세상에 오셨습니다. 그러므로 저와 여러분은 주님이 약속한 생명, 풍성한 삶을 소유할 수 있습니다.

비록 우리의 하늘이 흐려질 수는 있지만 그래도 구름 위에는 태양이 빛나고 있습니다. 비록 우리 삶에 비바람이 몰아쳐도 우리를 향한 하늘 아버지의 관심은 사라지지 않습니다. 오히려 우리를 향한 하나님의 놀라운 계획이 성취되고 있기에 우리는 기뻐합니다. 여러 가지 시련의 바람은 우리를 다듬어 가시는 하나님의 손길임을 믿기에 우리는 시련을 기쁨으로 여기는 것입니다.

때로는 시련으로 인해 한숨 쉬고 눈물 흘리지만 지나고 보면 그것이 우리를 성숙시키는 하나님의 방법이었다는 것을 깨닫게 됩니다. 그러므로 시련 자체는 기쁨으로 느껴지지 않지만 하나님의 선하신 의도를 신뢰하므로 기뻐할 수 있는 것입니다. 이 모든 것은 선하신 하나님을 알고 사랑하는 자들에게만 해당하는 복이기에 믿음의 유익이라고 부르는 것입니다.

신앙은 현실을 바로 이해하도록 도와준다

세 번째로 신앙이 주는 유익은 현실을 바로 이해하도록 돕는다는 것입니다. 그 사실을 야고보 선생은 이렇게 설명합니다.

> 이는 너희 믿음의 시련이 인내를 만들어 내는 줄 너희가 앎이라 인내를 온전히 이루라 이는 너희로 온전하고 구비하여 조금도 부족함이 없게 하려 함이라(1:3-4).

여러 가지 시련을 온전히 기쁨으로 여기라 명하고 그 이유를 "이는 너희 믿음의 시련이 인내를 만들어 내는 줄 너희가 앎이라"고 했습니다. 즉 우리가 알고 있는 보편적인 지식에 야고보는 호소하고 있습니다. '너희가 알고 있는 것으로 생각해 보라'는 것입니다.

이 환난과 시련을 기쁨으로 여기고 걸을 수 있기 위해서 우리가 알고 있는 사실을 다시금 확인합시다. 첫째, 시련과 시험이라는 것은 신자들이 모두 겪는 것입니다. 문제가 없는 신앙생활은 없습니다. 신앙생활을 하면서 겪는 문제는 2,000년 전에도 있었고 지금도 있고 한국에 있는 사람에게도 있고 세계 각국에 있는 사람에게도 있습니다.

우리 눈은 우리 이마 아래 붙어 있기 때문에 자신을 중심으로 보려고만 합니다. 그렇다 보니 나에게만 시련이 있는 것처럼 보입니다. 그러나 시련은 모든 신자에게 다 있습니다. 우리가 이것을 알게 되면 쓸데없이 자기 자신을 불쌍히 여기는, 자기 연민에 빠지는 데서 자신을 구출해 낼 수 있습니다.

신앙생활을 하면서 '나는 왜 이런 어려움이 많을까? 왜 하필 나에게만 이런 어려움이 있을까?'라는 질문을 던지지 않은 분이 있으리라고 저는 생각하지 않습니다. 누구나 신앙생활을 시작하고 난 뒤에 그런 질문을 한 번 쯤은 던져 보았을 것입니다.

어떤 사람은 그런 질문들 때문에 깊은 영적 침체에 빠지기도 하고, 어떤 사람은 그런 질문을 던지는 순간에 바로 그 문제에서 빠져나올 수도 있을 것입니다. 그러나 한 번도 "왜 나에게 이런 어려운 일들이 일어날까?" 하는 질문을 던져 보지 않은 신자는 없을 것입니다.

둘째, 이 '시험'이라는 말을 깊이 생각해 봅시다. 우리가 당하는 시험에는 하나님의 뜻이 있습니다. 이 '시험'이라는 말을 바로 깨닫는 것이 기독교인의 삶을 바로 이해하는 것입니다. 시험과 시련은 당하는 자로 하여금 더 강하게, 더 순수하게 되도록 하기 위한 것입니다.

스바 여왕이 솔로몬의 지혜를 시험한다고 했을 때 그것은 솔로몬으로 하여금 넘어지도록 하려는 것이 아니라 솔로몬이 얼마나 똑똑한지를 알아보기 위함이었습니다. 하나님이 이스라엘로 하여금 광야에서 40년간 머물게 하신 것도 그들을 시험하신 것이라고 하셨습니다. 그들을 단련시키고자 하셨다는 의미입니다.

이 시험은 다양한 옷을 입고 우리를 찾아옵니다. 어떤 때에는 슬픔의 시련에 빠질 때가 있습니다. 어떤 때는 큰 실망을 할 수도 있습니다. 유혹에 빠질 수도 있고, 위험에 빠질 수도 있고, 희생이 지불되는 시험에 빠질 수가 있습니다. 사람들로부터 따돌림을 당할 때도 있고, 마치 나 혼자만 세상에서 잊힌 것처럼 외로워질 수도 있습니다.

환난과 고통은 다양합니다. 그러나 그 목적은 우리를 넘어뜨리는 데 있지 않습니다. 우리를 강하게 세우는 데 있습니다. 이들은 우리를 패배하도록 몰아닥치는 것이 아니라 우리를 강하게 하는 데 목적이 있습니다. 그러므로 우리는 이런 시험을 당할 때 내 차례가 되었다고 생각해도 좋습니다. '하나님이 나에게 이제 관심을 가지셔서 나를 훈련시키시는구나'라고 생각합시다.

신앙의 눈은 우리에게 닥치는 어려움을 보는 것이 아니라 그것을 통해 우리를 단련시키려는 하나님의 뜻을 봅니다. "이는 너희 믿음의 시련이 인내를 만들어 내는 줄 너희가 앎이라"고 했습니다. 믿음의 시련은 겪을수록 힘을 주는 것입니다. 믿음의 시련을 통해서 견뎌 내는 힘이 향상됩니다. 그래서 그 결과, 마땅히 부러질 수밖에 없는 지점에서 부러지지 않고 통과할 수 있는 능력을 얻게 됩니다.

제철소에서는 철판을 만들 때 몇 도의 열을 통과하느냐에 따라 강도가 달라진다고 합니다. 내열 유리 주전자처럼 뜨거운 열을 통과한 것은 뜨거운 불에 올려놓아도 깨지지 않습니다. 그와 같이 시련이라는 것을 이겨 냄으로써 누구나 쓰러질 만한 곳에서도 쓰러지지 않고 이겨 내는 힘을 갖도록 해 줍니다. 시련은 인내력 배양의 기회가 되기에 기뻐하는 것입니다. 달리 말해 신자는 이 시험에 감추어진 아버지의 뜻을 보고 기뻐합니다. 하나님 아버지의 숨은 뜻으로 인해 기뻐하는 것이지 그냥 시험 당한 그 자체가 좋아서 어쩔 줄 모른다면 그것은 심리적으로 문제가 있습니다. 우리에게는 시험 그 자체가 좋은 것이 아니라 시험은 고통스럽지만 그것을 통해 하나님이 무엇인가를 이루어 가시니까 그것을 기뻐하는 것입니다. 그래서 야고보는 시련을 기쁨으로 여기라고 권면하는 것입니다.

'여기는 것'이 관점의 변화입니다. 저는 40여 년 전에 결혼을 했고 결혼한 다음날부터 제 아내를 세상에서 가장 예쁜 여자로 여기고 있습니다. 그 여자가 다른 여자와 비교해서 어떤지는 관심이 없습니다. 하나님께서 제게 주셨기 때문에 가장 아름다운 여자로 '여기고' 사는 것입니다.

가장 온전한 자녀, 가장 사랑스러운 자녀

말씀을 맺습니다. 신앙의 유익은 무엇입니까? 결코 모든 어려움에서 면제된 삶을 보장하는 것이 아닙니다. 오히려 시련을 만나는 삶을 직시하게 하는 것입니다. 신앙생활을 해도 시험은 있다는 것을 미리 알고 출발하게 하는 것입니다. 그리고 그 현실을 기쁨으로 여기는 새로운 대처 방안을 제시합니다. 그것이 가능한 것은 신앙이 우리에게 새로운 관점을 제시하기 때문입니다.

하나님을 아버지라고 부르고 그분이 전능하신 분이며, 그분이 우리 삶 전부를 주관하고 계신다는 것을 믿는 것입니다. 그러므로 한 걸음 한 걸음 삶을 살아갈 때 우연히 일어나는 일은 없습니다. 하늘 아버지께서 나를 위해 준비하신 그 길을 하루하루 걸을 뿐입니다. 신앙은 우리가 겪는 모든 시련의 바른 목적을 깨닫게 합니다.

신앙의 첫걸음을 내딛는 이웃 여러분, 그리고 이전부터 이 신앙의 걸음을 걷고 있는 성도 여러분, 그러므로 우리는 여러 가지 시험을 만나도 기뻐합니다. 문제와 시련은 살아 있는 신자 누구에게나 주어지는 현상입니다. 그러나 시련을 통해서 하나님은 우리의 인격을 성숙시켜 나갑니다. 그리하여 궁극적으로 온전하고 조금도 부족함이 없는 신앙 인격자, 어디 내놓아도 주님의 이름이 손상당하지 않는 그런 사람이 되도록 하나님은 훈련시키십니다.

여러분은 욥의 이야기를 들어 보셨을 것입니다. 혹시 교회에 처음 오신 분이더라도 들어 보았어야 옳습니다. 왜냐하면 그는 세상을 사는 모든 인간 가운데 가장 극심한 고통을 겪었기 때문입니다.

욥은 한날한시에 일곱 아들과 세 딸을 잃었습니다. 여러분 가운데 그런 고통을 당한 분은 없을 것입니다. 그리고 여러 사업이 망하고 연속해서 재난의 보고를 하루 만에 다 받게 됩니다. 완전히 알거지가 되었습니다. 그러나 욥은 자신이 태어난 날을 원망하기는 했지만 끝까지 하나님을 원망하지는 않았습니다.

본래 욥은 세상에서 하나님이 내세울 만큼 특출한 신앙인이었습니다. 그러나 그는 이 시련을 통해 하나님께 고백하기를 "전에 나의 신앙은 하나님에 대해 듣기만 한 신앙에 불과합니다. 그러나 이제는 그 고통을 통해서 내가 눈으로 주를 뵈옵나이다"(욥 42:5 참조)라고 고백하는 경지에 이릅니다.

신앙인은 받은 복 때문에 하나님을 사랑하는 사람이 아닙니다. 하나님이 좋아서 하나님을 사랑하는 자입니다. 예수 믿고 나서 받은 축복이 엄청나서 하나님을 계속 믿는 것이 아닙니다. 주님을 만나고 나서 그분이 얼마나 좋은 분인지 알게 되었기 때문에 우리는 예수님을 떠나지 못할 뿐입니다. 우리를 향한 하나님의 목표는 무엇입니까? 그 아들 예수님처럼 하나님을 사랑하고 섬기는 사람으로 만드는 데 있습니다.

하나님은 여러분 모두가 성숙한 신앙인이 되기를 원하십니다. 하나님을 사랑하고 섬기는 일에 있어서 예수님만큼 되도록 하는 것이 자녀들을 향한 하늘 아버지의 뜻입니다. 우리가 하나님을 아버지라고 부르는 순간 하나님은 우리를 당신의 가장 온전한 자녀, 사랑스러운 자녀, "너는 내 사랑하는 자요 내 기뻐하는 자"(마 3:17 참조)라고 외치신 그 예수님 수준으로 만들기를 원하십니다.

그리하여 성숙한 그리스도인, 쓸 만한 그리스도인, 내어놓을 만한 그리스도인, 자랑할 만한 그리스도인이 되도록 훈련시키고자 합니다. 한마디로 하나님은 하나님 때문에 우리가 하나님을 사랑하는 성숙한 성도의 자리까지 나아가기를 바라십니다.

James
야고보서 1장

야고보서 1장 5-8절

⁵너희 중에 누구든지 지혜가 부족하거든 모든 사람에게 후히 주시고 꾸짖지 아니하시는 하나님께 구하라 그리하면 주시리라 ⁶오직 믿음으로 구하고 조금도 의심하지 말라 의심하는 자는 마치 바람에 밀려 요동하는 바다 물결 같으니 ⁷이런 사람은 무엇이든지 주께 얻기를 생각하지 말라 ⁸두 마음을 품어 모든 일에 정함이 없는 자로다

05. 기도의 유익

복된 예배의 자리에 나오기 시작하신 사랑하는 이웃 여러분, 그리고 변함 없이 믿음의 길을 걷고 계신 사랑하는 성도 여러분, 저는 오늘 여러분에게 기도의 유익에 대해서 말씀드리려고 합니다.

사실 신앙생활을 시작하면서 가장 먼저 배우는 것 가운데 하나가 기도입니다. 하지만 기도 생활을 하면 어떤 유익이 있을까 하는 궁금함도 있을 수 있습니다. 그래서 저는 오늘 읽은 본문 말씀에 근거해서 기도의 유익을 말씀드리려고 합니다.

야고보는 지금 평범한 그리스도인들에게 편지를 쓰고 있습니다. 그들에게 가장 먼저 했던 명령을 앞서 믿음의 유익이라는 제목으로 살폈습니다. 여러 가지 문제에 부딪힐 때에 반가운 친구를 만나듯이 기쁨으로 여기라는 것이 야고보의 첫 명령입니다.

그러나 성경이 그렇게만 명령하고 끝난다면 오히려 그 명령 때문에 더 낙망하고 말 것입니다. 그러나 말씀이 계속되고 있는 것에 주의를 기울이십시오. 시험을 온전한 기쁨으로 여기지 못한다고 실망할 필요는 없습니다. 시련을 성경적 안목으로 대하지 못한다고 낙담하여 주저앉을 필요는 없습니다.

야고보는 우리 같은 보통 신자를 위하여 권면하고 있습니다. 어떠한 환난과 풍파도 거뜬히 이겨 낼 수 있는 비범한 신자를 향해 편지를 보내지 않았습니다. "저는 그렇게 시련을 맞이할 수 없어요"라고 말하는 평범한 신자들을 위해서 4절로 편지를 끝내지 않았습니다. "온갖 시험을 반갑게 맞이하기는커녕 짜증이나 내지 않으면 다행입니다"라고 말하는 우리에게 소망을 주는 구절이 바로 5절입니다.

기도는 우리 삶에 꼭 필요한 지혜를 얻게 한다

본문이 말하는 첫 번째 기도의 유익은 기도가 우리 삶에 꼭 필요한 지혜를 얻게 한다는 것입니다. 기도할 때 우리는 문제를 하나님의 관점으로 바라보는 지혜를 얻습니다. 여러 가지 시험을 기쁨으로 여기는 능력을 소유하게 됩니다. 하나님의 명령을 잘 들어 보십시오. 그리고 거기서 기도의 유익을 유추해 보십시오.

> 너희 중에 누구든지 지혜가 부족하거든 모든 사람에게 후히 주시고 꾸짖지 아니하시는 하나님께 구하라 그리하면 주시리라(1:5).

하지만 이 말씀은 본래 의미대로 잘 전달되지 않을 수 있습니다. 마치 너희 중에서 지혜가 부족한 사람들만 하나님께 구하라고 말하는 것처럼 들릴 수가 있습니다. 그러나 여기에서 "누구든지"라고 말하는 것을 주목하십시오. 네가 누구든지, 예외 없이 구하라는 의미입니다. "너희 중에 누구든지"라는 말은 사람들을 선별하려는 것이 아니라 오히려 사람 사이에 차별을 폐지하는 것입니다. 신앙적으로 성숙하다고 생각하든지 교회에 처음 나온 초신자든지 상관없이 하나님께 구하라는 말씀입니다.

그럼 왜 성경은 우리를 지혜 없는 자라고 지적합니까? 지혜는 지능지수를 뜻하지 않습니다. 지능지수를 두고 말하면 여러분 모두를 동일하게 취급할 수 없습니다. 모두 지혜 없다고 선언하는 것은 실례일 것입니다. 그뿐 아니라 성경이 말하는 지혜는 전문적인 지식을 의미하지 않습니다. 요즈음처럼 대학 교육이 보편화된 시대에 여러분 모두를 지혜 없는 자로 말하는 것은 옳지 않을 것입니다. 전문적인 지식을 가지고 말한다면 각자 자기 분야에서 상당히 할 말을 가진 분들도 있습니다.

성경이 말하는 지혜는 사물을 상호 관계 속에서 보는 능력입니다. 전 우주 속에서의 내 위치를 아는 것이 지혜입니다. 하나님의 놀라운 계획 속의 내 인생을 볼 줄 아는 것이 지혜입니다. 내 인생이 이 나이에 하나님 보시기에 어떤 자리에 있는지를 아는 것입니다.

지혜는 인생이 궁극적으로 나아가는 길을 아는 것입니다. 인생의 최대 목적을 아는 것이 지혜입니다. 내가 왜 사는지를 뚜렷이 알 때 우리는 지혜로운 자가 됩니다. 모두 자신이 똑똑하다고 생각하는데 무엇 때문에 사는지를 모릅니다. 열심히 달릴 줄은 아는데 왜 달리는지 알지 못하는 어리석은 삶을 살지 마십시오.

여러분은 왜 사십니까? 하나님의 말씀에 비추어서 우리 삶의 자세를 가다듬어 봅시다. 지금까지 인생을 어떻게 살았는지 생각해 보십시오. 하나님을 영화롭게 하는 삶을 사십시오. 그 삶에서 기쁨을 발견하는 생활이 되어야 합니다. 그것이 우리 삶의 유일한 목적입니다.

오늘 본문은 흩어진 열두 지파 신앙 공동체를 향해서 "너희 중에 누구든지 지혜가 부족하거든 하나님께 구하라"고 명령하고 있습니다. 왜 사는지도 모르고 바쁘게 살아가는 세상 사람들을 향해서 명령하지 않고 여호와를 경외하는 것이 지식의 근본이라고 고백하는 성도들을 향해서 명령합니다.

본문의 흐름 속에서 우리가 왜 지혜 없는 자인지 살펴봅시다. 앞 구절의 주제는 생의 어려움을 당하면 온갖 기쁨으로 여기라고 하는데, 그렇게 여기지 못하니까 어리석은 자입니다. 하나님의 관점에서 문제를 파악하지 못하니까 지혜가 부족한 자입니다.

하지만 참된 기도는 자기 모습을 바로 보기 전에는 드릴 수 없습니다. 물론 교회 와서 가장 먼저 하는 일이 조용히 기도하는 일일 것입니다. 각자 조용히 기도할 수도 있고 소리 내어 할 수 있습니다. 기도는 밥 먹을 때도 하고 아침에도 하고 잠자리에 들 때도 할 것입니다. 관습적인 기도는 이렇게 아무 때나 드릴 수 없습니다. 그러나 정말 하나님께 부르짖는 기도는 자기의 어리석은 모습을 볼 때 가능합니다.

처절한 자기 인식이 기도의 출발점입니다. 아쉬운 것이 없다면 왜 부르짖겠습니까? 그러므로 기도하기 전에 처절한 자기 모습을 보아야 합니다. 시험과 시련을 당할 때 오히려 기뻐해야 하는데 온갖 시험을 기쁨으로 맞이할 수 없는 어리석은 자신의 모습이 눈에 들어와야 기도가 시작됩니다. 자신의 모습이 괜찮다고 생각하면 기도가 터져 나오지 않습니다. 아쉬운 것이 없는데 왜 부르짖고 구하겠습니까? 살 만한 사람이 왜 구걸하겠습니까? 먹고 살 수 없을 정도로 힘드니까 구걸하는 것입니다. 오죽 답답하면 남의 집 문을 두드리겠습니까? 기도도 마찬가지입니다. 가련한 자기 실상을 보아야 기도가 시작됩니다.

자기 눈에는 사람의 길이 항상 바른 것 같습니다. 그러므로 자신의 모습이 그래도 괜찮다고 느끼는 사람일수록 하나님께 간절히 구하십시오. "무엇이 나의 부족인지, 무엇이 나의 헐벗은 모습인지 보게 해 주십시오"라고 부르짖기 바랍니다. "지혜와 계시의 성령을 통해서 자신을 보게 하옵소서" 하고 간구하십시오. 그래야 자기 모습을 볼 수 있습니다.

사람은 웬만해서는 무릎을 꿇지 않습니다. 무릎으로 사는 그리스도인은 아무나 되는 것이 아닙니다. 모든 수단과 방법을 다 동원해서 할 만큼 다 해 보고 나서야 비로소 무릎을 꿇습니다. 그래서 성경은 우리를 향해 '목이 곧은 인생'(신 9:13 참조)이라고 부릅니다. 자신을 살펴보십시오. 여러분은 여러분이 만나는 문제를 어떻게 대하고 있는지 살펴보십시오. 온갖 기쁨으로 수용하고 있습니까?

문제에 문제가 덮칠 때에 기쁘게 수용하십시오. 울고불고 하는 대신에 그냥 맡겨 놓으십시오. 인내의 꽃이 활짝 피도록 기다리십시오. 어려움 때문에 한숨을 쉬는 자는 복이 있습니다. 자기는 문제도 없고 시험도 없는 것으로 알고 있는 자는 불행합니다. 성숙한 그리스도인이 된 것으로 착각하는 것은 위험한 일입니다. 시험을 시험으로 느끼지 못하는 것이 가장 위험합니다.

"누구든지"라고 하는 말은 둘러 봐서 지혜가 없는 사람에게 해당시키는 말이 아닙니다. 모든 사람에게 차별 없이 하는 도전입니다. 자신의 처참한 모습을 보십시오. 그래야 기도가 터져 나옵니다. 기도는 항상 우리의 실상을 볼 때부터 시작됩니다. 자기 부족을 통감하는 것이 기도로 나아가는 첫 걸음입니다.

그러나 다음 걸음을 내딛기 위해서는 자기 문제만 보고 있어서는 안 됩니다. 우리 문제 때문에 하나님께 나아왔지만 문제를 잠깐 잊고 하나님을 바라보아야 기도에 힘이 생깁니다. 하나님이 어떤 분인지 알게 될 때 기도의 힘이 솟구칩니다.

기도를 통해 하나님을 체험한다

기도를 통해서 얻는 두 번째 유익은 우리 기도를 들으시는 하나님을 체험하게 되는 것입니다. 우리 기도를 들으시는 하나님은 어떤 분이십니까? "모든 사람에게 후히 주시고 꾸짖지 아니하시는 분"으로 5절은 소개합니다. 하나님을 바로 알지 못하는 것은 인생 전반의 문제입니다. 동시에 신앙인이 가지는 문제의 핵심이기도 합니다. 우리 문제는 항상 하나님을 제대로 알지 못하는 데 있습니다. 그래서 성도는 항상 하나님에 대해서 배우고 또 배워야 합니다.

오늘 말씀은 하나님이 어떤 분인지 알도록 설명하고 있습니다. 그냥 하나님께 구하라고 하지 않고 그 하나님이 어떤 분인지 소개합니다. 우리가 자신의 부족에서 눈을 들어 도와주길 기뻐하시는 하나님 아버지를 보게 하십니다. 힘 있는 기도를 드리기 위해서 하나님을 바라보십시오.

우리는 자주 '정말 하나님의 뜻을 알기만 하면 순종할 텐데'라고 자신을 설득합니다. 그러나 성경은 "만일 하나님께서 여러분에게 무엇을 바라시는지 알고 싶거든 하나님께 여쭈어 보십시오. 그러면 하나님께서 기꺼이 여러분에게 가르쳐 주실 것입니다. 하나님께서는 지혜를 구하는 사람에게는 누구에게나 후하게 나누어 주시기 때문입니다. 그 일로 결코 여러분을 꾸짖지는 않으실 것입니다"(1:5, 현대어성경)라고 합니다. 하나님이 가르쳐 주시지 않아서 우리가 모르는 것이 아니라 우리가 알고 싶은 소원을 갖지 못해서 모르는 것입니다. 우리가 정말 알기 원해서 "말씀해 주십시오" 청하면 하나님은 기쁘게 대답하려고 달려오시는 분입니다.

하루하루의 삶에서뿐만 아니라 생의 고비마다 간절히 기도해야 할 순간들이 있습니다. 집중적인 기도가 우리 삶에 필요한 때가 있습니다. 어떤 사람은 진로 문제 때문에 기도해야 합니다. 어떤 사람은 사업의 기로에 서서 기도할 필요를 느낍니다. 젊은이들은 배우자 문제를 두고 기도해야 합니다. 내게는 무슨 문제가 있는지 살펴보십시오. 그 문제를 위해 간절히 구하십시오. 그리고 망루에 올라가 기다리십시오. 하박국은 그렇게 했습니다(합 2:1 참조).

우리의 기도를 들으시는 분은 어떤 분입니까? 하나님은 후히 주시는 분입니다. 하나님은 언제나 우리가 구하는 것만 주시고 끝내지 않습니다. 넘치도록 주시는 분입니다. 우리가 생각하는 것이나 간구하는 것에 더 넘치도록 주시는 분입니다. 솔로몬은 그 하나님을 만난 대표적인 사람입니다. 그는 백성을 다스릴 지혜를 구했지만 하나님은 그에게 부귀와 장수까지 덤으로 주셨습니다. 항상 충만한 지혜를 주시려고 준비하고 계신 분입니다. 하나님께서는 준비가 완료되어 있습니다. 준비를 완료해 놓고, 온 천하를 두루 다니면서 누가 간절히 원하는지 찾고 계십니다.

저는 간혹 '주여 삼창'을 하는 것이 얼마나 도움이 될까 하는 생각을 합니다. 하나님은 우리가 "주여! 주여! 주여!" 할 때 "어? 어디에서 나를 부르지?" 하시는 분이 아니십니다. 하나님은 우리에게 복 주실 것을 준비해 놓고 당신이 직접 온 세상을 두루 감찰하시며 누가 자신에게 향하는지 살피시고 그에게 능력 베풀기를 기뻐하시는 분입니다. 이런 하나님 아버지에 대해서 우리가 알아가야 합니다.

제가 한번 생각을 해 보았습니다. 어떤 교인이 찾아와서 자신의 문제를 상담하고 갔습니다. 그런데 후에 또 왔습니다. 들어 보니 같은 말입니다. 두 번까지는 같은 말을 해도 들어줄 수 있을 것 같습니다. 그런데 한 주 후에 또 오고 그 후 계속해서 같은 내용으로 찾아옵니다. 그러면 나중에는 머리가 아파져 숨어 버릴 듯도 합니다. 이제 안 왔으면 좋겠다고 생각할 것입니다. 그러나 하나님은 절대로 그런 분이 아닙니다. 하나님은 절대 그럴 분이 아니니까 계속 기도의 자리에 나오라는 것을 확신시키기 위해서 하나님은 꾸짖지 않는다는 말을 첨부합니다. 지난주에도 이번 주에도 다음 주에도 같은 문제로 나아가서 "내가 지혜 없는 사람입니다" 하고 고백하면 하나님은 어여삐 여기십니다. 기쁘게 보십니다. 도와주고 싶어 하십니다. 언제든지 우리가 자기의 부족을 통감하면 거기에는 성장이 있습니다. 여러분은 성숙한 그리스도인이 되기 위해서 정말로 발버둥치고 있는지 생각해 보십시오.

저는 아이가 자라는 것을 보면서 부끄러운 생각을 가졌던 때가 있었습니다. 저희가 살던 집은 다다미방이었습니다. 아이를 눕혀 놓으면 처음에는 그대로 있다가 시간이 지나면 혼자 뒤집기도 하고 조금씩 기는 것을 배우고 나중에는 걷기를 시작합니다. 마침 기는 단계에서 보니 아이의 엄지발가락에 피가 맺혀 있었습니다. 기는 행동을 배우기 위해서 다다미방에서 얼마나 열심히 움직였겠습니까? 그 모습을 보니 하나님께서 저에게 "너는 신앙의 성장을 위해 이 아이만큼 노력하고 있느냐?"라고 말씀하시는 것 같았습니다.

어린아이가 걷기 시작할 때를 생각해 보십시오. 걷기 위해서 수십 번씩 넘어지지만 계속 시도합니다. 그렇게 걷는 것을 배웁니다. 우리가 얼마나 어리석은 자입니까? 우리가 얼마나 게으른 자입니까? 그렇게 노력하지 않습니다. 그런데도 나는 하나님의 뜻을 알기만 알면 그것을 행할 것이라고 자기를 설득하고 남을 속이려 합니다. 자신과 다른 사람은 속일 수 있을지 모르지만 하나님은 속지 않으십니다.

성숙한 그리스도인이 되도록 간절히 구하십시오. 그냥 지금 상태에 만족해서 살지 마십시오. 지금 상태의 교회 모습에 만족하지 마십시오. 성숙한 그리스도인이 되기 위해서, 성숙한 교회 공동체가 되기 위해서 간구해야 합니다.

어떻게 기도의 유익을 누릴 수 있는가

마지막으로, 어떻게 이 기도의 유익을 우리의 것으로 누릴 수 있는지 살펴보겠습니다.

오직 믿음으로 구하고 조금도 의심하지 말라 의심하는 자는 마치 바람에 밀려 요동하는 바다 물결 같으니 이런 사람은 무엇이든지 주께 얻기를 생각하지 말라 두 마음을 품어 모든 일에 정함이 없는 자로다(1:6-8).

기도의 자리에 나와서는 먼저 하나님이 누구신지 묵상하십시오. 그리고 한번 생각해 보십시오. 지금 내가 무슨 일을 하려고 하는지, 내가 지금 누구에게 이야기를 하려고 하는지, 그분이 어떤 성품을 가지고 계신 분인지를 생각하는 시간이 필요합니다. 묵상 가운데 좋으신 하나님에 대해서 알고 나면 기도가 저절로 터져 나올 것입니다.

그래서 항상 기도의 자리에 나왔을 때 먼저 내가 지금 누구 앞에 나왔는지, 무엇을 하려고 나왔는지를 생각하십시오. 그러면 무엇을 어떻게 구할지를 알게 될 것입니다. 우리 하나님은 우리를 도와주기를 기뻐하시는 분이고, 도와주려고 준비를 다 갖추어 놓으신 분이고, 언제든지 도와주기를 좋아하시는 분입니다. 그분을 늘 기억하십시오.

그러고 나서 기도를 시작하면서 물어야 할 것이 또 하나 있습니다. 하나님이 내 기도를 들어주시리라고 내가 확신하고 있는가입니다. 우리는 좋으신 하나님께 어떻게 기도해야 합니까? "오직 믿음으로 구하라!" 이것이 단 하나의 조건입니다. 믿음이라는 것이 잘못 생각하면 눈을 딱 감고 어둠 속을 뜀박질하는 것으로 생각될지 모르지만 믿음은 그런 것이 아닙니다. 믿음이라는 것은 밝은 햇빛 아래서 눈을 온전히 뜨고 사물을 바로 보면서 자기가 나아가야 할 방향으로 걷는 것입니다. 우리가 믿는 하나님이 누구인지, 내가 왜 기도해야 하는지 확실하게 먼저 파악하고 걸음을 내딛는 것입니다.

여기에서 '믿음'은 '불신앙'의 반대말이 아니라 '적은 신앙'의 반대말입니다. '적은 신앙'은 어떤 때는 하나님의 뜻을 알면 좋겠다고 생각하다가 나중에는 그런 마음조차 싹 사라져 버리고, 또 어떤 때 열심히 기도해야 한다고 생각하지만 나중에는 전혀 그럴 생각이 없어져 버리는 그런 상태, 즉 불완전한 신앙을 말합니다.

두 마음을 품으면, 이것도 하고 싶고 저것도 하고 싶습니다. 교회 나오면 성숙한 기독교인이 되고 싶은 것이 소원이 되고, 교회 밖에서 동창생들을 만나면 동창생들처럼 잘 살고도 싶습니다. 설교를 들을 때는 신앙생활을 열심히 해야겠다고 생각하면서도 드라마를 볼 때는 다 잊어버립니다.

마음이 이렇게 왔다 갔다 하는데 하나님께서 어떻게 들어주실 수 있겠습니까? 그래서 한마음을 품고 기도하라고 합니다. 모든 일에 정함이 없는 사람은 한 번은 "주십시오" 하고, 한 번은 "안 주셔도 좋습니다" 하는 것과 같습니다. 마음의 소원이 파도처럼 올라갔다가 내려갔다가 해서는 안 됩니다. 그래서는 하나님의 대답을 기다릴 자격이 없습니다. 진지하게 간구하기 전에는 하나님께서 들으시지 않습니다. 또 응답해 주셔도 깨닫지 못합니다. 주셔도 받았는지조차 모릅니다.

기도는 입으로 말이 되어 나올 때만 기도가 아닙니다. 중심의 소원이 기도입니다. 그래서 중심이 자주 바뀌는 사람은 아무것도 얻을 것을 기대하지 말라고 경고합니다. 말로 기도할 때는 그럴듯한데, 중심은 그 기도와 전혀 관련이 없으면 하나님께서 그런 기도를 들어주실 리가 있습니까? 중심에 있는 것이 말로 표현될 때 그 기도가 정말 의미 있는 기도가 아닙니까? 말로 표현되는 기도는 항상 드릴 수 있는 기도가 아닙니다. 시간이 주어져야 하고 장소가 마련되어야 하지만 내 중심에 불타고 있는 소원의 기도는 항상 드려지는 기도입니다.

모닥불을 보십시오. 항상 중심에 불이 있습니다. 그러다가 바람이 불면 속의 불씨가 불길이 되어 확 바깥으로 나옵니다. 그것이 소리를 내어 드리는 기도라고 해도 좋습니다. 소리를 내서 드리는 기도는 그처럼 밖으로 드러난 순간적인 기도입니다. 그러나 우리의 중심의 소원은 항상 우리가 드리고 있는 기도입니다.

항상 마음속에 드려지고 있는 기도와 가끔 말로 표현되는 기도는 그 내용이 일치해야 합니다. 한때는 주님을 사랑하는 마음이 있고, 한때는 그것이 사라지고, 한때는 주님을 향한 거룩한 불이 붙어 있고, 한때는 주님이 용납할 수 없는 욕망의 불이 붙어서는 안 됩니다. 이런 사람을 향해서 "하나님께 응답받기를 절대로 생각하지 말라"고 경고합니다. 여러분의 소원이 순수해지도록 간구하십시오.

우리 마음속에 오직 한 가지, 하나님께서 받아들이실 수 있는 성결한 소원이 불타고 있는 사람은 하나님께서 나오라고 합니다. 그러나 "우리 하나님은 소멸하는 불"(히 12:29)이십니다. 우리의 더러운 욕망에 불을 붙여서 하나님께 나아갈 수는 없습니다. 하나님은 그런 기도를 들어주시지 않습니다. 우리 하나님은 거룩하신 하나님입니다.

좋으신 하나님께서 지금 우리를 초청하십니다. 흩어진 열두 지파에 속한 여러분 모두에게 약속하십니다. "너희 중에 누구든지 지혜가 부족하거든 하나님께 구하라!" 그분은 모든 사람에게 후히 주시고 꾸짖지 아니하시는 분입니다. 우리 하나님은 우리를 도와주기를 기뻐하시는 분이고, 도와주려고 준비를 다 갖추어 놓으신 분이고, 언제든지 도와주기를 좋아하시는 분입니다. 이 하나님을 믿고 구하십시오. 의심 없이 믿고 구하면 하나님이 여러분에게 복된 인생을 사는 지혜를 부족함이 없이 풍성히 주실 것입니다.

James

야고보서 1장

야고보서 1장 9-11절

⁹낮은 형제는 자기의 높음을 자랑하고 ¹⁰부한 자는 자기의 낮아짐을 자랑할지니 이는 그가 풀의 꽃과 같이 지나감이라 ¹¹해가 돋고 뜨거운 바람이 불어 풀을 말리면 꽃이 떨어져 그 모양의 아름다움이 없어지나니 부한 자도 그 행하는 일에 이와 같이 쇠잔하리라

06.
새로운 신분

그리스도 안에서 사랑하는 성도 여러분, 야고보서 1장 9절에서 11절 말씀을 보면, 야고보 선생은 말을 직선적으로 하는 것을 좋아하는 것 같습니다. 기질은 뭐가 좋고 뭐가 나쁘다고 말할 것은 아닙니다. 태어날 때부터 타고난 기질이 있기 때문입니다. 어떤 사람은 직선적으로 말하는 것을 좋아하는가 하면 같은 이야기를 하는데도 언제나 돌려 이야기하는 사람도 있습니다. 저희 첫째 아들은 어릴 때 외할머니를 만나면 자기가 갖고 싶은 장난감을 받기 위해 직선적으로 말하지 않고 동생 이름을 대면서 말을 돌렸습니다. 결국 그렇게 해서 동생 것 하나, 자기 것 하나를 선물로 받아 왔습니다.

사람마다 기질이 다르지만 야고보 선생은 말을 빙빙 돌리는 것은 할 줄 모르는 사람입니다. 문단마다 첫 명령으로 시작합니다. 첫 문단에서는 "온전히 기쁘게 여기라"고 명합니다. 두 번째 문단에서는 "지혜를 구하라"고 명합니다. 그럼 세 번째 문단의 명령은 무엇입니까? "자랑하라", 신나게 자랑하라고 명하고 있습니다. 간결하면서도 문제의 핵심을 정확히 꼬집는 데 야고보의 특징이 있습니다. 매우 간결해서 앞뒤 문단을 연결 짓기가 쉽지 않지만 잘 살펴보면 내면의 흐름이 있습니다.

야고보는 시험을 대처하는 방법으로 먼저 시험을 바라보는 시각을 바꾸라고 명합니다. 그러고 나서 다른 관점으로 바라볼 수 있는 지혜를 구하라고 명합니다. 그러고는 자랑할 것을 자랑하라면서 시험을 대처할, 보다 적극적인 방법을 소개합니다.

그때나 지금이나 성도가 서로 교통할 때 교제의 걸림돌이 무엇입니까? 부자는 부자끼리, 가난한 사람은 가난한 사람끼리 따로 노는 것입니다. 가난한 사람들은 기가 죽어 있기 쉽고, 부자들은 자기만 잘난 듯이 생각하기 쉽습니다. 그것은 당시 교회의 문제요, 오늘날 교회의 문제입니다. 그것을 극복하는 처방으로 야고보 선생은 자랑할 것을 자랑하라고 권합니다.

우리가 자랑해야 할 근거

여러분은 무엇을 자랑하고 있습니까? 사람들은 모두 자신만의 자랑거리가 있습니다. 어릴 때 공부 잘했던 것도 자랑하고, 지금 재산이 있는 것도 자랑합니다. 하다못해 자식 자랑이나 배우자 자랑이라도 합니다. 다만 배운 사람들은 노골적으로 자랑하는 대신 은근히 자랑하는 기술이 있습니다. 우리가 어떤 것을 자랑하는지를 보면 우리가 어리석은 자라는 것이 드러나기도 합니다.

야고보 선생은 무엇을 자랑하라고 명합니까? "낮은 형제는 자기의 높음을 자랑하고, 부한 형제는 자기의 낮아짐을 자랑할지니……." 무슨 선문답 같기도 하고 수수께끼 같기도 합니다. 그러나 잘 보면 '낮은 형제'라는 말은 '부한 형제'라는 말과 대조되고 있습니다. 그러므로 여기서 낮다고 하는 일차적인 의미는 경제적으로 비천한 처지에 있는 사람을 가리킵니다. 그런 사람은 자기의 높음을 자랑하라고 합니다. 하나님의 자녀라는 높은 신분을 자랑하라고 명합니다. 그리스도 안에서 자기가 얼마나 높아졌는지를 자랑하라고 합니다. 그것 때문에 기뻐하라고 합니다.

사랑하는 성도 여러분, 세상을 살 때 여러분의 처지가 어떠하든지 여러분에게 주어진 새로운 신분으로 인해서 자랑하십시오. 가난한 사람들은 고귀한 하나님의 자녀 된 그 신분 때문에 자랑할 수 있습니다.

야고보 선생은 또한 반대로 부한 형제는 자기의 낮아짐을 자랑하라고 합니다. 무슨 말씀입니까? 그리스도 안에서 자신이 영적으로 빈곤하고 비천한 자임을 알게 되었으니 그것을 자랑하라는 말입니다. 전에는 돈 좀 가졌다고 세상에 무서운 것 없이 사람을 무시하고 살았는데, 이제 예수님을 알고 나니까 그것이 별것이 아님을 알게 되었습니다. 자신이 아무것도 아닌 죄인에 불과하다는 것을 알게 되어서 겸비해졌으면 그로 인해 자랑하라는 말입니다.

이것은 누구나 누리는 축복이 아닙니다. 특히 부자가 자신의 낮아짐을 안다는 것은 특별한 은총입니다. 예수님이 이렇게 말씀하셨습니다. 부자가 하나님 나라에 들어가기가 약대가 바늘귀로 들어가는 것보다 더 어렵다고 말입니다(막 10:25 참조). 가능성이 없다는 겁니다. 그런데 그런 부자가 자기가 자기 집에서 일하는 종들이나 비천한 자와 마찬가지인 죄인에 불과하다는 것을 알게 되었으면 엄청난 은혜를 받은 것입니다.

사랑하는 성도 여러분, 여러분은 지금 가난하십니까? 옛날 생각하면 지금 가난은 가난이 아닙니다. 옛날에는 아이들을 가장 위협하는 무기가 밥 안 준다는 것이었지만 요즘은 아이들이 먼저 "난 밥 안 먹을 거예요"라고 자진해서 말하는 새로운 시대를 살고 있습니다. 모두 다 가난하면 모르겠지만 주위를 둘러보면 부자들이 이렇게나 많은데 자신만 가난하게 느껴져서 상대적 빈곤으로 인해 마음이 상합니까? 영적으로 부요한 자 된 것을 자랑하십시오. 하나님의 자녀라는 높은 신분으로 기뻐하십시오.

혹시 여러분은 가진 것이 많습니까? 그런데도 불구하고 영적인 자기 빈곤을 보게 된 것, 그것으로 자랑하십시오. 비천한 인생임을 알게 된 것으로 기뻐하십시오. 주님의 은혜 아니면 살아갈 수 없는 가난한 자 된 것을 감사하십시오. 기도의 자리에 나와서 "주십시오, 주십시오!" 하며 구걸하는 처지에 있는 자신을 보게 된 것으로 인해서 기뻐하십시오. 주님께 구하지 않고는 살 수 없게 된 자신으로 인해서 이제 자랑하십시오.

부자든 가난한 자든 자랑해야 할 근거는 동일합니다. 그리스도 안에서 갖게 된 새 신분으로 인해서 자랑하십시오. 세상의 요동하는 것에 전혀 영향을 받지 않는 그리스도인의 신분으로 자랑하십시오.

새 신분은 영원까지 불변하는 축복

주 안에서 사랑하는 성도 여러분, 여러분은 하늘의 시민권을 가진 사람입니다. 흰 돌 위에 새긴 여러분의 이름을 아무도 지울 수 없습니다. 불변하는 여러분의 새로운 신분, 새로 얻은 지위로 인해서 자랑하십시오. 그래서 예수 믿는 사람들은 보통 사람이 아닙니다. 생김새는 보통 사람처럼 생겼지만 실상인즉 보통 사람이 아닙니다. 사랑하는 성도 여러분, 세상을 살 때 여러분의 경제적 형편이 어떠하든지 지금 여러분에게 주어진 새로운 신분으로 기뻐하십시오. 그리스도인은 신분의 변화가 일어난 사람입니다.

> 주 안에서 부르심을 받은 자는 종이라도 주께 속한 자유인이요 또 그와 같이 자유인으로 있을 때에 부르심을 받은 자는 그리스도의 종이니라 (고전 7:22).

종으로 부르심을 받은 자는 이제 종이 아니라 주께 속한 자유인입니다. 자유인으로 있을 때에 부르심을 받은 자는 이제 그리스도를 섬기는 종으로 신분이 바뀌었습니다.

사랑하는 성도 여러분, 신앙인의 자랑은 보이지 않는 것에 근거해야 합니다. 항존하는 것, 불변하는 것, 그것으로 인해서 기뻐하십시오. 하나님으로부터 얻은 새 신분은 지금부터 영원까지 불변하는 축복입니다. 잘 사느냐 못 사느냐 하는 것은 잠깐입니다. 잘해야 100년 미만입니다. 우리는 잠깐 세상을 살 동안 하나님이 정하신 대로 받을 것입니다.

자신이 초라하게 보입니까? 여러분이 가진 놀라운 신분을 기억하고 그것을 인해서 자랑하십시오. 혹 그럴듯하게 자신이 보입니까? 아무것도 아닌 자신의 모습을 보여 주신 하나님으로 인해 자랑하십시오. 교회에 와서 세상 것 가지고 자랑하지 마십시오. 엉뚱한 것 가지고 자랑하면 형제자매들이 상처를 입습니다. 헛된 세상 것을 바라보면 시험에 들기 십상입니다. 가진 자든 가지지 못한 자든 부디 주 안에서 얻게 된 새 신분으로만 자랑하십시오.

오늘 본문을 첫 문단과 비교해서 살펴보십시오. 우리에게 다가오는 시험의 대부분이 어디서 유래되었는지 생각해 보십시오. 우리가 사물을 하나님의 관점에서 보지 못하기 때문입니다. 짜증이 나고, 낙심이 되며, 화가 나는 이유가 무엇입니까? 대부분 경제적인 이유 때문입니다. 오늘 본문을 바로 앞 절과 관련해서 살펴보십시오.

두 마음을 품어 모든 일에 정함이 없는 자로다(1:8).

두 마음을 품는 자의 대표적인 문제는 '세상이냐 천국이냐'입니다. 조금 더 구체적으로 말하면 '맘몬이냐 하나님이냐'입니다. 돈과 하나님을 놓고 마음이 헛갈립니다. 두 마음을 품는 대표적인 것은 바로 재물을 겸해서 하나님을 섬기려고 하는 것입니다. 그러나 주님은 이것이 불가능한 시도라고 합니다.

　　…… 너희는 하나님과 재물을 겸하여 섬길 수 없느니라(눅 16:13).

하나님과 재물을 같은 주인으로 삼아서 섬겨서는 안 된다는 것입니다. 여러분의 주인은 하나님이든지 돈이든지 둘 중 하나입니다. 절대 속지 마십시오. 교회만 나오면 천국 갈 거라고 생각합니다. 그렇지 않습니다. 하나님 말씀대로 살아야 합니다. 하나님 은혜를 받은 사람은 말씀대로 살려고 노력하는 사람입니다.

사랑하는 성도 여러분, 신앙인은 세속적인 야망의 성취 대신에 그리스도 예수 안에서 불변하는 신분으로 인해 자랑하는 사람입니다. 성도는 자랑하는 것을 세상과 달리합니다. 세상은 사람을 자랑합니다. 사람에게 속한 것을 자랑합니다. 그러나 성도는 하나님을 자랑합니다. 하나님께서 하신 일을 자랑합니다.

풀의 꽃과 같이 지나가는 인생

성도가 자랑하는 것을 세상과 달리하는 데는 이유가 있습니다. 세상에 속한 것들은 우리에게 세상의 덧없음을 보여 주기 때문입니다. 그래서 성도는 자랑하는 것이 세상과 다릅니다.

야고보는 "자랑하라"고 두 번 반복해서 명한 다음 그 이유를 설명합니다. "이는 풀의 꽃과 같이 지나감이라." 왜 낮은 형제는 자기의 높음을 자랑합니까? 왜 부한 형제는 자기의 낮아짐을 자랑합니까? "이는"이라고 시작하는 설명을 잘 들어 보십시오. 특별히 부한 자 뒤에 "이는"이라고 하는 이유는 무엇입니까?

낮은 자나 부한 자나 인생은 풀의 꽃과 같이 지나갑니다. 그러나 가난한 자는 부한 자 만큼 세상 집착도가 높지 않습니다. 빨리 지나가기를 바라고 삽니다. 그러나 부한 자는 자기도 모르게 땅 위에 큰집을 짓고 살고 싶어 합니다. 하지만 그 영화도 풀의 꽃과 같이 지나갑니다. 여기에 복음의 기본적인 메시지가 있습니다. 사람들을 만나 전해 줄 소식이 여기에 있습니다. 인생은 지나갑니다. 세상은 영원한 것이 아닙니다. 세상을 영원한 것처럼 붙들고 살지 마십시오. 풀의 꽃과 같이 지나갑니다.

인생이 덧없음을 기억하십시오. 인생의 영화가 풀의 꽃과 같이 쉽게 사라짐을 아시기 바랍니다. 그래야 정말 자랑할 것을 자랑하는 삶을 살 수 있습니다. 인생이 잠깐임을 알아야 우리에게 주어진 새 신분으로 인해 자랑할 용기를 가집니다. 성경이 말하는 인생관은 풀의 꽃과 같이 쉬 지나간다는 것입니다. 자세히 관찰해 보십시오.

> 해가 돋고 뜨거운 바람이 불어 풀을 말리면 꽃이 떨어져 그 모양의 아름다움이 없어지나니 부한 자도 그 행하는 일에 이와 같이 쇠잔하리라 (1:11).

해가 돋고 뜨거운 바람이 부는 것을 생각해 보십시오. 돋는 해는 그 자리에 머물러 있지 않습니다. 둥실 솟아서 움직입니다. 계속 변화합니다. 바람이 불고 있습니다. 초목이 흔들립니다. 게다가 사막 열기를 실은 뜨거운 바람이 불게 되면 풀이 마릅니다. 풀이 마르는데 꽃이 떨어지는 것은 당연합니다. 물론 가난한 자의 삶도 순식간에 지나갑니다. 하지만 성경이 부한 자를 잡고 시비를 거는 것은 그 쪽이 세상 집착도가 높기 때문입니다. 공동번역은 "부자도 자기 사업에 골몰하는 동안에 죽고 맙니다"라고 뜻을 풀어서 번역합니다.

이것이 성경이 말하는 부자의 인생관입니다. 그렇다면 가난한 자는 말할 것도 없습니다. 인생은 풀의 꽃과 같이 없어집니다. 가난한 자는 말할 것도 없고 부자도 마찬가지입니다. 원대한 계획을 세워 놓았다고 해서, 30년 계획을 세웠다고 해서 하나님이 "너는 30년은 살아야겠는데?"라고 봐 주시지 않는다는 것입니다. 삶이 이와 같이 덧없다는 것은 꼭 성경만이 말하는 진리는 아닙니다. 이것은 보편적인 진리입니다.

인생에 대해서 곰곰이 생각해 본 사람들은 다 그와 같이 말하고 있습니다. 동서양을 막론하고 여기에는 의견 일치를 봅니다. 동양 사람들은 초로인생(草露人生)이라고 말합니다. 즉 인생이 풀 위의 이슬 같다는 말입니다. 인생은 해 뜨고 나면 사라지고 맙니다. 그래서 뜬구름 같다고도 합니다. 인생에 대해 곰곰이 생각해 본 사람이면 삶의 덧없음을 다 느낍니다. 히브리인의 성경도 마찬가지 진리를 증거합니다. 시편의 구절을 보십시오.

> 주께서 그들을 홍수처럼 쓸어가시나이다 그들은 잠깐 자는 것 같으며 아침에 돋는 풀 같으니이다 풀은 아침에 꽃이 피어 자라다가 저녁에는 시들어 마르나이다(시 90:5-6).

> 내 날이 기울어지는 그림자 같고 내가 풀의 시들어짐 같으니이다(시 102:11).

성경은 자주 풀을 소개하며 인생의 무상함을 말하고 있습니다. 여러분이 세상에 나아가서 복음을 전할 때 사람들이 이 사실을 알게 해 주십시오. 사람들은 마치 세상을 영원한 것처럼 붙들고 살기 때문입니다. 우리 삶은 잠깐이면 지나갑니다. 특별 계시나 일반 계시나 모두 '인생은 짧다'는 것을 증거하고 있습니다. 이사야 선지자의 외침을 들어보십시오!

> 풀은 마르고 꽃은 시드나 우리 하나님의 말씀은 영원히 서리라 하라(사 40:8).

하나님의 계시는 인생이 짧다고만 증거 하지 않습니다. 복음은 그 다음 단계의 소식을 전합니다. 그렇지 않다면 우리는 염세주의에 빠졌을 것입니다. "풀은 마르고 꽃은 시드나 우리 하나님의 말씀은 영원히 서리라." 여기 우리의 소망이 있습니다. 잠시 사는 세상은 하나님을 자랑하고 하나님 주신 새 신분을 자랑하며 살기 위해서 이 진리를 알아야 합니다. 인생은 잠깐이지만 하나님의 말씀은 영원합니다. 여러분은 날을 계산하며 살고 있습니까? 모세의 기도를 들어 보십시오.

> 우리에게 우리 날 계수함을 가르치사 지혜로운 마음을 얻게 하소서(시 90:12).

모세는 우리보다 훨씬 오래 살았습니다. 120년을 살았습니다. 모세의 삶과 우리 삶을 대조해 보십시오. 모세의 삶은 40년, 40년, 40년으로 구분됩니다. 왕자로서 40년, 목자로서 광야에서 40년, 백성의 지도자로서 40년으로 나뉩니다. 우리는 120년을 살 수 없습니다. 강건해야 80이요, 90입니다.

제가 이 사실을 깨달았을 때는 이미 20년이 지나갔을 때였습니다. 그래서 하나님께 아뢰었습니다. "저는 40년, 40년, 40년 이렇게 살 수는 없습니다." 그렇게 구하면 양심 없는 사람이지요. "저는 20년, 20년, 20년으로 인생을 생각하겠습니다. 그 후의 삶은 보너스로 여기겠습니다. 이미 20년은 지나갔으니 오는 20년은 모세가 광야에서 목자로서 준비했던 것처럼 저도 앞날을 위해 공부하게 해 주십시오."

근데 지금도 생각해 보면 대책 없는 기도였습니다. 왜냐하면 공부를 20년 동안 하려면 성적이 좋아야 하지 않겠습니까? 비정상적으로 A플러스가 다 나와야 하는데 저에게는 그런 실력이 없었습니다. 저의 대학 시절 성적은 상당히 화려했습니다. A부터 F까지 다 갖췄습니다. 공부가 안되면 집에 돈이라도 많아야 되는데 우리 어머니는 아들 신학교 첫 학기 등록금을 주시고는 하늘만 쳐다보고 있었으니까 대책이 없었습니다.

그래도 하나님이 기도의 소원을 주셨으면 그것을 놓고 기도하는 겁니다. 유학을 마치고 돌아왔을 때 후배들이 대학 신문에 글을 써 달라고 저에게 요청했습니다. 어느 날 계산을 해 봤더니 제가 67학번인데, 유학 마치고 들어왔을 때가 1986년이었습니다. 그러니까 20년이 딱 지나간 것이지요. 무섭게 하나님이 20년 공부할 시간을 주신 것입니다. 그리고 돌아와서 그 남은 20년을 이미 다 사용했습니다. 이제 계약 기간은 끝난 셈입니다.

주님을 기쁘게 할 우선순위

지금은 옛날처럼 닥치는 대로 책을 사 모으려고 하지 않습니다. 오히려 가지고 있는 책들을 부지런히 읽고 하나님의 진리를 캐내며 성도들과 나누는 일에 더 관심을 갖고 싶습니다. 저는 40세가 넘은 목사들이 유학 간다고 하면 걱정이 됩니다. 도대체 얼마나 살려고 아직도 저렇게 유학을 가려고 하나 심히 걱정이 됩니다. 40세라는 나이는 공부를 끝내고 일할 때라는 생각이 들어서입니다.

유학 마치고 귀국하며 "지난 20년 동안 제대로 준비는 못했지만 그런대로 사용해 주십시오"라고 기도드렸습니다. 지금도 "부족한 대로 남은 날 충성하게 하옵소서"라고 기도합니다. 저는 "세월이 흘러가는데 이 나그네 된 나는 괴로운 세월 가는 것 막을 길 아주 없네"(새찬송가 485장)라고 노래하는 성도의 삶을 살고 싶습니다.

남은 날을 계수하다 보면 자연스럽게 삶의 우선순위를 생각하게 됩니다. 1년이 365일이고 4년에 한 번씩 하루가 더 있지만 계산해 보면 보통 사람들이 2만 5천 날에서 3만 날까지 못삽니다. 저같이 은퇴를 앞두고 있는 사람은 2만 5천 원이나, 3만 원을 가지고 시장 가서 만 원짜리는 다 쓰고 천 원짜리 몇 장 남은 것과 다름없습니다. 하고 싶은 것이 많아도 이제는 남은 날이 얼마 없으니까 뭘 먼저 해야 할지 우선순위를 정해야 합니다.

사랑하는 성도 여러분, 인생이 순식간에 지나가는데 예비 사인도 없이 끝이 옵니다. 사업 계획 세워 놓았는데 마무리 짓지 못했다고 하나님이 연기해 주시는 법이 없습니다. 인생의 유한함을 느끼는 성도는 인생관이 바뀌어야 합니다. 무엇에 관심을 갖고 무엇을 자랑해야 할지를 재조정하십시오.

여러분, 시험을 쳐 본 경험이 계시는지요? 60분 시험에 10분이 남으면 쉬운 것부터 풀어야 합니다. 날이 얼마 안 남았으면 점수 딸 수 있는 일부터 하십시오. 하던 것을 끝낸 다음 주님을 섬기겠다고 연기하지 마십시오.

공부하는 학생들은 "나는 수능시험 끝나면 내년부터 신앙생활 잘 할 것이다"라고 말하지 마십시오. 그런 사람들은 청년이 되면 "난 아직 직장을 찾지 못해 주님 섬기는 것이 힘들다"고 합니다. "직장만 주시면 저도 주일도 지키고 십일조도 하겠습니다"라고 약속합니다. 그러고 나서 취직하면 뭐라고 하는지 아십니까? "결혼해서 안정이 되면 주님 섬길 것입니다"라고 합니다. 제가 하나님이라도 그런 사람 기도는 안 들어 주겠습니다.

우리는 주님을 기쁘게 할 것이 무엇인지 우선적으로 생각해야 합니다. 우리 모두 언제 주님 앞에 설지 모릅니다. 태어난 순서대로 세상을 떠나는 것은 아닙니다. 지금 주님 앞에 설 준비가 되어 있는지 생각해 보십시오.

저는 나이가 70, 80 되신 분들이 짜증내는 것을 보면 이렇게 기도하게 됩니다. "하나님 저로 하여금 나이 먹은 뒤에는 절대로 짜증내지 않게 해 주십시오. 제가 신앙인으로 80년을 살아왔는데 그때는 정말 제 얼굴에서 하나님의 향기가 빛나게 해 주십시오." 남은 날이 얼마 만큼인지 아무도 모릅니다. 우리 모두 주님 앞에 설 때에 떳떳하게 설 수 있도록 지금 할 일이 무엇인지, 우리 삶이 주님을 맞이할 만큼 성숙했는지 한 번 살펴볼 필요가 있습니다. 성숙할 때가 되었는데도 아직 성숙하지 못하고, 작은 어려움도 기쁨으로 맞아들이지 못하고 있는 모습이 아니기를 바랍니다.

> 잠시 잠깐 후면 오실 이가 오시리니 지체하지 아니하시리라 나의 의인은 믿음으로 말미암아 살리라 또한 뒤로 물러가면 내 마음이 그를 기뻐하지 아니하리라 하셨느니라(히 10:37-38).

여러분! 나이가 60, 70, 80살 된 것 때문에 서글퍼집니까? 신앙을 확실히 붙드십시오. 잠시 잠깐이면 오실 이가 오실 것입니다. 그분이 오시는 소리가 들리면 서글퍼지는 것이 아니라 가슴이 뛰어야 됩니다. 주님 오시는 발자국 소리를 들으면 바로 일어나 갈 수 있는, 이제는 기뻐 뛰면서 주님 맞이할 단장을 시작하십시오. 이제 신랑이 오는 것을 맞이할 신부 화장을 해야 할 때입니다.

인생을 보람 있게 산 사람은 인생이 짧은 것을 생생히 인식한 사람입니다. 20대라고 인생길이 만 리나 남은 줄로 여기지 마십시오. 때가 임박했습니다. 이 악한 세대에서 세월을 아낍시다. 남은 날을 계수하는 지혜를 가지십시오.

이런 이야기를 기사로 읽은 적이 있습니다. 만약에 사람이 100살까지 살 수 있는 약초가 있다면 엄청난 가격에 팔릴 수 있다고 말입니다. 그것을 얻기 위해서 진시황은 자기 국력을 동원해 제주도까지 왔다는 전설이 있습니다. 분명히 100살까지 산다고 하면 돈을 엄청 지불할 사람이 많을 것입니다.

여러분, 우리가 믿는 복음은 영생의 복음입니다. 예수 믿으면 영원토록 주와 함께 살 것입니다. 그러므로 이 사실을 정말 세상이 인식한다면 정규 방송을 중단하고 특별 방송을 할 것입니다. 그리고 신문사에서도 호외를 뿌릴 것입니다. 예수 믿으라고요! 그렇습니다. 이런 사실을 알면서도 입 닫고 살면 여러분은 나쁜 사람입니다.

그래서 전도하는 것입니다. 우리가 영생하는 복음을 가지고 있다는 생각이 들면 길거리에서 만나는 사람들 얼굴 볼 때마다 마음에 부담이 생깁니다. 동네에 함께 사는 사람들에게 어떻게 하면 이 소식을 전할 수 있을까 부담이 생깁니다.

영광의 주님이 오시고 있습니다. 우리가 사는 날들은 구주를 대망하는 날들입니다. 부디 남은 세월을 여러분의 새로운 신분을 자랑하며 사시기 바랍니다.

James
야고보서 1장

야고보서 1장 12절

¹² 시험을 참는 자는 복이 있나니 이는 시련을 견디어 낸 자가 주께서 자기를 사랑하는 자들에게 약속하신 생명의 면류관을 얻을 것이기 때문이라

07.
생명의 면류관

　그리스도 안에서 사랑하는 성도 여러분, 오늘 본문은 월계수 면류관을 향하여 달리는 고대 올림픽 장면을 연상시킵니다. 또는 현대 월드컵 경기에서 열광적인 함성을 지르며 응원하는 군중을 떠올리게 합니다. 그렇습니다. 오늘 본문에는 열광적인 응원의 함성이 들리고 있습니다. "복이 있도다. 시험을 잘 견디는 자들이여! 생명의 면류관을 얻을 것이다"라는 격려의 함성이 배어 있습니다. "끝까지 잘 달려라, 끝까지 결승점을 향해 잘 달린 자들에게는 면류관이 기다리고 있다." 이 생명의 면류관은 주께서 자기를 사랑하는 자들을 위해 예비하신 것이라고 권면하며, 응원의 소리를 치는 것이 본문 12절입니다. 아직 결승점을 향해 달리고 있는 하나님의 백성인 여러분을 위해서 이 12절은 기록되었습니다.
　하나님과 주 예수 그리스도의 종 야고보는 오늘 다시금 시험이란 주제로 우리를 초대합니다. 그는 오늘 본문에서 시험을 참는 자의 복에 대해서 말하고 있습니다. 물론 우리는 시험 없는 신앙생활을 하고 싶어 합니다. 그리고 일각에서는 시험이 없는 기독교를 전하고 있습니다. 예수님을 믿기만 하면 만사형통한다는 설교를 외치고 있습니다. 그러나 야고보는 시험이 없는 신앙생활을 말하지 않습니다.

내적인 유혹과 외적인 시련

야고보가 아는 기독교는 시험이 없는 종교가 아니었습니다. 야고보는 시험을 통해서 성숙되어 가는 신앙 인격을 믿고 있습니다. 또한 야고보는 시험을 통과한 후에 얻게 될 생명의 면류관을 믿고 있습니다. 말하자면 그는 시험이 주는 현세에서의 유익을 믿습니다. 동시에 시험이 주는 내세에서의 유익을 믿습니다. "경건은 범사에 유익하니 금생과 내생에 약속이 있느니라"(딤전 4:8)고 바울이 감탄한 바대로입니다.

야고보는 현세에서 시험이 주는 유익은 흠잡을 데 없는 원만한 신앙 인격을 갖추는 것이라고 설명했습니다. 그리고 내세에서 시험이 가져다주는 유익을 생명의 면류관이라고 고백하고 있습니다. 그래서 성숙한 신앙 인격을 갖추기 위해 지금 당하는 온갖 시험을 기쁘게 여기라고 권한 다음 장차 생명의 면류관을 얻기 위해 모든 시험을 잘 견뎌 내라고 권면하고 있습니다. 오늘 본문을 잘 살펴보면 생명의 면류관을 얻을 수 있는 지혜를 발견할 수 있습니다. 현대인의성경으로 이 부분을 다시 읽어 보겠습니다.

시험을 견뎌 내는 사람은 복이 있습니다. 시험을 이기고 인정을 받은 사람은 하나님이 자기를 사랑하는 사람들에게 약속하신 생명의 면류관을 받을 것입니다(1:12, 현대인의성경).

사랑하는 성도 여러분! 야고보는 누구를 향해서 이 축복을 선언하고 있습니까? 현대인의성경이 보여 주는 대로 시험을 잘 견뎌 내는 사람에게 복이 있다고 선언하고 있습니다. 그리고 시험을 이기고 인정을 받은 사람을 향해서 복되다고 선포하고 있습니다.

그러면 여기서 말하는 시험이 무엇인지 다시 한 번 살펴봅시다. 2절에서 말하는 온갖 기쁨으로 맞이할 여러 가지 시험이라는 말과 12절에서 말하는 우리 모두가 통과해야 할 시험이라는 말은 꼭 같은 헬라어 '페이라스모스'(πειρασμός)로 되어 있습니다. 그런데 이 시험이라는 단어가 의미하는 것이 다양하기 때문에 이것이 무엇을 뜻하는지 정확히 파악할 필요가 있습니다.

우리를 성숙시켜 나가는 여러 가지 시험들과, 우리에게 약속되어 있는 생명의 면류관을 얻기 위해 통과해야 할 시험들은 같습니다. 동일한 시험을 통해서 원만한 신앙 인격에 도달하고, 동일한 시험을 통해서 우리는 생명의 면류관을 얻게 됩니다. 그러므로 경건에 이르는 훈련은 모든 일에 유익하다고 성경은 말합니다. 그래서 금세와 내세를 위한 약속이 있다고 합니다. 이 세상에서뿐만 아니라 저 세상에까지 유익을 약속해 준다고 성경이 말하고 있습니다. 이 세상에서 성숙한 신앙 인격만이 아니라 이 시험을 잘 통과하는 자에게 저 세상에서 생명의 면류관이 약속되어 있습니다.

그러면 이 시험이란 무엇입니까? 시험이라는 의미는 크게 둘로 나누어 생각할 수 있습니다. 하나는 안에서부터 생긴 시험입니다. 그것을 다른 말로 하면 유혹이라고 말할 수 있습니다. 또 하나는 밖으로부터 닥친 시험이 있습니다. 그것을 시련, 혹은 핍박이라는 말로 표현할 수 있습니다.

여러 가지 시험을 만났을 때 온갖 기쁨으로 여기라고 할 때는 "가지각색의 시험, 시련과 유혹을 만날 때에 기쁘게 여기라"는 의미입니다. 12절에 "시험을 참는 자는 복이 있나니"라고 했을 때도 크게 다를 바 없는 의미라고 볼 수 있습니다. 그런데 이 시험의 성격에 따라서, 즉 어디서 시작되었느냐에 따라서 우리가 그것을 방비하는 방법이 달라집니다.

그러면 내적인 유혹은 어떻게 방어해야만 합니까? 내적인 유혹은 물리치라고 성경은 말하고 있습니다. 그러나 외적인 시련은 어떻게 방어해야 합니까? 외적으로 당하는 시련은 우리가 물리칠 수 있는 것이 아닙니다. 그것을 이겨 내는 방법은 잘 견디는 것입니다.

본문은 여기서 시험을 잘 견디는 자가 복이 있다고 했습니다. 그러니까 내적인 마음의 유혹이 아니라 바깥에서부터 닥친 시련을 우선적으로 염두에 두고 있는 것 같습니다. 내가 원해서 시련에 빠져든 것이 아니라 나의 의사와 상관없이 시련이 내 삶을 덮친 것입니다.

부한 자나 가난한 자나 세상을 살 때에 시험을 만나게 마련입니다. 1절부터 18절까지 읽어 보면 서로 전혀 관련이 없는 주제를 이야기하고 있는 것처럼 보이지만 야고보가 말하고 있는 주제는 동일합니다. 시험으로부터 시작해서 아직도 시험을 이야기하고 있습니다.

오늘 설교에 앞서 우리는 가난한 자와 부한 자에 대한 문제를 살폈습니다. 가난하든 부하든 둘 다 세상에서 자기들의 현재 처치에 연연해하지 말고 하나님께서 선물로 주신 새로운 신분으로 감사하라고 말하고 있습니다. 가난한 자는 가난한 자대로 시험을 당합니다. 부자는 부자대로 시험을 만납니다. 성경은 가난한 자들이 당하는 대표적 시험에 대해서 특별히 "세상에 대한 염려"라는 표현을 쓰고 있습니다. "어떻게 살아갈까?" 하는 것이 늘 그들의 머릿속을 떠나지 않습니다. '뭘 먹을까 입을까 마실까 어떻게 살아갈까'라는 것은 가난한 사람들이 항상 하는 걱정과 염려입니다.

하지만 가난은 자기가 선택한 것이 아닙니다. 다만 자기 자신이 그러한 환경 속에 빠져 있는 것을 발견할 뿐입니다. 당사자에게 그것은 시련이고, 환난이고, 어려움입니다. 하지만 이것은 본인이 선택한 것이 아닙니다. 이것을 이겨 내는 방법은 견디는 것밖에는 없습니다. 그래서 세상 염려에 빠지지 말라고 성경이 권면하고 있습니다.

그러나 부한 자도 시험에 빠집니다. 부자가 당하는 대표적인 시험은 "재리에 대한 유혹"입니다. 이것은 바깥에서부터 나를 짓누르는 그런 시험이 아닙니다. 외부적인 핍박이 아니라 내 안에서부터 일어나는 유혹입니다. 가지면 가질수록 더 갖고 싶은 유혹이 사람들에게 일어납니다. 이 유혹을 이기는 방법으로 저항하라고 가르쳐 줍니다. 부자가 받는 시험은 물리쳐야 할 유혹입니다.

오늘 본문은 가난한 자의 처지에서 먼저 약속하고 있습니다. 가난한 처지에서 시험을 잘 이기고 인정받은 사람에게 생명의 면류관이 준비되어 있다고 말하고 있습니다. 야고보는 크게 나누면 교회에는 가난한 자가 있는 반면에 부한 자가 있다는 것을 알았습니다. 자기가 써야 될 것조차도 핍절한 사람이 있는가 하면은 자기가 사용하고도 남는 물질을 가지고 사는 사람도 있습니다. 그러나 목회자로서 먼저 위로해야 할 대상은 가난한 사람들이라는 것을 잘 알고 있었습니다.

또 오늘 본문 바로 앞에서 부한 자에 대해 경고했습니다. 특별히 부한 자들은 이 세상에 집착하기 쉬우니까 세상이 덧없음을 이야기해 주고 나서 가난한 자들을 향해 다시 한 번 잘 견뎌 내라고 격려합니다. 부자들에게는 순식간에 지나가는 세상에 집착하지 말라고 경고한 다음에 가난한 자들에게는 자기가 원해서 그 가난에 빠진 것은 아니지만 가난 때문에 삶 속에서 당하는 시련들을 잘 견뎌 내라고 권면하고 있습니다. 지금은 힘들지만 결승전이 가까워지고 있으니까 잘 견뎌 내라고 말입니다.

물론 시험을 잘 통과하게 되면 부한 자나 가난한 자나 모두에게 생명의 면류관은 준비되어 있습니다. 누구든지 시험을 잘 통과할 때에 자기의 사회적인 지위나 경제적인 처지에 관계없이 이 생명의 면류관을 받게 될 것입니다.

세상을 이기는 자들

이 생명의 면류관은 만왕의 왕 되신 주님께서 영예의 표시로서 승리자들에게 주실 것입니다. 이 생명의 면류관을 영예의 승리자에게 주실 때 주님이 하실 말씀이 무엇인지 여러분은 읽어 보셨을 것입니다.

> 잘하였도다 착하고 충성된 종아 네가 적은 일에 충성하였으매 내가 많은 것을 네게 맡기리니 네 주인의 즐거움에 참여할지어다(마 25:21).

사랑하는 성도 여러분, 주님을 모시고 살기로 결단하셨습니까? 그렇다면 여러분은 지금 이미 주님으로 말미암는 생명에 동참한 자입니다. 그러나 장차 그때엔 충만한 생명을 누리게 될 것입니다. 지금은 다만 맛볼 뿐이지만 그때는 만끽하게 될 것입니다. 지금도 예수 믿는 사람들은 구원을 받았고, 생명의 면류관을 확정해 놓았지만 그때는 충만한 생명을 누리게 될 것입니다.

하지만 지금 이 땅에서는 신앙생활을 해 나갈 때에 여러 가지 유혹이 많습니다. 지금 이 땅에서는 주님을 섬기고 싶은 마음이 있는 만큼, 만만찮은 저항 세력도 있습니다. 그러나 그때 거기서는 우리 마음뿐 아니라 우리 몸까지도, 생각뿐 아니라 지체까지도 주님 섬기는 일에 총동원될 것입니다. 지금 여기서는 마음은 섬기고 싶은데도 소원대로 되지 않으니까 안타까울 때가 많습니다. 주님이 저희를 향해서 말씀하셨습니다. "마음은 원이로되 육신이 약하도다"(마 26:41). 하나님의 이 충만한 생명을 우리 것으로 누리는 그날에는 우리가 원하는 만큼 주님을 섬기게 될 것입니다.

어떤 때는 신앙생활을 한다는 것이 어리석다는 생각이 들 때도 있습니다. 노력해도 별 진전이 없어 보입니다. 달리려고 할수록 더 힘들게 느껴질 때도 있습니다. 정말로 그분처럼 거룩한 삶을 살려고 하면, 우리 수준이 전혀 거기에 미치지 못하는 것 때문에 괴로워합니다.

주 안에서 사랑하는 성도 여러분, 그러나 그 고민은 헛된 것이 아닙니다. 그것은 언젠가 응답될 것입니다. 우리 중심에서 정말로 아버지의 거룩함처럼 우리도 거룩하게 살겠다는 소원을 가지고 살아갈 때에 언젠가 소원대로 하나님 앞에 거룩하게 서게 될 것입니다. 그때 그 소원을 가지고 몸부림친 사람들은 그 마음의 중심에 소원했던 것을 이룰 것입니다. 그 소원이 성취되지 않아서 이 땅에서 흘린 그 눈물을 하나님께서 씻겨 주실 것입니다.

그러나 세상을 살면서 "아버지의 온전하심같이 너희도 온전하라"(마 5:48)는 말씀을 뜬구름 잡는 것처럼 여기고 살던 사람은 자기가 가졌던 것조차도 빼앗길 것을 성경이 말합니다. "있는 자는 받을 것이요 없는 자는 그 있는 것까지도 빼앗기리라"(막 4:25). 지금 우리는 여러 가지 좌절 속에서 세상을 살아가고 있습니다. 그러나 그때는 우리가 마음에 원하는 대로 주님을 섬기는 날이 올 것입니다. 그때는 주님이 친히 우리를 생명수 샘으로 인도하실 것입니다.

> 이는 보좌 가운데에 계신 어린양이 그들의 목자가 되사 생명수 샘으로 인도하시고 하나님께서 그들의 눈에서 모든 눈물을 씻어 주실 것임이라 (계 7:17).

유혹의 파도와 시련의 바람이 몰려오더라도 약속된 생명의 면류관을 바라보십시오. 이 생명의 면류관은 주님께서 오직 자기를 사랑하는 자들을 위해서 마련하신 것입니다. 우리가 이 약속을 잘 음미할 때 온갖 시험을 이겨낼 힘을 얻을 수 있습니다. 그것이 외적인 시련이든 내적인 유혹이든 이겨낼 힘을 얻습니다. 그럼 지금 성숙한 신앙 인격자가 되고 장차 생명의 면류관을 우리의 것으로 소유하기 위해서 어떻게 시험을 이길 수 있을까요?

시험을 이기는 비결은 우리 자신의 결심이 아닙니다. 우리 자신의 노력도 아닙니다. 젊은 자도 지칩니다. 강건한 자도 피곤해집니다. 그러나 우리의 노력과 결심으로가 아니라 오직 주님을 뜨겁게 사랑하는 믿음으로 이 시험을 통과해 낼 수 있습니다.

> 소년이라도 피곤하며 곤비하며 장정이라도 넘어지며 쓰러지되 오직 여호와를 앙망하는 자는 새 힘을 얻으리니 독수리가 날개치며 올라감 같을 것이요 달음박질하여도 곤비하지 아니하겠고 걸어가도 피곤하지 아니하리로다(사 40:30-31).

주님을 사랑하는 자들은 세상을 이기는 자들입니다. 그들은 세상을 사랑하지 않습니다. 사도 요한은 성도들에게 "이 세상을 사랑하지 말라"(요일 2:15 참조)고 명합니다. 세상을 사랑하는 것은 하나님을 사랑하는 것과 항상 배치되는 것입니다. 세상에 마음을 두고 있는 신자를 향해서 "간음하는 여인들아"(약 4:4)라고 야고보는 질책하고 있습니다. 자기가 정을 주고, 자기가 믿고 따르기로 결심했던 하나님이 있는데도 불구하고 그 하나님으로 만족하지 못하고 세상에 마음을 둔다는 것은 마치 본 남편을 두고 다른 사람에게 마음이 향하는 것과 같다는 것입니다. 주님을 사랑하는 자는 세상에 곁눈질을 하는 자가 아닙니다.

세상을 사랑하는 자는 여러 가지 시련과 시험을 통과할 수 없습니다. 아니, 세상을 사랑한다는 그 자체가 항상 유혹이 되고 시험이 될 것입니다. 세상을 사랑하고픈 생각이 있는 한, 부하고 싶은 유혹을 끊어 버릴 수 없습니다. 뿐만 아니라 세상에 대한 집착이 강할수록 '어떻게 이 세상을 살아갈까' 하는 염려가 찾아옵니다.

물론 성도들도 어떻게 살아가야 할지 계획해야 합니다. 그러나 염려한다는 것은 다른 문제입니다. 세상에 대해 염려한다는 것은 미래에 대한 계획이 아닙니다. 다만 걱정하고 염려하는 것은 하나님이 금하십니다. 부자가 더 벌고 싶어 안달하는 것만큼이나 염려는 가난한 자들이 세상에 집착하는 증표입니다. 부하든지 가난하든지 세상에서는 항상 이런 시험을 받습니다.

주님을 사랑할 때에 필요 이상의 염려를 하지 않습니다. 버는 액수에 따라서 우리 삶을 어떻게 살 것인지 지혜롭게 계획해야 합니다. 가정 경제를 관리하면서 가장 중요한 것은 한 달 수입이 얼마인가를 아는 것입니다. 수입 범위 내에서 한 달 지출을 결정하는 것입니다. 지혜는 복잡하지 않습니다. 단순합니다. 물론 한 달 벌어 놓은 돈에 비해서 나가야 될 것이 많고 한 달을 꽉 채워 계획을 세울 수는 없을 것입니다. 그럴 때 그중에서 무엇이 먼저 지출되어야 하는지 결정해야 합니다.

그러나 여러분이 한 달 동안 번 돈과 지출한 돈 목록들 가운데서는 정말 꼭 지출해야 될 것이 아니라 단지 쓰고 싶은 목록들이 있다는 것을 볼 수 있어야 합니다. 친구가 사니까 나도 사겠다는 것은 말이 안 됩니다. 하나님께서는 우리에게 일용할 양식을 보장해 주셨습니다. 하지만 날마다 값비싼 케이크를 먹도록 약속하신 것은 아닙니다. 하나님은 약속에 대해서 신실하신 분입니다. 우리는 매번 "일용할 양식을 주십시오"라고 기도했고 하나님께서는 그 약속을 지키기를 기뻐하시는 분입니다. 하지만 하나님께서는 여러분의 욕망 리스트에 응답해 주겠다고 한 번도 약속해 주신 적이 없습니다.

내가 어찌 할 수 없는 것 때문에 염려해서 신앙생활하는 데 침체에 빠져서는 안 됩니다. 세상을 사랑하는 사람들은 유혹과 시련에 저항할 수 없습니다. 오늘 본문은 오직 주님을 사랑하는 자만이 시험을 이길 수 있다고 말하고 있습니다.

사랑하는 성도 여러분! 그 생명의 면류관을 보십시오. 생명의 면류관을 누구를 위해서 예비해 두셨는지 읽어 보십시오. 그 생명의 면류관은 주님이 자기를 사랑하는 자들을 위하여 예비해 두셨습니다. 주님을 사랑하는 자들만이 이 시험을 성공적으로 통과할 수 있습니다.

주님을 사랑한다는 것

그러면 주님을 사랑하는 구체적인 방법은 무엇입니까? 우리가 살아가면서 매사에 주님의 뜻을 고려하는 것이 주님을 사랑하는 것입니다. 야고보서 1장 2절 이하에서 말하는 것처럼 환난을 당하고 고난을 당할 때 주님의 뜻이 어디 있는지 생각해 보는 것입니다. 그런 사람은 시험을 온전히 기쁨으로 받아들일 수 있습니다. 시험이 닥쳐오면 내가 그 부분이 아직도 약하기 때문입니다. '하나님께서 나를 온전한 자로 성숙시키기 위해서 나에게 이런 어려움을 붙여 주시는구나'라고 생각하십시오.

예를 들어 결혼을 했는데 단칸방에서 살 때부터 계속 배우자의 동생들과 함께 살아야 하고, 그들을 차례로 결혼시키고 나니까 이제 조카들을 돌봐야 하는 상황이 되었다고 생각해 보십시오. 그럼 '왜 이렇게 내 삶은 힘들기만 한가?' 하고 생각할지도 모르겠습니다. 그러나 그것을 허락하시는 분은 하나님입니다. 그것을 넉넉히 이길 수 있는 원만한 신앙 인격자가 되도록 하기 위해 하나님이 하필이면 그런 가정에 시집가고 장가가게 하셨다는 말씀입니다.

사람들마다 당하는 유혹과 시련이 다 다릅니다. 어떤 사람들은 부하고 싶은 욕심이 강하고, 어떤 사람은 배우고 싶은 욕망이 강합니다. 어떤 사람들은 높은 자리에 오르고 싶은 욕망에 사로잡혀 있습니다. 그래서 대통령은 한 사람만 필요한데도 대통령은 되겠다고 후보로 나온 사람이 얼마나 많은지 여러분은 아시지요?

각자 안에서 일어나는 유혹이 다를 수 있습니다. 밖에서 닥쳐오는 시련이 인간관계일 수도 있고, 연속되는 사업 실패일 수도 있습니다. 같은 집안에서 일어나는 사건을 두고 설명해 봅시다. 남편이 주식과 증권에 빠져서 가정 경제를 돌보지 않는다면 온 식구들이 어려움을 겪습니다. 특히 살림을 맡아야 하는 아내의 고통은 말할 것도 없습니다. 그런 경우 남편은 투기를 통한 일확천금의 유혹을 물리쳐야 합니다. 또한 아내는 돈 없이 살림을 살아야 하는 그 시련을 견뎌 내어야 합니다. 남편은 '유혹'을 이겨야 되고 아내는 '시련'을 견뎌야 하는 겁니다.

그러나 하나님께서 각자에게 필요한 것을 주십니다. 그것을 잘 이겨 낼 때 온전한 신자가 될 수 있습니다. 뿐만 아니라 끝까지 잘 통과했을 때는 생명의 면류관이 준비되어 있습니다. 시험 그 자체만 바라보면 우리가 이를 악물어도 이길 수 없습니다. 그러나 주님을 사랑하면 넉넉히 이길 수 있습니다. 사랑한다는 것은 항상 구체적이 되어야 합니다. 주님을 사랑한다는 것은 주님의 뜻을 구체적으로 고려한다는 것입니다.

주님은 우리를 못살게 하는 것을 즐기지 않으십니다. 주님은 아무도 시험하지 않으십니다. 우리 모두가 당신이 원하는 원만한 신앙 인격자가 되기를 원하는 것입니다. 주님이 우리를 사랑하기에 특별 코스에 넣어 주신 것입니다. 그래서 남이 당하지 않는 어려움을 내가 당하고 있으면 '아! 하나님이 특별히 나를 사랑하셔서 이 특수 코스에 나를 넣어 주셨구나' 하고 감사해야 합니다.

항상 주님의 뜻을 고려하십시오. 주님께 기도하십시오. 왜 교회 와서 설교를 들으면 그럴듯하게 들리는데, 집에 돌아가 정작 어려움이 닥치면 설교 때 들었던 말씀을 다 잊어버리고 맙니까? 그것은 지혜가 없기 때문입니다. 그래서 성경은 우리에게 지혜를 구하라고 말합니다. 생명의 면류관을 얻기 위해서는 주님을 사랑하는 자들에게 지혜를 구하라고 합니다. "하나님 제가 얼마나 어리석은지 모릅니다. 나중에 하나님 나라에 가서 어리석었다는 것을 후회할지 모릅니다. 저는 말씀이 뜨겁게 다가와 눈물 흘리면서 기도해 보면 내가 선택한 것이 정말 좋은 것이라는 것을 믿는데도 가끔 어떤 때는 전혀 그렇지 않은 듯 여기는 지혜 없는 사람입니다. 그래서 다른 친구들과 비교하며 마음속의 평안이 없어집니다." 이런 사람을 보고 성경은 지혜를 구하라고, 기도하라고 말합니다.

이런 것이 아직 자기 문제로 여겨지지 않는 사람은 교회에 와 봐야 실상은 별로 기도할 것이 없습니다. 사람들이 기도할 때 그 나름대로 기도의 틀과 목록을 가지고 있습니다. 주섬주섬 한 5분 기도하고 나면 더는 섬길 게 없습니다. 3년 전에 했던 기도 목록 그대로 기도하고 나면 더는 기도할 게 뭐가 있겠습니까?

사랑하는 성도 여러분, 주님을 사랑한다는 것은 구체적으로 주님을 자랑하는 것입니다. 아내가 남편을, 남편이 아내를 사랑한다는 것은 어떻게 나타납니까? 배우자를 사랑한다고 말하면서 친구들 모임에서 배우자 험담만 계속한다면 그것은 배우자를 사랑하는 것이 아닙니다. 남편을 사랑하는 아내는 남편 자랑을 하고, 아내를 사랑하는 남편은 아내 자랑을 합니다. 자랑하는 것은 사랑하기 때문에 할 수 있는 것입니다.

우리가 하나님을 사랑하면 하나님을 자랑할 수 있어야 합니다. 하나님이 좋으면 나도 모르게 그 좋으신 하나님을 사람들 앞에서 이야기하게 되어 있는 겁니다. 교회 행사 때문에 어쩔 수 없이 전도하는 것이 아니라 좋으신 하나님이시기 때문에 그분이 하시는 일에 대해서 자랑할 수밖에 없는 것입니다.

하나님을 사랑한다고 입으로 기도하고 찬송해 놓고도 눈만 뜨면 다 잊어버리고 사람들 앞에 서면 침묵하는 자들은 정말 하나님을 사랑하는지에 대해서 생각해 보아야 합니다. 정말로 사랑한다면 세상에 나가서 자랑해야 합니다. 하나님 때문에 얻게 된 우리의 새 신분 때문에 자랑하는 사람은 하나님을 사랑하는 사람입니다.

사랑한다는 것은 구체적이어야 합니다. 그 남자가 천하에 없는 사람이 되어야 합니다. 그럴 때에 아내로서 행복이 있을 것입니다. 그 여자가 세상에 둘도 없는 사람이 되어야 합니다. 그럴 때에 남편으로서 행복을 느낄 것입니다.

시험과 환난을 통해 승리하는 기독교

성도로서의 행복은 정말로 자랑할 하나님을 만날 때입니다. 그분으로 인해서 정말로 우리가 놀라운 하나님의 자녀라는 신분을 갖게 되었습니다. 하나님이 주신 새 신분을 자랑하는 자들이 시험을 넉넉히 이기는 자들이 됩니다. 성도의 별명은 무엇입니까? 바로 "큰 환난에서 나오는 자들"입니다.

> 장로 중 하나가 응답하여 나에게 이르되 이 흰 옷 입은 자들이 누구며 또 어디서 왔느냐 내가 말하기를 내 주여 당신이 아시나이다 하니 그가 나에게 이르되 이는 큰 환난에서 나오는 자들인데 어린양의 피에 그 옷을 씻어 희게 하였느니라 (계 7:13-14).

시험과 환난을 모르는 기독교는 참 종교가 아닙니다. 예수 믿고 나서 우리는 행복해졌다고 말하고 끝나 버리면 오해될 수 있습니다. 물론 우리는 예수 믿고 행복해졌습니다. 그러나 거기에는 오해하지 않도록 충분한 설명이 있어야 합니다. 예수 믿고 나서 우리가 행복해진 것은 예수 믿고 우리가 다 부자가 되어서, 다 출세해서가 아닙니다. 예수 믿는 사람이 누리는 행복은 우리에게 주신 이 새로운 신분 때문에 오는 행복입니다. 우리의 욕구가 채워졌기 때문이 아니라 우리가 정말 무엇에 만족해야 할 것인지 우리의 소원이 단순해졌기 때문입니다.

그러나 이 새로운 신분은 가치 있는 것이기에 우리가 이 새로운 신분을 받아들인 순간, 우리는 사탄의 공격 대상이 됩니다. 그렇기 때문에 예수 믿고 나서 꼭 모든 것이 순조롭게 잘 풀렸다고 말하는 것은 생각해 볼 문제입니다. 혹 그럴 수도 있을 것입니다. 그러나 많은 경우에 성실하게 살려고 하기 때문에 어려움들을 만나는 것입니다.

야고보 선생은 공동 서신 야고보서를 열면서 "내 형제들아 너희가 여러 가지 시험을 당하거든 온전히 기쁘게 여기라"고 말하고 있습니다. 예수를 믿음으로 우리는 무풍지대에 들어가는 것이 아니라 불어오는 온갖 비바람 속에 처하게 된다는 것을 기억해야 합니다. 오히려 초대 교회 교인들은 아무 이유 없이 재산을 다 빼앗기기도 했습니다. 그러나 그들은 그것을 빼앗기는 것을 상관치 않았습니다. 다가오는 기업의 영광의 풍성함을 바라보았기 때문에 그들은 조금도 상관하지 않았습니다.

야고보가 말하는 기독교, 베드로가 말하는 기독교, 요한과 바울이 말하는 기독교는 시험과 환난을 통해서 승리하는 기독교입니다. 어떤 상황 속에 우리가 던져질지라도 굴하지 않고 넉넉히 이길 수 있는 신앙 인격을 갖출 수 있을 뿐만 아니라 모든 시험을 통과한 다음에 생명의 면류관을 바라보는 그런 종교야말로 참된 기독교입니다.

사랑하는 성도 여러분, 시련을 잘 견딘 사람은 복이 있습니다. "잘 하였도다 충성된 종아"라고 하나님이 인정하실 때 우리는 주께서 자기를 사랑하시는 자들에게 약속하신 생명의 면류관을 얻을 것입니다. 세상에서 성숙한 인격에 이르기 위해 우리는 시련이라는 과정을 겪어야 합니다. 뿐만 아니라 생명의 면류관을 받기 위해서 이 시험과 시련을 잘 견뎌 내야 합니다.

시험이 없는 기독교는 성경적 기독교가 아닙니다. 성경이 말하는 기독교는 우리가 하나님 나라에 들어 가려면 여러 가지 환난을 당할 것이라 말하는 종교입니다. 그러나 우리가 믿는 것은 그 영광의 나라에 넉넉히 들어가게 되리라는 것입니다. 승리자 이상으로 우리는 서게 될 것을 확실히 믿습니다. 당하는 여러 가지 시험과 시련을 물리치십시오. 견뎌 내십시오. 그래야 생명의 면류관이 우리 것이 될 것입니다.

James
야고보서 1장

야고보서 1장 13-16절

¹³사람이 시험을 받을 때에 내가 하나님께 시험을 받는다 하지 말지니 하나님은 악에게 시험을 받지도 아니하시고 친히 아무도 시험하지 아니하시느니라 ¹⁴오직 각 사람이 시험을 받는 것은 자기 욕심에 끌려 미혹됨이니 ¹⁵욕심이 잉태한즉 죄를 낳고 죄가 장성한즉 사망을 낳느니라 ¹⁶내 사랑하는 형제들아 속지 말라

08.
시험의 원천

사랑하는 성도 여러분, 하늘에서 생명의 면류관을 쓰려면 신앙의 달음질을 할 때 최선을 다해야 합니다. 신앙생활을 잘하길 원하면 신앙의 여정에서 자주 넘어지는 문제의 원인을 파악해야 합니다. 그러기 위해 먼저 오늘 본문의 전후 관계를 살펴봅시다. 오늘 본문은 13절부터지만 사실 12절과 이어집니다. 12절부터 계속 시험이라는 주제를 공통으로 다루고 있습니다. 그러나 자세히 살펴보면 12절에서는 외적인 시련을 다루고 있습니다. 그리고 13절 이하는 내적인 유혹의 문제를 다루고 있습니다.

복음 때문에 당하는 핍박이나 시련이 12절에서 다루는 문제라고 하면 13절 이하는 우리 마음속에 일어나는 일반적인 유혹의 문제를 다루고 있습니다. 공통 주제인 듯하면서도 12절과 13절 이하에서 말하는 시험은 외적인 것과 내적인 것으로 구별할 수 있습니다.

또 다른 측면에서 살펴보면 12절은 성도들이 시험에서 승리하도록 격려하기 위해 쓴 것입니다. 시련을 잘 통과해서 하나님께 인정받은 사람에게 주어질 상급을 약속합니다. 시험으로부터의 승리자들을 염두에 두고 쓴 것입니다.

그러나 13절 이하에서는 시험에 패배할 가능성이 있는 사람들을 염두에 두고 한 말입니다. 그렇게 보면 12절은 승리자를 위한 약속이지만 13절은 패배자를 향한 경고라고 볼 수 있습니다. 승리자들에게는 약속으로 격려하고 나서 본문 13절 이하에서 야고보 선생은 실패자들이 하게 될 변명을 미리 막습니다.

시험은 하나님 때문이다?

다양한 시험으로부터 승리한 사람들을 위해서는 생명의 면류관이 기다리고 있습니다. 그러나 어떤 유혹에서든지 넘어지는 자들은 변명과 책임을 전가하기 쉽습니다. 사람들은 유혹에서 넘어지면 그 책임을 누군가에게 전가하기를 좋아합니다. 이것이 실패자들이 가진 공통 심리입니다.

무엇인가 잘못되면 그 책임을 다른 사람에게, 아니 심지어 하나님께 돌리려고 하는 것이 죄인들의 공통적인 심리입니다. 아담과 하와가 타락한 이야기를 들을 때 보이는 일반적인 반응은 하나님이 불공평하다는 것입니다. 하나님이 넘어지게 했다고 책임을 전가합니다. 인생이 타락한 것은 하나님의 조작 때문이라고 열을 올립니다. 하나님께서 전지전능하신데 왜 인간을 넘어지게 하셨냐고 말합니다.

이러한 책임 전가는 타락 이후 모든 인생에게 익숙해진 습성입니다. 타락하자마자 책임을 전가하는 아담과 하와를 보십시오. 하나님이 아담의 죄를 문책하기 위해서 오셨을 때 아담이 뭐라고 대답합니까?

> 아담이 이르되 하나님이 주셔서 나와 함께 있게 하신 여자 그가 그 나무 열매를 내게 주므로 내가 먹었나이다(창 3:12).

처음에 하나님의 손을 붙잡고 등장하는 순간 하와를 바라보고 "내 뼈 중의 뼈요 살 중의 살이라"(창 2:23)고 할 때는 언제고 지금 문제가 터지니까 "그가 그 나무 열매를 내게 주므로 내가 먹었나이다"(창 3:12)라고 말합니다. 먼저 남자가 배신합니다. 배신을 기억하고 있다면 지금 여러분과 함께 살고 있는 남자에 대해 실망할 필요는 없습니다. 하나님이 나와 함께 살게 한 여자 때문이라고 책임을 돌리고 있습니다. "날 비난하지 마세요. 하와 때문입니다." 아담은 그렇게 핑계 댔습니다. 그래서 그 여자를 불러다 놓고 하나님이 심문하셨습니다. 그때 하와는 뭐라고 대답합니까?

> 여자가 이르되 뱀이 나를 꾀므로 내가 먹었나이다(창 3:13).

"날 비난하지 마세요, 뱀 때문입니다." 하와는 그렇게 책임을 떠넘겼습니다. 그때 이후로 모든 사람은 책임 전가의 전문가가 되었습니다. 내가 그런 일을 저지른 것은 어쩔 수 없는 상황 때문이었다고 말합니다. 그런데 하필 왜 그때 그런 일이 발생했느냐는 것입니다.

어떤 사람들은 비도덕적인 사회 환경 탓으로 돌리기도 하고, 또 어떤 사람들은 비인간적인 사회 구조 탓으로 돌리기도 합니다. 그것은 세상을 이렇게 만든 하나님께 궁극적인 책임이 있다고 주장하는 것이나 다름없습니다.

오늘 본문은 책임 전가의 명수가 된 인생을 향해서 유혹에 넘어지는 원인이 어디 있는지, 유혹의 원천을 철저히 규명해 주고 있습니다. 정말 하나님 때문이냐 아니면 자기 욕심 때문이냐를 묻고 있습니다. 먼저 하나님 때문이 아님을 본문 13절에서 밝히고, 그것은 바로 각자의 욕심 때문이라고

14, 15절에서 규정합니다.

야고보는 오늘 본문에서 유혹의 원천을 밝힐 때 형이상학적인, 철학적인 혹은 신학적인 방법을 동원하지 않았습니다. 오히려 실제적인 방법으로 우리 마음을 한번 살펴보도록 합시다. 사랑하는 성도 여러분, 사람이 시험에 넘어지는 것은 하나님의 뜻이 아닙니다. 아담 이후로 즐겨 이용하고 있는 핑계지만 그것은 정답은 되지 못합니다.

하나님은 우리를 넘어뜨리지 않으신다

왜 하나님이 시험의 근원이 아닌지 야고보는 두 가지 이유를 제시하고 있습니다. 첫째는 하나님의 성품을 가지고 말하고 있습니다. 하나님은 본성적으로 악에게 시험을 받지 않는다는 것입니다. 본성이 거룩하시기 때문에 더러운 것에 끌리지 아니하십니다. 거룩하신 그분은 더러운 욕망의 포로가 되지 않으십니다. 그래서 하나님은 악에게 시험을 받지 않는다고 밝히고 있습니다. 그러니까 하나님은 당신이 거룩하시기 때문에 욕망에 이끌리어 넘어져야 할 이유가 없습니다. 하나님이 추구하시는 모든 것은 선하고 아름다운 것밖에 없습니다. 그러므로 더럽고 추한 것에 끌려 다닐 이유가 없습니다. 악한 것은 하나님을 유혹할 수가 없습니다.

그러면 여러분, 예수님의 광야 시험을 어떻게 생각하십니까? 예수님은 누구입니까? 예수님은 하나님이 아니십니까? 예수님은 참 하나님이자 참 사람이십니다. 그런데 유혹하는 자가 광야에서 예수님을 시험했습니다. 세 번씩이나 시험했습니다. 그러면 하나님은 악에게 시험을 받지 아니하신다는 오늘 본문하고 어떻게 조화를 이룹니까?

예수 그리스도께서 인간의 몸을 입고 오셔서 인간을 대표하며 공사역을 시작했기에 사탄은 첫 사람 아담에게 공격했던 것처럼 둘째 사람 아담을 공격하려고 다가온 것입니다. 그리고 여기서 "하나님께서 시험을 받지 아니하신다"는 것은 "하나님께서 시험을 받아 넘어지지 아니하신다"는 뜻입니다. 그리스도 예수께서는 인간의 대표로서 시험을 받았습니다만 그분은 또한 하나님으로서 유혹에 넘어지지 아니했습니다.

인간의 대표로서 예수께서 받은 시험은 무엇입니까? 사람이 가지고 있는 공통적인 문제들, 그 가운데 가장 큰 문제가 무엇입니까? 사람이 당하는 가장 큰 유혹은 먹고 사는 문제입니다. "돌들로 떡덩이가 되게 하라"(마 4:3)는 유혹만큼 사람에게 원천적이고 본질적인 유혹은 없습니다. 그것이 늘 사람들이 시험을 받는 분야입니다. 뭘 먹고 사느냐 하는 문제는 우리를 괴롭히는 근본 문제입니다. 사탄은 그 문제를 통해서 공격해 들어왔습니다.

예수님께서 유혹을 통과하셨을 때 그 다음에 또 다른 유혹을 가지고 찾아 왔습니다. 천하의 영광을 한눈에 보여 주면서 자기에게 절을 하라고 유혹했습니다. 그러면 이 모든 것을 다 넘겨주리라고 했습니다. 사람은 날 때부터, 자기를 나타내고 싶은 욕망, 영화를 누리고 싶은 욕망을 가지고 있습니다. 사탄은 거기를 공격해 온 것입니다.

그러나 예수님은 세상이 제공하는 헛된 영화에, 거짓된 반짝거림에 넘어가지 않았습니다. 그는 하늘의 빛을, 영광스러운 진리의 빛을 보신 분이었습니다. 진리의 빛을 아신 분입니다. 진리의 빛을 경험하신 분입니다.

그가 아는 하늘의 영광과 비교해 볼 때 세상의 영화라는 것은 헛된 것에 불과하다는 것을 알았기에 넘어지지 않았습니다. 예수님은 그 본성 속에 세상의 영광에 대해서 연연해하는 것이 없었기 때문에 넘어지지 않았습니다.

마지막 시험은 높은 데서 뛰어내리라고 했습니다. 그러면 천사가 받아 줄 것이라고 유혹했습니다. 그러나 예수님은 사람의 인기를 모으고 찬사를 받는 것보다 오직 한 분 하나님을 경배하는 것이 중요하다는 것을 알았습니다. 사람들이 박수 쳐주기를 마음속에 조금이라도 원했다면 충분히 넘어졌을 것입니다. 예수님이 보리떡 다섯 개와 물고기 두 마리로 수천 명을 먹이고 나니까 사람들이 달려들어 그를 왕으로 삼으려 했습니다. 그러나 예수님은 시험을 받아 넘어지지 않으셨습니다. 시험을 받아 넘어지지 않는 것은 그 본성이 거룩하시기 때문입니다. 야고보는 그래서 "하나님은 악에게 시험을 받지도 아니하시고"라고 말합니다.

하나님은 본성적으로 유혹을 받지 아니하시는 분일 뿐만 아니라 아무도 유혹하지 않으십니다. 유혹에 넘어진 다음 하나님에게 책임을 전가하는 것은 옳지 않다는 것을 야고보는 오늘 본문에서 말하고 있습니다. 시험을 받을 때에 "내가 지금 하나님에게서 시험받는다"고 엉뚱한 소리 하지 말라는 것입니다. 네가 시험을 받는 것은 네 자신의 욕망 때문이지 하나님이 너를 시험하고 있는 것이 아니라는 것입니다.

그런데 정말 그렇습니까? 성경을 한 번 보십시오. 창세기 22장에 보면 하나님이 아브라함을 시험하셨다고 했습니다. 오늘 본문 말씀과 어떻게 조화를 이룰 수 있습니까?

야고보서 1장 13절의 시험이라는 것은 외적인 것이 아니고 내적인 유혹을 말하고 있습니다. 하나님께서는 유혹하여 아무도 넘어지게 하시지 않습니다. 아브라함이 창세기 22장에서 당했던 것은 아브라함의 욕망에서 기인한 내적 유혹이 아닙니다. 아브라함 스스로 자기가 얼마나 신앙이 좋은지 입증하고 싶어서 그렇게 한 것이 아닙니다.

다만 하나님께서 아브라함을 연단하기 위해서 시험하신 것입니다. 하나님께서는 시험하시기 전에도 이미 아브라함의 능력을 아셨습니다. 하나님은 우리를 시험하시기 전에 우리에 대해 모든 것을 다 아시는 분입니다. 정말로 좋은 선생은 학생들이 시험을 치기 전에 실력을 알고 있습니다. 학생을 가르쳐 보면 실력이 평가되는 것입니다. 그렇습니다. 하나님은 아브라함을 시험대에 올려놓기 전에 이미 다 아셨습니다. 그러나 하나님은 아브라함을 단련시키기 위해서, 더 훈련시키기 위해서, 만방에 자기의 공의를 드러내기 위해서 시험하신 것입니다. 그것은 시련입니다.

그러나 본문에서 '하나님은 친히 아무도 시험하지 아니한다'는 것은 '아무도 유혹하지 않는다'는 말입니다. 하나님은 사람을 유혹해서 넘어뜨리는 매개체가 될 수 없습니다. 사람이 걸려 넘어지게 하는 내적인 유혹은 하나님께서 주신 것이 아닙니다. 달리 말해 하나님은 넘어뜨리기 위해서 시험하시지 않습니다. 하나님은 격려하기 위해서, 북돋아 주기 위해서 자기의 선한 뜻을 두고 우리를 단련시키기 위해서 시험하시지만 우리를 땅에 처박기 위해서, 넘어뜨리기 위해서 유혹하지는 않으신다는 것입니다. 그것이 하나님의 시험과 사탄의 시험의 차이입니다.

본능적인 욕망에 호소하는 유혹

하나님이 시험의 원천이 아닌 것을 13절에서 밝힌 다음 14절에서 시험의 유일한 원천을 말해 주고 있습니다. 신앙생활을 할 때 여러 가지 면에서 시험에 들 때가 있습니다. 그러나 성경은 그 시험의 근원이 어떤 제도나 다른 사람 때문이 아니라 자기 자신에게 있다고 합니다. 자기 욕심 때문에 시험에 든다고 규명합니다. 예를 들면 어떤 사람이 교회에서 중직자 투표를 하는데 본인이 당선되지 않았습니다. 그 자리가 그 사람에게 욕망의 대상이었다면 투표에 당선이 되지 않은 것으로 시험이 들 겁니다.

자기 욕심이라는 것은 금지된 것을 향한 욕망을 말합니다. "자기 욕심에 끌려 미혹된다"고 하였는데 이 "미혹된다"는 말이 바로 낚시꾼이 물고기를 유혹한다는 말과 같은 단어입니다. 미끼에 끌리는 물고기를 잘 생각해 보십시오. 물고기가 배가 부르면 낚시 끝에 달려 있는 미끼를 보고도 물지 않습니다.

사람도 마찬가지입니다. 왜 걸려듭니까? 모락모락 김이 나는 떡이 있다 하더라도 배가 부르면 유혹이 되지 않습니다. 배부른 상태에서는 '아! 저기 김이 나는 떡이 있구나' 하고 지나갈 뿐 그것이 유혹이 되지 못합니다. 그러나 배가 고플 때는 유혹이 커집니다. 눈이 휘둥그레지는 보화가 있다 해도 돈에 대한 욕망이 없는 사람에게는 그것이 유혹이 되지 않습니다. 유혹에 걸려드는 이유는 그것이 본인이 원하는 것이기 때문입니다. 어떤 욕망은 그 자체가 악하지 않지만 때로는 우리에게 죄를 짓게 하는 미끼가 될 수도 있습니다.

사람들은 가끔 주식으로 돈을 날립니다. 월급으로 먹고사는 데 지장이 없는데도 일확천금하겠다고 주식에 손을 대는 것입니다. 집사님 한 분이 큰 깨달음을 주셨습니다. 주식은 고수와 고스톱을 하는 것과 같답니다. 처음에는 따는 것 같았는데 1년 하니까 안 되더랍니다. 주식으로 부자 됐다는 사람 못 봤습니다. 예수 믿는 사람은 있는 것 가지고 만족하고 아껴 쓰고 다른 사람과 나누어 쓰고 서로 돕는 일에 관심을 쏟아야 합니다.

예수님이 당했던 유혹 가운데, 돌로 떡을 만들어 먹으라는 유혹은 본능적인 욕망에 호소한 것입니다. 40일 동안 금식을 한 예수님의 가장 원초적 욕망에 호소한 것입니다. 해결되어야만 하는 굶주림을 두고 유혹한 것입니다.

저는 40일이 아니라 80일을 굶어도 유혹을 받지 않을 것입니다. 저는 돌을 떡으로 만들 능력이 없기 때문입니다. 사흘을 굶고 시냇가에 돌덩이가 떡같이 보여도 유혹이 안 됩니다. 하지만 예수님은 전능자이시기 때문에 유혹이 될 수 있는 것입니다.

그렇다고 해서 하나님의 자녀가 '먹는 것이 전부'라고 생각해서는 안 됩니다. 먹는 것을 위해서는 무엇이나 지불할 수 있다는 태도는 신앙적이 아닙니다. 하나님은 성도가 그렇게 살기를 원치 않으십니다. 성도는 하나님이 정해 주신 테두리 내에서 먹고 살 것을 추구하는 자입니다.

가짜 약을 속아서 사는 이유가 무엇입니까? 병이 낫고 싶은 욕망 때문입니다. 병이 낫고 싶다는 욕망이 없는 사람은 만병통치약에 좀처럼 매력을 느끼지 않습니다. 그러나 자신이 아니더라도 사랑하는 사람이 병들었다면 약장수 선전에 귀가 솔깃해집니다.

특별히 한국 사람은 배움의 욕망이 대단합니다. 배우고 싶은 욕망 뿐 아니라 배웠다는 것을 과시하고 싶은 욕망이 굉장한 것 같습니다. 자기가 공부한 것도 없이 학위를 받는 것이 잘못이라는 것을 모를 리가 없습니다. 그런데도 가짜 박사 학위가 잘 팔립니다. 왜 유혹이 됩니까? 유명해지고 싶어하는 욕망 때문입니다. 그래서 자기가 추구하는 것을 성취하기 위해서 앞뒤 가리지 않게 됩니다.

부하고 싶은 욕망도 마찬가지입니다. 성경에 보면 "돈을 사랑하지 말고 있는 바를 족한 줄로 알라"(히 13:5)고 합니다. 하나님이 우리를 버려두지 않기에 있는 것에 자족하라고 합니다. 또 성경은 "돈을 사랑함이 일만 악의 뿌리가 되나니"(딤전 6:10)라고 말합니다. 그런데 마음속에 부해지고 싶은 욕망을 가지고 있으면 일확천금의 기회를 꿈꾸게 됩니다. 대박을 터트리려 하다가 단번에 모든 재산을 날립니다.

사탄이 사용하는 미끼는 경우마다, 사람마다 다릅니다. 각자 가지고 있는 욕망이 다르기 때문입니다. 무엇을 미끼로 해야 물고기가 잘 무는지 낚시꾼들은 잘 알고 있습니다. 낚시꾼도 물고기에 따라서 미끼를 달리 사용할 줄 알거든 하물며 사탄이야 말할 것이 무엇이 있겠습니까? 사탄은 우리의 약한 데를 잘 압니다.

사망에 이르는 욕심

시험에 빠지는 유일한 원천은 자기 마음의 욕망 때문입니다. 그런데 욕망에 빠져서 사망으로 달려가는 데는 몇 단계가 있습니다. 우선 욕심이 잉태하면 죄를 낳는다고 말합니다. 죄는 금지된 것을 향한 욕망입니다. 죄는 욕망으로부터 솟아납니다. 그 욕망은 자기 자신에게 깊은 뿌리를 박고 있습니다. 그래서 욕심을 내게 되면 죄에 빠집니다. 꽃을 보고 '아름답구나' 하고 한 번 보고 지나가면 되는데 다시 쳐다보면 결국 꺾기가 쉽습니다. 그것이 욕심이 잉태한다는 것입니다.

여기서 죄를 '낳는다'는 말은 사람이 자녀를 낳는다고 할 때 쓰는 단어가 아니고 짐승이 새끼를 낳을 때 쓰는 단어입니다. 욕망에서 태어나는 것은 선하고 아름다운 것이 아닙니다. 더러운 것입니다. 인간 이하의 것이 태어납니다.

결국 이 죄가 장성하면 사망을 초래합니다. 각자가 자기 손으로 뿌린 씨로 영원한 파멸을 수확합니다. 자기 욕망이 잉태해서 죄가 되고 그 죄가 점점 장성해서 사망에 이르게 된다는 것입니다. 자기 손으로 뿌린 것을 자기가 거두게 되는 것입니다. 그래서 영원한 죽음은 죄의 극치입니다. 유혹의 마지막 종착역은 사망입니다.

승리자들이 누리는 축복과 패배자들의 결말이 얼마나 대조를 이루는지 다시 한 번 살펴보십시오. 12절에 시험에서 끝까지 승리한 자들이 누리는 축복은 무엇입니까? 생명의 면류관입니다. 풍성한 생명, 충만한 생명을 누리게 되는 것입니다. 참 신앙인다운 삶을 살게 되는 것입니다.

하나님은 우리를 위대하게, 부하게 하시는 분입니다. 여러분이 부를 축적하려고 하나님이 원하지 않는 방법으로 날뛰게 되면 시험에 빠지게 됩니다. 그리스도인이 되면 믿는 것이 달라야 하고 사는 모습이 달라야 합니다. 우리가 하나님 자녀가 되면 하나님 마음을 품고 살아야 합니다. 그러나 욕망에 끌려 가면 그 결과 죽음에 이르게 됩니다. 살아 있지만 쾌락의 노예가 된 사람은 죽어 있는 것이나 다름이 없습니다. 살아 있지만 물욕의 노예가 된 사람은 죽은 자나 마찬가지입니다.

야고보가 결론을 내립니다. "내 사랑하는 형제들아 속지 말라!" 자기 욕망 때문에 유혹에 빠져서 허덕이면서도 "하나님께서 나를 훈련시키고 있어"라고 말하지 말라는 것입니다. 자기의 욕심 때문에 미혹된 것입니다. 주 안에서 사랑하는 성도 여러분, 욕심이 잉태한즉 죄를 낳고 죄가 장성하면 사망을 낳습니다.

　사랑하는 성도 여러분, 죄악된 욕망을 추구하지 마십시오. 욕망을 따라가면 실패합니다. 패배해서 영원한 파멸을 맞이하지 마시고 시험을 물리치십시오. 시험에서 승리해서 생명의 면류관을 쓰시는 여러분이 되길 바랍니다.

James
야고보서 1장

야고보서 1장 16-17절

¹⁶ 내 사랑하는 형제들아 속지 말라 ¹⁷ 온갖 좋은 은사와 온전한 선물이 다 위로부터 빛들의 아버지께로부터 내려오나니 그는 변함도 없으시고 회전하는 그림자도 없으시니라

09.
축복의 원천

그리스도 예수 안에서 사랑하는 성도 여러분! 앞서 우리는 시험의 근원이 무엇인지를 살펴보았습니다. 하나님이 시험의 근원이 아니라고 선언한 다음, 시험의 근원이 자기 욕심임을 밝혔습니다. 오늘 본문은 앞서 살펴본 말씀의 계속입니다. 그러나 단순한 계속이 아니고 그 논지의 발전이고 적극적인 입증입니다.

오늘 본문에서 야고보 선생은 적극적으로 자신의 논지를 전개시키고 있습니다. 말하자면 유혹이 하나님으로부터 오지 않는다는 것을 분명히 밝히기 위해 하나님으로부터 오는 것이 무엇인지를 말하고 있습니다. 하나님은 유혹의 원천이 아니라 축복의 원천이라고 밝히고 있습니다.

야고보 선생은 이 진리를 힘써 선포하고 있습니다. 애타는 심정이 본문 16절에 역력히 나타나고 있습니다. 욕심의 결과가 사망이라고 말하고 나서 "내 사랑하는 형제들아 속지 말라"고 합니다. 그러면 본문의 논지를 살피기 전에 "내 사랑하는 형제들아 속지 말라"고 하는 야고보의 심정을 먼저 접해 봅시다.

내 사랑하는 형제들아!

"내 사랑하는 형제들아 속지 말라"고 호소하는 야고보와, 이 서신을 받는 흩어진 열두 지파의 관계를 한번 생각해 보십시오. 야고보와 그들은 서로 사랑하는 형제 관계입니다. 성도 상호간의 기본적인 관계는 형제 관계입니다.

이 관계가 전문적인 성직자와 일반적인 평신도의 관계로 변화되면 교회는 잘못된 길로 들어섭니다. 교회가 타락했을 때 나타나는 현상 가운데 하나가 성직자와 평신도로 구분 짓기 시작하는 것입니다. 목사, 전도사라는 전문 계층이 두드러지게 부각되어 일반 평신도로부터 자신들을 구분하려 듭니다. 그래서 성도가 서로 교통하는 신앙의 고백이 퇴색하게 됩니다.

저는 오늘 여러분을 목사와 평신도로서 만나는 것이 아니라 그리스도 안에서 사랑하는 형제로 만나는 것입니다. 신앙 안에서 형제의 만남은 대등한 관계에서의 만남입니다. 한 사람이 다른 사람을 지배하는 관계가 아닙니다. 한 사람이 다른 사람을 일방적으로 가르치는 관계도 아닙니다. "모든 지혜로 피차 가르치는"(골 3:16) 만남입니다. 겸손한 마음으로 "각각 자기보다 남을 낫게 여기는"(빌 2:3) 만남입니다.

왜 이런 기본적인 진리가 자주 망각되고 있습니까? 그 책임은 목사와 성도, 쌍방에 다 있습니다. 그러면 먼저 평신도의 문제는 어디에 있습니까? 전통적으로 우리 민족은 신을 직접 만나서 문제를 해결하기보다는 중개자를 통해서 해결해 왔습니다. 바로 무당이 그 중매 역을 감당했습니다. 그러다 보니 신앙생활을 하다가 문제에 부딪히면 하나님께 직접 나가서 해결하기보다는 목사라는 직책을 가진 중개자를 통해서 해결하고 싶어 합니다. 기독교가 이 땅에 전파된 지 140년이 넘었는데도 그런 잠재적인 습관에서 벗어나지 못하고 있습니다.

이런 교인들의 요구에 영합해서 목사는 더 거룩한 척 처신하며 교인 위에 군림하게 됩니다. 평신도 역시 자기보다 더 거룩한 목사가 이런 문제를 가지고 나아갈 때에 하나님이 자기 말보다는 목사의 말을 더 잘 들어줄 것이라고 생각합니다. 그러다 보니 목사를 함부로 대할 수 없습니다. 이른바 축복권이니 저주권이니 하는 목사를 두려워합니다.

반면에 평신도의 삶은 어떠합니까? 신앙인답게 올곧게 살려고 하지 않습니다. 적당히 살다가 문제가 생기면 자기보다 더 나은 해결사에게로 나아갑니다. 그러기 위해 목사들 보고는 좀 더 거룩한 삶을 살라고 요구합니다. 그 이유는 더 거룩해야 문제가 터지면 더 영발 있는 해결사 노릇을 할 것이라고 믿기 때문입니다.

그러나 한편 목사 편에서도 성도들을 형제로 대하는 데 염려가 없는 것은 아닙니다. 형제 됨을 강조함으로써 자신의 권위를 상실하지 않을까 두려워할 수도 있습니다. 하나님 안에서 '형제'라는 것을 강조했더니 성도가 속된 말로 맞먹자고 나오면 어쩌나 하는 염려 때문에 목사들이 이 진리를 밝히는 것을 두려워하기도 합니다.

그러나 성경은 형제 됨을 강조하면서도 "너희 가운데서 수고하고 주 안에서 너희를 다스리며 권하는 자들을 너희가 알고 그들의 역사로 말미암아 사랑 안에서 가장 귀히 여기며 너희끼리 화목하라"(살전 5:12-13)고 말씀하고 있습니다. 여러분을 위해서 수고하고 다스리며 가르치는 목회자들을 최상급으로, "사랑 안에서 가장 귀히 여기라"고 명합니다.

우리는 신분에 있어서 서로 동등한 자들입니다. 다만 직무에 있어서 목사는 가르치는 직무와 또 장로들과 더불어 교회를 다스리는 직무를 맡을 뿐입니다. 신분에 있어서 성도들은 모두 왕 같은 제사장이고 택함 받은 백성입니다.

우리는 서로 대등하게 만나는 형제 사이인 것을 먼저 생각해야 합니다. 여기서 "속지 말라"고 야고보가 간절히 호소하는 것은 단순히 형제 된 것뿐만 아니라 사랑하기 때문입니다. "내 사랑하는 형제들아"라고 부르는 관계이기 때문입니다.

사랑하는 성도 여러분! 사람이 살면서 사랑하는 사람들과 함께 지낸다는 것은 복된 것입니다. 저는 설교를 시작할 때에 보통 "주 안에서 사랑하는 성도 여러분"이라고 부릅니다. 여러분은 그 말을 어떻게 받아들이십니까? 오늘날 이 말은 그 의미를 많이 상실해 버렸지만 '으레 목사는 저렇게 말하는 것이다'라고 생각하지 마십시오. 말로만 '서로 사랑하는 형제자매'라고 하는 것이라고 생각하지 마십시오.

우리는 그리스도 예수 안에서 서로 사랑한다는 것이 무엇인지를 배운 사람들입니다. 그렇기 때문에 우리는 서로 사랑하는 관계로 만납니다. 저는 세상에 어떤 사람보다도 저 자신이 복되다고 생각하는 이유는 제가 만나는 성도들 한 분 한 분 바라볼 때에 보기 싫은 사람이 없기 때문입니다. 눈길을 피하고 싶은 사람이 없기 때문에 저는 제가 복되다고 생각합니다.

보라 형제가 연합하여 동거함이 어찌 그리 선하고 아름다운고(시 133:1).

시편 시인의 고백대로입니다. 사랑하는 형제자매를 가진 자는 모두가 행복한 자입니다. 뿐만 아니라 형제들의 사랑받는 자임을 인식할 때 여러분은 복된 사람입니다. 저는 성도들과 거리낌 없이 기쁨으로 만나고 주님을 섬기며 사는 것만큼 큰 기쁨을 세상에서 달리 찾을 수 없습니다. 8년 유학을 마치고 한국으로 돌아갈 때가 가까웠을 때 이렇게 기도를 드렸습니다. "하나님 아버지! 제가 주님과 연합된 이상 이제 주님과 연합된 형제들을 만나게 해 주십시오. 제가 사는 날 동안 형제들의 관심과 사랑 속에서 살아가게 해 주십시오."

지금껏 하나님은 이 기도를 들어주셨습니다. 주 안에서 사랑하는 성도 여러분! 이 관계가 어떤 축복인지 묵상해 보십시오. 세상을 살면서 사람들은 여러 곳에서 즐거움과 만족을 누리고 있습니다. 그러나 여러분과 제가 성도의 이름에 합당한 자라면 형제가 서로 연합하여 사귀는 즐거움만큼 귀한 것은 이 땅에 없습니다. 시편 시인의 고백을 들어 보십시오.

> 내가 여호와께 아뢰되 주는 나의 주님이시오니 주 밖에는 나의 복이 없다 하였나이다 땅에 있는 성도들은 존귀한 자들이니 나의 모든 즐거움이 그들에게 있도다(시 16:3).

힘없는 악수를 나누는 것이 성도의 교제가 아닙니다. 성도의 교제는 우리 마음 깊은 곳에 있는 희망을 서로 나누는 것입니다. 우리 안에 있는 그리스도의 사랑을 함께 나누는 것이 성도의 교제입니다.

자기 자신을 속이지 말라!

신약 서신서에는 서로를 가끔 "사랑을 받는 형제"라고 소개합니다. 그것은 그저 듣기 좋으라고 쓰는 표현이 아니라 사실을 말하는 것입니다. 서로 사랑하기 때문입니다. 야고보와 이 편지를 받는 흩어져 있는 성도들도 마찬가지입니다. 그들은 출신지가 같은 사람들이 아닙니다. 그들은 국적을 초월한 관계입니다.

편지를 쓴 야고보는 골수 유대인이었습니다. 그러나 편지를 받는 사람들은 이방인들이 포함된 교회였습니다. 그런데 그들을 향해 "내 사랑하는 형제들아!"라고 부르고 있습니다. 이 성경의 진리를 새롭게 인식합시다. "내 사랑하는 형제들아!" 하고 야고보가 흩어져 있는 교회를 부르는 사실이 교회가 무엇인지를 보여 줍니다.

교회는 지역과 국적을 초월해서, 전라도와 경상도 사람을 초월해서, 일본 사람과 한국 사람을 초월해서 그리스도를 사랑하는 사람들의 모임입니다. 이 진리가 흐려지면 교회는 지역주의나 국수주의에 빠지기 쉽습니다. 이 진리가 흐려지면 교회는 동향인들의 사교장이 되고 맙니다. 많은 해외 교포 교회가 그런 위험에 빠져 있듯이 단순히 실향민들의 사교장으로 전락하고 맙니다. 교회가 친한 사람들끼리 만나 일주일에 하루를 지내는 그런 장소가 되고 맙니다.

그러나 교회는 신앙생활을 같이하는 사람들, 그래서 서로 사랑하는 형제자매들의 만남이 있는 곳이어야 합니다. 그리스도의 피로써 맺어진 이 관계보다 더 친밀한 관계를 만드는 것은 그리스도의 몸 된 교회를 파괴하는 것입니다. 그리스도의 보혈로 인해 결속된 관계보다 더 깊은 관계를 만들려는 잘못을 피하십시오.

우리 안에는 나이가 비슷한 사람들끼리 같이 지내고 싶고, 경제적인 수준이 비슷한 사람들끼리 어울리고 싶고, 또 교육 배경이나 수준이 비슷한 사람들끼리 만나고 싶어 하는 경향이 있습니다. 그러나 교회는 다양한 계층과 배경의 사람으로 구성되어 있어야 합니다. 배경에 관계없이 주님을 아는 모든 사람으로 구성되어야 합니다. 모든 연령과 배경을 초월해서 만나는 거룩한 만남이 교회입니다.

야고보는 이 편지를 받는 사람들과 육신적인 형제가 아니었습니다. 동향인도 아니었고 같은 민족도 아니었습니다. 그러나 그들도 그리스도 예수 안에서 새로운 사명을 위해 흩어져 있는 나그네라는 것을 알았기 때문에, 같은 신앙의 형제라는 것을 알았기 때문에 "내 사랑하는 형제들아 속지 말라"고 호소합니다.

자기 욕망에 이리저리 끌려다니면서도 신앙생활을 한다고 하는 사람들이 안타까웠습니다. 그 결말이 사망인데도 불구하고 욕망의 노예로 살고 있는 이른바 교인들을 볼 때에 야고보는 안타까웠습니다. 그래서 하나님에게서 오는 것이 무엇인지 바로 가르쳐 주고 싶었습니다. 하나님으로부터는 악한 유혹이 오지 않습니다. 하나님으로부터 오는 것이 무엇인지 오늘 본문에서 알려 줍니다.

우선 그 전에 속지 말라고 경고합니다. 신앙생활의 커다란 위험 중 하나가 자기가 자기를 속인다는 것입니다. 다른 사람을 속이기 전에 자기 자신을 먼저 설득시키는 것입니다. '너는 이만하면 되었다', '너는 지금 살아온 대로 살면 된다'는 것입니다. '너만큼 신앙생활 잘하는 사람이 어디 있느냐'고 부추깁니다. 그러나 거기에 귀를 기울이지 마십시오. 속지 마십시오. 사실을 직시하십시오.

여러분이 신앙생활을 한다는 것, 주님을 사랑한다는 것은 주님과 더불어서 시간을 얼마나 보내느냐가 나타냅니다. 일주일 168시간 중에서 여러분이 하나님 말씀을 묵상하는 시간이 얼마나 됩니까? 텔레비전 보는 시간과 비교해 보십시오. 여러분이 어디에 관심을 더 쏟고 있는지 자명한 거 아닙니까? 그러면 신앙이 없는 날라리라고 인정하면 됩니다. 그렇지만 그렇게 인정하고 싶지 않을 것입니다.

유혹이 하나님으로부터 온다고요? 천만의 말씀입니다. 유혹은 항상 자기 자신의 욕심 때문이라고 경고합니다. 자기 욕망의 포로가 되어서 죄를 잉태하게 되고 죄가 장성한즉 사망을 낳게 된다고 말하고 있습니다. 진리를 바로 보라는 것입니다. 하나님이 우리를 유혹하는 것이 아니라 내 욕심에 이끌려서 흔들리게 됩니다.

빛들의 아버지로부터 오는 것

사랑하는 성도 여러분, 그러면 무엇이 하나님으로부터 옵니까? 온갖 좋은 은사와 온전한 선물이 다 위로부터 빛들의 아버지께로부터 내려옵니다. 오늘 본문은 설교자로서 야고보의 특색이 나타나고 있습니다. 야고보는 자주 두 가지 사실을 대조하여 자기가 원하는 진리를 분명히 하고 있습니다.

9, 10절을 보면 "낮은 형제는 자기의 높음을 자랑하고 부한 자는 자기의 낮아짐을 자랑할지니……"라고 낮은 형제와 부한 형제를 대조시킵니다. 세상이 볼 때의 낮은 신분과 하나님이 볼 때의 높은 신분을 대조해서 자기가 말하고 싶어 하는 진리를 부각시킵니다.

오늘 본문에서는 아래로부터 오는 것과 위로부터 오는 것을 대조시킵니다. 자기 욕심과 하나님의 뜻을 대조시킵니다. 인간의 욕망에서부터 출발하는 것과 하나님에게서 오는 것을 대조시킵니다.

인간의 욕망에서 나오는 것은 더러운 것과 죄와 사망인 반면에, 하나님으로부터 오는 것은 온갖 좋은 은사, 성령의 좋은 선물입니다. 악한 유혹이 아니라 좋은 은사가 하나님으로부터 내려온다고 말하고 있습니다. 여러분이 받아서 만족하는 것, 여러분이 받아서 기뻐하는 것, 여러분이 세상을 살면서 진정으로 그리스도안에서 기뻐하는 모든 축복은 위로부터 내려온다는 것입니다. 그런 하나님을 악한 시험의 원인으로 생각한다는 것이 말이 되지 않습니다.

모든 좋은 것은 다 하나님으로부터 옵니다. 햇빛과 비를 주시고, 봄, 여름, 가을, 겨울, 사계절이 지속되는 것도 다 하나님의 은혜입니다. 때를 따라 산천을 아름답게 하십니다. 봄에는 아름다운 꽃으로 지면을 단장시키고, 여름에는 뜨거운 열기로 오곡을 익게 하시고, 가을에는 단풍으로 물들이는 것도 하나님의 선물입니다.

자연계뿐만 아니라 우리에게 좋은 인간관계를 갖도록 하시는 분도 하나님입니다. 여러분과 저를 사랑 안에서 서로 만나게 하신 분도 하나님이십니다. 여러분에게 좋은 배우자와 자녀를 주신 분도 하나님입니다. 모든 좋은 것은 위로부터 오는 것입니다. 우리가 서로 믿음의 교제를 나누도록 하는 분도 하나님입니다. 하나님이 우리에게 주신 가장 좋은 선물이 무엇입니까? 이 말씀을 통해서 그리스도 예수가 누구인지 보여 주신 것입니다. 아니, 예수 그리스도, 당신의 아들을 우리에게 선물로 내어 주신 것입니다.

달리 말해서 하나님 아버지로부터 오는 것은 모두 좋은 것입니다. 왜냐하면 하나님은 빛들의 아버지시기 때문입니다. 본문은 하나님을 빛들의 아버지라 부르고 있습니다. 이 말은 모든 빛을 창조하신 분이라는 뜻입니다.

여러분이 알고 있듯이 말이라는 것은 그 의미하는 바가 시대마다 변하기도 합니다. 오늘 우리는 아버지라 말할 때 창조주의 개념을 갖고 있지 않습니다만 그때는 아버지라고 하면 바로 창조주를 가리켰습니다. 여기서 하나님을 빛들의 아버지라고 하는 이유는 무엇입니까? 하나님이 해를 비치게 하시고 별을 빛나게 하시고 달빛을 주신 분이라면, 어떻게 그가 어둠의 그늘로써 우리 삶을 망칠 수 있느냐는 것입니다. 이것은 하나님의 속성과 어울리지 않는다는 것입니다.

사랑하는 성도 여러분, 여러분의 삶에서 그분을 찬양하는 일에 어울리지 않는 일이 일어난다고 하면 그것은 빛들의 아버지로부터 오는 것이 아닙니다. 빛들의 아버지, 창조주 하나님으로부터 오는 것은 항상 좋은 선물입니다. 이 진리를 바로 인식할 때 여러분의 신앙은 상승 기류에 접할 것입니다.

모든 완전하고 아름답고 귀중한 것은 주님이 값없이 주신 선물입니다. 모든 완전하고 복된 것을 바로 우리가 그분의 손으로부터 받아 누립니다. 하나님은 매사에 일관성 있게 행동하십니다. 빛을 창조하신 그분이 우리에게 어둠을 주셔서 우리를 절망에 빠뜨리지는 않습니다. 그러므로 우리가 신앙생활을 할 때 가장 필요한 것이 하나님에 대해서 자주 묵상하는 것입니다.

그럼 왜 좋은 선물이 위로부터 내려옵니까? 하나님이 하나님이기 때문입니다. 하나님은 모든 복의 근원입니다. "복의 근원 강림하사"(새찬송가 28장)라고 우리가 찬송하는 것은 근거 없는 것이 아닙니다. 다 이유 있는 찬송입니다.

그는 모든 발광체를 창조하셨습니다. 우주의 모든 발광체에 빛을 주신 분이 바로 하나님입니다. 그래서 오늘 본문 말씀에서 "빛들의 아버지"라고 말한 것입니다. 야고보는 이 사실을 묵상하다가 몹시 감동이 되었습니다. 위로부터 내려오는 것이 무엇인지 묵상하다가, 온갖 좋은 은사와 모든 온전한 선물이 위로부터 내려온다고 인식했을 때, 그는 하나님을 경외하는 마음에 사로잡혔습니다. 그래서 하나님의 이름을 직접 부르기를 피하고 여기서 빛들의 아버지라는 표현을 쓰고 있습니다.

그러나 비유적 표현이 언제나 완벽하지는 않습니다. 본래 비유란 한 부분의 진리는 밝힐 수 있으나 다른 면에서 오해의 여지가 있습니다. 하늘 전체의 창조주이신 그분은 모든 빛의 원천이시고 모든 축복의 궁극적인 근원이십니다. 야고보는 이 진리의 위엄 앞에서 하나님을 감히 하나님이라고 부르는 대신 빛들의 아버지라고 부릅니다. 그는 여기서 경배의 본능에 사로잡혔습니다. 동시에 그분의 속성을 좀 더 알리고 싶었습니다. 그리하여 그분은 변함도 없으시고 회전하는 그림자도 없다고 증거합니다.

빛을 비추는 것 중 가장 큰 빛이 태양 아닙니까? 태양 빛이 있고, 달빛도 있고, 별빛도 있는데, 빛들의 아버지라고 하면 사람들의 오해를 살 수 있다고 생각했을 수 있습니다.

아침 태양이 떠올라서 정오에 밝게 빛나다가도 저녁때가 되면 석양빛이 비치고 어두워지고 맙니다. 그래서 혹시 빛들의 아버지라고 하면 그렇게 생각하지 않을까 해서 덧붙여 설명을 합니다. 그는 다른 점이 있다는 것입니다. 그의 사랑의 빛은 태양 빛과는 달리 언제나 변함없는 빛이란 것을 말해 주고 싶었습니다.

온전한 선물로 인한 감사와 찬양

하나님은 불변하시는 분입니다. 그래서 복 주기로 작정하셨으면 계속해서 복을 주십니다. 사랑하는 성도 여러분! 신앙생활의 문제는 항상 하나님이 누구인지 몰라서 시작됩니다. 아내(남편)가 결혼생활에서 만족하지 못하는 것은 남편(아내)의 사랑을 확인하지 못해서 생기듯이 신자가 신앙생활에서 문제가 생기는 것은 하나님이 어떤 분인지 망각해서입니다.

하나님이 여러분에게 복 주기를 시작하셨습니까? 여러분의 마음이 그분이 주시는 축복으로 인해서 감격해 본 일이 있습니까? 그분이 주시는 축복을 찬양한 적이 있습니까? 하나님을 계속 찬양하십시오. 여러분을 복 주기로 작정하신 하나님의 뜻을 막을 세력이 세상에는 없습니다. 그리스도의 사랑에서 끊을 수 있는 능력이 땅에는 존재하지 않습니다. 여러분의 가슴이 하나님의 사랑을 느끼기 시작했다면 그 축복은 끝까지 계속됩니다.

다만 우리에게 그것을 볼 수 있는 눈이 필요합니다. 그래서 에베소서에서 바울은 지혜와 계시의 영을 부어 주셔서 하나님을 알게 하시고 그들의 영적인 눈을 열어 주시기를 기도합니다.

> 너희 마음의 눈을 밝히사 그의 부르심의 소망이 무엇이며 성도 안에서 그 기업의 영광의 풍성함이 무엇이며 그의 힘의 위력으로 역사하심을 따라 믿는 우리에게 베푸신 능력의 지극히 크심이 어떠한 것을 너희로 알게 하시기를 구하노라(엡 1:18-19).

우리가 하나님의 사랑을 느끼지 못한다면 하나님의 사랑이 우리에게 비추기를 중단해서가 아니라 우리가 그것을 감지할 능력을 상실했기 때문입니다. 하나님의 사랑은 결코 변함이 없습니다. 회전하는 그림자도 없습니다. 다른 빛들은 회전하는 그림자를 남깁니다. 그러나 하나님의 사랑은 회전하는 그림자도 없이 계속 비칩니다.

만약 하나님의 사랑에 대해서 의혹이 생긴다면 그것은 하나님의 사랑의 태양이 비추기를 중단한 것이 아니라 그것을 보는 우리 눈이 어두워진 것입니다. 그러므로 성도는 빛들의 아버지에게서 내려오는 온갖 좋은 은사와 온전한 선물로 인해 감사하며 찬양하는 습관을 익혀야 합니다.

빛들의 아버지께서는 어둠의 그늘을 저와 여러분의 삶에 드리우지 않으십니다. 항상 최선의 것을 자기 자녀에게 계속해서 주고 싶어 하십니다. 그리하여 우리에게 두신 당신의 선하신 뜻을 이루기 위해서 예비한 최상의 선물을 날마다 보내고 계십니다. 그래서 구약 선지자는 이렇게 고백합니다.

> 여호와의 인자와 긍휼이 무궁하시므로 우리가 진멸되지 아니함이니이다 이것들이 아침마다 새로우니 주의 성실하심이 크시도소이다(애 3:22-23).

지금 우리가 사는 세상은 부정부패가 극심하고 악합니다. 먹고 넘치도록 주셨음에도 부자는 가난한 자의 머리 위 티끌까지도 탐냅니다. 이토록 악한 세상인데도 하나님이 아직 우리에게 밝은 태양을 비춰 주고 있다는 것은 하나님의 인자와 긍휼이 무궁하기 때문입니다.

사랑하는 형제자매 여러분! 예배하고 말씀 듣는 시간을 귀중하게 여기십시오. 예수 그리스도 안에서 누리게 된 은혜의 선물이 여러분의 삶에서 넘치도록 간구하십시오. 그래서 매일의 삶이 그분이 주시는 온갖 좋은 은사와 온전한 선물로 인해서 감사로 채워지기를 바랍니다.

James
야고보서 1장

야고보서 1장 18절

¹⁸ 그가 그 피조물 중에 우리로 한 첫 열매가 되게 하시려고 자기의 뜻을 따라 진리의 말씀으로 우리를 낳으셨느니라

10.
피조물의 첫 열매

    그리스도 안에서 사랑하는 성도 여러분! 그리고 이 예배의 자리에 함께 나오신 사랑하는 이웃 여러분, 신앙생활을 하는 중에도 인생에서 문제를 만납니다. 신앙생활을 시작하면 모든 문제가 사라질 것이라고 생각하는 사람들이 종종 있습니다. 또 그렇게 말하는 사람들도 있습니다. 하지만 신앙생활을 시작한다고 문제가 끝나는 것은 아닙니다. 다만, 신앙은 문제를 극복할 수 있는 새로운 시각을 제공합니다. 가장 중요한 관점은 하나님을 믿음으로 자기 자신을 새롭게 보게 된다는 것입니다. 오늘 본문 18절은 여기에 대한 답을 제시하고 있습니다. 하나님이 누구신지를 말해 줌으로써 우리가 문제를 극복하게 도와줍니다.

    그러면 이제 야고보를 통해 주신 이 말씀의 흐름을 살펴봅시다. 오늘 우리가 읽은 본문은 18절인데 이 18절은 12절부터 시작된 말씀의 계속이라고 볼 수 있습니다. 특히 13절부터 본격적으로 시작한 논리의 계속입니다.

12절부터 18절까지 무엇에 대한 이야기를 하고 있습니까? 우선 주제 파악부터 해 봐야 합니다. 자녀 교육에 관한 이야기도 아니고 증권 투자에 관한 이야기도 아닙니다. 여기서 말하고 있는 주제를 찾기 위해서는 가장 자주 되풀이되고 있는 단어가 무엇인지를 살펴보는 것이 좋습니다. 가장 빈번히 나오는 단어가 '시험'입니다. 그래서 이 부분은 시험에 대해서 말하고 있다고 말할 수 있습니다.

좀 더 구체적으로 살펴봅시다. 시험에 관해서 무엇을 말하고 있습니까? 시험의 유익에 대해서 말하고 있습니까? 시험의 종류에 대해서 말합니까? 아니면 시험의 원인에 대해서 말하고 있습니까? 아니면 시험의 극복에 대해서 말합니까? 본문의 주제가 시험에 관한 것은 맞는데 구체적으로 무엇입니까? 바로 '시험의 원인 규명'입니다.

시험이 하나님께로부터 올 수 없는 이유

자, 그러면 이 부분의 전체 주제가 무엇이라고 했습니까? 시험에 대해서, 특별히 시험의 원인에 대해서 말하고 있습니다. 이 문제를 다루는 야고보 선생의 논리 전개 방식을 잘 살펴보십시오. 우선 시험에 빠지는 원인은 하나님 때문이 아니라고 밝힙니다. 그다음 사람마다 시험에 드는 것은 자기 욕망에 이끌린 탓이라고 말합니다.

시험에 드는 원인이 아닌 것을 먼저 말하고 난 후, 무엇이 원인인지를 말합니다. 그러니까 명제를 먼저 부정적으로 다루고 나서 다음에 긍정적으로 다루는 것입니다. 그래서 시험은 하나님께로부터 오는 것이 아니라 자기 욕심에 이끌려서 빠진다고 확실하게 말합니다.

사람이 시험을 받을 때에 내가 하나님께 시험을 받는다 하지 말지니 하나님은 악에게 시험을 받지도 아니하시고 친히 아무도 시험하지 아니하시느니라 오직 각 사람이 시험을 받는 것은 자기 욕심에 끌려 미혹됨이니(1:13-14).

야고보는 논문을 쓰는 학자가 아닙니다. 이 편지를 쓰는 동기는 흩어져 있는 열두 지파에 관한 목회자로서의 관심 때문입니다. 그래서 제가 추린 대로 뼈대만 전한 것이 아니라 왜 하나님께로부터 시험을 받는다고 해서는 안 되는지 하나님의 성품과 사역을 들면서 설명합니다. 자기 욕심에 끌려 미혹된다고 말하는 것으로 끝내지 아니하고, 사람이 어떻게 자기 욕심에 끌려 미혹되는지 그 과정과, 욕심에 끌려서 미혹된 결과가 무엇인지 이야기합니다.
"내 사랑하는 형제들아 속지 말라"(1:16) 하고 간곡히 호소하고 있습니다. 야고보는 누가 말을 많이 한다고 비난할 것을 겁내어 형제들에게 유익한 것을 말하는 데 움츠러들 사람이 아니었습니다. 누가 논리의 명쾌성을 흐리게 한다고 흠잡는 것이 두려워서 할 말을 다 못하는 사람이 아니었습니다. 그는 목회자였습니다. 누가 뭐래도 형제자매에게 영적인 유익이 된다면, 그들이 신앙생활 하는 데 도움이 되는 말이라면 아끼지 않았습니다.

그래서 시험의 원인이 무엇인지를 자세히 설명합니다. 하나님 때문이 아니라 자기욕심 때문이라는 것을 밝힌 후에 이제는 더 적극적으로 하나님은 오히려 모든 축복의 근원임을 밝힙니다. 그리고 나서 하나님은 축복의 근원일 뿐 아니라 더 나아가서 우리에게 영적 생명을 주신 아버지시라고 밝히고 있습니다. 그래서 시험이 하나님께로부터 온다는 생각만큼 어리석은 생각은 없다고 논증하고 있습니다.

하나님께로부터 오는 것은 시험이 아니라 온갖 좋은 선물과 그의 선하신 뜻입니다. 그럼 하나님으로부터 오는 온갖 좋은 선물과 그의 선하신 뜻이 우리 삶에 이루신 놀라운 사건이 무엇입니까? 18절은 그것을 말해 줍니다.

> 그가 그 피조물 중에 우리로 한 첫 열매가 되게 하시려고 자기의 뜻을 따라 진리의 말씀으로 우리를 낳으셨느니라(1:18).

그것은 바로 진리의 말씀으로 우리를 낳으신 사건입니다. 그런 의미에서 18절은 17절의 논지를 발전시킨 것입니다. 17절에서 야고보는 하나님을 우리에게 항상 좋은 것을 주시는 은인으로 소개하고 있습니다. 그런데 18절에 와서는 하나님을 은인 정도가 아니라 우리를 낳아 주신 아버지로 소개하고 있습니다. 이렇게 논리적인 진전이 있습니다.

성경을 해석할 때에 자기의 해석이 맞는지 틀린지 알아보기 위해서는 논지가 발전하고 있는지를 살펴보십시오. 좋은 선물을 주시는 분도 우리에게 귀한 분이지만 그보다도 부모는 우리에게 생명을 주신 더 귀한 분입니다.

앞에서 언급한 온갖 좋은 선물의 한 예로서 피조물 가운데 우리로 한 첫 열매가 되게 하시려고 생명으로 낳아 주신 구체적인 사건을 들고 있습니다. 우리에게 새 생명을 주신 그분이 우리를 사망으로 빠뜨리는 일을 한다는 것은 말이 되지 않습니다.

그러고 보면 13절에서 시작한 논지를 17절에도 계속하고 있습니다. 하나님은 결코 시험의 원인이 될 수 없습니다. 문제의 원인은 하나님으로부터가 아니라 인생으로부터입니다. 사람은 자기 욕심에 이끌려서 죽음으로 가는 존재가 되었습니다.

> 여자가 그 나무를 본즉 먹음직도 하고 보암직도 하고 지혜롭게 할 만큼 탐스럽기도 한 나무인지라 여자가 그 열매를 따먹고 자기와 함께 있는 남편에게도 주매 그도 먹은지라(창 3:6).

동산 중앙에 있는 과일을 보니까 먹음직도 하고 보암직도 하고 지혜롭게 할 만큼 탐스럽게 느껴졌기 때문에 여자는 거기에 끌려서 자기도 따먹고 자기와 함께한 남자에게도 주었습니다. 욕심에 미혹되어서 만족과 기쁨, 평안 속에 살던 삶이 두려움에 떨게 되었고 육신은 결국 흙으로 돌아가게 된 것입니다.

이런 죽음에로의 존재를 긍휼이 풍성하신 하나님이 새 생명으로 낳아 주셔서 영생으로의 존재로 삼아 주셨습니다. 진리의 말씀으로 우리를 낳아서 피조물의 첫 열매로 삼으신 하나님이 죽음으로 귀착되는 유혹을 한다는 것은 말이 되지 않습니다.

사랑하는 성도 여러분, 자식의 생명을 죽이는 것은 죄악이 극에 달한 이 세대 인생의 발악입니다. 자식은 여러분의 소유물이 아닙니다. 뉴스를 보면 자식을 죽이는 부모도 있습니다. 이 얼마나 참담한 소식입니까! 그러나 하나님은 이 시대의 죄인들과 다릅니다. 자기가 낳은 자식은 자기 생명을 희생시켜서라도 보존하려는 것이 자연의 순리요, 부모의 도리입니다. 하물며 하나님은 더 말할 필요도 없습니다.

우리 타락한 인생도 정상이라면 자기 자녀를 죽이지 않는데 어찌 하나님이 그런 일을 하겠느냐는 것이 야고보가 펼치는 논리입니다. 하나님이 어떻게 자기가 낳은 인생을 유혹해서 고통에 빠뜨리고 비참하게 사는 것을 원하시겠냐는 논지입니다. 오직 사람이 비참하게 되는 것은 자기의 욕망에 이끌린 결과일 뿐입니다.

하늘 아버지의 뜻과 방법으로

이제 본격적으로 18절을 살펴봅시다. 몇 가지 질문을 본문에 던지면서 본문을 깊이 살펴보겠습니다. 이 본문에 대해서 가장 먼저 우리가 물어야 할 질문이 있습니다. 첫째, 무슨 이유로 죄와 비참 속에 살고 있는 죄인이 소망을 얻게 되었습니까? 다시 말하면, 우리가 구원받은 궁극적인 원인은 무엇입니까? 사랑하는 성도 여러분! 여러분이 하나님의 자녀 된 것이 하늘 아버지의 주권적인 은혜임을 믿으시기 바랍니다. "우리 주 예수 그리스도의 아버지께서 그리스도 안에서 하늘에 속한 모든 신령한 복을 우리에게 주신 결과"(엡 1:3)임을 인식하시기 바랍니다.

사망에 이르는 죄의 잉태는 우리 자신의 욕망으로 말미암았는데 생명에 이르는 출생은 하늘 아버지의 뜻으로 말미암은 것입니다. 그래서 14절에 있는 "자기 욕심"과 18절에 나오는 "자기의 뜻"은 서로 대조를 이루고 있습니다. 우리 욕심대로 따라 살면 죽음을, 아버지의 뜻이 구체적으로 이루어지면 새 생명을 얻습니다. 우리가 새 생명을 얻는 것은 아버지의 뜻이 구체적으로 이루어진 결과입니다. 우리가 하나님의 자녀가 된 것은 우연지사가 아닙니다.

> 우리로 사랑 안에서 그 앞에 거룩하고 흠이 없게 하시려고 그 기쁘신 뜻대로 우리를 예정하사 예수 그리스도로 말미암아 자기의 아들들이 되게 하셨으니(엡 1:4-5).

이 사실로 인해서 감사합시다. 성도는 이 사랑하시는 자 안에서 우리에게 거저 주신 바 은혜의 영광을 찬미하는 자입니다. 피조물의 첫 열매인 우리는 기쁘신 그 뜻을 따라 감사와 찬양을 돌리는 자입니다.

그러면 본문에 던질 두 번째 질문은 무엇입니까? 어떻게 우리는 새 생명을 얻었습니까? 그가 우리를 낳은 방법에 대해서 한 번 생각해 봅시다. 우리를 자녀로 삼으신 궁극적인 원인은 하나님의 기쁘신 뜻입니다. 그러면 이제 자녀로 삼으신 방편이 무엇인지 본문을 통해 살펴봅시다. "진리의 말씀으로 우리를 낳으셨느니라"라고 합니다. 그 의미가 무엇입니까?

사랑하는 형제자매 여러분, 귀를 기울이십시오. 어떻게 죽음으로의 삶이 영생으로의 삶으로 옮겨집니까? 어떻게 인생이 죽음에 이르는 병에서부터 생명에 이르는 치유를 받습니까? 사망으로 내닫는 욕망의 수레바퀴 밑에서 우리가 어떻게 벗어날 수 있습니까? 끝없는 욕망의 수렁에 빠져드는 우리가 어떻게 빠져 나올 수 있냐는 것입니다. 하나님이 정하신 방법은 "진리의 말씀으로"입니다.

진리의 말씀으로 우리를 낳으셨다는 구체적인 의미가 무엇입니까? 우리가 듣고 있는 이 말씀을, 선포되고 있는 이 말씀을 수긍하고 받아들여서 그 말씀으로 삶을 재정비하는 것이 바로 진리의 말씀으로 우리를 낳는 사건입니다. 어떤 인생도 스스로 태어날 수 없습니다. 누군가가 낳아 주어야 합니다. 그런데 하나님이 우리를 낳으실 때 사용하는 방법은 이렇게 선포되는 진리의 말씀입니다. 말씀을 들을 때 하나님의 말씀이 옳다고 인정하십시오. 우리가 시험에 빠져서 괴로워하는 것은 내가 내 욕심에 빠져서 그렇다는 것을 인정하십시오. 그리고 하나님의 뜻이 우리에게 이루어지면 행복과 축복이라는 것을 인정하십시오. 인간을 새롭게 태어나게 하는 데 사용하는 하나님의 도구는 말씀입니다.

그러므로 말씀을 듣는 순간 여러분의 반응이 중요합니다. 사람은 누구나 말씀을 들을 기회를 가져야 합니다. 모든 사람은 하나님이 그들을 사랑하고 있다는 말씀을 들어야 합니다. 사람들은 막연히 하나님을 두려워하고 있습니다. 타락 이후 하나님의 가까이 하심이 두려워졌습니다. 보암직하고 먹음직하고 지혜롭게 할 만한 그 열매를 따먹은 뒤에는 하나님이 가까이 오는 것이 두려워지기 시작했습니다. 타락 이전에는 아담에게 하나님 오시는 것만큼 반가운 일이 없었습니다.

저는 어렸을 때, 닷새 만에 장이 열리는 시골에서 살았습니다. 장에 가신 어머니를 종일 기다리고 있다가 오시는 소리만 들어도 반가웠습니다. 제 기억으로는 어머니가 장에 가셨다가 뭔가를 사 오신 기억이 거의 없는 것 같습니다. 우리 어머니는 군것질에 대한 무슨 트라우마가 있으셨는지 군것질을 절대로 안 하셨습니다. 다른 집에서는 비가 오는 날이면 콩도 볶아 먹고 밀도 볶아 먹고 하는데 저희 어머니는 군것질을 하면 빌어먹는다고 절대 그렇게 하지 않으셨습니다. 그런데 또 모르죠. 어머니는 사다 준 것만 기억하시고 아들인 저는 어머니가 빈손으로 온 것만 기억하는지도 모릅니다. 그렇지만 사실이 무엇이든 간에 지금은 어머니를 만난다는 사실만으로도 행복합니다.

아담은 하나님을 늘 그렇게 맞이했습니다. 오시는 소리만 들어도 반가웠습니다. 그런데 먹음직하고 보암직하고 지혜롭게 할 만한 그 실과를 먹고 난 후부터 갑자기 하나님이 두려워졌습니다. 모든 인생은 아담의 후예입니다. 그래서 하나님이 막연히 두려운 것입니다. 본능적으로 자신이 죄인인 것을 알고 있기에 하나님이 가까이 오시면 두려운 것입니다. 그러나 하나님은 두려운 존재가 아니라 우리를 사랑하셔서 이 말씀으로 우리를 새롭게 하고자 하시는 분입니다. 사람들이 하나님에 대한 생각을 바꾸기 위해서는 이 말씀을 들어야 합니다.

> 그 안에서 너희도 진리의 말씀 곧 너희의 구원의 복음을 듣고……(엡 1:13).

듣는 것은 꼭 필요합니다. 하나님의 자녀가 되는 방법은 누구나 같습니다. 학문에는 왕도가 없다고 하는 것처럼 하나님의 자녀가 되는 데도 특별한 방법이 없습니다.

사랑하는 성도 여러분, 누구나 '들어야' 합니다. 복음은 듣는 것이 우선입니다. 그러나 거기서 더 나아가야 합니다. 듣는 것만으로는 부족합니다. 구원의 복음을 듣고, 또한 '믿어야' 합니다. 선포된 말씀을 "아멘"으로 받아들이고 그 말씀에 반응을 보이는 순간을 가리켜 "진리의 말씀으로 낳으셨다"고 성경은 말하고 있습니다. 하나님의 자녀로 태어나기 위해서는 말씀을 듣고 그 말씀을 믿어야 합니다.

말씀을 듣고 그 말씀에 대해 전인격적인 반응을 보일 때 누구나 하나님의 자녀가 됩니다. 목사 가정에서 태어난 아이도, 불신자 가정에서 태어난 아이도 같습니다. 누구든지 말씀을 듣고 그 말씀에 대해서 전인격적인 긍정적인 반응을 보일 때 하나님의 자녀가 되는 것입니다.

골로새서는 "이 복음이 이미 너희에게 이르매 너희가 듣고 참으로 하나님의 은혜를 깨달은 날부터 너희 중에서와 같이 또한 온 천하에서도 열매를 맺어 자라는도다"(1:6)라고 말하고 있습니다. 하나님의 자녀가 되기 위해 참으로 구원의 복음을 깨달아야 합니다.

지금 여러분은 이 말씀을 듣는 자리에 나와 있습니다. 하나님의 말씀을 예외 없이 다 듣고 있습니다. 여러분은 다 귀를 가지고 있습니다. 여러분이 주의를 다른 데 팔고 있다면 그것은 여러분의 잘못입니다. 하나님은 들을 수 있는 귀를 여러분에게 다 달아 주셨습니다. 여러분은 예외 없이 이 복음을 들을 기회를 누리고 있습니다.

지금은 이 복음에 합당한 반응을 보여야 할 때입니다. 여러분의 죽음으로의 삶에 개입하셔서 영생으로의 삶으로 인도하려고 찾아오신 그분의 기쁘신 뜻을 온 마음과 뜻을 다해서 찬양할 때입니다. 여기 나와서 앉아 있게 된 것은 우연한 일이 아닙니다. 여기에는 하나님이 개입하셨습니다. 하나님이 여러분의 걸음을 돌이키신 것입니다.

태어나서부터 걷던 그 걸음에 익숙해서 그대로 걷게 되면 그 종국은 사망입니다. 그 길을 하나님이 가로막으셨습니다. 그렇지 않으면 오늘도 이런 저런 일로 바빴을 사람들을 이곳으로 보낸 것입니다. 우리로 하나님의 말씀을 듣도록 지금 예배의 자리로 보내신 것입니다. 이것이 하나님의 구체적인 사랑의 실현입니다.

우리를 첫 열매로 삼으신 이유

이제 마지막으로 던질 질문이 있습니다. 하나님은 왜 우리를 낳으셨습니까? 왜 우리를 진리의 말씀으로 낳아서 자녀를 삼으셨는지 질문해 봅시다. 본문이 대답해 주기 원하는 질문을 우리가 던져 보아야 합니다. 성경을 살필 때에 각 부분이 대답해 주기를 원하는 것을 물어야 합니다. 바른 해석을 하는 비법은 항상 좋은 질문을 던지는 것입니다. 본문이 답해 주길 원하는 질문을 하는 것입니다.

왜 하나님이 우리를 진리의 말씀으로 낳으셨습니까? 성경은 "그가 그 피조물 중에 우리를 한 첫 열매가 되게 하시려고"라고 답합니다. 피조물의 첫 열매가 되게 하시려고 우리를 진리의 말씀으로 낳으신 것입니다. 그러면 피조물의 첫 열매가 된다는 것이 무슨 뜻입니까? 아마 지금의 우리와 이 편지를 처음 읽었던 사람들과는 문화 차이가 있는 것 같습니다. 이 편지가 쓰일 당시인 2,000년 전 사회와 지금 사회는 어떤 면에서 차이가 있습니까?

2,000년 전 사회는 보편적으로 농경 사회였습니다. 농사짓는 사회였습니다. 그래서 첫 이삭을 거둔다는 말이 무슨 뜻인지 그들은 알았습니다. 그리고 귀한 첫 이삭을 거둘 때에 거의 모든 민족은 그 수확물을 신에게 바쳤습니다.

하나님께 드리는 열매가 바로 첫 열매입니다. 곡식이든 가축이든 아들이든 처음 것을 하나님께 돌리는 것이 언약 백성인 이스라엘의 율법이었습니다. 이스라엘 사람들은 첫 열매를 가장 좋은 것으로 여겨서 그것을 하나님께 드렸습니다. 그러면 우리를 피조물 중에 첫 열매가 되게 하셨다는 것은 우리를 택해서 하나님의 몫으로 바치려고 우리를 자기의 뜻으로 낳았다는 말씀입니다. 그리스도인 되게 하신 것은, 말하자면 자기의 몫으로 삼기 위해서 하나님께서 우리를 택하셨다는 것입니다.

사랑하는 성도 여러분, 아멘으로 믿으십시오. 세상 모든 피조물 가운데 가장 귀한 맏물 추수로서 하나님은 여러분을 택했습니다. 예수 그리스도의 신부로서 하나님이 우리를 택했다는 사실을 믿으십시오. 물론 아무리 생각해 봐도 우리 머리로는 도무지 이해가 되지 않습니다.

그래서 성경은 "그 기쁘신 뜻대로"라고 대답을 합니다. 우리를 자기 소유로 삼고 싶어 하는 것이 하나님의 기쁘신 뜻이었다는 것밖에는 우리가 할 수 있는 설명이 없습니다. 무엇을 보고 여러분과 저를, 세상에서 내로라하는 사람 중에서 자기의 몫으로 택하였겠습니까? 설명할 수 없는 신비입니다.

그래서 오늘 본문은 "자기의 뜻을 따라"라고 합니다. 우리에게 무엇이 있어서가 아니라 하나님께서 자기의 뜻을 따라서 우리를 피조물의 첫 열매로 삼으셨습니다. 그러므로 우리는 다만 선택받은 은혜를 찬미하며 피조물의 첫 열매답게 살아가야 합니다.

안 믿는 사람들이 잘못하는 것은 그럴 수밖에 없습니다. 그래서 아무도 손가락질하질 않습니다. 그러나 우리는 조금만 잘못해도 손가락질을 받습니다. 왜 그런 줄 아십니까? 우리는 하나님의 몫으로 택함을 받았기 때문입니다. 사랑하는 성도 여러분, "사람이라면 저렇게 살아야 해"라는 이야기를 들을 정도로 잘 살아갑시다. 우리는 하나님의 택함을 받았기 때문입니다.

또 하나님으로부터 새로운 피조물로 지음 받은 우리가 해야 할 일이 무엇입니까? 감사하는 것입니다. 감사와 찬양으로 하나님께 영광을 돌리는 것이 모든 피조물이 하나님께 해야 할 마땅한 본분입니다. 죽음으로의 삶에서 영생으로의 삶으로 이끄신 그분을 찬양함으로써 우리는 반응을 보여야 합니다.

피조물의 첫 열매 된 우리가 드릴 입술의 열매는 찬양입니다. 감사와 찬양으로 보이는 반응은 확실한 것입니다. 이것은 하나님의 자녀만이 할 수 있습니다. 제가 말씀드리는 찬송은 입으로만 하는 것이 아니라 마음 중심에서 터져 나오는 것입니다. 그것은 바로 하나님의 자녀만이 할 수 있는 특권입니다. 하나님 자녀의 특권은 그것만이 아닙니다. 히브리서 말씀을 보십시오.

> 서로 돌아보아 사랑과 선행을 격려하며 모이기를 폐하는 어떤 사람들의 습관과 같이 하지 말고 오직 권하여 그날이 가까움을 볼수록 더욱 그리하자(히 10:24-25).

> 그러므로 우리는 예수로 말미암아 항상 찬송의 제사를 하나님께 드리자 이는 그 이름을 증언하는 입술의 열매니라 오직 선을 행함과 서로 나누어 주기를 잊지 말라 하나님은 이 같은 제사를 기뻐하시느니라(히 13:15-16).

그리스도인으로서 우리가 사는 것은 창조주 하나님께 영광을 돌리며 즐거워하는 삶을 보여 주는 것입니다. 동시에 동료 인간에게 사랑과 선행을 베풀고 주님의 이름을 증명하는 것입니다. 그러나 그것이 전부가 아닙니다.

피조물 중에 우리로 한 첫 열매가 되게 하셨다는 것은 또 다른 것을 생각하게 합니다. 질적인 것뿐 아니라 양적인 것을 생각나게 합니다. 다시금 농경사회를 떠올려 봅시다. 가을 추수를 생각해 보십시오. 논에 벼를 심어 놓고 양지바른 쪽이 익으면 나머지 논에 있는 벼도 곧 다 익으리라는 것을 알게 되지 않습니까? 하나님이 우리를 만물 추수로 거두신 것은 만물 추수에 이어서 거두게 될 대수확을 염두에 두고 있다는 것입니다.

하나님이 우리를 먼저 택하신 것은 우리로 하여금 희어져 추수하게 된 밭에 나가서 하나님이 거두셔야 하는 추수하게 하기 위함입니다. 그래서 우리를 부르신 것입니다. 여러분과 저를, 우리를 첫 열매 삼으신 것은 우리를 통해서 이 복음 진리가 전파되고 이를 통해 하나님의 백성을 불러 모으려는 아버지의 뜻이 포함되어 있는 것입니다.

우리로 첫 열매 되게 하신 것은 우리를 통해서 많은 사람을 하나님께로 이끌기 위해서입니다. 그래서 하나님께 바쳐진 피조물의 첫 열매답게 장차 하나님께 드려질 대수확을 위해서 쓰임 받는 여러분과 제가 되기를 소원합시다.

James
야고보서 1장

야고보서 1장 19-20절

[19] 내 사랑하는 형제들아 너희가 알지니 사람마다 듣기는 속히 하고 말하기는 더디 하며 성내기도 더디 하라 [20] 사람이 성내는 것이 하나님의 의를 이루지 못함이라

11.
새 삶을 위한 명령

그리스도 안에서 사랑하는 성도 여러분! 그리고 하나님을 만나기 위해 이 예배의 자리에 나오신 이웃 여러분, 오늘은 야고보서 1장 19, 20절을 살펴보겠습니다. 오늘 본문은 18절에 이어서 나오는 말씀입니다. 17, 18절에서는 하나님께서 성도들을 위해 주신 모든 선한 선물을 언급하고 있습니다. 특히 18절 끝부분을 보면 진리의 말씀으로 우리를 낳은 사실을 언급하고 있습니다. 야고보는 하나님께서 성도들을 위해 행하신 모든 선한 일을 상기시키고 있습니다.

사랑하는 성도 여러분, 여러분 각 사람은 "진리의 말씀으로" 다시 태어났습니다. 주님을 위한 새 백성이 되었습니다. 하나님의 놀라운 은혜로 거듭났습니다. 우리는 하나님께 헌신된 "피조물의 첫 열매"들입니다. 그러므로 여러분 모두는 하나님의 눈에 존귀한 자들입니다. 하늘 아버지께서는 때로 우리의 부족한 모습으로 인해 안타까워하시지만 그래도 하늘 아버지의 마음은 자녀 된 우리에게 향하고 있음을 믿으시기 바랍니다.

　야고보는 지금 하늘 아버지의 심정으로 지상에 흩어진 성도들을 향해 말하고 있습니다. 마땅히 새로운 삶을 살아야 할 하나님의 백성들을 향해서 기본적인 명령을 하고 있습니다. 그 명령을 귀담아 듣고 주께 순종할 때 우리 모습은 날로 하나님의 자녀다워질 것입니다.

　그리스도인은 영적으로 새로 태어나는 순간부터 말씀과 관계를 가집니다. 말씀으로 태어난 신자는 태어난 순간부터 말씀에 반응을 보입니다. 그리고 계속해서 이 진리의 말씀에 반응을 보일 때 하나님이 의도하신 삶의 축복들을 누릴 수 있습니다.

새 생명으로 태어난 증거

　이제 축복받는 새로운 삶을 위한 기본적인 명령을 들어 보십시오. "사람마다 듣기는 속히 하고, 말하기는 더디 하고, 성내기도 더디 하라." 이 말은 얼핏 들으면 누구라도 따를 만한 교훈 같습니다. 신앙이 없는, 예수님을 전혀 모르는 사람이라도 수긍할 수 있을 듯합니다. 사람이 살아갈 때 듣기를 속히 하고 말하기를 좀 절제하고 성내기를 좀 더 통제하라는 것은 누구든지 쉽게 수긍할 만한 이야기입니다.

　그러나 이 진리는 결코 모든 사람이 수용할 수 있는 진리가 아니고 모든 사람에게 하는 권면도 아닙니다. 보십시오. 야고보 선생은 지금 자기가 사랑하는 신앙의 형제들을 향해서 말하고 있습니다. 그는 "내 사랑하는 형제들아"라고 부릅니다.

　말씀으로 새로 태어난 것을 알고 있는 형제들에게 이 권면을 하고 있습니다. 자기가 하나님의 자녀로 태어남을 인식하는 사람들에게 이 충고를 합니다. 개역개정판은 "너희가 알지니"라고 번역되어 있는데 개역한글판은 "너희가 알거니와"라고 번역되어 있습니다. 이 둘은 어떤 차이가 있습니까? "너희가 알지니"라는 것은 마땅히 이것을 알아야 한다는 그런 의미입니다. "너희가 알거니와"라는 것은 너희가 이미 알고 있다는 의미입니다. 저는 개역한글판 번역이 더 낫다고 생각합니다. "너희가 알지니", "너희가 알거니와" 즉 자신이 하나님의 말씀으로 태어난 것을 안다면, 자신이 수긍하는 이 진리를 자신의 삶에 반영하라는 것이 야고보 선생의 논지입니다.

야고보 선생이 우리를 도와줄 수 있는 곳이 바로 이 부분입니다. 아마 이 야고보서가 신약 성경에 포함되어 있지 않다면 우리가 믿는 기독교가 지금보다 훨씬 더 이론적이고 추상적이었을 것입니다. 야고보 선생은 우리가 새 생명으로 태어난 여부를 일상적인 삶에서 증명하려고 합니다. 특별히 남의 말을 듣고, 또한 말하고, 성내는, 보통 사람들이 생활하는 영역으로 우리를 인도합니다. 거기서 새 생명으로 태어난 증거를 보여 달라는 것이 야고보 선생의 논지입니다.

그러면 새 생명으로 태어난 첫 번째 증거는 무엇입니까? 새 생명으로 태어난 사람의 특성은 말씀에 대한 신속한 반응입니다. 새 생명으로 태어난 사람은 하나님의 말씀을 진지하게 잘 듣습니다. 지금 여러분은 말씀을 잘 듣고 있습니까? 듣는 것은 새 생명으로 태어난 첫 번째 증거입니다. 말씀을 귀로 듣고 마음으로 받아들입니까?

좋은 신앙인은 일상생활에서 말씀을 읽는 사람입니다. 하나님의 사람들은 성경 말씀을 사랑합니다. 2,000년 기독교 역사를 살펴보면 신앙이 좋았던 사람이 말씀을 밀쳐 두고 살았던 경우가 없습니다. 신앙생활에서 훌륭한 모범을 남겼던 사람은 하나같이 말씀을 사랑했습니다. 하나님을 사랑하는 것은 말씀을 사랑함으로 입증하는 것입니다.

그리고 한 가지 중요한 하나님의 백성의 징표가 있습니다. 그것은 말씀이 잘못을 지적하면 수긍하고 고치려 한다는 것입니다. 그리고 말씀에 따라 삶을 바꾸는 것을 기뻐합니다. 성도는 말씀을 통한 책망을 기뻐하고 훈계를 귀히 여깁니다. 그러나 불신자는 다릅니다. 그리고 위선자도 다릅니다. 그들은 말씀에 전혀 반응을 보이지 않습니다. 자신이 신구약 어디를 펴놓고 있는지도 모른 채 졸고 있을 뿐입니다. 긍정적인 반응을 보이지 않습니다. 이들은 새 생명으로 태어난 적이 없거나 영적 건강이 심각한 상태일지 모릅니다.

물론 수긍하는 것처럼 고개를 끄떡이면서도 말씀이 그 삶에 전혀 반영되지 않는다면 소용이 없습니다. 말씀을 수긍하는 것만으로는 충분하지 않습니다. 듣는 말씀이 실제로 우리 삶에 영향을 주어야 합니다. 말씀을 듣는 것과 실천하는 것은 엄연히 다릅니다.

사랑하는 성도 여러분, 여러분은 시간마다 듣는 말씀에 대해서 어떤 반응을 보이고 있습니까? 그 말씀이 일주일 동안 생활하면서 남아 있습니까? 여러분이 매일 읽는 말씀이 여러분의 삶과 깊은 관계를 가지고 있습니까? 얼마 전 제가 받은 메일 하나를 소개하겠습니다.

> 목사님의 설교는 제 인생을 변화시키기 시작했습니다. 다시 새롭게 시작하고 싶었기에 정식으로 교회에 등록하고 새신자 교육을 받았습니다. 적어도 설교에서 들은 말씀만큼은 실천하겠다는 계획을 세우고 실행했습니다. 교회 표어로 '말씀 읽기'가 선정되던 해부터 저는 다시 성경 읽기에 매진하였고, '공동체'를 강조하던 해부터 '구역 모임'에 나가기 시작했습니다. '이웃을 돌아보는 해'가 되고 나서는 그간 잊고 지내던 소중하고 고마운 사람들을 일일이 찾아 감사를 표하고, 또 대접하는 기쁨도 누렸습니다. 서서히 믿음의 사람들과의 관계가 회복되었고, 학부 때부터 가까이 지내던 신앙인 학과 선배들은 제가 다시 공부를 시작할 수 있도록 동기를 부여해 주었습니다. 그들과의 대화는 제가 원래 누구였는지를 생각나게 해 주었기 때문입니다. 저는 그 어떤 것보다도 헌신된 그리스도인이 되고자 했

으며, 사회복지에 열정을 느끼고, 학자의 길을 가고자 했던 사람이었다는 것을 다시금 깨닫게 되었습니다. 목사님의 설교는 그렇게 제 삶의 방향을 제자리로 돌려 놓았습니다.

이분은 교회 연간 표어에 반응을 보일 때 자기 삶이 어떻게 변했는지 메일로 보내왔습니다. 매 주일 듣는 말씀에 대해서 작은 반응이라도 보인다면 우리 삶은 달라질 수밖에 없습니다. 그래서 구역 모임과 같은 소모임 교제를 하는 것입니다. 각자 주일날 설교 들으면서 받았던 은혜를 나누고 그 은혜와 깨달은 말씀대로 어떻게 노력했는지를 나누는 시간이 소모임 교제 시간이어야 합니다. 기독교 진리를 깨닫고 실천할 때 감동이 배가 된다는 것을 기억해야 합니다.

베드로 사도는 새로 태어난 사람은 순전한 젖을 사모한다고 말합니다. 새로운 생명은 말씀의 젖을 사모하도록 되어 있습니다. 그것은 생명을 가진 신생아의 특징이요, 영적 생명으로 태어난 신자의 본능입니다. 그러므로 여러분은 자신이 그리스도인으로 태어났는지를 알기 위해 이 말씀에 반응을 보이고 있는지를 가장 먼저 살펴야 합니다.

듣기를 속히 하라

사람들은 왜 신속히 듣지를 않을까요? 자기가 배워야 할 사람이라는 것을 인정하지 않기 때문입니다. 그런 사람은 자신의 무지나 얕은 지식을 내뱉기 좋아합니다. 그러면서 남의 말에 귀를 기울이지 않습니다. 자기의 신앙생활에 자부심을 갖고 있으면 하나님의 음성이 들리지 않습니다. 자신의 현재 모습에 만족하는 사람은 누가 무슨 소리를 해도 들리지 않습니다.

사랑하는 성도 여러분, 하나님이 주신 복을 받아 누리기를 소원하고 있지요? 그렇다면 먼저 자신이 배워야 할 사람이라는 것을 겸손히 인정하십시오. 그러면 주님의 말씀이 들리기 시작합니다.

가장 답답한 사람이 어떤 사람인지 아십니까? 자기 얘기만 하려는 사람입니다. 그런 사람과 지낸다는 것은 부부관계로 만나도 괴로운 것이고, 친구지간으로 만나도 괴로운 것이고, 직장 동료로 만나도 고달픕니다. 자기 말만 하려는 사람은 남의 말을 들을 리가 없는 사람입니다.

일상생활을 할 때도 자기 말만 많이 하는 것은 좋지 못한 매너입니다. 친구끼리도 자기 얘기만 하려고 들면 "잘난 체한다"고 따돌림당하기 십상입니다. 말도 안 되는 논리를 장황하게 전개하면 사람들은 속으로 '아이고, 너 잘났다' 하는 핀잔을 떠올립니다.

그러나 여기서 문제는 그런 정도가 아닙니다. 이 명령의 심각성은 하나님의 말씀에 대해서 듣기를 속히 하라는 데 있습니다. 이 명령은 신앙의 형제들에게 하는 권면입니다. 신앙인을 향해 하나님의 말씀 듣기를 속히 하라는 것입니다. 보통 친구지간에도 서로 잘 들어야 합니다. 나아가 선생님의 말씀에도 귀를 기울여야 합니다. 그러나 그보다 더 중요하고 심각한 것은 하나님의 말씀에 대한 우리의 태도입니다. 그러므로 우리 모두 듣기를 속히 해야 합니다.

자기 말만 하는 사람도 답답하지만 그보다 더 답답한 사람은 어떤 사람인지 아십니까? 남의 이야기를 듣고 수긍하는 것같이 보이지만 나중에 이야기를 끝내고 들어 보면 그 전의 생각을 그대로 가지고 있는 사람입니다. 그만큼 답답한 일이 없습니다. 분명히 들을 때는 고개를 끄덕이며 수긍해 놓고, 그 전의 생각을 그대로 가지고 있습니다.

안 받아들인다는 것은 자기 생각이 옳다는 것입니다. 무의식중에 자기 말이 옳다고 생각하기 때문에 남의 말이 귀에 안 들어오는 것입니다. 지금 여러분의 삶이 전반적으로 괜찮다고 생각하면 어떤 설교도 별반 유익이 없습니다. 귀에 들어오는 말이 별로 없기 때문입니다. 자신의 입장이 그럴 듯하면 누가 무슨 말을 해도 들릴 리 없습니다.

여러분의 삶이 '이래선 안 되겠구나'라고 인정합니까? 그 정도 가지고는 안 됩니다. 더 고민하십시오. 괴로워하십시오. 그렇지 않으면, 들을 때는 고개를 끄덕끄덕하다가 뒤에 가서는 흐지부지되어 버립니다. 더 이상 변화는 없습니다. 들은 말씀만으로는 우리 삶에 아무런 영향을 주지 못하고 옛 습관대로 살아갈 뿐입니다.

사랑하는 성도 여러분, 여러분은 어떤 삶을 살고 있습니까? 잘 들으려고 하고 있습니까? 교회 안에서 우리 위치에 비해서 얼마나 들으려고 하는지 생각해 보십시오. 하나님께서 여러분을 진리로 태어나게 하신 것은 진리의 말씀을 따라 살도록 하기 위함입니다.

왜 하나님은 여러분이 진리의 말씀을 듣기를 그처럼 원하실까요? 그것은 피조물 중의 한 첫 열매가 되게 하기 위함입니다. 다시 말하면 모든 피조물 중에 어디에 내놓아도 부족함이 없는 수준의 삶을 기대하십니다. 진리의 말씀으로 태어난 순간부터 하나님께서 여러분을 그 수준으로 이끌어 나가고 싶어 하시는 것입니다. 달리 말해 그리스도인의 성숙한 모습에 이르도록 하는 것이 하나님의 소원입니다. 신앙생활을 한 세월은 꽤 흘렀는데 영적 수준은 아이로 머무는 것을 하나님은 원치 않으십니다. 그러므로 영적 새 생명으로 태어난 사람들은 신령한 말씀의 젖을 사모해야 합니다.

신속히 듣는 방법

그러면 어떻게 신속히 들을 수 있습니까? 말씀과 조용히 대면할 수 있는 시간을 가져야만 합니다. 성경을 통독하셔도 좋고, 성경을 연구하셔도 좋고, 성경을 조용히 묵상하거나 성경을 암송하셔도 좋습니다.

사랑하는 성도 여러분, 말씀을 들을 수 있는 아주 손쉬운 방법은 말씀이 선포되는 자리에 나아가는 것입니다. 말씀이 선포되는 예배 시간마다 다 참석하는 것입니다. 말씀을 들을 수 있는 자리라면 나가고 싶은 욕망이 있어야 건강한 하나님의 백성입니다.

말씀이 듣고 싶으면 새벽이든지 낮이든지 저녁이든지 나아오십시오. 그래야 우리는 자랍니다. 듣기를 속히 할 때 신앙은 자랍니다. 이것은 단순한 의무가 아니라 여러분 안에 거룩한 새 욕망이 생겼다는 증거입니다. 하나님의 자녀는 하나님의 말씀을 사모하게 됩니다. 그것은 의무의 문제가 아니라 본능적으로 들으면 들을수록 더 듣고 싶어집니다.

하나님의 말씀을 듣는 시간을 마련하고 있습니까? 예배 시간마다 나와서 들으십시오. 주일날 한 번만 나오고 신앙생활 할 수 있다면 왜 주일 오후예배, 수요 기도회, 구역 모임을 하겠습니까? 설교 한 번 듣고 일주일 동안 신앙생활 할 수 있으면 누가 여러분에게 무어라 말하겠습니까? 그래서는 안 되기 때문에 더 좋은 방편을 가지고 권하는 것입니다. 한 번만 나오는 사람들은 제대로 신앙생활 하는 것이 아닙니다. 속지 마십시오. 예배에 한 번 나와서는 절대 신앙생활 할 수 없습니다. 예배 시간마다 나오는 것은 말씀을 가까이 하기 위한 가장 손쉽고도 권장할 만한 방법입니다.

또한 시간을 내어서 성경을 읽으십시오. 하나님을 사랑하는 사람들은 노소를 불문하고 그 말씀을 귀히 여기고 읽는 분들입니다. 아흔이 넘은 어머니께서 빛 잘 드는 밝은 곳에 앉아 성경 읽는 것을 볼 때마다 감동이 되었습니다. 컴컴한 이층 침대 아래에서 잠자리에 들기 전 성경을 읽던 청소년 시절의 아들의 모습을 보았을 때 우리는 한 식구라는 감동이 있었습니다.

글을 못 읽는 사람은 어떻게 해야 할까요? 글을 읽지 못해도 좋습니다. 그 양심이 예수 그리스도의 보혈로 깨끗해지면, 그 양심을 통해서 하나님이 말씀하시기도 합니다. 성경에 계시된 것만큼 확실하지 않다고 하더라도 하나님은 모든 중생한 사람의 양심 속에 말씀하고 계십니다. 고난의 자리에서는 더 선명하게 말씀하십니다.

여러분의 양심을 향해 말씀하시는 하나님께 귀를 기울이고 있습니까? '내가 이렇게 해서는 안 되지……' 이렇게 여러분의 양심이 여러분에게 깨닫게 할 때에 거기에 정직한 반응을 보이십니까? 우리가 신앙인으로서 교회 안의 자신의 위치를 생각하면서, 하나님께 받은 은혜를 생각하면서, 내가 어떤 삶을 살아야 하는지에 대해 성령께서는 말씀하십니다. 그 말씀에 귀를 기울일 수 있어야 합니다.

신앙생활은 깨끗한 양심에 믿음의 비밀을 간직하는 것입니다. 양심의 소리를 거절하기 시작하면 하나님의 말씀도 들리지 않게 되는 것입니다. 기독교는 이 양심을 떠나서 존재하는 종교가 아닙니다. 여러분의 양심에 거리낌이 없어야 하나님 앞에 담대하게 나아갈 수 있습니다.

우리가 제대로 신앙생활 못할 때, 기도도 제대로 못하고, 말씀 읽는 생활도 자연히 게을러집니다. 그러나 그럴 때에도 하나님은 여러분의 양심을 통해서 말씀하고 계십니다. 자신이 듣는 말씀에 대해서 반응을 나타내고 있는지 살펴보십시오. 혹시 성경책을 펴서 조용한 시간에 읽고 묵상하면 하나님이 이 말씀을 통해 이야기해 주실 것을 알면서도 들으려고 하지 않고 양심의 소리에 아예 귀를 막아 버리고 있지는 않은지요? 말씀 듣는 시간을 확보하십시오.

그렇다면 교회를 나올 수 없는 상황에서는 어떻게 해야 합니까? 좋은 책들도 있고 좋은 방송도 있습니다. 설교집 읽는 시간을 신문 읽는 시간만큼만 할애해도 상당히 많이 읽을 수 있습니다. 자기 일을 하면서 기독교 방송을 틀어 놓을 수도 있습니다. 방송을 들으면서 영적으로 성장할 수 있습니다. 말씀에 대해서 내가 얼마나 갈급해 하는지 그것이 문제입니다.

언젠가 10톤 트럭을 모는 기사를 만난 적이 있습니다. 하는 일 때문에 주일에 교회를 못 나갈 때도 있지만 트럭을 몰면서 기독교 설교 방송을 항상 듣는다는 것입니다. 그러다가 누가 권하지도 않았는데 자진해서 교회 등록 하겠다고 왔습니다. 말씀을 들으면 삶이 변화되게 되어 있습니다. 그 기사는 "이 직장은 주일 성수가 안 되니까 그만두겠다"고 하지 않았습니다. 주일 성수를 할 수 없는 직장은 굶어 죽어도 못 다닌다고 하면서도, 다른 문제는 기독교인답게 처신하지 않는다면 일관성이 없는 것입니다. 동시에 다른 사람에게도 덕이 안 됩니다. 오히려 사람들의 조롱을 받습니다. 주일 성수 때문에 천릿길을 왕복해도 사람들이 존경하지 않습니다. "예수? 저렇게 믿으려면 차라리 안 믿는 것이 낫다"고 말할 것입니다.

말하기와 성내기를 더디 하라

그러면 새 생명으로 태어난 두 번째 증거는 무엇입니까? 두 번째 명령은 "말하기는 더디 하라"는 것입니다. 말하기는 더디 하라는 것은 일상적으로 적용될 수도 있습니다. 성경 공부 시간을 한 번 연상해 보십시오. 구역 모임 시간을 생각해 보십시오. 어떤 주제가 나왔을 때 그런데 누가 먼저 말하게 됩니까? 그 주제에 대해서 안다고 생각하는 사람입니다. 모르면 다른 사람이 말할 때 들으려고 하지 선뜻 자기가 말하려고 하지 않습니다. 성경은 우리 모두에게 말하기는 더디 하라고 말합니다. 자신이 하나님의 말씀을 깊이 묵상하기 전에는, 하나님의 말씀이 자기의 것이 되기 전에는 아는 척하지 말라는 것입니다.

제가 이렇게 말하면 구역 모임 때 문제가 생기겠지요. "집사님, 지난주 설교에 은혜 받았습니까?" 하고 누군가가 물어 보면 '말하기를 더디 하라 했으니 말을 안 해야지'라고 생각하시면 안 됩니다. 말귀를 알아들으라는 말입니다.

어떤 때는 질문을 던져 놓고 답이 안 나오면 구역장 입장에서 진땀이 납니다. 결국 30초도 못 기다리고 구역장이 말하기 시작합니다. 결국 구역장 혼자서 다 말하게 되는 것입니다. 그런 구역에서는 이야기가 나눠지지 못해 구역장이 일방적으로 가르치게 됩니다. 말하기를 더디 하라고 했다고 말을 안 하려고 결심하면 안 됩니다.

우리는 몹시 빨리 말하려고 하면서 듣기는 싫어합니다. 자기 말을 많이 하는 사람은 좋은 신자일 수 없습니다. 아무리 놀라운 체험을 했다 하더라도 자신의 이야기만 쏟아 놓으면 아직은 영적으로 어린 사람입니다. 좋은 신자는 들으려고 합니다. 영적으로 성숙한 신자는 남의 말에 귀를 기울이는 사람입니다. 만나서 대화를 해보면 알 수 있습니다. 성숙해질수록 형제자매를 통해서 들을 줄 아는 귀를 갖게 됩니다.

그러면 새 생명으로 태어난 마지막 증거는 무엇입니까? "성내기를 더디 하라"고 말합니다. 우리는 왜 급히 화를 냅니까? 내가 생각하는 것이 옳고 좋은데 사람들이 안 들어 주면 화가 나기 때문입니다. 화내는 사람에게 물어 보십시오. 누구나 자기 생각이 옳다고 주장합니다.

내 생각이 별로 중요하지 않다고 생각하면, 누가 내 얘기를 안 들어 주거나, 거절당할 수도 있다고 생각할 것입니다. 그러나 자기가 생각하기에도 대단한 생각인데 거절당했다고 생각하면 자기도 모르게 화가 나는 것입니다. 화내는 사람은 그 나름대로의 이유가 있습니다.

그러나 어떤 이유를 막론하고 화내는 것은 잘못된 것이라고 성경은 말합니다. "사람이 성내는 것이 하나님의 의를 이루지 못하기" 때문입니다. 교회 일을 할 때, 당회나 제직회에서도 마찬가지입니다. 의견을 자유롭게 교환하고 자기의 선한 뜻을 내놓을 수 있습니다. 또 의견이 잘못 전달되어 이해시키지 못하고 묵살될 수도 있습니다. 그렇다고 해서 화를 낸다면 그것은 잘못입니다. 우리가 이루려고 하는 것이 정말 하나님 나라의 건설이라면 화를 내는 것은 금해야 합니다. 그것은 하나님 나라를 무너뜨리는 것이기 때문입니다.

물론 의분을 터뜨려야 하는 자리가 있습니다. 예수님처럼 정말 상을 뒤집어 엎고 의자를 던져야 할 그런 자리가 있습니다. 하지만 사람들은 오히려 그런 자리에서는 침묵하는 경우가 많습니다. 대부분의 경우 우리가 화를 낼 때 그것은 인간적인 분노에 지나지 않습니다. 하지만 우리는 그럴 때는 그냥 웃고 지나가고, 별로 화를 낼 이유가 없을 때는 화를 내곤 합니다. 자녀한테도 마찬가지 아닙니까? 친구한테도 마찬가지 아닙니까? 도대체 화를 안 내면 일이 안 된다고 말합니다. 그래서 화를 내야 할 정당한 이유가 있다고 주장합니다. 그러나 성경은 뭐라고 말합니까? "사람이 성내는 것은 하나님의 의를 성취하지 못한다"고 합니다.

그러면 누구 말이 맞을까요? 성경입니까, 여러분의 주장입니까? "사람이 성내는 것이 하나님의 의를 이루지 못함이라"는 말을 명심하십시오. '하나님의 의'라는 것은 하나님의 기대치입니다. 하나님이 바라시는 그 뜻을 이룰 수 없다는 것입니다. 아이들이 부모에게 순종하는 것이 하나님이 바라는 것입니다. 그러나 화를 안 내면 말을 안 듣는다고 아이들을 향해서 고함칠 때 여러분은 벌써 하나님의 의를 이루는 데에 실패합니다.

직장에서도 마찬가지입니다. 특별히 지위가 높은 사람일수록 그런 위험에 빠지기 쉽습니다. 아랫사람들이 말을 잘 듣지 않을 때 쉽게 소리칩니다. 그러나 성경이 말하기를 어떤 이유를 막론하고 사람이 내는 분노는 하나님의 의를 이룰 수 없다고 말합니다.

우리는 왜 화를 내게 됩니까? 그것은 말씀의 지배를 받지 않기 때문입니다. 말씀의 지배를 받지 않으니까 사소한 것에도 화가 납니다. 하나님의 말씀에 귀를 기울이는 그 시간이 우리로 하여금 다른 사람에게도 귀를 기울이도록 변화시킵니다. 남의 이야기를 들을 수 있는 여유를 갖게 합니다.

사랑하는 성도 여러분, 기억하십시오. 화가 나는 그때만 잘 넘기면 다른 이의 입장에서 생각해 보게 되고 문제가 훨씬 쉽게 풀어질 수 있는 방법을 찾을 수도 있습니다. 그러나 한 번 화를 내고 나면 서로에게 얼마나 큰 상처를 남기는지 모릅니다. 오직 조용하고 온유한 마음만이 경건을 낳는다는 사실을 경험을 통해서 알고 있습니다. 분노나 흥분이 아닌 인내와 침착이야말로 인간의 마음속에서 하나님이 역사하는 하나님의 활동의 증거입니다.

꼭 기억하십시오. 정말로 이루어야 하는 좋은 목표는 화내는 방법을 통해서 이루어지지 않습니다. 사람의 성내는 것이 하나님의 의를 이루지 못한다는 것을 기억하며 반성하는 우리 모두의 삶 되기를 바랍니다.

James
야고보서 1장

야고보서 1장 19-22절

¹⁹내 사랑하는 형제들아 너희가 알지니 사람마다 듣기는 속히 하고 말하기는 더디 하며 성내기도 더디 하라 ²⁰사람이 성내는 것이 하나님의 의를 이루지 못함이라 ²¹그러므로 모든 더러운 것과 넘치는 악을 내버리고 너희 영혼을 능히 구원할 바 마음에 심어진 말씀을 온유함으로 받으라 ²²너희는 말씀을 행하는 자가 되고 듣기만 하여 자신을 속이는 자가 되지 말라

12.
말씀을 받아들이라

그리스도 안에서 사랑하는 성도 여러분! 야고보 선생은 기독교의 진리를 아주 쉽게 이야기하고 있습니다. 그는 다행히 학위를 받은 사람이 아니었습니다. 그래서 설교하기가 더 쉬웠는지 모릅니다. "박사 학위까지 받은 사람이 왜 저렇게 설교를 못할까?" 하는 입방아 때문에 스트레스는 받지 않아도 되었습니다.

오늘 본문도 "내 사랑하는 형제들아"라고 시작하듯이 야고보는 하나님의 백성을 향한 사랑을 가지고 있었습니다. 성도를 향한 그의 사랑이 진리를 쉽게 말하도록 만들고 있습니다. 정말 성도를 사랑하는 마음 때문에 어떻게든 알아듣도록 쉽게 해야겠다는 열정에 사로잡혀 말합니다.

"사람마다 듣기는 속히 하라. 말하기는 더디 하고 성내기도 더디 하라"고 말합니다. '이것이 무슨 기독교의 독특한 진리일까?' 하고 의심이 들 정도로 쉽습니다. 그러나 사실 오묘한 진리를 쉽게 말하는 사람만큼 뛰어난 사람은 없습니다. 그런 면에서 판단한다면 사도들 중에서 야고보가 가장 영성이 뛰어난 사람이 아닌가 하는 생각이 듭니다. 기독교에 대한 진리를 쉽게 말한다는 것은 기독교가 무엇인지 환히 꿰뚫고 있다는 말입니다.

혹시 여러분, 철학 강의를 들어 보신 적이 있습니까? 철학의 대가들에게 강의를 들어 보면 교양 과목으로 철학 개론을 듣는 것과는 다릅니다. 대가는 아주 쉽게 설명합니다. 어려운 내용을 쉽게 말할 수 있는 사람이 그 분야를 통달한 사람입니다. 그러면서도 결코 천박한 내용을 말하지 않습니다. 야고보 선생은 대가다운 방법으로 기독교의 진리를 말합니다.

평범한 삶 속에서의 변화

여러분 중에서 19절이 어렵다고 할 사람은 없을 것입니다. 낱말이나 문장이 어려워서 못 알아듣겠다고 할 사람이 있습니까? 이 말이 어려워서 못 알아들으면 세상에 알아들을 말이 얼마나 되겠습니까? 하나님의 뜻을 깨닫는 것은 전문적인 훈련을 통해야만 되는 것은 아닙니다. 사실 전문적인 지식을 필요로 하는 성경 본문은 전체의 5퍼센트 정도일지 모릅니다. 1-2퍼센트는 아무리 공부를 많이 해도 이해할 수 없는 우리의 한계가 드러날 것입니다. 그러나 성경의 95퍼센트는 순종의 문제이지 이해의 문제는 아닙니다.

하나님의 백성으로서 "하나님의 말씀 듣기에 신속히 하라. 그리고 말하기는 좀 기다리라. 또 성내는 것은 좀 참으라"는 거룩한 삶의 기초입니다. 성경이 말하는 거룩 안에서 성장하는 것은 사흘 밤 철야하고, 40일 금식하는 데 있는 것이 아닙니다. 평범한 삶 속에서 변화하는 이야기입니다. 저는 열두 사도 중에서 한 사람도 40일 금식했다는 말을 들어 보지 못했습니다. 그러나 그들은 기독교의 본질을 깨닫고 있었습니다.

우리의 일상적인 삶이 변하면 말로 전하지 않아도 사람들은 기독교를 알

수 있을 것입니다. 기독교의 진리는 결코 어렵지 않습니다. 우리가 이렇게 평범한 삶을 살 때, 듣고 말하고 감정을 표현하는 데서 달라진다면 우리가 우리 입으로 말하지 않아도 사람들이 우리가 신앙인인 줄 알 것입니다.

아파트 현관문을 닫아 놓고 살아도 알 수 있을 것입니다. 하다못해 엘리베이터에서만 겨우 만나는 사이라도 우리 삶의 차이를 감지할 수 있을 것입니다. 다닥다닥 붙어 있는 셋집에 산다면 그 차이는 더욱 드러날 것입니다. 우리 삶이 그대로 드러나기 때문입니다. 듣고 말하고 화내는 것을 보기 때문입니다.

참된 종교란 그런 것입니다. 이웃들로부터 "저 집은 달라"라는 말을 들으면 복음을 전하기 위한 좋은 토양이 마련되는 것입니다. 종교란 수년을 다녀서 익숙해지는 것이 아닙니다. 주님을 만나면 삶이 즉시 변합니다. 기독교의 삶은 주님을 만나면 달라질 수밖에 없습니다. 연애를 하는 사람이 싱글벙글거리면서 표정 관리가 안 되는 것과 같습니다. 일상적인 삶을 바꾸어 놓는 것이 기독교가 우리에게 주는 큰 유익 중 하나입니다.

18절에서 야고보 선생은 우리가 진리로 새로 태어난 사실을 말하고 그 다음은 자라는 이야기를 합니다. 아이가 태어나면 그 다음은 자랍니다. 참 신기합니다. 태어난 아이는 한 달이 지나면 자라고 두 달이 지나면 그만큼 또 자랍니다. "아이는 낳아만 놓으면 자란다"는 말도 있습니다. 자람은 생명의 특징입니다.

새로운 삶을 살고 있는지 어떻게 알 수 있습니까? 우리가 새 생명으로 성장하고 있는지 측정해 보는 방법은 처음 예수 믿을 때와 비교해서 지금 어떻게 삶이 달라지고 있느냐를 보면 됩니다. 그것을 알아보는 가장 확실한 방법은 하나님의 말씀에 대한 우리의 반응입니다.

하나님 말씀이 듣고 싶고 또 듣고 싶은지, 아니면 주일날 교회 와서 그냥 앉아 있다가 가는지, 말씀이 그냥 귓전을 스치기만 하는지, 아니면 말씀이 의미 있게 다가오는지, 그것이 여러분이 새 생명으로 자라고 있는지 아닌지를 보여 줍니다.

　영적으로 새로 태어난 사람은 듣는 말씀에 대해 기뻐하며 표정이 달라지고 예배의 자리를 사모합니다. 예배 중 말씀을 별 생각 없이 듣는다면 집에 돌아갈 때 교회 계단을 내려가면서 말씀을 다 쏟아 버리는 것과 같습니다. 말씀을 이렇게 듣는다면 삶이 절대로 바뀌지 않습니다. 가장 나쁜 신자는 예배 나왔을 때 왔던 모습 그대로 돌아가는 사람입니다. 정말 시간이 아깝습니다. 매 주일 나와서 마음에 담고 가는 것이 아무것도 없으니 삶이 안 변합니다. 그런 사람들은 기독교 진리 전파에 암초와 같은 역할을 하는 사람입니다. 주변 사람들이 그 사람을 보고 "저 사람 같으면 난 신앙생활 안 해"라는 말을 하게 됩니다. 신자의 삶은 하나님의 말씀과 분리할 수 없습니다. 진리의 말씀을 통해서 우리가 새로 태어났습니다.

　　너희가 거듭난 것은 썩어질 씨로 된 것이 아니요 썩지 아니할 씨로 된 것이니 살아 있고 항상 있는 하나님의 말씀으로 되었느니라(벧전 1:23).

　선포되는 말씀을 듣고 그 말씀을 받아들이는 순간에 우리가 거듭난다고 성경은 말합니다. 새 생명이 태어날 때도 말씀이 필요했습니다. 그리고 이 새 생명은 항상 하나님의 말씀이라는 토양 속에서만 자랄 수 있습니다. 하나님의 말씀을 떠나서는 이 생명이 자라날 수가 없습니다.

　신생아의 성장이 어머니의 젖에 달려 있지 않습니까? 젖꼭지를 물렸는데 빨 줄 모르면 죽은 아이입니다. 생명 있는 아이는 선행 학습을 하여서 젖을 빠는 것이 아닙니다. 젖을 빠는 것은 본능입니다. 새로 태어난 신자는 하나님 말씀이 먹고 싶어야 마땅합니다. 영적으로 새로 태어난 신자의 성장도 말씀이라는 영적인 젖에 달려 있습니다. 그러므로 "갓난아기들같이 순전하고 신령한 젖을 사모하라 이는 그로 말미암아 너희로 구원에 이르도록 자라게 하려 함이라"(벧전 2:2)고 베드로는 설명해 주고 있습니다.

말씀을 받아들이는 것은 그리스도인으로 태어난 순간부터 우리가 이 땅에 사는 동안에 매우 중요한 것입니다. 이것은 우리의 생활 변화와 직결되어 있는 문제입니다. 사랑하는 성도 여러분, 여러분은 듣기에 속히 하는 그리스도인, 말하기에 더디 하는 그리스도인, 성내기에 더디 하는 그리스도인의 삶을 살고 있습니까? 그것은 신속한 말씀의 받아들임 여하에 전적으로 달려 있습니다.

이 명령은 쉬운 이야기이니까 다 이해했을 것입니다. 그러면 정말 여러분은 신속하게 듣는 연습을 해보았습니까? 말씀을 듣는 일을 빨리 하려고 마음먹어 보셨습니까? 예배 자리에 1분이라도 빨리 도착하려고 시도해 보셨습니까?

사랑하는 성도 여러분, 우리 그리스도인은 새로운 삶의 목표를 가진 사람입니다. 그러므로 앞 절은 우리를 '피조물의 첫 열매'라고 표현했습니다. 피조물답게 '하나님의 의를 이루는 삶'이 우리 신앙인의 숭고한 삶의 목표입니다. 우리는 밥 먹고 살기 위해서 사는 사람들이 아닙니다. 자연인은 먹기 위해서 살다가 못 먹으면 죽습니다. 그러나 신자들은 자연적인 생명을 연장시키기 위해서 사는 것이 아닙니다. 신자로서 우리가 사는 것은 하나님이 바라는 뜻을 이루기 위해서 사는 것입니다.

갖다 내어 버리라

오늘 본문 말씀은 이 새로운 그리스도인의 삶을 위해서 구체적인 도움말을 주고 싶어 합니다. 여기 두 가지 중요한 명령이 있습니다. 왜 듣기에 신속하지 못하는지, 왜 말하기에는 재빠른지, 왜 성내는 일은 신속하고 변화가 오지 않는지를 가르쳐 주고 싶어 합니다. 성경이 말하는 것과 우리의 표준과는 정반대입니다. 듣는 데는 더디고 말하는 데는 빠르고 성내는 데는 재빠른 것은 잘못된 방향으로 치닫는 모습입니다. 그런 삶을 살면서도 하나님 나라를 소망하며 생명의 면류관을 받아 쓸 것을 기대한다면 어리석은 일입니다.

속지 마십시오. 자신의 삶을 관찰하면 알 것입니다. 그러므로 야고보는 안타까워합니다. "내 사랑하는 형제들아 속지 말라"(1:6)고 말하는 것입니다. 자신의 삶을 보면 알 것인데 왜 속고 사느냐는 말입니다. 그래서 오늘 본문은 우리의 잘못된 삶의 원인을 진단하고 그 치유책을 제시합니다.

> 그러므로 모든 더러운 것과 넘치는 악을 내버리고 너희 영혼을 능히 구원할 바 마음에 심어진 말씀을 온유함으로 받으라(1:21).

성경에서 '그러므로'라는 말이 나오면 항상 그 말을 주의해 보아야 합니다. '그러므로'라는 접속사는 앞뒤 말이 어떻게 연결되는지 보여 주기 때문입니다. 성경은 모택동 어록처럼 앞뒤 상관없는 말을 엮어 놓은 것이 아니기 때문입니다. 성경은 맥이 통하고 생명이 통하는 책입니다. '그러므로'라는 접속사는 앞에 했던 말을 생각하게 합니다.

앞에 말한, 사람이 성내는 것이 하나님의 의를 이루지 못한다는 원리에 입각해서 21절을 생각해 보아야 합니다. 인간적인 분노는 새로 태어난 자의 삶의 목표인 하나님의 의를 이루지 못한다는 것입니다.

여기 '하나님의 의'라는 것은 '하나님의 의로운 목표'라고 볼 수도 있고 '하나님이 바라는 행동'으로 볼 수도 있습니다. 그러므로 하나님이 바라는 행동을 산출하는 데는 성내는 것이 아무 도움이 되지 못한다는 것은 분명합니다. 사람이 화를 내는 것은 하나님의 공의를 증진시키는 데는 실패할 뿐입니다. 우리가 화내는 것은 선을 이루도록 바라는 하나님의 요구를 충족시키는 데 실패한다고 말합니다. 우리가 성내는 것은 그 목표에 도달하는 데에는 아무 도움이 안 된다는 것입니다.

우리는 언제 화를 내지요? 하나님의 목표 달성이 안 되면 화를 냅니까? 아닙니다. 우리가 바라는 기준에 도달하지 아니하면 우리는 대상 불문하고 화를 냅니다. 자기보다 아랫사람이다 싶으면 더 쉽게 화를 냅니다. 자녀들에게도 화를 내고 배우자에게도 화를 냅니다. 구역장에게도 화를 내고 장로님에게도 화를 내고 교역자라고 봐 주는 법도 없습니다. 그러면서 스스로 어떻게 속입니까? 마치 하나님의 의를 이루기 위해서 화를 내는 것처럼 먼저 자신을 설득하고 다른 사람들까지 설득하려고 합니다. 그러나 하나님의 공의를 성취하는 데는 인간적인 분노가 아무런 도움이 되지 않는다고 성경은 말합니다. 이 사실을 고려해 볼 때 그리스도인으로서 새 삶을 살기 위해 우리는 어떻게 해야 합니까?

첫 번째 명령은 소극적인 것입니다. 갖다 내어 버리라는 것입니다. 성경은 그리스도인의 삶에 대해서 버리는 작업을 먼저 하라고 말합니다. 교회 나오면 일단 세상 살면서 지금까지 들어 왔던 이야기를 내어 버리십시오. 그것을 가지고 있으면 새로운 이야기가 들어갈 자리가 없습니다. 귓바퀴까지 더러운 이야기로 가득 차 있으면 하나님의 말씀이 들어갈 자리가 없습니다. "여호와께서 유다와 예루살렘 사람에게 이와 같이 이르노라 너희 묵은 땅을 갈고 가시덤불에 파종하지 말라"(렘 4:3)는 것입니다. 가시덤불 속에 파종해서 무엇을 거두느냐는 것입니다. 그때는 농경 사회라 그렇게 하면 알아듣습니다. 호세아도 "지금이 곧 여호와를 찾을 때이니 너희 묵은 땅을 기경하라"(호 10:12 참조)고 합니다. 씨를 뿌리기 위해서는 묵은 땅을 갈아엎고 흙을 부드럽게 한 다음에 씨를 뿌려야 합니다. 신약도 마찬가지로 말하고 있습니다.

너희는 유혹의 욕심을 따라 썩어져 가는 구습을 따르는 옛 사람을 벗어 버리고(엡 4:22).

벗어 버리는 작업이 먼저 필요합니다. 헌옷을 벗지 않으면 새 옷으로 갈아입을 수 없습니다. 예배의 자리에 나오셨으면 입고 오신 헌옷을 벗어 버리고, 하나님이 주시는 새 옷을 입고 돌아가는 것입니다. 왔던 모습 그대로 돌아가서는 안 됩니다.

오직 심령으로 새롭게 되어 하나님을 따라 의와 진리의 거룩함으로 지으심을 받은 새 사람을 입으라(엡 4:23-24).

여러분이 지금 살고 있는 삶이 괜찮다고 생각하면 하나님의 말씀이 들어갈 자리가 없습니다. 예를 들어, 컴퓨터 저장 장치도 받아들이는 데 한계가 있습니다. 그 한계에 가까워지면 더 이상 새로운 것은 받아들이지 못합니다. 그러면 다른 것을 지워 버려야 합니다. 그렇게 여백을 만들면 다시 새로운 것을 받아들일 수 있습니다. 이처럼 가득 차 있으면 더는 들어갈 자리가 없습니다.

우리가 버려야 할 것

그러면 우리가 무엇을 버려야 합니까? 예수님을 모르고 살던 삶의 태도를 버리십시오. 믿지 않는 사람들이 좋아하는 것들을 다 벗어 버리십시오. 성경을 보면 아주 구체적으로 말하고 있습니다. '옛 습관들'을 버리라고 합니다. '음란한 것들을 벗어 버리라'고 합니다. 무엇보다 성적으로 잘못된 욕망을 없애 버리라고 합니다. 그것이 가득하면 하나님 말씀이 들어갈 수 없다는 것입니다.

여러분은 이것이든 저것이든 선택해야 합니다. 하나님과 돈을 섬길 수 없는 것처럼 천국과 세상의 더러운 것들을 함께 사모할 수 없습니다. 야동 보는 사람은 큐티하는 시간이 없는 사람입니다. 둘 다 할 수도 없고, 한다고 해도 말씀이 들어가지 않습니다. 서로 충돌하기 때문입니다. 사욕, 악한 정욕, 탐심, 이런 것들이 가득하면 하나님의 말씀이 들리지 않습니다. 일단은 내가 무엇을 잘못하는지 느껴야만 합니다.

야고보는 "모든 더러운 것과 넘치는 악을 내어 버리라"고 했습니다. 더러운 것은 가득 고이면 넘칩니다. 다른 사람에게도 피해를 줍니다. 자신이 가진 나쁜 습성은 자신뿐 아니라 그것으로 인해서 다른 사람에게 피해를 줍니다. 그런 것을 다 내어 버리십시오. 넘쳐서 다른 사람에게까지 피해를 주는 악들을 내어 버려야만 합니다. 오늘 본문 21절을 보면 "모든 더러운 것과 넘치는 악을 내어 버리라"고만 했으나 다른 곳에는 그 구체적인 목록들이 나옵니다.

> 이제는 너희가 이 모든 것을 벗어 버리라 곧 분과 악의와 훼방과 너희 입의 부끄러운 말이라 너희가 서로 거짓말을 말라 옛 사람과 그 행위를 벗어 버리고(골 3:8-9).

우리 마음속에 품고 있는 분노와 악의와 훼방과 우리 입의 부끄러운 말들을 통제하십시오. 분한 마음에서 터져 나오면 좋은 말이 나올 리 없습니다. 안에 끓던 것이 폭발하는 것이니까 한마디 말을 해도 남의 가슴에 못을 박는 말이 나옵니다. 그것이 훼방입니다.

자신의 '모든 더러운 습관'을, '모든 옹졸함'을 내어 버리라고 합니다. '생명을 손상하는 모든 것'을 내어 버리라고 명합니다. 죄인들 속에는 더러운 악이 넘칩니다. 선한 것은 우리에게 여간해도 잘 넘치지 않는데 악한 것은 늘 넘칩니다. 늘 과다하고 풍성합니다. 그러니까 나쁜 것은 연습할 필요가 전혀 없습니다.

안 믿는 사람은 "화가 날 때 화내는 것이 무슨 잘못이냐"고 합니다. 맞습니다. 그 사람한테는 잘못된 것이 없습니다. 자연인들이 화내는 것은 자연스럽습니다. 화나서 화내는 것은 그들에게 잘못이 아닐지 모릅니다. 그러나 예수 믿는 사람에게는 잘못입니다. 왜냐하면 화내는 것은 하나님의 의를 이루지 못하기 때문입니다.

전에는 그것이 자연스러웠는데 지금은 그런 것이 나타나면 잘못입니다. 그런 것은 그리스도인에게는 본성적인 것이라기보다는 기생적인, 암세포적인 것입니다. 그것은 잘라내지 않으면 안 됩니다. 이 암세포와 같은 비정상적인 조직이 있으면 제거해야 합니다. 그래서 자신의 모든 잘못과 추함으로부터 벗어나십시오. 여러분을 만나는 사람이 여러분에게 "당신은 무엇인가 달라졌다"고 말할 수 있을 때까지 진리 안에서 바뀌어야 합니다.

신자의 심령에 심어 주신 말씀

그리스도인으로서 새 삶을 살기 위한 두 번째 명령은 적극적인 것입니다. 즉 온유한 마음으로 말씀을 받아들이는 일입니다. 그러니까 18절에 진리의 "말씀"과 여기에 나오는 마음에 심어진 "말씀"은 동일하게 하나님의 말씀을 가리킵니다. 그 말씀을 지금 온유함으로 받으라고 합니다. 현대인의성경은 "겸손히 받아들이십시오"라고 되어 있습니다. 남의 말이 나의 말보다 낫다는 생각이 들어야 귀에 들어옵니다. 상대방의 말이 자기보다 낫다는 생각이 안 들면 귀에 들리지 않습니다. 그래서 겸손한 마음으로 받아들이라고 합니다.

여기에서 "온유하다"는 것은 앞의 "화내는 것"과 대조적인 말입니다. 화는 무엇 때문에 납니까? 자기가 옳은데도 다른 사람이 알아주지 않으니까 화가 납니다. 내가 옳은데도 알아주지 않으면 화가 나거든요. 교만의 극치가 분노로 나타납니다. 화내는 것은 겸손과 정반대입니다. 또 어떤 성경은 "조용히" 받아들이라고 되어 있습니다. 마음이 고요해져야 하나님의 음성이 들리기 때문입니다. 우리 마음이 번잡하면 누가 무슨 이야기를 해도 귀에 들어오지 않습니다.

영국 의사당에는 '빅 벤'(Big Ben)이라고 불리는 아주 큰 시계가 있습니다. 시계가 얼마나 큰지 시곗바늘이 움직이는 소리를 지나가면서도 들을 수 있다고 합니다. 그러나 한낮에는 주변이 시끄러워서 그 소리가 잘 안 들린다고 합니다. 새벽녘처럼 고요한 때에 시곗바늘 소리가 더 잘 들린다고 합니다. 이처럼 들려오는 소리의 크기는 변화가 없는데도 주변 환경에 따라 그 소리를 들을 수 있는지 없는지가 결정됩니다.

또 다른 성경은 이 부분을 말할 때 '배우려는 마음을 가지고' 받아들이라고 번역합니다. '우리가 받은 놀라운 말씀을 겸손히 기뻐하라'고 번역한 성경도 있습니다. 하나님의 말씀을 들을 때 겸손한 자세로 '이것이 정말 옳구나' 하고 수긍하며 마음으로 들으려고 해야 합니다.

그리고 그 말씀에 대해서 지속적인 관심을 표시해야 합니다. 칼뱅이 말하기를 "교리는 심령으로 스며들어 행동으로 전달되어야 한다. 그리하여 우리가 열매 없는 자로 나타나지 않도록 우리를 변화시켜야 한다"고 했습니다. 우리가 믿는 진리는 우리의 심령에 스며들어서 행동으로 나타나야 합니다.

그럼 "너희 마음에 심어진"이라고 할 때, '심긴'과 '뿌린'은 어떻게 다릅니까? 비슷한 뉘앙스를 가지고 있음에도 "뿌렸다"라고 할 때보다 "심었다"라고 할 때 정성이 더 들어가 있는 것처럼 느껴집니다. 대체로 신약에서 주어가 나타나 있지 않을 때에는 하나님이 주어입니다. 하나님이 성령으로 우리 마음에 심어 준 그 말씀을 받아들이라는 것입니다. 신자에게는 이미 하나님이 말씀을 그 심령에 심어 주셨습니다. 그 말씀을 받아들이라는 것입니다. 말씀이 우리 마음의 토양 속에 깊이 뿌리내리도록 하라는 말입니다. 마치 이 새로운 습관들이 우리의 본성처럼 되도록 하라는 것입니다. 말씀을 빨리 듣고, 말은 생각해서 하고, 화는 억제하는 노력을 통해서 그것이 우리의 제2의 습관이 되도록 해야 합니다.

예전 같으면 화낼 일이지만 말씀을 듣고 참으면 말씀대로 순종한 기쁨이 여러분의 마음에 찾아온다는 거 아십니까? 그러면 그것보다 더 큰 파도가 와도 능히 견뎌 낼 수 있습니다. 그런데 별 것 아닌 것 가지고 화내고 신경질 내면 더 조급하고 더 충동적인 사람이 될 수밖에 없습니다.

기억하십시오. 신자라면 이미 말씀을 받아들인 자입니다. 말씀을 받아들인 적이 없는 사람은 순수한 이방인입니다. 신자가 아닙니다. 신자라고 한다면 누구든지 이 말씀을 수용한 사람입니다. 그리고 우리는 말씀을 들을 수 있는 기회를 가지고 있습니다. 내 마음속에 심긴 말씀을 항상 새롭게 들을 수 있는 마음 자세가 필요합니다. 같은 말씀을 전해도 어떤 사람은 은혜를 받기도 하고 어떤 사람은 은혜를 받지 못하기도 합니다. 그래서 마음 자세가 매우 중요합니다.

잘 듣기 위해서 미리 기도하고 준비하면 하나님께서 은혜 베푸시기를 기뻐하십니다. 설교자는 누가 바른 자세로 말씀을 듣는지 모릅니다. 그러나 하나님께서는 알고 계십니다. 그러므로 설교자가 지나가며 그냥 한마디 던지는 말처럼 말씀을 전한다 할지라도 하나님은 준비된 사람의 마음에 말씀을 뿌리내리고 삶을 바꾸어 놓으십니다. 우리 하나님은 준비된 사람의 마음에 역사하시는 분입니다.

우리 마음의 밭에 심긴 말씀이 예수 그리스도의 영광을 반영하고 있다면 확실히 구원을 받은 사람들입니다. 말씀을 듣는 여러분의 성품이 변화하고 있다면 이미 우리 안에 그 구원이 자라고 있다는 것을 보여 줍니다. 주위 사람들이 눈으로 보고 확인하고 있기 때문에 구원받은 삶의 증거가 나타납니다.

그러므로 말씀이 우리를 붙잡아야 합니다. 바꾸어 말하면 우리가 하나님의 말씀에 집착해야 합니다. 듣고 있는 말씀이 듣는 자리에서 끝나 버리면 변화를 일으키지 못합니다. 주일에 들은 말씀이 한 주간 내내 마음에 남아 삶을 변화시키는 작업을 해야 합니다.

사랑하는 성도 여러분, 우리 모두 말씀을 붙잡읍시다. 그리고 말씀이 우리를 사로잡도록 합시다. 말씀에 붙잡혀서 하루하루 살 때 하나님의 의를 이루는 삶을 살 수 있게 됩니다. 먼저 더러운 것을 내어 버리십시오. 그리고 귀에 들리는 그 말씀을 겸손한 마음으로 받아들이십시오. 그때에 그 말씀이 우리를 완전한 구원에 이르도록 도우실 것입니다.

James
야고보서 1장

야고보서 1장 22-25절

²²너희는 말씀을 행하는 자가 되고 듣기만 하여 자신을 속이는 자가 되지 말라 ²³누구든지 말씀을 듣고 행하지 아니하면 그는 거울로 자기의 생긴 얼굴을 보는 사람과 같아서 ²⁴제 자신을 보고 가서 그 모습이 어떠했는지를 곧 잊어버리거니와 ²⁵자유롭게 하는 온전한 율법을 들여다보고 있는 자는 듣고 잊어버리는 자가 아니요 실천하는 자니 이 사람은 그 행하는 일에 복을 받으리라

13.
말씀을 실천하라

그리스도 예수 안에서 사랑하는 성도 여러분! 야고보 선생은 우리의 신앙 성장을 위해서 무엇보다 말씀을 받아들이라고 말하고 있습니다. 그러나 오늘 본문에서는 한 걸음 더 나아가서 그 말씀의 실천 여부를 점검하고 있습니다. 말씀은 마음에 받아들이고 실천해야만 의미가 있습니다.

사랑하는 성도 여러분, 신앙생활을 해 나가는 데 있어서 가장 큰 문제는 우리가 하나님의 말씀이 무엇인지 잘 모르는 데 있지 않습니다. 그렇다고 우리가 하나님의 말씀대로 살고 싶다는 소원이 없다는 데도 있지 않습니다. 우리는 신자로서 어떻게 살아야 하는지를 잘 알고 있습니다.

야고보는 성도들이 어떻게 살아야 하는지 잘 알고 있다는 사실에 근거해서 성도들에게 호소하고 있습니다. 그래서 "내 사랑하는 형제들아 너희가 알거니와 사람마다 듣기는 속히 하고 말하기는 더디 하며 성내기도 더디 하라"고 하면서 우리가 이미 다 알고 있는 사실에 근거해서 권면하고 있습니다.

또한 우리는 말씀을 들을 때 그렇게 살아야 한다고 인정합니다. 우리 마음속에 그렇게 살고 싶은 소원도 있습니다. 그런데 문제는 실제로 그런 삶을 사는 것이 실패하는 데 있습니다. 그러므로 신앙인의 가장 보편적인 문제는 실천 결여에 있습니다. 이 실천 결여의 문제는 보편적인 문제인 동시에 가장 심각한 문제입니다. 왜냐하면 기독교는 실천적인 종교이기 때문입니다. 실제적인 삶의 현장에서 실패하면 종교는 아무 의미가 없기 때문입니다.

특별히 야고보가 우리에게 전한 기독교는 우리 삶을 떠나서 설명될 수 있는 종교가 아닙니다. 그는 한 번도 신학적인 용어를 사용해서 기독교의 진리를 설명하려고 하지 않습니다. 그는 평범한 우리 삶으로 우리 자신의 눈을 돌리게 했습니다. 그래서 우리 삶의 모습을 통해서 우리가 정말 신앙이 있는 사람인지 아닌지를 구별하도록 요청합니다.

추한 모습을 보고 그냥 물러서는 자는 없다

오늘 본문은 이 보편적인 문제를 다루고 있습니다. 야고보 선생은 노련한 선생답게 청중의 문제를 몇 가지로 분석하고 있습니다. 어떤 사람들의 문제는 아예 말씀을 듣는 자리에 정규적으로 나오지 않는 것이라고 분석합니다. 어떤 날은 예배의 자리에 오고, 어떤 날은 예배에 빠집니다. 바쁜 날은 바빠서 못 나오고 한가하면 깜박 잊어버리고 못 나옵니다. 말씀을 정규적으로 듣는 것은 신앙인에게 매우 중요합니다.

게다가 듣기를 속히 하지 않는 사람일수록 말은 많이 합니다. 하나님의 말씀에 귀를 기울이지 아니하는 사람의 입은 자기의 말로 가득합니다. 무슨 핑계가 그렇게 많은지 모릅니다. 그런 사람들에게 야고보 선생은 듣기는 속히 하라고 말합니다. 그래서 하나님의 말씀을 듣는 자리에 시간마다 나와서 들으라고 권면합니다.

그러나 교회를 다니는 사람들의 문제가 꼭 다 같지만은 않습니다. 예배에 자주 빠지거나 듣기를 늦게 하는 청중도 문제지만 그보다 더 심각하고 보편적인 문제는 듣기만 하고 끝나는 데 있습니다. 예배에 자주 빠지는 사람은 누가 봐도 "저 사람은 신앙생활하는 데 문제가 있구나" 하며 걱정을 합니다. 그런데 예배 시간마다 나와서 앉아 있거나 심지어 듣고 있다고 고개를 간간이 끄덕이더라도 그 이상 나아가지 않는다면, 그런 사람이 더 큰 문제라고 야고보 선생은 분석합니다.

사랑하는 성도 여러분, 마치 공예배에 나와 말씀 듣는 것을 신앙생활의 전부로 여기고 살아간다면 그것은 큰 문제입니다. 여기 나와서 지금 듣는 말씀, 선포되는 말씀은 실생활에서 실행되어야 한다는 사실을 여러분 중에 부인할 사람은 아무도 없습니다. 우리가 말씀을 듣고 실천해야 한다는 데 다 동의할 것입니다. 그런데 실제적으로 살아갈 때에 들은 말씀을 과연 진짜로 실천하느냐가 문제입니다. 들은 바의 말씀은 반드시 삶에서 실천해야 한다는 것을 야고보 선생은 본문을 통해서 우리에게 강하게 도전하고 있습니다.

너희는 말씀을 행하는 자가 되고 듣기만 하여 자신을 속이는 자가 되지 말라(1:22).

설교든지, 성경 공부든지, 혹은 혼자서 가지는 조용한 묵상 시간이든지 하나님 말씀을 깨닫는 것은 깨닫는다는 그 자체에 의미가 있는 것은 아닙니다. 깨닫는다는 것은 깨달은 대로 살기 위한 것입니다. 그래서 야고보 선생은 "너희는 말씀을 행하는 자가 되라. 듣기만 해서 자신을 속이는 자가 되지 말라"고 말하고 있습니다. 사랑하는 성도 여러분, 아무리 좋은 말씀이라도 듣기만 하고 끝난다면 무익합니다. 얼마나 무익한 것인지 예를 들어서 설명하고 있습니다. 그것이 23, 24절 말씀입니다.

누구든지 말씀을 듣고 행하지 아니하면 그는 거울로 자기의 생긴 얼굴을 보는 사람과 같아서 제 자신을 보고 가서 그 모습이 어떠했는지를 곧 잊어버리거니와(1:23-24).

말씀을 듣고 행하지 않는 사람은 어떤 사람과 같습니까? 한 번 상상해 봅시다. 여기 큰 거울이 하나 걸려 있습니다. 그 거울 앞에 가서 자신의 모습을 비추어 보았더니 타고난 자기 모습이 비칩니다. 죄인 된 자기의 모습입니다. 그리고 그냥 그 자리를 떠나 버립니다. 그런데 사실상 거울에 비친 모습은 허상입니다. 그것을 보고는 그냥 돌아가 버린 것입니다. 거울 속에 그 허상이 사라짐과 동시에 그 거울에 비쳤던 자기의 모습을 잊어버리는 사람은 마치 교회에 와서 말씀을 들을 때는 "아! 내 삶이 여기가 잘못 되었구나, 여기를 고쳐야겠구나" 하고 생각하지만 더는 실천하지도, 나아가지도 않는 사람과 같습니다. 거울을 쳐다보듯이 자기 자신이 어디가 잘못되었는지를 듣지만 그것 때문에 고민하지는 않습니다. 듣는 순간에만 그것을 고쳐야지 했다가 그것으로 끝나 버리니까 마치 거울을 볼 때 '여기 내 얼굴에 뭐가 묻었구나!' 해 놓고는 잊어버리는 것과 같다는 것입니다.

본래 죄 가운데 태어난 자신의 모습과 하나님이 나를 통해 이루어 가시려는 모습이 큰 차이가 있다는 것을 보면서도 괴로워하지 않습니다. 세속에 물든 추한 모습과 하나님이 은혜로 나를 통해 빚고자 하는 모습이 큰 차이가 있다는 것을 알면서도 괴로워하지 않습니다.

사랑하는 이웃 여러분, 거울은 왜 쳐다봅니까? 하루에 몇 번씩 거울을 볼 터인데 왜 봅니까? 자신의 추한 모습을 확인하기 위해서입니까? 아니면 자신의 생김새에 스스로 만족하기 위해서입니까? 거울을 쳐다볼 때는 혹시 머리 모양이라도 잘못된 것이 있나 해서 잘못된 것을 찾아 손질하려고 보는 것입니다.

왜 오늘 말씀을 듣습니까? 듣는 순간에 자신의 죄악된 모습을 보고 자학하기 위해서 듣습니까? 아니면 그래도 '나는 괜찮다'고 괜찮은 자신의 신앙을 확인하기 위해서 듣습니까? 야고보 선생은 거울을 보고 제 모습을 잊어버리는 자만큼이나 말씀을 듣고 실행하지 않는 자가 어리석다고 말하고 있습니다. 왜냐하면 추한 모습을 보고 그냥 물러서는 자는 없기 때문입니다. 거울을 보고 자기 얼굴에 흙이 묻어 있으면 그냥 두지 않고 씻는 것이 정상입니다. 그런데 거울에 비친 자기 모습을 보고 그냥 두는 자는 어느 정도 됐다고 만족하는 사람입니다. 스스로 그럴 듯하게 생겼다고 자부하는 사람입니다. 말씀을 듣고 망각하는 사람은 자신의 신앙생활에 어느 정도 만족하는 사람입니다.

자신의 추한 모습, 죄악된 모습을 보면 바로 망각할 수 없습니다. 더러움을 물로 씻고, 추한 모습을 바로잡기 위해 행동하는 자여야 합니다. 그래서 거울을 보고 그대로 물러나듯이 말씀을 듣고도 아무런 변화가 없다는 것은 그런대로 어느 정도 됐다고 만족하는 사람입니다. 그것은 자기기만입니다.

율법은 우리의 속사람을 보여 준다

그런데 야고보 선생은 거기서 비유를 끝내지 않습니다. 또 한 사람을 보여 주는데 그 사람은 거울을 쳐다보는 사람이 아닙니다. 25절에 보면 이 사람은 '율법'을 쳐다보는 사람입니다. 이 사람은 율법을 들여다보면서 자신의 진짜 모습을 살피는 사람입니다.

> 자유롭게 하는 온전한 율법을 들여다보고 있는 자는 듣고 잊어버리는 자가 아니요 실천하는 자니 이 사람은 그 행하는 일에 복을 받으리라(1:25).

자유롭게 하는 온전한 율법을 들여다보고 있는 대조적인 한 사람을 우리에게 보여 주고 있습니다. 주일마다 나와서 말씀을 들어도 자신의 신앙에만 만족할 수 있습니다. 물론 들으면서 가끔 죄책도 받습니다. 그 말씀의 완전한 요구 앞에 미치지 못하는 자신의 불완전한 모습에 안타까워도 합니다. 25절은 "온전한 율법"이라고 말합니다. 아주 대조적인 모습인데, 이 사람은 거울로 자신을 비추어 보고 있는 사람이 아니라, 율법 앞에서 자신을 쳐다보고 있는 사람입니다.

거울로 자기 자신을 비춰 보면 절대 자기 속사람을 볼 수 없습니다. 거울은 절대 "나 나쁜 놈이야"라고 말하지 않습니다. 거울은 우리의 겉모습만 보여줄 뿐입니다. 반면에 율법은 우리의 속사람을 보여 줍니다.

하나님 말씀의 완전한 요구 앞에 서게 될 때 우리는 자신의 불완전한 모습을 보고 안타까워하게 됩니다. 완전한 율법을 통해서 자신의 참 모습을 보게 되는 것입니다. 얼굴의 생김새를 비추어 주는 것은 거울의 기능이지만 우리의 속 모습을 비추어 주는 것은 율법의 기능입니다. 율법의 완전한 요구 앞에 비추어 볼 때 우리는 자신이 얼마나 죄인인지를 보게 됩니다. 완전한 율법을 자세히 응시할 때에 거기에 자신의 모습이 떠오르게 됩니다. 이것은 그냥 흘깃 쳐다보고 알 수 있는 것이 아닙니다.

여러분, 우물물을 들여다본 적이 있습니까? 우물물을 들여다보고 거기에 자신의 얼굴이 떠오르기까지는 시간이 걸립니다. 거울을 쳐다보듯이 앞에 서기만 하면 내 형상을 비쳐 주지 않습니다. 한참 가만히 들여다보고 있어야 거기에 떠오르는 자기의 모습을 볼 수 있습니다. 율법은 바로 그런 역할을 합니다. 온전한 율법을 시간 들여 가만히 들여다볼 때에 우리는 자신의 실상을 발견하게 됩니다.

여기 "들여다본다"는 것은 마치 마리아와 베드로가 부활절 새벽에 예수의 빈 무덤 앞에 가서 무덤이 빈 것을 보고 혹시 어디에 예수님의 흔적이 있을까 두리번거리며 들여다보았다고 할 때 사용된 말과 같은 말입니다.

마치 하늘의 천사들이 죄인인 우리에게 이 구원의 복음이 어떻게 해서 들려졌는지, 이 구원의 내용이 무엇인지 알고 싶어서 살펴보기를 원하는 것처럼 그렇게 자세히 살펴볼 때만이 우리의 참모습을 발견할 수 있습니다.

그냥 급히 와서 몇 마디 들음으로써 여러분의 참모습을 발견할 수 있으리라고 생각하지 마십시오. 피곤한 상태에서, 잠이 덜 깬 상태에서도 말씀만 듣는다고 여러분의 참모습을 발견할 수 있는 것은 결코 아닙니다. 그래서 토요일 밤에는 일찍 자는 것이 좋습니다. 그리고 3분이나 5분 만에 끝나는 큐티로 참모습을 발견한다는 것도 부족합니다. 그 말씀이 얼마나 하루를 지배할 수 있을지 생각해 보아야 합니다.

"하늘에 계신 너희 아버지의 온전하심과 같이 너희도 온전하라"(마 5:48), "너희 아버지의 자비하심같이 너희도 자비하라"(눅 6:36)와 같은 말씀을 읽고 나서 '성경에는 이런 말이 원래 있는 거야'라고 대수롭지 않게 넘길 수도 있습니다. 그러나 이 말씀을 곰곰이 묵상해 보면 "하늘 아버지께서 완전하신 것처럼 너희도 완전하라"는 말입니다. 이것이 가능한 말입니까? 이것이 될 수나 있는 일입니까? "구역장처럼 신앙생활 잘해 봐라"라고 하면 해볼 만합니다. "설교하는 담임 목사님만큼 신앙생활 해봐라"라고 해도 해볼 만합니다. 같은 사람이니까 해볼 만하지만 "하늘 아버지가 온전한 것처럼 너희도 온전하라"는 그냥 될 수 있는 일이 아니니까 성도들은 기도합니다. 하나님처럼 사랑하고 섬기기 위해서, 세상에 오신 우리 주님처럼 되기 위해서는 스스로의 노력으로는 안 되기 때문에 도와달라고 부르짖는 것입니다.

날마다 새벽이든 저녁이든 기도의 자리에 나올 수 있습니다. 어쩌면 하루를 시작하고 마감하는 통과 의례일 수도 있습니다. 하지만 이런 모습이라도 기도 자체는 절실하지 않을 수 있습니다. 왜냐하면 지금 기도의 자리까지 나와 있다는 걸로 위안 삼기 때문입니다. 그리고 이 자체로도 나는 신앙 좋은 사람이라고 합리화합니다. 그러나 말씀을 묵상하고 그 말씀이 우리한테 무엇을 요구하는지 깨닫는다면 발버둥치지 않을 수 없습니다. "하나님 도와주세요"라고 부르짖을 수밖에 없습니다.

"항상 기뻐하라"(살전 5:16)는 말씀을 듣고 나서 좋은 결심을 하면 꼭 짜증스러운 상황이 생깁니다. "범사에 감사하라"(살전 5:18)는 말씀을 듣고 나서 모든 일에 그렇게 하기 위해서는 내 노력이 아닌 전능하신 하나님의 도움이 있어야 합니다. 전능하신 하나님의 도움을 내 삶에 끌어다 쓰기 위해 우리는 기도하는 것입니다. 전능하신 하나님을 닮지 않으면 주님처럼 살 수 없기 때문입니다. 그래서 기도하는 것입니다. 새벽에도 부르짖고 저녁에도 기도해야만 합니다.

거울을 보며 자기의 겉모습만 신경 쓰는 사람은 자기의 참모습을 보지 못합니다. 그러나 자기 겉모습에 신경 쓰는 대신 율법이 보여 주는 모습에 신경 쓰는 사람은 자기의 참모습을 발견하게 됩니다. 이런 사람은 온전케 되는 자리에 나아갈 수 있습니다. 율법은 우리를 온전하게 하는 기능을 가지고 있습니다. 율법에는 우리를 향한 하나님의 온전한 뜻이 포함되어 있습니다. 그래서 복된 신자는 거울로 흘깃 제 모습을 보듯이 말씀을 보지 않습니다.

행하는 일에 복이 있는 신자는 자유롭게 하는 온전한 율법을 들여다보는 자입니다. 듣는 말씀의 진수가 무엇인지 생각하는 자입니다. 도대체 이 말씀이 내 실제적인 삶과 어떤 관련을 가지고 있는지 한 번 묵상해 보는 사람입니다. 비록 단번에 알아보기 힘들다고 할지라도 포기하지 않고 파악할 때까지 살펴보는 사람입니다.

복된 신자는 자유를 주는 온전한 율법을 샅샅이 살펴봅니다. 더는 돌비에 새겨져 있는 그런 계명이 아니라 신자의 자원하는 심령에 새겨진 온전한 율법입니다. 이 율법은 이제 "이것을 하라, 저것을 하지 말라" 하는 계율이 아닙니다. 이것은 살아 있는 능력입니다. 마음의 중심에 하나님을 섬기는 능력을 주는 살아 있는 능력입니다. 그것이 율법입니다. 그래서 생명에 이르게 하는 본래적인 역할을 감당합니다.

"오호라 나는 곤고한 사람이로다!"

사랑하는 성도 여러분! 율법은 여러분에게 어떤 역할을 합니까? 여러분을 자유하게 합니까? 아니면 아직도 속박합니까? 그것이 영적인 상태를 말해 줍니다. 율법이 여러분에게 다가올 때에 여러분은 움츠러들고 있습니까? 아니면 밝아 오는 율법으로 인해 여러분의 심령이 기뻐하고 있습니까?

성경은 율법에 대해 우리에게 "구속하는 율법"이라 말하지 않습니다. 성경은 "자유하게 하는 율법"이라고 합니다. 여러분은 이 자유하는 율법을 맛보았습니까? 강제로가 아니라 자원하는 심령으로 하나님의 뜻을 이루는, 참된 자유를 율법은 보장합니다. 마음껏 하나님을 섬길 수 있는 자유, 그것을 하나님의 율법은 우리에게 보장하여 줍니다.

말씀을 알면 알수록, 들으면 들을수록 우리를 정죄 아래로 빠뜨린다면 무엇인가 잘못된 것입니다. 여러분의 삶을 돌이켜 보십시오. 저는 한동안 말씀을 볼수록 저 자신이 정죄당하는 느낌을 받던 때가 있었습니다. 그때 저는 그것을 정상적인 그리스도인의 삶이라고 생각했습니다. 왜냐하면 바울처럼 위대한 사도도 "오호라 나는 곤고한 사람이로다"(롬 7:24)라고 소리쳤기 때문에 내가 괴로워하는 것은 당연하다고 생각했습니다. 내 안에서 하나님의 뜻대로 살고 싶은 마음과 하나님의 뜻을 파괴하고 싶은 마음이 싸워서, 하나님의 뜻대로 살고 싶은 마음이 여지없이 참패를 당해도 그것은 정상적인 그리스도인의 삶이라고 생각했습니다.

그러나 하나님의 말씀을 주야로 묵상하고 그 말씀을 음미하면서 그것은 잘못이라는 것을 깨닫게 되었습니다. 아침에 눈떠서부터 저녁에 잠들 때까지 하나님의 말씀을 계속 묵상하는 가운데 제 마음속에는 이전에는 알지 못했던 기쁨이 찾아왔고 즐거움이 자리했습니다. 옛날에는 말씀을 볼수록 움츠러들었는데 이제는 말씀을 보는 것이 즐거움입니다.

1984년 5월부터 시작해서 일주일씩 제가 새벽기도를 인도하는 주간에는 하루 종일 말씀 묵상을 하면서 이전에 없던 기쁨이 가득해졌습니다. 갑자기 야고보서 1장 25절이 생각났습니다. '자유롭게 하는 율법? 성경에서 율법을 자유롭게 하는 율법이라고 정의했네.' 율법 앞에서 동시에 로마서 7장이 제게 밝아져 왔습니다. 로마서 7장의 결론을 보게 된 것입니다.

"오호라 나는 곤고한 사람이로다"는 고백은 바울의 현재적 고백이 아닙니다. 바울은 지금 논리적인 글을 쓰고 있습니다. 로마서 7장은 전체적으로 율법의 기능입니다. 율법이 어떤 역할을 하는가, 율법의 최대 역할은 바울이 "오호라 나는 곤고한 사람이로다 이 사망의 몸에서 누가 나를 건져 내랴"고 소리친 것처럼 우리의 처절한 죄악된 모습을, 대책 없는 모습을 보게 해 주면서 "누가 나를 구원하랴"라고 고백하도록 합니다. 그러면서 성경은 "그러므로 이제 그리스도 예수 안에 있는 자에게는 결코 정죄함이 없나니"(롬 8:1)라고 말하며 생명의 성령의 법이 죄와 사망의 법에서 우리를 해방시켰음을 알려 주고 있습니다.

이제 하나님의 말씀은 우리를 정죄하는 데로 이끄는 것이 아닙니다. 이 말씀이 우리를 정죄 아래 이끌어서 우리가 그리스도 앞에 나온 이상, 이제는 이 말씀을 통해서 어떻게 하나님을 섬길 것인지 그 길을 찾아주는 것입니다.

누구든지 진실하게 자기 자신을 살펴보십시오. 바르게 살고 싶어 하는 욕망과 그렇게 살지 못하는 자기 자신과의 싸움을 보십시오. 솔직하게 평가하면 항상 패하고 있는 자신을 보게 될 것입니다. 우리의 힘으로는 실패할 수밖에 없습니다. 우리 안에 선을 행하고자 하는 욕구는 있지만 선을 행하는 능력이 없습니다. 그래서 우리가 예수 그리스도 그분 앞에 나아가는 것입니다. 여러분이 스스로 바르게 살 수 있다면 교회에 나올 필요가 있겠습니까?

사람이 살고자 하는 기준에 부합하게 살 수 있다면 왜 고민합니까? 왜 교회에 나와야 합니까? 왜 하나님께 도움의 손을 내밀어야 합니까? 정말로 양심적으로 살려고 하면 할수록 실패하고 있는 자신의 추한 모습 때문에 우리는 하나님 앞으로 나아갑니다. 자기 힘으로써는 어쩔 수 없는 자신을 발견하기 때문입니다. 그래서 "오호라 나는 정말 곤고한 자로다" 하며 외치게 되는 것입니다.

여러분의 구원자 예수님 앞에 나아오십시오. 그러면 여러분은 자유를 누릴 것입니다. 예수 앞에 나오면 삶이 달라집니다. 생명의 면류관을 받아 누리게 되어 있습니다. 이제 우리의 싸움이 아니라 주님이 우리 대신 싸우는 싸움입니다. 주님이 우리에게 승리를 주셨습니다. 이 사실이 깨달아지면 노래가 나옵니다. 그래서 예수 믿는 사람은 찬송을 부릅니다.

내가 착한 삶을 살아서가 아니라 예수께서 우리를 위해 값을 다 지불하셨기 때문에 그것을 깨달아서 찬송하는 것입니다. "예수 예수 믿는 것은 받은 증거 많도다"(새찬송가 542장)라고 노래하는 것입니다. 신자에게서 계명은 무거운 짐이 아닙니다. 선포되는 십계명은 자유를 얽매는 것이 아닙니다. 우리를 더 이상 짓누르는 부담이 아닙니다. 그것이 부담으로 다가오는 분은 이제 해방자 예수를 만나 보십시오.

복된 신자, 말씀에 머무는 자

신자는 그 계명을 사랑하는 사람입니다. 거기에 기꺼이 순종하고 싶어 하는 사람입니다. 그래서 복된 신자는 말씀을 들은 뒤 나가서 신속히 잊어버리는 자가 아닙니다. 말씀에 머무는 자가 복된 신자입니다. 율법과 함께 거하며 매일 말씀 연구와 묵상을 하는 것을 기쁨으로 삼습니다. 큐티를 일주일에 다섯 번만 해야 한다는 규율 속에 사는 것은 쉽지 않습니다. 그러나 그 말씀이 좋아지면 일주일에 일곱 번도 할 수 있습니다.

> 오직 여호와의 율법을 즐거워하여 그의 율법을 주야로 묵상하는도다 (시 1:2).

이 모습이 신자의 정상적인 모습입니다. 구약의 시인들은 하나님의 계명을 사랑했습니다. 시편 말씀을 보십시오.

> 고관들이 거짓으로 나를 핍박하오나 나의 마음은 주의 말씀만 경외하나이다 사람이 많은 탈취물을 얻은 것처럼 나는 주의 말씀을 즐거워하나이다(시 119:161-162).

옛날 사람들은 힘이 세면 인기가 있었습니다. 그러나 요즘에는 힘 가지고 살지 않습니다. 사람이 많은 싸움에서 이기면 그쪽 것을 다 가지고 옵니다. 그것이 탈취물입니다. 그런데 요즘 사람들은 이 말을 잘 이해하지 못할 것입니다. 요즘은 "복권에 당첨된 것처럼 주의 말씀을 즐거워하나이다"라고 해야 조금 알아들을 것 같습니다.

> 나는 거짓을 미워하며 싫어하고 주의 율법을 사랑하나이다 주의 의로운 규례들로 말미암아 내가 하루 일곱 번씩 주를 찬양하나이다(시 119:163-164).

유대인들은 하루 세 번씩 하나님께 나아와서 기도하기를 즐겼습니다. 그러나 이 시편 시인은 "(하나님 말씀 때문에) 내가 하루 일곱 번씩 주를 찬송하나이다"라고 고백하고 있습니다. 성도는 율법을 계속 자세히 응시하는 자입니다. 들은 율법을 능동적으로 실행하는 자입니다. 완전한 자유를 말씀으로 맛본 자이기 때문에 기쁨으로 순종하는 자입니다. 그래서 그런 성도를 향해서 오늘 본문 말씀은 "이 사람은 그 행하는 일에 복을 받으리라"고 하였습니다.

예수께서 한번은 성령의 능력으로 설교한 적이 있습니다. 말 못하는 사람을 고쳐 주셨는데 그것을 보고 바리새인들이 비난하기를 귀신이 들렸다고 했습니다(마 12:22-24 참조). 귀신을 쫓아내는 것을 보고 귀신 들렸다고 하나님의 역사를 인정하기를 거부했습니다. 그때 예수님이 성령이 충만해서 그들에게 선언했습니다.

> 내가 너희에게 이르노니 사람에 대한 모든 죄와 모독은 사하심을 얻되 성령을 모독하는 것은 사하심을 얻지 못하겠고 또 누구든지 말로 인자를 거역하면 사하심을 얻되 누구든지 말로 성령을 거역하면 이 세상과 오는 세상에서도 사하심을 얻지 못하리라(마 12:31-32).

이때 주님의 설교는 아주 능력이 있었습니다. 듣던 사람 중 한 여자가 자신도 모르게 큰 소리로 외쳤습니다. "당신을 밴 태와 당신을 먹인 젖이 복이 있나이다"(눅 11:27)라고 소리쳤습니다. 그러니까 예수님이 그 말을 받아 말씀하시기를 "오히려 하나님의 말씀을 듣고 지키는 자가 복이 있느니라"(눅 11:28)라고 대답했습니다. 우리 삶을 향한 주님의 축복 여부는 우리 관심의 초점에 따라서 결정됩니다. 자신이 어떤 사람인가에만 항상 신경을 쓰고 겉모습에만 관심을 두면 우리는 주님의 축복의 자리에 나아갈 수 없습니다.

사랑하는 이웃 여러분, 말씀을 들을 수 있는 자리에 나와서 앉아 있는 것은 이미 축복의 시작입니다. 들은 말씀에 집착하십시오. 말씀을 들여다보십시오. 들여다보되 새로워져야 할 당신의 모습이 우물에 비친 것처럼 환히 떠오를 때까지 들여다보아야 합니다.

사랑하는 성도 여러분, 말씀을 들여다보십시오. 이 말씀을 들여다볼 때에 고쳐야 할 여러분의 모습이 떠오를 것입니다. 그런 사람은 들은 말씀을 쉽게 망각할 수 없습니다. 거울 앞에서 충격을 받은 사람은 그대로 거울 앞에서 사라질 수 없습니다.

자기의 더러운 모습을 깨끗이 하는 사람을 향해서 성경은 축복을 선언하고 있습니다. "그가 하는 모든 일이 다 형통하리로다"(시 1:3). 아마 여러분이 교회에 나올 때 말로 표현하지 않아도 공통된 소원은 '복'을 받고 싶은 것일 것입니다. 다른 말로 표현하면 형통하고 싶은 소원을 가지고 있습니다. 성경은 여러분 모두에게 복을 선언합니다. 율법을 들여다보는 사람은 복된 사람입니다. 하는 일마다 형통하리라고 복을 선언합니다.

> 이 예언의 말씀을 읽는 자와 듣는 자와 그 가운데에 기록한 것을 지키는 자는 복이 있나니 때가 가까움이라(계 1:3).

지금 이 시간에도 말씀을 통해서 어떤 사람은 더 거룩한 자리에 나아가고, 어떤 사람은 듣고 자기를 속이므로 더 추한 자리에 나아가고 있습니다. 그러나 주님이 오실 것입니다. 주님이 오실 때 말씀을 실행하는 축복된 반열에 서 있는 여러분 자신을 발견하시길 바랍니다.

James
야고보서 1장

야고보서 1장 26-27절

²⁶누구든지 스스로 경건하다 생각하며 자기 혀를 재갈 물리지 아니하고 자기 마음을 속이면 이 사람의 경건은 헛것이라 ²⁷하나님 아버지 앞에서 정결하고 더러움이 없는 경건은 곧 고아와 과부를 그 환난 중에 돌보고 또 자기를 지켜 세속에 물들지 아니하는 그것이니라

14.
거짓 경건과 참경건

그리스도 안에서 사랑하는 성도 여러분! 그리고 신앙생활을 시작하기 위해서 이 자리에 나오신 사랑하는 이웃 여러분, 기독교는 실제적인 종교입니다. 구체적인 삶의 현장을 떠난 기독교는 의미가 없습니다. 일상의 삶이 변하지 않는 신앙생활이란 무의미합니다.

우리는 매 주일 모여서 하나님 말씀을 듣습니다. 그러면 이제 우리 삶이 말씀으로 인해서 변하고 있는지 생각해 보십시오. 듣고 있는 말씀으로 삶이 바뀌지 아니하면 자신을 속이고 있다고 야고보 선생은 말합니다. 그래서 야고보 선생은 듣기만 하지 말라고 권면합니다. 예수님도 자신을 배고 젖을 먹인 여인보다 말씀을 실행하는 자가 더 복이 있다고 선언합니다(눅 11:27-28 참조). 야고보에 의하면 이 축복은 자유하게 하는 온전한 율법을 깊이 들여다보고 있는 자에게 성취됩니다.

그러므로 신자라면 항상 율법을 들여다보고 싶어 해야 합니다. 율법과 함께 지내고 싶어 해야 합니다. 율법을 깊이 들여다보면서 즐거워해야 합니다. 이런 성도를 향해서 성경은 그 행하는 모든 일에 형통하리라고 축복하고 있습니다(시 1:3 참조). 여러분은 그 행하는 모든 일에 형통한 복된 길을 걸어가고 있습니까?

하나님께서는 야고보를 통해서 우리 자신을 점검하도록 하십니다. 오늘 본문 26절은 "누구든지"라고 말하고 있지요? 우리가 목사든, 장로든, 누구든 상관없습니다. 오래 믿은 사람이든 처음 교회 나온 사람이든, 각자가 자기의 신앙 상태를 살피도록 본문은 요구하고 있습니다. 그래서 26절과 27절을 통해 대조적인 두 유형의 종교 생활을 부각시킵니다. 야고보 선생은 두 형태의 신앙생활을 대조시켜 거짓 경건이 어떤 것이고 참경건이 어떤 것인지를 말하고 있습니다.

거짓 경건이 폭로되는 자리

먼저 거짓 경건을 살펴봅시다.

> 누구든지 스스로 경건하다 생각하며 자기 혀를 재갈 물리지 아니하고 자기 마음을 속이면 이 사람의 경건은 헛것이라(1:26).

거짓 경건의 특징은 스스로 경건하다고 생각하는 것입니다. 말하자면 스스로 신앙이 좋다고 평가하는 것입니다. 여기서 '경건하다'는 것은 예배 형식이나 종교적인 의식 준수, 의무 수행에 세세한 주의를 나타내는 것을 말합니다. 그런 항목을 살펴보면 상당히 그럴듯해 보입니다. 매 주일 교회에 출석하는 것이라든지 주일 헌금을 드리는 것, 끼니마다 기도를 드리는 것, 종교적인 의식을 행하는 것을 보면 이러한 자기 평가는 근거가 있습니다. 교회 왔을 때 우리 옷차림을 본다든지 예배를 드릴 때 우리 모습을 보면 경건해 보입니다. 공적 예배에 사용하는 말씨를 보아도 경건해 보일 수 있습니다.

그러나 야고보는 그런 것으로 경건의 실체를 파악하려고 하지 않습니다. 교회 안에서 예배드리는 우리의 언행이나 모습을 가지고 신앙의 참과 거짓을 구별하려고 하지 않습니다. 종교적인 목적을 가지고 드리는 헌금의 액수나 행사에 참여하는 열심을 가지고 신앙이 있는지 없는지를 구별하지 않습니다. 종교적인 영역에서 경건의 실체를 판단하는 대신에 세속적인 영역으로 우리를 이끌어 내고 있습니다. 교회 안에서의 처신이 아니라 거리와 시장에서의 우리 모습을 가지고 판단하려고 합니다. 특별한 종교 의식에서가 아니라 일상적인 삶에서 한 사람이 신앙이 있는지 없는지 살피려 합니다.

거짓 경건이 폭로되는 구체적인 자리가 일상적인 언어생활이라고 말하고 있습니다. 기도를 통해서 경건의 진위를 판정 짓는다는 것은 쉽지 않습니다. 특히 기도드리는 태도나 말씨를 보아서는 거짓 경건의 정체를 가려내기 매우 힘듭니다.

하나님의 지혜는 야고보 선생을 통해서 우리를 예배당 밖으로 이끌어 냅니다. 모든 종교 의식과 계율을 떠나서 몹시 일상적인 삶의 한복판으로 우리를 데리고 나갑니다. 그곳을 한 사람의 신앙 여부를 판정 지을 장소로 선택합니다. 거짓 경건의 정체는 거기서 비로소 드러납니다.

거짓 경건과 참경건을 가늠하는 시금석으로 혀를 재갈 먹이는 것으로 삼습니다. 말하자면 통제 없이 마음대로 말이 튀어나온다면 그 사람의 경건은 거짓 경건이라는 것입니다. 도무지 규제받지 않고 무슨 말이든지 그 입에서 튀어나오는 사람의 경건은 거짓 경건이라는 것입니다.

특별히 여기서 혀를 제어하지 않는다고 했는데 구체적으로 어떤 경우인지를 본문은 말하지 않습니다. 그러나 칼뱅을 비롯해 여러 학자가 공통으로 믿는 바로는 남을 비방하는 경우를 말합니다. 다른 사람의 허물을 들추어내어 비방함으로써 마치 자신은 그런 사람이 아닌 듯 처신하는 경우입니다. 고삐 풀린 짐승이 날뛰듯이 그 혀로 남을 함부로 비방하는 자는 거짓 경건의 표상입니다.

교회 안에서뿐만 아니라 밖에서도, 안방이나 길거리나 부엌에서도, 우리 혀가 제 마음대로 움직이면 그 사람의 경건은 헛것이라고 규정합니다. 그런 자는 스스로를 속이는 삶을 살고 있다고 본문은 폭로합니다. 자기 마음을 속이고 있다는 것입니다.

남의 비방만이 아니라 자기 자랑도 마찬가지입니다. 스스로 자기를 돌아보십시오. 친구들과 대화할 때 녹음을 한번 해보십시오. 그리고 들어보십시오. 일상 대화를 녹음해 놓고 들어 보십시오. 그러면 여러분 자신이 듣는 것보다 말하는 것에 얼마나 빠른지 알 수 있습니다.

네 사람이 함께 앉아 식당에서 밥을 먹으면 아무리 맛있는 것이 있어도 한 사람이 먹을 수 있는 양은 4분의 1입니다. 마찬가지로 여섯 사람이 만나서 30분의 대화를 하면 한 사람이 말하는 데 사용하는 시간은 5분이면 충분합니다. 먹는 음식도, 우리에게 주어진 시간도 우리가 다 차지하려고 들어서는 안 됩니다.

자신이 듣는 것보다 말하는 것에 빠르다는 것은 자기 자신을 속이는 신앙생활을 하는 증거입니다. 더는 자기를 속이는 신앙생활을 하지 맙시다. 그런 신앙생활은 헛것이라고 합니다. 신앙생활의 목표가 무엇입니까? 왜 예배를 드리고 신앙생활을 합니까? 왜 종교적인 규칙을 지키고 준수합니까? 왜 특별 기도회를 합니까? 왜 이웃 초청 잔치를 합니까? 궁극적으로는 하나님을 기쁘시게 하기 위해서입니다. 그것이 종교의 궁극적인 목적입니다.

우리가 정한 시간에 모여서 예배하고 찬송하고 기도하고, 말씀을 듣고, 나아가서 기독교인의 삶을 사는 궁극적인 목적은 하나님을 기쁘시게 하는 데 있습니다. 자기는 신앙이 좋다고 생각하면서 자신의 혀를 재갈 먹이지 않는다면 하나님을 기쁘시게 하는 데는 애처롭게도 실패하고 있는 것입니다. 이 사야를 통한 하나님의 탄식을 들어보십시오.

> 주께서 이르시되 이 백성이 입으로는 나를 가까이 하며 입술로는 나를 공경하나 그들의 마음은 내게서 멀리 떠났나니 그들이 나를 경외함은 사람의 계명으로 가르침을 받았을 뿐이라(사 29:13).

예배를 드릴 때 우리의 찬양, 우리의 기도는 진실해야 합니다. 그러나 경건한 행동은 일상적인 삶에서 계속 되어야 합니다. 말하자면 여러분이 부모로서 아이들에게 말할 때도 같은 경건을 유지해야 합니다. 배우자에게 이야기할 때도 마찬가지입니다. 상사로서 부하 직원에게, 어른으로서 아이에게, 가진 자로서 갖지 못한 자에게 말할 때도 적용되어야 합니다. 항상 그 경건을 유지할 수 있어야 합니다.

참된 경건이 결정되는 곳

이어서 야고보는 우리에게 참된 경건의 모습을 소개합니다.

> 하나님 아버지 앞에서 정결하고 더러움이 없는 경건은 곧 고아와 과부를 그 환난 중에 돌보고 또 자기를 지켜 세속에 물들지 아니하는 그것이니라(1:27).

참된 경건이 결정되는 곳은 어디입니까? 스스로의 마음도 아니고 다른 사람이 보는 곳도 아닙니다. 궁극적으로 경건이 판정되는 곳은 하나님 아버지 앞입니다. 겉으로 경건한 표정을 짓고 앉아 있는 것이 문제가 아니라 하나님 아버지께서 어떻게 보시느냐가 문제입니다. 경건한 표정은 내용 없이 지으면 지을수록 하나님 보시기에 가증한 것입니다. 가사가 순수하면 할수록 거기에 여러분의 진심이 포함되어 있지 않다면 그만큼 더 가증한 찬송은 없습니다.

다른 사람이 우리를 어떻게 보느냐보다 하나님이 인정하시는 삶을 성도는 살아야 합니다. 이런 삶은 오직 하나님을 아버지라고 부르는 사람만이 살 수 있습니다. 하늘에 계신, 그 온전하신 분이 나의 아버지일 때 가능합니다. 말에나 일에나 하나님 앞에서 처신하고 있습니까?

하나님 보시기에 청결하고 더러움이 없는 경건이 무엇인지 곰곰이 생각해 본 적이 있습니까? 거짓 신앙일수록 예배 의식에 신경을 씁니다. 어떤 예배 장소에 가 보면 예배 분위기에 지나친 신경을 씁니다. 참 설교의 생명력이 결여될수록 예배 의식으로 한몫 보려고 합니다. 강대상 장식에서 엄숙하고 경건한 분위기를 연출해 보려고 합니다. 그것도 모자라면 제단도 만들고 큰 성경도 펴놓고 촛불도 밝힙니다. 뒤에 십자가도 크게 세우고 은은한 조명도 밝힙니다. 온갖 종교의 외양적인 분위기를 풍기며 그것을 보고 오는 사람을 잡으려고 합니다.

2,000년 기독교 역사를 살펴보면 하나님 말씀이 제대로 선포되고 사람들 사이에서 삶의 변화가 일어났을 때는 예배드리는 장소는 별로 중요하지 않았습니다. 사실 신교는 구교에 비해서 그렇게 내놓을 만한 건물이 없습니다. 그것을 강조하지 않기 때문에 우리 선배들은 공동묘지에서도, 지하 동굴에서도, 창고에서도, 건초더미에서도 기도하고 하나님을 예배했기 때문입니다.

예배당 분위기와 예배 순서에서 장중한 연출을 하지만 분위기가 그럴듯할수록 내용이 뒤따르지 않는 경우도 많습니다. 수천, 수억 원을 들여서 파이프 오르간이나 전자 오르간을 준비하고, 그럴듯한 목사 가운과 성가대 가운을 준비하더라도 예배자의 심정이 결여되면 하나님 보시기에 가증스러운 예배가 될 수 있다고 본문이 가르치고 있습니다.

예배를 드릴 때는 신앙이 있어 보입니다. 기도나 찬양을 들어 보면 감동적입니다. 그런데도 거기에 진정한 소원이 결여되어 있으면 아무 소용이 없습니다. 문구가 아름다울수록, 음성이 간절할수록 하나님 앞에 더 가증한 일입니다. 하나님은 우리가 '간절히' 기도한다고 말하기 전에 간절한지 아닌지를 이미 알고 계신 분입니다.

마음으로 찬송을 부릅시다. 진정으로 기도합시다. 여러분의 진정한 소원이 없는 찬양만큼 하나님께 저지르는 큰 모독은 없습니다. 중심이 담기지 않은 기도만큼 가증스러운 것도 없습니다. 이스라엘 역사를 살펴보면 타오르는 연기가 적어서 문제가 아니었습니다. 제사는 거의 항상 드려지고 있었습니다. 문제는 분향과 아울러 아우성치는 백성의 원한 소리가 하늘로 올라가고 있다는 것이었습니다. 분향은 아침저녁으로 드려지고 있었습니다. 성전 안에서 드려지는 형식적인 기도와 아울러서 성전 밖에서 못살겠다고 아우성치는 사람들의 소리가 하늘로 상달되고 있는 것이 문제였습니다. 예배 드리는 것과 가증한 삶은 함께할 수 없습니다.

우리의 신앙은 스스로의 판단이 아니라 하나님의 인정을 필요로 합니다. 그런데 하나님은 그 판단을 구체적인 삶의 현장에서 하고 싶어 하십니다. 마치 "네가 나를 섬기고 싶은 진정한 욕구가 있으면 이 예배당에서가 아니라 바깥 세상에 나가서 보여 달라"는 것입니다. "네 동료를 실제로 섬기는 데서, 나의 형상을 따라 지음 받은 인간을 섬기는 데서 네 신앙을 보여 다오!"라고 하나님은 말씀하십니다.

도울 자 없는 자를 도우시는 하나님

성경은 구체적으로 고아와 과부를 돌아보는 것에 대해서 말합니다. 대표적인 예로써 이들을 돌보도록 말합니다. 고아와 과부를 돌아보라고 해서 크리스마스 때 고아원, 양로원에 찾아가 보라는 이야기가 아닙니다. 보고하기 위한 연례행사가 아닙니다.

세상에는 여러 계층의 사람이 있지만 하나님이 보시기에는 고아가 가장 불쌍하다고 여기셨습니다. 변호해 주거나 돌봐 줄 사람이 아무도 없는 그들을 하나님은 불쌍히 여기십니다. 참경건은 관심의 대상이 목사나 장로, 그럴 듯한 믿음의 형제를 대접하는 것에서 나타나지 않습니다. 참경건이 확실히 나타나는 대상은 고아와 과부입니다.

참경건이 나타나는 때는 어려움에 봉착한 그들을 돌아볼 때입니다. 하나님 아버지께서 인정하실 만한 정결하고 더러움이 없는 경건은 곧 고아와 과부를 그 환란 중에 돌아보는 것이라고 성경은 말합니다. 경건이 그 모습을 드러내는 때는 어려움을 당하여 의지할 데 없는 자들을 돌볼 때입니다.

시편 68편 5절에서는 "거룩한 처소에 계시는 하나님은 고아의 아버지시며 과부의 재판장이시라"고 말씀합니다. 일찍부터 하나님은 자신을 자비하신 자로 계시하셨습니다. 그래서 출애굽기 22장에 보면 "너는 고아나 과부를 해롭게 하지 말라"고 말합니다. 하나님이 이런 심각한 말씀으로 우리에게 경고하십니다.

> 네가 만일 너와 함께한 내 백성 중에서 가난한 자에게 돈을 꾸어 주면 너는 그에게 채권자같이 하지 말며 이자를 받지 말 것이며 네가 만일 이웃의 옷을 전당 잡거든 해가 지기 전에 그에게 돌려보내라 그것이 유일한 옷이라 그것이 그의 알몸을 가릴 옷인즉 그가 무엇을 입고 자겠느냐 그가 내게 부르짖으면 내가 들으리니 나는 자비로운 자임이니라(출 22:25-27).

그때 당시 유대인들은 겉옷이 외출복이자 밤에는 이불이었습니다. 가난한 사람이 가진 것 중에 가장 값나가는 것을 전당 잡힐 때 다른 것은 잡힐 것이 없어서 겉옷을 잡히곤 했습니다. 그래서 하나님이 밤이 되기 전에 돌려주라는 것입니다. 거기는 사막 지대가 아닙니까? 밤낮의 기온 차가 심합니다. 밤에 추워서 떨도록 해서는 안 된다는 것입니다.

인간 세상에 도울 자 없는 자를 도우시는 하나님 아버지를 우리가 닮아야 합니다. 그 당시 사회적 약자는 고아와 과부였습니다. 그러나 오늘 우리 시대는 다릅니다. 여전히 고아는 사회적 약자입니다만 이 시대에는 또 다른 취약 계층이 있습니다. 특히 북쪽에서 목숨을 걸고 남쪽으로 내려온 북한 이탈주민들이 그렇습니다. 그런가 하면 일자리를 찾아서 이 땅으로 들어온 이주 노동자들이나 새로운 삶을 꿈꾸며 이 땅에 온 결혼 이민자들이 있습니다. 그런가 하면 이들에게서 태어난 다문화 가정의 자녀들은 당시의 부모 없는 고아만큼 오늘날 사회적 약자입니다.

악한 세상에서 자신을 지키라

사랑하는 성도 여러분, 사랑과 섬김을 통해 아버지 하나님의 자비하심을 우리 삶에 나타내야 합니다. 사람들이 우리 삶을 보고 우리가 믿는 하나님이 자비하신 분이라는 것을 알 수 있어야 합니다. 가진 것이 없고 돌봐줄 자가 없는 자를 불쌍히 여기시는 하늘 아버지의 성품을 우리 삶에 나타냅시다. 이웃을 돌아보는 실제적인 행위와 함께 참경건은 거룩함을 삶에 나타내는 것입니다. 경건의 한 영역이 대인 관계에서 나타나는 영역이라면 다른 영역은 스스로 자신의 마음을 어떻게 지키느냐에서 나타나는 영역입니다.

신앙은 이웃 사랑의 의무만 있는 것이 아니라 악한 세상에서 자신을 지킬 의무도 있습니다. 이 두 영역은 항상 균형을 이루어야 합니다. 만약 동료의 인생을 향한 실제적이고 동정적인 봉사가 수반되지 않고 세상 풍조에 자신의 마음을 더럽히지 않으려는 결심이 없다면 어떤 예배도 하나님 보시기에 가증합니다.

어떤 사람들은 가난한 사람밖에 이야기하지 않습니다. 어떤 정당은 늘 노동자와 농민을 앞세웁니다. 그러나 실상인즉 그 지도자는 자기의 이익을 추구합니다. 세상에는 가난한 민중을 앞세워서 자신의 배를 불리며 살아가는 자들도 있습니다. 성경은 그렇지 않습니다.

우리의 신앙은 이웃을 향한 행동에서 보이는 동시에 우리의 심령을 이 세상 풍조에서 지켜야 합니다. '세속에 물들지 않는다'는 의미가 무엇입니까? 이것은 세상의 사조에 따라 살지 않는다는 것입니다. 세상의 풍조에 지배당하지 않는다는 것입니다. 텔레비전과 라디오를 통해서, 잡지와 신문을 통해서, 거리에서 세상이 우리에게 전해주는 온갖 메시지가 있습니다. 그 메시지들은 이 세상이 전부라고 말합니다. 여기서 실패하면 다 실패한다고 이야기합니다. 어쨌든 출세하라고 이야기합니다. 남을 짓밟더라도 잘 살라는 이야기입니다. 그것이 세상의 사조입니다.

사랑하는 성도 여러분, 세속에서 자신을 지킨다는 것은 세상 사람들의 정신, 사조, 풍조에서 우리를 격리시킨다는 것입니다. 육신의 정욕, 안목의 정욕, 이생의 자랑(요일 2:16 참조)에서 우리를 지키는 것입니다. 바울은 로마서에서 이것을 적극적으로 표현합니다.

> 그러므로 형제들아 내가 하나님의 모든 자비하심으로 너희를 권하노니 너희 몸을 하나님이 기뻐하시는 거룩한 산 제물로 드리라 이는 너희가 드릴 영적 예배니라(롬 12:1).

불의한 세상에서 우리를 지킨다는 것은 소극적 방어만이 아니라 적극적으로 하나님이 기뻐하시는 거룩한 산제사로 우리 삶을 바치는 것입니다. 우리의 남은 삶은 이웃을 섬기기 위한 삶입니다. 하나님을 기쁘시게 하기 위한 삶으로 살아야 합니다. 제물로 드려지는 어린양처럼 흠 없는 소원으로 가득해질 때 우리가 세상에 물들지 않습니다.

만약 우리 삶의 특징이 솟아나고 있는 샘물 같다면 홍수가 아무리 그 위에 덮쳐도 물들지 않습니다. 이 샘물 주위에는 항상 깨끗한 물이 넘쳐납니다. 우리 안에 하나님을 위해 살고자 하는 거룩한 욕망이 샘솟게 되면 세상의 사조가 우리를 지배하지 못합니다. 그러나 우리가 영적으로 침체되면 세상의 물이 넘쳐 들어오게 됩니다.

인생에는 두 가지 길밖에 없습니다. 신앙도 두 가지 유형밖에 없습니다. 거짓 경건이냐 참경건이냐, 거짓된 신앙이냐 진실한 신앙이냐입니다. 거짓 경건의 모습에서 멀어지고 참경건의 모습이 여러분의 매일의 삶에서 구체화되기를 바랍니다. 그러기 위해서는 마음의 소원만으로 부족합니다.

그 참된 경건을 이루는 삶을 살기 위해서 기도해야 합니다. 매일 여러분을 기다리는 하늘 아버지 앞으로 나아오십시오. 오셔서 부르짖기 바랍니다. 여러분의 마음에 소원하는 삶을 살아갈 능력을 간구하십시오. 하늘 아버지를 기쁘시게 하는 삶은 하늘 능력을 사모하는 자에게 성취됩니다. 간절히 부르짖는 삶이 되기를 소원합니다.

James
야고보서 2장

야고보서 2장 1-4절

¹내 형제들아 영광의 주 곧 우리 주 예수 그리스도에 대한 믿음을 너희가 가졌으니 사람을 차별하여 대하지 말라 ²만일 너희 회당에 금가락지를 끼고 아름다운 옷을 입은 사람이 들어오고 또 남루한 옷을 입은 가난한 사람이 들어올 때에 ³너희가 아름다운 옷을 입은 자를 눈여겨보고 말하되 여기 좋은 자리에 앉으소서 하고 또 가난한 자에게 말하되 너는 거기 서 있든지 내 발등상 아래에 앉으라 하면 ⁴너희끼리 서로 차별하며 악한 생각으로 판단하는 자가 되는 것이 아니냐

15.
영광의 주 예수 그리스도

신앙생활을 시작하기 위해서 이 자리에 나오신 사랑하는 이웃 여러분, 그리스도 안에서 사랑하는 성도 여러분! 오늘의 본문 말씀을 통해서 영광의 주 예수 그리스도를 모신 진실한 신앙생활이 무엇인지 살펴봅시다. 오늘 본문은 1장 마지막 말씀과 밀접한 관련이 있습니다. 야고보 선생은 1장 마지막 부분에서 참경건과 거짓 경건을 구별합니다.

이 세상은 신앙이 있다고 하면서도 전혀 자신을 돌아볼 줄 모르고 자신의 혀를 통제하지 않고 자기 마음을 속이는 그런 거짓 경건의 신자들로 득실거리고 있습니다. 야고보 선생은 이런 세상에서 참으로 가난한 삶들을 살피고 돌보며 동시에 세속의 풍속으로부터 자기를 지켜 나가는 참경건의 신자들이 몹시 드물다는 생각이 들자 자기도 모르게 어조를 높입니다. 그래서 오늘 본문에서 "내 형제들아"라고 부릅니다.

이렇게 부를 때는 좀 더 진지한 이야기를 하려는 것입니다. 1장 마지막 부분에서 고아와 과부의 이야기를 하다 보니까, 고아와 과부만 그렇게 따돌림을 당하는 것이 아니라 교회 안에서도 경제적인 처지에 따라 차별받는 사람이 많이 있는 것을 본 것입니다.

그러나 야고보 선생이 우리와 다른 점은 '아, 그거 뭐 교회도 사람들이 모인 곳인데 그럴 수도 있지!'라고 넘긴 것이 아니라 이 문제를 아주 심각하게 생각하고 다루는 데 있습니다.

사람을 차별하는 곳

오늘 본문 2절 이하에 나오는 장면은 제가 꼭 말로 재현할 필요가 없습니다. 우리 주변에서도 자주 일어나는 상황이기 때문입니다. 사람의 겉모습에 따라서 우리 표정을 신속히 바꾸는 문제입니다. 사람 얼굴과 옷차림을 봐 가면서 어떻게 대할 것인지 결정하는 문제입니다.

그러나 문제의 심각성은 그것이 예배의 자리에서 일어나고 있다는 것입니다. 하나님 앞에 예배하는 현장에서 사람을 차별하고 있다는 것입니다. 모든 사람을 차별 없이 만나 주시는 예배의 현장에서도 가난하고 배우지 못한 사람들이 따돌림을 당한다면 다른 데서는 말할 것도 없습니다. 살아 계신 하나님이 불꽃같은 눈으로 감찰하시는 예배 자리에서도 들어오는 사람들을 옷차림에 따라 달리 대우한다면 이건 아주 심각한 문제라는 것입니다. 야고보는 우리 주 예수 그리스도를 믿고 고백했다면 사람을 차별해서는 안 된다는 것입니다. 그런 행위는 주 예수님을 아느냐 모르느냐 하는 것과 직결되기 때문입니다.

물론 세상 사람들이 모이면 그런 일이 다반사입니다. 그러나 신앙 공동체에서는 도무지 용납할 수 없는 행위라고 규정짓는 것입니다. 야고보가 아는 하나님은 그런 행위를 결코 용납할 수 없는 분이라는 것입니다. 어떻게 하나님의 눈앞에서 이런 인간 차별이 공공연히 행해질 수 있느냐는 것입니다. 그래서 문제의 심각성을 환기시키려고 "우리 주 예수 그리스도"라는 공식 칭호를 사용합니다. 어떤 때는 "우리 주님"이라고 말하고, "예수님"이라고도 하며, "그리스도"라고 할 때도 있지만 이렇게 공식 칭호 전체를 사용하는 것은 문제의 심각성 때문입니다.

그리고 또 "영광의 주"라는 말을 쓰고 있습니다. 왜 여기에서 영광의 주라는 말이 쓰여 있습니까? 왜 하필 영광이라고 하는 말이 가장 강조적인 위치에 와 있을까요? 도대체 사람 차별하는 일과 주님의 영광이 어떤 관계가 있습니까? 단지 문자에 매이지 아니하고 전체적으로 보면 왜 영광의 주라는 말을 썼는지 이해할 수 있습니다.

여러분, 영광이라는 말의 뜻이 무엇입니까? 영광이라는 말은 글자 뜻대로 영화로운 광채라는 의미입니다. 본문에서는 그 의미로 사용하고 있습니다. 즉 "너희가 주님의 그 영화로운 빛을 보았다면 사람을 차별해서는 안 된다"라고 말하는 것과 같습니다.

주님의 영광을 뵌 자는 사람의 외모를 보고 차별하지 않습니다. 옷을 깔끔하게 입었다든지 차림새가 깨끗해 보인다든지 하는 것으로 차별해서는 안 된다는 것입니다. 주님의 영광을 본 사람은 세상의 빛나는 것에 현혹당할 수 없다는 말입니다.

그 당시에 돈 많은 사람들이 돈 있는 티를 내는 방법이 값비싼 옷을 입는 것이나 손에 금가락지를 끼는 것이었습니다. 금가락지를 끼고 들어오면 번쩍거렸을 것입니다. 사람들의 눈에 띄었을 것입니다. 손에 낀 금가락지만 빛나는 것이 아니었습니다. 입은 옷도 화려했습니다.

본문에는 "아름다운 옷"으로 번역되었는데 똑같은 헬라어 '에스데타 람프란'($\varepsilon\sigma\theta\eta\tau\alpha\ \lambda\alpha\mu\pi\rho\alpha\nu$)이 누가복음 23장 11절에는 '빛난 옷'이라고 번역되었습니다. 군병들이 조롱하고 난 뒤에 예수에게 '빛난 옷'을 입혀 빌라도에게 다시 돌려보냈다고 합니다. 그런데 야고보서는 '아름다운 옷'이라고 바꾸었습니다. 오히려 빛난 옷이라고 해석했더라면 의미를 더 살릴 뻔했습니다.

왕이나 부자가 입는 옷은 옷감에 은을 넣어서, 입고 햇빛에 나가면 번쩍거립니다. 손에도 금가락지가 번쩍거리고 입은 옷도 번쩍거리는데 그것을 보고 예배드리다가 말고 나가서 "여기 이 자리에 앉으시죠!"라고 한다고 지적합니다.

야고보 선생은 오늘 본문에서 세상의 빛나는 것과 주님의 영광을 대조시킵니다. "너희가 지금 주의 영광을 보았느냐 그렇다면 너희가 세상에서 번쩍거리는 것 때문에 사람을 차별하는 것은 있을 수 없다"는 책망입니다. 어떤 사람은 번쩍거리는 차림을 했으니까 자리를 내주고, 대조적으로 어떤 사람은 더러운 옷을 입었으니까 어느 자리에 앉든지 무관심합니다.

진정한 광채를 본 자들이라면……

사랑하는 성도 여러분, 이 편지는 세상에 쓰인 편지가 아니고 교회에 쓰인 편지입니다. 그때도 신앙의 공동체에 이런 문제가 있었던 모양입니다. 어쩌면 교회는 이런 문제가 항상 있을 수 있습니다. 하지만 교회는 그리스도의 영광을 본 사람들의 모임입니다. 성도는 누구나 그의 영광을 인식한 사람들입니다. 그의 영광스런 빛에 압도당한 사람들이 성도입니다. 한번 그 영화로운 빛에 압도당하고 나면 세상의 번쩍거림에 더는 현혹되지 않습니다. 그것 때문에 사람을 차별할 수 없게 됩니다.

세상에는 번쩍거리는 것이 많습니다. 손가락에 낀 반지뿐이겠습니까? 화려한 옷뿐이겠습니까? 가문이나 학벌도 때로는 번쩍거립니다. 세상에는 지위나 권력과 부를 통해서 번쩍거리는 것들이 있습니다. 그러나 번쩍거림 때문에 우리의 눈이 현혹되어서는 안 됩니다. 왜냐하면 우리는 진정한 광채를 보았기 때문입니다. 진정한 광채인 하나님의 영광스러운 빛을 보고 나면 세상의 금가락지에서 빛나는 것이 시시해 보입니다. 은을 직조해서 짠 옷들의 반짝거림은 잠깐 동안의 것이요, 하찮은 것임을 알게 됩니다.

신자가 사람을 차별한다면 주의 영광스런 빛을 목도한 적이 있는지 여부를 물어야 하는 심각한 문제입니다. 야고보는 이전에 예수가 누구인지를 알지 못하고 살았던 사람입니다. 야고보는 예수님과 한집에서 형, 동생으로 살았지만 예수님이 십자가에 달려 돌아가시기까지 그가 영광의 주님이라는 것을 알지 못했습니다. 그러나 부활하신 주님께서 사랑하는 동생 야고보에게 나타나시어 자기의 참모습을 보여 주신 다음, 야고보의 인생은 바뀌었던 것입니다. 그의 삶은 주님의 영화로운 빛 속에서 충격을 받은 것입니다.

그 빛을 보고 난 다음에 하늘의 빛, 하늘의 영광 외에는 마음을 쓰지 않게 되었습니다. 그래서 이제 성도들을 향해서 도전합니다. "너희가 주 예수 그리스도의 영광을 보았으면 사람을 차별하지 말라"는 것입니다.

야고보는 형 예수를 이제 주 예수로 만났습니다. 주님의 영광을 본 사람은 이제 세상의 번쩍거림에 현혹되지 않습니다. 세상의 번쩍거림이 이제는 우리를 유혹할 수 없습니다. 세상 명예와 자랑이 더는 우리를 현혹시킬 수 없습니다. 그래서 "주 예수 보다 더 귀한 것은 없네"(새찬송가 94장)라고 찬양하는 것입니다.

주 안에서 사랑하는 성도 여러분, 사람을 차별하는 것은 무서운 죄악입니다. 그 자체가 죄악일 뿐 아니라 그것은 또한 여러분의 신앙 자체를 다시 물어야 할 심각한 문제입니다. 왜냐하면 여러분이 신앙인이라고 하면 인간을 차별할 수가 없기 때문입니다.

사랑하는 성도 여러분, 여러분은 영광의 주 예수 그리스도를 만난 사람들입니다. 예수 그리스도의 영광을 흠모하십시오. 그분의 빛나던 그 영광을 사모하십시오. 그 밤에 목자들에게 비추던 그 영광의 빛, 환한 대낮에 사울에게 내리 비추었던 그 빛을 본 사람은 가치관이 달라집니다. 더는 세상의 번쩍거림에 요동되지 않는 신앙의 결단을 한 사람들입니다. 그들은 부귀와 명예도 그리스도와 바꿀 수 없다고 고백하는 사람들입니다. 목자들이 구주 탄생의 밤에 환한 영광을 보았듯이 우리 모두 예수 그리스도의 얼굴에 있는 하나님의 영광의 빛을 보았습니다.

성경은 하나님의 영광을 아는 빛이 우리의 마음속에 비추었다고 말합니다. 그래서 우리의 마음을 가리던 어둠이 물러갔습니다. 이제 우리는 예수가 누구인지 알게 되었습니다. 세상 사람들은 그를 십자가에 못 박고 그를 인정하지 않지만 우리는 그를 영광의 주라고 부릅니다. 사도 바울도 고린도전서 2장에서 "영광의 주"라고 예수님을 부르고 있습니다. 사도들은 모두 예수의 영광에 압도당했던 사람들입니다.

> 우리가 다 수건을 벗은 얼굴로 거울을 보는 것같이 주의 영광을 보매 그와 같은 형상으로 변화하여 영광에서 영광에 이르니 곧 주의 영으로 말미암음이니라(고후 3:18).

이전에 말씀이 무엇인지 잘 깨달아지지 않을 때에는 수건을 쓰고 거울을 들여다보는 것 같았습니다. 이제 우리는 수건을 벗은 얼굴로 거울을 환히 들여다보고 거기서 자기 모습을 보듯이 주의 영광을 응시해야 할 자들입니다. 주님의 영광을 그렇게 응시하면 여러분의 모습이 영광에서 영광으로 변하게 됩니다.

베드로 사도는 믿음의 사람들이 해야 할 단장들에 대해서 언급합니다. 금을 차고, 머리를 꾸미는 것이 아니라 속사람을 단장하라고 합니다(벧전 3:3-4 참조). 속사람을 단장할 줄 아는 사람은 복이 있습니다. 그런 사람을 배우자로 맞이하는 자 또한 복이 있습니다.

주의 영광을 응시하십시오. 주의 영광을 응시하게 될 때 여러분은 그 영광으로 영광에 이릅니다. 주님의 성령을 통해서 변화할 것입니다. 그런 사람들은 결코 세상의 번쩍거림에 현혹될 수 없습니다.

부자와 가난한 사람을 모두 창조하신 하나님

많이 가졌다는 것 때문에 우대하는 곳이 교회가 아닙니다. 지위가 높다는 것 때문에 우대하는 곳이 교회가 아닙니다. 권력을 가졌다고 더 나은 대접을 하는 곳이 교회가 아닙니다.

동시에 갖지 못한 것 때문에 무시당해서도 안 될 곳이 교회입니다. 차별 없이 인생을 대하시는 그분을 믿는 믿음과 인간 차별의 행동은 동시에 용납될 수 없는 것입니다. 교회는 하나님의 형상대로 지음 받은 사실 하나로 누구나 대접받는 곳이어야 합니다.

잘난 사람에게 관심을 쏟고 그들에게 존경과 흠모의 눈빛을 보내면서, 별 볼일 없는 사람들이 오면 한 달이 되어도 그 사람 집이 어디 있는지 아무도 모른다면 우리는 사람을 차별하는 것입니다. 만약 멋진 승용차를 타고 교회 오는 가정에는 온 성도들이 찾아 가면서 가난한 처지에 있는 사람, 정작 위로가 필요한 사람에게는 찾아가는 사람이 없다면 그런 교회는 사람을 차별하고 있는 것입니다.

장례식도 마찬가지입니다. 유력한 사람이면 그 친척이 돌아가셨더라도 온 교회가 떠들썩합니다. 우리 교회 교인이 돌아가셨더라도 가난하고 보잘것 없으면 찾는 발길이 뜸합니다. 그것은 하나님 앞에서 사람을 외모로 취하는 죄악입니다.

사람에게는 누구나 이런 경향이 있습니다. 누구나 깨어 있지 않으면 그렇게 되기 쉽습니다. 사실 그래서 끼리끼리 어울리는 것은 노력할 필요가 전혀 없습니다. 별 생각 없이 그냥 지내다 보면 스스로 끼리끼리 모여지는 것이 인간의 속성입니다. 경제적, 사회적 신분이 같은 사람들끼리 모이게 마련입니다. 그러므로 정말 보살핌이 필요한 사람을 돌아보는 삶은 의식적인 신앙의 결단이 있어야 합니다. 지난 한 주간 누구와 더불어 시간을 보내는지 생각해 보아야 합니다. 자연적으로 쉽게 되는 것은 아닙니다.

여러분이 처음 교회 왔을 때를 생각해 보십시오. 그때 외로웠던 적은 없습니까? 아는 사람이 없어 상대적으로 소외된다는 생각을 갖지 않았습니까? 아는 사람도 없고 나에게 아무도 먼저 다가오지 않아서 힘들었던 시기는 없습니까? 부디 올챙이 시절을 잊어버리지 말기 바랍니다.

사람의 겉모습을 보고 대하는 일이 우선시되지 않을 때, 우리 예배를 하나님이 기뻐하십니다. 만약 우리 안에 사람을 그런 것들로 판단하는 모순이 있다면 잘못입니다. 그렇다면 우리가 모여서 오직 하나님께 영광을 돌리는 것이 아니라 하나님과 세상을 동시에 사랑하는 것입니다. 하나님과 맘몬을 동시에 섬기는 것입니다.

"너희끼리 서로 차별하며"라는 말은 우리 안에 마음이 서로 나뉘어져 있다는 말입니다. 하나님도 중요하고 돈 많은 사람도 중요하게 여기며 마음이 나뉘어져 있는 것입니다. 잘못된 동기를 가지고 부자와 가난한 자를 판단합니다. 잘못된 기준으로 하는 판단은 하나님의 눈앞에서 행해지는 범죄입니다.

저는 예배의 자리에 나오신 여러분이 대부분 신앙인이라고 믿습니다. 그러하기에 여러분은 모든 사람을 인격적으로 대하십시오. 어떤 사람에게 과잉 친절을 행하는 것도 조심하십시오. 누군가에게 과잉 친절을 베푸는 자는 인간을 차별하는 자입니다. 어떤 부류의 사람을 과대하게 받드는 사람은 틀림없이 다른 부류의 사람을 무시하기 때문입니다. 자기보다 돈이 더 많고 지위가 더 높다고 굽실거리는 사람은 틀림없이 자기보다 못한 사람에게는 도도

하게 굴 사람입니다. 과잉 친절도, 인간 무시도, 동일한 죄악입니다. 왜냐하면 그런 사람의 안중에는 하나님이 없기 때문입니다.

부자와 가난한 사람을 모두 다 창조하신 하나님의 마음이 우리 마음에 있다면 사람을 그렇게 대할 수 없습니다. 별 볼일 없는 것 같으니까 무시하고, 뭔가 있는 것 같으니까 떠받드는 것은 사람만 보기 때문에 그렇습니다. 영광의 주 예수 그리스도를 믿고 따르는 사람들은 주변 사람들에게 과잉 친절을 베풀거나 그들을 무시하지 않습니다. 만물이 주께로부터 온 것을 믿고 하나님께 영광을 돌리는 진실한 신앙 공동체가 되기를 바랍니다.

James
야고보서 2장

야고보서 2장 5-7절

⁵ 내 사랑하는 형제들아 들을지어다 하나님이 세상에서 가난한 자를 택하사 믿음에 부요하게 하시고 또 자기를 사랑하는 자들에게 약속하신 나라를 상속으로 받게 하지 아니하셨느냐 ⁶ 너희는 도리어 가난한 자를 업신여겼도다 부자는 너희를 억압하며 법정으로 끌고 가지 아니하느냐 ⁷ 그들은 너희에게 대하여 일컫는 바 그 아름다운 이름을 비방하지 아니하느냐

16.
상속자냐 핍박자냐

그리스도 안에서 사랑하는 성도 여러분, 그리고 하나님을 만나기 위해서 예배의 자리에 나오신 사랑하는 이웃 여러분, 이 귀한 예배의 자리에 나오신 여러분 모두는 하늘 아버지께서 주시는 복을 받은 분들입니다. 이 자리에 나오신 여러분 모두는 다 함께 하나님의 말씀을 들을 수 있기 때문입니다.

여러분이 참석한 이 예배의 자리는 모든 사람이 같이 하나님을 만나는 곳입니다. 사람들을 끈질기게 따라 다니는 모든 신분의 구별이 없는 곳입니다. 인간의 진솔한 모습 그대로 하나님을 대면하는 곳입니다. 하나님의 형상대로 지음 받은 인생은 누구나 같은 자격으로 하나님을 예배할 권리가 있습니다. 그래서 문명지국에서는 종교의 자유를 헌법에 보장합니다. 사회적인 신분, 경제적인 차별이 제거되고 인간 그대로 창조주 하나님을 예배하는 자유를 보장합니다.

또한 예배의 자리는 거룩하신 하나님의 임재하심이 나타나는 현장입니다.

영광의 주 하나님을 뵈옵는 현장에서는 그분의 영광만이 가득해야 합니다. 그 영광스런 광채 앞에서 모든 인생은 무색해져야 합니다. 그 거룩하신 임재 앞에서 모든 인생은 다 같은 죄인에 불과합니다. 모든 신분을 내려놓고 모든 인간이 평등하게 대접받는 장소가 예배의 자리여야 합니다.

그러므로 예배하는 자리에서 행해지는 인간 차별은 용납할 수 없는 범죄입니다. 모든 인간 차별은 범죄 행위이지만 예배의 자리에서 행하는 인간 차별은 가중 처벌을 받을 극악한 죄악입니다. 그러므로 야고보 선생은 호소합니다. 믿음과 인간 차별은 양립할 수 없다고 호소합니다. 주의 영광을 본 자는 세상의 번쩍거림에 현혹되는 속물근성에서 벗어나야 함을 지적합니다.

하나님의 택하심의 실상

오늘 본문에서는 또 다른 각도에서 인간 차별의 부당성을 지적하고 있습니다. 우리가 예배의 자리에서까지 범할 수 있는 이 극악한 죄악을 야고보 선생은 철저하게 논리적으로 규명하고 있습니다. 그러나 그는 죄악 그 자체에 대해서는 냉혹히 다루지만 그 죄를 범하는 회중을 사랑하는 목회자의 심정을 가지고 접근합니다. 어떤 잘못이라도 지적, 그 자체로는 개선되지 않습니다. 그래서 성경은 우리에게 사랑 안에서 진리를 말하도록 요청합니다. 사랑을 가지고, 사랑 때문에 하는 권면과 호소만이 역사하기 때문입니다.

야고보 선생은 다른 각도에서 인간 차별의 부당성을 논하기 전에 먼저 그들을 향한 자기의 가슴을 열어 보이고 있습니다. "내 사랑하는 형제들아!" 하나님의 눈앞에서 용납될 수 없는 극악한 죄를 범하는 성도들이지만 검사가 죄인을 논고하듯이 접근하지 않습니다.

영광의 주를 받아들인, 공동 경험을 나눈 형제임을 의식하고 있을 뿐 아니라 자기가 사랑하는 이들임을 알기에 더욱 애타는 심정으로 호소합니다.

그들의 잘못을 지적하기에 앞서 그들의 행동의 실상을 말해 주고 싶은 목자의 마음에서 호소합니다.

야고보 선생은 지금 부자에게 아부하면서 가난한 자를 괄시하는 것이 얼마나 큰 모순인지를 지적합니다. 가난한 자를 괄시하면서 부자에게 아부하는 것은 두 가지 실상을 고려하지 못한 어리석은 행위입니다. 그 두 가지는 무엇입니까? 첫째는 하나님의 택하심의 실상을 고려하지 않는 결과요, 둘째는 부자의 행동을 망각한 결과입니다. 그러면 하나님의 택하심을 먼저 살펴봅시다.

> 내 사랑하는 형제들아 들을지어다 하나님이 세상에서 가난한 자를 택하사 믿음에 부요하게 하시고 또 자기를 사랑하는 자들에게 약속하신 나라를 상속으로 받게 하지 아니하셨느냐(2:5).

먼저 하나님은 누구를 택하셨는가를 살펴보십시오. "세상에서 가난한 자를 택하사"라고 말합니다. 개역개정판은 "세상에서"라고 번역했지만 개역한글판은 "세상에 대하여"라고 번역했습니다. 물론 "세상에 대하여"란 말도 개역개정처럼 장소를 강조하여 세상에 있는 가난한 자를 택하셨다는 의미로 이해할 수 있습니다. 그러나 "세상에 대하여"는 "세상의 물질에 대하여 가난한 자"라고 생각할 수 있습니다. 아니면 "세상이 보기에는 보잘것없는 자"라는 의미로도 생각할 수 있습니다. 아니면 "세상이 재물로 여기는 것에 있어서는 갖지 못한 자들"이라는 뜻으로도 생각할 수 있습니다. 하여간 하나님이 택하신 대상을 살펴보십시오. 하나님의 선택이 가난한 자들에게 한정되지 않았지만 복음이 먼저 가난한 자에게 전파된 것이 역사적 사실입니다. 주님의 첫 취임 설교를 들어 보십시오.

> 주의 성령이 내게 임하셨으니 이는 가난한 자에게 복음을 전하게 하시려고 내게 기름을 부으시고……(눅 4:18).

그리고 의심 중에 물어 온 요한에게 답하시는 것을 들어 보십시오. 요한이 주의 선지자로서, 주님의 길을 예비하는 자로서 사역하다가 감옥에 갇혔습니다. 감옥에 갇힌 가운데서 자기 제자들을 예수님께 보냈습니다. "당신이 누구인지 우리에게 밝히 말해 주십시오. 당신이 메시아인지, 우리가 다른 이를 기다려야 되는지 이야기해 주십시오."(눅 7:19 참조)라고 말을 전했습니다. 그때 주님께서는 요한에게 전해 달라 하고 이렇게 말합니다.

> 예수께서 대답하여 이르시되 너희가 가서 보고 들은 것을 요한에게 알리되 맹인이 보며 못 걷는 사람이 걸으며 나병환자가 깨끗함을 받으며 귀먹은 사람이 들으며 죽은 자가 살아나며 가난한 자에게 복음이 전파된다 하라(눅 7:22).

메시아가 오면 펼쳐질 새로운 시대의 상징으로서, 징표로서 이렇게 말합니다. 암호와 같습니다. 새 시대 상징인 이런 것들을 쭉 나열하면서 마지막으로 가난한 자에게 복음이 전파된다고 말합니다. 여기에는 그럼 가난한 자에게 복음을 전파하는 그분 말고 누가 메시아냐 하는 뜻이 담겨 있습니다.

주님의 위대한 평지 설교의 서두를 기억하십니까? 산상설교는 많이 들어 봤는데 마태복음에서 하신 설교는 산상에서 하신 것으로 되어 있고 누가복음에 기록된 긴 설교는 평지에서 하신 것으로 되어 있습니다. 비슷하면서도 조금 다릅니다. 설교자들은 해산하는 수고를 통해 쓴 설교 한 편을 한 번만 설교하는 것으로 끝내지는 않습니다. 주님도 마찬가지였을 것입니다. 핵심은 같지만 그때그때 청중에 따라서 조금은 달리했을 것입니다.

> 예수께서 눈을 들어 제자들을 보시고 이르시되 너희 가난한 자는 복이 있나니 하나님의 나라가 너희 것임이요(눅 6:20).

물론 산상설교는 그 가난을 "심령이 가난한 자는 복이 있나니 천국이 그들의 것임이요"(마 5:3)라고 한정했지만 말입니다. 하나님의 복음을 쌍수를 들어 받아들인 대부분의 사람들이 "가난한 자들"입니다. 이런 상황은 주님께서 사역할 당시뿐 아니라 사도들이 전도할 때도 마찬가지였습니다.

> 형제들아 너희를 부르심을 보라 육체를 따라 지혜로운 자가 많지 아니하며 능한 자가 많지 아니하며 문벌 좋은 자가 많지 아니하도다(고전 1:26).

어찌 이것이 주님이 활동하시던 시대나 사도들이 활동하던 시대에만 한정된 사실이겠습니까? 하나님께서 세상에서 가난한 자들을, 세상의 눈으로 보기에는 갖지 못한 자들을 택하시는 것은 지금도 계속되는 일입니다. 특히 교회에는 그런 분이 많습니다. 이러한 하나님의 택하심의 실상을 생각한다면 하나님의 최우선적 사랑의 대상인 가난한 자를 예배의 자리에서 무시할 수 없습니다. 모든 인간이 아무 차별 없이 하나님을 만나야 할 현장에서는 더욱 인간 차별이 행해져서는 안 됩니다.

믿음에 부요하게 하시다

하나님은 가난한 자를 택하실 뿐 아니라 그들을 믿음에 부요하게 하셨습니다. 비록 세상은 그들을 가난하다고 여기고 있습니다. 비록 세상의 판단으로 그들은 보잘것없습니다. 그러나 하나님은 가난한 그들을 택하시고 부요하게 하셨습니다. 그러므로 그들의 실상은 부요한 자들입니다. 하나님은 가난한 자들을 부르셔서 믿음에 부요하게 하셨습니다. 하나님의 진리를 알아듣게 하셨고 하나님의 진리를 기뻐하게 하셨습니다. 믿음의 영역에 있어서는 부요한 자로 삼으셨습니다. 하나님은 그들을 택하셔서 놀라운 신분과 특혜를 입게 하셨습니다.

성경에는 어리석은 부자 이야기가 나옵니다. 그는 많은 것을 가졌고 농사도 풍년이 되어서 '도대체 어디에다 재어 놓을까?' 잠자리에 누워서 궁리하고 있습니다. '창고를 헐고 크게 세워서 거기에 쌓아 두면 몇 년 동안 편하게 먹고 살 수 있겠지!' 하고 들떠 있습니다. 하지만 하나님이 오늘 밤에 이 영혼을 데려가신다면 그것이 누구의 것이 되느냐는 말입니다(눅 12:16-21 참조). 세상 것에 대해서는 부하지만 하나님에 대해 부요하지 못한 자를 어리석은 자로 칭하고 있습니다.

오늘 본문 말씀에는 어리석은 부자와는 대조적으로 하나님에 대해 부요한 자를 말합니다. 하나님을 믿고 사랑하고 섬기는 일에 있어서는 부요한 자입니다. 성령의 은사에 있어서는 풍성한 자로 삼으신 것입니다. 하나님의 눈에 진정한 부로 여겨지는 것들에 부요한 자입니다. 현재 하나님은 그들을 믿음에 부요한 자로 삼으신 동시에 더 나은 미래의 소망을 그들에게 주셨습니다.

본문은 자기를 사랑하는 자들에게 약속된 선물로 하나님의 나라를 말하고 있습니다. 앞서 야고보서 1장 12절에서는 사랑하는 자들에게 약속하신 생명의 면류관을 말했습니다. 하나님이 자기를 사랑하는 자들에게는 그 나라를 주시고 생명의 면류관을 허락하십니다.

아무나 하나님 곁에 가까이 가는 특권을 누리는 것은 아닙니다. 일주일에 한 번씩 하나님 앞에 나와서 예배할 수 있는 특권과 동시에 순간순간 살아가면서 주님과 더불어 교제할 수 있는 특권은 아무에게나 주어지는 것이 아닙니다. 하나님이 택하셔서 가까이 오게 하셨다고 성경은 말하고 있습니다.

사랑하는 성도 여러분, 물론 하나님께서는 가난한 자들만 선택하신 것은 아닙니다. 그러나 역사적으로 보면 그들에게 먼저, 그리고 우선적으로 복음이 전파되었습니다. 특히 당시 팔레스틴의 교회들을 생각할 때 이는 적절한 말입니다. 팔레스틴의 교회들은 가난했습니다. 하지만 이 말은 역사적으로만 한정 지을 것이 아니라 지금 시대에도 적용할 수 있습니다. 일반적으로 말하면 아직도 하나님은 세상에서 가난한 자를 택하시는 분입니다. 바울이 했던 말을 지금 되풀이해도 무리가 아닐 것입니다.

> 형제들아 너희를 부르심을 보라 육체를 따라 지혜로운 자가 많지 아니하며 능한 자가 많지 아니하며 문벌 좋은 자가 많지 아니하도다 그러나 하나님께서 세상의 미련한 것들을 택하사 지혜 있는 자들을 부끄럽게 하려 하시고 세상의 약한 것들을 택하사 강한 것들을 부끄럽게 하려 하시며(고전 1:26-27).

이 말씀은 요즘 청년들이 쓰는 표현을 빌리면 "하나님께서는 루저(loser, 실패자)들을 택해서 위너(winner, 승리자)들을 부끄럽게 하셨다"는 말씀입니다. 하나님은 세상에서 가난한 자들을 택하사 믿음에 부요하게 하시고 장차 그 나라를 유업으로 상속받게 하셨습니다.

이렇게 하나님이 택하신 자들을 괄시하고 핍박하는 부자들을 존경과 관심의 눈으로 바라보는 행위는 하나님의 눈에 귀히 여김 받는 자를 무시하는 모순적인 행위입니다. 야고보는 여기서 친구를 모욕하면서 원수 노릇을 한 핍박자를 존대하는 모순을 꼬집고 있습니다.

하나님께 예배하는 현장에서 가난한 자라고 해서 이등 시민처럼 차별 대우를 하는 것은 그 형제에 대한 모욕일 뿐만 아니라 그들을 택하시고 믿음에 부요하게 하시고 장차 약속하신 나라를 상속토록 하신 우리 하나님의 처사를 모독하는 죄악입니다. 하나님께서 복음의 사랑으로 자신을 주셔서 죄악에서 건져 낸 자들을 천시하는 것은 주님의 은혜를 무시하고 주님을 멸시하는 죄악입니다. 하나님이 선택하사 높이신 자를 여러분이 멸시하는 일은 무서운 죄악입니다.

부자의 실제적 행위

두 번째로 부자가 일상적으로 하는 행동을 보십시오. 부자의 실제적 행위를 살펴보십시오. 가진 자들의 횡포에 대해 진상 조사단을 파견해 봅시다. 여기서 야고보는 지금 세상에서 일어나고 있는 현실로 그들의 주의를 환기시키고 있습니다. 하나님이 존귀하게 여기는 자들을 다만 가난하다는 이유로 괄시하는 자에게 오직 가졌다는 이유로 아부하는 잘못을 지적하면서, 동시에 부자들의 죄악된 실상을 폭로하고 있습니다.

그러면 부자들의 소위는 어떠합니까? 야고보는 부자들의 행위를 세 가지로 고발합니다. 모두 "그렇다"고 대답할 수밖에 없는 수사학적인 질문을 합니다. "부자는 너희를 압제하지 아니하느냐." 오늘날의 교회는 잘 모르겠지만 야고보의 편지를 받는 그 당시의 교회는 "정말 그래요. 그렇고 말고요"라고 대답했을 것입니다. "부자들은 너희를 착취하기 위하여 필요하다면 사법이란 공권력을 동원하지 아니하느냐?"

여기서 말하는 부자들의 압제나 착취는 꼭 종교적인 이유 때문이 아닙니다. 물론 초대 교회 그리스도인들은 그들이 그리스도인이라는 것 때문에 공권력을 박탈당하고 재산을 몰수당했습니다. 그런데 그것과는 상관없이 역사는 그런 착취를 계속해 왔기 때문에 부자들의 횡포를 야고보 선생은 5장에서 구체적으로 열거합니다.

> 보라 너희 밭에서 추수한 품꾼에게 주지 아니한 삯이 소리 지르며 그 추수한 자의 우는 소리가 만군의 주의 귀에 들렸느니라(5:4).

2,000년 전에는 사람들이 주로 농사를 지었습니다. 농사짓는 현장의 이야기지만 지금은 농사보다도 다른 사업을 많이 하기 때문에 여러분의 일터에서 임금을 제대로 지불하지 않는 상황으로 상상력을 가지고 읽을 필요가 있습니다. 부자들은 특히 자신을 변호할 수 없는 자들, 고아와 과부를 착취하는 무리입니다.

부자들의 악한 행사는 거기서 끝나지 않습니다. 진상 조사단의 고발을 계속 들어 보십시오. 돈과 영향력 있는 부자는 가난한 성도를 법정으로 끌고 가서 악의에 찬 모함을 합니다. 어쩌면 돈을 빌려서 제때 갚지 못한 사람일 수 있습니다. 당시에도 돈을 빌려주고 높은 이자를 받는 풍조가 횡행했습니다. 괜한 시비가 일어나도 법이 가진 자 편에서 들러리를 서는 일은 요즈음에 새로 등장한 풍속도는 아닙니다. 거리에서 빚진 자의 멱살을 잡고 법정으로 끌고 갔습니다. 인정사정없이 땡전 한 푼이라도 봐주는 일이 없었습니다. 부자들의 그 무정함을 여기서 고발합니다.

그러나 부자들의 악한 소위는 거기서 끝나지 않습니다. 부자들의 가장 큰 잘못은 그리스도의 아름다운 이름을 훼방하는 데 있습니다. 야고보는 여기서 특히 감정이 고조됩니다. 부자들은 가졌다는 교만함으로 영광의 주 예수의 이름을 함부로 모욕합니다. 그리스도인이라고 불리는 성도들뿐 아니라 그분의 귀하신 이름 자체를 함부로 모욕하는 부자들은 역사 속에만 존재하는 것이 아닙니다. 지금도 그 아름다운 이름을, 그 명예로운 이름을, 그 자랑스러운 이름을 손상시키기를 우습게 아는 자들이 있습니다.

사랑하는 성도 여러분, 여러분은 어떻게 이 아름다운 이름으로 불리게 되었습니까? 여러분이 하나님의 백성이라고 불리는 것은 위로부터 새로 태어남으로 주어진 새 이름입니다. 영적으로 다시 태어남으로서 하나님의 자녀가 되었습니다. 여러분이 그리스도인이라고 불리는 것은 그리스도와 더불어 결혼함으로 얻어진 이름입니다. 새로운 신랑, 새로운 남편을 만나 결혼함으로 그리스도인이라는 새로운 신분을 갖게 되었습니다.

그 아름다운 이름을 '예수쟁이', '개독교'라고 모욕하는 극에 달한 발악을 하는 부자들에게는 아부하고, 하나님이 존귀하게 여기는 자를 괄시하는 것은 어리석음의 극치입니다. 교회가 부자의 편을 든다면 주님의 이름을 모독하는 자를 편드는 것입니다. 그 얼마나 어리석은 일입니까?

세상의 빛과 소금이 되라

사랑하는 성도 여러분, 우리의 행동은 대부분 습관적인 것에서 비롯됩니다. 별다른 생각 없이 행합니다. 그러나 우리가 당연시하는 습관적인 신앙생활이나 행동들도 오늘부터는 말씀에 따라 재조명해야 합니다. 그래야 일주일에 한 번씩 예배드리는 사람들이 달라질 수 있습니다.

주일날 습관적으로 교회 나오면서 '끝날 시간이 다 되어 가는데 왜 안 끝나지?'라는 생각만 하고 돌아가 버리지는 않는지요? 가장 나쁜 교인은 교회 나오는 이유가 집에 돌아가기 위함인 사람입니다. 예배 참석했다고 출석 도장 찍고 후련하게 집에 가고 싶은데, 그러지 못하면 왠지 마음이 찝찝합니다.

신앙이 명쾌해지면 그런 것 가지고 얽매이지 않습니다. 그러나 종교적인 신앙생활을 하고 있는 사람들은 주일날 교회에 안 갔다 오면 일주일 내내 무슨 일이 일어날 것만 같은 막연한 두려움에 휩싸입니다. 그래서 "한번 갔다 오자"라며 권투 선수 의무 방어전 치루듯이 교회에 다녀갑니다. 교회에 나오는 목적은 딱 하나입니다. 집에 후련하게 돌아가기 위해서입니다. 그렇게 하지 마십시오. 말씀을 들었으면 별 생각 없이 살고 있는 자신에 대해 살펴볼 수 있어야 합니다.

부자와 가난한 자를 똑같이 대우하는 것은 오히려 일반적인 기대에 어긋납니다. 특별 대접을 기대하는 부자만큼이나 무시를 받는 가난한 자도 으레 그러려니 합니다. 그래서 사회적인 인습이나 교회적인 전통에 따라서 처신하는 것이 마음 편합니다. 사람들이 보통 하는 대로 하면 그 일이 옳지 않더라도 우리는 양심의 가책을 받지 않고 남의 눈에 띄지도 않기 때문입니다.

성경 말씀대로 살려고 결심하는 것이 쉽지는 않지만 내가 부자든 가난하든 하나님의 형상대로 지음 받은 사람으로서 모두를 동등하게 대우해야겠다고 결심해야 합니다. 안 그러면 옷을 잘 입은 사람이나 금가락지 낀 사람에게 자연스럽게 시선이 가게 되어 있습니다. "저는 절대 그러지 않습니다"라고 호언장담하는 사람은 아직 자기를 모르는 사람입니다.

저도 젊었을 때 제가 사람을 차별하지 않는 줄 알았습니다. 그런데 나이가 들어 가면서 보니까 정확하게 차별을 하고 있더군요. 농담 삼아 사람과 음식은 차별하지 않겠다고 늘 그렇게 다짐을 합니다. 음식은 아무거나 잘 먹을 수 있겠는데 사람을 존귀하게 대하는 것은 훈련과 노력을 하지 않으면 불가능합니다.

주 안에서 사랑하는 성도 여러분, 일반적인 기대나 사회적인 인습이라고 무의식적으로 따라가는 대신 언제 어디서나 하나님이 무엇을 원하는지 물어야 합니다. 신앙생활은 매사에 먼저 하나님의 뜻을 묻는 일입니다.

남들이 지금 다 그렇게 하고, 여러분도 수십 년간 신앙생활을 하면서 익혀 온 일이라도 하나님의 뜻이 무엇인지 물어보십시오. 성경 말씀을 잘 들어 보고 나서 우리의 행위를 살펴보면 우리의 습관적인 행위들 가운데서도 하나님이 정죄하는 일이 의외로 많이 있습니다.

하나님의 방법과 평가를 따라 새롭게 처신하는 것은 놀라운 축복의 길입니다. 별 생각 없이 행하는 차별 대우를 차근히 따져 보십시오. 왜 차별하는지 물어 보십시오. 그러면 그것이 몹시 비이성적이며 비신앙적임을 알게 될 것입니다.

모든 사람을 불쌍히 여기고 귀히 여기되 하나님이 특별히 사랑하는 자들을 사랑하는 신앙 공동체가 되기를 바랍니다. 갈라디아서에서는 이렇게 말합니다. 모든 사람에게 선을 행해야 하지만 특히 "믿음의 권속들에게 먼저 할지니"(갈 6:10 참조)라고 말입니다. 여러분 한 사람 한 사람의 정직한 반성이 있을 때 우리는 세상의 빛과 소금 구실을 감당할 것입니다.

그렇게 하지 않으면 대선을 몇 번 치러도 세상은 바뀌지 않습니다. 대통령 당선자가 우리의 희망이고 우리의 미래가 아닙니다. 초대 그리스도인들은 가이사가 아니라 그리스도가 구원자라고 믿었습니다. 아무리 훌륭한 대통령이 나온다 할지라도 그들은 결코 우리의 구주가 아닙니다.

이 민족의 희망은 그리스도인인 여러분에게 있습니다. 여러분이 그리스도인답게 처신해야 합니다. 우리의 선배들은 그런 신앙의 삶을 살았습니다. 가난한 자들에게 복음이 먼저 전파되니까 자연적으로 교회가 응달에 있는 가난한 사람들이 사는 마을에 세워집니다.

기독교가 처음 우리나라에 들어왔을 때 양반 가문의 사람이 예수를 믿어 교회에 나가려면 신분이 낮은 사람들 사이에 앉아야만 했습니다. 그 당시에는 이런 일이 자기를 십자가에 못 박는 것과 같았습니다. 그래도 그들은 값을 지불했습니다. 한 상에 앉아서 밥을 먹고 혼사를 시작했습니다. 그래서 대한민국이 이만큼 달라진 것입니다. 정치인들이 우리에게 희망을 줄 것으로 착각하지 마시고 여러분이 미래의 희망이 되어야 합니다. 여러분은 하나님을 기쁘시게 할 수 있는 하나님의 백성입니다. 매일 기도로 말씀에 순종하는 여러분 모두가 되시기를 바랍니다.

James
야고보서 2장

야고보서 2장 8-11절

⁸너희가 만일 성경에 기록된 대로 네 이웃 사랑하기를 네 몸과 같이 하라 하신 최고의 법을 지키면 잘하는 것이거니와 ⁹만일 너희가 사람을 차별하여 대하면 죄를 짓는 것이니 율법이 너희를 범법자로 정죄하리라 ¹⁰누구든지 온 율법을 지키다가 그 하나를 범하면 모두 범한 자가 되나니 ¹¹간음하지 말라 하신 이가 또한 살인하지 말라 하셨은즉 네가 비록 간음하지 아니하여도 살인하면 율법을 범한 자가 되느니라

17. 최고의 법

　그리스도 안에서 사랑하는 성도 여러분, 그리고 복된 예배의 자리에 나오신 사랑하는 이웃 여러분, 인간 차별은 신자의 만남 전반에서 허용될 수 없는 일입니다. 영광의 주 예수 그리스도를 믿는 사람으로서 언제 어디서든 사람을 차별 대우해서는 안 됩니다. 그렇다면 예배의 자리에서는 더욱 행해서는 안 될 극악한 범죄 행위입니다.

　특히 하나님의 택하심의 섭리와 부자의 핍박의 실태를 고려할 때 사람을 차별하는 경우는 말할 수 없이 많습니다. 야고보는 가난한 사람을 무시하는 것은 하나님이 그들을 선택하신 섭리를 생각하지 않는 것이고, 부자가 우리를 핍박하고 있는 현실을 고려하지 못한 것이 아니냐고 지적합니다. 약속하신 나라를 유업으로 받을 상속자는 괄시하고, 압제와 훼방을 일삼는 핍박자만을 우대하는 모순이 어디 있냐고 지적합니다.

　오늘 본문은 인간 차별과 이웃 사랑을 예리하게 대조시키고 있습니다. 이웃 사랑이라는 최고의 법에 비추어 볼 때도 인간 차별이라는 것은 용납할 수 없는 것이라고 규정짓고 있습니다. 야고보 선생은 여러 각도에서 인간 차별의 부당성을 계속 지적하고 있습니다.

한 번 이야기하면 충분한데 같은 것을 말하고 또 말하는 것은 왜일까요? 인간을 차별하지 말라는 2장 1절만으로는 야고보 선생에게 충분하지 않았습니다. 그래서 5절 이후에 같은 주제를 다시 논증하고 8절에서 또 다른 각도로 입증하고 있습니다.

이웃을 사랑하든지, 사람을 차별하든지

야고보는 구체적인 삶 속에서 신앙을 설명하기를 좋아했습니다. 그는 환란 중에 있는 고아와 과부를 떠나서는 참된 경건을 이야기할 수 없다고 믿었습니다. 고통 받고 있는 고아와 과부와 아무 관련 없는 신앙생활이라는 것은 있을 수 없다는 것입니다. 처참한 현실에 아무런 의미가 되지 않는 신앙생활이 무슨 소용이 있냐는 것입니다.

주님은 기독교가 그들만의 잔치가 되는 것을 원치 않으셨습니다. "너희는 세상의 소금이고 빛"(마 5:13-14 참조)이라고 말씀하셨습니다. 우리가 세상과 단절한다면 아무리 좋은 신앙도 의미가 없다는 것이 기독교의 전통입니다.

신앙이란 하나님께 예배드리는 이 시간만 중요한 것이 아니라 예배가 끝난 후에 서로 어떤 관계를 맺고 있는지도 중요합니다. 그리고 우리가 지금 보이지 아니하는 하나님을 경배하는지는 바로 옆에 앉아 있는 사람들과 어떤 관계를 맺어 가는지에 따라 판정됩니다. 눈에 보이는 형제를 괄시하면서 보이지 않는 하나님을 사랑한다는 신앙 고백은 거짓이라는 것입니다.

"주는 나의 주님이시오니 주 밖에는 나의 복이 없습니다"(시 16:2)라고 고백하는 신자라면 "땅에 있는 성도들은 존귀한 자들이니 나의 모든 즐거움이 그들에게 있도다"(시 16:3)라고 고백되어야 할 것입니다. 사도 요한 역시 "그 형제를 사랑하지 아니하는 자는 하나님께 속하지 아니하니라"(요일 3:10)고 선언합니다. 오늘 본문을 보십시오.

> 너희가 만일 성경에 기록된 대로 네 이웃 사랑하기를 네 몸과 같이 하라 하신 최고의 법을 지키면 잘하는 것이거니와 만일 너희가 사람을 차별하여 대하면 죄를 짓는 것이니 율법이 너희를 범법자로 정죄하리라(2:8-9).

8, 9절은 '만일'이라는 가정적인 상황에서 말합니다. 두 가지 상황을 설정합니다. 여러분이 그리스도 예수의 은혜로 이웃을 사랑하든지 인간을 차별하고 있든지 둘 중 하나입니다. 그러면 두 가지 상황 가운데 여러분은 어디에 속해 있습니까? 이웃 사랑하기를 내 몸과 같이 하는 것도 아닌 것 같고 그렇다고 해서 교인인 내가 사람을 차별하여 대한다고 생각해도 자존심이 허락하지 않습니다. 혹시 이도 저도 아닌 상황 속에 있습니까?

신앙은 여러분을 하나님의 은혜로 이웃을 사랑할 수 있는 자리에 옮겼든지 아직도 사람을 세상 기준으로 대하는 자리에 있든지 둘 중 하나입니다. 하나님의 은혜로 사람을 다시 보게 되었든지 아니면 옛날 그대로 보고 있든지 둘 중 하나라는 말입니다.

옛 사람은 사람을 대할 적에 늘 세상적인 배경을 가지고 판단합니다. 어디서 왔는지 과거를 가지고 판단하기 좋아합니다. 동향, 동문, 종씨 그런 것을 중요하게 생각합니다. 그러나 새로운 사람은 미래를 가지고 판단합니다. 어디서 왔는지보다 어디로 가는지가 중요합니다.

이 문제에 대해서 명쾌하게 선을 그어 주었던 한 사람이 있습니다. 매튜 헨리(Matthew Henry)라고 하는 주석가로, 그의 주석은 300년 전에 쓰였는데 그 영적인 통찰은 오늘날에도 유익을 줍니다. 매튜 헨리의 어머니가 처녀 때 아버지에게 결혼할 남자를 소개했습니다. 필립 헨리하고 결혼하겠다고 하자 아버지가 "그 친구는 어디서 왔냐?"고 물었습니다. 그러자 매튜 헨리의 어머니는 "저는 필립이 어디서 왔는지는 관심 없습니다. 필립이 어디로 가고 있는지 그 목표가 저의 목표와 같기 때문에 그와 결혼하고 싶은 겁니다"라고 대답했다고 합니다. 그런 어머니 밑에서 매튜 헨리라는 훌륭한 목사가 태어났다는 것은 이상한 일이 아닙니다.

여러분은 어떠합니까? 문벌이 좋다든지, 학벌이 좋다든지 혹은 가진 것이 많다든지 이런 것으로 사람을 판단하고 있습니까? 그리스도인은 그런 것으로 더 이상 사람을 판단하지 않습니다. 하지만 세상 사람들은 모두 다 그런 것을 가지고 다른 사람을 판단합니다. 다만, 정도와 방법의 차이만 있을 뿐입니다.

어떤 차이가 있습니까? 배우지 못한 사람은 사람을 노골적으로 차별합니다. 부자들한테 가서는 노골적으로 아부하고 자기보다 못한 사람은 노골적으로 무시합니다. 그러나 이른바 교육을 받은 사람은 그 방법을 조금 세련되게 할 뿐입니다. 대학 교육을 받고 자신이 지성인이라고 생각하기에 인간 차별의 방법이 조금 세련되었을 뿐입니다. 노골적으로 표시하지 않을 뿐이지 마음속에서는 근본적으로 무시하는 마음이 가득합니다. 인간 차별의 방법이 다를 뿐이지 무시하는 것은 마찬가지입니다.

인간 차별의 구체적인 현장

대부분 그리스도인의 문제는 생각하지 않는다는 것에 있습니다. 하나님이 누구를 선택하셨는지 생각해 보면 인간 차별이라는 것을 할 수 없을 텐데 말입니다. 우리는 생각하지 않기에 그런 일을 아무렇지도 않게 할 수 있는 것입니다.

부자들이 신자들을 어떻게 핍박하는지 살펴보면 부자 우대란 있을 수가 없는데 생각을 안 하기에 그런 일이 일어납니다. 왜 그런 실상을 생각해 보지 못하고 부자가 오면 오금을 못 펴면서 가난한 자가 오면 멸시하느냐 말입니다.

옛날이나 지금이나 세상 사람들은 갈라져 있습니다. 그 갈라져 있는 틈새를 더욱 벌려서 정권을 잡으려고 하면 안 됩니다. 세상 사람들은 직업이 무엇이냐, 어디까지 공부했느냐, 얼마나 가졌느냐, 가문이 무엇이냐 등으로 갈라 놓지만 예수를 믿게 되면 이제 형제자매로 하나가 됩니다.

손양원 목사님의 큰딸의 간증을 들은 적이 있습니다. 어느 날 소록도에 가서 어떤 나병 환자 집사를 만났는데 그분이 자기에게 이런 말씀을 해주셨다고 합니다. "제가 손양원 목사님과 함께 걷다가 신발이 벗겨졌습니다. 나병 환자들은 발가락이 완전하지 않기 때문에 신발이 잘 벗겨지거든요. 제 신발이 돌부리에 걸려 날아가니까 손 목사님이 달려가서 주워 오시며 제 발에 신겨 주셨습니다." 이 나병 환자 집사님은 손 목사님께 받은 그 큰 사랑을 평생 잊지 못하고 손 목사님의 딸을 만나서 꼭 이야기하고 싶으셨던 것입니다.

사랑하는 성도 여러분, 구체적인 현장에서 인간 차별 문제를 적용시킬 필요가 있습니다. 결혼이라는 문제를 두고 생각해 보십시오. 자녀가 결혼할 나이가 되었을 때 부모로서 여러분이 무엇을 중시하는지 살펴보십시오. 막상 내 아들이, 내 딸이 결혼할 나이가 되었는데, 어느 것을 중요하게 생각하는지 한 번 생각해 보십시오. 어떤 사람을 며느리로, 사윗감으로 고르는지를 보면 신앙이 어떤지 알 수 있습니다.

제가 목회를 하면서 보니 결혼하는 것이 쉽지만은 않습니다. 기적같이 눈이 맞는 것도 어려운데 때로는 그 반대 세력도 만만치 않습니다. 시어머니가 반대할 수 있고 장모님이 반대할 수 있습니다. 어디서 복병이 나타날지 모르는 것이 결혼입니다.

신앙이 가장 중요하기 때문에 다른 모든 것이 부족해도 선택할 수 있는지 생각해 보십시오. 인생에서 중요한 것은 하늘 아버지를 아느냐 하는 것입니다. 살면서 하나님의 영광을 위해 살고 싶어 하는 소원이 그 안에 있는지가 중요합니다. 부모들이 얼마나 얌체입니까? 자녀들의 배우자 조건을 마음으로 이미 정해 놓고 아이들이 결혼한다고 배우자를 데리고 오면 그 조건에 따라 "된다", "안 된다"를 결정합니다. 이것은 잘못된 것이며 신앙적이지 않습니다. 배우자를 결정하는 것은 본인들의 뜻에 맡겨야 합니다.

자녀의 배우자로서 한 사람을 받아들일 때 세상적인 것을 가지고 반대하지 않을 것인지를 생각해 보십시오. 신앙은 좋은데 다른 것이 갖추어지지 않았다고 반대하는 것이 어찌 부모들만의 문제겠습니까? 결혼 당사자의 문제일 수도 있습니다. 그럴 때 정말 신앙이 문제가 되는 것입니다. 인간을 차별한다고 하는 것을 꼭 특정인에게 멸시의 눈초리를 보낸다는 것으로 국한시킬 필요는 없습니다. 결혼 상대자를 선택하는 데도 우리는 사람을 외모로 취하는 잘못을 범할 수 있습니다.

최고의 법을 지킬 수 있는 유일한 백성

사람의 겉모습을 봐 가면서 대한다면 그것은 최고의 법을 어기는 것입니다. 그것은 이웃 사랑이라는 가장 최고의 법을 파기하는 죄라는 것을 오늘 본문은 말씀해 주고 있습니다.

사람을 겉으로 보고 무시하는 것은 최고의 법을 어기는 것이라 했는데 여기서 최고의 법이란 영어로는 '로열 로우'(Royal Law)라고 할 수 있습니다. 로열(Royal)이라고 하면 '왕의, 왕실의, 왕에게 어울리는'이라는 의미입니다. 법 중에서 이웃 사랑의 법은 '왕의 법'이란 말입니다. 이웃 사랑이라고 하는 것은 성경의 모든 법 중에서 가장 뛰어난 법이라는 뜻입니다. 말하자면 율법에는 여러 등급이 있는데 이 이웃 사랑이 가장 뛰어난 법이라는 말입니다. 왕 되신 예수 그리스도께서 주신 법입니다. 동시에 그 나라의 백성들, 왕 같은 제사장들만 지킬 수 있는 법입니다.

"네 이웃을 네 자신같이 사랑하라"(마 22:39)는 명령은 누구나 다 지킬 수 있는 법이 아닙니다. 이것은 오직 신자들만 지킬 수 있는 법입니다. 하지만 신자들이라고 해서 저절로 지킬 수 있는 것이 아니라 신앙의 결단을 통해서 지킬 수 있습니다. 다윗의 기도처럼 "내가 결심하고 입으로 범죄하지 아니하리이다"(시 17:3)라는 신앙의 결단이 있어야 합니다. 신앙인은 사람 차별이 죄라는 것을 마음속 깊이 인식할 수 있는 유일한 사람들입니다. 그래서 예수님은 자기 제자들을 바라보고 "너희야말로 세상의 소금이다 너희야말로 세상의 빛이다"(마 5:13-14 참조)고 하셨습니다.

그들만이 이 로열 로우를 지킬 수 있습니다. 하나님이 주신 최고의 법을 지킬 수 있는 유일한 백성은 하나님의 자녀들입니다. 세상 사람들은 다 인간을 차별합니다. 그러나 신자들은 달라야 합니다. 하나님의 백성이 기도하며 하나님의 영으로 살 때 이러한 죄의 자리에 빠져들지 않을 수 있습니다.

십계명에서 5, 6, 7, 8, 9, 10계명을 한마디로 요약하면 "이웃을 네 자신같이 사랑하라"는 말씀으로 말할 수 있습니다. 이웃을 자기 몸과 같이 사랑하는 사람은 사람들 사이에서 지켜야 하는 모든 법을 다 지킨 사람입니다. 그가 모든 율법을 다 이룬 것입니다.

그러나 한 걸음 더 나아가서 하나님을 사랑하라는 명령도 성취되는 것입니다. 왜냐하면 1계명에서 4계명이 잘 지켜졌느냐의 여부는 바로 5계명에서 10계명을 지킬 때 나타날 수 있습니다. 눈에 보이지 않는 하나님을 사랑한다는 것은 보이는 사람을 어떻게 대하느냐에 따라서 결정됩니다. 그래서 기도를 시켜서는 잘 모릅니다. 기도는 어떤 사람이 신자인지 아닌지를 판단할 때 혼란을 야기합니다. 왜냐하면 기도할 때는 좋은 말만 골라 쓰기 때문에 그때는 신자인지 아닌지 잘 모릅니다.

　화가 났을 때 자녀들을 향해서 어떻게 말하는지 보아야 합니다. 그것도 남의 아이가 아니고 자기 아이를 향해서 어떻게 말하는지를 보면 그 사람의 신앙이 얼마나 성숙해 있는지 잘 알 수 있습니다. 하나님의 백성이 모인 자리에서는 언어를 골라 사용하기에 혀가 얼마만큼 통제되는지를 잘 알 수 없습니다. 그러나 일상생활을 할 때 어떤 말을 하느냐에 따라서 그 사람의 경건 여부가 결정됩니다.

우리가 어떻게 범죄자가 되는가

　사랑하는 성도 여러분, 이웃을 사랑하면 모든 법을 다 이루었다고 성경은 말합니다. 그러나 만약 우리가 사람을 차별하고 있다면 율법이 우리를 범죄자로 규정할 것이라고 9절은 결론을 내립니다. 그리고 9절의 결론을 상세히 설명한 것이 10, 11절입니다.

> 누구든지 온 율법을 지키다가 그 하나를 범하면 모두 범한 자가 되나니 간음하지 말라 하신 이가 또한 살인하지 말라 하셨은즉 네가 비록 간음하지 아니하여도 살인하면 율법을 범한 자가 되느니라(2:10-11).

　여기에서는 두 가지 측면에서 어떻게 율법이 우리를 범죄자로 규정하는지 보여 주고 있습니다. 10절은 율법을 준수해야 하는 사람의 입장에서 우리가 어떻게 범죄자가 되는지를 보여 주고 있고, 11절은 율법을 주신 분의 입장에서 우리가 어떻게 범죄자가 되는지를 규정해 주고 있습니다.

　10절을 다시 한 번 보십시오. "누구든지 온 율법을 지키다가"라고 하는 것은 준수해야 할 사람의 입장에서 보고 있는 것입니다. 율법을 준수해야 하는 사람의 입장에서 모든 법을 잘 지키다가 하나를 지키지 못하면 율법 모두를 범한 자가 된다고 말합니다.

왜 갑자기 이웃 사랑하는 이야기가 튀어나왔습니까? 사람들은 이렇게 변명할 수가 있습니다. "부자들이 왔을 때 우리가 자리를 내어 준 게 뭐가 잘못되었습니까? 신자들은 마땅히 이웃을 사랑해야 되지 않습니까? 그날 제가 예배 안내 당번이 되어서 그렇게 했는데 뭐가 잘못입니까?"

그런 변명의 소지를 미리 알고 반박을 하고 있습니다. "그래. 그랬다면 잘했지만 만약에 너희가 인간을 차별했다면 그건 죄다. 네가 어떤 사람에 대해서는 이웃 사랑한다고 하면서 다른 사람에 대해서 무시해 버리면 그건 네가 법을 어긴 자로서 정죄함을 받을 것이다."

어린 시절에 했던 놀이 중에 둥근선 밖으로 밀려 나가면 술래가 되는 놀이를 생각해 보십시오. 어느 쪽으로 나가는지는 중요하지 않습니다. 선 밖으로 나가면 무조건 술래가 됩니다. 그런 의미에서 어느 율법을 어겨도 여러분은 율법을 어긴 자로 규정되는 것입니다. 법을 어긴 자로 낙인이 찍힐 것입니다. 어떤 사람에게는 잘했지만 네가 잘한 그것 때문에 다른 사람에게 잘못한 것이 용서되지는 않는다는 것입니다. 교통 법규도 백 번 잘 지키다가 한 번 어기면 어긴 것에 대해서 벌금이 나옵니다. 그것이 오늘 10절 말씀입니다.

부자는 깍듯이 보살피면서 가난한 자에게 소홀했다면 그것은 엄연한 인간 차별이요, 명백한 범법 행위입니다. 물론 이런 차별 대우를 의도적으로 하지 않았을 수 있습니다. 다만 우리가 깨어 있지 못하면 차별 대우를 하게 됩니다. 여기에 문제의 심각성이 있습니다. "율법이 너희를 범법자로 정죄하리라"(2:9). '네가 이웃 사랑을 하기 위해서 그랬다고 변명하지만 그 법이 너를 범죄자로 규정하리라'고 말합니다.

그다음 11절을 보십시오. 여기서는 율법을 주신 자의 관점에서 우리가 어떻게 범죄자가 되는지를 설명합니다. "간음하지 말라"고 하신 그 동일한 분이 "살인하지 말라"고 하셨기 때문에 내가 만일 간음하면 살인하지 않아도 하나님의 뜻을 어긴 자가 된다는 말입니다. "나는 다른 것은 다 지켰는데 그것 하나만 못했습니다"라고 변명한다고 되는 것이 아니라 하나만 어겨도 우리는 범죄자가 됩니다. 그래서 사람은 자기 의로서 하나님 앞에 설 수 있는 자가 아무도 없습니다.

법을 지키지 못한 우리를 용서하신 하나님의 사랑을 체험한 사람만이 그 사랑 때문에 다른 사람에 대해서 불쌍히 여기는 마음을 비로소 가지게 됩니다. 하나님의 용서를 받은 사람만이 다른 사람을 무시하지 않습니다.

오늘 본문은 우리가 만일 인간을 차별한다고 하면 가장 큰 법인 이웃 사랑이라고 하는 이 법을 어기는 자라고 합니다. 그냥 보통 법을 어긴 것이 아니라 가장 뛰어난 최고의 법을, 왕의 법을 어긴 죄인이라고 말합니다.

그러므로 흔히 습관적으로 짓는 인간 차별의 죄에서 성도들을 구출하려고 하는 야고보의 심정이 동일한 주제를 1, 5, 7, 8절에서 거듭 말하게 합니다. 인간 차별은 그에게 있어서 심각한 문제입니다. 그는 이것이 신앙의 근본이 흔들리는 문제라고 보았습니다. 모든 율법을 어기느냐, 지키느냐 하는 문제입니다.

사랑하는 성도 여러분, 이웃을 사랑하면 모든 율법을 이룬 자로서 칭찬 받을 만하지만 사람을 소홀히 대하면 그는 모든 법 중에서 가장 뛰어난 법을 어긴 범죄자가 됩니다. 그리고 우리에게 이웃 사랑이라는 최고의 법을 주신 하나님을 무시하는 죄를 범하게 됩니다.

사랑하는 성도 여러분, 물론 우리는 평상시에 전혀 따져 보지도 않고 행하던 관습적인 일이 그릇되었다는 지적을 받으면 심기가 불편해지고 기분이 나쁩니다. 그러나 '내가 그런 부분이 있구나' 하고 고쳐야 된다고 생각한다면 점점 달라질 것입니다. 여러분은 우리 주 예수 그리스도의 모습을 닮아 가게 될 것입니다. 세상에 오셔서 십자가에 자신을 내어 주신 그분의 사랑을 여러분도 실천하게 될 것입니다.

사랑하는 성도 여러분, 변명하기보다는 현실적인 죄들을 바로 봅시다. 죄를 인정하고 하나님의 설명을 수락하십시오. 그리하면 이웃 사랑이라는 최고의 법을 성취하는 복된 자리로 나아갈 수 있습니다. 이웃을 사랑함으로 하나님을 참으로 사랑하는 것을 입증하는 성도들이 되기를 바랍니다.

James
야고보서 2장

야고보서 2장 12-13절

¹²너희는 자유의 율법대로 심판받을 자처럼 말도 하고 행하기도 하라 ¹³긍휼을 행하지 아니하는 자에게는 긍휼 없는 심판이 있으리라 긍휼은 심판을 이기고 자랑하느니라

18.
긍휼과 심판 1

 그리스도 안에서 사랑하는 성도 여러분, 그리고 하나님의 진리를 깨닫기 위해서 이 자리에 발걸음을 옮기신 여러분, 그렇습니다. 제 설교는 그렇게 쉽지 않습니다. 그리고 텔레비전 예능 프로그램처럼 재밌지도 않습니다. 저는 그런 프로그램을 별로 선호하지 않습니다. 왜냐하면 삶의 교훈 하나도 얻지 못하고 그저 웃기만 하는 프로그램을 보는 것은 시간 낭비라고 생각하기 때문입니다. 이처럼 진리를 추구하고자 하는 마음 없이 교회에 나와서까지 의미 없는 즐거움을 추구하고자 하는 사람이라면 교회는 그 사람에게 별로 맞지 않을 것입니다. 진리를 추구하는 마음이 없는 사람에게는 교회가 지루할 것입니다. 특히 진리 안에서 자라고자 하는 욕구가 없는 이에게는 아무리 교회를 오래 다녀도 마음이 어려울 수 있습니다.
 사랑하는 성도 여러분, 우리 인생의 최대 문제는 교만입니다. 교만은 어디서나 자기 생각을 들이미는 것입니다. 심지어 나병을 고쳐 달라고 다른 나라 선지자에게 찾아가서도 자기주장을 굽히지 않습니다.

> 나아만이 노하여 물러가며 이르되 내 생각에는 그가 내게로 나와 서서 그의 하나님 여호와의 이름을 부르고 그의 손을 그 부위 위에 흔들어 나병을 고칠까 하였도다(왕하 5:11).

아람 왕의 군대 장관 나아만의 주장입니다. 그렇게 모든 것을 다 안다면 왜 다른 나라까지 와서 선지자를 찾습니까? 의사들이 말하길 가장 싫어하는 환자는 스스로 자기 병을 확진하고 이렇게 고쳐 달라 저렇게 고쳐 달라 말하는 환자라고 합니다. 자기가 다 알면 스스로 병을 고치지 의사는 왜 만납니까? 인간의 가장 큰 문제는 주제 파악을 못하는 것입니다. 자신이 나병 환자라는 사실을 망각하고 교만하게 설친다는 것입니다.

그러므로 겸비한 마음으로 귀를 기울이는 것이 급선무입니다. 마음 자세를 바꾸면 제 설교조차도 쉽게 알아들을 수 있을 것입니다. 설교 시간에 다른 생각을 하지 말고 하나님 말씀을 사모하면 알아들을 수 있습니다. 설교 듣는 데 학력이나 지능은 아무 상관이 없습니다. 마음의 자세가 언제나 더 중요합니다.

저는 여러분과 함께 삶의 근본적인 문제에 대한 하나님의 말씀을 추구하기 위해서 이 자리에 섰습니다. 다만, 여러분이 기대하던 방식으로 접근하지 않을 수도 있습니다. 그러나 여러분이 하나님을 만나기 원하고 진리 안에서 자라기 원하면 하나님께서 여러분을 반드시 도와주실 것입니다.

말과 행위를 하나님의 심판 아래 두라

잘 들어보십시오. 오늘 본문은 1절부터 계속된 동일한 주제를 다루고 있습니다. 1절에서 13절을 우리는 네 문단으로 나누어 살폈습니다. 1절부터 4절까지는 주 예수 그리스도의 영광을 본 사람은 세상의 번쩍거림에 현혹되어서 인간을 차별할 수 없다고 말했습니다. 5절부터 7절까지는 하나님의 선택과 성도들이 처한 현실을 바로 본다면 차별 대우만큼 어리석은 행위가 없음을 말했습니다. 8절부터 11절까지는 차별 대우가 이웃 사랑이라는 최고의 율법에 비추어 봐도 법을 어기는 심각한 행위임을 밝혔습니다. 이어서 오늘 본문은 인간을 비하하는 말과 행위가 하나님의 심판 대상임을 밝히고 있습니다.

사랑하는 성도 여러분, 예수를 믿는 사람들과 믿지 않는 사람들과의 가장 큰 차이가 무엇인지 아십니까? 예수를 믿지 않는 세상 사람들은 최후의 심판을 생각하며 오늘을 살지 않는다는 것입니다. 그들은 내일의 심판을 두려워하면서 오늘의 삶을 존절히 사는 자가 아닙니다. "케 세라 세라! 될 대로 되라" 하고 사는 사람들입니다. 인생이 진지한 것이고 절실한 것임을 아는 사람이라면 되는대로 살지 않습니다. 신자는 다가오는 심판을 의식하며 사는 사람입니다. 그래서 처신을 달리합니다. 무엇을 말하든지 무슨 행동을 하든지 최후의 심판을 생각합니다.

> 내가 너희에게 이르노니 사람이 무슨 무익한 말을 하든지 심판 날에 이에 대하여 심문을 받으리니 네 말로 의롭다 함을 받고 네 말로 정죄함을 받으리라(마 12:36-37).

주님이 직접 하신 말씀입니다. 사람이 무슨 쓸데없는 말을 하든지 그 말한 것을 가지고 심판 날에 심문을 받을 것이라고 경고하셨습니다. 우리 입에서 나온 말로 어떤 사람은 의롭다 함을 받고 어떤 사람은 정죄함을 받을 것입니다. 그러므로 신앙인은 하나님의 공의로운 심판을 생각하고 어떻게 말하며 행동할 것인지를 결정해야 합니다.

사랑하는 성도 여러분, 한 날 심판이 있을 것을 믿으면 삶의 태도가 분명히 달라집니다. 달라질 수밖에 없습니다. 하루하루의 삶이 진지해질 것입니다. 한 주간 한 주간의 삶이 엄숙해질 것입니다. 삶의 일반적인 태도만이 아니라 삶의 순간순간이 달라질 것입니다.

사람이 살다 보면 오해를 받을 수도 있고 비난을 받을 수도 있습니다. 그러나 만약에 여러분이 최후의 심판이 있다고 믿는 사람이라면 그런 비난과 오해를 받을 때 세상 사람과는 다른 반응을 보일 것입니다. 비난과 오해에 대해서 애태우지 않고 조금은 초연해질 것입니다. 하나님의 사람들은 비난과 오해를 받을 때 오늘 밤이 새기 전에 그것을 밝히겠다고 설치지 않습니다.

고려신학대학 초대 학장이셨던 한상동 목사님이 신사 참배에 반대해서 교단을 새로 시작할 수밖에 없을 때에 온 한국 교회가 그를 향해 교회를 분리하는 사람이라고 비난하며 여러 가지 험담을 하고 책까지 펴내서 공격했습니다. 그러나 한상동 목사님은 전혀 반박하지 않았습니다. 한상동 목사님이 시무하던 교회의 장로들이 "우리도 그들처럼 책을 만들어 반박하자"고 했을 때, 목사님은 "하나님이 세상을 불로 심판하실 때 나를 비난하기 위해 만든 그 책들도 다 타서 없어질 것인데 그렇게 할 필요가 있느냐"고 했습니다. 그들의 비난과 오해에 대해서 같은 방법으로 싸우려고 하지 않았습니다.

그렇습니다. 최후의 심판이 있는 것을 아는 사람들은 말과 행동이 다릅니다. 하나님이 마지막 그 순간에 뭐라고 내게 말씀하실 것인지가 중요하지 사람들이 오늘 내게 뭐라고 말하는지, 그리고 내가 어떻게 오해받고 비난받는지는 신앙의 사람들의 마지막 관심사가 아닙니다. 오늘 본문은 우리의 말과 행위를 하나님의 심판 아래 두도록 하고 있습니다.

여러분은 어떻습니까? 한 날 하나님의 심판대에 설 것을 생각한다면 예배할 때 옷을 잘 입은 사람이 오면 "여기 앉으라"고 하며 각별하게 신경을 써 주고 차림새가 별 볼 일 없다고 생각되면 어디 앉든지 말든지 신경도 쓰지 않는, 그런 일을 할 수 있겠습니까? 멋진 외제 고급 승용차가 들어오면 모두가 관심을 가지고 가까운 곳에 주차를 하라고 하고, 별 볼 일 없는 차를 타고 오면 저 멀리 주차하라고 합니다. 호텔에서는 그렇습니다. 그러나 교회에서는 그렇게 해서는 안 됩니다. 심판을 의식하면 그런 일은 도무지 있을 수 없습니다. 그런 행위는 다가오는 심판을 망각했을 때에라야 가능합니다.

율법을 들을 때 자유합니까?

사랑하는 성도 여러분, 그러므로 오늘 본문은 우리가 말하는 것이든지 행동하는 것이든지 모두 자유의 율법을 따라서 심판받을 자처럼 처신하라고 말합니다.

'자유의 율법'을 따라서 심판을 받는다는 것이 무슨 말입니까? 왜 율법을 '자유의 율법'이라고 말하고 있습니까? 야고보서 1장 25절에는 '자유롭게 하는 율법'이라고 부르고 있습니다. 오늘 본문은 '자유의 율법'이라고 표현합니다. '자유롭게 하는 율법'이란 어떤 의미가 있을까요?

이것은 율법의 기능을 설명하는 말입니다. 율법의 궁극적인 목표는 우리를 자유하게 하는 것입니다. 율법은 죄를 짓는 데서부터 벗어나게 하는 역할을 합니다. 율법은 죄책감으로부터, 이미 지은 죄의 부담감으로부터 우리의 양심을 자유하게 합니다. 율법은 지금 죄를 짓지 않도록 하는 것뿐만 아니라 이미 지은 죄로부터 우리를 자유하게 합니다.

그러나 우리의 처지는 어떠합니까? 여러분은 하나님의 율법을 들을 때 자유합니까? 아니면 아직도 율법이 여러분을 속박합니까? 죄를 지은 인생에게 하나님의 율법은 무섭습니다. 하나님의 법이 밝게 비치면 비칠수록 우리 삶이 폭로되니까 두려워합니다. 율법을 알면 알수록 우리의 죄가 드러나니까 양심의 고통을 느낍니다. 하나님의 말씀을 들으면 들을수록 우리가 자유를 누리게 되는 것이 아니라 우리의 양심이 속박을 당하게 됩니다.

말씀을 듣고 자유함을 누리려고 왔는데 말씀을 들을수록 내가 죄인인 것이 폭로되어 고민한다면 여러분의 삶은 희망이 있습니다. 듣는 말씀으로 인해 기쁨을 누리지 못하고 있다면 여러분의 삶은 지금 잘못되어 있는 것입니다만 지금 괴로워한다는 것은 희망의 징조가 있다는 증거입니다. 어떤 말씀을 들어도 '나는 그냥 교회 왔다가 집으로 돌아가면 된다'고 생각하는 사람은 참 안타까운 사람입니다. 이제 여러분의 삶을 하나님의 말씀대로 살고자 하는 거룩한 소원으로 가득 채우십시오. 말씀대로 살고 싶은 거룩한 소원이 가득하지 않으면 말씀의 자리로 나올수록 괴로울 것입니다.

사랑하는 성도 여러분, 여러분 자신이 짓고 있는 죄악을 스스로 미워하지 않으면 그 죄악을 폭로해 주는 설교가 싫어집니다. 정말 설교자가 능력 있는 설교를 통해서 죄를 예리하게 지적하면 여러분은 택일할 수밖에 없습니다. 죄를 짓고 있는 자신을 미워할 것인지, 아니면 그런 설교를 하고 있는 설교자를 미워할 것인지 둘 중 하나를 선택해야 합니다.

여러분이 정말 하나님의 말씀이 무엇을 요구하는지를 여기 와서 깨닫게 된다면 지금껏 살았던 그 삶을 변화시켜야겠다는 결심을 해야 합니다. 그러한 삶을 사는 자신을 미워하십시오. 그렇지 않으면 그런 설교를 하는 설교자가 싫어질 것입니다. 분명한 설교는 둘 중 하나의 반응을 요구할 것입니다.

반대로 분명한 메시지 전달이 없는 설교는 두루뭉술해서 아무도 상처를 받지 않습니다. 그러나 하나님의 말씀이 분명히 증거되면 둘 중 하나의 반응이 나타나야 합니다. 율법에 의해서 우리 안에 심히 죄악된 것이 폭로되면 우리 양심은 괴로워합니다.

하나님을 알지 못하는 사람도 마찬가지입니다. 자연인도 양심에 기록된 법에 따라서 자기의 잘못된 행위로 인해 괴로워합니다. 하지만 하나님 말씀 앞에 나오면 양심의 빛보다 더 밝은 하나님의 말씀의 빛 아래서 더 밝히 자기를 보게 됩니다. 그래서 하나님의 말씀은 우리를 속박하는 율법이 됩니다.

빛이 비치면 어쩔 수 없는 죄악에 사로잡혀 있는 자신의 모습을 보게 됩니다. 그러나 신앙인은 괴로워하고만 있지 않습니다. 신앙인은 또한 그리스도 예수께서 우리의 죗값을 대신 지불하셨다는 사실을 믿는 사람입니다. 신앙인은 이 죄악에서 벗어날 수 없는 나를 사랑하셔서 예수님이 자기의 생명을 주셨다는 것을 믿는 사람입니다.

그때 비로소 하나님의 말씀이 우리를 해방시키는 복음으로 들려집니다. 율법의 저주에서부터 우리를 자유하게 하셨다는 그 소식을 받아들일 때 하나님의 말씀에 대한 새로운 맛을 느끼게 됩니다. 그렇게 되면 율법의 공포를 느낄수록, 그 무서운 저주의 모습의 실태를 깨달을수록, 신자는 그 죄악에서부터 자유하게 해 주시고 속량해 주신 그리스도께 감사하게 됩니다.

은혜의 자리에 이르기 전에는 아무리 교회에 오래 다녀도 자신의 노력으로 하나님의 율법을 지키려고 합니다. 그러나 믿음의 세계에 들어오면 다릅니다. 율법을 자기 노력으로 억지로 지키려 하지 않습니다. 예수 믿는 사람이 하나님 말씀대로 사는 것은 강제된 삶이 아닙니다. 전에는 억지로 율법을 지키려고 했지만 이제는 자원하는 심령으로 따르게 됩니다.

자유의 율법을 아는 자

율법이 우리를 얽매고 있을 때에는 기뻐할 수 없습니다. 감옥처럼 우리를 가두고, 엄격한 훈육 선생처럼 우리를 다룰 때는 평안이 없습니다. 그러나 예수 믿는 사람들은 이 율법을 들을 때에 얼굴에 기쁨이 있고 마음에 평안이 넘칩니다. 그것은 이 율법이 주는 자유함때문입니다. 이 율법의 엄격함으로부터 나를 해방시켜 주신 예수 그리스도 때문에 우리가 감사하게 됩니다.

사랑하는 성도 여러분, 벌 받을 것이 두려워서 주일을 거룩하게 지킵니까? 지옥 갈 것이 두려워서 예배의 자리에 나옵니까? 우리는 주님을 기쁘시게 하고 싶은 마음의 소원 때문에 이 자리에 나왔습니다. 그분 마음을 기쁘시게 하기 위해서 우리는 주의 말씀대로 순종합니다. 벌 받을까 봐 무서워서, 재앙을 만날까 봐 두려워하는 것은 아직 기독교를 바로 아는 것이 아닙니다.

세상의 많은 종교는 우리가 공적을 쌓는 대로 신이 복 준다는 것을 원리로 삼습니다. 노력한 대로 신이 복을 주신다니까 지성을 갖추어서 더 정성껏 자기가 섬기는 신 앞에 나갑니다. 지성이면 감천이라는 것이 그들의 기본 신조입니다.

그러나 우리 하나님은 그런 하나님이 아닙니다. 옛날에는 지은 죄로 인한 괴로움을 가지고 살았는데 예수 그리스도의 십자가의 죽음으로 우리의 양심은 자유를 누리게 됩니다. 이제부터는 그 주님을 기쁘시게 하고 싶다는 새 소원 때문에 우리가 마음에서부터 하나님의 법을 순종하게 됩니다. 세상에 하나님의 법을 지키는 것만큼 기쁜 일이 없기 때문에 하나님을 섬기는 것입니다. 지키면 지킬수록 율법은 우리의 마음을 더 자유롭게 해 줍니다. 들여다보면 들여다볼수록 온전한 율법을 실감합니다. 말씀이 이를 증언합니다.

> 자유롭게 하는 온전한 율법을 들여다보고 있는 자는 듣고 잊어버리는 자가 아니요 실천하는 자니 이 사람은 그 행하는 일에 복을 받으리라 (1:25).

우물 속을 한참 응시하면 물에 자기 얼굴이 반사되는 것처럼 율법도 마찬가지입니다. 흘깃 쳐다보아서는 자신을 볼 수 없습니다. 그냥 한 귀로 듣고 다른 귀로 흘려버리면 하나님의 말씀의 위력을 알지 못합니다. 하나님의 말씀이 우리에게 은혜를 베풀 여유가 없습니다. 그런 사람에게는 하나님의 말씀이 참 모습을 비춰 줄 수가 없습니다. 그러나 자유하게 하는 온전한 율법을 들여다보고 있는 사람은, 그 의미가 무엇인지 상고하는 사람은 율법을 통해서 자기 모습을 보게 됩니다.

자유하게 하는 율법의 능력을 체험하는 사람은 말과 행동에서 차이가 납니다. 자유하게 하는 율법을 삶에서 체험한 사람은 다른 사람을 불쌍히 여길 줄 아는 사람이 됩니다. 오직 하나님의 자비로 용서받음을 누린 자는 이웃에 대해서 불쌍히 여기는 마음, 이해하는 마음, 배려하는 마음, 사랑하는 마음을 갖게 됩니다.

젊은 시절에는 식당에 가서 밥을 먹는데 맛이 없으면 화가 났습니다. '이 솜씨 가지고 어떻게 식당을 차릴 수 있지?' 하고 생각했습니다. 하지만 요즘에는 그러지 않습니다. '오죽 형편이 안 되었으면 이 솜씨 가지고 식당을 차렸을까?' 하고 생각할 뿐입니다. 저는 그 식당에 조용히 안 갈 뿐이지 그 음식을 만든 사람을 싫어하지 않습니다.

자유의 율법을 아는 자는 다른 사람을 불쌍히 여기고 특별히 가난한 자를 긍휼히 여깁니다. 부자라고 우대하고 가난하다고 괄시하는 사람은 자기가 받게 될 최후의 심판을 망각하고 사는 자입니다. 뿐만 아니라 이웃을 사랑하라는 최고의 법을 짓밟는 악행입니다. 그래서 오늘 본문은 자유하게 하는 율법의 본질에 따라서 처신하라고 호소합니다. 자유의 율법을 아는 자는 그 정신에 따라서 스스로의 말과 행동을 규제한다는 것은 당연한 이야기입니다.

사랑하는 성도 여러분, 인간은 항상 자신이 주인이 되고 싶어 합니다. 자기 욕망이 늘 꿈틀거리고 있는 존재입니다. 마음속에 자기 욕심이 늘 소리치고 있는 한 하나님의 율법은 우리에게 말하지 않습니다. 그러나 신자는 하나님의 말씀을 받아들이므로 새로 태어난 사람입니다.

율법의 요구를 다 성취하신 예수

우리가 받아들인 하나님의 복음 안에는 율법의 모든 요구를 성취하신 예수 그리스도가 계십니다. 예수께서 사람이 지켜야 할 하나님의 법을 다 이루셨기 때문에 예수께서 하신 일만 믿으면 하나님이 우리를 향해 요구하시는 그 수준을 이룬 것으로 간주하십니다. 예수께서 우리를 위하여 돌아가신 것을 믿기만 하면 구원을 받습니다.

본래 하나님이 사람을 지으셨을 때 우리가 사람답게 살기를 원하셨습니다. 그 하나님의 뜻이 구체적으로 기록된 것이 성경 말씀입니다. 자기를 지은 창조주에 대해서 어떻게 예배해야 할지를 말하고 하나님이 자기 형상대로 지은 동료 인생을 어떻게 사랑해야 할지를 말씀하셨습니다.

십계명 가운데 첫 네 계명은 우리를 지은 창조주 하나님을 어떻게 사랑해야 할 것인지를 말해 주고 있습니다. 다음에 뒤따르는 여섯 계명은 동료 인생들을 어떻게 사랑해야 하는지를 말해 주고 있습니다. 그래서 저는 예배 시간에 십계명 선포가 사라진 것을 아쉬워합니다. 우리가 지켜야 할 가장 기본적인 하나님의 뜻이 바로 십계명에 나타나 있기 때문입니다.

인생은 태어날 때부터 이 하나님의 법을 지켜야 할 의무를 가지고 있습니다. 그것을 지키지 못할 때 영원한 심판이 그를 기다리고 있습니다. 사람들은 누구나 자기의 과거를 돌아볼 때에 자신이 하나님의 수준에 미치지 못한다는 것을 인식합니다. 그러나 그 죄악에서 우리를 건지기 위해 예수께서 세상에 오신 것을 알아야 합니다. 하나님 편에서 말하면 자기 아들을 세상에 내어 주셨습니다. 주님께서는 세상에 오셔서 우리가 지켜야 할 율법에 기록된 모든 요구를 다 성취하시기 위해 십자가에서 돌아가셨습니다.

십자가에서 남기신 말씀 중 하나가 "다 이루었다"(요 19:30)입니다. "다 지불했다", "다 청산했다"고 십자가의 주님은 외치셨습니다. 여러분이 지은 죄악을 당신이 다 청산했다고 선언하셨습니다. 여러분의 마음에 이 사실을 믿으시기 바랍니다. 예수 그리스도께서 율법의 요구를 다 성취하셨습니다.

그래서 이 사실을 받아들인 사람은 진리 안에서 다시 태어났다고 말합니다. 자기 욕망의 굴레에서 해방된 사람입니다. 새로 태어난 사람은 하나님을 기쁘시게 할 새로운 욕망이 그 속에 있습니다. 이제 율법은 새로 태어난 우리를 속박하지 않습니다. 율법은 새로 태어난 우리를 더는 위협하지 않습니다. 이제 율법은 우리를 정죄하지 않습니다. 이 율법은 이제 우리를 자유하게 해 줍니다.

사랑하는 성도 여러분, 신자는 율법에 얽매여 사는 자가 아닙니다. 매임에서부터 우리를 해방시켜 기쁨으로 하나님을 섬기게 하는 것이 율법의 본래 기능입니다. 복음을 받아들인 자에게 진실로 율법은 이제 자유의 율법입니다. 자유의 율법이란 복음의 별명입니다. 복음은 진실로 사람을 자유하게 합니다. 복음을 아는 자는 이제 율법의 조문에 얽매이지 않습니다. 그런 사람은 신앙생활 하는 데 자유함이 있습니다. 계명에 매여서 하나님을 섬기는 사람이 아닙니다. 하나님의 복음을 진실로 깨닫고, 하나님의 심정을 이해하고 나면 하나님 말씀의 참뜻이 밝히 드러납니다. 율법의 조문을 통해서 말씀하시는 하나님의 속마음을 읽었기 때문에 우리는 순종하게 됩니다. 그 중심에 하나님 뜻대로 살고자 하는 거룩한 소원이 가득한 자가 자유의 율법을 따라서 사는 자이고 자유의 율법을 따라서 심판을 받을 자입니다. 하나님의 자녀로서 계명을 준수한다는 것, 하나님의 말씀대로 산다는 것은 무거운 짐이 아닙니다.

> 하나님을 사랑하는 것은 이것이니 우리가 그의 계명들을 지키는 것이라 그의 계명들은 무거운 것이 아니로다(요일 5:3).

주님이 친히 말씀하시기를 "내 멍에는 쉽고 내 짐은 가볍다"(마 11:30)고 말씀하셨습니다. 자유의 율법을 따라 사는 것은 거듭난 자의 영혼의 기쁨이고 소원입니다. 전에는 자신의 욕망대로 살았습니다. 살고 나면 후회이고 탄식입니다. 양심의 괴로움만 남습니다. 그러나 아무도 그 욕망에서부터 우리를 구원해 주지 못했습니다. 그래서 욕망을 따라서 죄악을 범하고 살았습니다. 죄악을 범하고 나서 '왜 내가 그랬던가' 하고 괴로워했습니다.

하나님의 율법을 듣지 못한 사람도 마찬가지입니다. 양심에 기록된 하나님의 기준이 있기 때문입니다. 인생은 자기 마음속에 어떻게 살아야 하는지 양심의 기준을 가지고 있습니다. 이 양심의 수준에 따라 살지 못하면 후회를 하는 것이 인생입니다. 양심의 소리에 불순종한 죄책에서부터 자유하게 되기를 원하십니까? 하나님의 법을 어기고 산 삶의 중압감에서부터 해방되기를 원하십니까? 양심대로 살기를 원했지만 실패한 그 괴로움을 씻고 싶으십니까? 여기 그리스도의 초청의 말씀이 있습니다.

> 수고하고 무거운 짐 진 자들아 다 내게로 오라 내가 너희를 쉬게 하리라 (마 11:28).

고달프고 쉼을 얻지 못한 자는 다 자기에게로 오라고 하십니다. 그리고 그분은 "내가 너희를 쉬게 하리라"고 약속하십니다. 그분은 우리의 죄악을 다 담당하고 십자가에 달려 돌아가신 구주 예수님이십니다. 그렇기 때문에 우리 주님은 자기가 하신 일에 근거해서 우리 인생을 초청하십니다.

> 명절 끝날 곧 큰 날에 예수께서 서서 외쳐 이르시되 누구든지 목마르거든 내게로 와서 마시라(요 7:37).

사랑하는 이웃 여러분, 주님의 초청을 여러분의 마음속에 받아들이십시오. 주님이 여러분을 대신해서 하나님의 모든 뜻을 이루신 것을 감사하십시오. 그러면 예수님이 하나님과 여러분의 관계를 새롭게 하실 것입니다. 그러면 여러분은 삶의 기쁨을 누리고 용서함을 받은 자의 기쁨을 누리게 될 것입니다. 예수님을 마음속에 모신 자의 삶의 기쁨을 여러분은 함께하게 될 것입니다.

사랑하는 성도 여러분, 그리고 이웃 여러분, 신앙인은 억지로가 아니라 하나님의 뜻에 따라서 말과 행동을 하는 사람입니다. 그러므로 "너희는 자유의 율법대로 심판받을 자처럼 말도 하고 행하기도 하라"는 이 명령은 하나님의 백성에게만 주어집니다. 부디 여러분 모두 이 명령을 마음으로 받아들여서 하나님의 백성이 누리는 복된 삶을 살아가시기를 바랍니다.

James
야고보서 2장

야고보서 2장 12-13절

¹²너희는 자유의 율법대로 심판받을 자처럼 말도 하고 행하기도 하라 ¹³궁휼을 행하지 아니하는 자에게는 궁휼 없는 심판이 있으리라 궁휼은 심판을 이기고 자랑하느니라

19.
긍휼과 심판 2

그리스도 안에서 사랑하는 성도 여러분, 그리고 신앙생활을 시작하기 위해서 이 자리에 나오신 사랑하는 구도자 여러분, 예수께서 세상에 오셔서 말구유에 태어나신 것은 어떤 자리에서도 인간은 소중한 존재임을 보여 주시기 위함입니다. 그리고 예수께서는 33년의 세월을 이 땅에서 사시면서 어떤 사람이라도 소중하게 대하심으로 사람이 어떻게 살아야 하는지를 몸소 보여 주셨습니다.

오늘 본문은 인간 차별의 부당함을 말하는 문단의 마지막 부분입니다. 이 마지막 부분에서 사람을 차별하는 말과 행동은 하나님의 심판 대상임을 말하고 있습니다. 본문 두 절 속에 세 차례나 심판이라는 말을 사용하면서 오늘 우리의 말과 행동을 '심판'이라는 분명한 사실로 규제하려고 합니다. 신자는 내일의 심판을 생각하면서 오늘을 사는 자입니다. 그러나 신자가 받는 심판은 자유의 율법에 따라 받는 심판입니다.

사랑하는 성도 여러분, 신자에게 율법은 이제 자유의 율법이라는 것을 기억해 주시기 바랍니다. 은혜로 이 축복스러운 자리에 옮겨진 자는 한때 자신도 하나님의 자비로운 은혜의 대상이었기 때문에 다른 이를 향해 가혹한 처신을 할 수가 없습니다.

자신이 한때 하나님의 자비의 대상이었다는 것을 깨닫고 나면 이제부터 다른 사람들에게 자비를 베풀 수밖에 있습니다. 이제부터 타인을 향해 처신할 때에 자신이 하나님께 받은 그 자비대로 다른 사람에게도 자비를 베풀 수 있습니다. 그래서 "너희는 자유의 율법대로 심판받을 자처럼 말도 하고 행하기도 하라"는 명령이 통합니다. 달리 말하면 신자들은 무슨 말을 해도 좋고 무슨 행동을 해도 좋은데 우리가 자유의 율법대로 심판을 받을 자인 것을 기억하고 행동하라는 것입니다.

명령에 뒤따르는 설명

12절과 13절을 잘 관찰해 보십시오. 12절은 명령문입니다. 그리고 13절은 설명문입니다. 12절의 명령의 근거로 13절이 나오고 있습니다. 원어에는 13절 초두에 "왜냐하면"이라는 말이 나오는데 한글 성경에서는 생략되었습니다. 생략되어도 앞뒤 문맥을 보면 13절이 설명이라는 것을 누구나 알 수 있습니다. 여기에 성경적인 명령의 특징이 있습니다. 성경은 무조건 명령만 하지 않습니다. 사실 성경을 통해서 명령하시는 분은 절대자 하나님입니다. 절대자 하나님이 명령하시면 사람이 이유를 달 수 없습니다. 무조건 순종해야 합니다.

하지만 하나님께서는 명령만으로 다가오시지 않는 것이 은혜입니다. 은혜에 탁월하신 하나님께서 명령만 하지 않고 명령에는 반드시 이유를 설명해 주시고 있습니다. 그리하여 우리에게 더 순종할 욕구를 가지도록 북돋아 주십니다. 명령과 설명은 동시에 나옵니다. 물론 순서가 바뀔 수도 있습니다.

어떤 때는 오늘 본문처럼 명령을 먼저 하고 그 다음 이유를 설명할 때도 있습니다. 그러나 다른 곳을 보면 설명을 먼저 해 놓고 "그러므로" 너희가 이렇게 하라고 명할 수 있습니다. 명령이 먼저 나오면 "왜냐하면"이라는 말로 이유를 설명을 해 주고 설명이 먼저 나오면 "그러므로"가 뒤따라 나오는 것입니다.

물론 하나님께서 무조건 명령만 해도 순종해야 합니다. 여러분은 어떻습니까? 하나님의 명령은 절대적이기 때문에 인간을 포함한 모든 피조물이 그 명령에 순종해야 옳습니다. 그러나 하나님 말고는 아무도 절대적 명령을 내릴 수 있는 분이 없습니다. 집에는 가장이 있고, 회사에는 사장이 있고, 나라에는 대통령이 있지만 그 어떤 사람도 절대적 명령을 발할 권한을 갖고 있지 않습니다. 그러므로 논리적인 설명을 하다가 안 통한다고 해서 "내가 사장이니까 무조건 시킨 대로 해"라고 말한다면 성도다운 처신이 아닙니다. 우리 하나님께서는 절대자이시지만 무조건 명령만 하시지 않습니다. 설명을 꼭 친절하게 붙이십니다.

예수를 잘 믿는 것은 우리가 믿는 하나님을 닮아 가는 것입니다. 가장이 예수를 잘 믿으면 식구들에게 하나님이 하시는 것처럼 해야 합니다. 사장이 예수를 잘 믿으면 사원들에게 하나님이 하시는 어법을 따라가야 합니다. 명령을 먼저 했으면 꼭 설명을 붙여 주고 설명을 하고 나서 지시를 해야 옳습니다. 무조건 명령만 하는 것은 좋은 신앙인의 모습이 아닙니다. 우리는 하나님의 성품을 배웠으므로 그에 맞게 행동해야 합니다.

하나님께서는 설명해 주시고 설명에 근거해서 명령하시는 분입니다. 이 설명문과 명령문의 조화가 아주 중요합니다. 좋은 설교에는 이 두 가지 요소가 반드시 있어야 합니다. 설명만으로 끝나 버리면 그것은 강의에 불과합니다. 진리에 대한 설명이 먼저 있을 때는 그 진리대로 살 수 있도록 "그러므로"의 명령이 반드시 나와야 합니다. 삶의 변화를 위한 명령이 없는 설교는 설교가 아닙니다. 그러나 설명 없이 명령만으로 소리치면 고함 소리밖에 남는 것이 없습니다. 왜 그렇게 명하는지 누구나 납득할 수 있어야 순종하기가 쉽습니다.

그래서 성경은 항상 설명을 하고 나서 명령하고, 명령을 하고 나서는 이유를 대어 주는 식으로 전개됩니다. 오늘 본문 12절, 13절도 예외가 아닙니다. 왜 우리의 말과 행동이 자유의 율법대로 심판받을 자임을 명심해야 합니까? 13절에 나오는 그 이유를 같이 한번 읽어 봅시다.

> 긍휼을 행하지 아니하는 자에게는 긍휼 없는 심판이 있으리라 긍휼은 심판을 이기고 자랑하느니라(2:13).

13절은 왜 우리가 그렇게 해야 하는지를 두 가지 측면에서 설명해 주고 있습니다. 첫째는 부정적으로 설명하고 있습니다. 만약에 긍휼을 행하지 않으면 여러분 자신이 긍휼 없는 심판을 받게 될 것을 경고합니다. 두 번째 문장에는 같은 이야기를 적극적으로 말합니다. 같은 내용을 두 가지 다른 각도에서 설명해 주고 있습니다.

보십시오. 우리 하나님은 항상 이렇게 친절하신 분입니다. 자기 형상대로 지음 받은 사람을 말을 하면 알아듣는 존재로 대우하십니다. 이사야 선지자를 통해서 말 안 듣는 이스라엘 백성이 다가올 때도 "오라, 우리가 서로 변론하자 너희의 죄가 주홍 같을지라도 눈과 같이 희어질 것이요"(사 1:18)라고 말씀하십니다.

우리 하나님은 말씀하신 설명에 우리 한번 같이 맞장 토론하자고 다가오시는 분입니다. 우리 보고 함께 변론하자고 말씀하시는 하나님입니다. 설명을 해주면 우리가 그 설명을 알아들을 자로 여기십니다.

여러분도 그렇게 해 보십시오. 가정에서 가르칠 때도 마찬가지입니다. 자녀들을 무시하지 마십시오. 그냥 명령만 하면 된다고 생각하지 마시고 설명을 잘하면 의외로 아이들이 명하는 말에 잘 순종할 것입니다.

오늘날 교회에 이런 병폐가 더러 있는 것 같습니다. 그저 명령만 하고 끝내려는 시도입니다. 막강한 목사의 말이니까, 아니면 막강한 당회의 말이니까 무조건 따르라고 해서는 통하지 않습니다. 요즘은 옛날보다 세상도 많이 바뀌었으니까, 교회도 좀 바뀌면 좋겠습니다. 아니, 정말 교회부터 마땅히 바뀌어야 합니다. 명령만 하고 끝나지 않는 이런 분위기가 여러분의 가정에서부터 정착되어야 합니다. 그래야 그런 가정에서 자란 아이들이 사회의 주역이 될 때 비로소 이 세상이 민주화가 될 것입니다. 권위적인 분위기에서 자라난 세대는 민주화를 제대로 이룰 수가 없습니다. 정권이 바뀌어도 마찬가지입니다.

억압하는 가정 분위기에서 자라난 사람들은 민주 시민의 구실을 하기가 어렵습니다. 히틀러는 유대인을 몇 명이나 죽였습니까? 무려 600만 명을 죽였습니다. 가스실에 넣어서 죽이는 일이 사람으로서 가능한 일입니까? 보십시오. 유대인이란 이유 때문에 600만 명이나 죽일 수 있다는 것은 누가 생각해도 미친 짓 아닙니까? 그래도 그런 일을 거뜬히 해냈습니다.

그것도 스스로 세상에서 가장 뛰어나다고 생각한 게르만 민족, 아리안 족속이 그런 일을 했습니다. 왜냐하면 그들은 어릴 적부터 명령이면 무조건 순종해야 하는 체제 속에서 자랐기 때문입니다. 그들은 총통의 명령이니까 그것이 옳은지 아닌지를 생각하기도 전에 명령에 복종했습니다. 그래서 인류 역사상 600만 명을 죽인 엄청난 결과를 가져왔습니다. 무조건 명령에 순종하는 풍토는 이제 지양되어야 합니다. 예수 믿는 사람들은 우리를 인격자로 대하시는 좋으신 하나님께 배운 자들입니다. 그렇기에 명령에 반드시 설명이 뒤따라야 합니다.

행한 대로 받는 심판의 원리

우리가 자유의 율법대로 심판받을 자처럼 처신해야 할 첫 번째 이유는 "긍휼을 행하지 아니하는 자에게는 긍휼 없는 심판이 있으리라"는 무서운 경고 때문입니다. 여러분이 살면서 다른 사람을 대할 때, 가차 없이 "나에게 한 번 걸리면 끝장이야"라고 주장하는 사람이 가끔 있습니다. 예수 믿는 사람은 그렇게 해서는 안 됩니다. 만약에 하나님이 우리를 향해서 "너 나에게 걸리면 끝이야"라고 말하면 교회 나올 사람 있습니까? 다 지옥에 갈 것입니다. 형제자매를 향해서 내 마음에 안 든다고 냉정하게 한마디로 끊어 버리게 되면 하나님도 나를 가차 없이 처단하실 것이라는 말입니다.

살다 보면 마음에 맞는 사람들만 있는 것이 아닙니다. 마음에 맞지 않는 사람도 있습니다. 이해 안 되는 사람도 있습니다. 뿐만 아니라 헤어질 수 없는 관계로 만난 사람도 마음에 안 드는 행동을 할 수 있습니다.

배우자의 어떤 행동은 도무지 마음에 들지 않을 때도 있습니다. 마음에 안 드는 짓만 골라서 하냐고 하지만 사실 감정이 과해서 하는 생각이지 마음에 안 드는 짓만 골라서 하는 것도 쉽지 않습니다. 그것은 마치 사지선다형 25문제를 푸는데 정답 아닌 것만 골라서 찍기가 불가능한 것과 같습니다. "왜 저렇게 시키지 않은 짓만 골라서 하는지"라는 말도 화가 나서 하는 소리지 정말로 말하면 꼭 그런 아이가 아닙니다. 속에서 부글부글 끓어오를 때는 그런 생각이 들지만 느낌이라는 것은 정확하지 않습니다.

제 허물을 낱낱이 다 기억하고 있는 아내는 저보다 머리가 좋습니다. 첫 아들을 낳을 때 아내는 수술실에 들어갔는데 제가 탁구를 치고 있었던 일을 다 기억하고 있습니다. 저도 일부러 그런 것은 아닙니다. 병원 대기실에서 기다리고 있는데 친구가 와서 "바깥에서 기다리면 뭐 하냐. 탁구나 한 게임 치자" 하는 친구 꾐에 넘어갔습니다. 저는 그 뒤로 살면서 두고두고 고

달팠습니다.

저의 허물에 대해서 아내는 많이 알고 있습니다. 하나하나 방어할 재주가 없습니다. '참 이상하다. 나는 신학교에서 공부하면서 모든 사람은 죄인이라고 배웠는데 어떤 죄인은 늘 모든 일을 잘하고 어떤 죄인은 늘 모든 일을 잘 못하고 참 이상한 일도 다 있네' 하며 의아해 했습니다.

인사권을 갖는 것도 쉬운 일이 아닙니다. 함께 일한다는 것도 쉽지 않습니다. 다 마음에 들 수가 없습니다. 제가 1995년 첫 신년 설교를 하면서 마음을 다잡고 이런 경고를 했습니다. 교회에 신학생인 성도가 많았는데 제가 내년에 같이 일하자고 얘기를 안 하면 제발 다른 교회로 옮겨 달라고 했습니다. 그랬더니 전체 교역자가 수군거렸습니다. 신학생인 성도들은 '우리 목사님이 건망증이 심한데 나보고 같이 일하자고 하는 것을 깜빡 잊어버리면 어쩌지' 하면서 걱정했습니다. 그런데 하나님이 저를 그해에 해임하게 하시고 사역지를 옮기게 하셨습니다. 지금 생각하면 하나님이 저를 해임시키신 것이 얼마나 감사한 일인지 모릅니다.

오늘 말씀은 내 권한만 가지고 그렇게 가혹하게 처신하는 것은 용납할 수 없다는 말씀입니다. 그렇게 가차 없이 끊어 버리는 식으로 처신하면 하나님도 그렇게 하실 것이라는 말입니다. '도대체 저 사람 일하는 것 보니까 마음에 들지 않아. 나는 저런 사람과 같이 일하고 싶지 않아' 하고 잘라 버리면 하나님도 여러분을 그렇게 하겠다는 것입니다.

"긍휼을 행하지 아니하는 자에게는 긍휼 없는 심판이 있으리라"는 진리는 성경 전체가 말하고 있는 것입니다. 다른 말로 하면 행한 대로 받는 심판의 원리입니다. 뿌린 대로 거두는 추수의 원리입니다.

> 스스로 속이지 말라 하나님은 업신여김을 받지 아니하시나니 사람이 무엇으로 심든지 그대로 거두리라 (갈 6:7).

긍휼은 자유의 핵심

사랑하는 성도 여러분, 13절 한 절에 '긍휼'이란 말이 세 번 반복되어 나옵니다. 반복되는 단어는 대부분 중요한 말입니다. 야고보는 이 반복적인 단어를 통해서 우리 예수 믿는 사람들이 어떤 사람들인지를 보여 줍니다. 본문의 교훈은 세상 사람들에게 주신 것이 아닙니다. 세상 사람들은 지키라고 해도 지키지 않습니다. 이것은 신앙의 공동체에 주어진 성경 말씀입니다. "흩어져 있는 열두 지파"를 향해서 한 말입니다. 성도는 긍휼이 여기는 사람들입니다.

그러므로 하나님의 긍휼을 맛본 사람들만이 이 말씀을 순종할 수 있는 준비가 되어 있는 사람입니다. 성도는 자신이 오로지 하나님의 긍휼에 의해서만 설 수 있다는 것을 깊이 느끼는 자입니다. 성도는 하나님이 나를 긍휼히 여기시지 않았더라면 오늘 내가 있지 못했을 것임을 뼈저리게 느끼고 뜨거운 눈물을 흘려 본 사람이기 때문에 다른 사람을 향해서 가차 없이 처단하지 못합니다. 냉혈인이 될 수 없습니다. 그래서 우리 그리스도인은 어떤 의미에서 보다 숭고한 의무를 가지고 있습니다. 긍휼을 다른 사람에게 나타내 보일 의무를 가지고 있는 것입니다.

> 너희 아버지의 자비로우심같이 너희도 자비로운 자가 되라(눅 6:36).

바꾸어 말하면 우리가 자비롭게 처신할 때에 우리 하나님이 자비하신 분인 것을 세상 사람들이 알게 될 것입니다. 교회는 은혜로 만나고, 서로 있는 그대로 받아 줄 수 있는 공동체가 되어야 합니다.

긍휼은 자유의 핵심입니다. 최고의 법의 진수입니다. 긍휼은 실제 삶에서 다른 사람을 향해서 보여 주는 사랑입니다. 긍휼은 사랑할 만한 가치가 있다고 해서 사랑하는 것이 아닙니다. 그건 우정입니다. 사랑할 만한 가치가 없다고 느껴져도 사랑할 때 그게 긍휼입니다.

긍휼을 행하지 않는 자에게 긍휼 없는 심판이 있을 것이라는 말의 속뜻은 오직 긍휼을 나타내는 자만이 긍휼을 얻으리라는 의미입니다. 우리 하나님은 성도들이 긍휼을 베풀기를 바라십니다. 긍휼은 다른 사람들이 행동하는 데 근거해서 사랑하는 것이 아닙니다. 그가 하는 짓을 보면 도무지 사랑할 수 없지만 그 사람 역시 하나님의 형상대로 지음 받은 인생이기 때문에 사랑하는 것이 긍휼입니다.

그냥 지금 하는 행동을 보니까 사귈 사람이 아니라고 매몰차게 끊어 버리는 대신 하나님의 거룩한 형상으로 지음 받은 인생이 그처럼 비참한 자리에 떨어진 배경을 한번 생각해 보는 것입니다. 왜 하나님의 성품대로 지음 받은 인생이 이렇게 선을 악으로 갚는 악한 인생이 되었는가 하는 배경을 살펴보면 그 사람이 걸어왔던 비참한 삶을 이해할 수 있게 될 것입니다. 그게 자비로운 마음을 가진 사람들입니다.

본문 13절 말씀은 주님이 산상설교에서 가르치신 교훈을 그대로 반영하고 있습니다. 이 편지를 쓴 야고보와 예수님은 서로 육신의 형제지간이었습니다. 예수님은 마리아가 낳은 첫 아들입니다. 그리고 요셉과 더불어 낳은 둘째 아들이 이 편지를 쓴 야고보입니다. 그러므로 어떤 서신보다도 예수님의 교훈을 많이 반영한 서신이 야고보서입니다. 야고보 선생이 말한 것과 산상설교에서 예수님이 말한 것에서는 유사점을 아주 많이 발견할 수 있는데 오늘 본문에서도 그 예를 하나 살펴볼 수 있습니다.

마태복음 5장 7절 말씀인 "긍휼히 여기는 자는 복이 있나니 그들이 긍휼히 여김을 받을 것임요"는 오늘 본문과 비슷합니다. 다만, 오늘 본문은 동일한 진리를 반대로 강조하고 있습니다. "긍휼을 행하지 아니하는 자에게는 긍휼 없는 심판이 있으리라"

너희가 사람의 잘못을 용서하면 너희 하늘 아버지께서도 너희 잘못을 용서하시려니와 너희가 사람의 잘못을 용서하지 아니하면 너희 아버지께서도 너희 잘못을 용서하지 아니하시리라(마 6:14-15).

바깥 다른 사람들뿐 아니라 식구들 사이에서도, 아니 가장 가까운 부부지간에도 이 말씀이 필요합니다. "남편(아내)의 잘못을 용서하지 않으면 너희 아버지께서도 너희 잘못을 용서하지 않으리라."

같은 논리가 마태복음 7장 1절에서 2절에 "비판을 받지 아니하려거든 비판하지 말라 너희가 비판하는 그 비판으로 너희가 비판을 받을 것이요 너희가 헤아리는 그 헤아림으로 너희가 헤아림을 받을 것이니라"로 나타나고 있습니다.

다른 성도들을 향해서 말하고 처신할 때에 주의해야 합니다. 형제자매를 향해서 가혹한 말을 하는 것은 자신을 그런 가혹한 심판의 자리로 떨어뜨리는 것입니다. 이해하는 마음으로 다가서십시오. 사랑하는 심정으로 돌아보십시오. 그리스도 안에서 형제가 되었다는 사실 하나만으로도 우리는 서로 사랑해야 할 이유가 충분합니다.

하나님이 우리에게 긍휼을 베풀어 주셨기에

사랑하는 성도 여러분, 우리는 행한 대로 받습니다. 뿌린 대로 거둡니다. "자기의 육체를 위하여 심는 자는 육체로부터 썩어질 것을 거두고 성령을 위하여 심는 자는 성령으로부터 영생을 거두리라"(갈 6:8)고 성경은 말합니다. 오늘 본문도 "긍휼을 행하지 아니하는 자에게는 긍휼 없는 심판이 있으리라"고 말합니다.

그렇다고 우리가 행한 긍휼에 근거해서 하나님이 우리를 긍휼히 여기신다는 말씀은 아닙니다. 그렇게 오해하지 마십시오. 본문은 그런 뜻이 아닙니다. 오히려 "너희가 받은 긍휼에 근거해서 남을 긍휼히 여기라"는 말입니다. 우리가 베푼 긍휼에 근거해서 우리가 긍휼을 받을 것이라는 말이 아니라 우리가 하나님께 받은 긍휼에 근거해서 우리도 남을 긍휼히 여기라는 말씀입니다.

이 말씀의 핵심은 하나님의 긍휼을 맛본 자만이 타인을 긍휼히 여길 수 있다는 진리를 나타내고 있습니다. 산상보훈도 마찬가지입니다. 하나님의 긍휼을 체험한 성도들에게 이 말씀을 하고 있습니다. 자기가 하나님의 자비의 대상이 되어 보지 않고는 이 말씀을 실천할 수 없습니다. 우리가 베푼 긍휼에 근거해서 우리가 심판을 받는다고 하면 우리는 모두 다 지옥으로 떨어질 것입니다. 예수 믿고 나서 하나님이 여러분에게 베풀어 주신 긍휼에 근거해서 여러분이 얼마만큼 긍휼을 베풀고 있는지 자신을 한번 살펴보십시오.

존 웨슬리(John Wesley)에게는 남을 용서하기 싫어하는 친구가 있었습니다. 그는 그 친구에게 이렇게 말했습니다. "그렇다면 좋네. 그럼 계속해서 미워하게. 하지만 앞으로 자네는 절대로 다른 사람에게 미움 받을 짓을 하면 안 되네. 혹시 그 상대가 자네처럼 용서할 줄 모르는 사람일 줄 누가 알겠나?"

사랑하는 성도 여러분, 우리가 다른 사람에게 베푼 긍휼에 근거해서 하나님이 우리를 긍휼히 여기는 것이 아니라 하나님이 우리에게 베풀어 주신 그 긍휼에 근거해서 우리도 다른 사람에게 긍휼을 베풀어야 합니다. 동일한 진리를 예수님이 마태복음의 비유에서 잘 보여 주고 있습니다.

> 내가 너를 불쌍히 여김과 같이 너도 네 동료를 불쌍히 여김이 마땅하지 아니하냐 하고(마 18:33).

수천억이나 되는 빚을 탕감받고 나오는 길에 친구의 멱살을 움켜잡으면서

"너 왜 빌려간 십만 원 안 갚냐?" 하는 그 비유를 여러분은 아실 것입니다. 그 비유를 하시고 예수님이 말씀하셨습니다.

> 너희가 각각 마음으로부터 형제를 용서하지 아니하면 나의 하늘 아버지께서도 너희에게 이와 같이 하시리라(마 18:35).

다른 사람을 향해서 가혹하게 처신하는 것은 바로 하나님이 자기를 용서해 주었다는 것을 인정하지 않기 때문입니다.

우리가 자유의 율법대로 심판받을 자처럼 처신해야 될 두 번째 이유를 잠깐 살펴봅시다. 적극적인 선언이 나오고 있습니다. "긍휼은 심판을 이기고 자랑하느니라." 자신이 하나님의 긍휼의 대상인 자는 타인을 긍휼히 여깁니다. 자기가 지은 죄악 때문에, 자기가 받은 용서 때문에 눈물을 흘려 본 사람, 그리고 자기가 하나님의 긍휼의 대상이었던 것 때문에 눈물을 흘려 본 사람은 다른 사람을 볼 때도 불쌍히 여기게 됩니다. 그렇게 선을 악으로 갚는 사람을 볼 때도 그 사람 대신에 웁니다.

다른 사람을 불쌍히 여기는 그 행동은 이미 여러분이 하나님의 진노의 심판에서 옮겨졌다는 표시입니다. 여러분이 하나님의 자녀 되었다는 것은 여러분의 입에서 나오는 신앙의 고백이 전부가 아닙니다. 마음으로 믿고 입으로 시인해서 구원을 받지만 구원받은 증거는 마음으로 믿어서 입으로 시인하는 데서 나오는 것이 아닙니다.

입술의 고백은 실제적인 삶에서 확인됩니다. 마음으로 믿어서 입으로 시인한 그것이 진실이라는 것은 다른 사람을 향해 처신하는 데서 확인되어야 합니다. 다른 이에게 베풀어 준 하나님의 긍휼이 하나님의 심판을 이기고 자랑하게 됩니다. 복수함으로써가 아니라 긍휼을 베풂으로써 진정한 승리자가 됩니다.

우리 삶 속에서 다른 사람을 불쌍히 여기고 있는 것을 보면 이미 어둠의 영역에 있지 않고 빛의 영역으로 옮겨진 증거입니다. 그런 사람에게는 이제 진노의 심판이 없습니다. 하늘 아버지의 자비하심처럼 그렇게 자비한 행동을 베풀게 하기 때문에 하나님이 그에게 베푼 긍휼이 이미 승리한 것을 알 수 있습니다. 오늘 본문 말씀을 기억하시면서 긍휼을 베푸는 하루가 되시기를 바랍니다.

James
야고보서 2장

야고보서 2장 14-17절

¹⁴내 형제들아 만일 사람이 믿음이 있노라 하고 행함이 없으면 무슨 유익이 있으리요 그 믿음이 능히 자기를 구원하겠느냐 ¹⁵만일 형제나 자매가 헐벗고 일용할 양식이 없는데 ¹⁶너희 중에 누구든지 그에게 이르되 평안히 가라, 덥게 하라, 배부르게 하라 하며 그 몸에 쓸 것을 주지 아니하면 무슨 유익이 있으리요 ¹⁷이와 같이 행함이 없는 믿음은 그 자체가 죽은 것이라

20.
행함이 없는 믿음

그리스도 안에서 사랑하는 성도 여러분, 방금 제가 여러분을 무엇이라고 불렀습니까? 저는 여러분을 신자라고 부르지 아니하고 성도라고 불렀습니다. 왜 신자라고 부르지 않고 성도라고 부르는지 아십니까? 사실 모든 신자가 다 성도이고 성도이면 모두 신자임이 틀림없습니다. 그러나 신자라고 부르는 것과 성도라고 부르는 것은 그 강조점이 다릅니다.

신자라고 하면 믿는 사실에 강조점을 둡니다. 하나님을 아버지로 믿고 예수를 그분의 아들 그리스도라고 믿는 사실에 강조점을 둡니다. 우리는 예수님을 마음으로 믿고 입으로 고백하므로 구원을 받습니다.

하지만 제가 신자라고 부르는 대신 성도라고 여러분을 부르는 데는 특별한 이유가 있습니다. '믿는 사람들'이라고 부르는 대신 '거룩한 무리들'이라고 부르는 것은 마음으로 믿는 사실 위에 또 하나의 진리를 강조하고 싶기 때문입니다.

바로 우리는 믿는 순간 그리스도의 보혈로써 거룩하게 된 자라는 사실입니다. 그래서 저는 "그리스도 안에서 사랑하는 성도"라고 여러분을 부르기를 즐겨합니다. 신자는 이미 그리스도 안에서 거룩하게 된 사람이기 때문입니다. 그리스도의 흘린 피를 믿는 사람들을 하나님은 거룩한 자로 여깁니다.

그러므로 우리는 거룩한 자가 되었기에 거룩한 삶을 살아야 합니다. 이전에는 죄인으로 태어났기 때문에 죄를 지을 수밖에 없었지만 거룩한 자로 다시 태어났기에 거룩하게 살아야 합니다. 믿는다고 입으로 고백하는 것만으로는 성도의 교제의 터전이 되지 못합니다. 삶으로 거룩함을 추구하는 사람들이 함께 모이게 될 때 거기에 성도의 아름다운 교제가 시작될 수 있습니다.

사랑의 행위

오늘 본문 2장 14절 마지막 절까지 참경건은 행동이 뒷받침되는 신앙임을 설명합니다. 구체적으로 돕는 행위, 그것이 있어야 참된 경건, 제대로 된 신앙이라고 말합니다. 그리고 나서 3장 1-12절은 참경건을 자기 혀를 제어하는 것으로 풀이합니다.

오늘 본문은 특히 가난한 이를 돌아보는 삶이 뒷받침되지 않고는 믿음이 있을 수 없음을 강조하고 있습니다. 교회가 실제로 얼마나 구제를 하느냐도 중요합니다. 하지만 그보다 중요한 것은 성도들이 예수를 믿고 나서 각자가 어려운 사람들을 얼마나 돌보았는지 가정 단위로 확인이 되어야 합니다. 물론 여러분이 낸 헌금을 가지고 교회 단위로 구제해야 되는 것이 맞습니다. 그러나 또 우리는 개인의 수입 가운데 100분의 1이라도 떼어서 주변의 어려운 사람을 개인적으로 도와야 합니다. 이 1퍼센트의 금액이 어려운 사람에게는 큰 영향을 끼치게 됩니다.

어려운 사람에게는 오천 원도 큰돈입니다. 오천 원도 기도하면서 쓰면 아주 의미 있는 데 쓸 수 있습니다. 한 달에 만 원도 좋습니다. 많이 버는 사람은 오만 원, 십만 원 넘게 한들 하나님께서 말리시겠습니까? 할 수 있습니다.

사람들은 국가가 무엇을 하는 것보다도 우리가 개인적으로 하는 것에 더 감동합니다. 국가가 복지를 하면 "내 꺼 주시오. 내 꺼 왜 안 줍니까?"라고 합니다. 저는 외국에 다녀올 때 선물을 사 오지 않습니다. 선물을 나눠 줬는데 그 자리에 없었던 사람이 와서 "내 꺼 주세요"라고 하면 얼마나 황당합니까? 그래서 단체로 주는 것은 의미가 없습니다. 그러나 필요한 경우에 개인적으로 선물 하면 사람들이 훨씬 감동합니다.

복지 '국가'가 되는 것도 중요하지만 우리가 조금만 마음을 비워 봅시다. 여러분이 농사지은 것 중에 한 가마니를 기부하라고 성경은 말하지 않습니다. 성경은 현실적입니다. "농사짓고 다 추수하고 나서 제발 땅에 빠진 이삭을 또 주우러 나오지 말라. 이것은 가난한 자의 몫으로 해라. 포도원에서 추수를 다 해가면 다시 포도원을 재점검하지 말라. 혹시 빠진 것 있으면 그것은 가난한 사람에게 주라"(신 24:19-21 참조). 이것이 성경의 가르침입니다.

물론 가난한 사람에게마저 자기 이익을 착취하는 사람도 많습니다. 정당들도 있습니다. 가정 단위로 개인적으로 조금만 마음을 열어 주면 사람들이 생을 포기하지 않습니다. 어딘가에 가면 이삭이라도 남아 있다는 걸 알면 말입니다.

오늘 본문은 야고보 선생의 설교의 진수에 도달한 것처럼 보입니다. 사랑하는 성도 여러분, 오늘 우리는 그 경건한 사람으로 불린 야고보의 설교에 귀를 기울입시다. 오늘 본문을 전체 본문의 흐름과 관련해서도 생각할 수 있지만 바로 앞부분과 관련해서 살펴볼 수도 있습니다.

심판을 이기고 자랑하는 긍휼이 어떤 행위인지 실례를 드는 동시에 긍휼의 의미가 무엇인지 보여 줍니다. 자비와 친절한 행동이 사랑의 피치 못할 산물인 것처럼 사랑의 행위가 없는 것이 확인되면 그 사람의 신앙은 가짜라는 것입니다. 사랑이 있으면 친절한 행위는 반드시 나타나게 마련입니다. 사랑하면 사랑하는 사람의 필요가 보입니다. 그 사람이 어떤 처지에 있는지 볼 수 있습니다. 반대로 일상적인 삶에서 사랑하는 행위가 전혀 나타나지 않으면 신앙이 없다고 결론 내릴 수 있습니다.

무가치한 신앙

사람들이 "예수 믿는 사람 무섭다!"라고 생각하기 시작하면 복음이 전해질 수 없습니다. 물론 규모 있게 살기 위해서 세상 사람들처럼 평평 못 쓰는 현실을 저도 알고 있습니다. 그러나 세상 사람들은 우리가 교회에서 헌금을 얼마나 하는지에는 관심이 없습니다. 세상 사람들은 우리가 개인적으로 살아갈 때 어떤 마음 자세를 갖고 있는지에 관심을 둡니다.

어떤 분은 사랑하는 사람을 만나서 결혼했는데, 살다 보니 그 사랑하는 사람이 자기를 몹시 못살게 굴어 인생 사는 것이 공허하고 힘들었다고 합니다. 그런데 그때 인생을 공허하게 여기지 않고 사람들을 잘 돕고 기뻐하는 마음이 가득한 사람들이 눈에 들어왔다고 합니다. 바로 예수 믿는 사람들이었습니다. 하나님을 마음에 품고 살면 자기도 이렇게 살 수 있다는 것을 알고 예수 믿기로 결정했다고 합니다. 행동이 뒤따르지 않는 것은 참신앙(경건)이 결여된, 반박하지 못할 증거임을 본문은 밝힙니다. 14절을 살펴봅시다.

> 내 형제들아 만일 사람이 믿음이 있노라 하고 행함이 없으면 무슨 유익이 있으리요 그 믿음이 능히 자기를 구원하겠느냐(2:14).

여기에 가상적인 대화가 나옵니다. 저자 야고보와 이 편지를 읽는 신앙의 독자 사이에 주고받는 대화입니다. 야고보가 반박하려고 하는 가상적인 사람을 등장시킵니다. 그 사람은 신앙이 있다고 말은 하면서 행함이 없는 사람입니다. 야고보가 여기서 다루고 있는 주제는 행함이 없는 믿음의 문제입니다. 신앙과 행동이란 분리할 수 없다는 것을 밝히기 위해서 두 가지 질문을 던집니다.

첫 번째 질문은 무엇입니까? "만일 사람이 믿음이 있노라 하고 행함이 없으면 무슨 이익이 있으리요?" 답은 무엇입니까? "아무런 쓸모가 없습니다." 두 번째 질문은 무엇입니까? "그 믿음이 능히 자기를 구원할 수 있겠느냐?" 답은 무엇입니까? "구원할 수 없습니다." 이런 질문을 던지는 배경을 상상해 보십시오. 왜 느닷없이 이런 질문을 하겠습니까? 교회 중에 복음을 잘못 이해하고 있는 사람들의 언행을 마음에 두고 하는 질문입니다. 어쩌면 바울이 전한 복음, 율법의 행위가 아닌, 믿음의 순종으로 의롭게 된다는 설교를 듣고 나서 믿는다고 말만 하면 되는 양 살아가는 이들을 겨냥한 듯합니다.

말하자면 믿는다고 말은 하면서, 스스로 그리스도인이라고 주장하면서, 행위로는 그 주장을 전혀 입증하지 못한다면 무슨 소용이 있느냐는 질문입니다. 그런 주장은 전혀 소용이 없습니다. 전혀 무가치한 신앙입니다. 말만 하는 신앙은 신앙이라 불릴 가치가 전혀 없습니다.

신앙은 있다는 주장에서 끝나지 않아야 합니다. 믿음이 있음을 보여 주는 행동으로 나아가야 의미가 있습니다. "불쌍한 마음이 들었다"는 데서 끝나서는 안 됩니다. "돕고 싶었다"고 말하는 것은 실상은 돕지 않았다는 이야기입니다. 아이들이 "그날 게임에서 이길 뻔했다"고 이야기하는데, 이 말은 즉 게임에서 졌다는 것입니다. 합격할 뻔했다는 것은 떨어졌다는 이야기입니다. 돕고 싶었다는 것은 돕지 않았다는 말입니다. 돕고 싶은 충동을 성령께서 주셨으나 순종하기를 거역했다는 이야기입니다.

놀랍게도 신자들 중에서는 성령의 충동을 거역하면서도 그것을 잘한 것처럼 자랑하는 사람이 있습니다. "그 사람 참 안됐더라. 정말 도와주고 싶었다." 그것은 자랑이 아닙니다. 여러분이 돕지 않았다는 것을 입으로 말하는 것입니다. 성령께서 주시는 마음에 순종하지 않았다는 것을 여러분 스스로 고백하는 것입니다.

참된 신앙은 그리스도의 죽음과 부활에 동참하는 것입니다. 내 욕망대로가 아니라 하나님이 나의 양심에 말씀하시는 대로 순종하기 위해서 때로는 우리 자신의 욕망에 대해서 아니라고 말해야 합니다. 그것이 바로 "나는 날마다 죽노라"(고전 15:31)고 고백하는 삶일 것입니다. 참된 신앙은 우리 자신을 성령의 통제 아래, 나의 생각과 행동을 성령의 지배 아래 두는 것입니다. 그래서 "그리스도께서 당신에게 하기 원하는 바를 실천 여부에 따라 심판받을 것을 마음에 두고 말과 행동을 하라"(2:12, Living Bible, 저자 번역)고 요구합니다.

오늘 본문에서 야고보 선생의 논지를 파악하십시오. 믿음이 구원할 수 없다는 말이 아닙니다. 야고보 선생은 여기서 믿는다고 말만 하는 그런 믿음은 무가치하다는 논지입니다. 말로만 주장하는 믿음은 구원의 능력이 없다는 주장입니다. 우리가 옛날 교회 안에서 열띠게 토론했던 믿음이냐 행함이냐 하는 문제가 아닙니다. 행동이 뒤따르지 않는, 말로 주장하는 그 믿음으로는 구원이 불가능하다는 말입니다.

최후의 심판 자리에서 소망을 주는 믿음

야고보 선생은 구원을 무엇이라고 말하는지 살펴보십시오. 1장 21절을 보십시오. 야고보 선생에게 구원은 바울만큼이나 하나님 말씀에 달려 있습니다. 말씀의 받아들임이 구원의 관건입니다. 복음 진리의 말씀을 듣고 참으로 깨닫는 것이 구원의 시작입니다.

"너희 영혼을 능히 구원할 바 마음에 심어진 말씀을 온유함으로 받으라"(1:21)고 말합니다. 귀로 들은 말씀을 마음에 받아들이고 복종할 때 영혼 구원은 이루어진다고 설파했습니다. 야고보서 1장 25절을 보십시오. 말씀(율법)을 응시하고 실천하는 삶이 구원을 성취합니다. 순종이 없고 실천이 결여된 곳에 구원이란 없습니다.

실천 여부를 확인하는 자리가 교제의 자리입니다. 예를 들어 구역 모임에서는 주일에 들은 그 감동적인 말씀을 닷새 동안 살면서 어떻게 실천했는지를 확인하는 작업이 있어야 합니다. 그래서 구역 모임을 하는 것입니다. 말씀을 듣고 은혜를 받았는데 어떤 말씀에 은혜를 받았는지, 들은 말씀에 따라서 한 주 동안 어떻게 살았는지 함께 나누고 같이 기도하는 것이 구역 모임입니다. 그래서 구역 모임은 선택 사항이 아닙니다. 필수입니다. 순종하는 행동이 없는 믿음이란 죽은 믿음이기 때문입니다. 순종하는 삶이 없는 믿음은 죽은 것입니다. 아무 의미가 없습니다. 아무 쓸모가 없습니다.

"그 믿음이 자기를 구원하겠느냐?" 야고보의 질문에 대한 대답은 분명합니다. "아니요!" 아무 유익이 없습니다. "그 믿음이 능히 자기를 구원하겠느냐?" 여기서 '구원'은 마지막 구원을 생각하게 합니다. 그런 믿음은 마지막 날 심판의 순간에 그를 구원하기에는 아무 소용이 없을 것이 명백합니다.

최후의 심판 자리에서 소망을 주는 믿음은 행동이 함께하는 믿음입니다. 믿음이 있다고 주장만 하는 것이 헛됨은 신약 성경에만 나오는 것이 아닙니다. 구약 선지서를 읽어 보십시오. 구약 선지자들은 제물을 드리지만 가난한 사람에게 아무런 자비를 베풀지 않는 사람들에게 줄기차게 경고하고 정죄해 왔습니다. 이사야 1장을 보십시오.

> 여호와께서 말씀하시되 너희의 무수한 제물이 내게 무엇이 유익하뇨 …… 헛된 제물을 다시 가져오지 말라 …… 너희는 스스로 씻으며 스스로 깨끗하게 하여 내 목전에서 너희 악한 행실을 버리며 행악을 그치고

선행을 배우며 정의를 구하며 학대받는 자를 도와주며 고아를 위하여 신원하며 과부를 위하여 변호하라 하셨느니라(사 1:11, 13, 16-17).

같은 맥락에서 세례 요한도 회개에 합당한 믿음의 행위를 요구합니다. "그러므로 회개에 합당한 열매를 맺고 속으로 아브라함이 우리 조상이라고 말하지 말라"(눅 3:8)고 하면서 계층마다 행동해야 할 강령을 선포했습니다. 주님께서도 선언하십니다.

나더러 주여 주여 하는 자마다 다 천국에 들어갈 것이 아니요 다만 하늘에 계신 내 아버지의 뜻대로 행하는 자라야 들어가리라(마 7:21).

그리고 주님께서 심판하는 장면을 보십시오.

내가 진실로 너희에게 이르노니 이 지극히 작은 자 하나에게 하지 아니한 것이 곧 내게 하지 아니한 것이니라 하시리니(마 25:45).

사도 바울도 마찬가지입니다.

하나님께서 각 사람에게 그 행한 대로 보응하시되(롬 2:6).

또 산을 옮길 만한 모든 믿음이 있을지라도 사랑이 없으면 내가 아무것도 아니요(고전 13:2).

야고보 역시 1장 22-27절에서 언급한 바 있습니다. 행위는 믿음에 추가된 무엇이 아닙니다. 오히려 믿음의 근본적인 표현입니다. 이 진리를 입증하기 위해 본문 15절과 16절은 가상적인 예를 들고 있습니다. 여기 처절한 처지에 있는 형제자매가 등장합니다. 이런 상황은 예외적인 것이 아닙니다. 당시의 형편에서는 흔히 있을 수 있는 상황입니다. 또한 가난한 사람에게는 헐벗음만이 고통은 아닙니다. 입을 것 없는 사람에게는 먹을 것도 없는 법입니다.

> 만일 형제나 자매가 헐벗고 일용할 양식이 없는데 너희 중에 누구든지 그에게 이르되 평안히 가라, 덥게 하라, 배부르게 하라 하며 그 몸에 쓸 것을 주지 아니하면 무슨 유익이 있으리요(2:15-16).

먼저 헐벗은 가난한 사람을 등장하고, 곧이어 같은 신앙 공동체에 속한 또 한 사람이 등장합니다. 그가 어떻게 하는지 살펴보십시오. 어떻게 그 상황을 다루는지 눈여겨보십시오. 그 처절한 상황에 처한 이를 향해서 평안을 빌고 있습니다. "샬롬"이라고 유대인다운 예의 바른 인사를 합니다. 그러나 실상은 그 처절한 형제자매의 상황에서 멀어지겠다는 선언입니다.

예수님의 제자들도 마찬가지입니다. 벳새다 빈들에서 먹을 것은 없는데 사람들이 많이 남아 있는 것을 보고 누가 가까이 와서 "선생님, 이들을 가까운 동네로 보냅시다. 먹을 것도 사먹고 유할 곳도 찾도록 합시다"(마 14:15 참조). 들어 보면 먹을 것도 걱정해 주고 유할 곳도 걱정해 주는 것 같은데 실상은 무엇입니까? 이 사람들을 보내야만 우리끼리라도 저녁을 먹을 수 있지 않겠느냐는 이야기입니다.

예의 바른 인사말로 들리지만 실상인즉 그 상황에서 멀어지겠다는 선언입니다. 말로는 전부 다 도와주는 척합니다. 평안히 가라, 덥게 하라, 배부르게 하라고 일일이 챙겨 주는 것 같습니다. 그러나 실상은 처절한 처지의 형제자매가 절실히 필요로 하는 것을 전혀 신경 쓰지 않고 벗어나겠다는 위선적인 처신에 불과합니다.

유대인의 인사 "샬롬"은 무슨 뜻입니까? 샬롬은 사람이 사람답게 살아갈 때 이룩됩니다. 하나님과 바른 관계를 맺고, 인간 소외에서 벗어나고, 절대 빈곤에서 해방될 때 누리는 것입니다. 그것이 입을 옷이든 먹을 음식이든 핍절한 처지에 있는 사람에게 그 필요로 하는 것을 주지 않고 말만 하는 것은 무슨 소용이 있겠습니까?

숨을 쉬는 것으로 살아 있음을 확인하듯

야고보는 다시 한 번 처음 제기했던 질문으로 돌아가고 있습니다. 이제 그의 결론을 들어봅시다.

> 이와 같이 행함이 없는 믿음은 그 자체가 죽은 것이라(2:17).

야고보에게 행함이 없는 믿음은 믿음이 아닙니다. 왜냐하면 참되고 유일한 믿음은 사랑을 통해서 역사하는 믿음이기 때문입니다. 야고보의 가르침은 사도 바울과도 정확히 일치합니다. "내가 내게 있는 모든 것으로 구제하고 또 내 몸을 불사르게 내줄지라도 사랑이 없으면 내게 아무 유익이 없느니라"(고전 13:3). 행함은 추가된 무엇이 아닙니다. 그것은 마치 생명이 있는 사람에게 숨 쉬는 것 이외에 무엇이 추가된 것이 아닌 것과 같습니다. 살아 있는 사람이 숨을 쉬는 것은 본질적인 행위입니다.

신앙이 있는 사람에게 행함이 있는 것은 너무나 본질적인 것입니다. 숨을 쉬는 것으로 살아 있음을 확인하듯이 행함으로 믿음 있음을 확인합니다. 행함이 없는 믿음은 믿음일 수 없습니다. 여기서 행함은 자비의 행동이지 할례와 같은 율법 행위를 말하지 않습니다. 야고보는 믿음이냐 행함이냐를 다루지 않습니다. 둘 다 중요합니다. 다른 편이 없이는 나머지도 무가치합니다.

몸과 영혼이 분리되면 유익이 없듯이 둘 다 함께 존재할 때만이 가치가 있습니다. 영혼이 떠나 버린 몸은 죽은 것입니다.

여러분, 15절과 16절은 다만 하나의 예에 불과합니다. "평안히 가라, 덥게 하라, 배부르게 하라." 이렇게 위선적인 인사를 한 가지 예로 들어 놓았습니다. 우리가 살다 보면 수많은 다른 예가 있습니다. 얼마나 많은 경우에 동일한 처신이 가능한지 여러분의 상상력을 사용해 보십시오. 행함이 없는 믿음은 그 자체가 죽은 것입니다.

참된 믿음은 다만 여러분이 하는 말이 아닙니다. 참된 믿음은 여러분이 느끼는 그 무엇이 아닙니다. 참된 믿음은 여러분이 생각하는 어떤 것도 아닙니다. 참된 믿음은 여러분이 믿는 그 무엇도 아닙니다. 자비하신 하나님, 처절한 인생에 친절한 행동으로 다가오시는 하나님을 믿는다면 우리 삶도 그렇게 따라야 합니다. 참된 믿음은 오직 여러분이 행동하는 그 어떤 것입니다.

여러분의 신앙은 어떠합니까? 행동으로 입증되고 있습니까? 말만 그럴듯하게 하는 믿음입니까? 산 믿음입니까? 죽은 믿음입니까? 예배의 자리에서만 대답하는 것이 아닌, 여러분의 삶의 자리에서도 대답하시기를 바랍니다.

James
야고보서 2장

야고보서 2장 18-19절

¹⁸ 어떤 사람은 말하기를 너는 믿음이 있고 나는 행함이 있으니 행함이 없는 네 믿음을 내게 보이라 나는 행함으로 내 믿음을 네게 보이리라 하리라 ¹⁹ 네가 하나님은 한 분이신 줄을 믿느냐 잘하는도다 귀신들도 믿고 떠느니라

21.
행함으로 증명된 믿음

그리스도 안에서 사랑하는 성도 여러분, 그리고 신앙생활을 하기 위해서 이 자리에 나오신 사랑하는 이웃 여러분, 오늘 우리가 살필 본문 말씀은 18절과 19절, 두 절입니다. 앞서 살펴본 본문의 마지막 결론은 "행함이 없는 믿음은 그 자체가 죽은 것이라"는 선언입니다.

오늘 18절을 보면 거기에 대한 반론이 제기되고 있습니다. 물론 18절만큼 이론이 분분한 구절은 별로 없습니다. 말 자체가 어려워서가 아니라 정확한 의미를 파악하기가 쉽지 않습니다. 그 이유는 2,000년 전에 구두법이 없었기 때문입니다.

지금 우리는 글의 뜻을 분명히 하기 위해서, 혹 각 부분의 관계를 밝히기 위해서 점이나 부호를 사용합니다만 그 당시는 이런 구두법이 없었습니다. 어디에 쉼표나 따옴표를 사용하느냐에 따라 여러 가지 번역이 가능합니다.

오늘 본문을 다른 번역 성경(Good News Bible[GNB] 또는 New English Bible

[NEB]을 따라 설명해 보겠습니다. 18절 전반부를 이렇게 재구성해 봅니다. 누군가가 이렇게 말할 수 있습니다. "어떤 사람은 믿음을 강조할 수 있고 다른 사람은 행함을 강조할 수 있지 않느냐?(그런데 죽은 믿음이라고 하는 것은 너무 심하지 않느냐?)"

여기에 대한 대답으로 후반부를 새로운 따옴표 안에 넣을 수 있습니다. 즉 전반부는 어떤 이의 반론입니다. 그리고 후반부는 야고보의 대답입니다. "(그렇다면) 행함이 없는 네 믿음을 내게 보이라 나는 행함으로 내 믿음을 네게 (증명해) 보이리라." 그리고 19절에서도 18절 초두에서 제기한 반론을, 그 허구성을 논리적으로 반박합니다. 말하자면 하나님의 존재하심과 초월하심을 믿는 것은 귀신들도 한다는 것입니다. 그 믿음의 결과로 무서움에 떨기까지 하더라도 거기서 끝나면 무슨 소용이 있느냐는 이야기입니다. 지적인 수긍뿐 아니라 나아가서 두려운 감정까지 들어도 거기에 그치면 하나님을 믿는 유익이 없습니다.

사랑하는 성도 여러분, 여러분은 누구나 믿음과 행함을 따로 떼어서 생각하는 것이 옳지 않다는 것을 수긍합니다. 그리고 오늘 우리 한국 교회의 문제가 행함이 뒤따르지 않는 신앙이라는 것을 인정하실 것입니다.

귀신들은 하나님의 존재하심에 대면할 때 두려워 떨기까지 하지만 오늘날 많은 신자는 아무 두려움 없이 (아무 생각조차 없이) 예배에 참석하는 것이 문제라는 것을 우리는 알고 있습니다. 한국 교회의 문제라고, 혹은 많은 신자의 문제라고만 생각하지 말고 여러분 자신의 경우는 어떠한지 생각해 보도록 하십시오.

하나님을 믿는다는 의미

사랑하는 성도 여러분, 여러분에게 하나님을 믿는다는 것은 무엇을 의미합니까? 하나님의 말씀 앞에 나오는 것이 여러분의 삶에 어떤 변화를 주고 있습니까? 때로는 은혜로운 설교를 들었다고 고백하기도 하지만 그것이 여러분의 삶에 어떤 변화를 주고 있습니까?

제가 몇 차례 예배 시간 10분 전에 출석하도록 구체적인 실천 방안을 말씀드린 바 있습니다. 이런 말씀을 들으면 누가 실천할까요? 오래 교회를 다닌 사람일까요? 교회를 다닌 지 얼마 안 되는 사람일까요? 다시 물어보겠습니다. 목사나, 장로나, 집사나, 권사일까요? 초신자일까요? 제가 심방 보고서를 확인한 바로는 부끄럽게도 후자가 정답이었습니다.

물론 직분자들 가운데서도 새로운 각오로 예배 시간에 일찍 오는 사람이 있을지 모르겠습니다. 그런 분들이 그렇게 실천하였다 하더라도 제가 확인하지 못했을 수도 있습니다. 왜냐하면 직분자들은 당연한 거라고 생각해서 보고할 필요가 없다고 생각했을 수 있기 때문입니다. 심방 보고서를 살피다 보니 이런 사람도 있었습니다. 말씀의 실천으로 교회에 10분 일찍 오기 위해 아내가 준비가 안 되었는데도 혼자 일찍 교회에 오셨다고 합니다.

도대체 하나님을 믿는다는 것은 여러분의 삶에 어떤 영향을 끼칩니까? 이것은 예수 믿는다는 사람이 많아질수록 자주 물어야 할 질문이기도 합니다. 칼뱅은 이 문제를 그가 남긴 명작 「기독교 강요」 1권 처음 두 장에서 다루고 있습니다. 첫 장에서는 하나님에 관한 지식과 우리 자신에 관한 지식의 관계를 논합니다. 그것을 한마디로 요약하면 하나님을 알아야만 자신을 알게 된다는 것입니다. 하나님을 알면 알수록 우리 자신이 누구인지 깨닫게 된다는 것입니다. 하나님을 아는 지식을 떠나서는 인간이 자신을 알 수 없다고 칼뱅은 주장합니다.

생각해 보십시오. 하나님을 만나기 전에는 모두 잘난 사람들이었습니다. 하나님을 만나기 전에는 모두 자기처럼만 산다면 세상은 크게 문제 없을 것이라고 생각했을 것입니다. 그러나 실상은 자기 같은 사람이 세상을 이렇게 만들었다는 것을 심각하게 생각하지 않은 것입니다. 빛이 비치기 전에는 어둠 속에 있는 우리 모습이 드러나지 않습니다. 하나님의 부요하심을 느끼기 전에는 자신의 궁핍함을 알 수 없습니다. 하나님의 선하심을 맛보기 전에는 자신의 죄악됨을 인정하지 않습니다. 선하신 하나님을 알게 되면 자신의 추한 모습이 역겨워지기 시작할 것입니다.

그래서 사람마다 자신을 알기 위해 하나님을 만나야 합니다. 사람은 하나님을 대면하기까지 진정한 자기 모습을 보지 못합니다. 하나님의 거룩하신 모습을 볼 때 우리의 죄인 된 모습을 발견하게 됩니다. 하나님의 임재하심에 직면할 때 비로소 자기의 참모습을 보고 하나님을 두려워합니다.

하나님을 대면한 구약 성도들을 만나 보십시오. 그들은 하나님을 대면하고 나서야 자신이 아무것도 아닌 것을 비로소 처절히 인식하게 되었습니다. 믿음의 조상 아브라함은 하나님을 대면하고 "티끌과 같은 나"(창 18:27)임을 인식했습니다. 삼손의 아버지 마노아는 여호와의 사자를 만나고 "우리가 하나님을 보았으니 반드시 죽으리로다"(삿 13:22)라고 두려워합니다. 이사야의 경우가 가장 대표적일 것입니다. 보좌에 앉으신 여호와의 영광을 보고 "화로다 나여 망하게 되었도다 나는 입술이 부정한 사람이요 나는 입술이 부정한 백성 중에 거주하면서 만군의 여호와이신 왕을 뵈었음이로다"(사 6:5)라고 두려워하며 고백합니다.

교회에 나와서 예배의 자리에 앉는 것이 중요한 것은 아닙니다. 여러분은 교회 나와서 하나님을 뵈옵기 전에는 다 잘난 사람들입니다. 하나님을 만나기 전에는 우리 모두 자기가 어떤 존재인지 알지 못합니다. 신약의 베드로도 마찬가지입니다. 엄청나게 많은 고기를 잡은 그날 자기의 모습을 발견하게 되었습니다. 자기에게 오른편으로 그물을 내려 고기를 잡으라고 명하신 그분이 누구인지 비로소 알게 되었습니다. 그리하여 "나는 죄인이로소이다 나를 떠나소서"(눅 5:8)라고 고백하였습니다.

저희 아이들이 어릴 때 누가복음 5장으로 가정 예배 드리는데 이런 일이 있었습니다. 아내가 "나는 죄인이로소이다 나를 떠나소서"라고 말하니까 둘째 아들이 입이 나오는 것입니다. 그러면서 "아니야"라고 말했습니다. 아내가 아이에게 "뭐가 아니야? 성경에 그렇게 나와 있잖아"라고 말하자 "어떻게 그런 순간에 엄마처럼 그렇게 무덤덤하게 말할 수 있어? '죄인이로소이다 나를 떠나소서'라고 말할 때는 엄마처럼 무덤덤하게 말하는 것이 아니야"라고 말하는 게 아닙니까. 역시 아이는 어른의 선생님임이 틀림없습니다.

주 안에서 사랑하는 성도 여러분, 하나님을 안다는 것이 여러분의 삶에 아무 영향을 주지 못한다면 성경의 하나님을 제대로 만난 것이 아닙니다. 교회에 나와서 여러분 나름대로의 하나님을 만났고 여러분 나름대로의 종교적인 체험을 했을지 모릅니다. 그렇지만 정말 성경이 말하는 하나님을 만나면 사람은 겸비해지지 아니할 수 없습니다. 잘났으면 얼마나 잘났습니까? 하나님을 만나면 누구나 겸손해져야 합니다. 하나님에 관한 지식이 있게 되면 하나님을 두려워합니다.

그러면 하나님을 두려워하는 사람은 어떻게 변합니까? 그 가운데 하나는 하나님의 교회가 세운 직분자들을 존경하게 되는 것입니다. 제가 40년 사역한 경험으로 말씀드리면 하나님을 만난 사람들은 하나님의 교회가 세운 직분자들을 존경합니다. 하나님의 교회가 세운 구역장과 사역자를 존경하게 됩니다. 그래야 여러분이 하나님을 만났다는 증거가 있는 사람입니다. 물론 세움 받은 사람들에게도 부족한 부분, 잘못된 부분이 있을 수 있습니다. 그래도 하나님이 세우신 사람들에 대한 기본적인 존경심이 있어야 합니다.

세상 사람들은 하나님을 우습게 여깁니다. 그들 눈에는 하나님이 세우신 사람들도 우습게 보입니다. 그러나 여러분이 하나님을 두려워하게 되면 하나님이 세우신 직분자들을 존경하게 됩니다. 그런데 아직 그렇지 않다면 그런 사람은 겸손을 배워야 할 사람임이 틀림없습니다.

삶에 일어나야 할 변화

그러면 하나님을 아는 사람은 구체적으로 그 삶이 어떻게 변화해야 합니까? 칼뱅은 「기독교 강요」 1권 2장에서 그 대답을 하고 있습니다. 하나님에 대한 지식은 먼저 우리로 하여금 하나님을 두려워하고 경외토록 합니다. 다음으로 모든 좋은 것을 그 하나님께만 구해야 합니다. 그것이 하나님을 아는 사람들의 변화된 모습입니다.

"하나님이 주셔야 합니다. 하나님이 허락하시지 아니하면 아무 소용이 없습니다. 하나님께서 붙드시지 아니하면 제 삶은 유지될 수가 없습니다." 세상에 그 어떤 사람보다도 정말 나를 도울 수 있는 분은 천지를 지으신 하나님이란 것이 믿어져야 신앙이 자리를 잡은 것입니다. 급한 일이 생기면 이 사람 저 사람에게 찾아가고 싶겠지만 그보다 정말 중요한 것은 하나님을 만나고 하나님이 오케이 사인해 주시면 일이 풀린다는 것을 믿는 것입니다. 그렇게 하나님 앞에 무릎을 꿇고 호소하는 사람, 그가 참 하나님을 만난 신앙인입니다. 영광스런 하나님 앞에 모든 필요를 아뢰는 사람, 그가 하나님을 바로 알게 된 사람입니다.

더 나아가서 필요한 것을 하나님 앞에 나아가 구하고 하나님이 구한 것을 주실 때 감사드리는 사람이 성숙한 신앙인입니다. 여러분 스스로를 한번 돌아보십시오. 여러분은 살면서 필요한 것을 하나님 앞에 나가서 구하십니까? 그리고 주실 때에 하나님께 감사하십니까? 하나님께 그 일로 영광을 돌리셨습니까? 하나님을 아는 사람은 이렇게 달라질 수밖에 없습니다.

그러나 오늘 본문은 거기서 끝나지 않습니다. 하나님께 대한 우리의 반응만이 아니라 동료들에 대한 우리의 행동에서 변화가 나타나야 한다고 말합니다. 하나님을 알게 되면 먼저 하나님에 대해서도 태도가 바뀌어야 합니다. 하나님의 말씀을 귀히 여깁니다. 하나님 말씀을 들을 수 있는 주일이 소중한 날로 다가옵니다. 그러나 하나님께 대한 태도만 아니라 다른 사람들에 대해서도 태도가 바뀌어야 그가 바로 하나님을 알게 된 사람입니다. 인간관계에서의 변화가 한 사람이 하나님을 안다는 그 고백이 진짜인지 가짜인지를 판가름합니다.

하나님을 안다는 것, 하나님을 믿는다는 것 그 자체로는 아무 유익이 없다고 야고보는 앞서 선언했습니다. 우리가 하나님을 믿는 것과 우리의 행위를 결코 분리할 수 없음을 본문에서 역설하고 있습니다. 오직 행함으로만 우리의 믿음은 입증된다고 선언합니다.

하나님에 대한 믿음이 있는지 없는지는 하나님에 대한 막연한 두려움을 통해서가 아닙니다. 오히려 다른 사람을 불쌍히 여기는 행위를 통해서 입증됩니다. 참된 신앙은 하나님에 대한 관계를 바꾸어 놓을 뿐 아니라 사람들에 대한 행동을 바꾸어 놓습니다.

신앙은 사람들을 불쌍히 여기는 행동으로 나아가게 합니다. 신앙이 깊어지고 좋아지게 되면 하나님의 음성이 귀에 들리고 하나님을 눈으로 볼 수 있게 되는 것이 아닙니다. 오히려 자신의 죄악됨을 한탄하게 됩니다. "내가 주께 대하여 귀로 듣기만 하였사오나 이제는 눈으로 주를 뵈옵나이다"(욥 42:5)라고 하면서 그런 자리로 나아가는 것입니다. 여러분의 신앙이 아무리 좋아져도 하나님의 음성을 척척 듣는 그런 일은 일어나지 않습니다. 절대 여러분이 하나님을 눈으로 보는 그런 일도 일어나지 않습니다. 하나님은 영이십니다. 눈으로 나타나는 것은 허깨비일 수 있습니다.

신앙은 사람들을 불쌍히 여기는 행동으로 나아가게 합니다. 사람들에 대해서 차별하지 않습니다. 그러므로 저는 목사인 제게 지나치게 잘해 주는 사람들을 만나면 불안합니다. 왜냐하면 어떤 사람에 대해서 필요 이상으로 잘하는 사람은 다른 사람들에 대해서는 해야 할 최소한도 하지 않기 때문입니다.

우리는 자신의 모습을 보기 전에는 "나는 사람을 차별하는 사람이 아니다"라고 주장합니다. 저도 청년 때는 그런 자부심을 가졌습니다. 그러나 나이가 들수록 그렇지 않다는 것을 깨달았습니다. 그래서 우리는 스스로의 모습을 바로 보아야 합니다. 우리는 하나님의 은혜 가운데 있지 않으면 자신도 모르게 겉으로만 보고 판단하여 행동하게 되어 있습니다.

참으로 하나님을 사랑한다면 사람들에 대해서, 동료 신자들에 대해서 동일한 사랑으로 대할 수 있어야 합니다. 신앙은 사람들에 대해서 차별 없는 자비의 행동으로 나타납니다. 특히 어려운 처지에 있는 사람들을 볼 때에 자비의 행동을 나타내 보여 주어야 합니다.

바른 신앙의 증표

복음서을 보면 마귀가 주님을 대면하고 떠는 것을 자주 목격합니다. 예수님께서 회당에 들어가 가르치실 때 더러운 귀신 들린 사람이 소리쳤습니다. "나사렛 예수여 우리가 당신과 무슨 상관이 있습니까? (파멸의) 때가 이르기 전에 우리를 멸하러 여기 오셨습니까?"(막 1:24 참조)

그는 하나님의 전능하심을 알고 언젠가 그 손에 파멸당할 것을 알고 두려워합니다. 당시 세상의 어떤 사람도 그리스도에 대해서 그런 고백을 하지 못했을 때에 마귀는 미리 알고 소리쳤습니다. 그래서 예수께서는 그들을 꾸짖어 침묵하도록 하셨습니다(막 1:25 참조).

야고보가 본문에서 지적하는 것은 이러한 귀신들의 반응을 염두에 두고 말하는 것입니다. 당시 이방 세계는 많은 신을 섬기고 있었습니다. 어떤 사람이 신을 하나만 섬긴다는 것은 그 당시에는 부끄러운 일이었습니다. 그것은 왕따를 당할 만한 처신이었습니다.

당시 이스라엘 외에는 어느 민족이든 온갖 잡신을 두루 섬겼습니다. 야고보는 그런 상황에서 하나님이 한 분인 줄을 믿는 것은 "잘하였도다"라는 칭찬을 받을 만하다고 말합니다. "그것은 대단한 일이다"라고 평가받을 만하다고 말합니다. 그러나 "그것은 귀신들도 믿고 떠는 일"이라고 말합니다.

물론 하나님께 대해서 바른 신앙을 가진 자도 하나님이 가까이 오실 때 두려워합니다. 하지만 그 두려움은 귀신을 보았을 때 무서워 떨며 피하고 싶어 하는 것과는 다릅니다. 오히려 신자들은 은혜의 보좌 앞에 때마다 필요한 것을 구하기 위해 담대히 나아갑니다. 기도의 시간마다 소원을 아뢰십시오. 소원을 가지고 나아가 부르짖으면 하나님이 만나 주십니다.

하나님이 좋으신 분인 것을 안다면 그분 앞에 나와서 구하는 것은 매우 자연스러운 일입니다. 그분이 주셨다는 것을 믿는다면 그분 앞에 감사하는 것은 매우 당연한 것입니다. 시편 시인은 이렇게 신앙을 고백합니다.

> 환난 날에 여호와께서 네게 응답하시고 야곱의 하나님의 이름이 너를 높이 드시며 성소에서 너를 도와주시고 시온에서 너를 붙드시며 네 모든 소제를 기억하시며 네 번제를 받아 주시기를 원하노라(셀라)네 마음의 소원대로 허락하시고 네 모든 계획을 이루어 주시기를 원하노라(시 20:1-4).

사랑하는 성도 여러분, 예배의 자리에는 우리 마음의 소원대로 허락하시고 우리의 모든 계획을 이루어 주기를 원하시는 좋으신 하나님을 만나고 싶은 소원을 가지고 나와야 합니다. 5분, 10분 지각하고 급하게 예배당에 들어와서 복 받을 것을 기대해서는 안 됩니다. 왜냐하면 진정한 예배는 예배자의 정성이 들어가야 하기 때문입니다. 정성이 결여되면 예배가 될 수 없습니다.

아무런 소원도 없이 예배의 자리에 나오면 주님은 그냥 돌려보내십니다. 아쉬움이 없는 부자를 공수로 돌려보내시고, 배부른 자를 그대로 돌려보내십니다. 그러나 우리가 정말 무언가 필요하다는 간절함이 있으면 아뢰어야 합니다. 하나님의 음성을 들어야만 한다는 간절함이 있으면 하나님께서 여러분에게 말씀해 주십니다.

두려움에 떠는 것이 바른 신앙의 증표가 아니라 사람들에 대해서, 특히 가난한 믿음의 형제들에 대해서 자비의 행동을 나타내는 것이 바른 신앙의 증표입니다. 말하자면 야고보 선생은 칼뱅의 「기독교 강요」 1권 2장의 논지에서 더 나아가고 있습니다. 칼뱅은 신지식이 하나님께 대해 어떤 반응을 가져 오는가에서 그친 반면 야고보 선생은 신지식이 사람들에 대해 어떤 행동으로 나타나야 하는지를 강조하고 있습니다. 하나님을 믿는 자는 동료 인간을 불쌍히 여겨야 합니다. 동료 인생을 불쌍히 여기는 행동이 없을 때 신앙은 전혀 의미가 없습니다. 열매 없는 나무와 같습니다.

가난한 사람이 보이는가?

사랑하는 성도 여러분, 헐벗은 동료를 어떻게 대하십니까? 굶주린 동료를 어떻게 돌려보냅니까? 어쩌면 이런 질문들은 요즘 같은 시대에는 감동적인 질문이 아닐 수도 있습니다. 그러나 교회 안을 잘 살펴보면 아직도 의식주에서 도움이 절실히 필요한 사람들이 있습니다.

그러나 교회 안에 있으면 잘 사는 사람들만 눈에 들어오지 가난한 사람들은 눈에 잘 들어오지 않습니다. 좋은 외제차는 고사하고 버스 타고 교회 오는 사람도 있다는 것을 여러분은 생각하고 있습니까? 아직도 나보다 더 나아 보이는 사람들은 눈에 들어오지만 내 도움이 필요할지 모르는 사람들에 대해서 우리는 눈을 감아 버리는지 모릅니다.

이 문제는 오늘날 교회라는 테두리 안에서만 생각할 것이 아닙니다. 또한 대한민국 안에서만 생각하지 마십시오. 좀 더 넓은 시야로 세계를 바라보십시오. 텔레비전은 왜 있습니까? 드라마만 보라고 있는 것이 아닙니다. 잘 활용하면 넓은 세계를 바라보는 창으로 삼을 수 있습니다.

우리가 헐벗고 굶주릴 때에 세계 여러 곳의 그리스도인들의 도움을 받았습니다. 선의를 가진 사람들의 도움으로 우리가 오늘 이만큼 잘 살게 되었습니다. 이제는 우리도 가난한 사람들에게 눈길을 돌릴 때입니다. 우리 주위에 있는 사람들뿐만 아니라 지구촌에 있는 사람들에게도 관심을 가져야 합니다.

여러 자선 단체를 통해서 제3세계 어린이들의 후원자가 되기로 결단하실 수도 있습니다. 미얀마에, 몽골에, 동남아에, 아프리카에 우리의 도움의 손길을 기다리는 사람들이 있습니다.

사랑하는 성도 여러분, 여러분이 도울 수 있는 힘이 있을 때 눈을 감지 마십시오. 그들과 함께 나누기 위해서라면 생활 수준을 낮출 각오로 살고 있습니까? 믿음은 도움이 필요한 사람에게 구체적인 반응을 하는 것입니다.

예컨대, 여러분이 한 달에 만 원을 모으면 그 돈으로 북한의 어린이 한 생명을 한 달이나 먹일 수 있습니다. 한 달에 3만 원이면 의식주뿐만 아니라 의료와 교육의 혜택을 줄 수 있는 나라가 세상에는 많습니다. 여러분의 결단이 한 생명을 살리고 한 아이의 인생을 바꿀 수 있습니다.

은혜로운 하나님을 만난 사람은 궁핍한 이웃에게 무관심할 수 없습니다. 좋으신 하나님을 알아갈수록 어려움에 처한 사람들이 점점 여러분의 관심 속에 들어와야 합니다. 그래서 신앙이 좋아져서 하나님의 음성을 듣고, 하나님을 눈으로 보려고 하지 말고 가난한 사람들을 볼 수 있어야 합니다. 신앙이 좋은 것은 나 혼자 신비한 경험을 하는 것이 아닙니다.

여러분은 여러 가지 시험을 만날 때 기뻐합니까? 이전보다 더욱 열심히 기도하십니까? 이전보다 더욱 말씀을 사모합니까? 자유하게 하는 율법을 자주, 그리고 오래 들여다보고 있습니까? 야고보의 설교를 듣는 성도 여러분, 이전보다 듣기를 속히 하십니까? 이전보다 말하기를 더디 하십니까? 이전보다 성내기를 더디 하게 되었습니까?

얼마 전 한 장로님이 이런 말씀을 하셨습니다. 야고보서 설교를 듣고 나서는 40명이 모여 당회를 할 때 본인에게 주어진 시간은 40분의 1이라 생각하게 되었고, 그래서 전과는 달리 발언을 자제하셨다는 것입니다. 이렇게 들은 말씀에 따라서 반응을 보이면 삶이 달라질 수밖에 없습니다.

이전보다 성내기를 더디 하게 되었습니까? 혹시 여러분은 버럭 가장이 아닙니까? 조금만 기분 상하면 버럭 화를 내서 온 식구의 기분을 망치는 그런 사람입니까? 왜 그렇게 화가 납니까? 자기는 바로 생각하고 있는데 식구들이 안 따라 주기 때문에 화가 난다는 겁니다. 그러나 만에 하나 나도 잘못 생각할 수 있다고 생각하면 그렇게 버럭 화를 내지 못합니다.

야고보서 말씀을 들었다면 하나님께 대해서도 변해야 합니다. 스스로에 대해서도 바뀌어야 합니다. 그러나 더 나아가 다른 사람들과의 관계에서도 바뀌어야 합니다.

어려운 처지에 있는 사람들이 여러분의 눈에 들어와야 합니다. 동시에 그들을 차별해서는 안 됩니다. 다른 성도들보다 말씀을 더 많이 들은 기회를 가지신 여러분은 행동으로 이전보다 더 자주 여러분의 믿음을 나타내 보이십시오. 어려운 사람을 향한 도움의 손길을 자주 뻗쳐서 여러분 스스로의 삶의 변화를 증명해 보이시기 바랍니다.

James
야고보서 2장

야고보서 2장 20-26절

²⁰아아 허탄한 사람아 행함이 없는 믿음이 헛것인 줄을 알고자 하느냐 ²¹우리 조상 아브라함이 그 아들 이삭을 제단에 바칠 때에 행함으로 의롭다 하심을 받은 것이 아니냐 ²²네가 보거니와 믿음이 그의 행함과 함께 일하고 행함으로 믿음이 온전하게 되었느니라 ²³이에 성경에 이른 바 아브라함이 하나님을 믿으니 이것을 의로 여기셨다는 말씀이 이루어졌고 그는 하나님의 벗이라 칭함을 받았나니 ²⁴이로 보건대 사람이 행함으로 의롭다 하심을 받고 믿음으로만은 아니니라 ²⁵또 이와 같이 기생 라합이 사자들을 접대하여 다른 길로 나가게 할 때에 행함으로 의롭다 하심을 받은 것이 아니냐 ²⁶영혼 없는 몸이 죽은 것같이 행함이 없는 믿음은 죽은 것이니라

22.
믿음을 증명한 사람들

그리스도 안에서 사랑하는 성도 여러분, 그리고 하나님을 만나기 위해서 이 자리에 나오신 사랑하는 이웃 여러분, 우리 신교도들은 "오직 믿음으로 의롭다함을 받는다"라는 명제를 사랑합니다. 한자어로는 以信得義(이신득의) 라고 말하기도 합니다. 이 명제는 종교개혁의 가장 근본적인 교리입니다.

그러나 오늘 본문 24절을 읽어 보면 "사람이 행함으로 의롭다 하심을 받고 믿음으로만은 아니니라"고 선언합니다. 마치 믿음으로만 의롭다 함을 받는다는 명제를 뒤집어 놓는 것 같습니다. 그래서 흔히들 야고보 하면 바울과는 대립되는 구원의 도리를 가르치는 사람으로 여깁니다.

성경을 해석하는 데 가장 중요한 원리는 어떤 구절이든지 앞뒤 문맥에 따라 해석하는 것입니다. 이것은 성경 해석에만 중요한 원리가 아니라 우리가 살아가는 데도 마찬가지입니다. 한 사람의 말을 전할 때 그 말 앞에 무슨 말을 했는지, 뒤에 어떤 말이 따라왔는지 다 전하지 않고 앞뒤를 잘라 버리고 "내가 직접 들었는데 그 사람이 이렇게 말했다"고 하면 한 사람을 매장시키기 십상입니다.

말만 그런 것은 아닙니다. 한 사람이 바르게 살기 위해 그동안 어떻게 노력했는지를 생각하지 않고 지금 넘어지는 것만 보고 그 사람을 한심하다고 판단해서는 안 됩니다. 그러므로 성경을 이해할 때도 앞뒤 문맥을 생각해야 합니다.

로마서와 야고보서의 모순된 주장

우선 로마서에서 바울이 말하는 것을 들어 보십시오. 로마서 4장 1-3절에서 이렇게 말합니다. "그런즉 육신으로 우리 조상 된 아브라함에 대해서는 어떤 결론을 내릴 수 있습니까? 만일 아브라함이 행위로 의롭다는 인정을 받았다면 자랑할 것이 있었을 것입니다(자기 공로로 하나님과 올바른 관계를 얻었다면 과연 자랑할 만도 합니다). 그러나 사실 그에게는 하나님 앞에서 자랑할 것이 아무것도 없었습니다. 성경에는 '아브라함이 하나님을 믿었으므로 하나님은 이 믿음 때문에 그를 의롭게 여기셨다'고 기록되어 있습니다."

이 로마서 말씀의 요점은 이스라엘 민족의 시조 아브라함의 경우도 행위로서가 아니라 믿음으로 의롭다 하심을 받았다는 사실입니다. 그가 하나님과 올바른 관계를 얻은 것이 자기 공로가 아니라 그의 믿음 때문이라는 말입니다. 그의 믿음을 보시고 그를 올바른 사람으로 여기셨다는 주장입니다. 문제는 로마서에서 바울의 그 주장과 오늘 야고보서의 본문이 서로 모순되어 보인다는 것입니다.

우리 조상 아브라함이 그 아들 이삭을 제단에 바칠 때에 행함으로 의롭다 하심을 받은 것이 아니냐 네가 보거니와 믿음이 그의 행함과 함께 일하고 행함으로 믿음이 온전하게 되었느니라(2:21-22).

2장 24절에서 야고보는 "사람이 행함으로 의롭다 하심을 받고 믿음으로만은 아니라"고 일언지하에 바울이 애써 가르치는 교리를 뒤집는 느낌을 줍니다. 야고보는 "행함으로 의롭다 하심을 받았다"고 하는데 로마서에서 바울은 "행함으로 의롭다 하심을 받은 것이 아니기에 자랑할 것이 없다"(롬 4:2 참조)고 합니다.

살다 보면 두 사람 이야기를 들을 때 어느 쪽이 옳은지를 알 수 없을 때가 많습니다. 이 사람을 만나서 들어 보면 이 사람 이야기가 옳은 것 같고 저 사람을 만나서 들어 보면 저 사람 이야기가 옳은 것 같습니다. 여러분은 어느 쪽이 맞는 것 같습니까? 누구 편을 들고 싶습니까? 그동안 야고보서 설교를 들으면서 정이 들기도 했으니까 야고보 선생 편을 드시렵니까? 아니면 설마 대사도인 바울이 틀렸으랴 싶어 바울 쪽에 줄을 서시렵니까? 서로 모순된 주장을 하는 것처럼 보이니 입장이 난처합니다.

사랑하는 성도 여러분, 여기에 성경 해석 원리가 필요합니다. 가장 중요한 해석 원리 가운데 하나가 "해석은 문맥의 흐름 속에서 해야 한다"는 것입니다. 한 구절을 바르게 해석(이해)하기 위해서는 반드시 그 구절의 앞뒤 문맥을 살펴야 합니다. 앞뒤를 생각하지 않고 바울은 이렇게 말하고 야고보는 저렇게 말하니 모순이 아니냐고 하면 나무는 보면서도 숲을 보지 못하는 어리석음을 범하는 것입니다.

이단이 그렇게 생겨나는 것입니다. 미국에서 들어온 이단도 마찬가지고 국내에서 생겨난 국산 이단도 마찬가지입니다. 그들은 자기들이 꿰고 있는 구절만 알지 그 앞뒤가 어떻게 되어 있는지 모릅니다. 이단이 여러분에게 접근하여 한 구절을 가지고 말하면 "자, 앞뒤를 한번 살펴봅시다"라고 말해 보십시오. 그러면 당황하기 시작할 겁니다.

하지만 여러분이 이단을 전파하는 사람들과 논쟁하기를 원치 않으니 저는 아예 그런 사람에게 문도 열어 주지 말라고 말하고 싶습니다. 사도 요한의 편지에도 "이단의 가르침을 가지고 나오면 인사도 하지 말라"(요이 1:10 참조)고 말하고 있습니다. 그런 전통을 교회는 고수하고 있습니다.

야고보의 목적과 바울의 목적

자, 그러면 우선 로마서의 문맥부터 살펴봅시다. 로마서 4장 1절은 "그런즉"이란 접속사로 시작하며 앞부분과의 관련을 보여 줍니다. 앞부분 3장 21-31절에서 바울은 사람이 어떻게 의롭게 되는지, 어떻게 하나님과 올바른 관계를 맺게 되는지를 설명했습니다. 그리고 4장 1절부터 아브라함의 경우를 예로 들어 그 사실을 입증하고 있습니다. 로마서에서 바울은 하나님과의 관계에서 인간이 어떻게 의롭게 되는지를 힘들여 설명하고 있습니다. 말하자면 의롭다 함을 받는 방법이 자신의 행위가 아니라 오직 믿음임을 말합니다.

그럼 오늘 본문인 야고보서의 흐름을 살펴봅시다. 여기서 야고보는 한 사람이 어떻게 하면 하나님 앞에서 바른 사람으로 인정되는지에 대해서 말하지 않습니다. 죄인이 하나님과 어떻게 그 관계를 새롭게 할 수 있는지를 설명하지 않습니다. 야고보는 여기서 인간이 의롭다 하심을 어떻게 받을 수 있는지를 말하고 있지 않습니다.

그런 면에서 야고보의 목적과 바울의 목적은 서로 다르다고 할 수 있습니다. 로마서 4장에서 바울은 유대인의 기존 관념을 반박하는 데 그 목적이 있습니다. 유대인들은 끝까지 율법을 지켜야 의롭다 함을 받는다고 믿습니다. 율법대로 살아야 된다고 믿는 이들을 향해서 편지를 쓴 것입니다.

반면에 오늘 본문에서 야고보의 목적은 실생활에서 아무런 열매가 없는 자들이 믿음이 있다고 주장하는 것을 반박하는 데 있습니다. 그런 사람은 어떤 사람들입니까? 야고보서 1장에서 말했듯이 하나님 말씀 듣는 데는 신속하지 못하고 자기 말을 하는 데는 빠른 사람들입니다.

그리고 자신이 신앙이 있고 경건하다고 주장하면서도 불쌍한 사람은 쳐다보지 않는 사람들입니다. 10년간 교회에 다니면서도 자기 주위에 어려운 사람이 누가 있는지 한 번도 생각해 보지 않은 사람입니다. 야고보 선생은 지금 그동안 살아오면서 가난한 이웃 한 번 도와준 기억이 없는 사람들에 대해 다루고 있는 것입니다. 구원을 어떻게 받느냐, 사람이 어떻게 바르게 살아가느냐, 이런 문제를 다루는 것이 아닙니다. 하나님께서는 가난한 사람들을 택하셔서 믿음에 부요한 자로 삼으시고 하나님 나라를 상속하기를 기뻐하셨는데 가난한 이를 무시하는 사람들을 야고보는 다루고 있는 것입니다.

누군가는 이렇게 말할 수도 있습니다. "어떤 사람은 행동이 있고 어떤 사람은 믿음이 있고 그런 거지 뭐!" 이렇게 말하는 사람들을 위해 야고보서 2장에서 야고보 선생은 믿음의 삶을 살지 않는 사람들을 염두에 두고 있습니다. 믿음과 행위가 마치 별개인 듯이 나오는 이들의 주장(2:18 참조)을 반박하는 데 그 목적이 있습니다. 그러므로 바울이 상대한 청중과 야고보가 상대한 청중은 문제가 서로 다릅니다.

바울이 만난 사람들은 끝까지 자기 노력을 통해서 무언가 하나님과 바른 관계를 갖겠다는 사람들입니다. 가끔 우리도 그런 사람들을 만납니다. 전도할 때, 함께 교회 나가자고 하면 꼭 주를 답니다. "예! 교회에 가긴 가야 하는데, 먼저 제 문제를 좀 정리해 놓고 나가겠습니다"라고 말하는 사람들입니다.

사실 정리를 다 해 놓고 나면 왜 하나님 앞에 나옵니까? 본래 자기 힘으로 어쩔 수 없을 때 하나님 앞에 나오는 것 아닙니까? 자기 노력을 통해서 하나님 앞에 나오려고 하는 사람들에게는 바울의 논리로 접근할 수 있습니다. 행동을 바르게 하는 것으로 아무도 하나님 앞에 나올 수 없다는 것을 강조해야 합니다.

야고보가 만난 사람들은 다른 부류입니다. 그들은 예수를 믿는다고 합니다. 또한 잘 믿는다는 자부심을 가지고 있습니다. 그런데 행동은 아무것도 따르지 않는 무리입니다. 그런 사람들에게 이야기할 때 어떻게 해야 합니까? 믿음이란 무엇이냐, 믿음이란 행동으로 나타나야 믿음이 아니냐고 다그쳐야 합니다.

이렇게 각자의 청중을 향해 말하는 흐름 속에서 보면 둘 다 이해가 됩니다. 그런데 한 마디씩 잘라 내어서 말하면 두 사람 이야기가 서로 모순됩니다. 달리 말해 본문에서 야고보는 믿음으로만 의롭다 함을 받았다는 사실에 힘입어 자기의 실천 없는 삶을 옹호하려는 교인들을 향해서 반박하고 있습니다.

'어떤 사람은 믿음을, 다른 이는 행동을 강조할 수 있는 것인데, 행함이 없다고 믿음마저 없는 것으로 취급하고 그런 믿음은 죽었고 구원도 못받았다고 말하는 것은 지나치지 않느냐'고 나오는 무리에게 야고보 선생은 아브라함의 경우를 예로 삼아 그에게 있어서 믿음이란 어떤 것이었는지를 보여 주고 싶어 합니다.

같은 아브라함을 예를 들면서 바울은 아브라함이 의롭게 된 것이 그 믿음 때문이라고 하고 야고보는 아브라함이 의롭게 된 것이 그 행함 때문이라고 말하는 듯 보입니다. 얼핏 보면 모순처럼 보입니다만, 전체 흐름을 보면 바울은 의롭다 하심을 받는 방법에 대해서 말하고 야고보는 산 믿음에는 행위가 도저히 분리될 수 없다고 하는, 즉 믿음을 어떻게 입증하는가에 관심이 있습니다.

야고보는 자신의 논지를 아브라함의 경우와 라합의 경우로 입증하고 있습니다. 야고보서 2장 14절의 경우, 특히 18절의 반론을 반박하는 것이 오늘 본문이 말하는 바, 야고보의 목적입니다. 저자의 의도에 비추어 구절을 해석해야 합니다. 신자의 삶에 믿음과 행동이 별개로 작용할 수 있다는 주장을 반박하는 것이 야고보의 당면 목적입니다.

말하자면 야고보의 논리는 바울의 로마서 결론에서 출발한 셈입니다. 우선 야고보는 아브라함이 의롭다 함을 받은 것은 믿음 때문이라는, 누구나 인정하는 사실에서 출발합니다. 야고보 선생은 여기서 더 나아가 아브라함이 의롭다 함을 받은 것은 맨 처음 믿은 사실에만 근거한 것이 아니고 시험을 받을 때에 이 믿음이 입증되었음을 강조하고 있습니다.

아브라함과 라합이 행동으로 입증한 믿음

자, 여러분, "아브람이 여호와를 믿으니 여호와께서 이를 그의 의로 여기시고"(창 15:6)라는 표현은 창세기 15장에 나옵니다. 그리고 나서 30년이란 세월이 흐른 다음 아들 하나를 얻습니다. 처음에는 엘리에셀을 상속자로 삼으려고 했습니다. 그러다가 뒤에는 첩 하갈에게서 이스마엘을 얻습니다. 그리고 "이스마엘이나 잘 살면 족하겠습니다"(창 17:18 참조)라고 말합니다. 그러나 하나님께서는 "아니다. 네 아내 사라에게서 난 자라야 네 아들이라"(창 17:19 참조)고 말씀하셨습니다.

시행착오를 겪을 만큼 겪은 다음에 하나님께서 아들 이삭을 주셨고 아브라함에게 "네 독자 이삭을 바치라"(창 22:2 참조)고 명하십니다. 이것은 누구나 순종할 수 있는 일이 결코 아닙니다. 결혼해서 제때에 바로 낳은 자식도 귀합니다. 그런데 쉰 살에 낳은 아들도 아니고 백 살에 낳은 아들이니 눈에 넣은 들 아프겠습니까? 그런데 그 아들을 바치라고 합니다. 여러분 같으면 어떻게 하시겠습니까? "하나님 차라리 날 데려가십시오. 내 눈에 흙이 들어가기 전에는 절대 안 됩니다." 부모 공경할 줄은 몰라도 자식은 얼마나 귀하게 여기는지, 요즈음 사람들이 이런 명령을 받으면 졸도할지도 모릅니다.

아브라함은 하나님의 명령을 전혀 납득할 수 없었습니다. 그러나 "이삭에게서 나는 자라야 네 씨라 부를 것임이니라"(창 21:12)는 하나님의 말씀을 믿고 끝까지 순종했습니다. 아브라함은 하나님이 어떻게 하실 것인지는 몰랐습니다. 이삭을 잡아서 제물로 바치라는 명령과 "이삭에게서 난 자라야 네 씨라 칭할 것"이라는 하나님의 그 약속은 서로 모순되는 것이었습니다.

그러나 지금 말씀하시는 그분이 자기 하나님이며 하나님께서 요구하심을 알았기에 자기로서는 풀리지 않는 두 명제였으나 순종했습니다. 야고보는 아브라함이 이 순종으로 말미암아 그의 믿음의 진실성이 입증되었다고 말합니다. "아브람이 여호와를 믿으니 여호와께서 이를 그의 의로 여기시고"(창 15:6)라는 말씀이 이제 입증된 것입니다.

로마서에서 바울은 구원의 방도로서(의롭다 인정받는 방도로서) 믿음을 강조하는 반면 이 본문에서 야고보의 목적은 믿음이 어떻게 살아 있는 것인지 입증하는 것입니다. 바울은 의롭다 하심을 어떻게 얻느냐로 고민하는데 비해서 야고보는 어떤 믿음이 진짜 믿음이냐를 말하고 있습니다.

믿음이 살아 있다는 것을 입증할 아무 증거가 없으면서 믿음을 가지고 있다고 말로 주장하는 이들의 그 거짓됨을 여지없이 폭로하는 것이 야고보의 목표입니다. "오 허탄한 사람아(실없고 어리석은 사람들아!), 행함이 없는 믿음은 가치 없는 것임을 알고 싶으냐. 더 무슨 증거가 필요하겠느냐"(2:20)고 하면서 아브라함과 라합의 경우를 의도적으로 들고 있습니다.

아브라함의 경우는 그가 '이삭을 바침'으로 그 믿음이 입증된 것임을 증거합니다. 아브라함이 의롭다고 입증된 것은 신앙에 행동이 더해져서가 아닙니다. 하나님은 약속의 하나님을 미쁘신 자로 믿을 때에 그 믿음을 의롭다고 여기셨습니다. 아브라함으로 하여금 사랑으로 복종하는 행동을 하게 한 그 믿음입니다.

야고보는 믿음이냐 행위냐를 택일하도록 하지 않습니다. 야고보는 오직 행위로 나타나는 믿음만이 유익함을 말합니다. 야고보에게 믿음과 행위는 항상 분리할 수 없는 것입니다. 아브라함이 이삭을 바치려 한 사건은 그의 신앙의 표현이요, 산물이며 그 신앙을 결정적으로 입증한 사건입니다. 믿음과 행함은 야고보 선생에게도 항상 동역 관계입니다.

야고보 선생에게 믿음이라고 불릴 가치가 있는 믿음은 살아 계신 하나님의 뜻을 사랑으로 준행하는, 살아 있는 사랑의 행동을 실천하는 믿음입니다. 그러므로 그는 "행함으로 믿음이 온전하게 되었느니라"(2:22)고 말합니다.

이 말은 이전에 연약하던 아브라함의 믿음이 이 순종을 통해 강한 믿음이 되었다는 것이 아닙니다. 어린아이는 어린아이대로 부모 사랑의 표현으로 순종할 수 있습니다. 물론 부모는 어린아이에게 어려운 부탁을 하지 않습니다. "숟가락으로 밥 먹으라"고 말하는 정도입니다. 물론 어른은 어른대로 거기에 걸맞는 순종을 할 수 있습니다.

사람은 믿든지 안 믿든지 둘 중 하나입니다. 믿음이란 아무리 연약해도 사랑의 순종을 즉각 가져오는 것입니다. "저요? 믿음이 어려서 못해요"라는 것이 아닙니다. 우리는 상대에게 과한 요구를 할 수 있지만 하나님은 그런 분이 아닙니다. 하나님은 우리 수준을 아시고 상태를 아시므로 우리가 순종할 수 없는 명령을 하시지는 않습니다. 물론 아브라함이 순종하는 것과 라합이 순종하는 것은 같은 무게가 실린 것은 아닙니다. 그렇지만 각자 자기 상황에서 자기 믿음의 분량에 합당한 순종은 나타나야 합니다.

이방 여인이 행동으로 입증한 믿음

야고보는 이스라엘의 시조격인 아브라함의 경우를 예로 들고 나서 라합을 예로 들고 있습니다. 왜 많고 많은 신앙의 위인을 제쳐 두고 라합을 선택했을까요? 분명 의도적인 선택입니다. 보다 분명히 그 믿음을 입증하기 위해서는 행동이 일치해야 함을 보여 주고 싶어서 선택된 경우입니다. 훌륭한 믿음의 시조 경우만이 아니라 이방 여인, 게다가 창기인 라합의 경우도 같은 행동으로 믿음이 입증됨을 밝히고 있습니다.

> 또 이와 같이 기생 라합이 사자들을 접대하여 다른 길로 나가게 할 때에 행함으로 의롭다 하심을 받은 것이 아니냐(2:25).

히브리서 저자도 마찬가지 증언을 합니다.

> 믿음으로 기생 라합은 정탐꾼을 평안히 영접하였으므로 순종하지 아니한 자와 함께 멸망하지 아니하였도다(히 11:31).

아브라함의 경우에는 백 세에 얻은 외아들 이삭을 제물로 드리라는 명령에 순종했습니다. 아브라함은 수십 년 동안 하나님과 동행한 사람입니다. 갈 바를 알지 못하고 갈대아 우르를 떠났던 아브라함에게 걸맞은 문제가 출제된 것입니다. 그러나 라합에게 그렇게 어려운 문제를 주었다면 라합은 감당 못했을 것입니다.

라합이 살던 동네에는 지금 무서운 소식이 시시각각으로 들려오고 있습니다. 온 동네가 두려움으로 얼어붙어 있었습니다. 왜냐하면 요단강을 말렸다는 소식이니까요. 이스라엘 사람들이 요단강을 마른 땅 걷듯이 건너서 지금 여리고 쪽으로 들어오고 있다는 소식입니다. 그 소식을 들은 여리고 성 사람들은 문을 철통같이 닫고는 움직이는 사람이 아무도 없습니다.

몹시 두려워서 어쩔 줄 몰라 합니다. 요즘 표현으로 하면 '멘붕' 상태에 접어든 것입니다. 하나님의 위대한 역사가 여리고 성의 모든 사람에게 두려움을 안겨 주었습니다. 그런데 어느 날 두 남자가 나타났습니다. 라합은 눈치가 빠른 여자입니다. 보자마자 자기 동네 사람이 아니라는 것을 알았습니다.

자기 동네 사람이 아닌 타국 남자가 왔다는 것은 틀림없이 건수가 있어서 온 것입니다. 이 두 남자를 보는 순간 라합은 그 사람들을 최선의 대접으로 맞이했습니다. 그러고 나서 얼마나 시간이 흘렀을까요? 바깥에서 문을 세차게 두드리는 소리가 들립니다. 여리고 왕이 보낸 군사들입니다. 라합은 순간적인 기지로 그들을 따돌립니다. "예, 저희 집에 온 사람들이 있었습니다. 그런데 어디서 온 사람들인지는 알지 못했습니다. 그들은 왔다가 벌써 떠났습니다. 빨리 따라가면 잡을 수 있을지 모르겠습니다"(수 2:4-5 참조).

그러고 나서 지붕에 올라가서 "지금 바로 나가면 잡힙니다. 창문을 통해 내려가십시오. 산에 가서 한 사흘 숨어 있다가 도망가십시오"(수 2:16 참조)라고 충고합니다. 그러면서 자기 가족에 대한 부탁을 합니다. 보십시오. 이 라합이 그 정탐꾼들을 잘 대접한 것은 신앙의 행위입니다. 이것은 무슨 신앙입니까? 이스라엘 하나님께서 승리하실 것이라는 믿음입니다. 이스라엘이 이 땅을 접수할 것이라는 믿음을 가지고 있으니까 거기에 상응하는 행동을 한 겁니다.

여리고 성은 망한다는 것이 분명합니다. 그래서 정탐꾼들에게 잘 숨겨 주면서 가족들을 살려 달라는 부탁을 한 것입니다. 라합과 아브라함의 상황은 서로 달랐습니다. 믿음의 연조에 있어서도 서로 달랐습니다. 그러나 둘 다 믿음에 근거한 행동을 보여 주고 있습니다. 라합은 정탐꾼들이 자기 문 전에 도착하기 전에 이미 신앙을 가지고 있었습니다. 여러분, 전도자가 도착하기 전에 마음을 열고 있는 사람을 만날 수 있듯이 그녀의 마음은 이미 열려 있었습니다.

라합이 이스라엘의 정탐꾼을 평안히 영접하고 그들의 탈출을 도운 것은 그 마음에 하나님께 대한 믿음이 있었기 때문입니다. 이스라엘의 하나님의 승리를 확신한 라합의 믿음이 정탐꾼을 숨겨 주는 행동을 산출했습니다. 야고보의 요점은 라합이 주의 백성들을 도와준 행위로 그 믿음을 입증했다는 것입니다.

물론 라합과 아브라함은 전혀 다른 상황이었습니다. 하지만 둘 다 행동으로 믿음을 입증했습니다. 아브라함은 엄청 어려운 결단을 했습니다. 독자인 아들을 희생 제물로 바쳐야 했습니다. 거기에 비해 정탐꾼들을 숨겨 주고 탈출 방법에 대해 알려 준 것은 어려운 행동이 아닙니다. 반대급부를 받을 수 있었으니까요. 그러나 둘 다 믿음의 행동을 보인 것은 공통점입니다.

아브라함은 경험이 많은 신자였지만 라합은 초신자였습니다. 오래 믿은 신자나 갓 믿은 신자나 믿음이 있으면 행동으로 나타나야만 합니다. 모든 참된 믿음은 개인이 직면한 상황에 따라 행위로 드러납니다. 어떤 여건이든지 믿음의 반응은 당사자가 하나님과 어떤 관계를 갖고 있는지를 반영합니다. 자, 이제 야고보의 결론을 들어봅시다.

> 영혼 없는 몸이 죽은 것같이 행함이 없는 믿음은 죽은 것이니라(2:26).

혼이 떠나가면 죽은 시체입니다. 실천이 없는 곳에는 아무 믿음이 존재할 수 없습니다. 여러분은 야고보 선생이 제기한 본래 주제를 기억합니까? "내 형제들아 만일 사람이 믿음이 있노라 하고 행함이 없으면 무슨 이익이 있으리요?"(2:14)라는 것입니다. 물론 이 질문에 대한 1차적인 대답이 17절에 나옵니다. "이와 같이 행함이 없는 믿음은 그 자체가 죽은 것이라" 그러나 26절은 결론적으로 다시 엄숙히 대답합니다.

야고보가 부정적으로 말한 것을 긍정적으로 표현해 봅시다. "산 믿음이란 건강하게 자라는 몸과 같습니다." 어린아이들을 보십시오. 건강한 아이들의 몸은 생기를 발산하며 피부는 곱고 신선합니다. 아이들의 피부는 상처도 잘 입지만 낫기도 잘 낫습니다. 아이들의 눈은 맑고 마음은 생동적인 호기심으로 가득합니다. 삶을 사랑하고 내일에 대한 호기심이 큽니다. 지금까지 알고 있는 것보다 더 큰 기쁨과 즐거움으로 내일을 내다봅니다. 나이가 많아지면 이런 호기심이 줄어드는 것 같습니다. 지금까지 알고 있는 것보다 더 알고 싶은 사람은 나이가 들어도 젊게 살 수 있는 사람입니다.

산 믿음은 하나님이 하실 일들을 기대하며 주님에 대한 사랑으로 실천하고 주님의 영원하신 미소를 바라보며 살아갑니다. 마치 첫눈에 반한 그날처럼 주님을 바라볼 수 있는 사람들이 살아 있는 믿음을 가진 사람입니다. 건강한 신자는 50년, 60년이 되어도 어린아이와 같은 호기심을 가져야 합니다. 하나님이 내 생애를 통해 무슨 일을 하실까? 하나님이 그 놀라운 일에 나를 부르시면 내가 다시 한 번 활활 타오르는 횃불처럼 살아갈 것이라는 기대를 가지고 살아야 합니다.

신선한 기대감을 가지고 하나님께 응답하고 사는 것을 야고보는 바라고 있습니다. 다만 "영혼 없는 몸이 죽은 것같이 행함이 없는 믿음은 죽은 것이니라"고 결론 내리는 것은 그들의 삶 속에 행동으로 나타나는 참 믿음이 자리하기를 바라기 때문입니다.

사랑하는 성도 여러분, 기도합시다. 오랫동안 믿음의 생활을 하는 사람들 가운데는 처음 믿었을 때의 감격을 상실하고 살아가는 경우가 더러 있습니다. 우리의 나그네 여정이 다하도록 처음 믿을 때의 감격이 식지 않기를 원합니다.

James
야고보서 3장

야고보서 3장 1-2절

¹내 형제들아 너희는 선생 된 우리가 더 큰 심판을 받을 줄 알고 선생이 많이 되지 말라 ²우리가 다 실수가 많으니 만일 말에 실수가 없는 자라면 곧 온전한 사람이라 능히 온몸도 굴레 씌우리라

23.
선생이 되려고 하지 말라

그리스도 안에서 사랑하는 성도 여러분, 그리고 복된 예배의 자리에 함께 나오신 이웃 여러분, 오늘부터 야고보서 3장 본문을 따라가며 우리 삶에 주시는 하나님의 말씀을 듣도록 하겠습니다.

본문에 담긴 하나님의 말씀을 오늘 우리의 삶에 풀어 가는 것은 제게도 쉽지 않은 작업이고 설교를 듣는 여러분에게도 만만찮은 일일 것입니다. 우리는 우리가 듣고 싶은 것만 들으려고 하는 경향이 있습니다. 듣고 싶은 것만 들으려는 것은 우리 삶의 일반적인 문제인 동시에 하나님 말씀을 대할 때도 겪는 문제입니다.

생명의 떡을 먹으러 왔던 무리가 말씀이 어렵다고 불평하며 예수님을 떠나갔던 것을 기억합니다. 그래서 예수님이 제자들에게 묻습니다. "너희도 가려느냐"(요 6:67). 그러자 베드로가 "주여 영생의 말씀이 주께 있사오니 우리가 누구에게로 가오리이까"(요 6:68)라고 대답했습니다.

하나님의 백성은 하나님께서 하시고자 하는 모든 말씀에 귀를 기울여야 합니다. 쉽게 느끼는 말씀만 필요한 게 아니라 어렵게 느끼는 깊은 곳에 자리한 말씀도 필요합니다. 그리고 지금 제가 하는 강해 설교는 전개 방식에서 주제 설교처럼 대지를 뚜렷이 나누는 식이 아니다 보니 듣다가 다른 생각을 하면 따라잡기가 어려울 수도 있습니다. 그래서 귀를 기울이는 마음가짐이 필요하고 조금 더 은혜를 사모하는 열심이 요구됩니다.

존경받는 직책

사랑하는 성도 여러분, 오늘 본문을 따라 우리에게 하시는 하나님의 말씀을 들어 봅시다. 오늘날 우리는 교사의 권위가 실추된 사회에 살고 있습니다. 그러나 교사의 권위가 언제나 짓밟혀 온 것은 아닙니다. 예전에 학교에 다닐 때는 선생님이 매를 들면 맞았습니다. 맞는 게 학생이 해야 할 도리인 줄 알았습니다. 그러나 오늘날에는 선생님이 매를 들면 학생들이 휴대전화로 사진을 찍어 신고합니다. 그 정도는 애교입니다. 잘못하면 힘으로 달려들기까지 합니다.

특히 신약 시대 야고보 선생이 이 편지를 쓰던 때는 달랐습니다. 초대 신앙 공동체에서 선생은 매우 존경받는 직책이었습니다. 당시 유대 사회에서 랍비라고 불리는 선생은 어디서나 존경의 대상이었습니다. 어떤 의식에 참석해도 높은 자리에 앉을 수 있는 위치에 있었습니다. 하긴 그런 관습은 지금도 남아 있는 것 같습니다. 우리나라에는 군사부일체라고 하여 임금님, 선생님, 부모님은 동등하다는 전통이 아직도 살아 있는 것 같습니다. 지금도 광역시 기관장들이 모인 곳에는 시장 다음이 교육감인 것 같습니다. 경찰청장이나 시의회의장도 있지만 가르치는 선생님들의 수장인 교육감이 두 번째 자리를 잡는 것이지요.

사랑하는 성도 여러분, 유대인들은 선생을 아주 중요하게 생각했습니다. 사람이 이 세상에 태어나기 위해서는 부모가 필요하지만, 사람이 다음 세상에 들어가기 위해서는 선생의 도움이 필요하다고 믿었습니다. 말하자면 선생은 부모보다 더 중요한 역할을 하는 자로 인정받았습니다.

신약 성경에도 보면 선생의 위치가 중요시되는 것을 발견할 수 있습니다. "성도를 온전하게 하여 봉사의 일을 하게 하며 그리스도의 몸을 세우는"(엡 4:12) 직분 가운데 교사직이 포함되어 있습니다. 바나바와 바울을 따로 세워서 파송했던 안디옥 교회도 지도자로서 선지자와 교사를 언급하고 있습니다. 고린도전서 12장을 보면 하나님이 교회 중에 세운 직분자를 언급하면서 사도와 선지자 다음에 교사를 언급하고 있습니다(고전 12:28 참조). 말하자면 사도와 선지자 말고는 교사보다 더 존경받는 사람이 없었던 것처럼 보입니다.

사도와 선지자는 한곳에 머물면서 일하는 것이 아니라 이곳저곳으로 옮겨 다니며 일했습니다. 모든 하나님의 교회가 사도와 선지자의 일터였습니다. 사도가 어느 교회에 담임이 되는 법은 없었습니다. 사도는 온 교회를 둘러보는 일들은 감당했습니다. 반면, 교사는 한 지역 교회에 머물며 그곳에서 새로 예수 믿는 사람들을, 기독교의 진리를 처음 받아들인 사람들을 진리로 가르치는 일을 하였습니다. 처음 교회에 나와서 하나님을 만난 이들에게 자기가 배운 신앙과 지식을 심어 주는 특권을 가지고 있었습니다.

교사라는 직책이 당시에는 존경받는 직책이던 만큼 흠모하는 사람도 많았습니다. 당시에 교사는 인기 직종이었습니다. 유대인 부모들은 누구나 아들을 낳으면 "내 아들도 랍비가 되었으면……" 하는 소망을 가지고 있을 만큼 랍비, 선생이라는 직분은 존경받는 직책이었습니다. 오늘날처럼 교사가 되기 위한 시험이 있었다면 응시율이 높았을 것입니다. 100 대 1정도로 많은 사람이 몰려들었을지 모릅니다. 그때나 지금이나 선생이 되는 것이 쉽지는 않습니다. 하지만 오늘날은 직업의 안정성 때문에 교사가 되기 원한다면 당시에는 사회적인 존경심 때문에 교사가 되기 원했습니다. 이 점이 다를 뿐입니다.

모든 선생 노릇 하는 자들을 향한 경고

오늘 본문 말씀에서 선생이 되지 말라는 말은 누구에게 한 것입니까? 말로서 가르치는 교사들에게 일차적으로 한 말입니다. 교사의 직무는 주로 말로써 하는 직무입니다. 그러나 모든 선생이 지혜롭게 말하는 것은 아닙니다. 말로 다른 사람을 세우기도 하지만 때로는 넘어뜨릴 수도 있습니다. 그래서 바로 여기서 "선생이 많이 되지 말라"는 경고를 하고 있습니다. 이 말을 새로운 학기를 앞두고 시원치 않은 교사들은 그만두라거나 보조 교사로도 지원하지 말라는 식으로 오해해서는 안 됩니다. 야고보는 책임감을 인식하고 직무를 잘 수행하라는 의도에서 호소한 것입니다. "나는 이제부터 교회학교 교사 못 하겠습니다", "나는 구역장 노릇 못 하겠습니다" 하는 용도로 오늘 본문이 오용되어서는 안 됩니다.

"선생이 많이 되지 말라"는 것은 전문적인 직책으로서 선생만을 향한 경고는 아닙니다. 결코 교육 전문가로서 선생이 되지 말라는 의미가 아닙니다. 공적으로 임명된 직책의 사람들을 우선으로 생각했지만 그렇다고 나머지 사람들과는 관계없는 교훈이 아닙니다.

이 말씀은 오히려 매사에 가르치려 드는 우리 모두를 향한 경고입니다. 전문직으로서 교사뿐 아니라 매사에 자기 의견을 내세우고 지나치게 다른 사람의 일에 간섭하기를 좋아하는 모든 사람을 향해 말하고 있는 것입니다.

제직회나 당회나 노회나 총회를 할 때 보면 안타까운 경우가 많습니다. 왜 매사에 그렇게 발언을 하려고 드는지 모르겠습니다. 아마도 자신이 그 문제를 잘 알고 있다고 생각하거나 자신 말고는 그 문제를 다룰 만한 사람이 없다고 생각하기 때문이 아닐까요? 어찌하여 세상의 문제를 자신만이 안다고 생각하는지 모르겠습니다.

본문은 다른 이의 허물과 결점은 잘 들추어내고 자기 자신의 허물과 결점은 보지 못하는 우리 모두를 향한 말씀입니다. 타락한 인생의 악습 중 하나가 다른 사람을 비난하는 것을 통해서 자기는 그런 사람이 아닌 듯이 내세우는 것입니다. 우리 모두는 다른 이의 약점을 잡아내는 데는 모두 전문가 수준에 도달해 있습니다. 이런 우리를 향해 "선생 노릇을 하지 말라"고 본문은 말합니다. 남을 향해 "틀렸다", "맞다", "잘못했다", "잘했다"고 끊임없이 판단하기를 좋아하지 말라는 말씀입니다.

왜 선생이 되려고 하지 말라고 충고합니까? 선생 노릇 하려고 드는 것만큼이나 어리석은 일이 없기 때문입니다. 우리는 "그렇게 해서는 안 된다"고 말해 놓고서 후에 그 일을 자기가 하고 있는 죄인입니다. "이렇게 해야 된다"고 말해 놓고는 자기는 하지 않는 것이 인간입니다. 결국 자기가 말한 것에 따라 판단해도 죄인으로 전락하는 것입니다.

그래서 직책상 선생 노릇을 하는 자들은 자기가 한 말에 대한 엄중한 책임을 인식해야 합니다. 습관적으로 남의 일을 판단하는 사람은 아주 어리석은 사람입니다. 자신이 내뱉은 말로 자기 심판을 자초하는 자이기 때문입니다. 들은 것을 못 지키는 사람보다도 자신이 가르치고도 못 지키는 사람의 책임이 더 크기 때문입니다. 그래서 오늘 본문은 선생 된 우리가 더 엄중한 심판을 받을 것이라고 경고합니다.

이 경고의 목적은 두려워서 아예 입을 다물도록 하는 것이 아니라 발언에 따른 책임이 크다는 것을 알게 하기 위함입니다. 이 진리는 주님이 가르치신 다른 본문에 의해서도 입증된 진리입니다. 지혜롭고 진실한 청지기 비유에서 주님이 하신 말씀입니다.

주인의 뜻을 알고도 예비치 아니하고 그 뜻대로 행치 아니한 종은 많이 맞을 것이요 알지 못하고 맞을 일을 행한 종은 적게 맞으리라 무릇 많이 받은 자에게는 많이 찾을 것이요 많이 맡은 자에게는 많이 달라 할 것이니라(눅 12:47-48).

누구나 심판을 받지만 어떤 심판을 받느냐는 서로 다릅니다. 이 구절은 얼마만큼 알았느냐, 어떻게 행했느냐에 따라서 심판을 다르게 적용할 것을 말하고 있습니다. 선생은 그 직무상 도덕적으로 어떤 일이 옳은지, 틀린지 늘 말해야 합니다. 지식적으로 맞고 틀린 것을 이야기해야 하는 것이 교사의 직무입니다. 그러고 보면 선생이라는 일의 성격상 비판적이 되기 쉽습니다.

그래서 '선생님'이라고 하면 그냥 늘 가르치려고만 든다는 오해를 받기도 합니다. 뭐든지 가르치기 좋아하고 시키기 좋아한다고 비난받는 직종이기도 합니다. 하지만 본문은 전문인으로서 선생을 향해서만 말하는 것이 아니라 전문 교육도 없이 선생 노릇을 하려고 드는 모든 이를 향해 말하고 있습니다. 사람은 누구나 자기가 한 말로 인해서 마지막 심판을 받을 것입니다. 그러므로 우리가 다른 사람을 비난하는 말을 할 때는 그것이 자기 자신을 향해서 정죄하는 말일 수도 있다는 것을 알아야 합니다.

내가 너희에게 이르노니 사람이 무슨 무익한 말을 하든지 심판날에 이에 대하여 심문을 받으리니 네 말로 의롭다 함을 받고 네 말로 정죄함을 받으리라(마 12:36-37).

말의 실수는 가장 범하기 쉽다

세상의 어떤 사람이라도 잘못을 범하지 않는 사람은 없습니다. 길을 걸어 본 사람치고 넘어진 경험을 하지 않은 사람은 없을 것입니다. 사도 바울은 "기록된 바 의인은 없나니 하나도 없으며 깨닫는 자도 없고 하나님을 찾는 자도 없고 다 치우쳐 함께 무익하게 되고 선을 행하는 자는 없나니 하나도 없도다"(롬 3:10-12)라고 말합니다. 바울은 사람이 죄인 된 증거로 입에서 나오는 말을 가리킵니다. 그리고 그 증거로 "그들의 목구멍은 열린 무덤이요 그 혀로는 속임을 일삼으며 그 입술에는 독사의 독이 있고 그 입에는 저주와 악독이 가득하고"(롬 3:13-14)라고 고발합니다. 사람이 죄인인 것을 확인하려면 그 입을 보라는 것입니다. 야고보 선생은 같은 진리를 반대로 말하고 있습니다.

> 우리가 다 실수가 많으니 만일 말에 실수가 없는 자라면 곧 온전한 사람이라 능히 온몸도 굴레 씌우리라(3:2).

모두가 실수가 많지만 만일 말에 실수가 없는 자라면 온전한 자라고 말한 이유는 그만큼 말로 범하는 죄보다 범하기 쉬운 죄는 없기 때문입니다. 만약 혀를 제어할 수 있는 사람이라면 다른 지체를 통해 나타나는 실수도 다 통제할 수 있을 것이라는 것이 야고보 선생의 논지입니다. 어떤 실수보다 말의 실수는 범하기 쉽습니다. 어떤 통제보다 혀의 통제가 더 어렵습니다. 여기서 합격하면 그는 가히 온전한 사람이라고 말할 수 있습니다.

그러므로 성숙한 신앙인은 그 입에서 하는 말을 통해서 확인됩니다. 우리의 말을 통해서 우리가 어떤 사람인지가 폭로되는 것입니다. 성숙한 신자가 된다는 것은 우리가 일상생활에서 사용하는 말을 통해서 입증됩니다. 찬송하는 시간에, 기도하는 시간에 하는 말이 아니라 가까운 사람들에게 어떤 말을 내뱉는지가 우리 신앙이 얼마만큼 성숙했는지 보여 주는 척도가 됩니다.

직장에서 동료들에게 또는 상사로서 부하 직원들에게 어떤 말을 함부로 내뱉는지를 보면 신앙이 어느 정도인지 드러납니다. 여러분은 가까운 사람들에게, 특히 손아랫사람들에게 어떤 말을 하고 있습니까? 비판하는 말입니까? 아니면 칭찬하고 격려하는 말입니까? 사람들이 여러분을 통해 힘을 얻습니까? 아니면 여러분을 피하고 있습니까? 그럼 우리는 어떻게 혀를 재갈 먹일 수 있습니까?

부자연스러운 침묵으로는 혀를 통제할 수 없습니다. 오히려 말을 해야 할 때 안 하고 있다가 말을 안 해야 되는 때는 말하는 실수를 범할 수도 있습니다. 단순한 결심으로 자기 혀를 통제할 수는 없습니다. 한 번이라도 시도해 보신 분이라면 인정하실 것입니다. 그렇게 해서는 되지 않는다는 것을 말입니다. 오히려 하나님의 인도 아래 모든 생각을 그리스도께 복종시키는 법을 배워야 합니다. 우리의 모든 생각이 주님의 뜻과 같이 되고 싶어 하는 노력을 해야 합니다. 왜냐하면 사람은 마음에 가득한 것을 입으로 표현하기 때문입니다. 그러므로 주님이 이렇게 경고하신 적이 있습니다.

> 나무도 좋고 열매도 좋다 하든지 나무도 좋지 않고 열매도 좋지 않다 하든지 하라 그 열매로 나무를 아느니라 독사의 자식들아 너희는 악하니 어떻게 선한 말을 할 수 있느냐 이는 마음에 가득한 것을 입으로 말함이라(마 12:33-34).

언제 이 말을 했습니까? 예수님의 손을 통해서 하나님의 나라가 임하는 표적이 나타날 때에, 귀신이 쫓겨나고 죄인이 새로워지는 표적이 나타날 때에, 사람들이 예수님을 보고 "저 사람이 바알세불을 힘입어서 지금 저런 일을 하고 있다"(마 12:24 참조)고 수군거렸습니다. 그러자 예수님이 "독사의 자식들아 너희는 악하니 어찌 선한 말을 할 수 있느냐 너희 마음에 가득한 것으로 말할 수밖에 없다"(마 12:34 참조)고 말씀하셨습니다.

더러운 말이 튀어나오는 입이 문제가 아닙니다. 악한 말을 내뱉는 혀가 문제가 아니라 마음속에 들어 있는 악한 것이 문제입니다. 그러므로 나무도 좋고 열매도 좋다고 하든지 아니면 열매도 나쁘고 나무도 나쁘다고 말해야 맞습니다. 예수님께서는 그 당시 사람들을 향해 귀신을 쫓아내고 병을 고치는 일은 선하다고 인정하면서 어떻게 그 일이 악한 영을 통해서 나온다고 비난할 수 있느냐고 말씀하셨습니다.

가지에 맺히는 열매가 좋으면 좋은 나무입니다. 악한 열매만 맺는다면 나쁜 나무입니다. 그 나무는 베어 버려야 합니다. 입에서 나오는 말이 나쁜 말이면 그 마음에 더러운 것이 가득한 것입니다.

마음에 선한 것을 가득 채우라

사랑하는 성도 여러분, 마음속에서부터 변화되지 않고는 겉으로 나타나는 말이 변화될 수 없습니다. 그렇습니다. 악한 행동뿐 아니라 악한 말은 다 안에서부터 흘러나오는 죄악입니다. 마음에 있는 것이 행동으로 나타납니다. 혀를 통제하기 위한 유일한 방안은 마음에 선한 것을 가득 채우는 것입니다. 날마다 그리스도를 흠모하고 앙망하십시오. 그분이 가진 덕스러운 것을 내 마음에 품으십시오. 그리스도가 마음에 가득 있으면 은혜로운 말을 하게 됩니다. 마음에 들어 있는 것이 성령으로 은혜로운 것이면 입을 열 때 안에 있는 은혜로운 것이 밖으로 나오게 되는 것입니다.

그러므로 말의 실수는 누구나 하고 어떤 죄보다 더 쉽게 짓는 죄이지만 하나님의 성령에 의해서 통제될 때에 우리는 온전한 사람의 자리에 이를 수 있습니다. 성령으로 우리 마음이 충만해질 때에 우리는 생각과 말, 행동과 언어, 즉 혀까지도 그리스도의 영으로 통제될 수가 있습니다.

그때 우리의 삶은 생명수가 강처럼 흐르게 될 것입니다. 마음에 쌓인 선으로 선한 것이 흘러나올 때 연약한 자는 힘을 얻을 것입니다. 병든 자는 치유함을 얻을 것입니다. 어둠 속에 있던 자는 빛 속으로 옮겨질 것입니다.

성숙한 그리스도인은 말에 실수가 없는 자입니다. "예"라고 해야 할 때 "예"라고 말하는 사람입니다. "아니오"라고 해야 할 때 "아니오"라고 말하는 자입니다. 그러므로 정죄를 면하는 자는 복된 자입니다.

아무 때나, 아무 일에나 나서기 잘하는 우리에게 선생 노릇을 그만하라고 오늘 본문은 경고합니다. 한 날 심판을 상기시키면서 말에 실수가 없는 저 높은 곳을 향한 신앙의 길을 걷도록 권면합니다. 말에 실수가 없는 사람이 되는 궁극적인 방안은 마음 밭을 새롭게 하는 것입니다. 성령의 통제 아래 마음에 선한 것을 가득 채우는 것입니다. 그것만이 궁극적인 해결책입니다.

사랑하는 성도 여러분, 그러므로 우리가 드리는 어떤 예물보다 하나님이 기뻐하시는 예물은 입술의 열매임을 기억합시다. 우리가 경작한 밭의 소출을 감사함으로 드릴 때도 기뻐하시지만 우리의 마음 밭에서 나오는 입술의 열매는 더욱 귀한 예물입니다. 그렇다면 하나님께서 여러분 모두에게 항상 기대하는 입술의 열매는 무엇입니까? 히브리서 기자는 이렇게 말합니다.

> 그러므로 우리는 예수로 말미암아 항상 찬송의 제사를 하나님께 드리자 이는 그 이름을 증언하는 입술의 열매니라(히 13:15).

감사와 찬송을 여러분의 입에서 끊어지지 않게 하십시오. 그리고 특정한 절기가 아닌, 하나님께서 언제나 기뻐하시는 제사가 있습니다.

> 오직 선을 행함과 서로 나누어 주기를 잊지 말라 하나님은 이 같은 제사를 기뻐하시느니라(히 13:16).

하나님은 선행과 구제를 언제나 기뻐하십니다. 연례행사로 하는 선행이 아니라 평소에 꾸준히 선행과 나누어 주는 일을 시도해 볼 수 있습니다.

사랑하는 성도 여러분, 하나님이 우리에게 기대하시는 삶과 우리가 지금 살고 있는 삶이 얼마나 동떨어져 있는지를 돌아보십시오. 하나님이 우리에게 요구하시는 수준과 우리가 살고 있는 수준이 엄청나게 격차가 있다는 것을 인식해야 기도가 되는 것입니다. 주님께서 쉬지 말고 기도하라고 하신 것은 쉬지 않고 기도하지 않으면 우리 삶이 바뀌지 않기 때문입니다.

그러나 여기에 희망이 있습니다. 우리를 긍휼히 여기시고 용서하시는 주님, 우리의 기도를 응답하시는 주님께로 나아가기만 하면 됩니다. "네 입을 크게 열라 내가 채우리라"(시 81:10)고 말씀하셨습니다. 우리를 채우는 것은 욕망을 채우시는 것이 아닙니다. 사랑하는 성도 여러분! 주님이 원하시는 삶을 사는, 특별히 마음에 선한 것을 채워 항상 선한 말을 하는 성도가 되길 바랍니다.

James
야고보서 3장

야고보서 3장 1-12절

¹ 내 형제들아 너희는 선생 된 우리가 더 큰 심판을 받을 줄 알고 선생이 많이 되지 말라 ² 우리가 다 실수가 많으니 만일 말에 실수가 없는 자라면 곧 온전한 사람이라 능히 온몸도 굴레 씌우리라 ³ 우리가 말들의 입에 재갈 물리는 것은 우리에게 순종하게 하려고 그 온몸을 제어하는 것이라 ⁴ 또 배를 보라 그렇게 크고 광풍에 밀려가는 것들을 지극히 작은 키로써 사공의 뜻대로 운행하나니 ⁵ 이와 같이 혀도 작은 지체로되 큰 것을 자랑하도다 보라 얼마나 작은 불이 얼마나 많은 나무를 태우는가 ⁶ 혀는 곧 불이요 불의의 세계라 혀는 우리 지체 중에서 온몸을 더럽히고 삶의 수레바퀴를 불사르나니 그 사르는 것이 지옥 불에서 나느니라 ⁷ 여러 종류의 짐승과 새와 벌레와 바다의 생물은 다 사람이 길들일 수 있고 길들여 왔거니와 ⁸ 혀는 능히 길들일 사람이 없나니 쉬지 아니하는 악이요 죽이는 독이 가득한 것이라 ⁹ 이것으로 우리가 주 아버지를 찬송하고 또 이것으로 하나님의 형상대로 지음을 받은 사람을 저주하나니 ¹⁰ 한 입에서 찬송과 저주가 나오는 도다 내 형제들아 이것이 마땅하지 아니하니라 ¹¹ 샘이 한 구멍으로 어찌 단 물과 쓴 물을 내겠느냐 ¹² 내 형제들아 어찌 무화과나무가 감람 열매를, 포도나무가 무화과를 맺겠느냐 이와 같이 짠 물이 단 물을 내지 못하느니라

24.
혀를 다스리는 신앙인

　그리스도 안에서 사랑하는 성도 여러분, 그리스도인은 보통 사람처럼 세상을 살지 않고 하나님의 백성답게 거룩한 삶을 살기로 작정한 사람들입니다. 거룩한 삶, 구별된 삶의 가장 큰 표지는 입술의 사용으로 나타납니다.
　이전에 원망과 불평, 조소와 욕설, 비방과 저주를 내뱉던 입에서, 감사와 찬송, 격려와 칭찬, 기도와 축복이 터져 나온다면 그는 분명 새로운 삶의 길로 접어든 사람입니다. 오늘 예배의 자리에 나오신 여러분의 혀는 어떻습니까? 오늘 하루 동안 여러분의 말을 몰래 녹음해서 분석한다면 어떤 결과가 나올까요?
　앞서 우리는 '선생이 되려고 하지 말라'는 제목으로 신앙인과 혀의 통제 문제를 원론적으로 접근했습니다. 오늘은 '혀를 다스리는 신앙인'이라는 제목으로 신앙인으로서 혀를 다스리는 문제를 좀 더 구체적으로 다루어 봅시다.
　사랑하는 성도 여러분, 사람들은 모두 실수합니다. 그래서 실수란 사람이

하고, 용서는 하나님이 하신다는 말이 있지 않습니까? 매사에 사람은 실수를 하지만 사람이 하는 어떤 실수보다 말실수가 가장 쉽게 일어납니다. 달리 말해 사람들에게 혀를 통제하는 것보다 어려운 것은 없습니다. 아니, 인간적인 관점에서 판단해 볼 때 죄 가운데 태어난 사람이 혀를 통제하는 것은 거의 불가능합니다. 그래서 만일 말에 실수가 없는 사람이면 온전한 사람이라고 말합니다.

앞서 이 문제를 원론적으로 접근했다면 오늘은 각론적으로 하나씩 뜯어봅시다. 우선 본문 열두 절을 한 번 분석해 봅시다. 처음 두 절은 전체적인 주제의 선언입니다. 3절부터 5절 상반절까지는 혀의 위력에 대해서 말하고, 5절 하반절부터 8절까지는 혀의 속성에 대해서 말합니다. 그리고 9절부터 12절까지는 혀의 기능을 말하고 있습니다.

작은 혀를 잘 다스리는 자

우선 혀의 위력부터 살펴봅시다. 작은 혀가 가지는 엄청난 위력을 나타내 보이기 위해 야고보 선생은 여기서 두 가지 예를 들고 있습니다. 첫째는 말들의 입에 물리는 재갈을 예로 들고 있습니다. 말이 길길이 날뛰지만 일단 그 입에 재갈을 물리면 마부는 그 말을 통제할 수 있습니다. 말의 덩치에 비해서 입에 물리는 재갈은 지극히 작습니다. 하지만 그 입에 물린 재갈 때문에 마부는 그 말을 마음대로 부릴 수 있습니다.

사람의 혀도 그와 같습니다. 우리가 작은 혀를 잘 사용하면 온몸을 다스릴 수 있습니다. 그러나 만약 자기 혀를 재갈 먹이지 못할 때에 우리 삶은 천방지축으로 날뛰는 야생마와 같아집니다. 재갈을 물린 말은 사람에게 유익을 끼칩니다. 그와 같이 잘 사용하는 혀는 우리의 삶을 복된 방향으로 인도합니다. 통제된 혀는 우리 삶에 커다란 유익을 가져다줍니다.

둘째는 푸른 바다에 떠 있는 커다란 배를 예로 들고 있습니다. 엄청난 크기의 배라도 배 뒤쪽에 붙어 있는 작은 키가 그 배를 원하는 방향으로 움직입니다. 미친 듯이 바람이 부는 바다에서도 배가 나아갈 방향을 결정하는 것은 배 뒤에 달려 있는 조그마한 키입니다. 그 작은 키를 가지고 큰 배를 움직이고 있습니다. 아무리 큰 배라도 지극히 작은 키로써 사공은 그 배의 방향을 자기 뜻대로 결정합니다.

인생의 항로도 그와 같습니다. 인생 항로도 여러분의 입안에 있는 작은 혀로 결정적인 방향 수정이 가능합니다. 어떤 인생은 혀를 통해서 난파선의 주인공이 되기도 합니다. 어떤 인생은 혀로 인해서 쉴 만한 항구로 돌아오기도 합니다. 여러분의 인생 항로는 어디로 향하고 있습니까? 물결치는 대로, 바람 부는 대로 익숙한 죄의 바다로 나아가고 있습니까? 세상 모든 사람이 가는 그 길로 치닫고 있습니까? 아니면 키를 사용해서 배의 방향을 돌려보신 적이 있습니까?

사랑하는 성도 여러분, 하나님을 떠난 인생은 험한 풍랑을 향해서 나아가고 있습니다. 하나님을 떠난 인생의 삶에는 평안과 안식이 없습니다. 하나님 없이도 출세할 수 있고, 돈도 벌 수 있고 이런저런 일이 다 가능합니다. 그래서 저는 잘 살아 보겠다고 교회를 나오는 사람들이 가장 답답합니다.

성경은 예수님을 믿으면 "복 받는다", "잘 산다"라며 세속적인 가치를 말하진 않습니다. 오히려 성경은 악인들을 향해서 한 가지 선언을 합니다. 악인에게는 평강이 없다고 말합니다(사 57:21 참조). 높은 지위에 올라갈 수도 있고, 많은 재산을 축적할 수도 있고, 잘 나갈 수도 있지만 삶의 평강은 없다고 선언하고 있습니다. 하나님을 떠난 인생은 평안과 안식이 없습니다. 그러나 하나님께로 돌아올 때는 안식의 포구가 기다리고 있습니다.

지극히 작은 키로 사공은 배를 움직입니다. 지극히 작은 혀로 여러분의 인생 항로는 수정될 수 있습니다. 태어난 그대로 본성을 따라 살면 파멸밖에 없습니다. 그 인생 위에는 하나님의 진노만이 깃듭니다.

자기 뜻대로 항해하는 길은 외롭고 고달픕니다. 그러나 하나님의 뜻대로 진로가 수정된 항로는 복되고 편안한 포구로 나아갑니다. 마음으로 믿고 입으로 고백하는 순간 여러분의 인생 항로는 바뀌게 됩니다.

> 네가 만일 네 입으로 예수를 주로 시인하며 또 하나님께서 그를 죽은 자 가운데서 살리신 것을 네 마음에 믿으면 구원을 받으리라(롬 10:9).

사람이 마음으로 믿어 의에 이르고 하나님과 바른 관계를 맺고, 입으로 시인하여 구원에 이른다고 성경은 지적합니다. 이렇게 기도해 보십시오. "주 예수님, 나는 주님을 믿고 싶습니다. 십자가에 죽으심으로 내 죗값을 담당하시니 감사합니다. 지금 나는 내 마음 문을 열고 예수님을 나의 구주, 나의 하나님으로 영접합니다. 나의 죄를 용서하시고 영생을 주셔서 감사합니다. 나를 다스려 주시고, 나를 주님이 원하는 사람으로 만들어 주옵소서. 예수님의 이름으로 기도합니다. 아멘."

혀는 쉬지 아니하는 악이다

사랑하는 성도 여러분, 말의 입에 물린 재갈처럼, 큰 배를 조정하는 키처럼 혀도 작은 지체이지만 엄청난 일을 해냅니다. 인생 항로 전부가 수정되기도 하고, 온 땅을 두루 치닫는 회오리바람 속으로 말려들게도 합니다. 잘 사용하면 큰 유익을 가져오지만 잘못 사용하면 엄청난 손해를 끼치게 됩니다. 그것을 그 다음 본문에서 설명해 주고 있습니다. 혀를 잘 다스리는 신앙인이 되기 위해서 우리는 혀가 가지는 그 힘, 위력을 바로 알아야 합니다. 뿐만 아니라 혀가 가지고 있는 그 속성을 파악해야만 합니다. 본문 5절 하반절에서 6절은 그 혀의 속성 일부를 잘 설명해 주고 있습니다. "보라 얼마나 작은 불이 얼마나 많은 나무를 태우는가?"라고 질문합니다.

그러므로 사람의 혀는 불과 같고 악으로 가득 찬 세계와 같습니다. 혀는 몸의 한 부분이지만 온몸을 더럽히고 우리의 전 생애를 불태우며 결국에는 혀 그 자체도 지옥 불에 타고 맙니다. 이 부분에서 성경은 혀의 파괴적인 위력을 생생하게 그리고 있습니다. 조그마한 불씨 하나가 온 산을 태워 버리는 것처럼 한마디 말이 많은 인생에게 피해를 끼칠 수 있습니다. 미친 사람의 손에 들려 있는 칼은 그래도 낫습니다. 그 칼은 가까이 있는 사람만 다치게 하지만 악한 마음으로 내뱉은 한마디 말은 그 현장에 없는 사람까지도 다치게 합니다. 지구 반대편에 있는 사람까지 상하게 합니다.

한번 잘 생각해 보십시오. 한마디 말로 그동안 힘들게 세운 것을 허물어 버리는 경우를 우리는 종종 봅니다. 수년 동안 가꾸어 놓은 우정이 한마디 말로 무너져 내리기도 합니다. 친구 관계뿐 아니라 친척 간에도 마찬가지입니다. 수고라는 수고는 다 했고 명절, 기일, 좋은 날, 나쁜 날 모두 다 찾아 뵀지만 한마디 말로 그 관계가 허물어지고 마는 것입니다.

부모와 자식 간도 마찬가지입니다. 참지 못하고 내뱉은 한마디 말로 우리는 걷잡을 수 없는 회오리바람 속으로 빨려 들어갑니다. 사랑으로 시작한 부부 사이도 마찬가지입니다. 참지 못한 한마디 말이 그 깊은 관계에 종지부를 찍게 합니다.

얼마나 많은 관계가 혀에서 나온, 절제하지 못한 한마디 말로 끝장이 납니까? 작은 불씨 하나가 큰 숲을 태우듯이 함부로 내뱉은 한마디 말이 여러분 생애에 두고두고 타오르는 재앙의 불길이 됩니다. 그래서 오늘 본문은 생의 바퀴를 태운다고 표현합니다.

혀는 곧 불이요 불의의 세계라 혀는 우리 지체 중에서 온몸을 더럽히고(전

인격을 더럽히고) 삶의 수레바퀴를 불사르나니 그 사르는 것이 지옥 불에서 나느니라(3:6).

사랑하는 성도 여러분, 여러분의 입에서 나온 한마디 더러운 말은 여러분 자신을 더럽힙니다. 다른 사람을 향해 내뱉는 욕은 사실상 자신의 얼굴에 뒤집어쓰는 오물과도 같습니다. 그 욕은 다른 사람에게 가는 것이 아니라 말하는 사람이 더러운 자라는 것을 보여 줍니다. 그 마음속에 무엇이 들어 있는지를 폭로합니다.

그러므로 혀는 걷잡을 수 없는 악이며, 쉬지 않는 악이며, 혀에는 죽이는 독이 가득하다고 말합니다. 더러운 물이 강으로 콸콸 쏟아져 나오는 것처럼 더러운 말이 튀어나올 때 입은 악의 출구가 됩니다. 악의 원천입니다.

그것이 삶의 수레바퀴를 불사릅니다. 삶의 수레바퀴란 인생 전부를 가리키는 말입니다. 출생에서부터 죽음에 이르는 그 모든 과정을 다 태운다는 것입니다. 전 생애가 말 한마디로 인해서 허물어져 내리는 것입니다. 이 불은 지옥에서 치솟는 불길이라고 말합니다. 지옥에서부터 옮겨 붙은 불이라고 말합니다. 현대인의성경에서는 '혀까지도 태우고 마는 지옥 불'이라고 말합니다. 혀의 속성을 나타내는 또 하나의 표현이 나옵니다.

여러 종류의 짐승과 새와 벌레와 바다의 생물은 다 사람이 길들일 수 있고 길들여 왔거니와 혀는 능히 길들일 사람이 없나니 쉬지 아니하는 악이요 죽이는 독이 가득한 것이라(3:7-8).

온갖 짐승과 새와 파충류와 바다 생물은 사람에 의해서 길들여지고 또 길들여 왔습니다. 그러나 혀를 길들일 사람은 아무도 없습니다. 세상에 있는 짐승들을 어떻게 길들였는지 보셨을 것입니다. 서커스에 가서도 볼 수 있고,

해양 전시관에 가서도 볼 수 있습니다. 돌고래가 얼마나 민첩하게 움직이는지 물고기가 조종에 의해서 얼마나 날렵하게 움직이는지 볼 수 있습니다. 코끼리도 길들여지고 사자도 길들여지지만 혀는 길들일 수 없다는 것입니다.

유독 인간의 혀만은 통제가 불가능합니다. 바람이 불 때에 무섭게 타오르는 불길을 한번 보십시오. 누가 그것을 감히 제지할 수 있겠습니까? 분이 가득해서 내뱉고 있는 악담을 한번 들어보십시오. 그것을 감히 누가 막을 수 있습니까?

정말 쉬지 아니하는 악이라는 표현이 실감이 날 것입니다. 사랑하는 관계로 만난 배우자를 향해서 저주하는 욕설을 한번 들어보십시오. 자기 혀로 자기가 낳은 자녀를 향해 퍼붓고 있는 욕들을 한번 들어 보십시오. 정말 혀는 쉬지 아니하는 악입니다.

결코 짠물은 단물을 내지 못한다

마지막으로 혀의 기능을 살펴보십시오. 물론 혀는 음식을 먹을 때도 사용됩니다. 이것은 가장 기본 단계의 기능이라고 볼 수 있습니다. 그러나 그보다 고차원의 기능은 말을 하는 것입니다. 말은 사람을 사람으로 구별 짓는 특징입니다. 하나님의 형상대로 지음 받은 인생의 특권이 말로 자신을 표현할 수 있다는 것입니다. 인간은 말로 자기 안의 것을 나타낼 수 있습니다.

가장 고차원적인 혀의 기능은 찬송하는 데서 드러납니다. 그러므로 하나님을 복되다고 찬송하는 그 입으로 하나님의 모습대로 지음 받은 동료 인생을 향해 죽일 놈이라고 욕하는 것은 어울리지 않습니다.

혀는 정말 쉬지 아니하는 악입니다. 인간의 모든 수양과 교양은 자신의 혀 하나도 통제할 수 없습니다. 본래적인 기능 대신 역기능을 발휘하는 혀를 살필 때에 우리가 빠져 있는 죄악의 깊이를 깨달을 수 있습니다.

사랑하는 형제자매 여러분, 여러분의 입에서 그런 욕들을 멀리하십시오. 찬송하는 입에서 욕이 나와서는 안 됩니다. 그것은 도무지 어울릴 수 없습니다. 그것은 도무지 자연 속에서 찾아볼 수 없는 불합리입니다.

여러분이 산행을 하다가 샘물을 만났다고 합시다. 그 샘에서 좋은 물이 솟아날 때 좋은 물을 마실 수 있는 것이지 한 샘에서 좋은 물도 나고 더러운 물도 나는 것이 아닙니다. 한 샘에서 단물과 쓴물이 동시에 터져 나오지는 않는다는 것입니다.

> 샘이 한 구멍으로 어찌 단물과 쓴물을 내겠느냐 내 형제들아 어찌 무화과나무가 감람 열매를, 포도나무가 무화과를 맺겠느냐 이와 같이 짠물이 단물을 내지 못하느니라(3:11-12).

어떤 무화과나무도 무화과 열매만 맺지, 감람 열매를 맺을 수는 없다는 것입니다. 나무가 무엇이냐에 따라 그 열매가 결정됩니다. 여러분이 어떤 사람인지는 여러분의 말에 따라 결정됩니다. 말은 여러분 속에서 나오는 것입니다. 여러분이 그리스도의 보혈로서 깨끗함을 받은 사람이라면 나오는 말이 깨끗해야 합니다.

여러분이 아직도 아담의 죄로 더럽혀져 있다면 튀어나오는 것은 더러운 말뿐입니다. 그러므로 여러분의 입에서 욕이 나온다는 것은 심각한 문제입니다. 욕을 내뱉고 나면 두고두고 여러분 자신을 괴롭히는 것 때문이 아닙니다. 여러분의 얼굴을 먹칠하기 때문도 아닙니다. 한마디 말이 사람 사이를 단절시키기 때문도 아닙니다.

입에서 욕이 나온다는 것은 여러분 자신의 내면을 폭로하기 때문입니다. 욕을 하는 것은 바로 여러분 안에 더러운 것이 들어 있다는 것을 폭로하기 때문입니다. 바로 거기에 통제되지 않는 혀의 심각성이 있습니다.

여러분은 입에서 터져 나오는 통제되지 아니한 말 때문에 얼마나 고민해 보았습니까? 고민하는 사람은 영적으로 성숙해 가는 사람입니다. 교회에 와서는 신자처럼 행동하고, 집에 가서는 마귀처럼 행동해서는 안 됩니다. 성도는 기도하던 그 거룩한 입술로, 집안에서, 직장에서, 삶의 현장에서 만나는 사람들을 축복해야 하는 것입니다.

듣는 사람이 민망해 하는데도 자신은 전혀 부끄러워하지도 않고 더러운 말을 내뱉는다면 비록 교회를 다닌다고 해도 아직도 유치한 신자의 자리에 머물러 있는 자입니다. 찬송한 입으로 저주하고 악담하는 것은 어울리지 않습니다. 어느 쪽이든 하나는 잘못되어 있습니다. 그래서 야고보는 그 불합리성을 지적합니다. "한 입에서 찬송과 저주가 나오는도다 내 형제들아 이것이 마땅하지 아니하니라 샘이 한 구멍으로 어찌 단물과 쓴물을 내겠느냐"라고 질문합니다. 그리고 나서 "이와 같이 짠물이 단물을 내지 못하느니라"고 결론을 내립니다.

이 문제는 어른 신자들만의 문제가 아닙니다. 욕 없이는 말을 이어가지 못하는 우리 자녀들에게는 더 심각한 문제입니다. 우리 자녀가 신앙인이라면 또래 청소년들의 언어생활과는 반드시 달라야 합니다. 신앙인이 되면 그때부터 달라져야 합니다. 오늘 본문을 통해서 자녀의 언어 훈련의 중요성을 인식해야 합니다. 자신도 찬송하던 입을 가지고 함부로 욕을 하기 때문에 자녀들의 입에서 나오는 말을 교정해 줄 생각을 못합니다. 여러분이 신자가 되면 나쁜 말을 해서는 안 되듯이 자녀들도 신자인데 어떻게 욕설을 하도록 내버려 둘 수 있단 말입니까?

혀를 오직 위안과 격려의 도구로 쓰라

사랑하는 성도 여러분, 짠물은 단물을 내지 못한다는 것을 기억하십시오.

이 말은 무슨 말입니까? 여러분에게서 더러운 말이 튀어나왔다는 것은 아직 여러분 안이 더럽다는 것입니다. 더러운 인생은 깨끗한 말을 할 수 없다는 것입니다. 둘 다 튀어나온다면 한편은 착하고 한편은 더러운 것이 아니라 여러분 안에 아직도 악이 있다는 것입니다.

혀를 다스리기 위해서 여러분은 먼저 신앙인이 되어야 합니다. 복의 근원이신 하나님을 만나야 합니다. 하나님을 만나서 하나님의 도움을 받으십시오. 그때 혀를 축복의 도구로 사용할 수 있게 됩니다. 이제 여러분의 혀를 복되신 하나님을 고백하는 일에 사용하십시오. 그 은택을 찬송하는 일에 여러분의 혀를 사용하십시오.

이제부터 여러분의 혀를 오직 위안의 도구로 쓰십시오. 하나님의 형상대로 지음 받은 다른 사람들을 격려해 주고 위로해 주는 도구로 사용하십시오. 지친 자가 힘을 얻고 어둠에 있는 사람이 빛을 볼 수 있도록 사용하십시오.

하나님과의 관계가 회복되면 언어생활이 바뀌어야 합니다. 관계를 새롭게 만들기 원하면 이런 말을 해 보십시오. "미안합니다." "감사합니다." "사랑합니다." "당신이 자랑스럽습니다." "존경합니다." "많이 힘드시죠?" "힘내세요, 우리가 함께할게요!" 자녀들에게도 이렇게 말해 보십시오. "미안해." "사랑해." "참 잘했구나." "도와줘서 고맙다." "너 때문에 기쁘다."

이렇게 할 때, 여러분의 영혼에 큰 유익이 있는 것은 말할 것도 없고 주변에 있는 분들께도 유익을 끼칠 것입니다. 덕담은 명절에만 하는 것이 아닙니다. 매일 좋은 말을 하며 사십시오!

사랑하는 성도 여러분, 하나님을 만나서 마음이 새로워질 때 감사의 말을 할 수 있습니다. 혀가 제 기능을 발휘하기 위해서는 그리스도 예수께서 여러분의 마음에 자리하셔야 합니다. 그분을 묵상하고 그분과 교제하고 그분 때문에 마음의 기쁨이 있으면 감사의 말이 나오는 것은 어렵지 않습니다.

그리스도 예수께서 여러분의 마음에 더 넓게, 더 깊게 영향을 끼쳐야 합니다. 여러분의 마음이 그리스도 예수로 가득할 때에 결코 악담이 튀어나올 수 없습니다. 그리스도 예수다운 말이 여러분의 입에서 나오게 마련입니다.

하나님의 사랑의 증표인 예수께서 여러분 안에 거하시면 여러분의 말이 달라집니다. 다른 사람을 불쌍히 여기는 말이 나오게 됩니다. 다른 사람을 축복하는 말이 나오게 될 것입니다. 자신을 잘 살펴보십시오. 왜냐하면 짠물은 결코 단물을 낼 수 없기 때문입니다. 마찬가지로 단물도 결코 짠물을 내지 않습니다.

James
야고보서 3장

야고보서 3장 13-18절

¹³너희 중에 지혜와 총명이 있는 자가 누구냐 그는 선행으로 말미암아 지혜의 온유함으로 그 행함을 보일지니라 ¹⁴그러나 너희 마음속에 독한 시기와 다툼이 있으면 자랑하지 말라 진리를 거슬러 거짓말하지 말라 ¹⁵이러한 지혜는 위로부터 내려온 것이 아니요 땅 위의 것이요 정욕의 것이요 귀신의 것이니 ¹⁶시기와 다툼이 있는 곳에는 혼란과 모든 악한 일이 있음이라 ¹⁷오직 위로부터 난 지혜는 첫째 성결하고 다음에 화평하고 관용하고 양순하며 긍휼과 선한 열매가 가득하고 편견과 거짓이 없나니 ¹⁸화평하게 하는 자들은 화평으로 심어 의의 열매를 거두느니라

25.
온유한 마음, 착한 생활

그리스도 안에서 사랑하는 성도 여러분, 그리고 복된 예배의 자리에 나오신 사랑하는 이웃 여러분, 오늘도 야고보서 말씀을 통해 삶의 변화가 있기를 바랍니다.

얼핏 보면 오늘 본문은 앞부분하고 아무런 관계가 없는 것처럼 보입니다. 13절부터는 완전히 새로운 이야기가 시작되는 것 같습니다. 그러나 전체적으로 살펴보면 그렇지 않습니다. 오히려 3장 1절에서 시작한 주제로 다시 돌아가고 있습니다. "내 형제들아 너희는 선생 된 우리가 더 큰 심판을 받을 줄 알고 선생이 많이 되지 말라"(3:1)고 말하고 나서 2절부터는 선생들이 범하기 쉬운 말의 실수를 길게 거론했습니다. 마치 처음에 시작한 주제에서 벗어난 것처럼 보일 만큼 혀를 다스리는 문제를 길게, 그리고 심각하게 다루었습니다. 남을 가르치려 해서는 안 된다고 말한 다음 이제 여기서는 가르칠 만한 선생 될 자격이 있다면 먼저 증명해 보라고 말합니다.

너희 중에 지혜와 총명이 있는 자가 누구냐 그는 선행으로 말미암아 지혜
의 온유함으로 그 행함을 보일지니라(3:13).

좀 더 쉽게 풀어놓은 공동번역으로도 살펴보겠습니다.

여러분 가운데 지혜롭고 지식이 있는 사람이 있다면 그 사람은 지혜로운
사람답게 온유한 마음을 가지고 착한 생활을 함으로써 그 증거를 보여 주
도록 하십시오(3:13, 공동번역).

그 당시에는 지혜 있는 자, 총명 있는 자라고 하면 바로 선생을 가리키는 말로 통했습니다. '선생' 하면 지혜롭고 총명 있는 자로 통했다는 말입니다. 유대 사회에서 선생이 지혜로운 자로 통한 것은 그들이 가진 실제적이고도 도덕적인 지식 때문이었습니다. 이론적인 지식을 많이 소유해서가 아닙니다.
야고보 선생은 누구든지 자기가 지혜와 총명을 가졌다고 생각하면 그 지혜와 총명을 온유한 마음과 착한 행실로 나타내 보이라고 도전하고 있습니다. 지혜와 총명은 사람 안에 들어 있는 것입니다. 그러므로 우리가 들여다볼 수 있는 것이 아닙니다. 그래서 착한 행실을 통해서 나타내 보이라고 말합니다. 믿음이 구체적인 행동으로 나타나야 되듯이 지혜와 총명도 구체적인 삶에서 드러나야 한다고 주장합니다.

온유, 선생으로서 탁월한 자질

그러면 온유한 마음이란 무엇입니까? 온유하다는 것은 기질적으로 점액질인 사람을 보고 말하기 쉽지만 성경은 그것을 온유하다고 말하지 않습니다. 여기서 말하는 온유는 술에 술 탄 듯 물에 물 탄 듯한 성격이 아닙니다.

하나님 앞에서 자신의 참모습을 본 사람이 온유한 사람입니다. 자신이 한 없이 초라한 존재임을 알게 된 사람입니다. 자신이 죄악으로 가득한 존재임을 깨달은 사람입니다. 그래서 다른 사람이 아무리 손가락질해도 그대로 받아들일 수 있는 사람입니다.

성경은 신앙의 눈을 떠서 자신을 새롭게 본 이후에 나타난 품성을 온유라고 합니다. 그런 사람은 누가 무슨 말을 해도 포용합니다. 겸손하고 부드러운 태도로 사람을 대합니다. 성경은 그리스도인의 가장 특징적인 모습을 온유라고 합니다.

가장 위대한 선생이신 예수께서 제자들에게 "나는 마음이 온유하고 겸손하니 나의 멍에를 메고 내게 배우라"(마 11:29)고 말씀하신 것을 여러분은 기억하실 것입니다. 예수님은 자기에게 와서 배우라고 초청하실 때에 다른 많은 것을 다 덮어 두고 무엇보다 선생으로서 탁월한 자질로 자기가 온유하다는 것을 말씀하십니다. 선생은 특정 직업인을 지칭하는 말이 아닙니다. 목사나 신학생만 가리키는 말이 아닙니다. 교회학교에서 수고하는 교사들만 가리키는 말도 아닙니다. 누구든지 그리스도 예수를 배운 사람이요, 이제 가르칠 자리에 이른 사람입니다.

히브리서 기자의 말을 들어 보십시오. "때가 오래되었으므로 너희가 마땅히 선생이 되었을 터인데 너희가 다시 하나님의 말씀의 초보에 대하여 누구에게서 가르침을 받아야 할 처지이니 단단한 음식은 못 먹고 젖이나 먹어야 할 자가 되었도다"(히 5:12)라고 책망하고 있습니다. 그런 의미에서 성경은 그리스도인 모두가 선생이 되어야 한다고 말하고 있습니다.

그러면 선생으로서 갖추어야 할 가장 기본적인 특징이 무엇입니까? 그것을 본문은 온유라고 합니다. 본문에서 온유라고 하는 것은 참지혜와 전적으로 일치하는 것입니다. 또한 참지혜와 전적으로 동행하는 것입니다.

지혜에서 나오는 온유함이 결여된 사람은 아는 것도 없이 떠드는 변론에

치우치고 잘난 척합니다. 참지혜는 선한 행동으로 나타나야 합니다. 지혜로운 사람은 온유한 처신을 합니다.

그렇다면 지혜는 무엇입니까? 성경은 "여호와를 경외하는 것이 지혜와 지식의 근본"(잠 1:7 참조)이라고 말합니다. 여호와를 경외하는 것은 두 가지 사실을 포함하고 있습니다. 히브리서 기자의 말을 빌리자면 첫째는 하나님이 계시다는 것을 인정하는 것입니다(히 11:3 참조). 즉 여호와 하나님, 전능자 하나님, 천지를 창조하신 그분이 존재한다는 것을 믿는 것입니다. 둘째는 하나님이 상 주시는 이심을 믿는 것이 지혜라고 합니다(히 11:6 참조). 여호와 하나님이 살아 계신 것과 그가 상을 주시는 것, 그것을 믿는 자가 지혜로운 자요, 이 지혜가 있어야 온유한 삶을 살 수 있습니다.

구약 속 온유한 자, 모세

자, 그러면 성경에 나오는 온유한 자를 살펴봅시다. 모두 하나님이 살아 계신 것을 믿은 자들입니다. 뿐만 아니라 그가 상을 주시는 이심을 믿은 자들입니다. 하나님이 계시다는 것을 믿었기에 세상을 살아가면서 누가 무슨 말을 해도 일일이 자기변호를 하지 않았습니다.

살아 계신 하나님이 우리 삶을 감찰하고 계시다는 것을 믿었기에, 하나님이 훗날 시시비비를 가려 주실 것을 믿었기에, 그 심판의 날에 모든 것을 의탁해 버렸기에 온유한 모습으로 살아갑니다. 자기 논리로 변명하거나, 자기 힘으로 보복하려고 하지 않습니다.

대적하는 자들을 참고 견디는 온유한 마음은 신앙에서부터 시작됩니다. 어떻게 미움과 보복하는 마음으로부터 자유할 수 있습니까? 신앙인들은 하나님이 계신 것을 믿기 때문에 그가 보상하시는 것을 바랐고 또한 보복해 주실 것을 바랐습니다. 그래서 하나님의 전능하신 손아래 모든 것을 맡기는 온유한 삶을 살았습니다.

　구약에서 가장 대표적으로 온유한 자인 모세를 살펴봅시다. 그는 옛 언약의 일꾼으로 불렸습니다. 반항하고 불신하는 백성을 40년간 이끌고 광야를 걸어온 것을 기억해 보십시오. 40년 동안 그러한 생활을 계속해 왔다면 정말 우리는 고개를 숙일 수밖에 없습니다. 한 교회에서 30년 이상 목회를 해도 우리는 존경하지 않습니까?

　모세는 반항하던 백성들을 데리고 40년 동안이나 인도한 사람입니다. 고라 일당은 모세에게 "네가 뭔데 백성 위에 올라서서 지도자인 척하느냐"(민 16:3 참조)며 반항하고 나왔습니다. 누가 스스로 그 일을 맡아서 했습니까? 어쩔 수 없이 하나님의 부름이기 때문에 그 역할을 맡았는데 마치 모세가 스스로 백성 위에서 자기를 높여 지도자가 된 것처럼 백성 앞에서 모세를 모욕했습니다.

　심지어는 한마음으로 일해야 했던 형제들까지도 모세에게 도전했습니다. 형 아론이 그랬고 누이 미리암이 그랬습니다. "하나님이 너하고만 이야기했느냐? 너만 하나님께 기도할 수 있느냐? 너만 하나님 말씀을 대언할 수 있느냐?"(민 12:2 참조)고 도전했습니다. 그러나 모세는 그때마다 하나님 앞에 엎드린 자로 성경에 나와 있습니다. 그래서 성경은 그를 가리켜 말하기를 "세상에서 가장 온유한 자"(민 12:3 참조)라고 말합니다. 그는 스스로 대항하고 보복하려고 하지 않았습니다. 오래 참음으로 도전을 응대하는 겸손하고 온유한 사람이었습니다.

　원한과 보복심을 모르고 백성이 하나님 앞에 벌 받으면 어떻게 할까 하는 두려운 마음에서 자신이 회개할 자인 것처럼 하나님 앞에 엎드렸습니다. 한 백성의 지도자였지만 그의 얼굴에서는 오만과 도도한 모습이라고는 결코 찾아볼 수 없었습니다.

　모세는 어떻게 온유한 사람이 될 수 있었습니까? 출애굽기 33장 11절에 보면 "여호와께서는 모세와 대면하여 말씀"하셨습니다. 하나님이 계신 것을 믿었을 뿐만 아니라 하나님을 친구와 같이 사귀던 사람이었습니다. 그렇기 때문에 모세는 하나님을 가장 가까운 분으로 알고 있었습니다. 답답한 일을 당하면 가장 가까운 분 앞에 나가서 엎드리는 것이 자연스럽지 않습니까? 답답한 일을 당하면 여러분의 심정을 들어줄 만한 사람에게 하소연하듯이 모세는 자기가 가장 잘 알고 있는 하나님 앞에 가서 아뢰었습니다.

히브리서 11장 24절 이하에서는 그가 상을 주시는 이를 바라보았다고 말합니다. 당시 애굽은 세상에서 가장 강한 나라였습니다. 지금의 미국과 중국과 러시아를 합쳐 놓은 것처럼, 세상에서 가장 잘 사는 나라, 세상에서 가장 문화 수준이 높은 나라였습니다. 모세는 이런 강대국의 공주의 아들로 불렸습니다. 권력의 측근으로 통했던 것입니다.

그가 공주의 아들로 남아 있었다면 그 모든 애굽의 영화를 평생토록 누릴 수 있었지만 하나님의 백성과 함께 고난당하는 쪽을 더 귀한 것으로 여겼습니다. 그래서 노예살이를 하고 있는 하나님의 백성을 자유의 백성으로 만들기 위해서 자기가 이미 획득한 권리를 포기했습니다. 그 모든 영광을 포기했습니다. 하나님의 백성을 위해서 자기 생을 포기했습니다. 상 주시는 이심을 믿었기 때문에 그는 온유한 삶을 살 수 있었습니다.

신약 속 온유한 자, 바울

신약의 대표적인 인물, 사도 바울의 경우도 마찬가지입니다. 바울만큼 열심인 제자도 없었고 하나님의 진리를 분명하게 깨달은 사람도 없었습니다. 구약에서 모세의 위치를 신약에서는 바울이 가지고 있었다 해도 과언이 아닙니다. 예수님께 직접 배운 제자가 열두 명이나 있었지만 바울을 통해서 신약 계시가 더 확실하게 주어졌습니다.

그러나 그의 사도직은 곳곳마다 도전을 당했습니다. 말하자면 예수님이 갈릴리에서 시작해서 승천하실 때까지 3년간 공사역을 하실 때 예수님을 직접 따라다니지 않았다는 것 때문에 도전을 받았습니다. 말하자면 정식 훈련 과정 없이 사도가 되었다는 것 때문에 받은 도전이었습니다.

요즘 식으로 표현한다면 정부가 인가한 교단 신학교 3년 과정 없이 목사가 된 경우입니다. 그러나 그에게 주어진 하나님의 계시는 엄청난 것이었습니다. 그를 통해 예수 그리스도께서 우리 죄를 위해 죽으셨다는 십자가 죽음의 의미가 밝혀졌습니다. 죽음의 현장을 지켜본 것은 열두 제자였지만, 그 죽음의 정확한 의미를 밝힌 것은 사도 바울이었습니다.

그를 통해서 하나님의 역사가 우리와 어떤 관련을 가지고 있는지 설명됩니다. 그러나 남다른 열심을 가지고 일한 만큼 비난을 받았습니다. 이방인은 이방인대로 비난했고 유대인은 유대인대로 핍박했습니다. 이런 도전 앞에서도 바울은 그리스도의 온유함과 관용으로 성도를 대합니다.

어떻게 그는 온유한 사람으로 살 수 있었습니까? 그는 친히 주님을 뵌 적이 있는 사람이었습니다(고후 12:2 참조). 삼층천(셋째 하늘)이라고 표현되어 있는데 유대인들의 개념에 따르면 '하나님과 가장 가까이에 있다'는 의미입니다. 바울은 삼층천까지 가서 말로 표현할 수 없는 말을 친히 들은 자라고 성경은 말합니다(고후 12:4 참조). 평생에 잊을 수 없는 경험을 했기 때문에 그는 상 주시는 이를 늘 기억하며 살았습니다.

바울은 사람들이 자신에 관해 이러쿵저러쿵하며 판단해도 그것은 자신에게 매우 작은 일에 불과할 뿐이라서 자신도 남을 판단하지 않는다고 말합니다(고후 4:3 참조). 그리고 바울은 온유한 자로서 막말을 하지 않았습니다. 마지막 말도 하지 않습니다. 왜냐하면 마지막 말은 주께 속해 있다는 것을 알기 때문입니다. 우리의 모든 삶에 대해서 마지막 말을 하실 분은 심판주, 그분이라는 것을 인정하기 때문입니다. 그리고 주께서 각 사람의 모든 숨은 동기를 살피실 때 상급이 있다고 말합니다(고후 4:4-5 참조). 다음 말씀을 보십시오.

> 우리가 항상 담대하여 몸으로 있을 때에는 주와 따로 있는 줄을 아노니 이는 우리가 믿음으로 행하고 보는 것으로 행하지 아니함이로라 우리가 담대하여 원하는 바는 차라리 몸을 떠나 주와 함께 있는 그것이라 그런즉 우리는 몸으로 있든지 떠나든지 주를 기쁘시게 하는 자가 되기를 힘쓰노라 이는 우리가 다 반드시 그리스도의 심판대 앞에 나타나게 되어 각각 선악간에 그 몸으로 행한 것을 따라 받으려 함이라(고후 5:6-10).

이렇듯 그는 늘 선악 간에 몸으로 행한 그것을 심판받을 것을 기억하면서 평생을 살았습니다.

모든 모욕을 온유함으로 견디신 예수

모세보다, 바울보다 더 뛰어난 예수 그리스도를 보십시오. 그분은 친히 하나님과 늘 교제했습니다. 그분의 의식 속에는 하나님 아버지가 한 번도 잊힌 적이 없었습니다. 우리는 가끔씩 하나님 아버지를 떠올리며 살아가지만 예수님은 항상 하나님을 의식하며 살았던 분입니다. 그러면서도 늘 하나님과 교제하며 기도하는 시간을 가졌습니다.

> 그때에 예수께서 대답하여 이르시되 천지의 주재이신 아버지여 이것을 지혜롭고 슬기 있는 자들에게는 숨기시고 어린아이들에게는 나타내심을 감사하나이다(마 11:25).

예수님께서 스스로 성령의 기쁨으로 기뻐하시면서 자기 제자 열둘을 앉혀 놓고 그들의 얼굴을 바라보시면서 (그들 중에는 똑똑한 사람도, 학위를 받은 사람도 없지만) 기뻐하시고 감사하셨습니다. 그때도 예루살렘에 가면 내로라하는 사람이 많았는데 "이 어린아이와 같은 이들에게 하나님의 뜻을 밝혀 주시니 감사합니다"라고 고백하셨습니다.

예수님은 세상에 계실 때에 모든 모욕을 온유함으로 견디신 것을 우리가 기억합니다. 침 뱉음과 뺨 맞음을 당하시면서도 온유함으로 인내하신 이유를 히브리서 기자가 이렇게 설명합니다.

> 믿음의 주요 또 온전하게 하시는 이인 예수를 바라보자 그는 그 앞에 있는 기쁨을 위하여 십자가를 참으사 부끄러움을 개의치 아니하시더니 하나님 보좌 우편에 앉으셨느니라(히 12:2).

사랑하는 성도 여러분, 여러분은 자신을 아무것도 아닌 자로 인식하십니까? 늘 울어도 못 갚을 죄인인 것을 기억하십니까? 자신이 어떤 대접을 받아도 당연한 자임을 알기에 하나님의 진노와 파멸 외에는 기다리는 것이 없던 인생인 것을 기억하십니까?

그런 사람은 살면서 작은 어려움을 겪는다고 하나님께 불평하지 않습니다. 이런저런 일을 당한다고 해서 불만을 품지 않습니다. 하나님이 살아 계신 것을 믿는 자는 온유한 삶을 살아갑니다. 하나님을 바라보십시오. 그분이 여러분이 당한 모든 것을 보상해 주십니다. 하나님은 한 날 사람들의 모든 억울함을 풀어 주실 공의로우신 분입니다. 우리가 그분을 알면 온유한 마음을 가지게 됩니다.

뿐만 아니라 자신을 바라볼 때 공의로운 하나님께 심판밖에는 기다릴 것이 없는 삶이라는 것을 알게 되면 어떤 환경에서도 내가 받아야 할 처벌보다 훨씬 후한 대접을 받고 있다는 것을 깨닫게 될 것입니다.

사람들을 한번 관찰해 보십시오. 평안할 때 하나님을 섬기지 못하던 사람일수록 작은 어려움을 당하면 하나님을 원망하고 불평합니다. 그것은 하나님을 몰라서, 자기가 어떤 자인지를 몰라서 그렇습니다. 잘 살 때는 하나님을 전혀 섬기지 않습니다. 평소에 하나님을 한 번도 불러 보지 않았던 사람일수록 환난을 당하면 하나님을 원망하기에 바쁩니다. 그것은 인간이 악하다는 것을 보여 주는 것입니다.

우리가 걸어온 인생길이 하나님의 진노와 파멸밖에는 받을 것이 없다는 것을 아는 사람은 세상을 살아갈 때에 늘 감사합니다. 내가 받아야 할 것보다 훨씬 좋은 것을 받고 있다고 깨닫기 때문입니다. 그러므로 온유한 삶을 살게 됩니다. 모든 것이 은혜로 주어지는 것임을 고백합니다. 그런 자의 삶은 온유할 수밖에 없습니다.

죄인인 우리가 하나님의 자녀가 되었지만 아직도 우리를 요모조모 다듬어 가셔야 하기 때문에 하나님께서는 우리에게 시련을 허락하십니다. 핍박도 허락하십니다. 하나님 나라에 합당하게 살아가려면 환난을 면할 수 없습니다. 그런 과정을 겪어야 그 나라의 합당한 사람으로 빚어지기 때문입니다.

그러나 그날이 오면 하나님의 공의가 빛같이 빛날 것입니다. "너희로 환난을 받게 하는 자들에게는 환난으로 갚으시고 환난을 받는 너희에게는 우리와 함께 안식으로 갚으시는 것이 하나님의 공의시니"(살후 1:6-7)라고 사도 바울은 말합니다.

하나님께서 상 주시는 이심을 믿는 성도는 온유한 삶을 살 수 있습니다. 신앙은 눈감고 달음질치는 것이 아닙니다. 신앙은 내가 믿는 분과 믿는 바에 따라서 매 순간 행동하고 결단하는 것입니다. 내가 의탁한 자를 알며 그분께 내가 무엇을 맡겼는지를 알고 시작하는 것입니다.

내가 믿고 고백하는 그 진리에 따라 순간순간의 삶을 결정하는 것이 신앙의 삶입니다. 그러므로 하나님이 계신 것을 믿는 사람들과 하나님이 계신 것을 믿지 못하는 사람들의 삶은 당연히 구별되어야 합니다. 당연히 다를 수밖에 없습니다.

  사랑하는 성도 여러분, 하나님이 계신 것을 믿고 그가 상 주시는 이심을 믿는 신자는 온유함으로 살아갑니다. 이 지혜의 온유함이 나타나는 삶을 살아가는 여러분 모두가 되시기를 바랍니다.

# James
야고보서 3장

야고보서 3장 13-16절

¹³ 너희 중에 지혜와 총명이 있는 자가 누구냐 그는 선행으로 말미암아 지혜의 온유함으로 그 행함을 보일지니라 ¹⁴ 그러나 너희 마음속에 독한 시기와 다툼이 있으면 자랑하지 말라 진리를 거슬러 거짓말하지 말라 ¹⁵ 이러한 지혜는 위로부터 내려온 것이 아니요 땅 위의 것이요 정욕의 것이요 귀신의 것이니 ¹⁶ 시기와 다툼이 있는 곳에는 혼란과 모든 악한 일이 있음이라

26.
공동체를 깨뜨리는 것들

　그리스도 안에서 사랑하는 성도 여러분, 그리고 복된 예배의 자리로 나오신 사랑하는 이웃 여러분, 오늘 본문에서 야고보 선생은 신앙 공동체의 시끄러운 모습을 보고 있습니다. 야고보가 편지를 써서 보낸 신앙 공동체는 그렇게 이상적인 모습은 아니었던가 봅니다. 어른이 없는 집안은 시끄럽습니다. 마찬가지로 주님이 없는 교회는, 주님을 의식하지 못하는 교회는 요란합니다. 거룩한 주님의 임재를 의식하면 시끄러운 분위기가 조용해집니다. 마치 아이들끼리 떠들고 싸우다가 부모가 오는 기척이 나면 조용해지는 것과 같습니다.
　초대 교회라고 해서 문제가 없던 것은 아니었습니다. 꼭 우리 같은 사람들이 모여서 교회를 구성하고 있었기 때문에 거기도 문제가 있을 여지는 충분했습니다. 그들 가운데도 잘난 척하는 사람이 있었고 온유함보다는 그 마음속에 독한 시기와 다툼을 가지고 있는 사람도 있었습니다. 그래서 야고보 선생은 신앙 공동체의 시끄러운 모습을 보면서 지혜롭고 총명한 사람 없음을 안타까워하고 있습니다. 이것이 본문 13절 말씀입니다. 그러고 나서 14절에는 공동체를 깨뜨리는 것들이 무엇인지 지적해 줍니다.

무엇이 공동체를 깨뜨리는가

그러면 공동체를 깨뜨리는 것은 무엇입니까? 야고보는 마음속의 독한 시기심과 다툼이야말로 그리스도인의 신앙 공동체를 깨뜨린다고 지적합니다.

> 그러나 너희 마음속에 독한 시기와 다툼이 있으면 자랑하지 말라 진리를 거슬러 거짓말하지 말라(3:14).

독한 시기심은 다른 사람의 의사를 꺾고 자기 의견을 내세우려는 강한 욕구를 가리키는 말입니다. 그것은 공동체를 파괴합니다. 한마디로 남의 의견을 꺾으니까 표면적으로는 조용해지는 것 같지만 자기 생각이 꺾인 사람은 불만을 가지기에 결국 공동체가 보이지 않게 슬슬 금이 가기 시작합니다.

다툼, 이것 역시 공동체를 깨뜨리는 중요한 요소입니다. 공동번역은 다툼을 "이기적인 야심"이라고 번역하고 있습니다. 여기서 다툼은 마치 정당에서 당권을 장악하기 위해 다투는 그런 다툼을 말합니다. 그것은 이기적인 야심에서 나오는 것입니다. 이 말은 편당을 짓는 마음, 자기편을 만들려는 욕망을 가리킵니다. 정당을 만들려면 자기 입장을 옹호해 주는 사람이 필요합니다. 그래서 자기 뜻을 따라 줄 사람들을 모으게 되고 그것은 결국 공동체를 깨뜨리게 됩니다.

이런 악을 마음속에 품고 있는 사람은 공동체의 선생이나 지도자의 위치에 있어서는 안 됩니다. 왜냐하면 이런 사람은 진리에 귀를 기울이는 대신에 자기주장을 내세우기 때문입니다. 이런 사람은 하나님의 뜻에 순종하기보다는 자기 뜻대로 공동체를 움직이려 들기 때문입니다. 주어진 은사대로 공동체를 섬기는 대신에 자기 맘대로 좌지우지하려고 합니다. 그래서 세워야 할 진리를 무너뜨리게 됩니다.

우리는 회의할 때 이런 점을 염두에 두어야 할 것입니다. 특히 연말에 각급 교회학교 부장을 선출하거나 임명할 때 이런 점을 유념해야 합니다. 잘난 체하는 사람이 아니라 온유한 사람을 일꾼으로 뽑아야 합니다. 자기주장이 강한 사람보다는 진리를 분명히 밝히는 사람이어야 합니다. 세상적인 영리함보다는 하나님이 주시는 지혜의 사람이어야 합니다. 그런 면을 생각하면서 사람을 선정해야 할 것입니다.

교회의 모든 일은 그냥 기분에 따라서 움직이는 것이 아니라 언제든지 말씀의 조명을 받아야 합니다. 독한 시기심과 이기적인 야심을 따라서 편당을 짓는 사람보다 하나님이 주신 지혜를 가진 사람, 온유한 사람, 겸손한 사람이 일하는 분위기가 되어야 합니다.

사랑하는 성도 여러분, 세상에는 두 가지 지혜가 있습니다. 하나는 위로부터 오는 것이고 하나는 밑에서부터 오는 것입니다. 말하자면 세상적인 영리함이 있고 하나님이 주신 지혜로움이 있습니다. 즉 영리한 사람과 지혜로운 사람으로 나눌 수 있습니다.

세상에 속한 동기에서 나오는 것

그러면 영리한 사람의 지혜는 어디서 나옵니까? 본문 15절은 이 영리한 사람의 지혜가 어디서부터 오는지를 이렇게 분석하고 있습니다. 첫째로 이러한 지혜는 위로부터 내려온 것이 아니라고 말하고 있습니다. 하늘로부터, 빛들의 아버지로부터 나오는 지혜가 아닙니다. 인간은 창조주 하나님에게서 오는 지혜가 아닌데도 잔꾀를 내어서 처신할 수 있습니다.

사랑하는 성도 여러분, 독한 야망과 시기심은 하나님의 성품과 어울리지 않습니다. 예수님께서는 그런 마음이 없었기 때문에 아버지의 뜻을 받아들여 세상에 오셨습니다. 예수님께서는 하나님의 뜻을 존중하셔서 세상에 오셨습니다. 스스로 자기를 내세우려 했다면 성탄절은 인류 역사상 존재하지 않았을 것입니다. 독한 시기와 다툼은 예수님의 마음이 아닙니다. 독한 시기와 다툼도 지혜가 있어야 하지만 그 지혜는 위로부터 내려오는 지혜가 아니라고 성경은 말씀합니다.

한 걸음 더 나아가서 그것은 세상적이라 말합니다. 자기주장과 강한 이기적인 야심의 성취는 세속적인 욕망이라고 규정짓습니다. 그 시작이 세상에 속한 동기에서 나옵니다. 이것을 "땅 위의 것"이라고 개역개정은 번역합니다.

교회 일을 논해도, 선교와 전도를 말해도, 복지와 구제를 이야기해도 마음의 동기가 세속적일 수 있습니다. 질서를 내세울 수도 있고, 절차를 논할 수도 있지만 동기가 무엇인지가 중요합니다.

독한 시기와 야심을 가진 이들은 동기가 세속적인 동시에 그 관심의 범위도 세상적일 수밖에 없습니다. 이야기하는 것을 잘 들어 보면 그 사람이 무엇을 중요하게 생각하고 있는지를 알 수 있습니다. 세상적인 것만 이야기하는 사람은 아직도 세상에 관심이 있다고 보아도 됩니다. 세상에 관한 일만 즐겨 이야기하는 사람은 신앙 공동체의 지도적 위치에 있어서는 안 됩니다. 물론 교회에 나오자마자 처음부터 성화되는 사람은 없습니다. 그렇다고 성화된 다음에 교회에 나오도록 할 수는 없습니다.

아직도 성화되지 못한 사람은 다른 사람에게 배워야지, 다른 사람을 지도하고 공동체를 이끌어서는 안 됩니다. 생각과 관심이 이 세상에 있는 사람은 신앙 공동체를 이끌기에 합당한 사람이 아닙니다. 특히 지도자의 위치에 있는 사람은 말할 것도 없고, 일반 성도도 그 생각과 관심을 신앙의 일과 하늘의 일에 두어야만 합니다. 물론 성도라도 땅의 일을 이야기할 수 있습니다. 그러나 언제나 하늘의 관점을 가지고 그것을 말해야 합니다.

정욕적이며 마귀적인 지혜

위로부터 나지 않은 지혜는 세상적일 뿐 아니라 정욕적입니다. 정욕적이라는 말은 영적이지 않다는 말입니다. 자연적이요, 육에 속한 것이라는 말입니다. 육에 속한 자연인의 관심은 항상 땅의 것에 있습니다. 인간이 하늘의 것을 볼 수 없기 때문에 하늘의 것을 말할 수 없는 것은 매우 당연하지만, 그 성격상 영적인 통찰력이 결여되어 있고 영적인 포부와 영적인 열망이 부족한 사람입니다.

그런 사람은 세상일을 할 때는 아주 정열적으로 잘합니다. 동창 모임에 갈 때는 열심히 갑니다. 친척들 결혼식이라면 주일일지라도 열심히 갑니다. 그러나 주일 예배에 참석하는 일에는 열심이 없습니다. 교회 일에는 그만큼 열심을 내지 못합니다. 하나님의 일에는 이런저런 핑계를 댑니다.

교회는 그런 수준의 사람이라도 환영합니다. 초청해 와야 합니다. 또 교회에 그런 수준의 사람이 있는 것을 보고 외면하지 말고 공동체에서 배우도록 기회를 줘야 합니다. 신앙생활을 오래 한 사람들이 어떻게 처신하는지 배워 가도록 해야 합니다. 그러나 이런 사람은 공동체에서 배워야 할 사람이지 이끌어야 할 사람은 아닙니다. 세상일에는 정열을 가지고 하면서 성도의 할 일에서는 뒷전에 앉아 있는 사람들은 아직까지 공동체에서 지도적인 위치에 이르기에는 이릅니다.

성령의 영향 아래 있지 않은 사람들은 하는 일이 모두 정욕적이라고 성경은 표현하고 있습니다. 무슨 일이든지 자기 욕심에서 시작한다는 것입니다. 성령의 지시하심에 전혀 무감각한 사람일수록 자기 욕망 추구에는 열심입니다. 그러므로 열심을 어디에 두는지 살펴보면 한 사람의 영적 성숙도를 알 수가 있습니다. 유다는 이렇게 경고합니다.

> 사랑하는 자들아 너희는 우리 주 예수 그리스도의 사도들이 미리 한 말을 기억하라 그들이 너희에게 말하기를 마지막 때에 자기의 경건하지 않은 정욕대로 행하며 조롱하는 자들이 있으리라 하였나니 이 사람들은 분열을 일으키는 자며 육에 속한 자며 성령이 없는 자니라(유 1:17-19).

분명히 유다는 신앙 공동체를 향해서 말하고 있습니다. 말세가 되면 교회 안에도 자기의 욕망대로 좇아 사는 사람이 있는데 그런 사람들은 영적인 일에 열심을 갖는 사람들을 오히려 비웃고 뒷전에 앉아 있다는 말씀입니다. 그런 사람들은 육에 속한 사람들이고 성령은 없는 사람들이라고 합니다. 신앙 공동체 내에 그런 사람들이 들어 올 것에 대해 미리 말합니다.

> 사랑하는 자들아 너희는 너희의 지극히 거룩한 믿음 위에 자신을 세우며 성령으로 기도하며 하나님의 사랑 안에서 자신을 지키며 영생에 이르도록 우리 주 예수 그리스도의 긍휼을 기다리라(유 1:20-21).

그는 믿음, 사랑, 소망에 대하여 말합니다. 믿음 위에서 자기를 건축하며 사랑 안에서 자기를 지키며 영생에 이르도록 우리 주 예수 그리스도의 소망을 기다리라고 말합니다. 그리고 항상 "성령으로 기도하라"는 말을 그 사이에 첨가합니다. 성령으로 기도하면서 자기를 지키는 것은 불가분의 사실입니다.

독한 시기심과 다툼이 있는 배후에는 궁극적으로 말해서 마귀적인 지혜가 도사리고 있습니다. 이러한 지혜는 위로부터 내려온 것이 아니요, 세상적이요, 정욕적이요, 그리고 마지막으로는 마귀적이라고 정체를 폭로합니다. 기만적이고 위선적이며 하나님께 반항하고 하나님의 일을 깨뜨리기 때문에 마귀적입니다. 그래서 개역개정은 "귀신의 것"이라고 번역합니다.

하나님의 지혜는 공동체를 하나 되게 하고 세우고 평화롭게 하는데, 시기와 다툼은 결국 하나님의 공동체를 깨뜨리기 때문에 마귀적이라는 것입니다. 궁극적으로 사단이 좋아하는 일을 합니다. 세상에 있는 것만 보기 때문에 근시안적입니다. 세상에 있는 일에만 관심이 있기 때문에 자연인입니다. 진리로 태어난 적이 없는 자들일수록 결국 하는 모든 일은 마귀의 손에서 놀아나는 일밖에 없습니다.

시기와 다툼이 낳는 것

마지막으로 시기와 다툼이 낳는 것은 무엇입니까? 그것을 16절은 이렇게 말합니다.

> 시기와 다툼이 있는 곳에는 혼란과 모든 악한 일이 있음이라(3:16).

시기와 다툼의 필연적인 결과는 하나님의 본성에 반대되는 일들이 일어난다는 것입니다. 하나님이 사람에게 원하시는 삶의 방식과 반대되는 것이 공동체에 나타난다는 것입니다. 독한 시기심과 이기적인 야심이 있는 곳에는 요란함이 있습니다. 혼란이 오고 질서가 파괴되며 불협화음이 생겨납니다. 거기는 문젯거리가 생겨나며 불안정하게 됩니다. 궁극적으로 공동체의 평화가 붕괴되는 것이 바로 시기와 다툼이 있는 곳에 나타나는 현상입니다.

이제 이 말씀에 비추어서 가정이나 구역, 섬기는 교육 기관이나 자치 기관을 살펴보십시오. 지금 불협화음이 없는지 생각해 볼 필요가 있습니다. 시기와 다툼이 있는 곳에는 불협화음이 있게 마련입니다.

여러분 한 사람이 어떤 모임에 가입하므로 그곳에 불화가 생기는지, 아니면 여러분이 가입함으로 공동체의 평화를 가져오게 되는지를 살펴보아야 합니다. 내가 있음으로 우리 가정이 더 조화를 이루고 구역이 더욱 평화롭게 되는 것, 그것이 우리의 역할입니다.

하나님은 어지러움의 하나님이 아니시고 평화의 하나님이십니다. 하나님은 한두 사람에게 모든 지혜를 몰아 주시지 않았습니다. 공평하신 하나님께서는 누구에게나 다양하게 지혜를 주셨습니다. 그러므로 서로가 서로의 말을 들으려 하면 훨씬 좋지 않겠습니까?

오늘 말씀은 독한 시기심과 이기심이 지배하는 곳에는 모든 악한 일이 뒤따른다고 지적합니다. 모든 악한 일은 서로에게 상처를 주는 일을 말합니다. 하나님 나라에 전혀 덕스럽지 못한 일을 말합니다. 공동체를 구성하는 이들에게 유익을 끼치지 못하는 일입니다. 그 공동체를 통해서 영광을 받으시고자 하는 하나님을 기쁘시게 못하는 모든 나쁜 일입니다. 일일이 다룰 수 없기 때문에 뭉뚱그려서 모든 악한 일이라고 합니다. '나는 우리 모임에 이런 것이 없으면 좋겠다'고 생각하는 그 모든 것을 거기에 집어넣으면 거의 맞을 것입니다.

주 안에서 사랑하는 성도 여러분, 여러분은 하나님의 백성입니다. 부디 하나님을 아는 지혜의 온유함으로 처신하십시오. 하나님을 아는 사람은 겸손한 사람, 온유한 사람입니다. 그런 사람들이 모인 곳에는 자기 유익만 추구하지 않습니다.

하나님이 주신 지혜의 온유함으로 처신하지 못하게 되면 그런 곳에는 시기와 다툼이 필연적으로 일어날 수밖에 없습니다. 자기주장이 내세워지는 곳에는 분란이 있게 마련입니다. 악한 경쟁심이 날뛰는 곳에서 혼란과 모든 악한 행위가 연출되는 것은 당연지사입니다.

그러나 분명한 것은 여러분이 없어도, 여러분이 세상을 떠나도 내일 아침에 해는 동쪽에서 떠오르며 서쪽으로 저뭅니다. 여러분의 의견대로 되지 않는다고 세상이 망하진 않습니다. 좋은 생각과 의견이 받아들여지면 감사한 일이고 그렇지 않다 해도 그 안에서 하나님의 뜻이 있을 것이라고 생각한다면 모든 일이 훨씬 부드럽게 넘어갈 수 있습니다.

사랑하는 성도 여러분, 악한 데는 어린아이가 되십시오. 자기주장을 내세우지 마십시오. 파당을 만들지 마십시오. 교회를 어지럽히지 마십시오. 지혜에 있어서 성숙한 어른처럼 처신하십시오.

우리 가운데 있는 하나님은 평화의 하나님입니다. 서로 화목하십시오. 공연히 잘난 체하므로 공동체를 깨뜨리고 자신을 파멸로 몰아넣고 다른 사람들에게 상처를 입히는 그런 일들을 멀리 하십시오. 겸손히 온유한 삶을 살아가십시오. 평화의 왕으로 오신 그분을 따르는 백성답게 살아가십시오.

평강의 주님이 우리 마음과 가정과 구역, 또한 우리 교회에 평강을 주시도록 하나님의 뜻이 하늘에서 이루어진 것처럼 땅에서도 이루어질 수 있도록 우리가 늘 기도하는 사람이 되기를 바랍니다.

James

야고보서 3장

야고보서 3장 17-18절

¹⁷ 오직 위로부터 난 지혜는 첫째 성결하고 다음에 화평하고 관용하고 양순하며 긍휼과 선한 열매가 가득하고 편견과 거짓이 없나니 ¹⁸ 화평하게 하는 자들은 화평으로 심어 의의 열매를 거두느니라

27.
위로부터 난 지혜

　그리스도 안에서 사랑하는 성도 여러분, 그리고 이 복된 예배의 자리에 나오신 사랑하는 이웃 여러분, 봄 여름 가을 겨울 상관없이 예배의 자리를 지키시는 여러분이 있어서 감사합니다. 오늘 예배의 자리에 나오신 여러분에게 하나님이 주시는 참된 지혜에 대해서 말씀드리려고 합니다. 하나님이 주시는 지혜는 그 출처가 위로부터입니다. 그리고 그 결과는 공동체의 평강입니다.

　앞서 야고보는 세상적인 지혜, 정욕적인 지혜, 마귀적인 지혜에 대해서 말하고 그 결과는 공동체를 깨뜨린다고 말한 바 있습니다. 아래로부터 나오는 지혜는 독한 시기심과 다툼을 일으키고 혼란에 빠뜨리며 온갖 악한 일을 공동체에 초래한다고 지적한 바 있습니다. 그리고 나서 오늘 본문인 17, 18절은 위로부터 난 지혜의 특성과 그 결과를 말하고 있습니다.

　사랑하는 성도 여러분, 여러분은 이제 위로부터 난 지혜를 사모하십시오.

그리하여 여러분의 남은 생이 평화의 씨를 심어서 의의 열매를 거두게 하십시오. 그러기 위해서 우선 17절에 나타난 위로부터 난 지혜의 특성을 하나씩 함께 살펴보려고 합니다.

성결과 화평

첫째, 위로부터 난 지혜는 성결합니다. 성결이란 무슨 뜻입니까? 이 말은 본래 종교 의식에서 사용된 말입니다. 성결은 하나님께 나아갈 만큼 깨끗한 것을 말합니다.

구약 시대 대제사장들은 '하나님께 성결'이라는 글자를 새긴 패를 끈으로 매단 모자를 쓰고 살았습니다(출 28:36-38 참조). 자나 깨나 하나님께 성결하게 살려고 노력했습니다. 그래서 하나님께 나아가기에 깨끗한 자라는 것을 이마에 붙이고 살았습니다. 그렇습니다. 추한 모습으로는 하나님께 나아갈 수가 없습니다. 더러운 마음으로는 하나님께 예배할 수가 없습니다. 더러운 손과 발로는 하나님께 나아갈 수가 없습니다. 그래서 야고보 선생은 "죄인들아 손을 깨끗이 하라 두 마음을 품은 자들아 마음을 성결케 하라"(4:8)고 말합니다.

하나님께 나아갈 때에는 깨끗한 몸과 마음으로 나아가야 한다는 것을 사람들은 본능적으로 알고 있습니다. 기독교가 이 땅에 들어오기 전에도 사람들은 신께 빌 때는 목욕재계를 하고 나아갔습니다. 몸만 깨끗하게 하는 것이 아니라 마음도 깨끗이 하고 신께 구해야만 들어 주신다고 믿었습니다.

하나님께 가까이 가기 위해 성결은 절대적으로 필요합니다. 우리가 하나님을 가까이 하기 위해서도 성결이 필요하지만 하나님께서 우리에게 가까이 오실 때에도 우리는 자신을 깨끗이 할 필요가 있습니다. 그래서 출애굽기를 읽어 보면 하나님이 그 백성에게 가까이 오실 때에 백성들은 몸을 깨

끝이 하고 기다리라고 명합니다.

　사랑하는 성도 여러분, 위로부터 난 지혜는 성결합니다. 다시 말해 위로부터 난 지혜는 우리로 하나님께 가까이 가게 하는 지혜입니다. 하나님이 주신 지혜는 우리를 하나님께로 인도합니다. 배우면 배울수록 하나님을 더 사랑하고, 하나님께 더 가까이 나아가게 하면 그것은 하나님에게서 온 지혜입니다. 그러나 예배하는 날 수가 거듭되도 하나님께 가까이 나아가게 하지 않는다면 하나님에게서 나온 지혜가 아닙니다. 성경공부를 하든 제자훈련을 받든 집회에 참석하든 마찬가지입니다. 위로부터 난 지혜는 하나님께 더 가까이 나아가게 해 줍니다.

　사랑하는 성도 여러분, 여러분의 삶에 이 지혜를 사모하십시오. 여기서 성결은 위로부터 난 지혜의 한 가지 특성이 아닙니다. 성결은 하나님이 주신 지혜의 근본적인 특성입니다. 여러 가지 다른 특성 중에 하나가 아니라 모든 특성의 원천이 되는 것이 성결입니다.

　그러면 이제 다음 특성을 살펴봅시다. 하나님이 주신 지혜의 두 번째 특성은 화평함에 있습니다. 성경이 말하는 화평의 근본 의미는 사람과 사람 사이의 바른 관계를 의미합니다. 그래서 메시지성경은 이렇게 번역합니다.

> 참된 지혜, 하나님의 지혜는 거룩한 삶으로부터 시작하고, 다른 사람들과 잘 어울리는 데 그 특징이 있습니다(3:17, 메시지성경).

　바로 히브리 사람들이 즐겨 사용하는 "샬롬"이라는 인사말이 의미하는 바입니다. 신앙인은 사람과 사람 사이의 바른 관계를 추구합니다. 위로부터 온 지혜는 사람 사이에 바른 관계를 맺게 합니다. 위로부터 난 지혜는 우리를 성결하게 해서 하나님께 가까이 나아가게 하지만 동시에 우리로 하여금 서로서로 바른 관계를 갖게 합니다.

사람과 사람 사이를 이간하는 것은 하나님이 주시는 지혜가 아닙니다. 다른 사람을 멸시의 눈으로 쳐다보는 것은 위로부터 온 지혜가 아닙니다. 다른 사람에게 상처를 입히는 말을 내뱉는 것은 위로부터 난 지혜가 아닙니다. 위로부터 난 지혜는 사람과 사람 사이를 가깝게 해줍니다. 하나님께 가까워진 사람은 또한 다른 사람들과 가까워집니다. 참 지혜는 논란을 일으키는 데 있지 않습니다.

신자는 바른 관계에서 오는 화평을 좋아합니다. 그래서 이웃에게 화평이 증진되도록 최선을 다합니다. 그러므로 신자의 별명이 '화평하게 하는 자'(마 5:9 참조)라고 팔복은 말합니다. 여러분은 화평하게 하는 자입니다. 부디 의심이 있는 곳에 믿음을, 시기와 미움이 있는 곳에 사랑을, 분란이 있는 곳에 화평을 불러일으키십시오. 위로부터 난 지혜를 갖게 되면 우리는 다른 사람과 더불어 화평케 됩니다.

관용과 양순

위로부터 난 지혜의 또 다른 특성은 관용과 양순입니다. 이들은 화평의 친구들이라고 소개할 수 있습니다. 화평과 늘 같이 짝을 지어서 다니는 친구입니다. 화평과 관용과 양순은 같이 다니지만 다른 각도에서 보면 관용과 양순이라는 단어가 어떻게 화평할 수 있는지를 설명해 주고 있습니다. 동시에 서로 화평할 수 있는 방안을 보여 주는 말이기도 합니다.

우선 관용하다는 말은 "너그럽고 부드럽고 사려 깊다"는 말로 번역할 수 있습니다(바클레이라는 학자는 신약에 나와 있는 헬라어 중에서 가장 번역하기 어려운 말이라고 말합니다). 관용하다는 말은 어떤 일을 판단하는 데 생각이 깊고 공평한 것을 의미합니다. 관대하고 너그러운 사람이 지닌 덕입니다. 위로부터 난 지혜를 소유한 사람의 특성입니다. 하나님이 주신 지혜를 소유한 사람은 다른 사람을 가혹히 대하지 않습니다. 법조문만 따지고 옳고 그름만 따지는 냉혹한 검사 노릇을 하지 않습니다.

사랑하는 성도 여러분, 여러분은 부디 위로부터 난 지혜의 사람이 되십시오. 누가 보아도 잘못한 사람이지만 '그 사람이 왜 그렇게 했을까' 하고 생각해 보는 것입니다. 이해하려고 노력하는 것입니다. 너그럽게 대하는 미덕을 여기서 관용이라고 설명합니다. 불의와 치욕과 부당한 대우를 받을 때도 미움과 원한을 품지 않고 대하는 것이 관용입니다. 모든 상황에서도 겸손히 참고 하나님만 바라는 것입니다. "나는 사랑하나 그들은 도리어 나를 대적하니 나는 기도할 뿐이라"(시 109:4)고 고백하는 마음입니다.

우리는 사랑하지만 그들은 우리를 질시하고 미워할 때 달리 어쩔 수 없어서 기도할 수밖에 없는 그 마음이 관용입니다. 이 모든 상황에서도 하나님을 믿고 바라보십시오. 그리스도께서 반대자들에게 보인 그 관용을 여러분도 가지십시오. 그것이 위로부터 난 지혜를 가진 사람의 처신입니다.

우리가 화평하기 위해서는 관용할 줄 알아야 하고 또 양순해야 합니다. 양순하면 여러분은 무엇을 생각합니까? 이것은 맥없이 고분고분하고 부드러운 모습이 아닙니다. 공동번역은 고분고분하다고 번역합니다. 연약하다기보다는 고집이 세지 않다는 이야기입니다. 올바른 논리에 귀를 기울일 줄 아는 태도입니다. 올바른 호소에 움직일 줄 아는 것이 양순하다는 뜻입니다. 그러므로 표준새번역은 "남의 의견을 존중하고 남에게 기꺼이 양보합니다"라고 번역합니다.

양순은 진리 앞에서 양보하기를 원하는 자세입니다. 위로부터 난 지혜의 사람은 진리 앞에서 기꺼이 양보하는 사람입니다. 하나님이 주신 지혜의 사람은 올바른 호소에 움직이는 사람입니다. 그저 누가 무슨 말을 해도, 누가 무슨 호소를 해도, 자기 생각으로 마음을 가득 채운 사람은 위로부터 난 지혜의 사람이 아닙니다. 논리에 맞는 말이라면 움직이려고 하는 것이 신자다운 태도입니다. 합당한 호소에는 움직이는 것이 하나님께로부터 난 지혜를 가진 사람입니다.

위로부터 난 지혜의 사람은 기꺼이 들으려고 하는 사람입니다. 기꺼이 설득을 당하려고 하는 사람입니다. 하늘 아버지의 뜻에 순종할 줄 아는 사람입니다. "아버지여 만일 아버지의 뜻이거든 이 잔을 내게서 옮기시옵소서 그러나 내 원대로 마시옵고 아버지의 원대로 되기를 원하나이다"(눅 22:42)라고 기도합니다. 관용과 양순의 미덕을 갖춘 사람은 다른 사람과 더불어 화평할 수 있는 사람입니다.

긍휼과 선한 열매

위로부터 난 지혜의 또 다른 특징은 긍휼과 선한 열매가 가득하다는 것입니다. 헬라인들은 부당하게 고통당하고 억울하게 고난 받는 사람을 불쌍히 여기는 것을 '긍휼'이라고 생각했습니다. 그러나 기독교인들은 긍휼을 그런 동정심 이상으로 생각합니다. 기독교인들이 생각하는 긍휼이란 고통 중에 있는 사람이면 누구나 불쌍히 여기는 마음입니다. 비록 자신의 잘못으로 인해서 고통당하더라도 고통 중에 있는 사람을 불쌍히 여기는 사람이 기독교인입니다. 자신의 죄로 인해서 고통 중에 있는 우리를 긍휼히 여기신 하나님의 긍휼을 아는 자는 모든 고통 중에 있는 자를 긍휼히 여길 줄 압니다. '뭐 자업자득이지', '고생해 봐야 돼'라고 말하지 않습니다. 그렇게 말하는 것은 긍휼을 따라서 말하는 것이 아닙니다.

긍휼히 여기는 자는 복이 있나니 그들이 긍휼히 여김을 받을 것임이요(마 5:7).

긍휼을 행하지 아니하는 자에게는 긍휼 없는 심판이 있으리라 긍휼은 심판을 이기고 자랑하느니라(2:13).

사랑하는 성도 여러분, 위로부터 난 지혜는 고통 중에 있는 동료 인생을 향해서 불쌍히 여길 뿐 아니라 더 나아가 그 고통을 덜어주기 위한 행동을 실천합니다. "참 불쌍해" 하고 끝나는 것은 올바른 긍휼이 아닙니다. 성령께서 여러분의 마음을 움직이실 때에는 불쌍한 처지에 있는 그 사람에게 도움의 손길을 구체적으로 펼쳐야 합니다. 기독교인의 긍휼은 실제적인 선으로 연결될 때 가치가 있습니다.

기독교인이 선 자리는 긍휼에서 나오는 친절한 행위로 열매를 맺어야 합니다. 누구에게 친절을 베풀어야 합니까? 사람들은 자주 친절을 베풀지도 않지만 베풀어도 얼마나 인색한지 모릅니다. 그러다 보니 '누가 내 이웃입니까? 도대체 누가 내 도움을 받기에 합당한 사람입니까? 누구에게 동정심을 베풀어야 합니까?'라는 질문을 자주 합니다.

긍휼은 부당하게 착취를 당하는 사람을 불쌍히 여기는 것만이 아니라 어떤 이유에서든지 고통 중에 있는 사람을 불쌍히 여기며 구체적으로 돕는 마음입니다. 그리스도께서는 도움이 필요한 사람이라면 누구든 차별 없이 도우라고 가르치십니다. 타인의 고통과 슬픔에 대해서 적극적인 동정과 반응을 나타내 보이십시오. 긍휼히 여기는 자는 복이 있습니다. 나중에 여러분도 누군가에게 긍휼히 여김을 받을 것입니다.

대부분의 사람은 딱한 처지에 있는 사람들을 보고 "아, 그거 참 안됐다" 하고 말합니다. 하지만 말만 하는 것은 심판날 결코 자기에게 도움이 되지 않습니다. 오히려 처절한 상황을 보게 하시고 불쌍히 여기는 마음을 주셨는데도 구체적인 행동을 하지 않았다고 주님께서 우리를 책망하실 것입니다.

그러나 긍휼을 베푸는 자는 어떤 심판이라도 승리합니다. 물론 여러분이 긍휼을 베풀었기 때문에 구원을 받는 것은 아닙니다. 오히려 여러분이 긍휼을 베푼다는 사실은 여러분이 하나님의 긍휼의 대상이었음을 입증하는 것이기에 소중합니다. 하나님의 긍휼을 맛본 사람만이 딱한 처지의 사람을 불쌍히 여기고 구체적인 선한 행동을 할 수 있습니다. 위로부터 난 지혜를 사모하십시오. 풍성한 자비와 선한 열매가 가득한 삶을 추구하십시오.

편벽과 거짓이 없다

본문이 말하는 위로부터 난 지혜의 마지막 특성을 살펴봅시다. 위로부터 난 지혜는 편견과 거짓이 없습니다. 편견이라는 말이 개역한글에는 '편벽'이라고 번역되어 있는데, '편벽이 없다'는 말은 '일사불란함'을 말합니다. 편벽이라는 단어는 한글 성경에는 대체로 두 가지로 번역되어 있습니다. 편견이라는 단어와 편벽이라는 단어입니다. 하지만 헬라어에 충실한 번역으로 인정받는 영어 번역의 하나는 "동요하지 않은, 확고한"(unwavering, NASV)이라는 단어로 번역하고 있습니다.

하나님이 주신 지혜는 망설이거나 시시각각으로 요동하는 것이 아닙니다. '이렇게 할까, 저렇게 할까? 이 일에 손을 대어 볼까, 저 일에 손을 대어 볼까?' 하고 요동하는 것이 아닙니다. 그리스도인들은 확정된 마음을 가져야 합니다. 다윗이 아둘람 굴에서 읊었던 시에 표현된 마음을 봅시다.

> 하나님이여 내 마음을 정하였사오니 내가 노래하며 나의 마음을 다하여 찬양하리로다 비파야, 수금아, 깰지어다 내가 새벽을 깨우리로다(시 108:1-2).

다윗, 그는 하나님을 위해서 살고 싶은 마음이 확정된 사람입니다. 온 땅이 주의 이름을 찬송하기까지는 쉬지 아니하겠다는 확고부동한 이러한 마음을 보고 편벽함이 없다고 합니다. 나아가야 할 방향을 알고 머물러야 할 자리를 아는 마음입니다. 이쪽저쪽으로 흔들리는 마음 자세가 아닙니다. 언제까지나 머뭇거리는 마음 자세가 아닙니다. 엘리야 시대의 이스라엘 사람들은 늘 마음 자세가 흔들렸습니다.

> 엘리야가 모든 백성에게 가까이 나아가 이르되 너희가 어느 때까지 둘 사이에서 머뭇머뭇하려느냐 여호와가 만일 하나님이면 그를 따르고 바알이 만일 하나님이면 그를 따를지니라 하니 백성이 말 한마디도 대답하지 아니하는지라(왕상 18:21).

엘리야는 자기 시대의 흔들리는 백성을 향해서 호소했습니다. 이 호소 앞에 그 입장이 확정되지 않은 이스라엘은 한마디 대답도 하지 못했습니다. 엘리야가 능력을 베풀 때를 보면 하나님이 참 하나님인 것 같고 이세벨과 그의 일당들이 왕권을 쥐고 나라를 흔드는 것을 보면 그쪽이 참 신인 것 같았습니다.

반면에 여호수아를 보십시오. 여호수아는 젊을 때나 나이가 들었을 때나 입장이 분명했습니다. 젊은 날부터 그는 지파의 정탐꾼이 되었습니다. 같이 갔던 열 명의 정탐꾼이 부정적인 보고를 할 때도 여호수아는 그렇지 않다고 주장하며 "그들은 우리의 먹이라"(수 14:9)고 호소했습니다. 여호수아는 평생 이스라엘을 이끌다가 마지막 하나님께로 갈 그 시점에도 분명한 마음을 소유했습니다.

> 만일 여호와를 섬기는 것이 너희에게 좋지 않게 보이거든 너희 조상들이 강 저쪽에서 섬기던 신들이든지 또는 너희가 거주하는 땅에 있는 아모리

족속의 신들이든지 너희가 섬길 자를 오늘 택하라 오직 나와 내 집은 여호와를 섬기겠노라 하니(수 24:15).

주님의 경우를 생각해 보십시오.

예수께서 승천하실 기약이 차가매 예루살렘을 향하여 올라가기로 굳게 결심하시고(눅 9:51).

그러나 오늘과 내일과 모레는 내가 갈 길을 가야 하리니 선지자가 예루살렘 밖에서는 죽는 법이 없느니라(눅 13:33).

"승천하실 기약"이라고 표현했지만 사실은 십자가에 자신을 내어 주어야 하는 시간이 가까워지니까 예루살렘을 향하여 가기로 굳게 결심하시던 그 단호한 표정이 제자들에게 아주 인상 깊었나 봅니다.

사랑하는 성도 여러분, 어떤 어려운 상황 속에서도 하나님을 향한 일사불란한 마음을 소유하십시오. 그것이 하나님이 원하는 뜻이라면 어떤 희생과 각오가 필요하더라도 그 일에 뛰어들어야 합니다. 조금도 동요가 없는 마음 자세를 소유하십시오. 성숙한 신앙인은 언제나 그 입장이 분명하고 확고합니다.

분위기에 따라서, 여론에 따라서 움직이지 않습니다. 사람 많은 쪽으로 따라가려고 눈치를 살피는 것이 아닙니다. 하나님이 이것을 원한다고 하시면 그 일을 향해서 분명하게 나아가는 것입니다. 두 마음을 품지 않고 마음을 오로지 주 하나님께 충성하는 마음을 편벽이 없다고 합니다. 시세에 따라서 '동요하지 않은, 확고한' 입장을 말합니다.

위로부터 난 지혜의 마지막 특징은 거짓이 없다는 것입니다. 사람과 사람 사이에서 만날 때 거기에 조금도 거짓이 없다는 것입니다. 거짓으로 오염되지 않았다는 것입니다. 위로부터 난 지혜의 사람은 모든 인간관계에서 거짓이 없는 자입니다. 순수함으로 사람을 사귀며 두 얼굴을 가지고 살지 않는 사람입니다. 언제나 자기 모습 그대로를 유지합니다. 사랑하는 성도 여러분, 거짓으로 오염되지 않은 인간관계를 유지하십시오.

지금까지 위로부터 난 지혜의 특성을 열거했습니다. 여러분 자신의 삶을 말씀에 조명해 보십시오. 여러분의 삶에는 하나님이 주신 지혜의 특성이 얼마나 나타나고 있습니까? 궁핍을 인식하는 것이 갈망의 첫걸음입니다.

"나는 다 가지고 있어, 나는 다 알아"라고 생각하는 한, 여러분은 위로부터 난 지혜를 소유할 수 없을 것입니다. 여러분의 삶의 모습이 이 지혜의 특성들과 얼마나 멀리 떨어져 있는지를 보게 될 때에 "주님, 제게도 그 지혜를 주십시오"라고 기도하게 될 것입니다.

"너희 중에 누구든지 지혜가 부족하거든 모든 사람에게 후히 주시고 꾸짖지 아니하시는 하나님께 구하라 그리하면 주시리라"(1:5)고 하나님이 약속하십니다. 그리하면 누가 주십니까? 하나님입니다. 그럼 어디서부터 오는 것입니까? 위로부터 오는 복입니다. 하나님이 주시는 참된 지혜입니다.

사랑하는 성도 여러분, 전심으로 구하십시오. 하나님이 주실 것입니다. 추우나 더우나 위로부터 난 지혜를 사모하는 신앙 공동체가 되기를 바랍니다. 봄에 심을 것을 선택하십시오. 그러면 여러분이 가을에 거둘 것이 결정될 것입니다. 야고보 선생은 "화평으로 심어 의의 열매를" 거두라고 권면합니다. 화평으로 심어 의의 열매를 거두는 여러분 모두가 되기를 바랍니다.

James
야고보서 3장

야고보서 3장 17-18절

¹⁷오직 위로부터 난 지혜는 첫째 성결하고 다음에 화평하고 관용하고 양순하며 긍휼과 선한 열매가 가득하고 편견과 거짓이 없나니 ¹⁸화평하게 하는 자들은 화평으로 심어 의의 열매를 거두느니라

28.
의의 열매

그리스도 안에서 사랑하는 성도 여러분, 그리고 함께 복된 예배의 자리에 나오신 사랑하는 구도자 여러분, 오늘 본문 18절은 시골에서 농사짓는 풍경을 떠올리게 합니다. 씨 뿌림이 있고 열매를 거두는 이야기가 나옵니다. 화평케 하는 자는 화평으로 심습니다. 그러고는 얼마 후에 다시 의의 열매를 거두는 기쁨이 있습니다.

정말 심은 대로 거두는 진실한 현장이 농사짓는 현장입니다. 지금 우리가 어떤 씨앗을 뿌리는지를 보면 추수 결과를 예측할 수 있습니다. 또한 씨를 뿌리는 현장을 자세히 관찰해 보면 벌써 어떤 추수가 이루어질지를 알 수 있습니다.

우리 삶에 어떻게 씨를 뿌려야 합니까? 본문은 화평하게 하는 자들은 화평으로 심는다고 합니다. 화평으로 심는다는 것은 무슨 뜻일까요? 심은 씨가 바로 화평인 것처럼 해석하기도 하는데 그것보다는 화평한 가운데서 심었다는 의미로 보는 것이 나을 것입니다.

평화 가운데 씨를 뿌리는 자가 의의 열매를 거둔다고 본문이 가르쳐 주고 있습니다. 세상적인 지혜는 자기 의견을 관철시키기 위해서 남의 의견을 꺾기에 바쁘고, 자기 의견이 꺾이면 화를 냅니다. 자기 뜻을 이루기 위해 권모술수가 날뜁니다.

그러나 하늘에서부터 내려온 지혜는 평화 가운데서 그 씨를 뿌리는 것이 특성입니다. 성도들이 모여서 의논할 때도 그곳에 하나님이 원하는 평화가 있어야 합니다. 시기와 다툼 가운데 심은 씨앗은 요란과 모든 악한 일만 그 모습을 드러내게 될 것입니다.

사랑하는 성도 여러분, 내일 어떤 추수를 할 것인가는 씨를 뿌리는 오늘 결정됩니다. 기독교는 결과만 좋으면 된다고 말하지 않습니다. 성경은 "꿩 잡는 게 매"라고 가르치지 않습니다. 씨를 뿌리는 순간순간이 중요합니다. 그러므로 하나님 앞에서 우리가 과연 말 한마디라도 바르게 하고 있는지, 온 공동체가 하나님의 뜻을 헤아리고 있는지를 살펴야 합니다.

자녀의 신앙 교육은 부모 책임

큰일은 당대에 다 이루어지지 않을 수도 있습니다. 새로운 수도를 건설하는 일도 그렇고 큰 건물을 세우는 일도 그렇습니다. 유럽에 있는 대성당들을 보면 100년이 넘는 세월 동안 짓는 일을 계속합니다. 성경공부 교재 가운데 「약속 그리고 구원」(크리스챤서적)이라는 책이 있습니다. 본래 그 책을 쓴 분은 S. G. 더흐라프라는 분인데 그분 혼자서 쓴 것은 아닙니다. 그분은 다른 목사님에게 좋은 내용의 강의를 들었습니다. 들으면서 은혜를 많이 받았고 후에 목사가 되어서 성도들을 가르치는 자리에 서게 되었을 때 책을 쓰게 되었습니다. 말하자면 씨는 그 앞에 목사님이 뿌리기 시작했고, 책으로 열매를 맺기 시작한 것은 더흐라프 목사님의 이름으로 된 것입니다. 때론 한 권의 책도 그렇게 세대를 거친 작업이 필요합니다.

화란 기독교인들이 기독교 공립학교를 세운 이야기를 아십니까? 일주일에 엿새 동안 학교에서 세속적인 가치관을 배우다가 주일 한 시간으로는 제대로 신앙을 교육할 수 없다고 화란의 신자들은 판단했습니다. 그리고 자녀를 교육시키는 것은 국가 책임이 아니라 부모 책임이라고 인식했습니다.

성경은 자녀 교육의 책임을 국가에 명한 것이 아니라 부모에게 명했습니다. 마땅히 부모가 이 일을 해야 합니다. 자녀 교육에 대해서 우리는 인식이 부족합니다. 학교는 우리 아이의 교육을 전적으로 책임지는 기관이 아닙니다. 학교는 다만 우리 자녀의 교육을 위탁한 기관입니다. 선생님은 부모를 대신해서 우리 자녀의 교육을 맡아서 수고하는 분입니다. 그러니까 어디까지나 교육에 대한 마지막 책임은 부모가 져야 마땅합니다.

그래서 화란의 부모들은 자녀들을 자기들이 믿는 신앙에 입각하여 교육시키기 위해서 투쟁했습니다. 일단 부모들은 국가에서 지우는 세금을 충실히 잘 냈습니다. 그리고 기독교 교육을 하기 위해 몇 배 되는 교육비를 지출했습니다. 과외 수업비를 부담하는 것 이상으로 기독교 교육을 위해서 많은 돈을 쓴 것입니다. 그런 후 국가에 이렇게 요청했습니다.

"우리도 세금을 내니까 우리가 낸 세금에서 우리 아이들을 가르칠 수 있는 시설을 마련해 주십시오. 우리 아이들을 가르치는 선생님의 월급을 우리가 낸 세금으로 반드시 지급해 주십시오."

이런 오랜 투쟁 끝에 화란에 기독교 공립학교가 설립된 것입니다. 그때부터 주일에만 성경을 가르치는 것이 아니라 월요일부터 토요일까지도 성경을 가르치는 학교가 생기게 되었습니다.

요즈음 주일에 행해지는 신앙 교육에 대해서 생각해 봅시다. 여러분 자녀의 신앙 교육의 주체는 교사도 목사도 아닙니다. 부모인 여러분이 자녀의 신앙 교육을 책임진 사람입니다.

　유아 세례를 베풀 때 일차적으로는 부모가 자녀를 신앙으로 키우기로 서약하고 이차적으로 공동체가 약속을 했습니다. 그래서 부모 중 한 사람이라도 세례를 받았으면 유아 세례를 베풉니다. 교회를 정의할 때 "믿는 자와 그의 어린 자녀들"이라고 정의합니다. 유아 세례를 할 때 이 약속을 하고도 대부분의 신자들은 잊고 삽니다. 한 주간 내내 별 생각 없이 아이들을 키우다가 주일날 손에 헌금을 들려서 교회에 보내는 것으로 책임을 다하는 양 행동합니다. 그러나 한 시간 남짓 예배드리고 성경 공부하는 것으로 정상적인 신앙 훈련을 한다는 것은 거의 불가능합니다.

　그래도 초등학교 다닐 때는 부모님이 교회 가라고 하면 아이들도 등 떠밀려 교회에 갑니다. 그러나 중고등학교에 들어가고 나면 부모도 한편으로는 주일에 교회만 가서는 안 되고 대학 가는 데 도움이 되는 학원에 가야한다고 생각하기도 합니다. 그때쯤 되면 부모의 완력으로 아이들을 교회에 보낼 수 없습니다. 그렇게 대학에 가고 취직을 하고 결혼을 한다면 신앙으로 자라지 않았기 때문에 결혼 생활이 제대로 될 리 만무합니다. 그래서 요즘 젊은 세대들 중에는 결혼 생활이 원활하지 않은 사람이 많습니다. 아버지가 장로거나 어머니가 권사인 집도 마찬가지입니다. 그런데도 우리는 별생각 없이 주일마다 충실하게 교회에 나옵니다. '철이 들면 신앙생활 잘 하겠지' 하며 기도합니다. 그것보다는 다른 시도가 필요합니다.

　더는 미루어서는 안 됩니다. 그래도 아이들이 어릴 때는 부모가 자신의 아이를 생각해서 열심히 신앙생활하고 기도하는데 문제는 아이들이 다 크고 나서 일어납니다. 목사가 성도들에게 자녀 교육에 대해 이야기해도 별 신경을 쓰지 않습니다. 그러다가 손자를 보면 갑자기 다시 신경을 쓰기 시작합니다. 그러지 말고 이제 하나님이 여유를 주셨으니 비록 아이들이 다 컸더라도 제대로 씨를 뿌릴 수 있으면 좋겠다는 생각이 듭니다.

우리 자녀의 신앙 교육은 가장 먼저 가정에서 부모가 책임을 지고, 주일에 교회가 조금 돕는 것입니다. 그리고 신앙 교육의 주체가 되는 신앙의 부모들이 자기 자녀를 교육하고 남은 힘으로 가능하면 이웃의 자녀, 아이들의 친구까지 돌본다면 이상적이라고 생각합니다.

주중에 한 시간도 좋고 삼십 분도 좋습니다. 자녀를 가르치는 그 시간에 자녀의 친구들을 불러와서 신앙 이야기를 할 수 있다면 그보다 더 좋은 신앙 교육은 없습니다. 그런데 아무도 이런 일을 하지 않습니다. 생각해 보십시오. 여러분이 회사에서 어떤 상품을 만들다 불량품이 나왔는데 그대로 방치한다면 그 회사는 망합니다. 우리는 불량품들이 여기저기서 나오는 걸 보면서도 쉬쉬하고 아무도 문제의 심각성에 책임을 지려고 하지 않습니다. 그래서 혁명적인 생각의 전환이 필요합니다.

예측할 수 있는 열매

화평 중에 뿌려진 씨앗은 복된 수확을 미리 내다볼 수 있습니다. 우리가 하나하나 결정해 나갈 때마다 모든 성도가 사랑함으로 평화 속에서 결정해 나가면 아직 가을이 오지 않았지만 추수가 어떻게 될지 미리 알 수 있습니다.

거기에는 의의 열매가 기다리고 있습니다. 손에 바로 잡히는 열매가 당장 우리 앞에 없을 때에는 결과가 눈앞에 보이는 일을 할 때보다 믿음이 더 필요합니다. 그럴 때 우리가 할 수 있는 최선의 일은 한순간 한순간 최선의 씨를 뿌리는 것입니다. 때로는 남몰래 흘리는 눈물도 있겠지만 언젠가는 눈물로 씨를 뿌렸기 때문에 우리 자녀들이 기쁨으로 열매를 거둘 것입니다. 그래서 야고보 선생은 이미 1장 20절에 그것을 말해 주었습니다.

사람이 성내는 것이 하나님의 의를 이루지 못함이라 (1:20).

성내는 것으로는 하나님의 의가 절대로 이루어지지 않는다는 말입니다. 백 번 자신이 옳아도 화를 내면 하나님의 뜻에 어그러진다는 것입니다. 오직 화평으로 심을 때에 의의 열매를 거둘 수 있습니다.

아이들의 교육도 마찬가지입니다. 공부하라고 하는데 말을 잘 안 듣습니다. 5분 뒤에 보면 또 놀고 있습니다. 마트에 갔다 한 시간이 지난 뒤에 와서 봐도 여전히 놀고 있습니다. 그러면 화나지 않습니까? 말해도 안 들으니까 화내는 것이지만 그렇게 화내고 다그친다고 아이가 말을 듣는 것은 아닙니다. 차라리 화가 많이 날 때는 혼자 조용한 곳으로 가서 우십시오, 기도하십시오. 그리고 마음을 가라앉히고 나와서 아이를 데리고 조용히 이야기를 하십시오.

화평 가운데 씨를 뿌려야 의의 열매가 거두어집니다. 부모가 야단치는 소리가 집밖으로 튀어나온다고 그 집 아이가 잘 되는 것이 아닙니다. 시기와 다툼, 시끄러움이 있는 곳에서는 의의 열매를 거둘 수 없습니다.

야고보 선생은 이 열매를 늘 중요하게 여깁니다. 과정을 중요시하는 동시에 열매도 중요하다고 강조합니다. 그게 마지막 판가름이 되기 때문입니다. 야고보 선생은 누구보다도 구체적이고 실천적인 신앙생활을 강조하고 있습니다. 야고보 선생은 열매 없는 믿음을 싫어했습니다. 고백만 시끄럽고 삶으로 나타나지 않는 믿음을 싫어했습니다. 열매 없는 지혜를 싫어했습니다.

어떤 모임을 할 때 시끄럽기만 하다면 그 모임에는 똑똑한 사람이 매우 많다는 증거입니다. 모임을 시끄럽게 만드는 그러한 똑똑함은 하나님께로부터 온 지혜가 아닙니다. 하나님께로부터 온 지혜를 모아서 의논할 때는 함께 의논하는 기쁨이 있습니다. 일하는 과정을 보면 결과가 어떠할지를 예측할 수 있습니다. 하나님의 지혜를 모아서 의논한다면 시끄럽지 않습니다. 같이 자리를 마주한다는 것이 얼마나 행복한 일인지 알게 됩니다.

조용히 계속 씨를 뿌리고 있습니까?

여러분은 삶에서 어떤 열매를 거둘 것입니까? 오늘 본문이 말하는 열매를 한번 생각해 보십시오. 이 열매를 가리켜 "의의 열매"라고 합니다. 의의 열매는 두 가지로 생각할 수 있습니다. 먼저 "의의 열매"란 의로운 열매로 볼 수도 있습니다. 화평하게 하는 자들이 이 씨를 심었습니다. 그럼 화평하게 하는 자들은 누구입니까? 하나님의 자녀라고 불리는 사람들입니다. 마태복음 5장 산상보훈을 보니까 이런 말씀이 있습니다.

> 화평하게 하는 자는 복이 있나니 그들이 하나님의 아들이라 일컬음을 받을 것임이요(마 5:9).

그러니까 화평하게 하는 것은 아무나 할 수 있는 일이 아닙니다. 하나님의 자녀들만 할 수 있습니다. 왜 우리 하나님의 자녀들은 화평케 할 수 있을까요? 하나님이 화평의 하나님이기 때문입니다. 하나님만이 우리에게 이 평화를 주실 수 있는 분이니까 우리가 이 평화를 맛보고 나면 하나님의 평화가 우리 가슴을 쉽게 떠나지 않습니다. 아이들이 조금 심하게 애를 먹이더라도 마음속에 평화가 가득하면 그 가정에 평화가 맺힐 수 있습니다.

하나님이 주신 의를 덧입은 사람들만이 세상에 의의 씨를 뿌릴 수 있는 유일한 사람입니다. 그래서 신앙인들을 신뢰해야 하고, 신앙 좋은 사람들을 존귀하게 여겨야 합니다. 그들만이 세상에서 유일한 소금이 될 수 있고 빛이 될 수 있습니다.

사랑하는 성도 여러분, 화평케 하는 자들은 의의 추수를 바라보고 조용히 계속 씨를 뿌립니다. 평화를 추구하는 사람들이 평화를 바라보고 씨를 뿌리는 곳에는 요란의 독초가 나질 않습니다. 평화를 추구하는 사람들이, 즉 하나님의 자녀들이 뿌린 씨앗은 하나님의 뜻에 합한 결과를 가져옵니다.

우리 하나님은 평화의 하나님이기 때문에 우리를 통하여 그런 평화를 이루어 나가기를 원하십니다. 우리 삶을 한번 돌아보면 좋겠습니다. 여러분이 엿새 동안 애쓰고 노력하는 현장을 돌아보십시오. 각자 자기가 있는 자리를 살펴보십시오.

여러분은 한 날 의의 추수를 바라보고 조용히 계속 씨를 뿌리고 있습니까? 집안에서 식구들 사이에서 관계 회복을 바라면서 조용히 씨를 뿌리는 사람입니까? 교회에도 하나님이 바라는 수준에 도달하기를 바라고 조용히 묵묵히 씨를 뿌리는 성도가 필요합니다. 씨 뿌리는 수고 없이 의의 열매가 맺히길 바라는 것은 어리석은 일입니다.

남들이 다투고 시기할 때에, 알지도 못하면서 남을 해칠 수도 있는 말을 할 때에, 나도 한마디 거들지 않으면 마치 세상에서 따돌림당하는 것 같을 때, 그래도 나설 필요가 없습니다. 다른 사람이 안 좋은 말을 할 때는 차라리 집에 와서 귀를 씻도록 하십시오.

같이 나쁜 말을 하지 마십시오. 여러분이 나쁜 말을 안 하고 맞장구를 안 치면 여러분에게 나쁜 말을 들려주던 사람이 주춤합니다. '이 사람에게는 이런 말을 해서는 안 되겠구나'라고 생각합니다. 또 '왜 저 사람은 남을 비난하기를 싫어할까?'라고 생각합니다. 자기의 언행에 부끄러움을 느끼고 비난하는 말을 중단하게 하십시오. 괜히 이 말을 하고 저 말을 하여 서로 이간하는 그런 분위기를 만들지 않도록 조심하게 될 것입니다.

그런데 우리는 연약해서 누가 열심히 남을 험담하면 나도 끼어들어 거들어야 분위기를 맞출 것처럼 생각합니다. 그래서 말이 많아지는 것입니다. 그러나 아주 정색을 하고 여러분이 슬퍼한다는 것을 나타내십시오. 그래서 스스로 부끄러워 입을 다물 수 있도록 하십시오. 그러면 교회가 날로 아름다워질 것입니다.

화평의 하나님을 만나십시오

의의 열매란 의로운 행동이 산출한 열매로도 볼 수 있습니다. 열매를 맺게 한 것으로서의 의를 말하고 있습니다. 좀 쉽게 풀어 보면 성경은 공의의 열매를 화평이라고 했으며(사 32:17 참조), 하나님의 공의가 충족되지 않는 곳에는 어떤 화평도 없다고 말합니다. 하나님의 공의가 충족되지 않으면 사람 사이에서 화평을 이룬다는 것은 신기루라는 말씀입니다.

예수님 없이 우리끼리 모이고 화해의 노래를 불러도 아무 소용이 없습니다. 하나님 말씀에 기반하지 않는 화해는 물거품입니다. 화해는 막걸리 한 잔 마신다고 될 수 있는 것이 아닙니다. 일단 하나님 마음에 흡족하게 될 때에 하나님이 친히 우리 사이를 치료하실 것입니다. 그렇기 때문에 무엇보다도 먼저 하나님의 공의가 충족되도록 살고 있는지 생각해 보십시오. 하나님의 공의는 하나님의 바라는 뜻입니다.

한 가지만 적용해 봅시다. 부모에게 순종하는 것은 하나님이 우리에게 요구하는 것 아닙니까? 부모의 권위를 무시하는 것은 가정의 권위를 깨뜨리는 것입니다. 또한 배우자의 뜻을 무시하는 행동은 가정의 평화를 깨뜨릴 수 있습니다. 인간관계를 향한 하나님의 뜻이 충족되지 않는 한 화평은 노력할수록 기초 없이 쌓아 올리는 벽돌과 같습니다. 올리면 올릴수록 애쓰면 애쓸수록 한꺼번에 무너져 내립니다. 하나님의 공의가 먼저 충족되어야 합니다. 그래야 부모의 마음이 자식으로 향하고 거역하는 이의 마음이 지혜로운 자에게 귀를 기울이게 됩니다.

주님은 하늘의 평화를 이룩하기 위해서, 땅 위에 평화를 끼치기 위해서 먼저 자신을 제물로 바치셨습니다. 그래서 하나님의 공의를 충족시키셨습니다. 그렇기 때문에 그분이 평화를 가져오셨습니다. 여러분이 속한 가정의 사람들 사이에 평화를 가져오기 위해 어쩌면 자신을 희생물로 내어놓는 희생이 필요할지 모르겠습니다. 전능하신 하나님의 아들께서도 세상에 평화를 주기 위해서 자신을 제물로 내어 주셨는데 여러분이나 제가 작은 희생도 하지 않고 평화로운 가정이 오겠습니까? 공의가 충족된 다음에 화평이 오는 것을 히브리 시인은 노래합니다.

> 마침내 위에서부터 영을 우리에게 부어 주시리니 광야가 아름다운 밭이 되며 아름다운 밭을 숲으로 여기게 되리라 그때에 정의가 광야에 거하며 공의가 아름다운 밭에 거하리니 공의의 열매는 화평이요 공의의 결과는 영원한 평안과 안전이라(사 32:15-17).

자기가 살고 있는 시대는 몹시 요란하고 불안하고 악이 성행하는 사회였지만 하나님의 공의가 사람 사는 동네뿐 아니라 저기 빈들에도 깃들 것이라고 노래합니다. 그리스도의 의를 통해서 그 화평이 올 것을 내다보고 그 그리스도의 의로 이루어질 결과를 영원한 평안과 안전이라고 노래하고 있습니다. 주님이 십자가에서 이루신 의를 통해서, 하나님의 공의를 만족하신 사건을 통해서 사람 사이가 바뀌어질 것을 말합니다.

그래서 시편 시인은 긍휼과 진리가 같이 만나고 하나님을 섬기는 것도 마음에 흡족하게 되고 사람 사이의 살아가는 모습도 하나님 보시기에 흡족하게 되는 그런 한 날을 내다보고 노래합니다.

> 인애와 진리가 같이 만나고 의와 화평이 서로 입맞추었으며 진리는 땅에서 솟아나고 의는 하늘에서 굽어보도다(시 85:10-11).

이런 선지자들의 비전이 우리 마음속에 있어야 합니다. 비록 현실이 어둡고 춥더라도 더 나은 내일을 기다리는 사람이 신자입니다. 화평의 열매를 거두기 원하십니까? 그러면 먼저 화평의 하나님을 만나야 합니다. 그러면 하나님의 평화가 우리 마음속에 자리합니다. 그 마음속에 평화가 항상 우리를 호위할 것입니다.

평화의 추수를 원하십니까? 여러분의 생애가 사람들에게 평화를 끼치는 생애가 되기를 원하십니까? 그러면 그리스도께서 하신 일을 믿어야 합니다. 그리스도의 죽음이 내 죄를 위한 죽음이라는 것을 믿을 때 하나님과 더불어 화평하게 되고 그래야 이 화평이 마음에 깃들게 됩니다. 그것이 화평하게 하는 자들은 화평으로 심어 의의 열매를 거둔다는 의미입니다.

사랑하는 성도 여러분, "의의 열매"는 이렇게도 해석될 수 있고 저렇게도 해석될 수 있지만 중요한 것은 "열매를 맺어야 한다"는 것입니다. 시작점이 의가 되는지, 궁극적인 열매가 의가 되는지는 상관이 없습니다. 하지만 우리 모두 열심히 하나님의 뜻에 합당한 열매를 주렁주렁 맺게 되기를 원합니다.

James
야고보서 4장

야고보서 4:1-3

¹ 너희 중에 싸움이 어디로부터 다툼이 어디로부터 나느냐 너희 지체 중에서 싸우는 정욕으로부터 나는 것이 아니냐 ² 너희는 욕심을 내어도 얻지 못하여 살인하며 시기하여도 능히 취하지 못하므로 다투고 싸우는도다 너희가 얻지 못함은 구하지 아니하기 때문이요 ³ 구하여도 받지 못함은 정욕으로 쓰려고 잘못 구하기 때문이라

29.
궁극적인 관심사

그리스도 안에서 사랑하는 성도 여러분, 그리고 복된 예배의 자리에 함께 나오신 사랑하는 이웃 여러분, 오늘부터 야고보서 4장을 시작하겠습니다. 야고보는 앞부분에서 두 가지 지혜를 말했습니다. 거짓 지혜, 그것은 분쟁과 불화를 가져옵니다. 반면에 참지혜는 화평을 가져옵니다. 성경은 인간이 추구해야 할 가장 귀한 가치로 화평을 제시합니다. 사람들이 함께 어울려서 살아갈 때에 평화를 추구해야 한다고 성경은 말합니다. 그래서 유대인들이 사용하는 인사말은 "샬롬"(화평, 평화, 평강)입니다.

사랑하는 성도 여러분, 여러분은 화평케 하는 일에 부름 받은 성도들입니다. 여러분이 등장하면 가정에 화평이 있습니까? 여러분 때문에 직장 동료들이 서로 화평할 수 있도록 하십시오. 어디서든 화평 가운데서 씨를 뿌리는 일에 매진하십시오. 평화는 그때나 지금이나 신앙인이 추구해야 할 최고선입니다. 그러나 그때도 현실은 그렇지 못했습니다. 그래서 오늘 본문은 "너희 중에 싸움이 어디로부터 다툼이 어디로부터 나느냐"고 묻고 있습니다.

신자가 되는 것은 화평하게 하는 사람이 되는 것입니다. 신자로서 할 일은 화평 가운데 씨를 뿌리는 것입니다. 신자가 거둘 의의 열매는 화평 중에 뿌려진 씨의 결실입니다. '화평' 혹은 '평화'는 신자가 추구할 최고선입니다.

그러나 현실을 보십시오. 여러분 자신과 주위를 살펴보십시오. 화평과 다툼, 어느 것을 더 자주 볼 수 있습니까? 오늘 본문은 싸움과 분쟁의 원인을 말하고, 이어서 욕망이 지배하는 삶의 결과를 보여 주고, 마지막으로 여러분이 추구할 삶의 궁극적인 목적이 무엇인지를 말합니다.

모든 문제의 근원

먼저 싸움과 분쟁의 원인을 찾아봅시다. 야고보는 "너희 중에 싸움이 어디로부터 다툼이 어디로부터 나느냐 너희 지체 중에서 싸우는 정욕으로부터 나는 것이 아니냐"라고 묻습니다. 이 말은 "여러분은 무엇 때문에 서로 싸우고 분쟁을 일으킵니까? 여러분의 지체 안에서 갈등을 일으키는 욕망에서 나오는 것이 아닙니까?"라고 묻는 것입니다.

본문은 끝없는 싸움과 분쟁의 근원을 추적합니다. 인류 역사는 전쟁의 역사라고 할 수 있습니다. 개인의 삶 역시 끊임없는 살기 다툼으로 물들어 있습니다. 개인적 차원이나 사회적, 국가적 차원의 모든 투쟁과 불화의 원인은 무엇입니까? 궁극적으로 "너희 속에 갈등을 일으키는 욕망" 때문이라고 성경은 말하고 있습니다.

인간 문제에 대한 기독교의 대답은 여기 있습니다. 기독교는 인간의 성품 바탕에서 문제를 찾는 종교입니다. 구조나 제도 이전에 근본 문제는 인간 자신에게 있다고 봅니다. 부부가 싸우는 것은 월급이 적어서도 아니고, 생활 공간이 쾌적하지 못해서가 아니란 말입니다. 월급 액수가 많아진다고 부부 싸움이 줄어드는 것은 아닙니다. 생활 공간이 넓고 쾌적해져도 가정불화는 줄어들지 않습니다. 성경은 다툼의 가장 근본 원인을 인간의 본성 자체에서 찾고 있습니다. 그것을 '원죄'라고 합니다. 인간의 성품 자체가 잘못되었다고 봅니다. 문제는 우리 지체 중에 있다고 지적합니다. 마음속에서 갈등을 일으키는 욕망 그 자체가 모든 문제의 근원이라고 지적합니다.

심지어는 하나님의 말씀을 듣고도 열매를 맺지 못하는 것은 이 세상에 대한 욕망 때문이라고 말합니다. "이생의 염려와 재물과 향락에 기운이 막혀 온전히 결실하지 못하는"(눅 8:14) 것이라고 표현합니다. 가난한 자는 가난한 대로 먹고 살기 위한 걱정을 합니다. 가난한 사람들은 심지어 예배 자리에 나와서도 당면한 먹고사는 문제를 가지고 걱정합니다. 그렇다고 해서 부자가 되면 이런 문제에서 벗어납니까? 가난한 사람의 "이생의 염려"뿐 아니라 가진 자들의 "재물과 향락"도 온전히 결실하지 못하게 합니다.

돈을 잘 버는 사람들도 예배 자리에 나와서 어떻게 하면 돈을 더 벌까 하는 생각을 합니다. 그래서 역시 말씀을 제대로 듣지 못하는 것입니다. 그런가 하면 번 돈을 가지고 어떻게 즐길 것인지를 가지고 궁리합니다. 그런 것을 하필이면 예배 자리에 나와서도 하고 있다는 것입니다.

가난한 사람은 가난한 사람대로, 부한 사람은 부한 사람대로 말씀의 씨가 온전히 결실하지 못하는 이유가, 즉 세상에 대한 욕망이 마음에 자리하고 있습니다. 사람이 욕망과 쾌락의 노예가 되면 다른 사람과 비교하게 됩니다. 다른 사람이 가지고 있는 것을 부러워하게 됩니다. 그 다음에는 시샘하게 됩니다. 그 다음에는 증오하게 됩니다.

"나는 못 가졌는데 왜 너는 가졌느냐?"라고 말합니다. 재리와 쾌락에 지배당하는 삶에는 반드시 이러한 것들이 따라오게 되어 있습니다. 그래서 본문은 우리가 세상적인 욕망을 따라 살 때에 어떠한 결과가 초래되는지를 더 자세하게 보여 줍니다.

욕망이 지배하는 삶의 결과

욕망이 지배하는 삶의 결과는 무엇입니까? 여러분은 욕심을 부려도 얻지 못하면 살인을 하고, 탐내어도 가지지 못하면 다투고 싸운다고 말합니다. 삶에 달관한 분이 우리 모습을 보면 정말로 한심할 것입니다. 그렇게 욕심내고 시기하고 죽인다고 자기 것이 되지 않는데 왜 그렇게들 살아가는지 야고보 선생은 답답했던 모양입니다. 이것이 사람들의 보편적인 모습인 동시에 때때로 그리스도인의 현실적인 모습입니다.

욕망이 지배하는 삶은 마음속에서 갈등이 끊이지 않습니다. 그러나 거기서 끝나지 않습니다. 다른 사람들과의 관계에서 투쟁으로 번져 나갑니다. 서로 같은 대상을 추구하다 보면 가진 사람과 갖지 못한 사람 사이에 갈등이 생깁니다.

너나 할 것 없이 더 많은 돈을 갖고 싶어 하는 경우를 생각해 보십시오. 분명히 많이 가진 사람과 적게 가진 사람이 있게 마련입니다. 너나 할 것 없이 자기 자식이 일등 했으면 하는 바람을 부모라면 모두 가지고 있습니다. 금메달을 놓고 서로 각축하다 보면 자칫 젊음의 축제가 되어야 할 스포츠에서도 아름답지 못한 일들이 일어납니다. 그러다 보면 인생살이는 사업을 해도, 운동을 해도 치열한 다툼의 장소로 전락해 버리고 맙니다. 서로 짓밟아서라도 목표를 달성하기 위해 달려듭니다. 어떠한 수단을 써서라도 경쟁자를 제거하려는 살벌한 자리가 되고 맙니다.

북한에서 온 젊은이들이 남쪽에 와서 보니 참 이상하다고 말했답니다. 한 동네 살면서도 서로 아는 척도 하지 않고, 돈 몇 십만 원 때문에 자살을 하는 게 도대체 이해가 되지 않는다는 것입니다. 그렇습니다. 남쪽도 낙원이 아닙니다. 그렇다고 이런 일들을 무슨 특별한 사람들만 하는 것이 아닙니다.

다윗의 경우를 생각해 보십시오. 이스라엘 왕들 가운데서 가장 존경받는 성군이 아닙니까? 그가 쓴 시들을 한번 읽어 보십시오. 탁월한 신앙의 시들을 남겼습니다. 훌륭한 임금이고 하나님을 사랑했습니다. 그런 사람도 목욕하고 있는 아리따운 여자를 보았을 때 남의 여인인데도 자기 것으로 삼고 싶은 욕심이 생겼습니다.

결국, 자기 것으로 소유하고 나서 탄로가 나지 않도록 머리를 썼습니다. 전쟁에 나간 그 여인의 남편을 불러 아내와 잠자리를 같이 하기를 바란 것입니다. 그러나 그는 충직한 군인이었습니다. 다른 군인들이 모두 전선에 있는데 자기만 아내와 같이 밤을 지낼 수는 없다고 생각하고 궁궐 문 앞에서 하룻밤을 보냈습니다.

완전 범죄를 의도했지만 뜻대로 되지 않자 그 충성스런 장군을 가장 치열한 전투가 일어나는 장소에 보내서 적군에 의해 죽도록 만듭니다. 그러고는 그 사람의 아내를 자기 아내로 삼습니다. 보암직하고 먹음직하고 지혜롭게 할 만큼 탐스러운 것이 있으면 사람들은 수단 방법을 가리지 않습니다.

나봇의 포도원 이야기를 아시지요? 아합은 이스라엘의 임금이었습니다. 그런데 왕궁 문 앞 길옆에 있는 나봇의 포도밭이 탐났습니다. 그것을 자기 소유 채소 밭으로 갖고 싶었습니다. 그러나 뜻대로 되지 않았습니다. "하나님께서 조상을 통해 유업으로 주신 것을 팔수는 없다"(왕상 21:3 참조)고 나봇이 대답했기 때문입니다. 그래도 아합 왕은 착한 데가 있었던 모양입니다. 고민만 하며 끙끙 앓고 있었습니다. 마침내 부인이 나타나서 물었습니다. "당신 도대체 무엇 때문에 끙끙 앓고 있소. 나에게 말해 보시오."(왕상 21:5 참조). 그래서 사실대로 털어 놓았습니다.

"나봇의 포도원을 가지고 싶은데 아무리 거금을 주고 사겠다고 해도 팔지를 않는다"(왕상 21:6 참조)고 이야기를 했습니다. 그때 이세벨이 말합니다. "아니! 이스라엘의 임금이 되어서 그런 것 가지고 고민합니까? 나한테 맡기세요."(왕상 21:7 참조).

그리고 나서 거짓 증인을 내세워서 나봇에게 하나님과 임금을 욕했다는 죄를 뒤집어 씌워 사람들로 하여금 나봇을 돌로 쳐서 죽이도록 합니다. 그리고 그 포도밭을 빼앗습니다. 그러나 하나님께서는 엘리야를 통해 나봇이 피를 흘린 그곳에서 이세벨의 피를 개들이 핥으리라고 전했습니다(왕상 21:19 참조).

손에 넣는다고 영원히 가지게 되는 것이 아닙니다. 죽이기까지 해서 손에 넣지만 얼마 못 가서 자신도 피를 흘리고 죽는 신세가 되고 맙니다. 욕심낸다고 꼭 소유하게 되는 것은 아닙니다. 샘낸다고 획득하는 것도 아니면서 사람들은 서로 아귀다툼을 하며 살아갑니다. 갈등과 분쟁만 일으킬 뿐입니다.

하나님을 기쁘시게 할 것인가

야고보는 "다투고 싸우는도다"라고 욕망에 지배당한 처절한 결과를 말한 다음 참된 만족에 이르는 길을 제시합니다. 그럼 삶의 궁극적 선택은 무엇입니까?

> 너희는 욕심을 내어도 얻지 못하여 살인하며 시기하여도 능히 취하지 못하므로 다투고 싸우는도다 너희가 얻지 못함은 구하지 아니하기 때문이요 구하여도 받지 못함은 정욕으로 쓰려고 잘못 구하기 때문이라(4:2-3).

왜 그렇게 서로 시기하고 싸우는지 도대체 야고보 선생으로서는 이해가 되지 않았습니다. 정말 갖고 싶은 것이 있으면 달라고 하면 될 것인데, 왜 그렇게 싸우는지 아이를 키워 보면 이해가 안 될 때가 있습니다. 달라고 하면 부모가 얼마든지 주려고 하는데 왜 동생이 가진 것을 꼭 빼앗아야만 됩니까? 야고보 선생도 교회를 생각할 때 그랬던 것 같습니다. 교회 안에는 부자도 있고 가난한 사람도 있게 마련입니다. 좀 더 특권을 누리고 살아가는 사람도 있고, 그렇지 못한 사람도 있습니다. 세상만 고르지 않은 것이 아니라 신앙 공동체도 마찬가지입니다.

하나님이 의도하신 세상은 꼭 공평하게 갈라 먹는 세상이 아닙니다. 하나님께서는 그런 세상을 의도하지 않으셨습니다. 왜 그러셨을까요? 불공평이 영원히 지속되도록 하기 위해서가 아닙니다. 가진 사람들로 하여금 갖지 못한 사람들과 나눌 수 있도록 하기 위해서입니다. "가난한 자들은 항상 너희와 함께 있으니"(막 14:7)라는 말씀을 보십시오. 왜 가난한 사람들을 우리와 함께 있도록 하십니까? 그것은 우리로 하여금 그들을 섬길 수 있는 기회가 되도록 하기 위한 하나님의 뜻입니다.

사랑하는 성도 여러분, 삶의 참된 만족은 타락한 인간 욕망의 충족에 있지 않습니다. 삶의 궁극적인 선택은 내 욕망 성취인가, 하나님의 뜻 실현인가에 있습니다.

야고보는 "너희가 얻지 못함은 구하지 아니하기 때문이요"라고 지적합니다. 사람들에게 왜 기도하지 않느냐고 물으면 "기도하는데도 안 되니까 그렇다"고 대답할 것입니다. 그러면서도 "왜 다른 집은 일이 잘 풀리는데 왜 나한테만 이런 어려운 일이 닥칩니까? 기도하는데도 나는 왜 안 됩니까?"라고 묻기를 좋아합니다.

성경은 뭐라고 대답합니까? "구하여도 받지 못하는 것은 네 욕구를 충족하려고 구하기 때문이다"라고 대답합니다. 성경은 아주 시원하게 대답을 해 줍니다. 좀 다독거려 가며 부드럽게 이야기를 해 주면 좋은데, 야고보 선생은 섭섭할 만큼 직선적으로 말합니다.

사흘 금식이 아니라 일주일 금식해도, 열흘 작정 기도가 아니라 400일 작정 기도를 해도 자기 욕망을 성취하려는 기도는 하나님이 들어 주시지 않는다는 말입니다. 핵심은 내 욕망을 충족할 것인지 아니면 하나님의 뜻을 이룰 것인지 그게 늘 문제인 것입니다. 생의 궁극적 선택은 자신을 기쁘게 할 것인가 하나님을 기쁘시게 할 것인가에 달려 있습니다. 나를 지으신 하나님을 기쁘시게 하는 삶을 살 것인지, 되는대로 욕망을 따라 살 것인지 택일하셔야 합니다.

성경은 우리에게 어려운 선택을 요구하지 않습니다. 지능 지수가 높은 사람들만 선택할 수 있는 것을 요구하지 않습니다. 단순한 양자택일입니다. 몹시 쉬운 겁니다. "너희가 어둠 속을 헤맬래, 빛 속에 살아갈래? 너희가 서로 미워하면서 살래, 서로 사랑하면서 살래?" 하는 것입니다. 문제는 우리의 마음입니다.

사랑하는 성도 여러분, 사람은 우주 속에 내동댕이쳐진 존재가 아닙니다. 창조주 하나님이 뜻 없이 세상에 보낸 사람은 없습니다. 모든 사람에게는 자기를 지은 창조주 하나님의 뜻이 있습니다. 그러나 우리는 하나님 뜻대로 살아야 한다는 것을 알면서도 자기 뜻대로 하고 싶은 욕망을 가지고 있습니다. 우리 지체 속에는 한 부분도 선한 곳이 없습니다. 어느 한 부분도 이 부분은 안전하다 할 부분이 없습니다. 우리의 이성도 예외 없이 욕망의 포로가 됩니다.

욕망의 포로가 되면 사리를 분별하지 못합니다. 생각뿐만 아니라 감정도 그렇습니다. 우리 감정도 쉽게 우리 욕망의 수종을 듭니다. 우리 의지도 어이 없이 욕망의 종노릇을 합니다. 내가 갖고 싶은 것이 있으면 마치 그것을 위해서 기도하는 것이 하나님의 뜻인 양합니다. 우리 육신은 한 부분도 무너지지 않는 부분이 없습니다. 욕망의 명령대로 그냥 무너져 내립니다.

인간의 문제는 무엇을 해야 하는지 모르는 것만이 아닙니다. 알면서도 되지 않는다는 것이 우리의 문제입니다. 꼭 해야 할 일은 제쳐 두고 하고 싶은 일에 시간을 소모합니다. 시간뿐입니까? 관심과 정력을 쏟습니다. 돈과 열심을 바칩니다. 어디 그뿐입니까? 때로는 기도까지 동원됩니다.

사랑하는 성도 여러분, 우리의 신앙생활을 점검해 봅시다. 한 주 168시간을 어디에 가장 많이 바치고 있습니까? 여유가 생겼을 때 무엇을 하는지를 보면 그 사람이 어떤 사람인지 알 수 있습니다. 무엇을 위해서 아깝지 않게 돈을 쓰는지를 보면 그가 누구인지 압니다. 인간은 시간과 정력과 관심과 돈을 원하는 것을 위해 바치기 때문입니다. 그것이 우리 자신을 위한 우상입니다. 기도도 마찬가지입니다. 도대체 무엇을 위해 기도하는지 생각할 필요가 있습니다. 무엇을 위해 기도드리고 있습니까? 내가 하고 싶은 일입니까? 아니면 하나님이 나를 통해서 이루시고자 하는 일입니까?

소원을 가진 백성

욕망 추구에는 불화와 싸움만 남습니다. 두 사람이 만나도 이해가 상충하기 때문에 충돌이 일어나게 마련입니다. 하나님의 뜻을 먼저 구하십시오. 그럴 때 사람 사이에 화목이 옵니다. 인생을 향한 하나님의 뜻은 서로 사랑하고 섬기는 것입니다. 하나님의 뜻을 갈구하게 되면 거기에는 화목이 옵니다. 자기 욕망을 추구하면 부끄러운 일들만 따라옵니다.

하나님의 뜻을 간절히 사모하는 사람은 기도하게 됩니다. 욕망 추구의 가장 큰 비극은 기도조차 안하는 것입니다. 오늘 본문 말씀은 기도 안 하는 사람들을 향하고 있습니다. 바로 3절로 넘어가면 기도 안 하는 사람이 오히려 자만하게 될지 모릅니다. '기도만 한다고 되나? 할 거면 바로 해야지, 기도 하려면 하나님 뜻대로 해야지'라고 말입니다.

야고보 선생은 우리를 훤히 알았던 모양입니다. 그래서 2절 끝에 왜 기도하지 않느냐고 책망하고 있습니다. 왜 기도하지 않고 서로 시샘하고 서로 다투고 서로 분쟁하느냐고 지적하고 있습니다.

"기도했는데요? 기도해도 안 돼요"라고 말하는 사람들을 위해서 3절이 말하고 있습니다. 기도했는데도 들어주지 않으면 욕망을 따라 기도했기 때문이라고 말합니다. 욕심을 추구하다 보면 참된 기도를 드릴 수가 없습니다. 하나님이 우리 욕망의 시녀로 변해 버립니다.

때로는 기도할 때 소원하던 것과 눈 뜬 후 갈망하는 것하고 달라지기도 합니다. 그러면 전지전능한 하나님도 헷갈리십니다. 눈 감고 기도 할 때는 "이것 주십시오"라고 해 놓고 눈 뜨고는 저것을 쳐다보고 있으면 하나님이 어느 것을 들어 주셔야 합니까?

여러분의 주된 관심사가 무엇입니까? 특별한 소원 없이 평범하게 사는 삶입니까? 하나님은 그런 삶에서 벗어나기를 바라십니다. 하나님은 믿음으로 말씀을 붙잡고 번지점프를 하길 원하십니다. 그래야 하나님의 권능을 체험하고 하나님의 영광을 목도할 것입니다. 하나님이 우리를 구원하실 때는 자기 피로 우리를 사셔서 열심 있는 백성이 되게 하기 위함이었습니다. 사랑하는 성도 여러분, 성도는 살아갈 때에 자나 깨나 잊을 수 없는 소원을 가지고 있어야 합니다. 자녀의 대학 진학, 사업 성공이 아니라 하나님 나라에 관한 소원이 있어야 합니다. 거룩한 소원을 두고 기도하는 사람이 성숙한 그리스도인입니다.

일단 기도를 해야 잘못 기도할 가능성이라도 있지, 기도도 안 했는데 어떻게 잘못하고 잘하고를 논하겠습니까? 그래서 야고보는 왜 기도하지 않느냐고 책망하는 것입니다. 기도를 열심히 해야 잘못 기도하는 사람도 있고 잘하는 사람도 있지 기도를 아예 안 하는 사람들에게는 잘못할 여지도 없습니다. 그래서 먼저 "기도하라"고 권면합니다.

그러나 자기 욕심을 추구하면 참된 기도가 되지 않습니다. 그냥 하나님을 우리 욕망의 시녀로만 삼으려고 합니다. 그러나 하나님 알아 가면 우리가 그렇게 기도할 수 없습니다. 하나님은 거룩하신 분이기 때문입니다. 양심적으로 생각해도 요구하지 못할 것을 하나님 앞에 어떻게 구합니까? 그의 나라와 그의 의를 구하는 것이 그리스도인의 목표입니다. 그러면 나머지는 하나님께서 알아서 공급해 주시겠다는 것입니다. 정말로 중요한 것만 구하면 나머지는 보너스로 주실 건데 부수적인 것만 자꾸 붙들고 있으면 안된다는 것입니다.

그래서 우리 기도는 절간이나 산신령 앞에서 빌던 기도와 내용이 달라야 합니다. 신자는 먹고 입고 사는 욕망 충족을 위해 살지는 않습니다. 그런 사람들은 먹기 위해 사는 사람들입니다. 살기 위해서 먹는 사람들은 그런 것에 매달리지 않습니다. 하나님의 뜻대로 살려고 하면 나머지는 하나님께서 알아서 하실 것입니다. 신자는 아버지의 뜻을 이루기 위해 살아가는 자입니다. 불타는 소원을 가슴에 담고 살아가십시오.

그 소원을 기도로 아뢰십시오. 바른 소원의 기도는 반드시 응답하십니다. 시기, 질투 대신 기도하십시오. 남이 가진 것, 남이 누리는 것 때문에 시샘하지 마십시오. 그것 때문에 속상해서 한숨 쉬지 마십시오. 그것은 자기 영혼에 해를 끼치고 다른 사람과의 관계까지도 파괴시킵니다. 참 만족은 기도로 성취됩니다. 하나님만이 참된 만족을 주십니다.

하나님의 뜻을 이루기 위해 산다는 것은 황홀한 것입니다. 하나님의 나라를 확장하기 위해 그리스도인으로 산다는 것은 행복한 일입니다. 여러분은 사는 데 참 보람과 만족을 누립니까? 기쁨과 기도와 감사의 삶을 살고 있습니까? 이 대답에 자신이 없다면 여러분 자신의 삶을 돌아보아야 합니다.

사랑하는 성도 여러분, 이제 궁극적인 선택을 하십시오. "아버지여 당신의 뜻이 내 삶을 통해서 이루어지기를 바랍니다"라고 기도하십시오. "하늘에서와 같이 땅에서도 뜻이 이루어지기를" 주님께 구한 대로 새 역사를 위해서 결단하는 성도 여러분이 되기를 바랍니다.

James
야고보서 4장

야고보서 4장 4-6절

⁴간음한 여인들아 세상과 벗 된 것이 하나님과 원수 됨을 알지 못하느냐 그런즉 누구든지 세상과 벗이 되고자 하는 자는 스스로 하나님과 원수 되는 것이니라 ⁵너희는 하나님이 우리 속에 거하게 하신 성령이 시기하기까지 사모한다 하신 말씀을 헛된 줄로 생각하느냐 ⁶그러나 더욱 큰 은혜를 주시나니 그러므로 일렀으되 하나님이 교만한 자를 물리치시고 겸손한 자에게 은혜를 주신다 하였느니라

30.
세상이냐 하나님이냐

　그리스도 예수 안에서 사랑하는 성도 여러분, 그리고 기독교의 진리를 알고자 하여 이 자리에 나오신 사랑하는 이웃 여러분, 오늘도 계속해서 야고보가 흩어진 열두 지파에게 보낸 편지를 살피려고 합니다. 그런데 우리가 야고보서를 이해하는 데 따르는 어려움은 야고보가 하는 말 자체보다 그 말을 왜 하는지를 파악하는 데 있습니다. 오늘 본문 4절만 해도 그렇습니다. "간음하는 여인들아"라고 왜 느닷없이 호통을 치는지 이해하기 쉽지 않습니다. 그것을 이해하기 위해서 우리는 앞부분의 내용을 기억해야 합니다. 앞서 살핀 4장 1-3절 내용을 기억하십니까? 거기서는 사람들 사이에서 일어나는 싸움과 다툼의 원인을 다루었습니다. 그렇게 싸우고 다투는데도 얻지 못하는 이유가 무엇인지를 밝히고 있습니다. 시기와 질투 대신 하나님께 나와서 기도하라고 말합니다. 기도해도 얻지 못함은 욕심대로 쓰려고 하기 때문에 하나님이 들어주시지 않는다고 말합니다.

그러다 말고 "간음하는 여인들아"라고 호통을 칩니다. 왜 그랬을까요? 야고보 선생은 신앙 공동체의 문제를 다루다가 공동체의 형편없는 영적 수준을 생각한 것 같습니다. 하는 짓이라고는 자기 욕심을 추구하기 위해 서로 질투와 시기를 부리고, 하라는 기도는 안 하고 전화질이나 하고 있는 상태였기 때문입니다. 또 어떤 사람은 기도한다고 밤을 새우고 굶기도 하는데 그 내용을 들어 보면 자기 욕심만 채우려 하니까 한심한 겁니다. 그래서 공동체를 향해서 "간음하는 여인들아"라고 소리치고 있습니다. 느닷없이 신앙 공동체를 남편에게 불성실한 여인인 양 몰아치고 있습니다. 야고보 선생의 직선적인 성격이 여지없이 드러나는 본문입니다.

간음하는 여인들아!

간음하는 여인들이라는 말은 꼭 여자들만을 지칭하지 않습니다. 신앙 공동체 전체를 가리키는 말입니다. 그렇다고 문자적으로 교인들이 모두 간음했다는 말은 아닙니다. 이런 경우 우리는 상징적인 혹은 영적인 해석을 해야 합니다. 신체적인 간음이 아니라 영적 간음을 하는 신자들을 가리키는 말입니다.

성도는 그리스도의 신부입니다. 의미를 바로 파악하기 위해 성경의 배경을 아는 것이 좋습니다. 구약 성경을 보면 하나님께서 거듭 당신을 우리 성도들의 남편으로, 우리를 당신의 아내로 부르고 있습니다.

하나님과 우리의 관계는 폭군과 신하의 관계가 아닙니다. 일을 시키는 사람과 그 일을 해야 하는 관계도 아닙니다. 오히려 그보다는 부모 자식 간으로 묘사되기도 하고 또 그보다 더 친밀한 남편과 아내의 관계로도 말하고 있습니다. 신약 성경도 신자를 그리스도의 신부로서 말합니다. 그리스도를 우리의 신랑으로 말하고 그분이 오시는 그날 우리가 흠 없고 티 없고 주름 잡힌 것이 없는 아름다운 신부가 될 것을 말하고 있습니다(엡 5:27 참조).

하나님과 성도 된 우리의 관계가 남편과 아내 사이와 같이 사랑스럽고 친밀한 관계이기에 그 사랑에 부합하지 못한 삶을 살 때 간음하는 여인들과 같아지는 것입니다. 말하자면 하나님은 여러분을 남편이 자기 아내 사랑하듯이 사랑하고 있다는 의미입니다.

때때로 아내 입장에서는 남편이 자신을 제대로 사랑하지 못한다고 생각할 수도 있습니다. 그래서 결혼한 지 며칠 안 되는 자매도 남편에게 불만이 생길 수 있고, 몇 년씩 함께 살면서 불만이 더 쌓일 수도 있습니다. 아내들이 바라는 만큼 남편들은 사랑할 줄을 모릅니다. 그래서 성경은 남편들에게 "아내를 사랑하라"고 명하지 않습니까? 하나님이 명령하지 않으시면 제대로 될 것 같지 않아서, 미리 다 아시고 "아내를 사랑하라"고 하신 듯합니다. 남편이 아내 사랑하듯 하나님이 우릴 사랑한다고 하니까 자기 남편을 떠올리며 '역시 하나님도 나를 괴롭히시는구나'라고 생각하는 것은 오해입니다. 성경에서 하나님이 우리를 사랑한다는 이야기는 가장 이상적인 남편이 아내를 사랑하는 관계로 생각하십시오.

여러분의 배우자와 비교할 수 없을 정도로 하나님은 여러분을 사랑하시는 분입니다. 하나님의 사랑은 말로 다 표현할 수 없습니다. 우리가 사랑하는 만큼만 우리를 사랑하는 하나님이 아닙니다. 하나님은 우리의 상상 이상으로 우리를 사랑하시는 분입니다. '정말 하나님께서 이렇게 우리를 사랑해 주셨구나' 하는 것을 우리는 천국에 가면 더 실감할 것입니다.

구약 성경에 보면 고멜과 호세아의 이야기가 나옵니다. 호세아는 하나님의 예언자입니다. 고멜이라는 여자는 유명한 바람꾼입니다. 자기 남편의 신분도 생각하지 않고 놀아났던 모양입니다. 남편의 눈만 벗어나면 벌써 다른 남자하고 놀아나는 여자입니다. 그리고 여차하면 다른 남자를 따라가 버리는 여자입니다. 그러면 하나님은 호세아에게 말합니다. 용서해 주고 가서 데려오라는 겁니다. 다시 데리고 온 후 아내와 사랑을 나눌 수 있도록 광야로 가서 두 사람만의 단란한 시간을 가지라고 명합니다(호 2:14 참조). 선지자 호세아는 하나님이 시키는 대로 순종합니다.

하지만 고멜은 돌아온 지 일주일도 안 되어 또 다른 남자와 눈이 맞아 나가 버립니다. 하나님은 고멜이 떠나가 버리면 "가서 돈을 주고라도 사서 데리고 오너라"(호 3:2 참조) 하고 지시하십니다. 호세아는 그런 일을 반복적으로 순종했습니다. "고멜은 행복합니다"라고 말할 수 있지만 "호세아는 고달픕니다"라고 말할 수밖에 없습니다. 이스라엘 백성과 하나님의 관계를 상징적으로 나타내기 위해서 그는 순종해야 했습니다. 하나님이 그 백성을 어떻게 사랑하는지 보여 주기 위해서 선지자 호세아는 음란한 아내 고멜을 사랑해야 했습니다.

사랑하는 성도 여러분, 호세아가 하나님의 모습이라면 고멜은 우리의 자화상입니다. 우리에게 좋은 것으로 배불리 먹이시면 "하나님이 어디 있느냐?"고 합니다. 그러다가 일이 잘 풀리면 "내가 똑똑해서 이렇게 잘 살지"라고 합니다. 얼마나 어리석고 답답한 일입니까? 보기가 하도 딱해서 하나님이 도와주시면 그 다음부터는 곧장 자만해집니다. 그러고는 하나님을 또 떠나 버리는 겁니다. 그럼에도 하나님은 우리 인생을 사랑하시겠다는 것입니다. 계속 우리에게 찾아오시고 우리를 향해서 다시 사랑을 고백하시는 분으로 성경은 하나님을 보여 줍니다.

그 지극한 사랑에 대해 여러분은 어떻게 보답하십니까? 여러분의 삶을 스스로 살펴보십시오. 지금껏 어떤 삶을 살아 오셨습니까? 자신의 삶을 정직히 돌아보면 야고보의 신랄한 지적을 이해할 것입니다. "간음하는 여인들아"라는 표현이 심한 것인지, 우리 삶이 지나친 것인지 숙고해 보십시오. 정직한 삶의 평가가 긴급히 요구되는 시점에 이른 분이 상당히 있을 것입니다.

세상과 벗 된 삶

사랑하는 성도 여러분, 여러분은 자신의 삶을 어떻게 보십니까? 여러분은 여러분의 신앙생활을 어떻게 평가하십니까? 여러분이 누구든지 다음 평가를 들어 보십시오. "간음하는 여자들아! 간부(奸婦)와 같은 인생아!" 수긍하기 싫더라도 그것이 우리의 삶에 대한 하나님의 평가입니다.

왜 이런 극단적인 표현으로 질책할까요? 세상과 벗 된 삶을 추구하기 때문입니다. 세상과 벗 된 삶은 하나님을 떠나 세상에 마음이 쏠린 것을 의미합니다. 반평생을 바쳐서 추구한 것이 세상에 속한 것이라면 세상과 벗 된 삶을 산 것입니다. 더 많은 물질을 얻기 위해 생을 바쳤다면 생을 헛되게 보낸 것이 틀림없습니다.

하나님께서 만물을 지으시고 그 만물을 우리에게 맡기셨습니다. 이 물질을 가지고 하나님을 섬기고 이웃을 섬길 수 있도록 그렇게 물질을 주시는 겁니다. 본래 하나님이 세상을 지으실 때는 그것을 통해서 하나님께 영광을 돌리고 이웃을 섬길 수 있도록 주신 것입니다. 그러니까 그저 물질 모으는 것에만 신경 쓰고 살면 안 됩니다.

그것은 하나님의 뜻을 저버린 사람입니다. 절대로 그렇게 살아서는 평화가 없습니다. 그렇게 산다면 돈은 많이 벌 수 있지만 평화는 없습니다. 물론 그렇게 산다고 해서 돈을 많이 번다는 보장은 없습니다. 오히려 대부분의 사람이 그렇게 살아가도 원하는 만큼의 대가를 받지 못합니다. 우리가 그렇게 물질을 사용할 때 세상에 있는 피조물 자체가 탄식합니다.

대학 때의 영성만으로는 그 사람의 신앙을 잘 모릅니다. 학교를 졸업해 보아야 압니다. 학교 다닐 때는 모두 이상주의자입니다. 돈은 크게 중요하지 않다고 생각하지만 졸업하고 나면 달라집니다. 누가 보너스를 더 많이 받느냐에 신경을 쓰게 됩니다. 거기에서 시작해서 나중에는 누구보다 더 많이 가졌다는 것으로 손안에 넣는 데서 만족을 누리려고 합니다. 그렇게 되면 우리는 잘못된 삶을 사는 겁니다. 물질은 이웃을 섬기는 도구이지 추구의 대상이 아닙니다. 또한 축적의 대상으로 삼는 것은 죄를 짓는 것입니다.

하나님이 주신 것으로 그분의 영광을 위해서 살지 않고, 자기 자신과 자기 식구들밖에 모르고, 육신의 쾌락을 추구하기 위해서만 산다면 하나님의 은혜를 배신하는 삶을 사는 것입니다. 하나님이 우리에게 모든 좋은 것으로 주실 때는 나보다 갖지 못한 사람들과 함께 나누도록 주셨는데 이것을 자기 욕망대로만 쓰고 있으면 죄를 짓는 것이라는 말입니다.

보십시오. 남편은 아내를 위해서 모든 배려를 아끼지 않았습니다. 온갖 좋은 것은 다 선물했습니다. 맛있는 음식도 사 주고 좋은 옷도 사 입혔는데 길가에 지나가는 다른 남자들만 쳐다봅니다. 게다가 남편이 보는 데서 다른 남자와 놀아납니다. 그러기에 "간음하는 여인들아"라고 호통합니다.

주어진 시간을 한 푼이라도 더 버는 데만 사용하고, 세상 쾌락에만 마음을 씁니다. 어떤 사람들은 세상 사람에게 존경받기 위해 신경을 씁니다. 어떤 사람들에게는 재물 그 자체가 추구하는 목적이 되듯이 또 어떤 사람들은 좋은 이름을 내기 위해서 신경을 많이 씁니다. 출세했다는 소리를 듣기 위해서 하나님의 눈에 벗어난 삶을 얼마나 쉽게 걸어가고 있습니까? 세상의 평가, 칭찬, 칭송과 영광을 사모하고, 우리를 지으신 그분을, 우리를 사랑하시는 하나님을 배신하는 자신의 모습을 곰곰이 생각해 보아야 합니다. 거룩하신 하나님의 목전에서 추구한 삶이 어떤 것인지 여러분 스스로 평가하는 시간을 갖길 바랍니다.

예배는 그러한 사람들이 드려야 의미가 있는 것입니다. 예배 자리에 앉아 있으면서 "휴, 나는 용서받고 구원을 얻었어"라고 말한다면 예배당은 강도의 소굴로 전락하는 것입니다. 예배 자리는 한 주간 지은 죄를 한숨 쉬면서 내어 놓는 자리가 아닙니다. 죄 고백이 있어야 하지만 그것이 진정한 죄 고백이라면 동일한 일을 다음 한 주간 동안 반복해서는 안 됩니다.

우리를 지으시고 극진히 사랑하시는 그분의 마음에 들기 위해, 그분의 관심과 호의를 얻기 위해 얼마나 마음을 써 보셨습니까? 지난 한 주간 살면서 시간을 어디에 썼는지, 관심을 어디에 바쳤는지를 생각해 본다면 왜 야고보 선생이 느닷없이 "간음하는 여인들아"라고 성도 된 여러분을 향해 호통을 치는지 이해가 되실 겁니다.

하나님께 마음을 드리는 삶

사랑하는 성도 여러분, 여러분의 남은 삶의 노정을 어떻게 걸으시렵니까? 세상과 벗 된 것은 하나님과 원수 됨을 인정하는지요? 세상을 사랑하면서 동시에 하나님을 사랑할 수는 없습니다. 주님 역시 동일한 경고를 합니다.

> 한 사람이 두 주인을 섬기지 못할 것이니 혹 이를 미워하고 저를 사랑하거나 혹 이를 중히 여기고 저를 경히 여김이라 너희가 하나님과 재물을 겸하여 섬기지 못하느니라(마 6:24).

하나님의 사랑을 처음 느꼈을 때 어떻게 주님을 사랑했습니까? 그런데 시간이 지나면서 자기도 모르게 걸음이 점점 늦어진다면 자신을 살펴보아야 합니다. 처음에는 온 세상을 주고도 바꿀 수 없는 사랑을 깨닫고 감격하다가도 3-4년 지나면서 예배에 지각하고 빠지기를 즐겨한다면 사랑이 식고 있다는 증거입니다. 여러분이 확실히 하나님 편에서 살아간다면 어떤 일이 일어나겠습니까?

너희가 세상에 속하였으면 세상이 자기의 것을 사랑할 것이나 너희는 세상에 속한 자가 아니요 도리어 내가 너희를 세상에서 택하였기 때문에 세상이 너희를 미워하느니라(요 15:19).

우리의 소속이 분명해지면 세상과 어깨동무를 할 수 없습니다. '저 사람은 누구의 애인이다'라고 공공연히 알게 되면 감히 그 사람과 데이트하려고 하지 않습니다. 우리의 태도가 희미하기 때문에 세상이 더 우리에게 유혹의 손짓을 해오는 것입니다.

하나님께 속한 자로 살면, 우리가 세상을 사랑할 일도, 세상이 우리를 사랑할 일도 없습니다. 세상은 오히려 우리를 미워합니다. 여기에는 불분명한 영역이 없습니다. 세상과 벗 됨은 당연히 하나님과 원수가 되게 합니다.

사랑하는 성도 여러분, 남은 삶을 어떻게 사시렵니까? 세상을 섬기기 위해서 정신없이 지금껏 걸어 왔던 대로 또 한 주간을 살고, 또 한 달을 살고 그렇게 남은 생을 다 보낼 겁니까? 세상의 눈치를 살피며 할 말도 제대로 못하고 살아가렵니까? 아니면 세상과 함께 놀아나지 못해 안달하면서 한숨만 쉬고 있습니까?

세상 속에 살면 항상 세상의 물결에 휩쓸리기 쉽습니다. 원치 않은 유혹이 항상 우리에게 손짓합니다. 우리가 분명하게 가야 할 방향으로 꿋꿋이 걸어가도 유혹하는 소리가 귀에 들리게 마련입니다. 눈에 유혹하는 물체들이 나타나게 마련입니다. 하물며 우리 마음이 흐트러져 있으면 얼마나 유혹당하기 쉽습니까? 그래서 본문에서 말하는 것은 누구든지 세상과 벗이 되고자 하는 자는 스스로 하나님과 원수 되기로 고의적인 선택을 하는 자라는 것입니다. 스스로 하나님과 원수 되게 할 이유가 어디 있습니까?

세상 속에 살면서 세상에 속한 삶을 살지 않는 것은 쉬운 일이 아닙니다. 항상 우리에게는 세상과 동화될 위험이 도사리고 있습니다. 그러나 성도는 하나님의 사랑의 대상으로 택함 받은 신부입니다.

하나님은 여러분의 물질을 기대하고 계신 것이 아닙니다. 하나님은 정신 없이 많이 벌어서 떼돈을 벌어 바치는 것을 원하시는 게 아닙니다. 이 사람 저 사람 신앙의 정조도 없이 어울려 다니면서, 유행가도 부르고 막걸리도 마시면서 "그래도 나는 복음 전하기 위해서 어울린다"고 변명하지 마십시오.

하나님이 원하시는 것은 여러분의 마음입니다. 마음과 뜻과 정성을 다해서 하나님을 사랑하는 것을 원하고 계십니다. 여러분은 하나님의 사랑의 대상인 것을 잊어버려서는 안 됩니다. 사랑하는 사이에는 얼마만큼 돈을 공유하느냐가 문제가 아니라 정말로 서로가 서로를 어떻게 생각하고 살아가는지, 그게 문제 아니겠습니까? 그것이 인격적인 관계에서 우선적으로 바라는 것입니다. 하나님과 우리 사이도 마찬가지입니다. 많은 헌금이 아니라 진솔한 마음을 하나님께 드려야 합니다.

전적인 헌신

하나님을 사랑하는 시간을 먼저 내십시오. 하나님을 사랑한다고 말하는 자신을 한번 생각해 보십시오. 하나님 나라를 위해서 드리는 것은 몇 번씩 저울질하면서, 자식들을 위해서는 한 달에 몇 십만 원도 아깝지 않게 투자한다면 하나님을 가장 사랑한다고 할 수 있을까요? 있지도 않을 경제적 부담을 미리 염려해서 망설이지 마십시오. 하나님이 우리를 사랑해 주시는 만큼 거기에 보응하는 사람이 되십시오. 하나님을 하나님으로 사랑해야 그게 진정한 사랑입니다. 대통령을 대통령으로 존경하지 않고 시장으로 대우하면 그건 모욕입니다.

하나님은 마음과 뜻과 정성을 다해서 사랑하는 것을 원하고 있지, 다른 사람은 얼마나 헌금하는지 눈치 봐 가면서 하고 그래도 하나님이 기뻐하실 거라고 생각한다면 착각입니다. 물질이 문제가 아니라 마음이 먼저 하나님을 향해야 합니다. 한 푼도 드릴 수 없는 처지여도 하나님은 그를 사랑하십니다. 십일조 못 냈다고 세금 못 낸 것처럼 여기셔서 하나님이 과태료 물리십니까? 그렇지 않습니다. 이제 자유하십시오. 하나님이 우리를 어떻게 사랑하시는지를 생각하십시오. 그러고 나면 여러분이 어떻게 보답해야 할 것인지를 깨달을 것입니다. 남편 되신 하나님은 여러분을 끔찍이 사랑하셨습니다. 그래서 자기 외아들까지 포기하셨습니다.

그러기에 세상을 향해서 곁눈질하게 되면 하나님이 기뻐하실 리 없습니다. 하나님은 모든 것을 쏟아서 우리를 사랑하시고 지금도 잠잠히 우리를 바라보고 계시는데 우리는 자꾸 다른 곳으로 눈길을 돌린다면 이상적인 사랑의 관계가 아닙니다. 우리 하나님은 질투하시는 하나님입니다. 아내가 세 끼 밥만 해 주면 무슨 일을 해도 상관없다는 남편이 세상에 어디 있겠습니까? 질투하는 것은 사랑의 표현입니다.

우리 하나님은 우리가 온 마음과 뜻과 정성을 다해 사랑하기를 원하십니다. 그렇게 해야 그의 피조물인 우리 삶에 기쁨과 기도와 감사가 가득해진다는 것을 아시기 때문입니다. 그래서 하나님께서 여러분에게 요구하는 것은 전적인 헌신입니다. 마음에 가장 귀한 부분을 하나님을 위해서 드리십시오.

주 안에서 사랑하는 성도 여러분, 남은 삶을 어떻게 사시렵니까? 세상에 정을 쏟고 살아가렵니까? 아니면 하나님께 순정을 바치렵니까? 여러분은 궁극적으로 그것을 선택해야 합니다. 진정으로 우리가 택해야 할 것은 우리 마음을 누구를 위해 드릴 것인가입니다.

사랑하는 성도 여러분, 남편 되신 하나님은 여러분을 무척 사랑하십니다. 세상을 향해 곁눈질하는 여러분을 향해 질투하시는 분입니다. 정을 세상에 쏟을 것입니까? 아니면 하나님께 바칠 것입니까? 그것이 오늘 여러분 각자가 답해야 할 궁극적인 질문입니다.

James
야고보서 4장

야고보서 4장 5-6절

⁵너희는 하나님이 우리 속에 거하게 하신 성령이 시기하기까지 사모한다 하신 말씀을 헛된 줄로 생각하느냐 ⁶그러나 더욱 큰 은혜를 주시나니 그러므로 일렀으되 하나님이 교만한 자를 물리치시고 겸손한 자에게 은혜를 주신다 하였느니라

31.
절대 사랑, 절대 헌신

그리스도 안에서 사랑하는 성도 여러분, 그리고 삶의 의미를 찾고자 이 자리에 오신 사랑하는 이웃 여러분, 오늘 저는 여러분에게 "절대 사랑, 절대 헌신"이라는 제목으로 삶의 행복 조건을 말씀드리려고 합니다.

일반적으로 야고보서를 이해하는 데 오는 어려움은 무엇을 말하느냐보다, 왜 그 말을 하느냐를 아는 데 있다고 앞서 말씀드린 바 있습니다. 각 구절의 내용보다는 앞뒤 연결을 이해하는 것이 어렵다는 말입니다. 그래서 어떤 분은 야고보서가 전체적인 흐름을 가진 편지라기보다는 설교 요점을 모아 놓은 것이 아니냐고 불평합니다. 그 말도 일리가 있습니다. 그래서 그런지 한 구절, 한 구절을 파고들면 풍성한 생명수가 솟아나는 것 같습니다. 30분 설교에 다 담을 수 없는 풍성한 샘이 솟기 때문에 설교 요약이라고 보아도 말이 됩니다.

어쩌면 구절 하나하나가 야고보 선생에게는 설교 요점이었을 것입니다. 그래서 야고보서 본문은 아무 구절이든지 깊이 파면 솟아 넘치는 샘물이 있습니다. 그러므로 성령의 감동 아래 기록된 공동 서신 제1호를 앞뒤 연결 없이 기록되었다고 말하는 것은 옳지 않습니다.

성령의 감동으로 이 편지를 기록했을 때는 앞뒤 말의 배열에 타당한 이유가 있었는데, 다만 우리가 야고보 수준의 영성이 되지 못하기 때문에 그것을 파악하는 데 어려움이 있는 것입니다. 바꾸어 말하면 야고보의 심정에 우리가 하나 되지 못하고 있기 때문에 왜 그 말 다음에 이 말이 나오는지 따라잡지 못하는 것입니다.

그래서 무슨 말인지 앞뒤 연결이 어렵다고 말하는 것보다는 차라리 우리의 수준을 부끄러워하면서 앞뒤 연결에 대해 궁리해 보는 것이 말씀을 대하는 바른 자세일 것입니다. 거기에는 논리적인 흐름이 반드시 있을 것입니다. 하지만 우리 수준 때문에 오늘 본문 4장 5절은 왜 그 말을 하는지 이해하기가 어렵고 무엇을 말하는지 그 내용을 파악하기가 어렵습니다. 두 가지 면에서 모두 어려운 본문입니다. 아마 야고보서 전체에서 가장 어려운 부분이 아닌가 생각합니다.

야고보서 설교를 시작하면서부터 겁을 낸 부분이기도 합니다. 언젠가는 거길 통과해야 되는데, 어떻게 해야 할지 고민을 했습니다. 그런 본문으로 오늘 설교해야 하는 제 입장도 입장이지만, 이 구절이 어렵다는 것만 알고 돌아서는 여러분이 되지 않도록 하기 위해 겸손히 주님을 바라게 됩니다.

저는 설교를 준비할 때 우선 본문을 바로 이해하려고 노력합니다. 본문을 바로 이해하기 위해서 여러 성경 번역을 모두 참조합니다. 개역성경부터 출발해서 공동번역, 표준새번역, 현대인의성경 할 것 없이 모두 살펴봅니다. 한글 번역뿐 아니라 여러 영어 성경들도 대조해 봅니다.

성경 번역은 보통 번역 위원들이 모여서 합니다. 여러 사람이 모여서 번역을 하기 때문에 크게 실수하지 않는다는 장점이 있는 동시에 또 개인적인 탁월성이 무시당할 수 있는 한계가 있습니다. 반면에 개인이 번역해 놓은 성경들은 이런 면에서 개인의 탁월한 능력이 돋보일 수 있습니다.

영어 성경만이 아니라 때로는 제가 읽을 수 있는 다른 모든 외국어 번역 성경들을 꺼내어 먼지를 털어 내고 읽기도 합니다. 그러는 가운데 대부분은 본문의 바른 내용이 무엇인지 감을 잡게 됩니다. 그러나 오늘 본문은 예외입니다. 읽으면 읽을수록 본뜻이 무엇인지 어리둥절해집니다.

가장 행복할 때는 개역성경만 읽었을 때입니다. 하나만 알 때에 가장 자신 있게 무엇인가 말할 수 있기 때문입니다. 모르면 용감하다는 말이 그래서 나왔나 봅니다. 읽으면 읽을수록 번역 성경 종류만큼이나 각기 다른 번역 앞에 본래 의미에 대한 궁금증만 늘어납니다.

우리를 끔찍이 사랑하시는 하나님

오늘 본문 말씀은 "하나님이 '우리 속에 거하게 하신 성령이 시기하기까지 사모한다' 하신 말씀을 헛된 줄로 생각하느냐"고 질문합니다. 5절을 잘 살펴보면 야고보 선생은 성경 말씀을 인용하고 있는 것 같습니다. 그런데 구약을 샅샅이 살펴보고 신약을 다 살펴보아도 그렇게 말하는 구절이 없다는 데 문제가 있습니다. 그런 구절이 있으면 본문이 의미하는 바를 확실하게 말할 수가 있겠는데 비슷한 내용이 나오는 경우는 있지만 문자 그대로 나오는 곳은 찾아보기 힘듭니다. 그래서 이 문제를 해결하려고 사람들은 여러 가지로 궁리를 했습니다.

그래서 성경 학자 수만큼이나 이론만 무성합니다. 그러다 보니 인용이라고 할 수 있는 그 내용을 어떻게 파악해야 할지 해결의 실마리가 쉽게 잡히질 않습니다. 그렇다고 여러분이 예배 마치고 돌아가면서 "역시 어렵긴 어려운가 봐. 무슨 말인지 모르겠네"라고 생각하도록 내버려 둘 수는 없잖습니까?

이 구절이 어렵다는 것만 듣고 돌아가면 무슨 소용이 있겠습니까?
　모든 번역을 대조해 보면 이 부분을 우선 크게 세 가지로 구분할 수 있습니다. 각 경우에 따라 어떻게 이해할 것인지, 어떻게 적용시킬 수 있을 것인지를 살펴서 무언가 영적 유익을 얻어서 돌아가도록 해 봅시다. 우선 개역개정 번역을 봅시다.

> 너희는 하나님이 우리 속에 거하게 하신 성령이 시기하기까지 사모한다 하신 말씀이 헛된 줄로 생각하느냐(4:5).

　사실 개역한글이나 개역개정 성경의 장점이자 단점은 애매모호하다는 것입니다. 그것은 큰 장점일 수 있고 단점일 수 있습니다. 보기에 따라서 이렇게도 볼 수 있고 저렇게도 볼 수 있도록 아리송하게 번역하고 넘어갑니다. 명확하지는 않습니다만 내용은 하나님께서 인간을 극진히 사랑하시는데, 얼마만큼 사랑하시냐면 하나님이 우리 안에 거하도록 하신 성령이 시기하기까지 사랑한다는 말씀입니다.
　이상한 표현입니다만 우리 안에 거하시는 성령께서 시샘을 할 만큼 하나님 아버지께서 우리 영혼을 사랑하신다는 뜻으로 볼 수 있습니다. 하나님이 우리를 그렇게까지 사랑하신다고 생각하면 은혜가 됩니다. 다음으로 공동번역을 봅시다.

> 하나님께서는 '우리에게 심어 주신 영혼을 질투하실 만큼 사랑하신다'는 성서의 말씀이 공연한 말씀이라고 생각합니까?(4:5, 공동번역)

　개역한글이나 개역개정에는 '영'이라는 단어를 '성령'으로 봤고 공동번역에서는 사람의 '영혼'으로 봤습니다. 공동번역을 따르면 하나님이 질투하기까지 사랑하는 대상이 바로 우리 안에 창조하신 영혼이라는 말입니다.

본래 '영'이라는 말은 헬라어로 '프뉴마'($\pi\nu\varepsilon\hat{\upsilon}\mu\alpha$)이고 영어로 'Spirit'이라 합니다. 영어로 쓸 때 대문자로 쓰느냐 소문자로 쓰느냐에 따라서 하나님의 영인지 사람의 영인지 구분합니다. 헬라어도 요즘 성경에는 대소문자로 구분해서 나와 있습니다. 하지만 2,000년 전, 성경을 손으로 쓸 때는 대문자로 쓰면 전체 다 대문자로 쓰고 소문자 쓰면 전체 다 소문자로 썼습니다. 그렇기 때문에 이것이 성령을 의미하는지, 영혼을 의미하는지, 하나님의 영을 의미하는지, 사람의 영을 의미하는지는 앞뒤 문맥을 보고 결정지을 수밖에 없습니다.

개역한글이나 개역개정 번역 팀은 '프뉴마'를 '성령'으로, 공동성경 번역 팀은 '영혼'으로 파악한 것이 차이입니다. 그러나 우리 영혼을 무척 사랑하시는 하나님이라는 점에서는 일치합니다. 하나님은 질투하시는 하나님, 즉 우리 영혼을 끔찍이 사랑하시는 분이라고 이해할 수 있습니다. 이번에는 현대인의성경을 봅시다.

> 하나님이 우리 속에 살게 하신 성령님은 우리를 질투하시기까지 사랑하신다는 성경 말씀을 여러분은 하찮은 말로 생각하십니까?(4:5, 현대인의 성경)

하나님이 우리 속에 살게 하신 성령님은 우리를 질투하기까지 사랑하신다고 번역하면 사랑하는 주체가 이제는 하나님 아버지에서 성령으로 바뀌었습니다. 그러나 사랑하는 대상은 '우리'입니다. 하나님이 질투하기까지 성령께서 우리를 사랑하신다는 말씀입니다. 그리고 그 성령은 하나님이 우리 안에 살게 하신 성령이라고 말합니다. 그 점에서 앞의 두 번역과 다릅니다. 그러나 하나님 아버지도, 성령님도 우리를 끔찍이 사랑하신다는 점에서는 일치합니다. 우리를 향한 하나님의 사랑의 표현으로 보는 면에서는 서로 통합니다. 이 세 경우에서 하나님(성령님)은 우리 영혼을 끔찍이 사랑하시는 분으로 계시됩니다.

"네 하나님 여호와는 질투하는 하나님인즉"(출 20:5)이라는 십계명의 표현대로 질투하리만큼 우리를 사랑하신다는 말입니다. 질투한다는 말을 하나님께 갖다 붙이니까 이상한 기분이 들긴 하지요? 우리 동양 문화권에서 질투하는 것, 특별히 여자가 질투하는 것은 칠거지악 중 하나에 해당하니까요.

그런데 여기에는 귀한 진리가 있습니다. 말하자면 하나님은 우리에게 다른 연인을 허용하지 않으시는 분이라는 의미입니다. 뜨거움과 불타는 정열을 가지고 우리를 사랑하신다는 말씀입니다.

한 남자와 한 여자가 서로 사랑하면서 '아! 나는 다른 사람이 널 사랑해도 괜찮아!'라고 생각하는 연인은 없을 것입니다. 그것은 연인 간의 사랑이라면 당연한 것입니다. 자식을 향한 부모의 사랑은 자식 모두를 골고루 사랑할 수 있습니다. 그러나 연인 사이, 부부 사이의 사랑은 서로 상대방만 생각하는 배타적인 사랑입니다. 이렇게 표현하는 것은 하나님이 우리를 끔찍이 사랑하신다는 진리가 숨어 있습니다. 연인의 사랑이 배타적이듯이 하나님은 우리만을 끔찍이 사랑하십니다. 세 가지 번역 모두 하나님이 우리를 끔찍이 사랑하신다는 의미로 이해할 수 있습니다.

우리의 전적인 헌신

두 번째 그룹의 번역들을 살펴봅시다. 신약 주석으로 유명한 바클레이(Barclay)라고 하는 신약 학자의 번역입니다. 여러분도 혹 그분의 주석을 가지고 있을지 모르겠습니다. 한글로 번역된 지 상당히 오래됐습니다. 이분은 신약 학자인 만큼 자기의 탁월한 헬라어 실력을 가지고 혼자서 신약 성경을 번역했습니다.

하나님께서는 그가 우리 안에 심은 영의 사랑의 헌신을 질투하리만큼 사모하십니다.

바클레이의 번역에 따르면 이제는 우리 편에서의 헌신을 하나님이 애타게 바라고 계시다는 겁니다. 이 질투를 우리 편에서 보답하는 데에 관련시킵니다. 앞에 나온 세 번역과 크게 다른 점은 하나님의 사랑의 표현보다 우리 편의 사랑의 헌신을 강조하고 있다는 점입니다. 하나님께서 우리 안에 불어 넣으신 그 영의 헌신을 질투하리만큼 기대하고 고대하고 있다는 말이지요. 두 종류의 아프리칸스 번역도 여기에 입장을 같이합니다.

하나님께서는 그가 우리에게 주신 삶을 전적으로 그를 위해 사용하기를 원하신다는 성경 말씀이 헛되다고 생각하십니까?

하나님께서는 그가 우리에게 거하게 하신 영이 전적으로 자신만 위하기를 원하신다는 성경 말씀이 아무 이유 없이 한 말이라고 생각하십니까?

여기서도 강조점이 우리 편의 사랑의 헌신에 주어지고 있습니다. 사람이 오로지 우리 안에 영을 불어 넣어 창조하신 하나님만을 섬기길 원하신다는 뜻입니다. 다시 한 번 십계명의 요약인, 주님이 가르치신 율법과 선지자의 강령을 기억나게 합니다.

예수께서 이르시되 네 마음을 다하고 목숨을 다하고 뜻을 다하여 주 너의 하나님을 사랑하라 하셨으니(마 22:37).

하나님은 우리 편의 전적 헌신, 즉 마음과 뜻, 힘과 정성을 다한 사랑의 헌신을 요구하시고 사모하신다는 의미입니다. 하나님께서는 혹 그가 우리 안에 거하게 하신 성령께서도 우리 심령의 전적 헌신을 질투하리만큼 사모하신다는 뜻입니다.

신랑 예수는 오직 한 분

그러면 요약과 적용을 해 봅시다. 지금까지 크게 두 부류의 해석을 살펴보았습니다. 우리가 가진 개역성경을 포함해서 첫 번째 번역들은 본문의 강조점을 우리를 향한 하나님의 극진한 사랑에 두고 있습니다. 두 번째 그룹의 번역들은 본문의 강조점을 하나님을 향한 우리의 전적 헌신에 두고 있습니다. 하나님은 온 마음과 힘을 다한 사랑의 헌신을 사모하신다는 뜻입니다. 애타게 사모하고 있다는 말씀입니다.

첫 번째 부류와 두 번째 부류의 번역은 형식상 서로 강조점이 상반되지만 내용상 맥이 통하고 있습니다. 그래서 오늘 여러분과 함께 이 두 부류의 번역에 한정해서 말씀드리고자, 제목을 "절대 사랑, 절대 헌신"이라고 정했습니다.

하나님 편에서 우리에게 쏟아 부은 사랑이 절대 사랑이기 때문에 하나님은 우리에게 절대 헌신을 기대하십니다. 사랑은 그래야 재미가 있습니다. 나는 온통 마음을 쏟아서 배우자를 사랑하고 있는데 배우자는 이런저런 불평만 자꾸 하고 있으면 무슨 재미가 있겠습니까?

하나님은 우리를 향해서 다 쏟아 부으셨습니다. 자기의 독생자까지 아낌없이 내어 주신 분입니다. 절대 사랑으로 우리를 사랑하시기에 절대 헌신을 우리에게 바라십니다. 모든 것을 초월한 사랑을 베푸셨기에 모든 것을 초월한 헌신을 바라십니다. 무한히 베푸신 하나님의 사랑은 그에 상응하는 헌신을 원하십니다.

동시에 그 사랑은 배타적입니다. 만백성 가운데 오직 너만 사랑했다고 하나님은 이스라엘을 향해 고백하십니다. 오직 너만을 택했다고 선언하십니다. 하나님은 이스라엘에게 그런 사랑을 요구하십니다. 하늘에 있는 것이든지 땅에 있는 것이든지 땅 아래 물속에 있는 어떤 것의 형상도 섬기는 것을 용납할 수 없다는 것입니다.

당신만을 사랑하길 원하십니다. "내 앞에 다른 신을 네게 두지 말라"고 선언하십니다. "오직 나만 바라라"고 하십니다. "내 눈앞에서 다른 신을 음란하게 섬기지 말라"고 경고하십니다. "네 하나님 여호와는 질투하는 하나님"이라고 밝히십니다.

하나님은 우리의 창조주요, 우리의 남편이라고 성경은 계시합니다. 그리스도 한 분만이 우리의 신랑이라고 성경은 밝힙니다. 어떤 위대한 사역자도 그 백성의 마음을 빼앗는다면 이는 반역 행위입니다. 그러기에 게바냐 아볼로냐 바울이냐가 중요하지 않습니다.

> 그런즉 아볼로는 무엇이며 바울은 무엇이냐 그들은 주께서 각각 주신 대로 너희로 하여금 믿게 한 사역자들이니라(고전 3:5).

한 사람은 심고 다른 이는 물을 주지만 오직 하나님께서 자라게 하십니다. 심는 이와 물 주는 이는 같은 일꾼에 불과하고 각기 자기 한 일에 따라서 상을 받을 것입니다. 사역자들이 그 백성의 마음을 빼앗는 것은 무서운 죄악입니다.

사역자 편에서도 은근히 성도들이 자기를 향하도록 하는 그런 유혹에 빠질 수 있지만 성도들도 괜히 "설교 들어 보니까 누가 더 좋더라"라고 해서는 안 됩니다. 사역자들은 여러분의 마음이 그리스도를 향하게 하는 중매자입니다. 중매자가 처녀가 예쁘다고, 혹은 총각이 멋있다고 해서 자기가 좋아해 버리면 됩니까? 안 됩니다. 중매자는 중매하는 일만 하면 됩니다. 우리의 신랑 예수께서는 교회를 사랑하셔서서 자신을 내어 주셨습니다.

물로 씻고 말씀으로 깨끗하고 거룩하게 하사 자기 앞에 영광스런 교회로 세워 가십니다. 주님은 티나 주름 잡힌 것 없이 우리가 하나님 앞에 그리스도의 신부로 설 때에 아무도 비난할 여지가 없는 아름다운 모습으로, 공동체로 만들어 가십니다. 흠잡을 데 없는 아름다운 교회로 말입니다.

인간의 행복 조건

사랑하는 성도 여러분, 남김없이 자신을 쏟아 부어 사랑하신 여러분의 신랑 예수는 오직 한 분입니다. 그분을 사모하십니까? 종일 그분을 묵상하고 그분과의 교제를 즐기십시오. 사랑을 베푸신 하나님 아버지께서 여러분에게 절대 헌신을 기대하시는 것은 지나친 요구가 아닙니다. 왜냐하면 여러분이 그분만을 절대 사랑하게 될 때에 여러분 마음에 절대 평안이 깃들 것이기 때문입니다. 하나님은 사람을 그렇게 지으셨습니다.

절대 사랑, 절대 헌신, 그것은 인간의 행복 조건입니다. 하나님은 우리를 모든 다른 것으로써 만족할 수 없도록 지으셨습니다. 이것저것 찾아보고 욕심부려 보지만 그것을 다 소유했다손 치더라도 하나님의 사랑을 알기 전에 여러분은 행복할 수 없습니다. 이곳저곳을 다 기웃거려도 하나님을 향해 절대 헌신을 하기 전에는 행복할 수 없습니다. 오직 여러분을 창조하신, 여러분 안에 영혼을 창조하신, 여러분 안에 성령을 두신 그 하나님, 달리 말해서 여러분을 창조하신 동시에 여러분을 재창조하신 그 하나님 아버지를 전적으로 사랑할 때에 거기 행복이 있도록 하나님이 지으신 것입니다.

우리는 하나님 외에 절대 사랑의 대상을 갖지 못합니다. 내가 전적으로 사랑을 쏟아 부어도 상대방은 그것을 다 느끼지 못한다는 말입니다. 절대 사랑을 받아 줄 수 있는 대상은 하나님 한 분밖에 없습니다.

물론 아내를, 남편을 사랑해야 합니다. 그러나 하나님 사랑은 절대적이지만 부부가 사랑하는 것은 시간 세계 속에서 하는 것입니다. 서로를 사랑하기로 했지만 시한부 사랑입니다. 죽음이 서로를 갈라놓으면 끝이 되는 것입니다. 죽고 나서 석 달 안 되어 다시 재혼하더라도 잘못된 것은 아니란 말입니다. 살아 있을 때는 배우자 외에 한눈팔아서는 안 되지만 부부간의 사랑은 영원한 사랑이 아닙니다. 이 세상에서 우리가 사는 한 서로 사랑하는 것이 맞지만 그것은 절대적인 사랑이 아닙니다.

시편 시인은 "호흡이 있는 자마다 여호와를 찬양할지어다. 할렐루야!"(시 150:6)라고 호소합니다. 여러분은 여러분 속에 새 생명을 창조하신 하나님을 영원토록 노래해야 할 특권을 가진 사람들입니다. 하나님이 여러분에게 기대하고 계시는 것은 무엇입니까? 입술의 열매, 찬미의 제사를 하나님은 원하고 계십니다. 하나님이 가장 원하시는 제사는 우리가 하나님을 칭송하는 것입니다. 여러분 마음이 하나님을 간절히 사모하기를 바라고 계십니다. 하나님께서는 여러분을 절대 사랑하시기에 절대 헌신으로 여러분이 응답하기를 간절히 바라십니다.

James
야고보서 4장

야고보서 4장 5-6절

⁵ 너희는 하나님이 우리 속에 거하게 하신 성령이 시기하기까지 사모한다 하신 말씀을 헛된 줄로 생각하느냐 ⁶ 그러나 더욱 큰 은혜를 주시나니 그러므로 일렀으되 하나님이 교만한 자를 물리치시고 겸손한 자에게 은혜를 주신다 하였느니라

32.
더욱 큰 은혜

그리스도 안에서 사랑하는 성도 여러분, 그리고 하나님을 만나기 위해 이 자리를 찾으신 사랑하는 이웃 여러분, 예수님의 동생 야고보가 흩어진 하나님의 백성들에게 보낸 편지의 한 부분을 오늘도 살펴보기를 원합니다. 달리 말해 오늘 설교는 앞서 끝맺지 못한 5절 말씀의 계속입니다. 크게 셋으로 나눌 수 있는 번역들 가운데 앞에서는 두 그룹만 살폈습니다. 그것을 절대 사랑, 절대 헌신으로 요약할 수 있습니다.

오늘은 세 번째 그룹의 번역을 살펴봅시다. 영어판 현대인의성경이라 할 수 있는 GNB를 읽어 봅시다.

> 하나님이 우리 속에 두신 영은 맹렬한 욕망으로 채워져 있다는 성경의 말씀이 뜻 없다고 생각하십니까?

NEB 역시 다음과 같이 번역하고 있습니다.

하나님이 사람 속에 심으신 영은 질투하리만큼 욕망을 향해 치닫는다고 하는 성경이 무의미하다고 여기십니까?

처음 두 그룹과는 전혀 다른 관점에서 번역하고 있습니다. 여기 세 번째 그룹에서는 하나님께서 우리 안에 넣어 두신 영혼은 질투하리만큼 욕망을 향해서 치닫고 있다는 의미로 이해할 수 있습니다. 이 세 번째 관점에서 오늘 설교를 하려고 합니다.

하나님의 은혜의 결과

무엇보다 타락한 우리 마음은 끔찍이도 세상을 사모한다고 번역합니다. 말하자면 세상을 사모하는 타락한 인간 정신을 가리키는 말로 번역하고 있습니다. 창조주 하나님 대신 세상으로 치닫는 인간 욕망을 꾸짖는 뜻으로 파악합니다.

그러면 오늘 우리는 이런 관점에서 본문을 좀 더 풀어 보기로 합시다. 우리 속에 영을 심으신 분은 누구입니까? 하나님입니다. 흙으로 사람을 빚으시고 그 안에 생기를 불어 넣으신 분이 하나님입니다. 그러므로 당연히 사람에게 당신이 사랑하는 만큼 응답하기를 바라고 계십니다.

우리는 상대방을 만들지도 아니했고 상대방 안에 혼을 불어 넣지도 아니했지만 부부로 만난 다음에 서로가 서로에게 무엇을 요구하고 있습니까? 부부가 되기로 약속했다는 언약에 근거해서 우리는 배우자에게 절대 사랑을 바치는 동시에 배우자로부터 절대 헌신을 기대하고 있습니다. 아무도 그것을 지나치다고 말하지 않습니다. 배우자에게 그렇게 요구해도 그것은 결혼 관계 속에서 당연한 것이요, 숭고한 의무로 받아들입니다. 그것을 편협한 사랑이요, 수구 골통이라고 말하는 것은 잘못입니다.

보십시오. 하나님은 단순히 우리와 약속을 맺은 정도가 아니라 우리의 몸과 영혼을 창조하신 분입니다. 우리에게 생명과 영혼을 주신 분이 하나님이시니까 우리 삶이 자기를 향하도록 요구하는 것은 무리가 아닙니다. 당연히 인생은 자기를 창조하신 하나님과의 관계 속에서 살도록 창조되었습니다. 하나님을 사랑하며 살도록 창조되었습니다. 그래서 하나님은 우리 안에 하나님의 형상을 심으셨습니다. 그 코에 생기를 불어 넣으므로 영을 가진 존재로 만드셨습니다.

사랑하는 성도 여러분, 우리가 생령이 된 것은 하나님의 창조적 숨결 때문입니다. 우리가 만물의 영장이 된 것은 그 형상을 우리 안에 두셨기 때문입니다. 우리가 사람 구실을 하게 된 것은 하나님이 자기 모습대로 우리를 지으셨기 때문입니다.

그러나 사람은 창세기 3장의 기록대로 본래 위치에서 타락했습니다. 타락한 다음 자기 안에 영을 두신 하나님보다 자신을 섬기게 되었습니다. 하늘보다는 세상을 향하게 되었습니다. 하나님과 이웃의 유익을 위해 세상을 다스리고 개발하고 활용토록 주신 능력으로 세상을 추구하고 창조주 하나님을 저버린 인생의 모습을 세 번째 그룹의 번역은 고발하고 있습니다.

사랑하는 성도 여러분, 여러분의 한 주간 삶을 되돌아보십시오. 얼마나 자주, 얼마나 끈질기게 세상으로 향하는 마음, 그 맹렬한 욕망을 의식해 보셨습니까? 우리 안에 있는 죄악된 욕망으로 치닫는 영혼 때문에 괴로워해 보셨습니까? 시기하고 질투하는 영혼의 괴로움을 느끼고 있습니까? 얼마나 쉽게 세속적인 욕망에 사로잡히는지 자신을 정직하게 관찰해 보셨습니까? 시기하고 질투하는 그 영혼의 괴로움을 여러분은 알고 있습니까? 자존심과 자만심으로 평안을 상실하고 시기, 다툼, 요란과 모든 악한 생각과 말에 휘말리는지 자신을 정직히 관찰한 사람은 세 번째 그룹의 번역에 동의할 것입니다.

그러면 하나님이 베푸시는 더욱 큰 은혜란 무엇입니까? 세상을 치닫는 타락한 욕망에도 불구하고 하나님은 더욱 큰 은혜를 베푸신다는 뜻으로 이해할 수 있습니다. 그렇다면 우리의 타락한 욕망이 세상으로 치닫는데도 불구하고 하나님은 더욱 큰 은혜를 주시는 분으로 대조될 수 있습니다.

동시에 절대 헌신을 요구하는 하나님께서는 절대 헌신이 가능하도록 넘치는 은혜를 주신다는 것으로도 이해할 수 있습니다. 엄청난 요구, 엄청난 은혜, 엄청난 하나님의 사랑에 보답하도록 하는 더욱 큰 은혜를 의미할 수도 있습니다. 하나님이 당신만을 끔찍이 사랑하도록 우리에게 요구하시는데, 그 요구 앞에 우리가 부응할 수 있는 더욱 큰 은혜를 주신다고 보아도 문맥이 통하기 때문입니다.

그러면 세상을 향한 욕망보다 더 큰 은혜를 의미할까요? 아니면 우리를 향해 전적인 헌신을 요구하시는 그 하나님의 요구를 이룰 수 있는 은혜를 말하는 것일까요? 시기하고 다투는 마음의 소용돌이를 잠재우는 데 필요한 것이 하나님의 은혜입니다. 욕심과 시기, 나중에는 살인까지도 계획하고 행동에 옮기는 이런 우리의 악한 마음을 돌이키는 데 필요한 것이 하나님의 큰 은혜 아니겠습니까? 눈에 보이는 세상 것을 구하는 대신에 보이지 않는 나라와 그의 의를 구하는 삶을 사는 데 필요한 것이 바로 더욱 큰 하나님의 은혜입니다.

움켜쥐면 한 손가락도 펴지 않으려는 우리 인생을 열 손가락을 다 펴서 흩어 구제하도록 하는 것은 하나님의 은혜의 결과입니다. 더욱 큰 하나님의 은혜의 역사만이 이 땅 대신 저 하늘에 보물을 쌓게 합니다. 한번 생각해 보십시오. 한 달에 10만 원씩만 헌금한다고 해도 그 돈을 1년간 모으면 120만 원이나 된다는 계산이 나옵니다. 그리고 그 돈을 주식에 투자하면 얼마를 벌 수 있다는 계산이 섭니다. 요구하지 않으면 영수증도 발급하지 않는 헌금을 하며 사는 것은 하나님의 은혜의 결과입니다.

사랑하는 형제자매 여러분, 온 마음을 다해 하나님을 사랑하며, 온 정성을 다해 하나님을 섬기기 위해서도 필요한 것이 하나님의 은혜입니다. 하나님의 은혜의 도움 없이는 하나님께서 우리를 향한 그 큰 요구에 부응할 수 없습니다.

"네 마음을 다하고 목숨을 다하고 뜻을 다하고 힘을 다하여 주 너의 하나님을 사랑하라"(막 12:30)는 그 요구에 우리가 어떻게 응답할 수 있겠습니까? 순교는 아무나 할 수 있는 것이 아닙니다. 그렇다고 순교적인 자세로 살아가는 것도 아무나 할 수 있는 일이 아닙니다. 이것은 하나님의 은혜의 결과입니다. 그분의 더욱 큰 은혜만이 우리로 하여금 일편단심 하나님께 충성하도록 합니다. 더욱 큰 은혜 없이는 하나님을 기쁘시게 하는 삶을, 하나님이 바라시는 신앙 수준을 유지할 수 없습니다.

누가 큰 은혜를 받을 것인가

그렇다면 마지막으로 더욱 큰 은혜를 받으려면 어떻게 해야 할까요? 오늘 본문은 무엇이 더욱 큰 은혜인지 설명하고 있지는 않습니다. 오히려 누가 더 큰 은혜를 받을 수 있는지에 대해서 말해 주고 있습니다. 하나님이 누구에게 이런 엄청난 은혜를 약속하는지 보여 줍니다.

> 그러나 더욱 큰 은혜를 주시나니 그러므로 일렀으되 하나님이 교만한 자를 물리치시고 겸손한 자에게 은혜를 주신다 하였느니라(4:6).

하나님은 겸손한 자에게 은혜를 베푸십니다. 이것은 어떤 특정한 구절을 들지 않아도 창세기부터 요한계시록에 이르도록 일관된 성경의 원리입니다. 신구약을 흐르는 동일한 원리가 하나님은 교만한 자를 물리치시고 겸손하고 통회하는 심령을 돌아보신다는 것입니다.

"교만은 패망의 선봉"(잠 16:18)이며, 하나님은 "마음이 상한 자를 가까이 하시고 충심으로 통회하는 자를 구원"(시 34:18)하신다고 성경은 말합니다. 그리고 "진실로 그는 거만한 자를 비웃으시며 겸손한 자에게 은혜를 베푸시나니"(잠 3:34)라고 말합니다. 사도 베드로의 교훈을 들어 보십시오.

> 젊은 자들아 이와 같이 장로들에게 순종하고 다 서로 겸손으로 허리를 동이라 하나님은 교만한 자를 대적하시되 겸손한 자들에게는 은혜를 주시느니라 그러므로 하나님의 능하신 손아래에서 겸손하라 때가 되면 너희를 높이시리라 (벧전 5:5-6).

옛날에 베드로가 젊었을 때는 어떠했습니까? 선생님이 수건을 허리에 동이고 제자들의 발을 씻겨 주면서 너희도 서로 섬기라고 부탁을 하시는데 제자들은 어떻게 합니까? 기회만 되면 누가 수제자냐, 누가 더 존경받을 사람이냐고 따지던 사람들이 베드로를 위시한 열두 제자 아닙니까? 그런데 신앙이 들어가니까 "서로 다 겸손으로 허리를 동이라"고, 그것만이 결정적이라는 것을 보여 줍니다. 왜냐하면 하나님은 교만한 자를 대적하시되 겸손한 자에게 은혜를 베푸시기 때문입니다.

더 큰 은혜도 겸손한 자에게만 약속되어 있습니다. 이는 성경이 말하는 불변의 진리입니다. 세상을 향한 욕망보다 더 강한 은혜의 선물이든지, 우리를 향한 하나님의 큰 요구보다 더욱 큰 은혜든지, 겸손한 자만이 받을 수 있다는 것이 성경적 진리입니다.

전능자의 손을 바라라

사랑하는 성도 여러분, 하나님은 모든 상황에 부족함이 없는 더욱 큰 은혜를 우리에게 주시려 하십니다. 그분의 은혜의 선물을 사모하십시오. 다만 은혜는 그것이 필요하다는 것을 인식하기 전까지는 받을 수 없습니다. 그게 정말로 나한테 필요하다는 것을 느끼기 전에는 그 은혜가 자기 것이 될 수 없습니다.

여러분도 겸손히 하나님의 도움을 호소하면 은혜를 받습니다. 겸손히 하나님의 능하신 손을 바라보십시오. 어떤 역경에서도 구원하실 수 있는 그 손을 바라십시오. 어떤 상황에서도 도우실 수 있는 전능자의 손을 바라십시오. 그 능하신 손 아래서 겸손해지십시오.

때로는 하나님이 응답하지 않는 것처럼 보이는 세월들이 지나갑니다. 모세에게서는 40년의 세월이 그러했습니다. 그러나 그는 하나님의 구원 역사에서 옛 언약 하에서는 가장 뛰어난 중보자 역할을 감당했습니다. 40년 세월의 준비 기간은 헛되지 않았습니다.

세상을 향하는 여러분의 마음이 하늘 보화를 사모하도록 돌릴 수 있는 분은 오직 하나님 한 분밖에 없습니다. 세상에 쌓고 싶고 모으고 싶고, 세상에다 통장을 하나 더 만들고 싶은데, 그것 대신 하늘나라를 위해 투자한다는 것은 정말 은혜가 필요한 일입니다.

세상을 향한 우리의 마음을 하늘로 돌릴 수 있는 그 전능하신 손을 사모하십시오. 여러분을 향한 하나님의 기대에 부응하는 삶을 살도록 도우실 수 있는 분은 하나님밖에 없습니다. 그래서 신앙의 시인은 고백합니다.

하늘에 계시는 주여 내가 눈을 들어 주께 향하나이다 상전의 손을 바라보는 종들의 눈같이, 여주인의 손을 바라보는 여종의 눈같이 우리의 눈이 여호와 우리 하나님을 바라보며 우리에게 은혜 베풀어 주시기를 기다리나이다(시 123:1-2).

겸손한 자는 자신의 궁핍을 인정하는 자입니다. 겸손한 자는 자신이 하나님이 지으신 피조물임을 인정하는 자입니다. 내 삶은 전능하신 하나님의 도움 아래 있다는 것을 뼈저리게 느끼는 사람, 그가 겸손한 사람입니다. 하나님이 돕지 아니하시면 내가 설계해 놓은 모든 보장이 순식간에 무너져 내린다는 것을 깊이 인식하고 세상을 사는 사람만이 겸손하게 살 수 있습니다. 우리 인생이 30년, 50년 보장되어 있는 것처럼 보이지만 전능자께서 불어 버리시면 하루아침에 물거품이라는 사실을 인식하지 않는다면 인생은 겸손해지지 않습니다.

가지면 가질수록 사람은 목에 힘을 주게 되어 있습니다. 여러분이 누구라도 상관할 바 없습니다. 가지면 가질수록 어깨에 힘이 들어가는 것이 타락 이후 사람의 모습입니다. 겸손한 자는 자기가 사람에 불과한 것을 인정하는 자입니다. 코에 호흡을 거두어 가면 끝나 버리고 마는 인생이라는 것을 인정하지 않고는 누구도 겸손해지지 않습니다. 우리는 하나님이 지으셨을 뿐 아니라 하나님의 전능하신 기운으로 살아간다는 것을 인정해야 합니다.

그러기에 전능자 하나님을 절대적으로 의존해야 합니다. 전능자 하나님으로부터 도움을 간절히 사모해야 합니다. 오직 그분이 구원자이심을, 모든 상황에서 그분만이 건져주실 수 있음을 인정하십시오.

복음서를 통해서 우리는 예수 그리스도가 누구신지 살필 수 있습니다. 그분은 질병에서 여러분을 구원하실 수 있습니다. 그분은 모든 세상의 세력들로부터 자연 세력에 이르기까지 우리를 구원하실 수 있는 유일한 분입니다. 사업하시는 분은 불경기에서 건져 주시는 분이 하나님일 수 있습니다. 하나님이 원하시기만 하면 건지실 수 있습니다. 악의 세력으로부터, 우리 사이를 이간시키는 사람 때문에 마음이 어려운 상황으로부터 우리를 구출하실 수 있는 분은 하나님입니다. 여러분이 어떤 상황 속에 있어도 하나님이 구원하십니다.

교만한 자

하나님은 지금도 변함없이 겸손한 자에게 은혜를 베푸십니다. 그 전능하신 하나님은 겸손한 사람에게 은혜 베풀기를 즐겨 하시는 분입니다. "하나님이 교만한 자를 물리치시고 겸손한 자에게 은혜를 주신다"는 말씀에 사용된 현재형은 불변적 진리를 나타내는 시제입니다. 그러나 교만한 자는 하나님과 함께 거할 수 없습니다. 풍성히 베푸시는 은혜에는 그의 분깃이 없습니다. 그 대신 하나님의 냉정한 물리침이 기다리고 있습니다.

누가 교만한 자입니까? 온 마음과 뜻과 정성을 다해 섬기라는 하나님의 요구를 우습게 여기는 자입니다. 그 요구를 이루기 위해 노심초사하며 사는 사람을 업신여기는 사람입니다. 교만이라는 말의 근본적인 뜻이 자기를 다른 사람 위에 둔다는 것입니다. 그게 교만입니다. 교만한 자는 하나님의 요구대로 살기 위해서 애쓰는 사람들을 볼 때 '실없는 사람 다 보겠네. 꼭 저렇게 살아야 하나?'라고 생각합니다. 교만한 사람은 이익배당이 눈에 보이지 않는 일에 그 귀한 시간과 정력과 재산을 바치는 사람을 어리석게 여기는 자입니다. 돈이면 즐길 수 있는 일이 온 세상에 널려 있는데 딱하게 자기 재산을 그렇게 쓸데없는 일에 허비하는 것을 안타깝게 여기는, 홀로 똑똑한 척 하는 사람이 교만한 자입니다.

교만은 마음의 문제입니다. 물론 마음에 품게 되니까 얼굴에도 나타나게 됩니다. 그러나 교만은 근본적으로 마음 자세의 문제입니다. 자신의 필요를 전혀 인식하지 않습니다. 그는 스스로 만족한 자입니다. 하나님이 도우시지 않아도 한동안은 버틸 수 있다고 생각하는 것이 교만입니다. 물론 신앙 공동체에 속해 있는 사람들이 하나님을 전적으로 부인할 리 없습니다. 그러나 여러분은 한 끼 한 끼 일용할 양식이 전능하신 하나님으로부터 온다고 인정하며 살고 있습니까? 그렇다면 절실하게 구해야 합니다. 간절히 하나님께 구하지 않고 살아간다면 그가 교만한 자입니다.

그런 사람은 다른 사람이 자기를 도와주는 것도 불쾌하게 여깁니다. 난 끝까지 도움 받지 않아도 살 수 있다고 생각하는 겁니다. 사람들과 함께 사는 것 자체가 도움인데도 그것을 인정하지 않으려 합니다. 하나님의 도움조차 부인하며 그분이 없어도 된다고 생각합니다.

그런 사람은 자신의 죄를 인식하지 못하는 자입니다. 죄에서부터 구원의 필요를 생각해 보지 못한 자입니다. 본문은 "하나님은 교만한 자를 물리치신다"고 이야기하고 있지만 베드로 사도는 하나님이 "교만한 자를 대적하신다"(벧전 5:5)고 말합니다. 그냥 "안 돼" 하고 마는 것이 아니라 하나님이 따라다니시면서, 추적하시면서 대항하십니다.

하나님은 우리가 교만한 마음을 품으면 싫어하시는 정도가 아니라 적극적으로 우리의 대적자가 되십니다. 하나님 은혜에 전혀 배당이 없는 자는 오늘을 시기와 다툼으로 살아가게 됩니다. 그런 사람 옆에 가면 평안을 잃어버립니다. 그 사람하고 같이 지내면 불편합니다. 그런 사람의 내일은 파멸입니다.

마지막으로 다시 한 번 당부하겠습니다. 겸손하십시오. 여러분이 사람인 것을 인정하십시오. 십 년, 이십 년 내다 보고 세운 계획들이 하나님의 은혜 아니면 하루아침에 무너져 내린다는 것을 인정하십시오.

그러나 여기 하나님의 약속이 보장되어 있습니다. 하나님은 겸손한 자에게 더욱 큰 은혜를 주십니다. 우리의 죄악된 욕망을 능히 제어할 수 있는 더욱 큰 은혜를 주십니다. 우리를 향한 하나님의 요구보다 더 크게 응답할 수 있는 은혜를 하나님께서는 겸손한 자에게 베푸십니다.

James
야고보서 4장

야고보서 4장 7-10절

⁷그런즉 너희는 하나님께 복종할지어다 마귀를 대적하라 그리하면 너희를 피하리라 ⁸하나님을 가까이하라 그리하면 너희를 가까이하시리라 죄인들아 손을 깨끗이 하라 두 마음을 품은 자들아 마음을 성결하게 하라 ⁹슬퍼하며 애통하며 울지어다 너희 웃음을 애통으로, 너희 즐거움을 근심으로 바꿀지어다 ¹⁰주 앞에서 낮추라 그리하면 주께서 너희를 높이시리라

33.
하나님께 복종하라!

그리스도 안에서 사랑하는 성도 여러분, 그리고 진리를 알기 위해서 이 자리에 나오신 이웃 여러분, 오늘 우리가 읽은 말씀은 전부터 살펴 온 말씀입니다. 혹 이전 말씀을 읽지 않고 오늘 본문 말씀을 보신 분들은 앞뒤 연결이 어려울 수 있습니다만 계속 듣다 보면 가닥을 잡을 수 있을 것입니다.

위기를 직면할 때는 일사분란하게 대처해야 공동체가 살아남습니다. 선포되는 말씀에 따라서 멈출 것인지 나아갈 것인지 행동 통일이 요청되는 때가 위기입니다. "하늘만 바라보라"고 하는데 서로만 쳐다보고, 조용히 엎드리라고 하는데 우왕좌왕하면서 웅성거린다면 그런 부대는 작전을 수행하기는커녕 자멸하고 맙니다. 마음이 하나 되어 의연히 대처하는 것이 위기에 필요한 지혜입니다.

신앙 공동체를 향한 긴급한 경고의 말씀을 듣고, 다시금 격려하시는 주님의 음성을 들어야 살아남을 자격을 갖춘 공동체입니다. 어른부터 아이에 이르기까지 한마음으로, 같은 방향으로 움직이기 위해 선포되는 말씀의 진의를 파악하기 바랍니다. 같은 마음이 될 때 같은 반응이 나올 수 있습니다. 예수님께서 자기 세대를 향해 탄식하셨던 것을 들어 보십시오.

> 이 세대를 무엇으로 비유할까 비유하건대 아이들이 장터에 앉아 제 동무를 불러 이르되 우리가 너희를 향하여 피리를 불어도 너희가 춤추지 않고 우리가 슬피 울어도 너희가 가슴을 치지 아니하였다 함과 같도다(마 11:16-17).

피아노 반주를 하며 기타를 치면서 같이 노래하자고 권해도 시무룩하게 앉아 있기만 하고, 울면서 같이 기도하자고 해도 못 들은 체한다면 어떻게 같은 공동체라고 할 수 있겠습니까? 소고 치며 징 치는 소리가 나면 밥 먹던 숟가락도 집어던지고 나가 신나게 한판 어우러져 놀 수 있고 어울려 놀다가도 한 집에 초상이 나면 함께 그 슬픔에 동참할 수 있어야 공동체다운 공동체입니다.

여러분의 귀에 어떤 말씀이 선포되어도 여러분 삶의 박자가 바뀌지 않는다면 시간마다 새로운 말씀이 선포될 이유가 없습니다. 불은 비추기 위해서 켜는 것이고 말씀은 그에 따라 반응을 보이기 위해서 선포되는 것입니다.

새 삶을 위한 명령

본문을 한번 살펴봅시다. 본문을 이해하기 위해서는 본문에 흐르는 감정이 우리 마음에 닿아 들어와야 합니다. 본문은 "성결하게 하라, 슬퍼하라, 애통하라, 울라"고 하는데 그것을 다루면서 가벼운 기분으로 웃으면서 이야기할 수는 없습니다. 본문을 바로 이해하기 위해서는 단어의 뜻을 살피기도

해야 하지만 본문에 흐르는 감정에 공감해야 합니다.

사랑하는 성도 여러분, 지금껏 야고보 선생은 신앙 공동체가 신앙 공동체답지 못한 문제의 원인을 규명했습니다. 그리고 신앙 공동체를 치료할 처방에 대해서 충분히 설명했습니다. 때로는 얼굴을 들고 듣기 거북하리만큼 신랄한 지적을 하기도 했습니다. 그러고는 조용히 타이르듯 알아듣도록 설명하기도 했습니다.

문제를 지적하는 동시에 방책을 제시했습니다. 그것이 6절까지의 말씀이라 본다면 오늘 본문 7-10절은 어쩌면 그의 설교의 적용으로 볼 수 있습니다. 이제는 충분하게 설명했기 때문에 그들의 구체적인 상황에 따라서 적용하는 것입니다.

설명이 끝나고 적용하기 위한 짧은 문장의 명령들로 구성되어 있습니다. "하나님께 복종하라. 마귀를 대적하라. 하나님을 가까이하라. 손을 깨끗이 하라. 마음을 성결하게 하라. 슬퍼하라. 애통하라, 울라. 웃음은 애통으로, 즐거움은 근심으로 바꾸라. 주 앞에서 너희를 낮추라." 명령의 연속입니다.

오늘 본문은 새 삶을 위한 일련의 명령들로 엮어져 있습니다. 감정의 흐름으로 보아 가히 야고보서 전체의 절정이라고 해도 과언이 아닙니다. 그러나 기쁨의 칭찬이 아니고 안타까운 질책으로 흩어진 열두 지파, 땅 위에 있는 신앙 공동체에 다가서고 있습니다. 시기와 다툼으로 얼룩져 있는 신앙 공동체를 향해서 말하고 있습니다.

3장 16절에서 "시기와 다툼이 있는 곳에는 혼란과 모든 악한 일이 있음이라"고 말하고 나서 4장 1절에서 "너희 중에 싸움이 어디로부터 다툼이 어디로부터 나느냐?"라고 묻고 있습니다. 그들이 평안하고 화목했으면 무엇 때문에 그런 질책을 하겠습니까? 하나님의 백성들이지만 그들 가운데서 공동체답지 못한 모습들이 있었기 때문에 그렇게 말하고 있는 것입니다. 기도하는 대신 시기와 다툼을 하고 있는 신앙 공동체를 향해서 질책하는 것입니다.

세상에 마음이 빼앗긴, 스스로 하나님과 원수 되는 길을 걷고 있는 공동체를 향해 "간음하는 여인들아"라고 호통을 치고 있습니다. 그런 다음 "하나님이 교만한 자를 물리치시고 겸손한 자에게 은혜를 주신다"고 조용히 타이릅니다. 이제 마지막으로 "그런즉 하나님께 복종하라"고 호소합니다. 창조주 하나님을 고려하지 않고 사는 인생은 교만한 자입니다. 그런 자의 삶에는 평강이 없습니다. 그런 자의 마음에는 만족이 없습니다. 풍성한 생명이 넘치는 삶에서 스스로 멀어져 있습니다.

하나님을 무시하고 그 거룩한 율법의 요구를 아랑곳하지 않고 살면 편한 것처럼 보이지만 실상은 악에 깊이 빠져들어 가는 것입니다. 자기 욕망대로 자유롭게 사는 것이 아니라 죄악에 얽매이는 삶입니다. 하나님을 무시하고, 그 거룩하신 요구에 대해서 멸시의 태도를 취할 때, 그 길의 마지막은 파멸입니다. 속히 돌아서십시오.

사랑하는 성도 여러분, 창조주 주재자이신 하나님을 바라보십시오. 여러분 자신을 있는 그대로 인정하는 것이 신앙입니다. 신앙의 시작은 '하나님이 온 세상을 지으셨고 나는 인생에 불과하구나'라고 고백하는 것입니다. 그리고 전능하신 하나님을 마음에 모시는 것입니다. 하나님은 신속하게 마음에 모셔 들이는 것을 기뻐하십니다. 하나님이 주시는 은혜는 온유하고 겸손한 마음을 가진 자의 것입니다. 여러분을 구원하시기에 능하신 주님을 앙모하십시오.

사탄을 단호히 대적하라

사랑하는 성도 여러분, 야고보는 하나님께 순복하는 구체적인 방법을 7절부터 우리에게 말씀해 주고 있습니다. 겸손한 자의 특징은 하나님께 기꺼이 자신을 복종시키는 데 있습니다. 강제로 복종할 수 없습니다. 복종하는 자는 하나님의 위대하심을 인정합니다. 하나님의 탁월하심과 존귀하심을 알게 될 때 인생은 비로소 그분께 순복할 수 있습니다. 하나님의 위대하심, 뛰어나심을 인정할 때만 그분께 자신의 삶을 위탁할 수 있습니다. 하나님의 생각이 내 생각보다 훨씬 뛰어나다는 것을 알게 될 때 자기 생각을 입으로 쏟아 내는 대신에 입을 다물게 됩니다. 자기 생각을 떠벌린다는 것은, 한마디로 "나는 하나님보다 똑똑하다"는 이야기입니다.

사랑하는 성도 여러분, 하나님의 원대한 계획 앞에서 때로 침묵하는 것도 배워야 합니다. 겸손은 하나님께 복종하는 것과 분리할 수 없습니다. 교만이야말로 다른 어떤 것보다 인간을 하나님에게서 멀어지게 합니다. 하나님의 말씀을 거슬러 판단하는 것은 하나님을 대적하는 엄청난 죄악입니다. 교만만큼 인생을 파멸의 길로 빠뜨리는 것은 없습니다. 그것이 최초의 사람을 타락으로 이끌었습니다. 하나님과 같이 되려고 했지만 그 마음이 인간을 인간 이하로 떨어뜨렸습니다.

마귀는 항상 우리의 자존심에 호소하고 있습니다. 절대 사랑에 대해 전적 헌신을 하지 못하도록 호소합니다. 온 마음을 다해 자원하는 마음으로 순복하지 못하도록 꾑니다. 그 마귀를 대적하십시오. 단호히 물리치십시오. 사탄은 대담하게 누구라도 공격하지만 단호하게 대적하는 자 앞에서는 도망치는 겁쟁이입니다.

복종하는 자는 마귀의 속성을 아는 자입니다. 마귀의 속성을 바로 파악하십시오. 마귀는 아무에게나, 심지어는 하나님의 아들까지도 공격합니다. 그러므로 여러분이나 저나 공격을 받지 않을 만큼 대단한 사람은 아무도 없습니다. 마귀는 누구든지 공격합니다.

그러나 그 공격에 우리가 어떤 표정을 짓느냐에 따라서 그가 계속 우리를 따라 올 것인지 아니면 우리에게서 멀어질 것인지가 결정됩니다. 겁을 먹고 끌려 다니기 시작하면 스스로 자기 목숨을 끊기까지 잔인하게 공격해 옵니다. 그러나 말씀으로 무장된 자 앞에서는 사색이 되어 패주하는 겁쟁이입니다. 때로는 세상의 온갖 쾌락과 행복을 약속하며 다가옵니다. 한 번만 요청을 들어 달라고 애걸하다시피 유혹합니다.

일단 한 번 여러분의 신앙 정조를 유린하고 나면 표정을 금세 바꿉니다. 언제 애걸했느냐는 듯이 위협합니다. 마치 부녀자의 정조를 유린한 것을 미끼로 금품을 강요하는 치한과 같습니다. 여자가 범한 그 한 번의 실수를 미끼로 괴롭힙니다. 간교한 손아귀에서 벗어나는 길은 남편에게 사실대로 빨리 고백하는 것밖에 없습니다.

그렇습니다. 세상의 어떤 남편도 남편의 이름에 어울리는 자라면 그런 경우에 공동 대처할 것입니다. 어떤 남편보다 우리를 더 사랑하시는 주님의 권유를 들어 보십시오.

> 만일 우리가 우리 죄를 자백하면 그는 미쁘시고 의로우사 우리 죄를 사하시며 우리를 모든 불의에서 깨끗하게 하실 것이요(요일 1:9).

한 번 잘못 생각했던 것이나 말 한 번 잘못했던 것을 인정하기 싫어서 계속 당하고 있지 마십시오. 잘못했다고 고백하고 하나님께 돌아가십시오. 사탄의 손아귀에서 벗어나기 위해 말씀을 신뢰하십시오. 광야에서 주님은 사탄을 대항하기 위해 말씀으로 돌아갔습니다. 떡을 배불리 먹고 왕을 삼으려는, 민중 봉기의 구심점을 만들려는 갈릴리 사람들의 요구 앞에서 주님은 홀로 기도하심으로 대처하셨습니다. 악한 자의 유혹 앞에 말씀과 기도로 이기신 주님처럼 여러분도 단호히 대처하십시오. 여러분의 단호한 표정만 읽고도 사탄은 금세 도망칩니다.

우리는 하나님을 '전능하신 아버지 하나님', '천지의 창조주'로 고백하면서도 마음속으로는 하나님이 하실 수 있는 한계점을 설정해 놓고 있는 것 같습니다. 하나님이 이 정도까지는 도와주실 수 있다고 생각합니다. 그러나 지금은 하나님이 도울 수 있는 기한이 이미 지나 버렸다고 생각합니다. 그것은 하나님을 제한하는 것입니다. 하나님은 전능하신 분입니다. 어떤 상황 속에서도 그분은 우리를 구원하시는 분입니다. 위기가 닥칠수록 그분의 품 속에 자신을 의탁하십시오. 그분이 불안에 떠는 여러분의 마음을 감싸 주실 것입니다.

"하나님을 가까이하라 그리하면 너희를 가까이하시리라"는 약속을 신뢰하십시오. 하나님의 명령은 항상 약속과 함께하고 있습니다. 더 자주 하나님께 나아가십시오. 그러면 더 쉽게 마귀를 물리칠 수 있습니다. 욕심을 내어도 얻지 못하는 일은 없습니까? 싸우고 다투어도 성취하지 못하는 일은 없습니까? 발버둥 쳐도 되지 않는 일은 없습니까? 하나님께 나오십시오. 그분께 아뢰십시오. 가까이 오셔서 부탁드리십시오. 하나님께서 반드시 가까이 와 주실 것입니다.

누구든지 가까이 나아갈 수 있다

그러면 여러분은 하나님께 어떻게 복종할 것입니까? 오직 하나, 여러분의 중심을 살피십시오. 여러분의 손과 마음을 살피십시오. 오늘 본문에 우리를 향한 야고보의 충고가 있습니다.

> 하나님을 가까이하라 그리하면 너희를 가까이하시리라 죄인들아 손을 깨끗이 하라 두 마음을 품은 자들아 마음을 성결하게 하라(4:8).

하나님께 가까이 나가라고 요청하면서 구약 시대의 제사 제도를 연상하고 있습니다. 구약 시대에는 모든 사람이 하나님께 가까이 나아가지는 못했습니다. 그것은 특별히 선별된 사람들, 제사장들만 누리는 특권이었습니다. 특정한 시간에 백성을 대신해서 제사를 드리던 그들만의 특권이었습니다.

지금 가까이 나아가라고 하나님의 공동체를 향해서 명령할 때는 우리 모두가 가까이 나아갈 수 있는 자가 되었다는 것을 기억시킵니다. 그러나 그때와 마찬가지로 우리의 손이 깨끗한지를 살펴보아야 합니다.

사랑하는 성도 여러분, 예수 그리스도의 속죄의 죽음으로 말미암아 지금 우리는 새 시대에 살고 있습니다. 하나님께 가까이 나아가는 축복은 이제 신자 모두에게 속한 특권입니다. 누구든지 가까이 나아갈 수 있습니다. 언제든지 나아갈 수 있습니다. 정해진 제사 시간만이 아니라 항상 여러분이 도움을 필요로 하는 순간에 은혜의 보좌 앞에 나아갈 수 있습니다. 그 피를 믿는 마음으로 은혜의 보좌 앞에 담대히 나아가십시오. 그러나 나아갈 때마다 우리의 손을 살피고 우리의 마음을 살펴봐야 합니다.

구약과 마찬가지로 신약 시대도 하나님께 접근하는 자들은 자신의 손을 깨끗이 해야 했습니다. 물론 몸을 말씀과 보혈로 깨끗이 씻은 자들이 신자입니다. 그러나 아무리 신자라 할지라도 매일매일 손을 씻어야 할 필요가 있습니다.

우리가 접근하는 하나님은 거룩하신 분입니다. 그러므로 그분께 나아가는 자는 거룩해야 합니다. 물론 물이 손의 죄악을 씻지 못하지만 손을 씻는 행위는 믿음으로 자신을 깨끗케 하는 것을 상징합니다. 보혈의 공로로 씻음 받은 신자이지만 세상에서 살아가기에 손발이 자주 더럽혀집니다. 하나님께 나아갈 때마다 우리는 씻어야 합니다. 지체 속의 죄의 욕망이 우리를 더럽힙니다.

만일 우리가 죄가 없다고 말하면 스스로 속이고 또 진리가 우리 속에 있지 아니할 것이요 만일 우리가 우리 죄를 자백하면 그는 미쁘시고 의로

우사 우리 죄를 사하시며 우리를 모든 불의에서 깨끗하게 하실 것이요(요일 1:8-9).

여러분이 죄가 없다고 하면 스스로 양심을 속이고 있다는 말씀입니다. 하나님께서 가까이 오실 때에 여러분이 잘못한 것을 고백하라는 말씀입니다. 우리가 죄를 짓지 아니했다고 하면 하나님을 거짓말하는 자로 만드는 것입니다. 그러므로 야고보 선생은 흩어진 열두 지파를, 땅 위에 있는 모든 성도를 향해 죄인이라고 부르면서 손을 깨끗이 하라고 요청하기를 주저하지 않습니다. 하나님이 하라고 하신 것은 하지 못하고 하지 말라고 하신 것을 하고 있지 않은지 자신을 살펴보십시오.

우리가 짓는 죄는 크게 둘로 나눌 수 있습니다. 하나님이 하라고 하는 표준에 미달하는 것과 하나님이 하지 말라고 하는 선을 넘어가는 것입니다. 지체 속에 죄의 욕망뿐 아니라 밀려오는 세상의 영향으로 인해 주님만을 위해 살고 싶은 마음이 얼마나 자주 억눌림을 받습니까? 원하는 선을 행치 못하고 원치 않는 악은 행하는 연약한 자신의 모습으로 인해 고민해 보셨습니까? 하나님만 사랑하고픈 마음이 세상에 끌리는 자신을 발견하고 괴로워해 보신 적이 있습니까? 신자라면 누구나 그런 갈등을 체험합니다. 지금은 새로운 삶을 위해서 고민할 때입니다. 변함없이 하나님만 신뢰하지 못하는 자신으로 인해 이제는 고민할 때입니다.

슬퍼하며 애통하며 울지어다 너희 웃음을 애통으로, 너희 즐거움을 근심으로 바꿀지어다(4:7).

본문의 호소를 지금 여러분을 향해서 하시는 주님의 말씀으로 받아들이십시오. 여러분은 자신의 삶에 대해서 어떻게 생각하십니까? 삶의 방향은 분명하며, 확실한 목표와 믿음을 가지고 있습니까? 어떤 비전이 있으며 여러분의 미래상은 무엇입니까? 혹 '이게 아닌데……'라고 생각하면서도 다시 한 번 추슬러 볼 기회도 없이 바쁘게, 그냥 그렇게 살고 있지는 않습니까? 이런 우리의 삶을 새롭게 하고 영적인 부흥을 체험하기 위해서 노력합시다. 자신의 지나온 날을 돌아보고 삶의 목적을 분명히 발견하는 기회를 가지십시오. 건강한 성도로서 의미 있고 보람 있는 인생을 살아가십시오. 모두가 인생의 목적을 확실히 붙잡고 살아가길 소원합니다.

사랑하는 성도 여러분, 공동체 안에서 시기와 다툼이 간간히 표출되고 자주 세상의 쾌락과 안락에 머무는 모습으로 인해 고민하고 고통스러워 해야 할 때입니다. 하나님의 선하신 뜻이 이뤄지지 않는 것을 볼 때 그것이 자신의 안일만을 탐하는, 유익만을 탐하는 아간의 죄임을 바로 아셔야 합니다.

가나안 정복이라는 하나님의 역사는 아간 때문에 지연되었습니다. 자신의 안일과 유익만 추구하는 아간으로 인해 이스라엘 공동체는 패배와 수치를 맛보았습니다. 그러나 기억하십시오. 그래도 하나님의 역사는 이루어집니다. 하나님의 역사는 인간의 범죄에도 불구하고 성취되었습니다. 다만 아간 자신은 멸망 속으로 빠졌습니다. 온 교회가 함께 기도하며 나아가는 자리에서 자기 안일만 생각하고 자기 이익만 생각해서는 안 됩니다. 하나님의 역사가 지연됨을 뒤에서 은근히 바라는 끔찍한 죄악의 자리에서 돌아서십시오. 그리고 건강한 공동체를 위해서 고민합시다.

웃음을 애통으로, 즐거움을 근심으로

사랑하는 성도 여러분, 혹시 신앙생활 하는 것을 기쁨이 아닌 무거운 짐으로 여기는 삶을 살아가십니까? 이러한 괴로운 영혼의 탄식이 아직도 땅 위에 끊이지 않고 있습니다. 어느 교회를 가야 좋을지 고민하는 성도들도 있습니다. 그런 고민은 하지 않지만 교회 나간다는 것이 짐이 되는 분도 있습니다. 축제일이 되어야 할 주일이 고통스러운 날이 되어서 예배의 자리에 안 나가자니 양심이 괴롭고, 가서 설교를 듣자니 듣는 것이 괴로운 사람이 많습니다.

몸 된 교회를 위한 그리스도의 고통이 끝나지 않은 세상에 사는 성도는 안타까움과 연민을 지니고 살아야 합니다. 주님이 이 세상에 사셨을 때 '웃었다'는 말이 복음서에는 기록되어 있지 않습니다. 그러나 '우셨다'는 말은 기록되어 있습니다. 주님의 생애를 기억하십시오.

가장 기쁜 순간에도 한숨 쉬고 있는 자들을 기억합시다. 영광스러운 그리스도의 몸에 일원 되기를 사모하는 이들을 기억하십시오. 그래서 웃음이 저절로 애통으로, 즐거움이 근심으로 바뀌는 은혜가 있기를 바랍니다.

웃음은 성도의 삶에 주신 하나님의 축복임이 틀림없습니다. 그러나 어떤 웃음은 경박한 자들의 웃음입니다. 그런 웃음을 애통으로 바꾸라고 명합니다. 천박한 즐거움을 거룩한 근심으로 바꾸라는 겁니다. 자신의 참된 처지를 보지 못하고 즐거워하는 이들을 향해 그리스도는 "화 있을진저 너희 지금 웃는 자여 너희가 애통하며 울리로다"(눅 6:25)라고 말하지 않습니까? 라오디게아 교회처럼 참 모습을 인식하지 못하는 교회는 "나는 부자라 부요하여 부족한 것이 없다"(계 3:17)고 스스로 여기고 있지 않습니까?

> 내가 네 행위를 아노니 네가 차지도 아니하고 뜨겁지도 아니하도다 네가 차든지 뜨겁든지 하기를 원하노라(계 3:15).

> 네가 말하기를 나는 부자라 부요하여 부족한 것이 없다 하나 네 곤고한 것과 가련한 것과 가난한 것과 눈먼 것과 벌거벗은 것을 알지 못하는도다(계 3:17).

지금은 새로운 하나님의 나라를 위해서 함께 고통스러워 해야 할 때입니다. 한 교회를 다니는 교인이라면 어른에서 아이에 이르기까지 함께 나아가야 합니다. 함께 눈물 흘리며 주님을 바라보아야 합니다.

사랑하는 성도 여러분, 웃음을 애통으로 바꾸는 한 주간을 삶을 살아 봅시다. 하나님이 심각하게 말씀하실 때는 심각하게 반응하는 공동체가 되기를 바랍니다. 즐거움을 근심으로 바꾸는 삶이 되기 바랍니다. 기도의 자리에 나아가면 평안을 누릴 수 있습니다. 문제는 그 자리에 나오지 않는다는 것입니다. 무릎을 꿇지 않는 사람은 자연히 자기 생각을 앞세우게 됩니다.

"너희 웃음을 애통으로, 너희 즐거움을 근심으로 바꾸라"는 야고보의 간곡한 호소를 그냥 듣고 넘기지 마십시오. 지금 애통하고 근심하는 자만이 장차 하나님 나라의 복된 실현 앞에 즐길 것입니다. 거룩한 기쁨의 내일, 성도들과 함께 웃을 날이 오기까지 마음을 합해야 한다는 말씀입니다.

그날이 오기까지 주님 앞에서 참된 자기 평가를 해 봅시다. 때가 될 때까지 주 앞에서 낮추십시오. 그리하면 주께서 우리를 높이는 날이 올 것입니다. 우리의 무력하고 보잘것없음을 인정하고 하나님 앞에 겸손히 엎드리십시오. 그리하여 주의 영광이 나타나도록 사모합시다. 그런 자에게는 그리스도께서 영광 중에 오실 때 높이시는 놀라운 일이 있을 것입니다.

주 앞에서 낮추라 그리하면 주께서 너희를 높이시리라(4:10).

이 말씀은 예외 없는 하나님의 약속과 경고입니다. 들을 귀 있는 사람들은 듣기를 바랍니다.

James
야고보서 4장

야고보서 4장 11-12절

11 형제들아 서로 비방하지 말라 형제를 비방하는 자나 형제를 판단하는 자는 곧 율법을 비방하고 율법을 판단하는 것이라 네가 만일 율법을 판단하면 율법의 준행자가 아니요 재판관이로다 12 입법자와 재판관은 오직 한 분이시니 능히 구원하기도 하시며 멸하기도 하시느니라 너는 누구이기에 이웃을 판단하느냐

34.
서로 헐뜯지 말라!

그리스도 안에서 사랑하는 성도 여러분, 그리고 진리의 길을 찾아 이 자리에 나오신 사랑하는 이웃 여러분, 오늘 본문은 누구나 특별한 관심을 갖고 살펴야 할 내용이기도 합니다. 누구에게나 해당되는 문제를 다루고 있기 때문입니다. "형제들아 서로 비방하지 말라!" 이것은 누구나 빈번히 저지르는 죄이기에 때로는 전혀 심각하게 생각하지 않는 죄이기도 합니다. 너나 할 것 없이 이 죄에는 익숙해져 있다 보니 얼마나 큰 잘못인지 의식조차 하지 못하고 지냅니다. 그러나 우리의 인식과는 달리 성경은 이 죄를 아주 심각하게 다루고 있습니다. 남을 비방하는 우리를 향해 "너는 누구이기에 이웃을 판단하느냐"고 다그치고 있습니다.

무엇보다 형제를 비방하는 죄에 대해서 성경은 집요하게 다루고 있습니다. 신구약을 통틀어서 이 죄보다 자주 지적되는 죄는 찾아보기 힘듭니다. 우리가 신앙인이 되고 거룩한 성도의 대열에 참여하는 것은 샤워를 하고, 새 옷을 갈아입고, 예배의 자리에 나오는 것이 아니라, 주간에 평상복을 입고 살아갈 때에 서로를 향해 어떻게 말하느냐에 달려 있습니다. 말을 통해서 우리는 우리가 누구인지를 드러내기 때문입니다.

그러므로 막말을 사용하는 사람, 더러운 말을 내뱉는 사람을 신뢰하지 마십시오. 혹 민족을 말하고, 정의를 말해도, 저주의 말을 내뱉는 사람은 멀리해야 할 사람이요, 그가 속한 집단은 경계해야 합니다. 성경은 누구를 악한 자라고 합니까?

> 입으로는 나쁜 말 하기 바쁘고, 혀로는 남 해치는 일 꾸미기에 정신없고, 앉으면 하는 짓이 피붙이나 헐뜯고, 한 핏줄 욕하는 일에 정신없던 너희가 아니냐?(시 50:19-20, 현대어성경)

> 몰래 자기 이웃을 헐뜯는 자를 내가 용서하지 않을 것이며 거만하고 교만한 자를 그냥 두지 않으리라(시 101:5, 현대인의성경).

이런 논조는 신약도 마찬가지입니다. 로마서에서는 악인을 "수군수군하는 자, 비방하는 자"(롬 1:29-30 참조)라고 규정하고 있습니다. "다툼, 시기, 분 냄, 당 짓는 것"뿐만 아니라 "비방과 수군거림"(고후 12:20)을 고린도 교회의 죄악으로 규정합니다.

사도 베드로 역시 "그러므로 모든 악독과 모든 기만과 외식과 시기와 모든 비방하는 말을 버리고 갓난아기들같이 순전하고 신령한 젖을 사모하라 이는 그로 말미암아 너희로 구원에 이르도록 자라게 하려 함이라"(벧전 2:1-2)고 말하고 있습니다. 그러므로 오늘 본문에서 야고보는 "너는 누구이기에 이웃을 판단하느냐"고 질책하고 있습니다.

서로 헐뜯는 인간의 본성

오늘 본문에서 비방하지 말라는 말은 남에 대해서 나쁘게 말을 만들지 말라는 뜻입니다. 은근히 남을 비난하는 말을 하고 듣는 것을 즐거운 일로 여기는 사람들을 향해 성경은 단호하게 이 죄악을 지적하고 금지합니다. 오늘 남을 헐뜯는 말을 들어주고 함께하는 것보다 더 짭짤한 즐거움을 알지 못하는 인간들을 향한 하나님의 말씀을 들어 봅시다. 특히 비난하는 대상이 자기보다 어떤 면이든 나아 보일수록, 더욱 신나게 씹어 대는 우리를 향해 말씀하시는 하나님의 음성을 함께 들어 봅시다.

이런 비방은 대체로 그 자리에 없는 사람을 향합니다. 없다 보니 비방당하는 사람은 자신을 옹호하거나 자기 입장을 설명할 수 없습니다. 그 자리에 없는 것을 기회로 잘근잘근 씹어 대는 것입니다. 그런 분위기에서 한마디도 거들지 않으면 주식배당 못 받아 손해 보는 것처럼 너나 할 것 없이 거들어 댑니다. 셋 모이면 없는 사람 하나쯤 난도질해 버리는 것은 순식간입니다.

사랑하는 성도 여러분, 이제부터 부디 그렇게 살지 마십시오. 즐겨 비방하는 것은 2,000년 전 세상의 모습인 동시에 오늘 우리 모습입니다. 초대 교회 신앙 공동체의 모습이자 오늘 우리의 미숙한 모습이기도 합니다. "내 형제들아 서로 비방하지 말라! 내 형제들아 서로 헐뜯지 말라! 제발 습관적으로 씹어 대는 일을 멈추라!"는 본문을 곰곰이 살펴보십시오.

오늘 본문을 보면 누가 누구를 비방하고 있습니까? 서로 비방하는 대상이 누구입니까? 씹는 사람과 씹히는 사람이 서로 어떤 관계입니까? 이 어리석은 짓거리를 멈추도록 하기 위해 야고보는 어떻게 부릅니까? "형제들아"라고 의도적으로 부릅니다. 그리고 "형제를 비방하는 자"나 "형제를 판단하는 자"라고 한 절 속에 세 차례나 '형제'라는 단어를 골라 사용합니다. '형제'라는 말을 의도적으로 거듭 사용하여 비방하고 비방당하는 자들이 서로 어떤 관계인지 의식하도록 합니다. 잘 살펴보면 우리는 정말 사랑하고 아껴 주고 격려하고 칭찬해야 할 형제들을 헐뜯고 있습니다.

서로 비방하는 것과 혈육지친을 비방하는 것은 자기 살을 씹어 대는 어리석은 짓입니다. 그리고 더 나아가 신앙의 형제들을 비방하는 것은 그리스도의 몸과 피로 맺어진 형제자매를 짓뭉개는 일입니다. 우리에게는 신앙의 형제자매처럼 가까운 관계가 땅 위에는 없습니다.

"주는 나의 주님이시오니 주밖에는 나의 복이 없다"(시 16:2)고 신앙고백을 하고 이어서 "땅에 있는 성도들은 존귀한 자들이니 나의 모든 즐거움이 그들에게 있도다"(시 16:3)라고 신앙의 시인은 고백합니다. "주는 나의 주님"이라고 앞서 했던 신앙고백이 확실하다는 것은 뒤에 나오는 "땅에 있는 성도들은 존귀한 자들이니"라는 형제에 대한 고백으로 입증됩니다.

어리석게도 우리는 우리의 형제자매를 비방합니다. 저 멀리 러시아 대통령이나, 중국 수상을 비방하는 일은 우리의 일상적인 죄가 아닙니다. 이집트나 터키의 데모 진압 사태를 듣고 한 번쯤 분노할지 모르지만 거기에서 그칩니다. 본문이 보여 주는 대로 습관적인 비난의 대상은 결코 그들이 아닙니다. 잘 살펴보면 우리는 항상 가까이 있는 혈육지친이나 신앙의 형제자매들을 입으로 씹어 대고 있습니다. 여기에 문제의 심각성이 있습니다.

그리고 비방하는 죄악에 관한 한 일방적인 질책을 하지 않습니다. "비방하는 자는 비방을 멈춰야 한다"고 말하는 것이 아니라 "서로 비방하지 말라"고 합니다. 우리는 다른 어떤 사람이 늘 수군대고 비방한다고 생각하지, 나는 아니라고 생각합니다. 그러나 성경 말씀은 그렇게 말하지 않습니다. 서로 비방하지 말라는 것입니다. 너희가 피차에 비방해서는 안 된다고 하나님 말씀이 우리에게 다가오고 있습니다. 우리가 우리 자신을 아는 것보다 우리를 더 잘 아시는 하나님의 명령입니다.

하나님께서 보실 때는 누구 할 것 없이 우리 모두가 서로 비방하고 있다는 말씀입니다. 오십 보, 백 보 차이지 마찬가지라는 말입니다. 사람들은 자기편끼리 모이면 상대편을 비방합니다. 다른 사람이 나를 향해서 비방하면 확실하게 느껴지는데 내가 비방할 때는 비방으로 안 느껴지는 게 문제입니다. 우리가 남을 비방할 때는 오히려 시원하게 느껴질 뿐입니다.

"서로 비방하지 말라"고 한 것을 보면 분명히 누가 탁월하게 나은 것은 아닌 듯합니다. 우리 모두는 본질상 이런 일에 익숙해져 있습니다. 남을 은근히 깔아뭉개고 자신을 돋보이게 하려는 일에 무의식적으로 단련되어 있습니다. 우리는 이 문제에 관한 한 모두 전문가입니다. 서로 헐뜯는 것은 인간의 본성 속에 타고난 질병과도 같습니다.

근거 없이 헐뜯는 말은 어떤 법정 전염병보다 빨리 퍼집니다. 얼마나 많은 좋은 관계가 악의에 찬 비난으로 파괴되고 있습니까? 가장 사랑해야 할 형제 사이가, 가장 잘 이해할 수 있는 자매 사이가 서로 서먹한 관계가 되고 맙니다. 사랑하는 성도 여러분, 서로 비난하고 험담하는 것을 이제는 중단하십시오. 그것은 죄악의 낙입니다.

죄인의 입맛에는 맞을지 모르지만 거룩한 하나님이 보실 때는 가증스러운 일입니다. 우리가 모여 예배하는 것은 말씀에 순종할 것을 다짐하기 위함입니다. 기도의 자리에서 정신을 차려 보면 얼마나 예리한 칼로 형제자매의 가슴을 찔렀는지 의식하게 될 것입니다. 하나님의 거룩하심 앞에 서 볼 때에 비로소 내가 정말 못할 말을 했다는 것을 깨닫게 될 것입니다.

> 땅에 있는 성도는 존귀한 자니 나의 모든 즐거움이 저희에게 있도다(시 16:3).

성도는 서로가 서로에게 자랑과 면류관, 기쁨과 위로의 대상이어야 합니다. 여러분이 지금 헐뜯는 자 외에는 달리 여러분을 기쁘게 할 자가 없습니다. 그 형제자매야말로 여러분의 인정, 격려, 칭찬이 필요한 사람임을 꼭 기억하십시오.

시시비비의 주인은 하나님이다

형제를 비방하는 것은 율법과 하나님께 대한 심각한 도전입니다. 더 나아가서 형제끼리 서로 헐뜯는 이 죄악이 심각한 것은 어리석음뿐 아니라 율법과 하나님께 대한 도전이기 때문입니다. 어째서 형제를 비방했는데 그것이 바로 율법을 비방하는 것이 됩니까? 어째서 자매를 판단했는데 그것이 바로 율법을 판단하는 것과 같습니까?

> 형제를 비방하는 자나 형제를 판단하는 자는 곧 율법을 비방하고 율법을 판단하는 것이라 네가 만일 율법을 판단하면 율법의 준행자가 아니요 재판관이로다(4:11).

내 마음에 들지 않는다고 다른 형제자매를 헐뜯는 죄악의 극악성은 바로 여기에 있습니다. 곰곰이 생각해 보십시오. 형제자매의 행동과 삶을 지배해야 하는 것은 내 기준이 아니라 하나님의 법입니다. 그들은 오직 하나님의 공의로운 법에 따라서 살아야 할 사람입니다. 모든 인생은 하나님의 법에 따라서만 판단되어야 합니다. 형제를 내 생각에 따라서, 자매를 내 기분에 따라서 비난하는 것은 내가 바로 율법의 기능을 가로채는 것입니다.

여러분의 생각이 그 형제가 지켜야 할 법입니까? 여러분의 눈에 들지 않는다고 모든 것을 정죄할 수 있습니까? 그 형제를, 그 자매를 지배하는 것은 하나님이고 그분의 말씀입니다. 내 생각으로 그를 정죄하고 씹어 대는 것은 율법의 고유 권한을 침해하는 것입니다.

사랑하는 성도 여러분, 시시비비의 주인은 하나님입니다. 내 생각이나 내 기분이 아닙니다. 시시비비의 규범은 하나님의 율법입니다. 내 생각이나 내 판단이 아닙니다. 내 느낌이나 내 기분은 더더욱 아닙니다. 그 생각과 행위에 대해, 그 모든 삶에 대해 모든 인생은 오직 하나님 한 분께 대답해야 합니다.

모든 사람이 걷는 길은 그분의 율법에 따라 평가해야 합니다. 아무리 유력한 인생도, 똑똑한 인간도 다른 사람을 판단해서는 안 됩니다. 절대로 자기 기분에 따라서 형제자매를 정죄할 수 없습니다. 하나님의 율법만이 상대방과 나의 삶을 판단합니다.

사랑하는 성도 여러분, 여러분도 같은 율법의 지배 아래 있다는 것을 의식하십시오. 하나님의 법이 여러분을 향해서도 명하고 있다는 사실을 알아야 합니다. 형제자매 사이에서 우리가 지켜야 할 가장 지고한 법이 무엇입니까? 서로 사랑하는 것입니다. 하나님이 주신 "이웃을 네 몸과 같이 사랑하라"는 법이 우리를 지배하고 있는데, 마치 하나님의 법이 없는 것처럼 행동하지 마십시오.

부모가 하지 말라고 야단을 치는데 싱글벙글 웃기만 하면 부모를 모욕하는 겁니다. 하나님의 율법이 "형제 사랑하기를 네 몸과 같이 하라"고 말씀하고 있는데 어떻게 우리가 하나님의 말씀에 대해서 의식하지 못할 수가 있습니까? 율법은 우리를 다스리는 법입니다. 여러분을 다스리는 율법을 의식한다면 어떻게 남을 비방하고 판단할 수 있겠습니까?

우리는 남을 향해서는 대단한 수준을 요구하지만, 거룩한 율법 아래 자신을 비춰 보면 자신도 그 수준에 미치지 못하고 있다는 것을 알아야 합니다. 자기는 하나님의 법에 채 미치지 못하면서 어떻게 형제를 향해 성자처럼, 자매를 향해 천사처럼 처신해 줄 것을 요구합니까? 어떻게 그 수준으로 행동하지 않는다고 비방할 수 있습니까? 내가 잘난 것을 인정받기 위해 형제의 목을 조르고, 내가 똑똑한 것을 내세우기 위해 자매를 비열하게 짓밟을 수 있습니까? 하나님의 요구에 채 미치지 못한 자신의 처지를 생각한다면 남을 비판하는 것보다 자신의 처지를 고민해야만 복된 성도입니다. "이웃을 네 몸과 같이 사랑하라"는 최고의 법에 이르지 못하는 자신을 탄식해야 합니다.

이웃을 향한 오직 하나의 계명조차 지키지 못하면서 이웃을 비난하는 것은 이웃을 사랑하라는 율법 자체를 무시하는 것이요, 율법의 요구 자체를 묵살하는 일입니다. 사랑하라는 요구 앞에 사랑하기보다 미워하는, 칭찬하기보다 시기하는, 격려하기보다 질투하는 자신의 초라한 모습으로 인해 괴로워해야 성숙한 성도의 모습입니다.

여러분의 생각이 아무리 좋고 옳아도 형제와 자매를 구속해야 할 절대적인 법이 되지 못합니다. 여러분 뜻대로 해주면 얼마나 감사한 일입니까? 하지만 그렇지 않더라도 그가 서든지 넘어지든지, 제 주인에게 달려 있다는 것을 꼭 기억하십시오.

"네가 누구인데 남의 종을 향해서 비난하느냐? 남의 하인을 향해서 비난하느냐?"(롬 14:4 참조)라고 바울도 말하고 있습니다. "먹는 자는 먹지 않는 자를 업신여기지 말고 먹지 않는 자는 먹는 자를 비판하지 말라. 이는 하나님이 그를 받으셨음이라. 남의 하인을 비판하는 너는 누구냐. 그가 서 있는 것이나 넘어지는 것이 자기 주인에게 있으매 그가 세움을 받으리니 이는 그를 세우시는 권능이 주께 있음이라"(롬 14:3-4)는 것이 성경의 권면입니다.

하나님의 법은 모두를 동일 선상에 둔다

사랑하는 성도 여러분, 어릴 때부터 남을 헐뜯는 버릇을 피하십시오. 버릇이 들고 어른 되어 익숙해지면, 하면서도 부끄러운 줄 모르는 자리에까지 이르고 맙니다. 어릴 때부터 남을 비난하는 것을 배워서는 안 됩니다. 남을 나쁘게 말하는 것은 배울 필요가 없습니다. 한 번 물들면 이 죄악은 담배를 끊는 것보다 더 끊기 힘듭니다. 골초가 되고 나면 누구나 담배를 끊기 힘들어합니다. 남을 비난하는 습관을 익혀 두면 중단하기가 아주 힘듭니다. 어릴 때부터 예수 믿는 자녀로 자라는 사람은 아예 남을 비방하지 마십시오. 비방하는 말을 꺼내면 스스로 무안을 느끼는 분위기가 되어야 합니다.

그런 분위기에 못 끼어들면 아파트 분양에서 탈락한 사람처럼 아쉬워할 필요가 없습니다. 함께 거들지 마십시오. 아무 대꾸를 하지 말란 말입니다. 오히려 그런 말을 듣게 된 것을 슬퍼하고 있음을 형제자매들로 하여금 느끼도록 하라는 것입니다. 그러면 그 형제자매가 자신을 돌아보게 될 것입니다.

'모이기만 하면 남의 이야기를 하는 것이 예수 믿는 사람들에게는 통하지 않는구나! 나도 그래서는 안 되겠다'고 느끼게 하십시오. 그렇다고 말로 그들의 행동을 정죄하려고 들지 마십시오. 말하지 않아도 진실로 슬퍼하고 괴로워하면 여러분의 마음은 전달됩니다.

자기보다 나은 위치의 형제, 자기보다 열심인 자매를 비방하는 것으로 즐거워하는 성도라면 비참한 처지에 있는 성도입니다. 남의 이야기로 즐거워하는 대신 그 수준밖에 안 되는 나와 너의 모습으로 탄식해야 합니다. 그래서 야고보는 말합니다. "너희 웃음을 애통으로 너희 즐거움을 근심으로 바꾸라." 야고보가 이렇게 명하는 데는 이유가 있습니다. 남을 깎아내린다고 자신이 높아집니까? 남을 부끄럽게 만든다고 자신이 돋보입니까?

그런 것을 즐거움으로 삼는 비참한 자신의 처지를 생각하십시오. 그런 초라한 자신으로 인해서 괴로워해야 복된 성도입니다. 주님 앞에서 자신을 낮추십시오.

야고보는 극단적으로 말합니다. "네가 하나님이냐? 네 생각이 율법이냐?"고 질책합니다. 형제의 삶이 우리 영역에 있는 듯한 오만한 처신을 신랄하게 꾸짖고 있습니다. 이것은 극단적인 질책입니다. "너는 도대체 널 어떻게 여기고 형제를 판단하느냐? 하나님 한 분이 결정하신다. 살릴 것인지 죽일 것인지 결정하시는 분은 하나님인데, 네가 무슨 권한으로 다른 이를 판단하고 비난하느냐? 네가 뭐냐?"

하나님의 법은 우리 모두를 동일 선상에 둡니다. 우리는 법을 만드는 자도, 법에 따라 재판하는 자도 아닙니다. 다만 하나님의 법을 따라 준행해야 하는 자입니다. 모든 사람은 율법의 준행자이지 법을 만드는 사람이 아닙니다.

다른 이를 판단하는 것은 잘 살펴보면 자기가 똑똑하다는 생각에서 출발합니다. 그래서 자신을 내세우고 있습니다. 하나님의 법을 깔보고 입법자요, 재판자이신 하나님을 무시하고 있는 처사라는 말입니다. 자기 행동에 대해서 곰곰이 분석해 보면 그런 의식이 깔려 있다는 말입니다. 우리가 의식하고 있지 않지만 살펴보란 말입니다. 형제를 비방하는 것은 율법을 비방하는 것이고 형제를 판단하는 것은 바로 율법을 판단한다는 뜻입니다.

하나님이 가장 미워하는 죄가 사람이 자기를 하나님의 자리에 두는 것입니다. 하나님은 교만한 자를 물리치십니다. 겸손하십시오. 겸손한 자에게 은혜를 베푸십니다. 더 나아가서 다른 이를 비난하는 습성은 형제 사이를 이간합니다. 싸움과 다툼, 불화와 파괴의 원천이 수군거리고 비방하는 데서 시작합니다.

사랑하는 성도 여러분, 하나님의 은혜만이 여러분을 겸손하게 할 수 있습니다. 피차 비방 대신 긍휼히 여기도록 합시다. 정말 어떤 때는 형제자매를 쳐다보기만 해도 속상할 때가 있습니다. 어떻게 그렇게 처신하느냐고 답답해 하기도 합니다. 제발 그렇게 안 해줬으면 좋겠는데 하고 마음 상할 때도 있습니다.

그러나 '그 형제도 몰라서 그러나 보다. 그 자매도 그것이 본뜻은 아닌가 보다' 하고 이해하면 됩니다. 나와 같은 죄인이기에 하고 싶은 일을 하지 못하고 하지 말아야 할 일을 하는 것이라고 생각한다면 남이 조금 못한다고 해서 그렇게 쉽게 비난의 돌을 던지지 못할 것입니다.

사랑하는 성도 여러분, 우리 모두 이 극악한 죄에서 벗어납시다. 오늘 이 후로는 서로 헐뜯지 마십시오. 부부간에도 서로 헐뜯지 마십시오. 부모 자식지간에도 서로 헐뜯지 마십시오. 친인척 간에도 서로 헐뜯지 마십시오.

더 나아가 이것은 신앙 공동체 사이에서 반드시 지켜야 할 규범입니다. 이제는 신앙의 형제자매를 서로 헐뜯지 마십시오. 오히려 서로 격려하고 서로 위로하고 서로 긍휼히 여기는 아름다운 신앙 공동체, 시민들의 칭송을 받는 교회를 만들어 갑시다.

James
야고보서 4장

야고보서 4장 13-17절

¹³들으라 너희 중에 말하기를 오늘이나 내일이나 우리가 어떤 도시에 가서 거기서 일 년을 머물며 장사하여 이익을 보리라 하는 자들아 ¹⁴내일 일을 너희가 알지 못하는도다 너희 생명이 무엇이냐 너희는 잠깐 보이다가 없어지는 안개니라 ¹⁵너희가 도리어 말하기를 주의 뜻이면 우리가 살기도 하고 이것이나 저것을 하리라 할 것이거늘 ¹⁶이제도 너희가 허탄한 자랑을 하니 그러한 자랑은 다 악한 것이라 ¹⁷그러므로 사람이 선을 행할 줄 알고도 행하지 아니하면 죄니라

35.
허탄한 자랑을 하지 말라!

그리스도 안에서 사랑하는 성도 여러분, 그리고 예배의 자리를 찾은 사랑하는 이웃 여러분, 주님과 동행하는 삶을 누리고 계십니까? 신앙인은 범사에 감사하는 사람입니다. 비가 내릴 때는 그 아름다운 빗방울 소리로 인해서 감사하십시오. 다시 해가 나면 그 빛나는 햇살을 주신 하나님께 감사하십시오. 토마토가 붉게 물들어 가고 자두와 복숭아가 익어 가는 데는 뜨거운 여름 햇살이 필요하기 때문입니다. 이처럼 신앙인은 어떤 상황에서도 감사할 수 있는 사람입니다.

오늘 본문으로 들어가 봅시다. 오늘 본문은 성경이 기록된 시대상을 물씬 풍깁니다. 13절을 읽어 보면 당시 유대인의 모습과 생활상을 쉽게 연상할 수 있습니다. 여러분도 알다시피 유대인이라고 하면 옛날이나 지금이나 인정받는 분야가 몇 개 있습니다. 그중 하나가 뛰어난 장사술입니다. 지금도 세계 경제가 그들의 수중에 있습니다만 그때도 뛰어난 사업 수완이 익히 알려져 있었습니다.

당시는 이른바 로마의 평화를 구가하는 시대였습니다. 지중해를 중심으로 로마가 온 세계를 통일하고 지배하던 시대입니다. 모든 길은 로마로 통하였고 여기저기에 새로운 도시가 생겨나던 시기였기에 유대인들은 상술을 발휘할 절호의 기회를 누렸습니다. 새 도시가 건설되면 로마 제국은 그 도시에 와서 살 사람들을 영입했는데, 특히 유대인들에게는 시민권을 제공해 가면서 환영했습니다. 유대인이 몰려오면 상업이 활발해지고 온갖 재화가 몰려들기 때문입니다. 도시의 번영은 유대인의 이주와 밀접한 상관관계를 갖고 있었습니다.

내일 일조차 알지 못하는 인생

본문 13절에 등장하는 인물들은 아마 이런 부류의 상인들로 보입니다. 지도를 펴놓고 한 지점을 손가락으로 가리키면서 "이 도시에 가서 한탕 해야겠어, 한 1년 머물면 괜찮은 저택 한 채쯤 떨어질 거야!"라고 말하면서 말이지요.

2,000년 전 유대인을 지배하던 상업 심리와 오늘날 한국인의 마음속에 꿈틀거리는 투기 욕망은 크게 다르지 않습니다. 한때는 소형 아파트 분양가 상한제로 인해서 당첨만 되면 가만히 앉아 일이 억의 시세 차액을 얻기도 했습니다. 주택 공급을 늘려서 집값을 안정시키고 서민들을 위해 소형 아파트 분양가를 낮춘다는 것이 한때는 로또 아파트로 변질되기도 했습니다.

2,000년 전에는 장사를 해서 이익을 남기려 들었지만 요즈음은 땅이나 집에 투기해서 일확천금을 노리는 점이 다를 뿐입니다. 양쪽 다 지도를 펴놓고 설치는 점에서는 크게 다르지 않습니다. 뿐만 아니라 그들의 마음속에 도사리고 있는 대단한 자만심 역시 다르지 않습니다.

오늘 우리가 읽은 본문 앞부분은 준행해야 할 율법마저 우습게 여기고 마치 율법의 심판자나 재판자가 되는 듯이 설치는 대단한 사람들을 보여 줍니다. 그리고 나서 오늘 본문에서는 하나님의 섭리조차 인정하지 않는, 스스로 인생의 주인인 양 설치는 부류의 인생들이 등장합니다.

지도를 펴놓고 말하는 것을 들어 보면 곧 부자가 될 듯이 떠들며 그들의 계획 속에 하나님은 전혀 자리하고 있지 않다는 것이 여실히 드러나고 있습니다. 사랑하는 성도 여러분, 장사를 해서, 사업을 해서 이익을 남기려 드는 것 자체는 나쁘지 않습니다. 야고보는 다만 그 생각 속에 하나님을 전혀 고려하지 않는 오만함을 지적하고 있습니다. 연간 사업 계획 속에 하나님의 섭리에 대한 고려는 전혀 없이 자기 생각대로 될 것처럼 떠드는 인간의 오만함을 다루고 있습니다.

그런 면에서 보면 당시 열국에 흩어진 유대인의 심성이나 오늘 우리의 심성이나 동일합니다. 마치 미래가 우리 수중에 놓여 있는 것처럼 단기 계획, 장기 계획을 세우고 있는 무한한 자기 신뢰를 성경은 꾸짖고 있습니다.

사랑하는 성도 여러분, 남보다 먼저 상황을 분석하고 명석한 판단에 기초한 투자는 반드시 성공으로 연결된다는 확신을 갖고 있습니까? 오늘 본문은 이러한 확신에 가득 찬 인간의 마음속 오만을 지적합니다. 14절을 보면 그들의 잘못이 여실히 폭로되고 있습니다. 이런 인생들의 치명적인 실수가 무엇인지를 보여 줍니다.

> 내일 일을 너희가 알지 못하는도다 너희 생명이 무엇이냐 너희는 잠깐 보이다가 없어지는 안개니라(4:14).

내일 일조차 알지 못하는 인생에 불과하면서 1년 동안 머물며 장사하여 이익을 얻겠다고요? 그들의 치명적인 실수는 자신들이 다만 인생에 불과하다는 사실을 망각한 것입니다. 단 오 분 후에 일어날 사건조차 정확히 예측하지 못하는 한낱 인생인 것을 깡그리 망각하는 어리석음에 있습니다.

모든 인생에게 가장 확실하고 공통적인 사실은 그들의 미래란 불확실하며 예측할 수 없다는 것입니다. 사업 계획을 수립하지 말라는 것이 아닙니다. 중장기 계획을 세우지 말라는 말이 아닙니다. 그러나 반드시 기억하십시오. 미래는 여러분의 수중에 있지 않습니다. 그리고 불확실하며 예측할 수 없습니다. "내일 일을 너희가 알지 못하는도다."

13절에 등장하는 인물의 호언장담 속에는 또 하나의 엄청난 진리가 망각되어 있습니다. 내일을 예측할 수 없다는 사실뿐 아니라 인생의 연약함과 유한함을 잊고 있다는 사실입니다. 인생이 얼마나 쉽게 사라지며 덧없는 것인지를 인식하지 못하는 죄악을 범하고 있습니다. "너희 생명이 무엇이냐 너희는 잠깐 보이다가 없어지는 안개니라."

아버지의 손에 위탁된 미래

사랑하는 성도 여러분, 깊이 명심하십시오. 이른 아침에 산책을 나가 보십시오. 여러분의 앞길에 안개가 시야를 가릴 때마다, 그것이 여러분 자신의 모습임을 명심하십시오. 곧 태양이 떠오르면 사라질 것입니다. 동남풍이 불어도 서북풍이 몰아쳐도 독야청청할 것처럼 자기를 과신하지 마십시오. 메뚜기도 오뉴월이 한 철입니다.

사랑하는 성도 여러분, 나이 40, 50이면 자기 인생의 정상에 도달하지 못하는 사람이 누가 있겠습니까? 대부분은 그때 인생의 절정을 이룹니다만 석양이 비칠 때를 미리 기억하고 살아가십시오. 인생에 대해 가장 확실히 말할 수 있는 진리는 우리 인생은 죽음으로 모든 게 끝나고 만다는 것입니다. 죽음의 필연성을 직면하기를 거절하는 것은 인생의 교만한 모습입니다. 예기치 않은 시간에, 미리 내다보지 못한 방법으로 우리에게 종말이 닥친다는 사실을 망각하고 사는 인생은 교만한 자입니다.

생존 기간이 불확실한 것이 인생입니다. 오늘 중병에 걸렸든지 지금 건강하든지 차이가 없습니다. 1년을 장담할 사람이 아무도 없습니다. 그뿐만 아니라 우리가 사는 시대 역시 불확실합니다.

그럼 불확실성의 시대를 사는 불확실한 인생은 어떻게 살아야 합니까? 될대로 되라 하며 멋대로 살아야 합니까? 내일 죽을지 모르니 먹고 마시고 해야 합니까? "노세 노세 젊어서 노세"라고 절규해야 합니까? 이른바 쾌락주의자들처럼 살아야 합니까? 그들은 생존보다는 생활에 초점을 맞춘 사람들입니다. 먹고 마시고 춤추는 따위의 쾌락에 사는 목적을 두는 사람들입니다. 삶을 쾌락을 얻기 위한 기회로 생각하는 것은 죄악입니다.

야고보 선생은 왜 인생의 유한함과 미약함을 상기시킵니까? 생명은 우리 수중에 있는 것이 아님을 깨우쳐 주기 위함입니다. 인생이 하나님의 장중에 있음을 보여 주기 위함입니다. 전능자 하나님을 절대 신뢰하는 삶을 살도록 하기 위함입니다. 15절의 권면에 귀를 기울입시다.

> 너희가 도리어 말하기를 주의 뜻이면 우리가 살기도 하고 이것이나 저것을 하리라 할 것이거늘(4:15).

그렇습니다. 우리가 사는 것은 하나님께 달렸습니다. 하는 일을 성취하는 것도 주님께 달렸습니다. 일이 성사되는 것도 주님께 달렸고, 성사되도록 우리가 산다는 보장도 하나님께 달렸습니다. 인생은 전적으로 그 모든 것이 하나님의 장중에 있습니다. 사랑하는 성도 여러분, 여러분의 생각 속에, 여러분의 계획 속에, 여러분의 대화 속에 하나님의 뜻을 기억하십시오.

하나님의 섭리의 손길을 벗어나서는 한 치도 움직일 수 없는 인생임을 기억하십시오. 불확실한 미래, 예측할 수 없는 인생길로 인해 불안합니까? 하나님을 배제한 여러분의 계획은 전혀 승산이 없습니다. 그러나 성도들은 불확실한 미래, 예측할 수 없는 인생길에서 영광스런 확신을 갖고 살아가는 자들입니다. 전능하신 하나님 아버지의 손에 위탁된 미래만큼 확실한 것은 없기 때문입니다. 전능자의 장중에 위탁된 계획만큼 분명한 것은 없습니다.

사랑하는 성도 여러분, 여러분에게는 전능하신 아버지의 장중에 위탁할 일들이 있습니까? 자신의 생명과 사랑하는 이들의 생명입니까? 이처럼 혼란한 세대 속에 자라는 어린아이들의 미래입니까? 여러분이 꿈꾸고 있는 내일의 찬란한 계획입니까? 그렇습니다. 주님 뜻이면 우리가 살기도 합니다. 그분의 뜻이면 이것이나 저것을 할 것입니다. 주님의 뜻에 모든 것을 맡긴 확신에 찬 구약 시인의 고백을 들어 보십시오.

나의 앞날이 주의 손에 있사오니 내 원수들과 나를 핍박하는 자들의 손에서 나를 건져 주소서(시 31:15).

고난 가운데 있는 신약 사도의 확신입니다.

이로 말미암아 내가 또 이 고난을 받되 부끄러워하지 아니함은 내가 믿는 자를 내가 알고 또한 내가 의탁한 것을 그날까지 그가 능히 지키실 줄을 확신함이라(딤후 1:12).

주께서 허락하시면

우리 삶이 전적으로 하나님께 달려 있다는 사실을 아는 것은 성도가 온갖 어려움 속에서 누리는 놀라운 위로입니다. 그 사실을 아는 성도는 불안 대신 확신을 갖고 불확실성의 시대를 살아갑니다. 그러므로 성숙한 신앙인은 모든 계획마다 하나님께 맡기며 살아갑니다. 대표적인 모범을 바울의 언행에서 볼 수 있습니다.

> 주께서 허락하시면 내가 너희에게 속히 나아가서……(고전 4:19).

> 이제는 지나는 길에 너희 보기를 원하지 아니하노니 이는 만일 주께서 허락하시면 얼마 동안 너희와 함께 머물기를 바람이라(고전 16:7).

바울만큼 자신의 삶을 하나님의 섭리의 손길에 맡긴 사람은 드뭅니다. 에베소 성도들과 작별하며 하는 말을 들어 보십시오.

> 만일 하나님의 뜻이면 너희에게 돌아오리라(행 18:21).

디모데를 속히 빌립보로 보내기를 "주 안에서" 바라며 자신도 속히 방문하기를 "주 안에서" 확신하고 있습니다(빌 2:19-24 참조). "주님의 뜻이면"(*D.V., Deo volente*)이라는 표현이 서구 기독교 사회에서는 관습이 되고 말았지만 이렇게 절대자 하나님의 뜻에 전적으로 맡기는 삶의 자세는 아직도 우리 성도에게 많이 부족합니다. 우리 생각 속에 절대 의존감을 가꾸어 갑시다. 우리 언어 속에 절대 의존감을 나타냅시다. 말만 하는 것은 위선입니다. 그러나 말조차 하지 않는 것은 절대자 하나님을 인정하지 않는 오만한 삶입니다.

> 너희가 도리어 말하기를 주의 뜻이면 우리가 살기도 하고 이것이나 저것을 하리라 할 것이거늘 이제도 너희가 허탄한 자랑을 하니 그러한 자랑은 다 악한 것이라(4:15-16).

앞날이 자신에게 달린 듯이 건방진 자랑을 하는 것은 악한 것으로 규정합니다. 사람이 사람의 한계를 넘어서서 내일을 논하는 것은 하나님의 위엄을 무시하는 처사입니다. 살게 하시는 분은 오직 하나님입니다. 성취하게 하시는 분도 오직 하나님입니다.

그런데도 불구하고 실제로 우리 계획 속에 하나님을 얼마나 인정하고 있습니까? 생명의 주인이 하나님임을 알고도, 성공과 실패가 그분의 손에 있음을 수긍하면서도 실제 삶에서 그렇게 살지 않으면 그것은 죄입니다.

오늘 본문에 나오는 "그러므로 사람이 선을 행할 줄 알고도 행하지 아니하면 죄니라"(4:17)는 구절은 일반적인 모든 경우에 적용할 수 있는 진리지만 본문의 문맥상 하나님의 하나님 되심을 인정하지 않고 스스로 잘난 듯이 건방진 말을 하고 사는 것을 가리킵니다.

사랑하는 성도 여러분, 무심코 내뱉는 여러분의 말 속에서 하나님의 주권자 되심이 나타나고 있습니까? 주일을 맞이하면서 또 한 번 내일을 위해 복된 계획을 수립하십시오. 그것을 즐거워하며 바라도 좋습니다. 그러나 항상 "주의 뜻이면"이란 단서 속에서 계획하십시오. "주의 뜻 안에서" 성사되기를 소원하십시오. 그것이 성도의 마땅한 태도입니다. 사랑하는 성도 여러분, 미가의 호소를 끝으로 오늘 말씀을 맺겠습니다.

> 사람아 주께서 선한 것이 무엇임을 네게 보이셨나니 여호와께서 네게 구하시는 것은 오직 정의를 행하며 인자를 사랑하며 겸손하게 네 하나님과 함께 행하는 것이 아니냐(미 6:8).

사랑하는 성도 여러분, 주의 뜻을 여러분의 생각에, 여러분의 계획에 넣는 겸손한 신앙인이 되기 바랍니다. 일마다, 때마다 그분의 뜻이 우선적으로 고려되는 복된 삶을 살아가길 바랍니다.

James
야고보서 4장

야고보서 4장 17절

17 그러므로 사람이 선을 행할 줄 알고도 행하지 아니하면 죄니라

36.
실천하지 않은 선행

그리스도 안에서 사랑하는 성도 여러분, 죄는 법을 어기는 것입니다. 사도 요한은 "죄를 짓는 사람은 누구나 하나님의 법을 어기는 것이며 법을 어기는 그것이 곧 죄가 됩니다"(요일 3:4, 현대인의성경)라고 규정하고 있습니다.

하나님의 법대로 순종하지 않는 것이 모두 죄이지만 모든 죄가 성격상 동일하지는 않습니다. 그것은 하나님의 법 자체가 성격상 두 가지 경우로 나누어지기 때문입니다. 대표적인 하나님의 법인 십계명을 예로 들어 설명해 보겠습니다. 십계명을 통해서 우리에게 하시는 하나님의 명령을 살펴보십시오. 주류를 이루는 명령은 "하지 말라"입니다.

"내 앞에 다른 신을 네게 두지 말라." "우상을 섬기지 말라." "하나님의 이름을 헛되이 부르지 말라." "살인하지 말라." "간음하지 말라." "도적질하지 말라." "거짓 증거 하지 말라" 등 "하지 말라"는 명령이 주조를 이룹니다. 다만, 제4, 5계명은 예외입니다. 두 계명은 "하라"는 명령으로 이루어져 있습니다.

"안식일을 거룩하게 지키라." "네 부모를 공경하라."

죄는 하나님의 명령을 거역하는 것입니다. "하지 말라"는 명령을 어겨도 죄입니다. "하라"는 명령을 어겨도 죄입니다. "하지 말라"는 일은 하게 되면 죄가 됩니다. "하라"는 일은 하지 않으면 죄가 됩니다. 이렇든지 저렇든지 하나님 명령을 어기는 것이 모두 죄입니다.

어떤 죄가 더 큰가

여러분은 "하지 말라"는 명령을 어기는 것과 "하라"는 명령을 어기는 것 중 어느 것을 더 큰 죄라고 생각합니까? 하나님이 "살인하지 말라"고 했는데, 살인하는 것이 큰 죄입니까? 아니면 "부모에게 순종하라"고 했는데 순종하지 않는 것이 큰 죄라고 생각합니까?

실제 경우를 생각해 봅시다. 어떤 집사님이 불순종해서 집에 우상을 차려 놓고 있다면 여러분은 어떤 반응을 보이시겠습니까? 어떤 형제가 홧김에 누구를 죽였다고 합시다. 그 사람이 지금 당신 옆에 앉아 있다고 하면 어떤 기분이 들겠습니까? 습관적으로 도적질하는 이가 여러분 구역에 있다면 여러분은 그 사람을 신자로 받아들이겠습니까?

일반적으로 우리는 "하지 말라"는 명령을 어기면 굉장히 큰 죄로 여깁니다. 그러나 반대의 경우를 생각해 보십시오. "안식일을 거룩하게 지키라"는 명령을 듣고도 걸핏하면 주일 예배를 빠지고 자기 급한 일에 몰두하는 분들을 여러분은 어떻게 생각합니까? "안식일을 거룩하게 지키라"는 제4계명을 어긴 것을 보고 여러분은 그 사람을 "간음하지 말라"는 제7계명 범한 것처럼 취급합니까? 아닙니다. '바빠서 예배에 못 왔나?' 하고 맙니다.

그러나 만약 제7계명을 직분자가 어겼다 하면 그 다음 당회 때에 의논이라도 할 겁니다. 그리고 당회가 자정 능력이 있다면 "치리하자"고 나올 겁니다. 그러나 제4계명을 어긴 사람은 그냥 넘어간다는 말씀입니다.

여러분 한번 생각해 보십시오. 어떤 것이 중요한 계명입니까? "네 부모를 공경하라"는 명령을 매 주일 듣고도 부모에게 순종하지 않는 것은 살인죄를 지은 것처럼 통회하지 않습니다. 그러나 하나님의 어떤 명령이든지 순종하지 않으면 모두 죄입니다.

죄는 하나님의 말씀을 거역하는 것입니다. "하지 말라"고 금한 어떤 행동을 하므로 범하는 죄나, "하라"고 명한 어떤 행동을 하지 않으므로 기피하는 죄나 동일한 죄입니다. 그렇지 않습니까? 하나님의 명을 여겼기 때문에 동일한 죄입니다. 영어로는 금한 행동을 한 죄를 'Sins of commission'(저지른 죄)으로, 하라고 명한 것을 하지 못한 죄를 'Sins of ommission'(태만 죄)으로 구분합니다.

제가 여러분을 활터로 모시고 가서 설명해 보겠습니다. 활을 쏘는 곳에 두 명의 사수가 있습니다. 첫 번째 사수가 쏜 화살은 과녁에 채 미치지 못했습니다. 두 번째 사수가 쏜 화살은 과녁을 넘어 지나쳐 가 버렸습니다. 둘 다 실점을 했습니다. 둘 다 명중시키지 못했습니다. 어느 사람이 더 낫습니까? 같습니다. 화살이 못 미치든지, 지나치든지 점수를 얻는 데는 아무 도움이 되지 않습니다. 하나님의 법이 과녁이라면 과녁을 지나쳐도, 못 미쳐도 둘 다 실점을 한 것입니다.

한번 생각해 보면 같은 죄인데도 불구하고 "하지 말라"는 명령을 어긴 것보다 "하라"는 명령을 못 지킨 것은 서로 관대하게 여기고 죄책감도 덜합니다. 그러나 죄는 우리의 기분에 따라 결정되는 것이 아닙니다. 우리 관습에 따라서 결정되지도 않습니다.

어떤 죄라도 자주 되풀이하면 그 죄에 대해 무감각해집니다. 여러분이 무감각하게 느낀다고 해서 그것이 죄가 안 되는 것은 아닙니다. 다만, 여러분의 양심이 무디어져서 죄를 죄로 느낄 수 없을 뿐이지, 처음 지었을 때 죄라고 생각이 들 때나 열 번째 짓고 느끼지 못할 때나 죄는 똑같은 죄입니다.

죄는 하나님의 법에 따라 결정됩니다. 자전거를 타고 갈 때 왼쪽으로 넘어져도 넘어지는 것이고 오른쪽으로 넘어져도 넘어지는 것입니다. 어떻게 잘못해도 잘못하는 것은 죄라는 말씀입니다. 선행을 하지 않는 것도 악행을 범하는 것만큼이나 죄라고 본문은 말합니다. 오늘 본문은 전자의 경우를 다루고 있습니다.

신앙 공동체를 향한 주님의 기대

선한 일을 해야 한다는 것을 알면서도 실천하지 않으면 바로 그것이 죄입니다. 야고보 선생의 이 가르침은 주님의 가르침과 그 강조점이 매우 일치합니다. 주님도 여러 가지 비유를 들어서 누누이 이 문제를 말씀하셨습니다. 사람이 선한 일을 해야 된다는 것을 알면서 실천하지 않으면 그것이 바로 죄라는 것을 가르쳐 주려고 주님께서도 노력하셨습니다.

적극적인 잘못을 범하는 죄보다 오히려 바른 행동을 하지 않는 죄를 심각하게 다루고 있습니다. 악한 행동을 했다고 정죄하는 것보다 선한 행동을 하지 않았다고 준엄하게 선고하는 것이 많습니다. 여기에 신앙 공동체를 향한 주님의 기대를 읽을 수 있습니다. 주님이 기대하는 신앙 공동체의 수준을 알 수 있습니다.

흔히 세상 사람들은 이렇게 자부합니다. "나는 70평생 살면서 크게 착한 일 한 것은 없어도 누구에게 큰 잘못을 저지르지 않았다"고 이야기합니다. 대체로 사람들은 그렇게 살아갑니다. 대과(大過) 없이, 큰 잘못을 저지르지 않고 지내온 것으로 만족합니다. 그러나 성경의 수준은 다릅니다. 오늘 본문을 보면 야고보 선생은 흩어진 신앙 공동체를 향해 그들이 도달해야 할 삶의 수준을 말하고 있습니다.

사실 악한 행동을 일삼는 사람들은 주님의 말씀을 듣는 자리에 아예 나오지 않습니다. 어떻게 습관적으로 도적질하는 사람이 이 자리에 나오겠습니까? 2,000년 전에 주님께서 말씀을 전하던 청중도 마찬가지였습니다. 잘못을 밥 먹듯이 하는 사람들은 주님 앞에 나와서 들으려조차 하지 않았습니다. 안 나오면 편한 걸, 무엇 때문에 나와서 들으며 고민하겠습니까? 그러니 주님 앞에 나오는 자들은 최소한 악행을 일삼는 자들은 아닐 것입니다.

우리가 범하는 대부분의 죄는 악행을 하는 데 있지 않고 오히려 선행을 하지 못한 경우가 주종을 이룰 것입니다. '내가 무슨 큰 죄를 저질렀나?' 하고 생각하면 여러분은 항상 그렇지 않다고 결론 내릴 것입니다. 그러나 우리가 교회에 나와 앉아 있으면서 도적질하고 간음하지 않았다고 만족해서는 안 됩니다. 주님께서 바라시는 공동체의 수준은 악행을 그만둔 상태가 아닙니다.

주님은 자기 피로 사신 신앙 공동체가 세상에서 선을 행하기를 원하십니다. 주님은 여러분 눈앞에 보이는 그 선한 일을 여러분이 주님의 이름으로 하기 원하십니다. "너희 빛이 사람 앞에 비치게 하여 그들로 너희 착한 행실을 보고 하늘에 계신 너희 아버지께 영광을 돌리게 하라"(마 5:16)고 역설하셨습니다.

그리스도인의 삶은 산 위에 있는 동네와 같습니다. 세상 사람들은 무슨 죄를 지어도 그냥 아무 말 하지 않고 넘어가는데 우리보고는 조금만 잘못해도 예수 믿는 사람이 어떻게 그럴 수가 있냐고 합니다. 그러고 보니까 우리 주님도 우리를 향해서 기대를 가지고 있을 뿐 아니라 세상 사람들도 우리를 향해서 기대를 가지고 있는 것 같습니다. 자기들 수준으로 놀면 예수를 믿으나 마나라고 생각합니다. 게다가 주님이 우리에게 기대하시는 수준은 단지 악행을 멈추라는 수준이 아닙니다. 선을 행할 줄 알면서도 행하지 않으면 그것이 바로 죄입니다.

사랑하는 성도 여러분, 악한 행위를 그친 사실로 만족하지 마십시오. 선한 행위를 하고 있는지를 살펴보십시오. 돕고 싶은 마음을 먹은 사실이 여러분을 선한 자로 만들지 않습니다. '도우려고 했었다'는 사실은 잘 생각해 보면 '돕지 않았다'는 말입니다.

어떤 상황을 듣게 하셨을 때, 어떤 사정을 보게 하셨을 때 성령께서 여러분의 마음을 움직여 '도우면 좋겠다'는 마음을 주셨는데도 불구하고 여러분의 욕심으로 그 마음을 짓눌러 버렸다는 말밖에는 되지 않습니다.

악행을 저질렀기 때문이 아니다

주님은 기회가 있을 때마다 당신의 백성에게 선을 행하라고 분부하십니다. 선한 사마리아인의 비유를 기억하십니까? 강도 만난 자의 이웃이 되지 못한 제사장과 레위인은 무슨 악행을 저지른 것이 아닙니다. 다만, 강도 만난 자의 처지를 불쌍히 여겨 도움의 손을 내밀지 않았고, 그를 위한 시간을 내지 않은 것뿐입니다. 강도 만나 쓰러져 있는 사람을 짓밟고 가지도 않았습니다. 다만, 멀리 피해 갔을 따름입니다. 조용히 자기 길을 계속 갔던 것입니다. 피 흘리고 쓰러져 있는 자의 입장에서 생각하기보다 레위인은 빨리 가서 '성전의 일을 해야지' 하고 생각했고 제사장도 '난 빨리 가서 제사를 드리는 일을 해야지' 하고 생각했을 것입니다. 말하자면 교회 일에 몹시 바빠서 고통 중에 있는 사람의 필요를 채워 주지 못했을 뿐입니다.

얼마 전 한 가정이 저희 집에서 함께 식사를 했습니다. 아내 되시는 분은 권사님이셨고 남편 되시는 분은 믿지 않는 분이셨습니다. 남편 분이 가정에서 소외되어 보였습니다. 남자들은 나이가 들면 서운한 감정이 많아집니다. 교회 일이 몹시 바빠서 가정을 챙기지 않는다면 남편에게 복음을 전하는 데 큰 문제가 생깁니다.

주님은 여러분을 강도질한 자로 여기지 않습니다. 그런 악행을 이제는 그만두라고 명하지 않습니다. 주님은 여러분이 지금부터 도움을 필요로 하는 자의 이웃이 되라고 하십니다.

주님의 말씀을 귀담아들어 보면 나 같은 처지에서는 남을 도울 수 없을 것만 같은데 의외로 나의 도움을 필요로 하는 사람이 많다는 것을 발견하게 될 것입니다. 자기보다 잘 사는 사람만 보고 살면 나는 언제 저렇게 잘 살아서 남을 도울까 싶지만, 세 평도 채 안 되는 조그마한 방 한 칸에 살면서 남을 잘 돕는 사람도 있습니다.

우리가 삶의 여정을 다 걷고 난 후 주님을 만날 때 주님은 우리에게 어떤 삶을 살았는지 물으실 것입니다. 주님께서는 당신의 백성을 마지막 심판하실 때 악한 일을 했는지 여부로 판단하시지 않습니다. 마지막 심판 때에는 어떤 선한 일을 했는지 물어 오실 것입니다.

부자와 나사로의 비유를 살펴보십시오. 무덤 저편의 세계에서 부자가 고통 중에 처한 것은 그가 부자로 살았기 때문이 아닙니다. 다만, 부자로서 흔히 받는 유혹에 넘어졌기 때문입니다. 역시 그도 부를 올바르게 사용하는 데 실패했습니다.

부자는 자신이 가진 부로 도움을 필요로 하는 사람을 돕지 않고, 가난한 사람과 자신 사이에 재산을 칸막이로 사용했습니다. 부를 이용해서 높은 담을 쌓고 견고한 대문을 닫아 버렸습니다. 그리고 개들로 하여금 지키게 했습니다.

가난하고 병든 나사로가 잔칫상에 가까이 나오지 못하도록 격리시켰습니다. 죽고 나서 보니까 그것이 자기와 나사로를 격리시켜 놓은 구덩이라는 것을 발견한 것입니다. 이생뿐 아니라 내세에까지 자기가 만든 구덩이로 자신이 구원받을 기회마저 거부한 것입니다.

마태복음 25장은 주님이 마지막 심판하실 때에 사용하실 세 가지 시금석을 말합니다. 그중에 어느 것도 특별하게 악한 죄를 지어서 저주받은 경우는 없습니다. 닫힌 문밖 어두운 가운데 "주여, 주여 우리에게 열어 주소서"(마 25:11)라고 소리친 다섯 처녀는 하나님께 무슨 특별한 악행을 행하던 사람들이 아닙니다. 다만, 밤중에 도착하는 신랑을 맞이하는 데 꼭 필요한 기름을 준비하기에 실패했을 뿐입니다. 슬기롭게 예비하지 못한 미련한 행동의 대가로 영원한 파멸을 맞이한 것입니다.

첫 비유는 하나님과 우리의 관계에 불이 켜져 있어야 한다는 것을 이야기해 주는 것입니다. 그리고 시간이 오래되어도 어두운 밤에 그 불을 밝힐 수 있는 기름 준비가 연결되어 있어야 한다는 것입니다. 정말 나와 하나님의 관계가 바로 되어 있는지 그것을 가지고 하나님은 심판하실 것입니다.

달란트 비유 역시 마찬가지입니다. 바깥 어두운 데 내던져진 한 달란트 받은 종의 경우를 살펴보십시오. 그 종이 특정한 악한 일을 했습니까? 한 달란트를 받아 무슨 노름을 했습니까? 아닙니다. 그것을 고스란히 간직해 놓았습니다. 그렇다고 그 한 달란트를 가지고 투자를 해서 근근이 한 달에 3만 원, 5만 원 모으는 사람들의 생의 의욕을 꺾어 버리도록 죄를 범한 것도 아닙니다. 그냥 한 달란트 받았던 것을 파묻어 두었을 뿐입니다. 악용한 적은 전혀 없습니다. 생산적으로 쓰지 않았을 뿐입니다. 그 한 달란트를 가지고 무언가 할 수 있었음에도 불구하고 사장시켜 둔 것이 그의 잘못의 전부였습니다.

양과 염소의 비유를 살펴보면 이 사실이 더욱 분명해집니다. 영광의 심판 보좌 앞에 모든 민족이 서 있습니다. 목자가 양과 염소를 분별하는 것같이 두 그룹으로 나누고 있습니다. 무슨 특정한 악행을 한 사람들과 하지 않은 사람들을 나누는 것이 아닙니다. 동료 인간에게 자비를 베푼 사람과 베풀기를 실패한 사람으로 나눕니다.

선행의 기회를 놓치지 말라

성경이 말하는 우상은 다른 것이 아닙니다. 우상을 섬기는 것은 성경이 말하는 대로가 아니라 내 뜻대로 하나님을 섬기는 것입니다. 오늘날 우상을 섬기는 것은 바로 내 기분대로 하나님을, 하나님의 말씀을 믿는 것입니다.

어떤 말씀이든지 자기 생각에 괜찮으면 지키고 마음에 들지 않으면 지키지 않습니다. 옆에서 누가 말해도 듣지 않습니다. 한 기사를 보니 미국에는 이러한 기독교인이 많다고 합니다. 60-70퍼센트가 자신을 기독교인으로 여기면서도 인생이 자기 마음대로 안 된다고 말했다고 합니다. 그런 사람은 그리스도인이 아닙니다.

여러분은 예수를 믿는 사람이기 때문에 내가 원하지 않아도 해야 하는 일이 있고, 하고 싶어도 절대 해서는 안 되는 일이 있습니다. 내 멋대로 하는 사람은 예수를 믿는 사람이 아닙니다. 그것은 자신이 최고 지위에 서 있는 것입니다. 예수를 믿는다는 것은 예수님을 주님으로 모시는 것입니다. 내 죄를 용서하신 그분을 구주로 모시며 살아갈 때에 그 예수님을 주인으로 섬기는 것입니다. 좋은 주인이 시키는 일을 해야 합니다. 자기 마음대로 한다면 종이 아닙니다.

간음하면 매우 크게 범죄한, 즉 직분을 박탈할 만한 죄라고 생각하면서도 부모를 공경하는 것이나 안식일을 거룩히 지키라는 명령은 적당하게 넘어가도 괜찮을 것처럼 자기 기분대로 믿는 것이 우상 숭배입니다.

승승장구하는 인생길을 걷는 사람들은 가난한 사람들이 이해되지 않을 것입니다. 머리가 나빠서, 게을러서 그럴 거라고 생각할 것입니다. 실제로 제 중학교 동창 중에 하나가 몇 년 뒤에 보니 공무원 시험에 합격하여 제가 사는 동네에 발령을 받아 저희 집에 하숙을 하게 되었습니다. 그래서 가끔 만나는데 마주치면 늘 이렇게 말합니다. 다른 애들이 빈둥대면서 놀 때 자신은 열심히 공부해서 공무원이 되었다고 얼마나 자랑을 하는지 모릅니다. 그러나 공무원 시험을 열심히 준비하더라도 합격하지 못한 사람이 천지입니다.

심판 날 주님께서는 우리 각 사람의 행위를 엄숙히 물어보실 것입니다. 모든 사람의 마음과 생각, 말과 행위를 드러낼 질문을 하실 것입니다. "세상을 살면서 너는 지극히 작은 자 하나에게 사랑을 실천했느냐?" "타인을 그들의 처지에서 생각해 준 적이 있느냐?"

주님께서는 인생 여정 곳곳에 주어진 선행의 기회를 붙잡았는지 물으실 것입니다. 실천하지 않은 선행은 죄임이 드러날 것입니다. 자기 야망으로 겹겹이 싸여서 다른 사람의 형편에 대해서는 눈먼 삶을 살아 왔는지 생각해 보십시오.

> 이에 임금이 대답하여 이르시되 내가 진실로 너희에게 이르노니 이 지극히 작은 자 하나에게 하지 아니한 것이 곧 내게 하지 아니한 것이니라 하시리니(마 25:45).

사랑하는 성도 여러분, 실천하지 않은 선행은 무가치합니다. 그날 여러분을 구원할 수 없습니다. 실천하지 않는 선행은 죄악입니다. 그날 주님이 그렇게 판단하실 것입니다.

스스로를 신자로 여긴다면 남에게 해를 입히지 않은 것으로 만족하지 마십시오. 이제는 악행을 그친 것으로 만족하지 마십시오. 자신을 성도로 간주한다면 지난 한 주 동안에 선행을 베푼 일이 있는지 살피십시오. 큰 잘못을 하지는 않았더라도 조금이라도 잘한 것이 있는지 살펴보십시오. 하나님이 내 인생에 보내신 헐벗은 사람을 어떤 모습으로 돌려보냈는지를 생각해 보셔야 합니다.

동료 인생의 고달픈 처지를 보살핌으로 주님의 제자 됨을 나타내십시오. 대체로 신자들은 하지 않아야 할 악행을 저지르기보다 베풀어야 할 선행을 실천하는 데 자주 실패합니다. 모르고 악을 행한 것도 분명히 죄입니다. 동시에 알고 선을 행치 않은 것도 마찬가지로 죄입니다. 우리는 우리에게 주어진 선행의 기회를 놓치지 말아야 합니다.

James
야고보서 5장

야고보서 5장 1-6절

¹ 들으라 부한 자들아 너희에게 임할 고생으로 말미암아 울고 통곡하라 ² 너희 재물은 썩었고 너희 옷은 좀먹었으며 ³ 너희 금과 은은 녹이 슬었으니 이 녹이 너희에게 증거가 되며 불같이 너희 살을 먹으리라 너희가 말세에 재물을 쌓았도다 ⁴ 보라 너희 밭에서 추수한 품꾼에게 주지 아니한 삯이 소리 지르며 그 추수한 자의 우는 소리가 만군의 주의 귀에 들렸느니라 ⁵ 너희가 땅에서 사치하고 방종하여 살륙의 날에 너희 마음을 살찌게 하였도다 ⁶ 너희는 의인을 정죄하고 죽였으나 그는 너희에게 대항하지 아니하였느니라

37.
가진 자에게 임할 재난

그리스도 예수 안에서 사랑하는 성도 여러분, 오늘부터는 야고보서 5장 말씀을 시작하겠습니다. 앞서 우리는 알면서도 행치 못한 선은 죄라는 것을 알았습니다. 여러분의 마음에 말씀하시는 성령님의 지시에 따라 선을 실천한 한 주간이었기를 소원합니다.

오늘 본문은 선을 행할 여력을 갖추고도 선을 행치 않은 가진 자에게 임할 재난을 다루고 있습니다. 사람이 살다 보면 여러 가지 재난을 만납니다. 천재지변이든 인재지변이든, 재난은 선한 사람과 악한 사람을 가리지 않고 닥치는 듯합니다. 최후의 심판도 모두가 피해 갈 수 없지만 그 처벌은 반드시 선별적일 것입니다.

> 이는 우리가 다 반드시 그리스도의 심판대 앞에 나타나게 되어 각각 선악 간에 그 몸으로 행한 것을 따라 받으려 함이라(고후 5:10).

선을 행한 사람은 선을 행한 대로, 악을 행한 사람은 악을 행한 대로 그 경중을 따져서 심판할 것입니다. 그런 뜻으로 선악 간에 그 행한 대로 반드시 심판하실 것을 말합니다. 그러면 가진 자에게 임할 재난을 상세히 살펴봅시다.

> 들으라 부한 자들아 너희에게 임할 고생으로 말미암아 울고 통곡하라 (5:1).

무엇보다 먼저 본문이 일으킬 오해의 소지를 제거합시다. 성경은 부를 죄악시하지 않습니다. 성경은 부 자체를 결코 악한 것으로 여기지 않습니다. 부자라고 무조건 일렬로 세워 수건으로 눈을 가린 후에 무차별 난사를 하지 않습니다. 공산당이 부르주아 유산 계급을 처리하듯이 하지 않습니다.

모든 것이 무가치해지다

오늘 본문은 넓은 의미에서 그리스도인 모두를 향한 경고입니다. 가졌든 갖지 못했든 모든 성도가 귀담아들을 경고입니다. 세상 것들에 유혹을 받는 성도 모두를 향한 경고입니다. 더 많은 돈을 모으려고 기를 쓰는 성도를 향한 경고입니다. 사는 목적을 부의 축적에 두는 모든 성도를 향한 경고입니다.

물론 많은 재산을 가진 이들을 시샘하는 갖지 못한 성도들도 들어야 하는 경고이지만 근본적으로 오늘 본문은 선물로 주신 부를 오용하는 이들을 향한 경고입니다. 지금 그들이 가진 재물이 영원할 줄로 착각하는 이들을 향한 엄중한 경고입니다. 하나님이 주신 재물을 다른 이들의 슬픔과 고통을 들어 주는 데 사용하기는커녕 자신만을 위해서 사용하는 가진 자들을 향한 엄중한 경고입니다.

오늘 본문에서 울고 통곡하는 것은 회개의 눈물이 아니라 고난으로 인한 눈물입니다. 심판의 재난들이 그들 위에 이미 밀려오고 있기 때문입니다. 마지막 심판의 날이 다가오고 있기 때문입니다. 곧 재난의 날, 재앙의 시간이 덮쳐 오고 있기 때문입니다. 여기저기 모든 것이 흔들리고 있기 때문입니다.

재난을 불러들이는 가진 자들의 첫 번째 죄는 가진 것을 바르게 사용하는 대신에 쌓아 두려고 하는 것입니다. 허용한 도를 초월해서 재산을 쌓으려는 그들의 죄를 보여 주고 있습니다. 끝없는 욕심으로 재물을 모으려고만 하기 때문에 모아 둔 재산도 쓰지 않으면 반드시 썩고 좀먹고 녹슬어 버린다는 분명한 진리마저 보지 못합니다.

2,000년 전 야고보 시대 사람들은 부자가 되면 무엇보다 먼저 식량을 확보하려고 했습니다. 한때는 한반도에 전쟁이 난다는 소문이 돌면 식량을 챙기기 바빴습니다. 그런데 그것도 몇 번 하고 나니까 요새는 반응이 없습니다. 요즘은 라면이고 물이고 전쟁 때문에 식량을 사는 사람이 없습니다. 2,000년 전은 달랐습니다. 2,000년 전에는 사람들이 대부분 가난했습니다. 그래서 성령이 임한 세상이 어떻게 달라졌는지를 보여 주기 위해서 사도행전은 굶주린 자가 없는 것을 예로 들고 있습니다.

지금 같으면 굶어 죽어가는 사람이 없다는 것이 기삿거리가 되지 않습니다. 그러나 2,000년 전 세상에서는 일단 돈이 있으면 식량을 확보하는 것이 우선이었습니다. 먹고사는 데 꼭 필요한 분량을 훨씬 넘어 무조건 구매해서 쌓아 두었습니다. 쌀이고, 보리고, 밀이라도 모았습니다. 감람유나 포도주도 마찬가지입니다.

당장 필요해서라기보다 매점매석하는 것이 특징이었습니다. 먹는 것뿐만 아니라 입는 것도 투자의 대상이었습니다. 옛날에는 옷 자체가 화폐처럼 통용된 듯합니다. 요셉은 총리가 되어 다른 형제에게는 한 벌씩, 베냐민에게는 은 삼백과 비싼 옷 다섯 벌을 선물로 줍니다. 바울 역시 이런 고백을 합니다. "내가 아무의 은이나 금이나 의복을 탐하지 아니하였고"(행 20:33). 은과 금과 함께 의복도 축적의 대상이었습니다. 은과 금은 당시 유가증권의 통칭으로 삼았습니다. 요즈음은 화폐만이 아니라 수표, 증권, 현금카드, 그림이나 도자기를 비롯한 예술 작품 등, 꽤 다양한 것이 축적의 대상이 됩니다.

야고보의 재난 선포를 들어 보십시오. 우선 '너희 모든 식물은 썩었다'고 선포합니다. 쌓아 놓은 식료품이 변질되고 말았다고 선언합니다. 뿐만 아니라 갖춰 놓은 의복 역시 입지 못한 채로 좀먹어 버렸다고 이야기합니다. 부의 상징이요, 자랑으로 여기던 귀한 의복이 걸레짝으로밖에 쓸 수 없게 되었다는 말입니다. 게다가 마지막 희망을 걸었던 은과 금마저 폭삭 녹슬어 삭아 버렸다고 선언합니다. 전쟁이 일어나고 정부가 바뀌니까 가졌던 현금이나 통장들도 종잇조각처럼 변하고, 수표며 증권 역시 헌 종이 이상의 가치를 발휘하지 못하게 되었다는 말입니다. 폭삭 망했다는 선고입니다.

더 많이 모으려고만 했지 모은 것을 어떻게 사용해야 하는지 한 번도 생각해 보지 못하고 살았습니다. 모으기 바빠서, 모으는 재미에 빠져서, 움켜쥐면 손가락 하나도 펴 보려 한 적 없이 살아온 결과 다 썩고 좀먹고 녹슬었다는 것입니다. 온통 세상 것을 축적하는 데 몰두하며 살았는데 그 모든 것이 무가치해져 버렸습니다.

단순히 무가치한 것만이 아니라 은과 금에 쓴 녹이 하나님이 선물로 주신 부를 오용한 산 증거가 되어 불같이 우리 살을 먹게 되리라고 선고합니다. 식량은 쌓아 두기 위한 것이 아닙니다. 돈도 마찬가지입니다. 사용하도록 주신 것이지 쌓아 두도록 주신 것이 아닙니다. 먹는 것이든, 입는 것이든, 은이든 금이든 쌓아 두는 것은 마지막 심판 날 받을 재앙을 쌓는 것과 같다고 본문은 말합니다.

부를 쌓아 두는 죄

오늘 본문에서 야고보는 삶 전부를 걸고 축적해 온 그 재산이 여러분을 고문하는 땔감 역할을 하리라고 선고합니다. 그렇다고 야고보는 부자를 향해 무차별 난사를 하지 않습니다. 오늘 본문은 부를 오용한 부자들을 향해서 그들이 받을 재앙을 선포하고 있습니다. 먹을 것, 입을 것, 쓸 것을 축적의 대상으로, 투기의 대상으로만 여긴 부자들이 받을 재난을 그리고 있습니다.

사랑하는 성도 여러분, 냉장고에 하루 먹을 것이 있으면 만족하십시오. 썩어 곰팡이가 피도록 먹을 것을 쌓아 두는 것은 죄악입니다. 나누어 먹는 대신에 썩어 내버리는 음식물들은 여러분을 한 날 고발할 것입니다. 심지어 냉장 보관한 식료품이 썩을 정도로 욕심을 내지 마십시오. 뭐든지 넣어 두려고 냉장고 용량을 늘리려고만 하지 마시고, 누구와 나누어 먹을 것인지 보살필 이웃을 찾아보십시오.

주님이 "가난한 자들은 항상 너희와 함께 있을 것이라"(마 26:11)고 친히 말씀하셨습니다. 복지는 절대로 빈부의 차이를 평등하게 하지 못합니다. 세상에 사는 날 동안에는 더 가진 사람이 있고 덜 가진 사람이 있습니다. 그것은 가진 사람으로 하여금 덜 가진 사람들을 돌아볼 기회를 주기 위해서이고 또한 갖지 못한 사람들도 도움을 받으면서 겸손함을 배우도록 하기 위해서입니다.

옷도 마찬가지입니다. 나누어 입는 대신에 유행이 지나도록 걸어 두고, 좀 먹도록 방치하는 것도 하나님이 매우 싫어하는 죄입니다. 옷장에 철 따라 갈아입을 옷이 있으면 만족하십시오. 유행이 지나도록 입지 않고 옷장에 넣어 두는 것은 재앙을 쌓고 있는 어리석은 짓입니다. 일 년이 지나도록 입지 않은 옷은 여러분에게 불필요한 것입니다. 그런 옷이라면 선교지에 보내십시오.

하나님이 선물로 주신 것들은 하나님의 뜻대로 사용하십시오. 여분으로 있는 것이라면 필요로 하는 사람을 위해 사용하는 것을 배우십시오. 말세에 쌓아 둔 재물은 심판 날 받을 재앙을 쌓는 일입니다.

며칠 전 저는 우리 교회 청년부 출신의 한 형제에게 메일을 한 통 받았는데 그 메일을 읽으면서 아주 감동했습니다. 그 형제는 자전거로 전 세계를 누비고 다녔습니다. 남미의 어느 지역에서 자전거를 타고 가고 있었는데 갑자기 옆 버스에서 기사가 손을 내밀어 먹을 것을 건네주고 갔다고 합니다. 엉겁결에 있었던 일이라 고맙다는 말조차 못하고 버스가 지나갔다고 합니다. 여행을 하다 보면 다른 사람들의 도움이 필요할 때가 있습니다.

한 가지 제안해 봅니다. 날마다 자전거로 출근하면 그만큼 교통비가 모아집니다. 그렇게 한 달 동안 같은 뜻을 가진 대여섯 사람이 그만큼씩 모아서 과일 바구니 몇 개를 만들어 버스 기사들에게 전달하는 것입니다. 버스 기사들의 표정이 어떻게 바뀔지 상상해 보십시오.

몹시 피곤한 날 그 과일 바구니 하나가 전달되면 표정이 밝아집니다. 물론 그런 일을 하기 위해서는 우리가 조금씩 아껴야 합니다. 혼자 하기 멋쩍을 수도 있지만 힘을 합해서 같이 하면 할 수 있습니다. 이렇게 적은 돈이라도 우리가 아껴 써서 다른 사람에게 유익으로 돌아가게 된다면 얼마나 좋겠습니까?

사랑하는 성도 여러분, 무엇이든지 여분의 것은 선을 행할 기회입니다. 하나님이 우리에게 선을 행할 기회를 주셨는데 행치 않는 것은 죄악입니다. 남의 것을 훔치거나 폭력으로 빼앗는 강도질만 나쁜 죄가 아닙니다.

모든 부자가 다 정죄되지는 않습니다만 재난을 불러오는 가진 자들의 또 다른 죄는 불의한 방법으로 부를 축적한 것입니다. 야고보 선생은 4절에서 가진 자의 죄악을 또 지적합니다. 사용을 잘못하는 죄악뿐 아니라 불의하게 부를 축적한 죄를 지적합니다.

보라 너희 밭에서 추수한 품꾼에게 주지 아니한 삯이 소리 지르며 그 추수한 자의 우는 소리가 만군의 주의 귀에 들렸느니라 (5:4).

정당하게 지불되지 않은 품삯은 그날 침묵하지 않습니다. 욕심으로 가득한 부자의 귀에는 들리지 않을 수 있지만 그 고발은 만유의 심판자 귀에는 반드시 들립니다.

이 당시에는 사람들이 주로 농사를 짓고 살았습니다. 그래서 품꾼으로 농사지으러 가서 일하고 하루라도 품삯을 받아 오지 못한다면 부자는 상관없지만 가난한 사람들의 형편은 매우 어려워집니다. 아버지가 돌아오면서 곡식을 받아올 것을 기다리는 아이들이 있습니다. 먹지 못하여 배가 고프면 잠이 안 옵니다. 그런 식구들이 고픈 배를 움켜쥐고 하늘의 하나님을 향해서 부르짖고 있는 것을 하나님은 듣고 있습니다.

착취당한 노동자가 억울해서 우는 소리를 하나님은 들으십니다. 기독교는 결코 하늘 저편의 기름진 식탁의 환상으로 인민을 마취시키는 종교가 아닙니다. 내세만 부각시키므로 현세의 고통을 잊게 만드는 인민의 아편이 아닙니다. 성경만큼 현세의 고통, 빈부의 문제를 적나라하게 다루는 책도 없습니다. 신약 성경 중에는 야고보서만큼 열정을 가지고 이 문제에 집착하는 책도 드뭅니다. 구약 아모스 역시, 신약의 야고보만큼 가난한 자의 눈물과 한숨을 아는 사람입니다.

너희는 흉한 날이 멀다 하여 포악한 자리로 가까워지게 하고 상아 상에 누우며 침상에서 기지개 켜며 양 떼에서 어린 양과 우리에서 송아지를 잡아서 먹고 비파 소리에 맞추어 노래를 지절거리며 다윗처럼 자기를 위하여 악기를 제조하며 대접으로 포도주를 마시며 귀한 기름을 몸에 바르면서 요셉의 환난에 대하여는 근심하지 아니하는 자로다 (암 6:3-6).

성경은 결코 빈익빈 부익부 현상을 지지하지 않습니다. 정당한 임금 지불을 하지 않고, 정당한 세금 지불을 기피하는 것이 부를 축적하는, 사업체를 키우는 지름길이라고 지껄이는 이들의 죄악에 침묵하지 않습니다. 뿐만 아니라 가난하고 무력한 자라고 해서 부당한 착취를 가해도 아무도 변호해 줄 이가 없다고 착각하지 마십시오. 그들을 돌보시는 분은, 그들의 억울함을 풀어 주시는 분은 하나님입니다.

본문 4절은 하나님을 "만군의 주"라고 부릅니다. "만군의 주"란 구약에 나오는 하나님의 칭호 중에서 가장 위엄 있는 칭호입니다. 그는 전지전능하신 분입니다. 그는 억울한 이의 한을 읽으시며 눈물을 씻길 수 있는 능력자입니다. 비록 세상에는 가난한 사람의 편이 없을지 몰라도 전지전능한 하나님이 그들의 보수자로서, 도움자로서 자신을 소개하십니다. 성도 여러분, 돈을 버는 것도 좋고, 사업 확장도 좋지만 남을 억울하게 하는 것은 스스로 전능하신 하나님의 원수가 되는 죄악입니다.

불의하게 재물을 사용하는 죄

재난을 불러오는 가진 자들이 흔히 저지르는 또 다른 세 번째 죄악은 재물을 불의하게 사용하는 죄입니다. 축적해 두는 것도 죄입니다. 그러나 쌓아 두는 것만큼이나 사치와 방종에 소비하는 것도 죄악입니다. 가난에 찌든 노동자에게 지불할 돈을 지불하지 않고 오히려 자신의 사치와 방종을 위해서 탕진하는 죄를 지적합니다. 좀 더 자세히 살피면 사치와 방종에 사용하는 죄입니다.

너희가 땅에서 사치하고 방종하여 살륙의 날에 너희 마음을 살찌게 하였도다(5:5).

5절 말씀은 부를 축적한 다음 사치와 죄악된 쾌락을 위해 탕진하는 죄악을 지적합니다. 그들은 돈이 있기 때문에 신체적 안락을 위한 모든 것을 다 갖출 수 있습니다. 소모적인 것에 그들이 가진 것을 쏟아 부을 수 있습니다.

이기적 욕망을 충족시키는 도구로 사용되는 부는 심판을 불러옵니다. 좀 더 평안하기 위해, 좀 더 즐기기 위해 동료 인생의 고민을 모두 망각한 죄는 스스로 심판을 불러들입니다. 누가복음 16장에 등장하는 "자색 옷과 고운 베옷을 입고 날마다 호화롭게 즐기더라"(눅 16:19)는 말씀을 주목하십시오. 한 부자의 죄는 그가 행한 무슨 잘못 때문이 아니라 그가 행하지 못한 선행 때문인 것을 기억하십시오. 그 부자는 하나님을 사랑하는 일에 실패했고 이웃을 돌보는 일에 실패했습니다. 그것이 그의 죄입니다.

야고보의 경고를 모두 들어 보십시오. 잔칫날 살찐 짐승을 골라잡듯이 사치와 방탕으로 그 마음이 살찐 이들은 최후의 심판을 위해 스스로 준비하는 것입니다. 집에서 키우는 짐승들이 그들의 종국을 모르고 열심히 먹으려 드는 것처럼 사치와 방탕에 빠져 사는 부자도 마찬가지입니다. 쾌락의 최후는 슬픔이요, 사치의 종국은 죽음인 것을 모르고 사는 자들입니다. 하지만 그들의 파멸은 확실하고 그들의 멸망은 신속합니다.

더 나아가 부를 이용해서 가난한 자를 억울하게 만드는 죄입니다. 가진 것을 사치와 방종에 사용할 뿐만 아니라 가진 자의 힘으로 가난한 자를 억울하게 하는 것을 야고보는 마지막으로 지적합니다.

> 너희는 의인을 정죄하고 죽였으나 그는 너희에게 대항하지 아니하였느니라(5:6).

부를 추구하는 과정에서 부자들은 다른 이의 생명조차 개의치 않습니다. 탐욕은 탈취를 하게 하고 방종에 빠진 삶은 결국 살인까지 하게 만듭니다.

우리는 야고보서 2장에서 부자들이 가난한 자를 법정으로 끌고 가는 모습을 살펴보았습니다. 지금 5장에서는 그들을 죽이는 죄까지 범한 것으로 고발되고 있습니다.

부자들은 필요하다고 생각하면 직접 혹은 간접으로 스스로 옹호할 능력이 없는 이의 생명을 빼앗기를 두려워하지 않습니다. 매일 벌어야 하루하루를 먹고 살 수 있는 일용직 노동자에게 그날의 품삯을 지불하지 않습니다. 가진 자의 입장에서는 심각하지 않지만 가난한 자에게 제날 품삯을 주지 않는 것은 생명줄을 끊는 죄악입니다.

여기 본문 6절에 "정죄하였도다" 또 "죽였도다"라는 말이 연이어 나온 것으로 보아 이 말은 부를 사용한 법적인 행패를 가리키는 듯합니다. 법이 그들의 편에 있으니 가난한 자를 죽이는 것은 어렵지 않습니다. 방어 능력도 없고 부자를 대항하지도 않는 가난한 자를 없애 버리기로 결정합니다.

물론 야고보 선생은 구체적인 정황을 제시하지 않습니다. 가진 자들의 횡포에 대해서는 구체적인 언급이 필요하지 않습니다. 야고보가 관심을 갖는 것은 다만 부자가 무죄한 자의 생명을 끊는다는 사실입니다. "악한 자를 대항하지 않는" 가난한 자의 무고한 생명을 끊는 것으로 부자의 죄를 극대화시키고, 그것과는 대조적인 가난한 자의 모습을 서술하고 본문은 끝납니다. 가난한 자들은 대항하지 않지만 그의 소리 없는 부르짖음은 하늘 보좌에 울려 퍼집니다. 이 모든 죄악은 최후의 심판을 불러옵니다.

> 큰 소리로 불러 이르되 거룩하고 참되신 대주재여 땅에 거하는 자들을 심판하여 우리 피를 갚아 주지 아니하시기를 어느 때까지 하시려 하나이까 하니(계 6:10).

꼭 기억하십시오! 최후의 심판이 없는 것처럼 강포를 행하며 살던 모든 이는 그날 심판 아래 빠져들 것입니다. 비록 이 땅의 모든 부자가 여기 나와서 듣지는 않을 것입니다. 그러나 예배의 자리에 나오는 부자 그리스도인들은 들어야 합니다.

그래서 야고보 선생은 힘주어 경고합니다. 가진 자에게 임할 재난에 대한 경고의 말씀은 가난하게 살면서 가진 자들에게 압박받는 성도들에게는 큰 위로와 격려가 되었을 것입니다. 하나님께서는 그들의 상황을 알고 계시기 때문입니다.

부는 하나님의 선물이다

사랑하는 성도 여러분, 하나님께서는 왜 우리에게 여분의 것들을 주셨을까요? 왜 우리에게 좋은 것을 풍족하게 주셨을까요? 성경의 하나님은 그 백성들이 쩨쩨하고 고리타분하게 살기를 원치 않습니다.

오히려 성경을 읽어 보면 "모든 사람에게 후히 주시고 꾸짖지 아니하시는 하나님"(1:5)이라고 소개합니다. 우리 하나님은 우리가 가진 것을 즐기고 누리기를 바라십니다. 과도하게 아껴도 가난하게 될 뿐이라고 말합니다. 반면에 흩어 구제하여도 부하게 되는 일이 있다고 가난한 이에게 베푸는 일을 잠언서는 장려합니다.

하나님이 풍성하게 주신 것으로 우리 자신이 누리게 하시는 동시에 "선을 행하고 선한 사업을 많이 하고 나누어 주기를 좋아하며 너그러운 자"(딤전 6:18)가 되기를 권면합니다. 이런 선행은 장래에 자기를 위하여 좋은 터를 쌓아 참된 생명을 취하는 길이라고 소개합니다.

오로지 자신만 생각하고 오늘 있다가도 내일 사라질 세상의 부에 집착하지 마십시오. 우리가 다 감당할 수 없을 정도로 모든 좋은 것을 넘치게 쌓아 주시는 하나님을 닮아 선을 행하고 다른 사람을 돕는 일에 펑펑 퍼주는 부요한 삶을 사십시오. 그렇게 하면 영원히 지속되는 보물을 쌓은 것이며 진정한 삶의 기쁨을 누리게 될 것입니다. 그러므로 바울은 디모데에게 권면합니다.

> 네가 이 세대에서 부한 자들을 명하여 마음을 높이지 말고 정함이 없는 재물에 소망을 두지 말고 오직 우리에게 모든 것을 후히 주사 누리게 하시는 하나님께 두며 선을 행하고 선한 사업을 많이 하고 나누어 주기를 좋아하며 너그러운 자가 되게 하라(딤전 6:17-18).

사랑하는 성도 여러분, 하나님이 여러분에게 주신 부는 소중하게 사용할 수 있는 자원입니다. 아직은 부자가 아니라고요? 예, 여러분의 기준을 따라 평가하면 그럴 수도 있습니다. 여러분보다 부한 사람을 기준으로 생각하면 여러분은 넉넉한 사람이 아닐 수도 있습니다.

그러나 세상에는 여러분을 부러운 눈으로 바라보는 사람도 많이 있다는 사실을 기억하십시오. 누구를 기준으로 삼느냐에 따라서 여러분의 처지는 달리 평가될 수 있습니다.

잘 생각해 보시면 분명 우리에게도 하나님은 여분의 것들을 주셨습니다. 주신 모든 좋은 것을 여러분 스스로도 누리시고 여분의 것으로는 절실히 필요로 하는 이웃에게도 나누어 주십시오.

사랑하는 성도 여러분, 분명히 부는 하나님의 선물입니다. 그러나 하나님의 선물임을 잊어버리면 온갖 문제가 일어납니다. 시기, 불의, 압제, 착취, 살인 등의 문제가 일어납니다. 하나님 사랑과 이웃 사랑 대신 돈을 사랑하므로 온갖 악의 근원이 됩니다. 결국 세상의 벗이 되고 하나님의 원수가 되게 합니다.

받은 것을 하나님의 축복으로 여기고 우리에게 주신 것을 바르게 사용하는 성도의 삶을 살아가십시오. 그리하여 하나님과 이웃에게 기쁨을 주는 성도의 삶을 사시기를 바랍니다.

James
야고보서 5장

야고보서 5장 7-11절

⁷그러므로 형제들아 주께서 강림하시기까지 길이 참으라 보라 농부가 땅에서 나는 귀한 열매를 바라고 길이 참아 이른 비와 늦은 비를 기다리나니 ⁸너희도 길이 참고 마음을 굳건하게 하라 주의 강림이 가까우니라 ⁹형제들아 서로 원망하지 말라 그리하여야 심판을 면하리라 보라 심판주가 문 밖에 서 계시니라 ¹⁰형제들아 주의 이름으로 말한 선지자들을 고난과 오래 참음의 본으로 삼으라 ¹¹보라 인내하는 자를 우리가 복되다 하나니 너희가 욥의 인내를 들었고 주께서 주신 결말을 보았거니와 주는 가장 자비하시고 긍휼히 여기시는 이시니라

38.
주의 강림을 대망하라 1

 천지를 창조하신 하나님께 예배드리려고 이 자리에 오신 여러분, 기독교의 예배는 일방통행이 아닙니다. 우리의 예배는 예배자의 정성만으로 이뤄지지 않습니다. 그보다 더 우선되는 것은 하나님의 성령이 임재하는 것입니다. 거기에는 반드시 하나님의 말씀이 있어야 합니다. 우리 하나님은 성령과 진리로 예배하는 자들을 찾으시는 분입니다.

 요즈음 우리가 살피는 야고보서는 예수님의 동생이 쓴 편지입니다. 앞서 살핀 야고보서 5장 1-6절은 편지를 받는 "흩어진 열두 지파"들이 처한 형편의 한 단면을 보여 줍니다. 한마디로 부익부 빈익빈의 사회였습니다.

 가진 자들의 사치가 도를 넘은 지 오래입니다. 외식 한 끼 하면서 수십만 원을 우습게 쓰는 오늘날의 모습과 흡사합니다. 이제 몇 백만 원짜리 코트는 보편화되고, 수천만 원을 호가하는 옷이 팔리는 오늘 우리의 현실과 닮았습니다.

옛날 시골에는 잔칫날이 되면 집에서 키우는 돼지를 살찌웁니다. 돼지에게 전보다 훨씬 많은 사료를 먹여 살을 찌웁니다. 야고보는 5절에서 가진 자들을 잔칫날 도살할 짐승에 비유합니다.

> 너희가 땅에서 사치하고 방종하여 살륙의 날에 너희 마음으로 살찌게 하였도다(5:5).

이제 가진 자의 불의에 희생을 당하는 성도들의 인내가 그 한계점에 도달했습니다. 오직 하나의 소망이 성도들로 하여금 견뎌 낼 수 있는 힘을 공급했습니다. 주님의 강림에 대한 간절한 바람이 그들로 하여금 극한 상황 속에서 버틸 수 있는 힘을 부여했습니다.

수확을 하기까지 기다리는 인내

더 나은 변화가 임박한 것을 믿는 사람은 현재의 어떤 고통이라도 견뎌 낼 수 있습니다. 초대 교회 성도들은 주님의 강림을 대망했습니다. 그들의 소망은 확실한 근거를 갖고 있습니다. 승천하시던 주님의 좌우에 섰던 천사들이 약속했기 때문입니다.

> 갈릴리 사람들아 어찌하여 서서 하늘을 쳐다보느냐 너희 가운데서 하늘로 올려지신 이 예수는 하늘로 가심을 본 그대로 오시리라 하였느니라 (행 1:11).

동시에 성령께서 교회를 향해 하신 최후의 말씀에 근거한 소망입니다.

내가 진실로 속히 오리라 하시거늘 아멘 주 예수여 오시옵소서(계 22:20).

그러므로 디도서에서 바울은 이를 가리켜 "우리의 복스러운 소망"(딛 2:13 참조)이라고 부르고 있습니다. 성도들의 귀한 인내의 원천은 이 소망에 근거하고 있습니다. 야고보 선생은 이 원천으로부터 자기 시대 성도들을 격려하고 있습니다. 그때 이후 고난과 오래 참음은 지상에 있는 성도들의 몫입니다.

나로 말미암아 너희를 욕하고 박해하고 거짓으로 너희를 거슬러 모든 악한 말을 할 때에는 너희에게 복이 있나니 기뻐하고 즐거워하라 하늘에서 너희의 상이 큼이라 너희 전에 있던 선지자들도 이같이 박해하였느니라(마 5:11-12).

야고보 선생은 핍박 속에 처한 성도들의 삶에 용기를 불어넣기 위해서 세 가지 예를 들고 있습니다. 가장 먼저 농부의 예를 들고 있습니다. 씨를 뿌린 후에 수확을 하기까지 기다리는 농부의 모습에서 얻는 지혜입니다.

사도들의 뒤를 이은 초대 교회의 지도자들을 우리는 교부라고 부릅니다. 그 교부 중 한 사람인 알렉산드리아의 클레멘트(St. Clement of Alexandria)는 예수님의 동생 야고보와 유다가 농부였다고 증언하고 있습니다. 어쩌면 그래서 농사짓는 생활에서 나오는 비유들이 가끔 등장하나 봅니다.

그러므로 형제들아 주께서 강림하시기까지 길이 참으라 보라 농부가 땅에서 나는 귀한 열매를 바라고 길이 참아 이른 비와 늦은 비를 기다리나니(5:7).

씨를 뿌린 후 추수를 하기까지는 시간이 필요합니다. 이른 비도 내려 주어야 싹이 트며, 늦은 비도 와 주어야 결실합니다. 조급하게 군다고 수확을 앞당길 수 없습니다. 씨를 뿌리고 나서는 정성을 다해 가꾸어야 합니다. 그리고 하나님이 비를 주시도록 기다려야 합니다. 제때에 이른 비와 늦은 비가 와야 합니다. 한 방울의 비도 농부가 좌우하지 못합니다. 오직 하나님을 바라며 기다려야 합니다.

농사짓는 일을 '천하지대본'(天下之 大本)이라고 하듯이 본래 하나님께서 농사짓고 살도록 사람을 만드셨는데 농사짓는 일이 힘드니까 도시로 와서 살려고 합니다. 농사짓고 살 때는 별 도리가 없었습니다. 하늘을 바라보며 살아야 하기 때문에 그들은 하늘을 의존할 줄 알았는데 인간의 근본이 되는 토지를 갈지 않고 도시에 살면서부터 이야기가 달라졌습니다.

도시에서는 수완만 좋으면 잘살 것처럼 쉽게 착각합니다. 사실 사업을 해도 그렇고, 직장을 다녀도 모든 것이 사람에게 달린 게 아닙니다. 돈은 따라간다고 모아지는 것이 아닙니다. 돈이 따라와 주어야 하는 것입니다. 그런데도 도시의 삶은 자기 능력에 달린 것처럼 쉽게 착각합니다. 하지만 속절없이 하늘을 바라보며 농사짓는 사람들은 다릅니다.

사랑하는 성도 여러분, 땅에서 나는 귀한 열매를 바라는 농부들처럼 하늘에서 오는 구속의 완성을 위해 인내해야 합니다. 새로운 세상, 바람직한 공동체의 완성을 위해 조금 더 인내합시다.

"너희 안에서 착한 일을 시작하신 이가 그리스도 예수의 날까지 이루실 줄을 우리는 확신"(빌 1:6)하기 때문입니다. "우리의 사랑이 지식과 총명으로 점점 더 풍성하게 되어 우리가 지극히 선한 것을 분별하며 또 진실하여 허물없이 그리스도의 날까지 이르고 예수 그리스도로 말미암아 의의 열매가 가득하여 하나님의 영광과 찬송이 될 것"(빌 1:9-11 참조)을 확신하기 때문입니다.

우리 자신을 바라볼 때는 확신할 수가 없습니다. 그러나 하나님이 우리에게 하신 약속을 믿기 때문에 확신해도 좋습니다. "능히 너희를 보호하사 거침이 없게 하시고 너희로 그 영광 앞에 흠이 없이 기쁨으로 서게 하실 이"(유 1:24)를 신뢰하기 때문입니다.

모든 진실한 선지자들

이어서 야고보 선생은 우리의 고난과 오래 참음의 본으로 선지자들의 경우를 예로 들고 있습니다.

> 형제들아 주의 이름으로 말한 선지자들을 고난과 오래 참음의 본으로 삼으라(5:10).

고난과 오래 참음에 대해서 말하려고 하면 선지자들의 삶을 생각해 보아야 한다는 것입니다. 이 선지자들은 주님의 이름으로 말씀을 증거했습니다. 선지자란 주의 이름으로 말을 하는 사람입니다. 주님의 이름으로 대언했던 사람들을 선지자라고 불렀습니다. 주님을 대신해서 하나님의 뜻을 백성에게 전달하는 자입니다. 이 직무는 결코 쉬운 것이 아닙니다.

주일날 한 번만 교회에 오는 사람은 목사를 주일날 설교 한 번만 하면 되는 쉬운 직업처럼 생각할지 모르겠습니다. 그러나 가까이에서 보면 그렇게 한가하거나 쉬운 일만은 아닙니다.

게다가 목사의 직무는 사람들을 칭찬하는 일이 아닙니다. 칭찬은 하나님 나라에 가서 받는 것이고 저는 직무상 여러분이 잘못하는 것을 말해 주어야 합니다. 그래서 여러분이 잘못하는 것을 고치도록 하는 것이 제가 맡은 일 아니겠습니까?

교통경찰의 직무는 교통의 흐름을 원활하게 해주는 것입니다. 그런데 지도는 하지 않고 딱지만 떼는 것은 직무의 책임을 다하고 있는 것이 아닙니다. 그 직무에 따라서 해야 될 일이 결정되듯이 목사라는 직무는 사람들에게 "잘 합니다"라고 칭찬해 주는 것이 아닙니다.

잘못을 지적하고 죄에 대한 심판을 선언하며 돌이키기를 호소하는 일은 언제나 인기 있는 일이 아닙니다. 게다가 악한 자들은 하나님의 말씀을 수용하려 들지 않습니다. 악한 자라고 하니까 특별한 죄악을 행하는 사람이라 생각할지 모르겠습니다. 성경은 '악인'을 하나님의 말씀을 무시하고 소홀히 여기며 자기 고집대로 하는 사람이라 말합니다.

'죄인'이라고 하면 끔찍한 '표시'를 달고 있는 사람으로 생각하지 마십시오. 소설 「주홍글씨」(너새니얼 호손)의 주인공처럼 간음을 했다는 표시로 'A'를 가슴에 달고 다니는 사람이 아닙니다. 보통 사람들인데 그냥 자기 하고 싶은 대로, 하나님께 묻지 않고 늘 자기가 해 오던 습관대로 하는 사람을 성경은 죄인이라고 부릅니다.

주일날 교회에 잘 나올 수도 있고, 들어오면서 습관적으로 헌금도 할 수 있습니다. 그렇더라도 악인일 수 있고 죄인일 수 있는 것입니다. 오만한 자일 수도 있습니다. 하나님의 말씀을 가까이하지 않고 자기 멋대로 생각하고 처신하면 오만한 자라 성경은 규정하는 것입니다.

악한 자들은 하나님의 말씀을 귀 기울여 들으려고 하지 않습니다. 교회에 와서 예배에만 참석하면 된다고 생각합니다. 그런 사람이 예배당에 나오는 유일한 이유는 빨리 끝내고 돌아가기 위해서입니다. 혹시 여러분도 그런 마음으로 예배를 드리십니까?

자기 죄악을 애무하는 자들은 그 죄를 지적하는 이에게 등을 돌리기 마련입니다. 끼리끼리 패를 만들고 힘을 뭉쳐 대적하는 것이 상례입니다. 저는 제가 하는 직무가 무엇인지 알고 있으며, 이 일을 충실하게 하면 어떤 대가가 돌아오리라는 것도 잘 알고 있습니다.

주님은 산상수훈에서 "너희 조상들이 선지자들 중의 누구를 박해하지 아니하였느냐"(행 7:52)고 도전하고 있습니다. 사람들은 제사장과 선지자 노릇을 하면서 적당하게 사람들의 비위를 맞추는 이들과 어깨동무를 하고 잘 어울렸습니다.

하지만 하나님 말씀을 바로 대언하던 사람치고 핍박을 받지 아니한 선지자는 없었습니다. 핍박을 받은 선지자의 대표적인 경우가 예레미야일 것입니다. 그는 본래 성격상 강한 사람이 아니었습니다. 예레미야는 그 유명한 눈물의 애가를 쓴 사람입니다.

백성들의 죄악을 볼 때에 아픔을 느끼고, 그들이 받을 고통을 생각할 때에 "어찌하면 내 머리는 물이 되고 내 눈은 눈물 근원이 될꼬"(렘 9:1) 하며 통곡하던 사람입니다. 그러나 오늘 그 백성의 죄악을 볼 때에, 그리고 그 죄악 때문에 당하게 될 내일을 바라볼 때에 하나님의 말씀을 대언하지 않을 수 없었습니다. 지나칠 만큼 민감하고 다감한 마음을 소유했던 그는 백성들이 반기지 않는 설교를 연속으로 해야만 했습니다.

그 결과 구타를 당하고 감옥에 갇히기도 하고 어떤 때는 웅덩이 속에 빠뜨려지기도 하고 결국은 톱으로 켬을 당했다고 합니다. 히브리서가 말하고 있는 톱으로 켬을 당했다는 것은 대체로 예레미야의 경우로 생각합니다.

박해를 당한 선지자로 대표적인 경우는 예레미야입니다만, 야고보는 한 선지자가 아닌 주님의 이름으로 말한 선지자들을 예로 삼고 있습니다. 모든 진실한 선지자들을 예로 내세웁니다. 그들의 충실한 직무를 오래 참음의 예로 말하고 있습니다. 충실하게 주님의 이름을 말한, 바로 그 사실 때문에 핍박을 받는 역설적인 모습을 생각해 보십시오.

듣고 싶은 이야기를 해주고 가려운 곳을 긁어 주는 선지자들, 늘 평강과 축복을 선언하는 설교자들은 고난과 핍박과는 거리가 먼 삶을 살고 있습니다. 그들은 자랑합니다. 금으로 번쩍이는 손목시계를 가리키며 이것은 수백만 원짜리고 이번 명절에는 수십만 원짜리 양복 티켓이 몇 개나 들어 왔다고 목회 성공 사례를 자랑합니다.

그러나 하나님께 대해 충실하게 사는 결과는 고통과 핍박을 동반합니다. 앞서 간 선지자들의 생애, 바로 그 고난과 오래 참음은 우리에게 용기를 줍니다. 제대로 대접받지 못하면서, 아니 받는 것이라고는 무시와 조롱이지만 사람들을 향해 감정적인 대처를 하지 않을 뿐더러 그 마음속에 미움의 씨앗을 심지 않는 이들입니다. 그렇게 평생을 살았던 사람들로 본을 삼으라는 것이 오늘 본문의 이야기입니다.

욥의 인내

야고보 선생이 들고 있는 마지막 예는 욥입니다.

> 보라 인내하는 자를 우리가 복되다 하나니 너희가 욥의 인내를 들었고 주께서 주신 결말을 보았거니와 주는 가장 자비하시고 긍휼히 여기시는 이시니라(5:11).

욥은 당시 동방에서 부유한 사람의 대표였습니다. 동시에 그는 당시 동방에서 경건한 사람의 대명사였습니다. 게다가 욥은 아들 일곱, 딸 셋을 가진 사람입니다. 자식 농사에서도 복 받은 사람이었습니다. 이것은 아이를 잘 낳지 않는 요즘에는 별 설득력이 없을지 모르겠습니다만 성경은 아들 일곱, 딸 셋을 낳은 욥을 복된 사람이라고 말합니다. 양도 칠천 마리이고 약대도 삼천 마리입니다. 약대는 사막에서 짐을 나르는 역할을 했습니다. 지금 같으면 픽업이나 타이탄 급이 될는지 모르겠습니다. 욥은 소가 오백 겨리(천 마리), 암나귀가 오백 마리이며 많은 종을 거느린 사람이었습니다. 한마디로 욥은 동방에서 가장 큰 부자였습니다.

그런데 욥이 하나님을 끔찍이 사랑했기에 닥친 일련의 불행을 기억하십니까? 욥은 고통 뒤편에 숨겨진 하나님의 뜻을 알 수 없는 처지에서도 하나님을 향한 한 가닥 신앙의 끈을 놓지 않습니다.

> 내가 알기에는 나의 대속자가 살아 계시니 마침내 그가 땅 위에 서실 것이라 내 가죽이 벗김을 당한 뒤에도 내가 육체 밖에서 하나님을 보리라 내가 그를 보리니 내 눈으로 그를 보기를 낯선 사람처럼 하지 않을 것이라 내 마음이 초조하구나(욥 19:25-27).

극한 고통 속에서도 욥은 마지막까지 자기 상황에 대답해 주실 하나님을 신뢰합니다. 어떻게 내게 이러한 일이 일어나는지 알 수 없지만 하나님께서 내게 설명해 주실 때까지는 물러 서지 아니하리라는 신앙을 갖고 있었습니다.

비록 하나님의 하시는 일을 다 알지 못했지만 욥은 끝까지 하나님께 대한 신뢰를 포기하지 않습니다. 그분을 뵈옵고 자기 상황에 대한 설명을 듣기를 고집합니다. 결국 폭풍 가운데에서 말씀하시는 하나님을 대면합니다. 그리하여 보상해 주시는 하나님을 만납니다.

물질적, 세상적 소유만이 보상이 아닙니다. 그것들은 다만 영적 회복의 가시적 표현에 지나지 않습니다. 욥이 하나님으로부터 원래 가졌던 재산의 배로 축복을 받고 예쁜 딸 셋, 용감한 아들 일곱을 새로 낳게 되었다는 이야기는 욥이 받게 되는 영적인 축복을 현실적으로 보여 주는 것일 뿐입니다.

욥은 그 사건을 통해 인간 고통의 배후에 있는 하나님의 신비한 목적을 확실히 알게 됩니다. 그전에는 욥도 친구들처럼 어떤 사람이 어려움을 당하면 '저 사람이 신앙생활을 잘 못했구나' 하고 생각했을지 모릅니다. 그러나 이제 욥은 자기 경험을 통해서 그것이 아니라는 것을 알게 된 것입니다.
이제 욥은 전능자의 위엄을 직접 경험하고 나서 그 앞에서 자기 자신이 얼마나 죄인인지를 처절히 깨닫게 되었습니다. 그래서 깊은 참회의 자리로 나아가게 됩니다.

> 내가 주께 대하여 귀로 듣기만 하였사오나 이제는 눈으로 주를 뵈옵나이다 그러므로 내가 스스로 거두어들이고 티끌과 재 가운데에서 회개하나이다(욥 42:5, 6).

사랑하는 성도 여러분, 욥을 단련하신 하나님이 베푸신 보상을 생각하면 우리는 이렇게 고백할 수 있습니다. "오 하나님! 당신은 자비로우시며 은혜로우시며 노하기를 더디 하시며 인자하심이 풍성하십니다." 극한 고통 속에서 번민했지만 결국 인생은 하나님의 장중에 있으며 하나님께서 우리 생의 주인이심을 깨닫게 됩니다.

불만과 원망을 멈추라

사랑하는 성도 여러분, 야고보 선생은 이런 세 가지 예를 들면서 주의 강림을 대망하도록 권합니다. 그런 다음 다시 오시는 주님을 대망하며 사는 동안 우리를 향한 실제적인 권면을 빠뜨리지 않습니다.

> 형제들아 서로 원망하지 말라 그리하여야 심판을 면하리라 보라 심판주가 문밖에 서 계시니라(5:9).

본문에 사용된 "원망"이란 단어는 마음속의 원망이요. 아직 표현되지 않은, 드러나지 않은 감정을 뜻하고 있습니다. 표면적으로 분출되지 않은 감정이지만 상대방을 향해 품고 있는 나쁜 감정을 거기서 당장 중단하라는 뜻입니다. 상대방에 대한 불만스런 감정은 표현되든지 품고 있든지 하나님께서는 금하고 계십니다.

하나님은 죄악의 싹도 싫어하십니다. "네가 뭔데 남을 향해서 불만을 가지느냐"고 하십니다. "네가 심판자냐?"고 하십니다. 형제를 향해 불만과 원망을 일삼는 것은 심판 행위요, 그 심판은 자기 스스로를 심판 아래 불러들이는 어리석은 행위입니다.

주님이 오셔서 하실 일이 심판인데, 우리가 왜 주님을 대신해서 판단합니까? 그것은 주님이 하실 일입니다. 문제만 생겼다 하면 그 책임이 다른 누구한테 있다고 생각하기 쉽습니다. 주님은 그런 불만을 갖는 것을 금하라고 하십니다.

주님의 재림이 급히 올 줄 알았는데 오시지 않고 악은 흥왕해 가니까 사람들이 견디는 힘에 한계를 느끼게 되는 것입니다. 그러다 보니 불만스럽고 짜증스러워지고 누구에게든 터뜨리려는 마음을 갖고 있었던 모양입니다. 동료 신자를 향한 계속적인 불만과 원망을 단호히 멈추라고 경고합니다.

'도대체 집사가 그렇게 해서 되느냐, 장로가 왜 그런지 모르겠다'고 하지만 여러분이 집사가 되고 장로가 되면 주님은 여러분이 했던 말을 가지고 심판하실 것입니다. 하나님이 따로 어떤 법을 만들 필요가 없습니다. 여러분의 입으로 했던 그 말만 가지고 여러분을 판단해도 충분합니다.

일이 잘 풀리면 누가 불만을 갖겠습니까? 그러나 뭔가 일이 잘 되지 아니할 때 연속적인 어려움과 시련 속에서 우리의 감정은 극한 상황 속에 접어듭니다. 상호간의 불만과 원망을 초래합니다. 심판자로 오시는 주님을 기다리는 공동체가 해서는 안 될 마지막 행위가 미리 서로를 판단하는 행위입니다.

강림하시는 주님, 그분만이 심판자이십니다. 인자 됨을 인하여 심판하는 권세를 하나님은 그 아들에게 맡기신 것입니다. 그분에게 맡긴 그 권리를 여러분이 찬탈하려 드는 것은 큰 죄악입니다. 그분이 곧 오실 것입니다.

여기 '문'은 헬라어 '튀론'(θυρων)에서 복수로 표시되고 있습니다. 우리 마음의 문밖에 서 계신다는 뜻입니다. 우리 각 사람의 마음의 문밖에 주님께서 지금 서 계시며 듣고 계십니다. 우리 각 사람의 마음의 움직임을 아시며 입술의 말을 다 듣고 계십니다.

사랑하는 성도 여러분, 주님의 강림을 대망하십시오. 주님의 강림이 가까이 왔음을 기억한다면 사람들을 관용하게 됩니다.

> 너희 관용을 모든 사람에게 알게 하라 주께서 가까우시니라(빌 4:5).

모든 사람에게 여러분의 관용을 알게 하십시오. 주 안에서 서로서로 관용하십시오. 주 안에서 같은 마음, 같은 뜻을 품으십시오. 저나 여러분이나 우리는 모두 그리스도께서 자기 피로 사신 형제자매를 향해 원망할 자격이 없는 자들입니다. 우리가 남을 향해 원망할 때는 자기 자신을 잊었을 때입니다.

내가 하나님께 얼마나 큰 은혜를 받은 자인지 잊어버리면 다른 사람이 하는 일이 마음에 안 듭니다. 자신의 부족한 모습, 어리석은 모습, 죄악된 모습을 직시하는 자는 남을 향해 판단할 여유가 없는 자들입니다. 야고보 선생이 서신 앞부분에서 한 말을 기억하고 계십니까?

> 긍휼을 행하지 아니하는 자에게는 긍휼 없는 심판이 있으리라 긍휼은 심판을 이기고 자랑하느니라(2:13).

오늘 본문에서는 이렇게 말하고 있습니다.

형제들아 서로 원망하지 말라 그리하여야 심판을 면하리라(5:9).

서로를 원망하지 않는 매일을 보내십시오.

James
야고보서 5장

야고보서 5장 7-8절

⁷ 그러므로 형제들아 주께서 강림하시기까지 길이 참으라 보라 농부가 땅에서 나는 귀한 열매를 바라고 길이 참아 이른 비와 늦은 비를 기다리나니 ⁸ 너희도 길이 참고 마음을 굳건하게 하라 주의 강림이 가까우니라

39.
주의 강림을 대망하라 2

그리스도 안에서 사랑하는 성도 여러분, 오늘도 '주의 강림을 대망하라'는 제목으로 두 번째 설교를 하겠습니다. 땅 위에는 항상 성도들이 있었습니다. 2,000년 전에도 있었고 지금도 있습니다. 언제, 어디에 살아도 하나님의 백성이라는 면에서는 다 같습니다. 2,000년 전의 성도들도 하나님의 백성이었고, 오늘 여기 나와서 예배하는 사람들도 하나님의 백성입니다.

동일한 성도들이지만 어떤 시대를 사느냐에 따라서 생각하는 것이 때로는 큰 차이가 있습니다. 초대 교회 성도들과 비교해 볼 때 현저한 차이가 나는 것이 오늘 본문에서 말하고 있는 내용입니다. 말하자면 주의 강림에 대해서 2,000년 전 성도들과 오늘날 성도들의 생각이 다릅니다.

오늘날 신학교에서 이론 신학을 가르칠 때 '주의 강림' 교리는 가장 마지막 순서입니다. 서론, 신론, 기독론, 구원론, 교회론, 종말론 순서로 가르칩니다. 아마 논리적 서술을 하다 보니까 주의 강림을 논하는 종말론이 마지막

인가 봅니다. 그래서 오늘날은 주의 강림을 다루는 '종말론'을 가장 마지막 교리로, 어쩌면 기독교 교리 가운데 부록처럼 여기는 반면, 2,000년 전 초대 교회 성도들은 종말론의 주제인 '주의 강림'에 대한 교리를 가장 우선적인 교리로 삼았습니다.

초대 교회 성도들도 우리가 믿는 기본적인 기독교 진리를 믿고 살았지만 그중에서도 가장 생생하게 기억하면서 살았던 것이 "주님이 다시 오신다"는 진리입니다. 바울을 비롯한 사도들의 설교는 "정하신 사람으로 하여금 천하를 공의로 심판할 날을 작정"(행 17:31)하셨음을 알리는 데 주력했습니다. 해 아래 모든 인생이 돌이켜 하나님을 믿어야 할 근본 이유로서 주의 재림과 심판을 말하고 있습니다.

예수님의 재림을 믿는 신자들

오늘 예배의 자리를 찾은 사랑하는 이웃 여러분, 여러분이 하나님을 꼭 믿어야 하는 이유는 예수께서 다시 오시기 때문입니다. 역사의 종말은 다가오고 있기 때문입니다. 게다가 우리는 이미 종말론적인 현상을 바라보며 살고 있기 때문입니다. 인류 문명이 시작해서 최근까지 결혼은 이성 간에 갖는 의식입니다. 그리고 영원한 미래에까지 남녀의 결합 외에는 자녀 생산이 불가능합니다. 그런데도 동성연애나 동성 간의 결혼을 허용하는 것이 문화요, 인권인 양 떠들고 있습니다.

우리가 사는 시대는 처처에 모든 것이 흔들리고 있습니다. 부모의 권위뿐 아니라 모든 권위가 흔들리고 있습니다. 부모에게 효도하고 어른을 공경하는 것은 짐승과 다른 인간의 도리라고 알고 살았습니다. 그러나 짐승도 자기 새끼를 포기하지 않는데 어미 되길 포기하는 사람들이 속출하고 있습니다. 이 모든 것은 종말이 가까이 왔다는 것을 알려주고 있습니다. 이제 세상에 안전한 나라는 존재하지 않습니다. 민중 봉기가 이어지는 회교권 국가만이 아니라, 특히 우리에게는 아름다워 보이는 미국도 더는 낙원이 아닙니다. 힘들여 미국으로 이민을 간 사람들에게 911테러 사건은 몹시 큰 충격이었습니다.

사랑하는 성도 여러분, 우리가 하나님을 믿어야 할 이유는 역사의 종말이 도래할 뿐만 아니라 최후의 심판이 있기 때문입니다. 하나님의 아들 예수께서 오셔서 모든 사람을 심판하실 것입니다. 하나님을 아는 자와 알지 못하는 자로 나누실 것입니다. 선을 행한 자와 악을 행한 자로 구분하실 것입니다.

바울의 아덴 설교만이 아니라 그의 데살로니가 설교도 마찬가지입니다. 바울의 설교 결과로 데살로니가인들은 우상을 버리고 하나님께로 돌아왔습니다. 그리고 사시고 참되신 하나님을 섬기게 되었습니다. 뿐만 아니라 그들은 하나님의 아들의 강림에 소망을 두고 성도로서 삶을 살아갔습니다.

> 또 죽은 자들 가운데서 다시 살리신 그의 아들이 하늘로부터 강림하실 것을 너희가 어떻게 기다리는지를 말하니 이는 장래의 노하심에서 우리를 건지시는 예수시니라(살전 1:10).

여기 데살로니가 성도들도 여러 가지 기독교 진리를 믿었을 것입니다. 그러나 그 핵심은 예수님에 관한 진리입니다. 그러므로 예수 그리스도에 관한 그들의 신앙을 이 한 절 속에서도 뚜렷이 발견할 수 있습니다.

우선 그들은 예수를 '그의 아들'이라고 믿었습니다. 사시고 참되신 하나님의 아들로 믿었습니다. 뿐만 아니라 그들은 하나님께서 그 아들을 죽음에서 다시 살려 내신 것을 믿었습니다. 그리스도의 부활하심을 이 데살로니가 교인들은 믿고 있었습니다. 나아가서 그들은 그의 하늘로부터의 강림하심을 믿고 있었습니다. 말하자면 예수님의 부활을 믿은 동시에 예수님의 재림을, 강림하심을 믿고 있었습니다. 그 강림하심의 목적은 장래의 노하심에서 우리를 건지시기 위함입니다.

이 사실은 골로새 성도의 경우에도 마찬가지입니다. 골로새 성도들은 그리스도를 향한 믿음을 가지고 있었습니다. 그리고 모든 성도를 향한 사랑을 베풀고 있었습니다. 그리고 마지막으로 소망이 등장합니다. 우리는 그리스도를 향한 믿음이 있고 성도를 향한 사랑이 있고, 마지막으로 오시는 주님을 소망할 것처럼 생각하기 쉽습니다. 그러나 오히려 그들의 믿음과 사랑은 이 소망에 기초하고 있다고 성경은 말합니다.

골로새 성도들은 그 소망 때문에 예수 그리스도를 잘 믿을 수가 있었고, 성도를 향해서 뜨겁게 사랑할 수 있었다는 말입니다. 그러므로 주를 향한 믿음과 성도 간의 사랑의 기초로 하늘에 쌓아 둔 소망을 말하고 있습니다. 하늘에 쌓아 둔 그들의 소망은 우리 생명이신 그리스도께서 나타나실 때 드러날 것입니다.

마라나타, 주께서 임하시느니라

사랑하는 성도 여러분, 초대 교회 성도들에게 심장처럼 중요한 주의 강림 교리가 오늘날 우리에게는 마치 맹장처럼 있으나 마나한 교리로 전락하고 말았습니다. 그것 없이도 신앙생활 하는 데 크게 불편함이 없는 것처럼 여기는 것이 오늘의 현실입니다.

교인들은 이렇게 묻기도 합니다. "왜 오늘의 교회는 사도행전의 교회와 다릅니까? 왜 그때처럼 영향력이 없습니까?" 그 대답을 바로 여기에서 찾을 수 있습니다. 사도행전의 교회는 주의 강림에 대해서 설교했고, 성도들은 주의 강림을 바로 내 몫으로 돌아올 주식 배당금만큼이나 기다리고 살았다는 것입니다. 그에 반해서 오늘날 신자들은 그것을 마치 남의 일처럼 여기게 되어 버린 것입니다.

오늘날 주식 투자와 아파트 청약에 대한 관심 이상으로 초대 교인들은 주의 강림을 사모하며 살았습니다. 하늘로부터 다시 오시는 주님을 대망하며 살았기 때문에 오늘날 사람들로서는 그들을 이해하기조차 어려워합니다. 우리 자신이 현실에 매몰되어 살고 있는 것을 알아채지 못하고, 오히려 초대 교인들이 주의 재림을 잘못 짚었다고 주장합니다.

심지어는 야고보야말로 그 대표적인 실수를 한 사람으로 지목당합니다. 야고보는 예수님이 오실 것을 언급하면서 "주의 강림이 가까우니라"고 선언하기 때문입니다. 그뿐만 아니라, 한 걸음 더 나아가 "보라, 심판자가 문밖에 서 계시니라"고 말했기 때문입니다.

오늘날 사람들은 "봐라, 2,000년이 지나도 아직 안 왔잖느냐?"라고 말합니다. 아마 초대 교인들이 예수님을 사모한 나머지 감정적으로 지나쳐서 실수했다고 생각을 합니다. 그렇습니다. 속화된 세상에 매몰되어 사는 우리로서는 곧바로 주님이 오실 것을 기다리며 살았던 성도들이 이해되지 않습니다. 세상과 짝짜꿍을 맞춰 사니까 세상에 사는 것이 힘든 일도 아니고, 또 주님이 오셨으면 하는 소망도 없습니다. '우리 아들이 내년에 좋은 대학에 들어갔으면……', '목 좋은 곳에 아파트 분양이 되었으면……' 하고, 땅에서 세워 놓은 계획들이 무척이나 많고, 거기에 거는 기대가 크다 보니까 주님이 오신다는 소식이 오히려 섬뜩한 소식이 됩니다.

바로 이 재림의 문제가 오늘 우리와 초대 교회 성도들 사이에 생각 차이가 가장 큰 곳입니다. 사랑하는 성도 여러분, 주의 강림을 사모하지 않는 교회는 무기력할 수밖에 없습니다. 주님이 오신다는 것을 현실적으로 기대하지 않는 성도는 힘이 빠질 수밖에 없습니다.

그래서 초대 교회 성도들은 인사말을 통해서 이 핵심 사실을 서로에게 기억시켜 주었습니다. "마라나타(주께서 임하시느니라)"라고 서로 인사하면서 오실 주님을 기억했습니다. 이 인사말은 때로는 경고의 의미로, 때로는 격려의 의미로 사용되었을 것입니다. "마라나타"라는 말은 잘못된 길로 가는 성도들에게는 경고의 의미로도 사용되었습니다. 동시에 핍박 가운데도 주님을 사랑하는 성도들에게는 위로가 되는 말씀이었습니다.

동일한 어조를 우리는 성경 마지막 책인 요한계시록에서도 발견할 수 있습니다. 핍박받는 교회를 향해 "보라 내가 속히 오리라"(계 22:7)는 말로 주님은 우리를 격려합니다. "너희가 겪는 환난을 내가 다 알고 있다. 내가 너희를 버려두지 아니할 것이다. 내가 진실로 속히 오리라."

이제 야고보 선생이 땅 위에 흩어져 사는 주의 백성을 향해 거듭한 교훈이 그 막바지에 도달하고 있습니다.

> 그러므로 형제들아 주께서 강림하시기까지 길이 참으라 보라 농부가 땅에서 나는 귀한 열매를 바라고 길이 참아 이른 비와 늦은 비를 기다리나니(5:7).

주의 강림에 대한 살아 있는 소망이 없는 삶은 해이해지기 쉽습니다. 주의 강림에 대한 믿음이 없는 성도는 핍박을 견뎌 낼 수 없습니다. 그러므로 그동안 여러 번 되풀이해서 하나님의 백성들을 교훈하다가 마지막으로 "조금만 더 힘을 잃지 말고 견뎌 내라. 저기 주님이 오시고 계신다"라고 격려하기 원합니다.

당시 성도들은 때로 음흉한 흉계의 희생이 되기도 했습니다. 의롭게 산 보상은커녕 억울함을 하소연할 기회마저 박탈당한 채 죽임을 당하기도 했습니다. 이런 형편에 있는 주의 백성을 향해서 야고보 선생은 "형제들아"라고 다정히 부르고 있습니다.

"형제들아, 주께서 강림하시기까지 길이 참으라"고 용기를 북돋아 주고 있습니다. 억울하게 핍박받는 너희를 구원하시려고 그가 오신다는 격려입니다. 압제자들이 받아 마땅한 보응을 하시려고 그가 오신다는 격려입니다.

길이 참으라

사랑하는 성도 여러분, 지금까지 본문의 정황을 설명했습니다. 이제 이 상황을 여러분의 삶에 적용할 수 있기를 바랍니다. 여러분은 주님이 오시는 그날을 기다리고 있습니까? 아니면 그날이 빨리 올까 봐 두려워집니까? 그것이 여러분의 영적인 형편을 보여 줍니다. 여러분이 지금 신앙의 잠을 자고 있는지, 죄악에 깊이 빠져 있는지, 의를 위해 핍박받는 삶을 살고 있는지를 보여 줄 것입니다. 그것이 바로 여러분의 신앙 상태를 보여 줍니다.

사랑하는 성도 여러분, 성도는 그날이 오는 것을 두려워하지 않는 사람입니다. 오히려 성도는 그날을 사모하는 사람입니다. 주님의 날이 임하기를 간절히 사모하십시오. 세상 사람들에게는 크고 두려운 날이지만 여러분에게는 영광의 주님이 오시는 복된 날이 될 것입니다.

그분이 오시는 소식에 두려움을 느끼는 분들은 자기 삶을 돌아보고 돌아서야 합니다. 매몰된 세상에서부터, 깊이 빠진 죄에서부터 벗어나야 합니다. 거기에 머물면 정말 두려운 날이 될 것이기 때문입니다. 그러므로 주께서는 호소합니다.

> 또 내가 들으니 하늘로부터 다른 음성이 나서 이르되 내 백성아, 거기서 나와 그의 죄에 참여하지 말고 그가 받을 재앙들을 받지 말라(계 18:4).

사랑하는 성도 여러분, 세상 사람들이 짓는 죄에 동참하지 마십시오. 그래야 그들이 장차 받을 재앙을 면할 수 있습니다.

여러분은 이 사회가 어떤 사회인지 알고 있습니까? 우리 주님은 오늘 우리 사회를 규정해서 단 하나의 형용사를 사용하고 있습니다. '불의한' 세상이라고 규정하고 있습니다. 세상의 핵심을 여러분이 간파했다면 불의하다는 것을 알 것입니다. 그것이 정치계의 속성이고 그것이 경제계의 속성입니다. 그것이 세상의 속성인 동시에 그러한 세상의 영향이 오늘날 교회 구조에 잠식해 들어오고 있습니다.

야고보는 악이 팽창하는 세상 속에서, 비도덕적인 사회에서 의롭게 산다는 것이 무슨 의미가 있을까 고민하는 하나님의 백성을 향하여 "너희도 길이 참고 마음을 굳게 하라. 주의 강림이 가까우니라"고 권면합니다.

"길이 참으라"는 단어의 뜻은 미워하거나 보복하려 들지 말라는 의미입니다. 여러분이 아시다시피 오래 참는다는 것은 우리가 믿는 하나님의 속성 가운데 하나입니다. 성경은 하나님을 "오래 참으시는 분"이라고 소개합니다.

때로는 '하나님이 계시다면 도대체 이런 일이 어떻게 있을 수 있습니까?'라고 생각될 만큼 고통스러운 순간이 있습니다. 그럴 때 우리는 하나님을 향해서, 사람을 향해서 오래 참지 못합니다. 그러나 야고보는 "길이 참으라", 즉 조금 더 하나님의 관점에서 바라보라고 권면합니다.

하나님은 오래 참으시는 분입니다. 하나님은 인자하시고 노하기를 더디 하시는 분입니다. 그러나 때가 오면 오래 참으심을 거두실 것입니다. 끝까지 회개하지 않던 자들을 향해 그분의 진노가 쏟아질 것입니다. 그러므로 성도 역시 오래 참음으로 이 세상을 살아야 합니다.

주님이 빨리 오시지 않고 악이 점점 팽창하면 성도 사이에 사랑이 식게 됩니다. 사랑하는 성도 여러분, 여러분을 핍박하는 자를 위해서 복을 빌어 주십시오. 복을 빌어 줄 때에 여러분은 복을 유업으로 받은 자라는 것이 증명됩니다. 제 말의 뜻은 여러분이 축복해 주면 여러분이 복을 받을 수 있게 된다는 것이 아닙니다. 여러분을 저주하는 자를 악으로 갚지 아니할 때에, 그들을 위해서 기도하고 복 빌어 줄 때에 여러분은 이미 복을 유업으로 받은 자라는 것을 증명하는 것입니다. 주님의 재림을 기다리는 성도의 삶은 바로 그런 것입니다.

주의 강림의 놀라운 완성

땅에서 나는 귀한 열매를 바라고 길이 참아 이른 비와 늦은 비를 기다리는 농부처럼 성도들이 길이 참고 용기를 가져야 할 이유로 성경은 "주의 강림이 가까우니라"고 말합니다. "주의 강림"이란 말의 뜻은 무엇일까요? 예수님의 오심을 설명하는 몇 가지 단어가 신약에 쓰이고 있지만 "주의 강림"은 그중에서도 특징적인 단어입니다.

"주의 강림이 가깝다"는 말은 야고보가 사용한 결정적인 격려의 말입니다. 영광과 위엄 중에서 오시는 임금의 행차를 설명할 때에 이 '강림'이라는 단어를 썼습니다. 현대식 단어를 쓴다면 '초도순시'일지 모르겠습니다. 대통령의 자격으로 처음으로 어떤 지역이나 기관을 방문할 때 사용하는 말입니다.

당시에도 통치자라는 위엄을 가지고 나타날 때에 '강림'이라는 단어를 사용했습니다. 그것이 바로 초림하신 주님과 재림하실 주님의 차이입니다. 초림하실 때는 '강생'하셨다는 표현을 씁니다. 그러나 재림하시는 주님께는 '강림'하신다고 말합니다.

'강생'과 '강림'의 차이는 무엇입니까? '강생'하신 주님은 아기로 태어났습니다. 보통 아기로 태어났기에 사람들은 그가 누구인지를 알아보지 못했습니다. 아주 가난한 가정에서 태어났습니다. 강보에 싸여 구유에 누인 아기로서 세상에 오셨습니다. 정말 마구간에 태어난 아기에 불과했습니다.

좋은 유치원도, 좋은 초등학교도 못 갔습니다. 가난한 나사렛 목수로 젊은 나이를 보내셨습니다. 어디를 가든지 '목수 예수'라는 이름이 따라 다녔습니다. 예수님의 전성시대, 예수님이 가장 깃발을 날리던 시절에도 보면 열두 제자를 거느리고 이 지방 저 지방 다닐 때에 미리 숙소를 예약해 놓고 다니지 못했습니다. 주님이 가서 눕는 곳이 곧 주무실 처소였습니다.

"나는 머리 둘 곳도 없다"(눅 9:58 참조)고 하셨습니다. 그것이 초림하신 주님의 모습이었습니다. 친히 사람 속에 있는 것을 아시므로 사람에게 그 몸을 의탁치 않으셨습니다. 끝내 멸시와 거절을 당한 사람의 아들이었습니다. 그의 신성은 인성 속에 숨겨져 있어 믿음의 눈으로만 알아볼 수 있는 분이었습니다.

강생하신 주님은 여느 사람과 같았습니다. 그러나 강림하실 주님의 모습은 다를 것입니다. 그분은 나타나실 순간에 천사장의 나팔 소리와 함께 나타나실 것입니다. 그분은 위엄의 광채를 발하시면서 나타나실 것입니다. 그분이 오실 때에는 아무도 왈가왈부하지 못할 것입니다. 초림하시는 주님과 재림하시는 주님은 엄청난 차이를 가지고 있습니다. 그날 오시게 되면 그분이 인류의 심판자인 것을 누구나 수긍하게 될 것입니다. "모든 무릎을 예수의 이름에 꿇게 하시고 모든 입으로 예수 그리스도를 주라 시인하여 하나님 아버지께 영광을 돌리게"(빌 2:10-11) 될 것이라고 성경은 말하고 있습니다.

그날 그분은 택한 자를 불러 모으실 것입니다. 당신이 택한 자를 하늘 이 끝에서 하늘 저 끝까지 순식간에 모으실 것입니다. 사랑하는 성도 여러분, 그중에 여러분의 얼굴이 보이기를 바랍니다. 그 가운데 여러분이 속해 있으리라는 확신으로 신앙생활을 하셔야 합니다.

주께서 강림하신다는 메시지는 어떤 내용의 설교보다도 우리로 하여금 새롭게 해주는 말씀이 되어야 합니다. 주의 강림에 관한 소식이 사업에 성공한 소식 이상으로, 그 어떤 병에서 완쾌했다는 소식 이상으로, 대학에 합격한 소식 이상으로, 기쁜 소식으로 받아들일 수 있는 사람이 건강한 주님의 백성들입니다.

　주 안에서 사랑하는 성도 여러분, 주의 강림이 여러분의 심장 박동을 힘있게 하는 소식이 되기를 바랍니다. 그의 강림을 확실하게 인식하는 것이 여러분의 순례의 걸음을 힘차게 할 것입니다. 한 걸음 한 걸음 내디딜 때 이제는 왜 여러분이 그 방향으로 걷는지 분명히 알게 될 것입니다. 우리 소망의 근거가 되는 주의 강림을 깊이 묵상하십시오. 우리의 일상적인 삶 속에 그의 영광스런 강림을 사모하십시오.

　야고보는 그 영광스런 구원의 날을 대망하도록 농부의 경우를 예로 들어 설명합니다. 농부는 보배로운 소산을 위해, 씨를 싹 트게 하기 위해 이른 비를 기다립니다. 또한 씨를 결실하기 위한 늦은 비를 기다립니다. 그와 같이 보배로운 구원의 완성을 위해 그날을 사모합시다. 우리는 이미 하나님 은혜의 이른 비에 참여했습니다. 초림하신 구주의 은혜에 이미 동참했습니다. 이미 구원의 은혜를 맛본 처지에 있습니다. 그러나 싹이 튼 것이 결코 결실을 보장하지 않습니다. 늦은 비가 내려서 그 이삭을 영글게 해야 합니다. 오직 그 보혈을 믿음으로 구원의 싹이 틉니다. 그러나 구원의 결실은 아직도 미래의 사건입니다. 주의 강림으로 놀라운 완성을 가져옵니다.

　사랑하는 성도 여러분, 불의한 세상 속에서 답답함을, 억울함을 당합니까? 길이 참으십시오. 마음을 단단히 하십시오. 주의 강림이 가깝습니다. 이른 비를 허락하신 은혜의 하나님은 늦은 비를 보장하시는 신실한 하나님입니다. 우리 안에 구원을 시작하신 은혜의 하나님은 우리의 구원을 완성하실 신실한 하나님입니다. 주의 강림에 대한 소망을 새롭게 하십시오. 주의 강림을 대망하십시오. 그러면 여러분의 삶은 새로운 힘을 얻게 될 것입니다. 걸어가도, 달려가도, 다함없는, 위에서 부어지는 새 힘이 여러분의 것이 되기를 바랍니다.

James
야고보서 5장

야고보서 5장 12절

12 내 형제들아 무엇보다도 맹세하지 말지니 하늘로나 땅으로나 아무 다른 것으로도 맹세하지 말고 오직 너희가 그렇다고 생각하는 것은 그렇다 하고 아니라고 생각하는 것은 아니라 하여 정죄 받음을 면하라

40. 신실한 말을 합시다

　그리스도 안에서 사랑하는 성도 여러분, 진리의 하나님을 만나기 위해서 이 자리에 오신 사랑하는 이웃 여러분, 우리가 사는 세상은 만우절을 지키는 대신 하루만이라도 정직한 말을 하는 새로운 시도를 할 필요가 있습니다.
　오늘 본문은 거짓이 판을 치는 세상에 그것을 쉽게 허용하는 문화에 젖어 사는 우리가 귀담아 들어야 할 메시지를 담고 있습니다. 오늘 우리가 읽은 구절은 말의 신실성을 촉구하고 있습니다. 하지만 어떤 성경 구절이라도 바로 이해하기 위해서는 앞뒤 흐름 속에서 이해해야 합니다. 오늘 본문의 명령을 가장 자연스럽게 이해하기 위해서는 바로 앞부분과 관련해서 이해해야 합니다. 문제는 과연 앞부분과 어떤 관련이 있는가 하는 점입니다.
　오늘 본문 같은 경우는 앞 문단과의 관련을 찾아내는 것이 쉽지 않습니다. 그래서 어떤 이는 전혀 관련이 없다고 단언합니다. 오히려 야고보서 전부를 일련의 설교 제목들을 모아 놓은 책으로 취급해야 할 결정적인 증거로 이 본문을 제시하기도 합니다. 말하자면 "맹세하지 말라"는 것은 야고보 선생이 즐겨 전하던 설교 제목의 하나로 보아야 하며, 앞부분과 무관하다는 입장입니다. 얼핏 보면 정말 그런가 하는 생각이 들기도 합니다. 표면적인 관련을 쉽게 찾을 수 없기 때문입니다.

그러나 만약 우리가 야고보 선생의 가슴 속에 타오르던 그 열정을 동일하게 가지고 본문을 읽어 본다면 그 뜨거움 속에 녹아 있는 관련을 찾을 수 있으리라 생각됩니다.

왜 "맹세하지 말라"고 명하는가?

앞부분에서 야고보 선생은 심판자의 강림을 대망하라고 격려했습니다. 오늘 본문에서도 "맹세하지 말라"는 야고보 선생의 간곡한 권면 배후에는 심판에 대한 동일한 생각이 자리하고 있습니다. "맹세하지 말라"는 간곡한 명령의 이유로 "정죄 받음을 면하라"고 합니다. 이 말은 "심판을 면하라"고 번역할 수 있습니다. 현대인의성경을 읽어 보면 이렇습니다.

> 형제 여러분, 무엇보다도 맹세하지 마십시오. 하늘이나 땅이나 그 어떤 것으로도 맹세하지 마십시오. 그런 것은 그렇다고 말하고 아닌 것은 아니라고 분명하게 말하여 하나님의 심판을 받지 않도록 하십시오(5:12, 현대인의성경).

새번역이나 공동번역, 표준새번역 모두 그 점에서 같습니다.

> 나의 형제자매 여러분, 무엇보다도 맹세하지 마십시오. 하늘이나 땅이나

그밖에 무엇을 두고도 맹세하지 마십시오. 다만, "예" 해야 할 경우에는 오직 "예"라고만 하고, "아니오" 해야 할 경우에는 오직 "아니오"라고만 하십시오. 그렇게 해야 여러분은 심판을 받지 않을 것입니다(5:12, 표준새번역).

앞 문단에서도 심판주의 강림을 기다리며 "길이 참으라"고 권면한 야고보 선생은 12절에서도 심판을 염두에 두고 일상 대화까지 조심하라고 권면합니다. 오늘 본문 12절은 주님의 산상설교 마태복음 5장 33-37절과 아주 흡사합니다. 산상설교를 하셨을 때 주님이 가진 관심과 열정을 동일하게 가지고 야고보 선생은 서신 설교를 통해 흩어진 열두 지파에게 권면합니다.

한편 우리는 상호간에 말의 문제가 무엇이 그렇게 중요하기에 주님과 그의 동생 야고보가 같은 맥락에서 그와 같은 열정을 갖고 "맹세하지 말라"고 명하는지 의문이 생깁니다. 그러나 신약 성경은 우리에게 이 문제의 심각성을 자주 강조합니다.

세상에 들려주어야 할 이야기가 많고 많을 텐데 하필이면 "맹세하지 말라"는 문제를 다루고 있는지 의문을 가질 수 있습니다. 당면한 문제가 산적해 있는데 언어 문제를 왜 그렇게 중요하게 취급해야 하는가 하는 의문이 있겠지만 신약 성경은 성도가 행하는 행동 하나, 대화 한 마디가 모두 중요하다고 가르칩니다.

신자의 삶은 산 위의 등불과 같이 모든 세상의 주시 속에 있기 때문에 우리가 어떻게 말하는지는 지대한 중요성을 가집니다. 보십시오. 같은 행동을 해도 세상 사람들은 자기의 행동에 대해 별말을 하지 않습니다. 그러나 같은 잘못을 저질러도 신자가 저지르면 사람들은 반드시 손가락질을 합니다. "예수 믿는 사람이 저렇게 말을 함부로 한다"고 당장 비난받게 되어 있습니다. 그것은 우리의 행동 하나 하나에, 우리의 말 한 마디 한 마디에 바로 우리에게 이름을 주신 하나님의 명예가 직결되어 있기 때문입니다. 그래서 우리는 이 문제를 사소하게 여기며 넘어갈 수 없습니다. 이것은 하나님의 영광과 직결되어 있습니다.

예수 믿는다면서, 전도한다면서, 다른 일에 있어서는 전혀 신임할 수 없는 말을 남발하고 다니면 사람들은 우리가 전하는 말을 믿지 않습니다. 하나님이 그 아들 예수 그리스도를 보내셔서 곧 심판하신다는 소식 자체를 신임하지 않으려고 합니다.

하비 콕스(Harvey Cox)는 그의 책 「세속 도시」(문예출판사)에서 이런 이야기를 합니다. 광대가 동네에 나타나서 뒷마을에 불이 났으니 도와달라고 해도 사람들이 모두 웃기만 합니다. 더 열심을 내어서 말하면 더 많이 웃기만 합니다. 왜 그렇습니까? 그 사람은 본래 광대로 웃기는 사람이니까 사실을 이야기하고 있는데도 믿어 주지 않는 것입니다. 더 애타서 말하면 말할수록 사람들은 더 크게 웃어 버리고 맙니다. 우리의 복음 증거도 마찬가지입니다. 우리가 "예"라고 해야 할 때는 "예"라고 말하고 "아니오"라고 해야 할 때는 "아니오"라고 말해야 사람들이 우리가 가지고 있는 메시지를 신임하게 됩니다.

보통 언어생활에서 신실하지 못한 것 때문에 사람들은 복음을 전달받을 때도 믿지 않습니다. 자신들의 생명이 달려 있는 진리를 전해 줄 때도 우리를 신뢰하지 않는 것은 한 사람의 영혼을 실족케 하는 중대한 일입니다. 그래서 성경은 성도의 행동 하나, 말 하나가 지대한 중요성을 가지고 있다고 가르칩니다.

바울은 에베소서를 쓰면서 하늘에 속한 모든 신령한 진리, 기독교가 가지고 있는 놀라운 교리들을 다 말하고 나서 바로 이어 "그런즉 거짓을 버리고 각각 그 이웃과 더불어 참된 것을 말하라"(엡 4:25)고 했습니다. 우리 기독교인이 믿고 있는 모든 진리는 우리 삶과 분리할 수 없습니다.

오늘날 기독교인의 증거 능력의 회복을 위해서도 말의 신실성은 회복되어야 하지만 내일 하나님의 심판 앞에 서게 될 것을 의식할 때 말의 정직성은 유지되어야 합니다. "예" 할 때 "예" 하고 "아니오" 할 때 "아니오" 하지 못하는 것은 욕심으로부터 나오는 것입니다.

신실한 말을 하지 못하는 것은 악에서부터 나는 것입니다. 그것은 장차 하나님의 정죄 아래, 하나님의 심판 아래 놓이게 될 것입니다. 사람이 심판 아래 떨어지는, 하나님의 정죄 속에 빠지는 가장 빈번한 원인이 말의 실수입니다. 그래서 야고보 선생은 서신 앞부분에서 몇 차례 당시 그리스도인의 언어생활에 대해 권면한 바 있습니다. 이런 맥락에서 오늘 본문 12절을 읽어 보면 어떻게 하면 심판을 면할 수 있는지 알게 됩니다.

하나님의 이름을 남용하는 죄악

자, 그러면 이제 오늘 본문을 살펴봅시다. 우선 전반부를 읽어 봅시다. "맹세하지 말라"는 의미는 당시 상황을 좀 살필 때 밝히 알 수 있을 것입니다. 당시 유대 사회, 초기 기독교 사회의 편만한 사회악 중 하나가 되는대로 쉽게 맹세하는 것이었습니다. 익히 알려진 유대 사회적 폐습 중 하나가 하나님의 이름을 남용하는 죄악입니다. 이런 폐습이 초기 기독교 공동체의 상당 부분을 차지한 유대 기독교인들을 통해 교회 안에서도 번져 있던 죄악으로 보입니다.

걸핏하면 하나님의 진리를 갖다 대고 하나님의 이름을 갖다 대므로 자기 입장을 옹호하는 일들이 빈번했습니다. 매우 쉽게 신자들의 입에서 서원이 튀어 나오는가 하면, 주님의 이름으로 자기 입장을 옹호하는 일들이 예사였습니다.

주님의 이름으로 행해지는 서원과 맹세가 몹시 범람하던 현실을 직시한 야고보 선생은 주님과 같은 맥락에서 "무엇보다도 맹세하지 말라"고 합니다.

매우 쉽게 행해지는 서원이나 맹세를 막기 위해서 일상 대화 가운데 도무지 맹세하지 말도록 명합니다(마 5:34 참조).

"맹세코 이 말은 진리야", "맹세코 이 약속은 지킨다"고 말하지 아니하면 통하지 않는 현실을 보아야 합니다. 바꾸어 말하면 그만큼 거짓과 속임과 사기가 범람한다는 것을 증명합니다. 서원이나 맹세가 제값을 지니기 위해서는 꼭 해야 할 경우에만 행해져야 합니다.

족장들도 하나님 앞에서 서원한 경우가 있었지만 주일마다 되풀이하는 경우는 없었습니다. 생애 고비에 자기 인생에서 정말 중대한 문제를 두고는 하나님 앞에 서원하고 기도할 수 있습니다. 그러나 여기 "도무지 맹세하지 말라"고 하는 것은 생각도 안 해보고 맹세를 남발하는 것을 막기 위해서입니다. 이 말을 가지고 어떤 기독교 사람들은 '맹세 자체는 도무지 해서는 안 된다'고 주장하기도 하는 데 이는 옳지 않습니다. 그런 의미가 아닙니다.

우리는 이런 서원이 꼭 쓰일 장소에 사용될 때 중요하고 진지한 일임을 의식하게 됩니다. "무엇보다도 맹세하지 말라"는 의미는 제발 좀 그렇게들 쉽게 맹세하지 말라는 의미입니다.

구약 성도들의 예를 들어 보면 이것이 옳은 것임을 알 수 있습니다. 아브라함은 이삭의 배우자를 구하러 보내면서 자기 종으로 맹세토록 하고 있습니다. 야곱은 자기 아들 요셉에게 죽은 다음 가나안 땅에 묻어 달라고 맹세시키고 있습니다.

요셉 역시 형제들에게 하나님이 약속하신 땅에 들어갈 때 자기 해골을 매고 올라가도록 맹세시키고 있습니다. 요나단이 다윗을 자기 생명처럼 사랑하여 더불어 맺은 언약을 기억하십니까? 구약 율법은 이 문제에 대해 한 법을 주고 있습니다.

너희는 내 이름으로 거짓 맹세함으로 네 하나님의 이름을 욕되게 하지 말라 나는 여호와이니라(레 19:12).

뻔히 자기가 지킬 의사가 없음에도 불구하고 우선 상대방을 설득하려고 하나님의 이름을 갖다 대는 거짓 맹세는 금합니다. 이것이 제3계명에 저촉됩니다. 그러나 이 명령의 다른 일면은 다음과 같이 말합니다.

너는 조심하여 너를 애굽 땅 종 되었던 집에서 인도하여 내신 여호와를 잊지 말고 네 하나님 여호와를 경외하며 그를 섬기며 그의 이름으로 맹세할 것이니라(신 6:12-13).

신약에서도 마찬가지입니다. 주님도 심문을 받으시며 맹세 그 자체에 대해서는 안 될 것으로 여기지 않았습니다. 요즈음 방식으로 말해 증인 선서하라는 데 대해 거부하지 않았습니다. 오히려 이 엄숙한 요청 앞에 비로소 진리를 증언했습니다.

예수께서 이르시되 내가 그니라 인자가 권능자의 우편에 앉은 것과 하늘 구름을 타고 오는 것을 너희가 보리라 하시니(마 14:62).

그분을 맹세 자체를 해서는 안 된다고 여기는 것이 아니라 엄숙한 자리에서는 엄숙한 진리를 증거한 것입니다. "나는 메시아이고 나는 너희를 구원하러 온 유일한 구원자이고 내가 권능의 하나님의 보좌 우편에 앉은 것을 너희 모든 사람이 볼 것이고 장차 거기서부터 구름을 타고 세상에 심판하러 오는 것을 너희가 볼 것이다."

특히 바울 사도의 경우 뚜렷합니다. 바울이 고린도에 가지 않은 것을 두고 말이 많았습니다. 가도 문제고 안 가면 안 간다고 오해하니까 바울이 답답하고 달리 어쩔 수 없어서 "내가 내 목숨을 걸고 하나님을 불러 증언하시게 하노니 내가 다시 고린도에 가지 아니한 것은 너희를 아끼려 함이라"(고후 1:23)고 맹세합니다. 히브리서 기자는 아예 맹세한 사실에 근거해서 자기 논지를 펴고 있습니다.

> 사람들은 자기보다 더 큰 자를 가리켜 맹세하나니 맹세는 그들이 다투는 모든 일의 최후 확정이니라(히 6:16).

이런 사실을 비춰 보면 오늘 본문이 금하는 것이 무엇인지 더 분명해집니다. 당시 범람하던 형식적이고 관습적인 일상 대화에서의 맹세를 단연코 금하고 있습니다.

언어생활의 정직함 회복

특히 그다음 구절은 당시 관습을 고려하지 않고는 이해하기 매우 어렵습니다.

> …… 하늘로나 땅으로나 아무 다른 것으로도 맹세하지 말고……(5:12).

"하늘이 갈라져도 땅이 두 조각이 나도……." 한국 사람들은 이런 말을 자주 씁니다. 유대 사람들이 한국 사람을 닮은 데가 많습니다. 자기주장을 확실하게 드러내려고 할 때 하늘을 불러 맹세를 하곤 합니다.

하나님의 이름은 교묘하게 피해 버리고 대신에 '하늘이' 어쩌고라고 말합니다. 듣는 사람으로서는 같을지 모르지만 자기 입장에서는 "나는 하나님의 이름을 대지 않았다"고 빠져나갈 길을 마련했습니다. 유대인들은 이런 문게 말하십시오. 세상 사람들이 적어도 기독교인의 말은 믿을 수 있다고 말할 수 있어야 합니다. 불행히도 우리 시대에는 기독교인이 전하는 증거에 신실성을 잃어버리고 말았습니다.

이제 끝으로 본문의 교훈을 요약해 봅시다. 맹세는 합법적이며 위엄과 권위를 부여합니다. 모든 다툼을 종결시킬 만한 최종 호소처로 사용될 수 있습니다. 그러나 하나님의 이름을 축복과 저주에 생각 없이 남발하는 것은 죄악입니다. "맹세하지 말라"고 하는 것은 그때만 해당되는 것이 아니라 지금 시대에도 적용되어야 합니다. 특히 강단에서 축복이 선포되고 저주가 선포되는 하나님의 이름을 자기 기분대로 쓰고 있는 이런 현실 앞에서 맹세하지 말라는 말씀은 오늘도 적용될 필요가 있습니다.

목사뿐 아니라 성도들도 마찬가지입니다. 이 기도원 가서는 이 서원 하고 저 기도원 가서는 저 서원 하면 하나님 앞에 서원한다는 자체가 의미를 상실합니다. 어떤 피조물이나 생물이라도 하나님의 이름을 이용해서 맹세하는 것을 금합니다. 사랑 가운데 항상 진리를 말하도록 성경은 요청합니다. 직선적이고 단순한 언어를 사용하십시오. 그러므로 모든 맹세를 일상적인 대화에서 사용하지 마십시오. 과장하는 것도 금합니다. 잘못된 인상을 주기 때문입니다. 악의 없는 거짓말까지도 금합니다.

언어생활의 정직성 회복만큼 우리 민족에게 시급한 과제는 없습니다. 도대체 말에 신용이 없습니다. 언제까지 일을 마무리해 준다고 하면 해 줄 수 있어야 되는데 잘 지키지 않습니다. 말의 신실성을 회복하는 것이 급선무입니다.

우리는 국회 청문회를 보면서 오리발 내미는 교육을 받은 셈입니다. 하나님을 두려워하지 않는 사람들의 선서는 돼지코에 금장식과 같습니다. 그 가슴속에 하나님을 두려워하지 않는 사람은 무슨 선서를 해도 자기 이익에 따라서 얼마든지 뒤집어 놓습니다. 그런 사람과 약속을 한다는 것은 어리석은 제에 대해서 도사들이었습니다.

특히 유대인들은 맹세들을 구분하는 데 명수였습니다. 어떤 맹세는 반드시 지켜야 하고 또 어떤 맹세는 안 지켜도 된다고 구분했던 것입니다. 맹세를 세분화시켜 구속력이 있는 것과 없는 것으로 나누었습니다.

성전으로 맹세하면 지킬 필요가 없고 성전에 입혀진 금으로 맹세하면 반드시 지켜야 한다고 주장합니다. 제단으로 맹세하면 지킬 필요가 없지만 제물로 맹세하면 반드시 지켜야 한다고 주장하기도 합니다. 이런 관습을 주님은 여지없이 폭로하십니다(마 23:16-22 참조).

우리는 가끔 건물이 웅장하면 하나님의 영광이 나타날 것처럼 생각합니다. 미안하지만 하나님이 거룩하신 분으로 우리 가운데 좌정하실 때라야 관련된 모든 것이 엄숙한 의미를 지니는 것입니다. 제단이 중요한 것이지 제물이 중요한 것은 아닙니다. 제물 되게 하는 제단이 중요한 것인데, 거꾸로 제물 가지고 맹세하면 지켜야 하고 제단 가지고 맹세하면 안 된다는, 말도 안 되는 관습을 가지고 있었던 것입니다.

그런 폐습에 익숙해 있는 흩어진 나그네들을 향해 "오직 너희가 그렇다고 생각하는 것은 그렇다 하고 아니라고 생각하는 것은 아니라 하여 정죄 받음을 면하라"고 분명하게 말합니다. 여러분은 그런 것 때문에 심각하게 생각해 보신 적이 있습니까? 사람은 자기 입장이 어려우면 '아' 해야 할 자리에 '어' 합니다. 적당하게 빠져나갈(심하게 말하면 양심의 가책 없이) 여지만 있으면 정직하지 못한 주장을 합니다.

내가 언제 그렇게 말했냐고 열을 올립니다. 물론 꼭 그렇게 말하지는 않았지만 그런 식의 인상을 주려고 말해 놓고도 시치미 뗍니다. 그렇습니다. 사람들 사이에서는 모면할 수 있습니다. 급한 대로 궁지를 면할 수 있습니다. 그러나 기억하십시오. 하나님의 심판을 받지 않도록 하십시오. 애매모호하게 얼버무리지 마십시오. 그런 것은 "그렇다", 아닌 것은 "아니다"라고 분명하짓입니다. 그들은 궁극적인 목표를 달성하기 위해서는 어떤 수단이라도 다 합법적이라고 생각하기 때문입니다.

입에 거짓이 없으신 분은 오직 예수

사랑하는 성도 여러분, 우선 하나님을 믿는 성도들의 언어부터 신실성, 정직성을 회복합시다. 복음으로 변화받은 그리스도인부터 말의 신실성을 회복해야 합니다. 한 날 거룩하신 분 앞에 서게 되는 날이 여러분의 양심을 찌르듯이 고통스러운 순간이 되지 않길 바랍니다.

하나님의 이름을 함부로 들먹이며 목전의 이익을 위해 자신을 옹호한 기억이 생생하게 여러분을 덮치지 않기를 바랍니다. 거룩하신 하나님의 임재 앞에 입술의 죄악 됨으로 고통하던 이사야 선지자를 기억하십니까? 더러운 입의 죄악으로 인해 지금 고민하지 않으면 그날 영원한 후회의 이를 갈 것입니다. 사랑하는 성도 여러분, 지금 이사야 선지자와 함께 겸손히 주 앞에 고백합시다.

> 화로다 나여 망하게 되었도다 나는 입술이 부정한 사람이요 나는 입술이 부정한 백성 중에 거주하면서 만군의 여호와이신 왕을 뵈었음이로다 하였더라(사 6:5).

자기 죄의 자각이 있고 사죄의 선포가 있습니다.

> 보라 이것이 네 입에 닿았으니 네 악이 제하여졌고 네 죄가 사하여졌느니라 하더라(사 6:7).

지금 우리나라의 문제는 말의 정직성 결여에 있습니다. 노사 간의 문제도 서로의 말을 신임하지 않기 때문에 일어납니다. 정치와 국민이 서로 불신하는 것도 말의 신실성이 없기 때문입니다. 아무리 대통령이라 할지라도 자기 말을 식언한다면 동네 반장도 해서는 안 될 사람입니다. 한 그룹의 지도자들에게는 말의 정직성이 반드시 필요합니다. 자기 말에 대해서 책임을 져야 하지 않겠습니까? 지금 교회의 문제 역시 목사, 장로, 집사들의 말의 정직성 회복에 달려 있습니다.

기독교는 공중누각을 짓는 종교가 아닙니다. 공중에서 여러분에게 흰옷을 하사하는 종교가 아니라 여러분이 지금 디디고 있는 이 땅에서 새로운 개조를 해 나가는 것입니다. 지금 여러분이 막 해대는 신실하지 못한 말들을 하나님의 말씀 앞에 이제는 조심하겠다고 새롭게 각오해야만 합니다.

서로 거짓이 없고 사랑 안에서 진리를 말하는 데서 믿고 살 만한 공동체 건설의 기초를 시작해야 합니다. 이 거룩한 일은 여러분으로부터 시작해야 합니다. 왜냐하면 여러분에게 하나님께서 오늘 본문을 통해 말씀하셨기 때문입니다. 여러분의 삶이 언제나 하나님의 면전에 있음을 실감하십시오.

미리 거짓말을 하려고 연습하는 사람은 거의 없습니다. 예기치 않는 순간에도 거짓말이 튀어나옵니다. 그런 우리 모습을 직면해야 여러분의 새로운 삶이 시작됩니다. 자기 입술이 얼마나 부정한지를 알아야만 새롭게 고칠 수 있는 가능성이 있습니다.

자신이 늘 정직을 외치면서도 부정직한 말들을 하고 있었다는 것을 직시하게 될 때에 하나님은 그를 불쌍히 여기십니다. 그 길만이 진리의 성령을 근심시키지 않는 길입니다.

여러분의 모든 입술의 말을 들으시는 그분은 과장을, 거짓을, 맹세를 싫어하십니다. 성령은 진리의 영이시기에 거짓을 싫어하십니다. 모든 허위와 외식을 성령께서는 싫어하십니다. 여러분이 거짓을 좋아하고 그저 입장을 모면하기 위해서 얼렁뚱땅 이야기를 지어내면 그때마다 여러분 안에 계신 성령께서 탄식하십니다. 이 소리에 여러분이 귀를 기울일 수 있기를 바랍니다.

여러분의 양심의 귀가 그 소리를 들을 수 있게 될 때에 여러분의 삶이 새로워질 수 있습니다. 그 입에 궤사가 없으신, 거짓말을 한 번도 하신 적이 없으신 유일한 분은 예수 그리스도입니다.

예수 그리스도 외에 "나는 거짓말하지 않는다"고 말하면 그 사람이야말로 가장 거짓말을 잘하는 사람입니다. 그 말 자체가 거짓말입니다. 오직 그 입에 거짓이 없으신 분은 예수 그리스도 한 분밖에 없으십니다. 그분은 우리가 당신과 닮아 가기를 원하십니다. "예" 해야 할 때 "예" 하십시오. "아니오" 해야 할 때는 "아니오"라고 하십시오. 자기 시대의 위선자들을 향한 주님의 선언으로 오늘 말씀을 맺겠습니다. 항상 신실한 말을 하도록 주님께 구합시다.

> 독사의 자식들아 너희는 악하니 어떻게 선한 말을 할 수 있느냐 이는 마음에 가득한 것을 입으로 말함이라 선한 사람은 그 쌓은 선에서 선한 것을 내고 악한 사람은 그 쌓은 악에서 악한 것을 내느니라(마 12:34-35).

James
야고보서 5장

야고보서 5장 13-18절

¹³너희 중에 고난당하는 자가 있느냐 그는 기도할 것이요 즐거워하는 자가 있느냐 그는 찬송할지니라 ¹⁴너희 중에 병든 자가 있느냐 그는 교회의 장로들을 청할 것이요 그들은 주의 이름으로 기름을 바르며 그를 위하여 기도할지니라 ¹⁵믿음의 기도는 병든 자를 구원하리니 주께서 그를 일으키시리라 혹시 죄를 범하였을지라도 사하심을 받으리라 ¹⁶그러므로 너희 죄를 서로 고백하며 병이 낫기를 위하여 서로 기도하라 의인의 간구는 역사하는 힘이 큰이니라 ¹⁷엘리야는 우리와 성정이 같은 사람이로되 그가 비가 오지 않기를 간절히 기도한즉 삼 년 육 개월 동안 땅에 비가 오지 아니하고 ¹⁸다시 기도하니 하늘이 비를 주고 땅이 열매를 맺었느니라

41.
기도할 때와 찬송할 때

그리스도 안에서 사랑하는 성도 여러분, 그리고 복된 예배의 자리에 함께 하신 사랑하는 이웃 여러분, 본문 말씀을 통해 하나님은 오늘 우리에게 무엇을 말씀하시고 싶어 할까요? 여러분과 함께 오늘 우리에게 하시는 하나님의 음성을 듣는 시간을 갖기를 원합니다.

오늘 우리에게 말씀하시는 하나님의 음성을 들으려면 하나님께 관심을 기울여야 합니다. 복잡한 우리 생각을 내려놓고, 다급한 우리 처지를 잠깐 밀쳐두고 본문을 통해 하시고자 하는 아버지의 음성에 귀를 기울이는 시간 되기를 바랍니다.

사랑하는 성도 여러분, 여느 인생 노정과 마찬가지로 그리스도인의 길에도 항상 햇빛만 비치지는 않습니다. 때로는 비가 내리기도 합니다. 모든 일이 순조롭게 풀려서 예상치 않은 보너스를 받기도 하지만, 파업을 해도 해결점을 찾기 힘든 때도 있습니다. 오늘 본문은 이런 상황 속에서 우리가 어떻게 처신해야 하는지를 말해 줍니다.

그러면 잠깐 오늘 본문의 문맥을 살펴봅시다. 4장 1절부터 5장 6절까지는 엄한 질책의 연속이었습니다. 그런데 5장 7절부터는 어조가 바뀌어 따뜻한 동정과 충고의 말로 바뀝니다. 5장 7절 이하를 살펴보면 우선 나그네 삶의 시련 가운데 하지 말아야 할 것을 말합니다.

"형제들아 서로 원망하지 말라." 드러내지 않은 마음속의 불만까지 금하고 있습니다. 그리고 "형제들아 무엇보다도 맹세하지 말지니……." 나그네 삶의 시련 가운데 상호 비난이나 성급한 막말을 금하라고 교훈합니다. 상호 원망과 성급한 맹세보다 기도와 찬양이 성도들의 마땅한 행위임을 오늘 본문 13절이 말해 줍니다. 앞부분에서는 "서로 원망하지 말라, 맹세하지 말라"고 하는데 이것은 우리식으로 말하면 막말을 하지 말라는 것입니다. 그러나 "말라"로 계속되는 충고는 사람들을 위축시킵니다.

그래서 오늘 본문부터는 적극적인 명령을 하고 있습니다. "하라"고 말합니다. "기도하라." "찬양하라." "죄를 고백하라." 그 다음 더 극적으로 "진리를 떠난 자들을 돌이켜라. 가서 그들을 권면하라"(5:19-20 참조)고 성경은 명령합니다. 말할 수 있다는 것이 모든 피조물 가운데서 사람을 구별 짓게 하는 것 아니겠습니까? 그런데도 불구하고 우리는 좋은 말을 하도록 주신 입을 잘못 사용할 때가 많습니다. 상호 비난하고 정죄하고 막말을 하는 잘못에 빠집니다. 그래서 오늘 본문부터 마지막 절까지는 입을 어떻게 사용하는 것이 바른지를 보여 줍니다.

고난당하는 성도들은 기도하라!

오늘 본문은 마치 우리가 입으로 할 수 있는 가장 선한 사용은 하나님을 향해서 기도하는 것이고 찬송하는 것이라고 하는 것 같습니다.

"하나님 앞에 함께 기도하는 그것이 얼마나 아름다우냐? 남의 잘못을 들추어내는 것보다는 너희 죄를 고백하는 것이 얼마나 귀한 것이냐? 뿐만 아니라 곁길로 가는 사람들을 비난하는 대신 제자리로 돌이키는 일이 얼마나 소중한 일이냐"고 말하는 것 같습니다. 그래서 본문 13절부터는 "하라"는 적극적 명령으로 바뀝니다. 그리고 13절에 등장하는 "고난당한다"는 말씀은 10절 말씀과 맥이 통합니다.

본문이 말하는 고난은 어떤 고난입니까? 그것은 주의 이름으로 말한 선지자들이 당했던 그 고난과 오래 참음을 염두에 둔 것입니다. 모순되게도 그들은 '주의 이름'으로 말했기 때문에 고난을 당했습니다.

이스라엘 역사에 선지자가 끊일 때가 없었습니다. 예루살렘 제단에는 항상 제사가 드려지고 있었습니다. 제물을 태우는 연기가 올라가고 있었습니다. 시대마다 선지자들이 끊이지 아니했지만 유독 '주의 이름'으로 말한 선지자들은 고난을 당하고 오래 참아야 했습니다.

'주의 이름'으로 말했기에 그들은 어려움을 당하고, 오해를 받고, 모욕을 당했습니다. 그래서 "그런 고난 중에 있는 자가 있느냐? 그는 기도할지니라"고 권면합니다. 구약 선지자뿐 아니라 신약 복음 전도자가 감내해야 할 고통이기도 합니다.

야고보는 하나님의 말씀대로 살기 때문에 찾아 오는 고난을 겪을 때 기도하라고 권면합니다. 왜냐하면 본질상 세상은 아직도 변하지 않았기 때문입니다. 예수님이 받은 고난은 이방으로부터 받은 고난이 아니었습니다. 그가 받은 고난은 신앙 공동체 안에서의 고난이었습니다. 사도들도 마찬가지 고난을 당했습니다.

> 그러나 너는 모든 일에 신중하여 고난을 받으며 전도자의 일을 하며 네 직무를 다하라(딤후 4:5).

고난 받는 것은 선택의 문제가 아니라 우리에게 놓여 있는 일상적인 것입니다. 그러므로 사도는 권면합니다.

무릇 그리스도 예수 안에서 경건하게 살고자 하는 자는 박해를 받으리라(딤후 3:12).

구약 선지자들이 그러했고 주의 이름으로 말한 신약의 사도들도 마찬가지의 길을 걸었습니다. 이러한 고난은 사도 시대로 끝나지 않았습니다. 오늘도 핍박과 박해는 그리스도 안에서 경건하게 살고자 하는 이들의 몫입니다.

때로는 복음 때문에 겪는 불편한 환경이 우리를 자기 연민 속에 빠뜨립니다. 때로는 사람들 사이의 여러 가지 오해와 조롱 때문에 고통이 찾아 듭니다. 그러므로 "너희 중에 고난당하는 자가 있느냐? 그는 기도할지니라"고 야고보 선생은 말합니다.

여러 가지 고난과 어려움 가운데 승리하는 비결을 상대방을 향해 원망하고 해명하는 데 있지 않습니다. 이런 갖가지 오해 속에서 헤어나는 비결은 대좌하여 상호 입장을 밝히는 데도 있지 않습니다. 그것은 결코 궁극적인 해결책이 아닙니다. 그러므로 기도해야 합니다.

성급한 생각에, 분한 마음에 휴대 전화 키패드를 누른다고 해결될 수 있는 문제가 아닙니다. 우리는 무엇을 선택해야 할지 알고 있습니다. 우리는 무릎 꿇기에 앞서 말하고 싶어 하고, 무릎 꿇기에 앞서 누군가에게 전화를 걸고 싶어 합니다. 이것만은 누구를 만나서 꼭 이야기를 해야겠다 싶을 때 먼저 하나님께 조용히 기도하십시오. 그러면 전능하신 하나님께서 개입하십니다. 그렇게 되면 우리가 알지 못하는 사이에 우리의 상상을 초월하는 방법으로 하나님의 치유하심이 우리 가운데 나타나게 됩니다. 여러 가지 오해를 극복하는 것은 맹세와 막말을 내뱉는 것이 아닙니다.

상처를 받아 더는 공동체 안에 보이지 않는 사람으로 인해서 마음 아파하는 자가 있습니까? "그는 기도할 것이라"고 말하고 있습니다. 신체적인 욕구가 충족되지 못할 때는 괴롭습니다. 정신적인 욕구가 실현되지 못할 때도 괴롭습니다. 꿈과 이상이 좌절되는 순간에, 희망과 기대가 벽에 부딪칠 때도 우리는 괴로워합니다.

본문이 말하는 고난은 이런 모든 경우를 지칭합니다. 본문의 고난이라는 단어는 야고보서 1장에 나오는 "여러 가지 시험을 당하거든……"(1:2)이라고 할 때의 그 '시험'과 서로 통하는 말입니다. 그래서 야고보 선생은 시험으로 서두를 떼고 시험(고난)으로 다시 돌아가고 있습니다. 그는 인생행로가 어떤 것인지를 잘 알았습니다. 야곱이 구약의 열두 지파의 어른 노릇을 했던 것처럼 야고보는 예루살렘 모교회에서 기둥과 같은, 이른바 예루살렘 교회의 실세였습니다.

그러나 그는 권력을 휘두르는 실세가 아니라 섬기는 자리에서 실세였습니다. 그는 세상에 흩어져 있는 열두 지파의 처지를 생각하고 각양각색의 시련에 시달리는 그들을 향해 "너희가 여러 가지 시험을 당하거든 온전히 기쁘게 여기라"(1:2)고 권면합니다.

야고보 선생은 실낙원의 인생행로의 첫걸음이 시험이요, 그 마지막 여정까지 '시험'이 우리를 흔들 것을 알았습니다. 시험의 바람은 우리가 하나님 나라에 영광스러운 입성을 하기까지는 천국 문 앞에서까지도 우리를 흔들려고 할 것입니다.

문제는 우리를 기도로 초대한다

사랑하는 성도 여러분, 세상에 문제없는 교회는 없습니다. 다만 그러나 어떤 문제 때문에 고민하느냐가 한 교회와 다른 교회를 구별 짓습니다. 문제없는 교회가 있다고 하면 그곳에는 가지 말라고 어떤 현명한 사람은 충고했습니다. 세상에는 문제가 있습니다. 그러나 어떤 문제를 가지고 고민하느냐가 교회와 교회를 갈라놓습니다.

때로 문제 있는 사람을 지목해서 그를 공동체에 남아 있지 못하게 하는 것으로는 문제가 해결되지 않습니다. 하나님은 그런 방법을 사용하고 싶어 하지 않습니다. 언제나 나와 생각을 달리할 사람은 있습니다. 그를 없애버림으로 문제가 해결되는 것이 아닙니다.

오히려 문제가 생길 때마다 기도의 부름이라고 생각합시다. 문제는 항상 우리를 기도로 부르는 초대장임을 믿으시기 바랍니다. 이 고통스러운 순간을 극복하는 가장 우선적인 방법은 기도하는 것입니다.

주 안에서 사랑하는 성도 여러분, 여러분이 당면한 고난이 무엇입니까? 여러 가지 부족으로 가득한 핍절한 삶입니까? 정신적인 괴로움으로 날을 지새우는 이에게는 우스워 보입니다만 여러분도 몸을 가졌으니 먹지 못함이, 입지 못함이 무엇인지 느낄 것입니다. 어쩌면 그런 물질적인 문제 때문이 아닐 수도 있습니다. 고기와 생선이 가득한 상에 둘러앉아도 서로 불화하면 마른 빵, 아니 식은 밥 한 그릇을 두고 화목한 것만 못합니다(잠 17:1 참조). 육신적이든 정신적이든 우리에게 닥친 고통과 고민은 기도의 부름입니다.

시련은 인내를 만들어 내기 위한 기도의 기회입니다. 믿음의 시련이 만들어 내는 인내를 위해 기도하십시오. 온전한 인내가 영글게 되면 원만한 신앙 인격이 갖추어질 것입니다. 그때 사람들이 여러분에게서 하나님을 아는 사람에게서만 발견할 수 있는 모습을 보게 될 것입니다.

고통과 고민은 기도의 처소로 우리를 부르시는 주님의 손짓입니다. 그리스도인이 세상 사람과 다른 것을 나타낼 절호의 순간입니다. 기쁠 때는 드러나지 않을 수 있습니다. 평안할 때에 누가 누구인지를 어떻게 알겠습니까? 그러나 고통의 순간, 고민의 순간, 오해받는 괴로운 순간에 우리가 그리스도인인 것을 나타낼 수 있습니다. 그때 하나님의 사랑이 우리 가슴에 부은 바 된 것을 나타낼 수 있습니다. 분을 이기지 못하여 소리쳐 저주하기 전에, 도무지 참을 수 없어 맞닥뜨려 해명하기 전에, 아니 전화기 키패드를 눌러 성급히 해명을 요구하기 전에 먼저 기도하십시오.

이런 경우에 우리는 자주 세상 사람들처럼 반응합니다. 그저 나하고 뜻이 통하는 사람들을 만나 성토합니다. 그러나 그것은 또 다른 시험을 받는 도화선이 될 수 있습니다. 기도하십시오. 우리는 종종 주님의 간곡한 기도로의 초대를 팽개쳐 버립니다.

시험을 맞이하는 주님의 모습은 "더욱 간절히 기도"(눅 22:44)하신 것이었습니다. 기도로 몰아넣는 것을 느끼면서도 끝까지 기도 안 하고 버티어 보려는 것이 인생입니다. 그것이 저와 여러분의 모습입니다.

죄인은 웬만해서 무릎을 꿇지 않습니다. 자기 할 만큼 끝까지 가 보고 벽에 부딪혔다고 생각해도 앉아서 또다시 궁리하고 있습니다. 또 가 봅니다. 또 부딪힙니다. 그래서 상하고 상하여 더는 헤맬 기력마저 없을 그때에 "천부여 의지 없어서 손들고 옵니다"(새찬송가 280장)라고 고백합니다.

고통의 순간에, 시험을 맞이할 때에 주님이 어떻게 하셨는지 기억하십시오. 그분이 우리 삶에 항상 표본이 됩니다. 그는 자기 생애의 가장 고독한 순간에 기도하셨습니다. 따르던 모든 제자가 다 떠나갈 때도 기도하셨습니다. 주님은 오히려 그 고통의 순간에 더욱 간절히 기도하셨습니다. 사랑하는 성도 여러분, 정말 우리가 하나님께 기도하면 상황의 변화를 볼 수 있을 것입니다.

사랑하는 성도 여러분, 억울하고 답답할 때 기도하는 것이야말로 여러분이 세상의 빛과 소금으로 처신하는 순간입니다. 우리 하늘 아버지께서는 그럴 때에 우릴 만나시기 원합니다.

"수고하고 무거운 짐 진 자들아 다 내게로 오라"(마 11:28)는 초청은 그날 이

후 항상 유효한 초청입니다. 어떤 고통이라도 좋습니다. 어떤 고민이라도 좋습니다. 하늘 아버지의 보좌로 나아가 아룁시다. 항상 그분의 보좌로 향하는 길은 열려 있습니다. 항상 그분의 눈은 자기를 찾는 자를 향하고 있습니다. 항상 그 팔은 우리를 향해 벌리고 있습니다.

> 여호와의 눈은 의인을 향하시고 그의 귀는 그들의 부르짖음에 기울이시는도다 (사 34:15).

고통의 순간은 우리로 하여금 기도하게 합니다. 기도를 통해 하나님의 뜻을 확인하며 고통 가운데서 우리는 또한 즐거워하게 됩니다. "내 평생에 가는 길"(새찬송가 413장)을 작사한 사람은 자기의 세 딸을 수장시킨 가장 고통스러운 그 해역을 지나면서 이 찬송을 지었습니다. "내 영혼 평안해"라고 하는 것은 일이 잘되는 가운데서 부르던 노래가 아니라 역경에 처했을 때에 부르던 노래입니다. 모든 재산이 대화재에 잿더미가 되어 버린 상황 속에서 생명처럼 아끼던 자녀까지 잃어버리고 지었던 찬양이 오늘 우리가 부르는 찬송입니다.

즐거워하는 성도들은 찬송하라!

우리 본문은 또 다른 상황을 설정합니다. 같은 교회 성도들이지만 그 가운데는 또 다른 처지에 있는 성도들도 있습니다. 그들을 향한 처신의 기준을 제시합니다.

> (너희 가운데) 즐거워하는 자가 있느냐 그는 찬송할지니라 (5:13).

항상 비가 내리지는 않을 것입니다. 반드시 햇빛이 내려 비칠 것입니다. 계속 빗방울을 뿌리면 비가 언제 그치나 하고 초조해 하지만 비는 반드시 그치게 되어 있습니다. 그리고 다시 하나님의 햇살이 온 누리를 채울 것입니다. 우리의 인생을 수놓아 가시는 아버지께서 결코 전체를 암울한 단색으로 채우시지는 않을 것입니다. 슬프고 괴로운 것은 순간이요, 훨씬 더 많은 날을 기쁨과 만족의 그 은혜의 해로 채워 주실 것입니다.

성도는 그때 아름다운 감사와 찬송을 부르는 자입니다. 보십시오. 이것이 신자와 세상 사람을 구분해 줍니다. 세상 사람들은 즐거우면 하나님을 망각하고 살아갑니다. 그러다가 어려움과 재난을 만나면 잊고 살았던 하나님을 기억해 내고 원망합니다. 그러나 성도는 어려울 때 하나님께 기도드립니다. 가장 즐거운 순간에도 하나님을 향해서 찬송하는 자입니다. 괴로운 순간 그분의 은혜의 보좌 앞에 나아갑시다. 그뿐 아니라 감사와 만족으로 기뻐하는 그 순간에는 찬송으로 보답합시다.

사랑하는 성도 여러분, 하늘이 무너지는 듯해도 고통의 순간에 나아갈 하늘 아버지가 우리에게는 계십니다. 자식이 이해해 줄 수 없고 부모가 보상해 줄 수 없는 상황 속에서도 하나님이 있다는 것이 얼마나 큰 위로가 되는지 모릅니다. 가장 힘든 순간에도 아버지 하나님이 있습니다.

가슴이 터질 듯한 기쁨의 순간에도 역시 찬양 드릴 하나님이 우리에게 계십니다. 그러기에 성도는 원망과 막말 대신 그 입술을 기도와 찬양으로 채웁니다. 예수 그리스도의 피가 우리 양심을 깨끗케 하심을 믿는 자마다 그 마음이 하늘을 향해 부끄러움 없이 살게 될 것입니다.

예수님을 믿는다는 것은 엄청 기쁜 사실입니다. 그러나 불행히도 현대를 살고 있는 기독교인들은 그 사실을 잘 모르는 것 같습니다. 그래서 설교자인 저는 여러분에게 그 사실이 생각나도록 확인시켜야 합니다. 그러나 1세기 성도들은 상황이 달랐습니다. 그들은 그 사실을 경험적으로 알고 있었습니다. 자기들과 함께하고 있는 그리스도의 임재를 알고 있었기 때문에 그 마음마다 샘솟는 즐거움을 누리고 있었습니다. 그러므로 초대 교회는 찬송하는 교회였습니다. 기도만큼이나 찬송은 기독교의 특징입니다. 자신을 성도로 여기는 자들은 기쁜 순간에 함께 찬양하는 자여야 합니다.

찬송할 이유를 저마다 분명히 알게 될 때 교회는 찬송하는 교회가 됩니다. 찬양 시간을 특별히 주일 프로그램에 할애해서가 아닙니다. 초대 교회가 찬양하는 교회가 된 것은 화려한 성가대를 갖추었기 때문이 아닙니다. 위화감을 낳을 만큼 수억을 들여 파이프 오르간을 들여 놓았기 때문도 아닙니다. 예수 그리스도를 만난 기쁨이 생생한 가슴속은 찬송의 음률이 흘러나오는 원천입니다.

　　내 영혼의 그윽히 깊은 데서 맑은 가락이 울려 나네
　　하늘 곡조가 언제나 흘러나와 내 영혼을 고이 싸네
　　평화 평화로다 하늘위에서 내려오네
　　그 사랑의 물결이 영원토록 내 영혼을 덮으소서(새찬송가 412장).

예수 그리스도를 만난 기쁨, 그것이 찬송하는 교회를 만듭니다. 한 사람 한 사람 가슴속에 그리스도 예수가 얼마나 좋은 분인지 인식하게 될 때에 찬양하는 교회로 만들 수 있습니다.

찬송은 성도의 특권

성도의 기쁨의 원천은 좋으신 예수, 귀하신 그분으로 말미암은 것입니다. 비록 육신의 눈으로 본 적이 없으나 생생한 임재하심이 나를 얼싸안고 있다는 이 느낌이 그들로 하여금 찬양하지 않으면 안 되게 했습니다.

야고보는 "너희 중에 고난당하는 자가 있느냐"라고 말하고 나서 "즐거워하는 자가 있느냐" 하고 물었습니다. 그러나 여기에 "너희 중에"라는 말을 넣어도 잘못이 없습니다. 문맥상 생략되었다고 보는 것이 정상적일 것입니다.

이 충고는 어려울 때는 무릎 꿇고 기쁠 때는 노래하라는 일반적인 이야기가 아니라 "너희 중에"라고 한정하고 있습니다. 그럼 "너희 중에"라는 말은 누구를 말합니까? 흩어져 있는 열두 지파입니다. 흩어진 하나님의 백성, 너희 중에 고난당하는 자가 있느냐? 너희는 하늘 아버지를 알지 않느냐? 예수 그리스도를 말미암아 하늘 아버지께로 나아가는 은혜의 길이 열려 있지 않느냐? 그러므로 기도하라고 말합니다.

동시에 너희 중에 기뻐하는 자가 있느냐? 너희 흩어져 있는 열두 지파, 너희 중에 지금 벅찬 기쁨을 갖고 있느냐? 그때는 찬양하라고 말합니다. 비록 육신의 눈으로 본 적도 없고 지금도 보지 못하나 순례자의 여정 곳곳에 마련된 기쁨의 샘가에 도달할 때에 찬송하라는 권면입니다. 그러기에 이 찬송은 세상 노래와 그 의미가 다릅니다. 곡만 붙인다고 되는 것이 아닙니다. 찬불가와 찬송가는 하늘과 땅만큼 차이가 있습니다.

불교와 유교가 이민족의 정신세계를 지배한 배경 속에서 흘러나오는 국악의 가락을 한번 들어 보십시오. 거기에는 수심이 서려 있습니다. 그러나 주님을 만난 사람들은 그 안에서 새로운 음률이 솟아납니다. 세상 노래는 외로움을 스스로 달래거나 기껏 즐거움의 자기도취지만 하늘 노래는 하늘의 소망을 주신 주를 찬양하는 노래입니다.

오늘 본문에서 "그는 찬송할지니라"라는 말을 잘 살펴보면 적어도 세 가지 의미로 쓰이고 있습니다. 우리가 일반적으로 생각하면 '입으로 소리 내어서 노래 부르라'는 의미가 있습니다. 본래는 '현악기를 가지고 연주한다'는 뜻이 이 단어의 어원입니다. "비파야, 수금아, 깰지어다"(시 108:2)라고 했던 다윗에게서 배울 수 있는 귀한 것이 있습니다. 달리 아무것도 할 수 없는 그 고통스런 아둘람 굴속에서 다윗은 비파를 타면서 영적으로 침체되어 있었던 자신을 깨울 수 있었습니다.

사랑하는 성도 여러분, 영적 침체에 빠졌다고 그냥 당하고만 있지 마십시오. 하나님이 우리에게 주신 악기들을 활용하면서 영적인 침체 상황을 극복하십시오. 뭔가 자기 나름대로 연주할 수 있다면 그것을 신앙생활 하는 데 활용하십시오. 직접 연주가 어렵다면 음원을 활용할 수도 있습니다.

바울은 골로새 교회를 향해서 권면합니다.

> …… 시와 찬송과 신령한 노래를 부르며 감사하는 마음으로 하나님을 찬양하고(골 3:16).

이것은 새로운 권면이 아닙니다. 그들이 하고 있지 않은 것을 새롭게 하라는 것이 아니라 하고 있는 것을 계속하라고 권면하는 것입니다. 고린도전서 14장을 보십시오. 초대 교회 분위기의 한 면을 볼 수 있습니다.

> 내가 만일 방언으로 기도하면 나의 영이 기도하거니와 나의 마음은 열매를 맺지 못하리라 그러면 어떻게 할까 내가 영으로 기도하고 또 마음으로 기도하며 내가 영으로 찬송하고 또 마음으로 찬송하리라(고전 14:14-15).

열매를 맺지 못하는 것은 유익을 얻지 못한다는 것입니다. 가사가 있는 정해진 노래를 부르기도 했고 영으로 찬미하는 일도 있었던 모양입니다. 영으로 찬미한다는 것은 앞의 문맥과 비교해 보면 방언 가운데서도 찬송하는 것을 의미할 수 있지 않을까 합니다.

그것이 초대 교회의 모습입니다. 참된 경배에는 영혼의 음률이 연주되어야 합니다. 함께 노래할 수도 있고 혼자 찬양할 수도 있습니다. 악기를 반주

하며 노래할 수도, 악기 없이 노래만 할 수도 있습니다. 소리 내어 찬양할 수도, 마음속으로 조용히 찬양할 수도 있습니다. 방법이야 어떠하든지 '즐거울 때에 찬양하는 것'은 성도의 특징이자 특권입니다.

사랑하는 성도 여러분, 한 주 동안 본문 말씀을 그대로 우리 삶에 적용시켜 봅시다. "너희 중에 고난당하는 자가 있느냐 그는 기도할 것이요. 즐거워하는 자가 있느냐 그는 찬송할지니라." 아멘.

James

야고보서 5장

야고보서 5장 13-16절

¹³너희 중에 고난당하는 자가 있느냐 그는 기도할 것이요 즐거워하는 자가 있느냐 그는 찬송할지니라 ¹⁴너희 중에 병든 자가 있느냐 그는 교회의 장로들을 청할 것이요 그들은 주의 이름으로 기름을 바르며 그를 위하여 기도할지니라 ¹⁵믿음의 기도는 병든 자를 구원하리니 주께서 그를 일으키시리라 혹시 죄를 범하였을지라도 사하심을 받으리라 ¹⁶그러므로 너희 죄를 서로 고백하며 병이 낫기를 위하여 서로 기도하라 의인의 간구는 역사하는 힘이 큼이니라

42.
믿음의 기도

　그리스도 안에서 사랑하는 성도 여러분, 그리고 신앙생활에 관심을 가지고 이 자리에 나오신 사랑하는 이웃 여러분, 우리 삶은 괴로운 순간과 즐거운 순간으로 엮어져 있습니다. 신앙인에게 괴로운 순간은 기도로 하나님께 가까이 나아갈 기회입니다. 즐거운 순간은 찬송으로 하나님께 나아갈 기회입니다.

　희비가 교차하는 세상에서 신앙으로 대처하는 방법을 아는 성도는 복이 있습니다. 세상 사람들은 즐거운 때는 거기 빠져서 하나님을 잊어버립니다. 고달픈 때에는 하나님을 원망하며 더 멀리 나갑니다. 그러나 성도들은 삶의 정황마다 하나님께 가까이 나가는 기회로 삼습니다.

　실낙원의 인생 노정은 평탄한 길로만 되어 있지 않습니다. 여러 가지 험난한 노정도 기다리고 있습니다. 갖가지 고난이 차례대로 우리를 기다리고 있지만 모든 사람이 보편적으로 겪는 고난 가운데 하나가 질병입니다. 예수를 믿는다고 해서 병원과 약국을 멀리할 수 있는 것은 아닙니다. 그런 때 성도는 의사와 약사의 도움을 받지만 그들만 쳐다보지 않고 하나님을 바라봅니다.

병들어 여러분의 인생길에 붉은 신호등이 켜질 때는 하나님께서 여러분을 당신의 곁으로 조용히 부르시는 손짓으로 받아들이십시오. 건강한 순간에도 하나님과 동행해야 하지만 병든 순간은 하나님과 은밀한 사귐의 기회여야 합니다.

병든 이가 해야 할 일

13절에서 제기한 기도의 문제를 오늘 본문은 구체적인 상황 속에 자세히 다루고 있습니다. 본문 14절은 우리에게 절실한 기도가 요청되는 하나의 상황을 예를 들고 있습니다.

자, 그러면 14절이 가르치는 진리가 무엇인지 살펴봅시다. 13절부터 18절까지 이 문단에서 가르치는 주제는 그리스도인의 기도입니다. 자신의 기도에 대한 응답일 수도 있고 그를 위한 다른 성도들의 기도에 대한 응답일 수도 있지만 기도야말로 하나님의 도움과 축복을 받는 방편임을 보여 줍니다. 건강할 때나 병들었을 때나 어떤 상황 속에서도, 기도야말로 성도의 의무요, 특권임을 보여 줍니다.

본문은 먼저 병든 당사자가 해야 할 일을 보여 줍니다. "내가 아픈데 아무도 찾아와 주지 않는다"고 불평하는 것은 성숙한 성도의 모습이 아닙니다. 괜히 짜증을 내서 옆에 있는 사람까지 힘들게 만드는 것은 신자다운 행동이 아닙니다.

혼자 이불을 뒤집어쓰고 끙끙 앓는 것 역시 권장할 만하지 않습니다. 비 내리는 창밖을 내다보며 고향 부모 생각하는 것이 능사가 아닙니다. 그런 경우에 해야 할 것을 구체적으로 제시하고 있습니다.

…… 그는 교회의 장로들을 청할 것이요(5:14).

여러분이 아파서 힘들면 장로님들께 도움을 청해 보십시오. 모두 바빠 보이는데 어떻게 초청할 수 있냐고요? 그래도 시간을 낼 수 있고 시간을 내길 기뻐하는 분들도 있습니다. 하지만 잠깐 왔다가 지나가는 여름 감기까지 장로님들께 심방을 요청한다면 그 다음은 여러분이 장로님들을 찾아 심방해야 할 지경이 될 것입니다. 아마 본문은 그런 경우를 말하는 것 같지는 않습니다.

그러나 혼자 버틸 수 없는 지경에서는 반드시 신앙 공동체의 도움이 필요합니다. 아니면 그렇게 증상이 심하지 않을 때라도 누군가 함께 기도하고 싶을 수도 있을 것입니다. 그런 경우라면 가까이 계신 분들 누구라도 불러서 함께 기도하십시오. 그런다고 해서 장로들을 청하라고 한 본문 말씀을 위반했다고 말할 수는 없습니다.

오늘 본문이 장로를 청하라고 하는 것은 은사로서 그 직무를 잘 수행하는 이들에게 도움을 청하라는 의미입니다. 장로 대신 공동체 담당 교역자나 전도사님으로 하여금 병든 자를 위하여 기도하도록 요청하라는 것으로 이해해도 됩니다.

물론 장로들은 아픈 사람의 침상 가까이 있지 않고도 기도할 수 있고, 또 기도해야 합니다. 그럼에도 불구하고 본문은 왜 병자 자신이 그들을 청하여 고통의 현장에서, 병자가 보고 듣는 자리에서 기도하도록 권할까요? 고통 중에 있는 사람을 보면서 함께 기도를 드리면 더욱 뜨겁게 기도할 수 있기 때문입니다. 그리고 믿음으로 드리는 기도의 능력을 우리 모두 더욱 의식할 수 있을 것입니다. 그와 같은 연약한 순간에도 은혜의 보좌에 나아갈 수 있다는 확신을 병자에게 심어 줄 수 있기 때문입니다.

본문 14절은 특수 상황 속에서 어떻게 기도를 활용해야 하는지를 말하고 있습니다. 혼자서는 도무지 감당할 수 없을 만큼 심신이 약해진 경우, 신앙 공동체에 기도의 도움을 어떻게 받아야 하는지를 말하고 있습니다. 온몸이 고통 속에 휩싸이고 마음까지 혼돈된 상태에서 도움 없이 혼자 꼬박 기도에 전념하기란 쉬운 일이 아닙니다.

영육이 힘든 순간에는 다른 성도의 위안과 도움이 필요합니다. 그때야말로 신앙 공동체를 주신 것을 감사하며 서로 도움을 주고받을 때입니다. 여러분 가운데 그런 상황에 처한 사람이 있다면 그는 교회의 장로들을 청하라고 본문은 권합니다.

본문의 분위기를 보면 찾아간 장로들이 병든 사람이 죽음을 잘 준비하게 해 달라고 기도할 것 같지는 않습니다. 오히려 부족한 종들의 기도를 기쁘게 들으셔서 질병을 회복하도록 기도하는 것으로 보입니다. 임박한 임종을 준비하는 분위기가 아니라 오히려 병에서 회복을 간구하는 분위기입니다.

특히 연세가 많으셔서 마음도 몸도 신앙도 약해질 때 함께 기도하므로 도울 수 있을 것입니다. 수년 동안 정기적으로 주일 예배 참석을 못하고 친밀한 성도의 교제를 나누지 못하면 아무리 신앙이 좋은 분이라도 약해질 수밖에 없습니다.

사랑하는 성도 여러분, 연약한 영혼을 위한 성도의 기도의 도움은 그 위력이 반드시 나타납니다. 사막이 백합화처럼 피어나듯이 연약한 성도들의 마음속에서 기쁨의 샘이 터져 나오기 위해서 간구하십시오.

우리는 오늘 성경 말씀에 순종하는 결단을 합시다. 아픈 사람은 기도의 도움이 필요할 때 장로님들을 초청함으로 순종하십시오. 장로님들은 요청에 응하여 가서 기도함으로 순종하십시오. 그러면 우리는 우리 삶 속에 나타나는 하나님의 영광을 경험하게 될 것입니다.

교회와 장로가 해야 할 일

또한 오늘 본문은 병든 당사자가 해야 할 일뿐만 아니라 교회가, 장로님들이 해야 할 절차가 무엇인지 말하고 있습니다.

…… 그들은 주의 이름으로 기름을 바르며 그를 위하여 기도할지니라 (5:14).

기름을 바르며 주의 이름으로 위하여 기도하는 것을 신앙 공동체의 의무로 규정하고 있습니다. 이 구절은 얼핏 보면 쉬운 구절처럼 느껴집니다. 그러나 야고보서 가운데 가장 쉽게 느껴지면서도 실제로 그대로 순종하지 않는 명령입니다. 또한 많은 오해를 불러일으키는 구절 중에 하나가 아닌가 합니다.

저는 다섯 살 때부터, 지금까지 60년 넘게 교회를 다녔지만 한 번도 기름을 바르고 기도하는 것을 본 적이 없습니다. 우리가 어렸을 때만 해도, 못 먹어서 그랬는지, 얼굴에 가끔 마른버짐이 피기도 했습니다. 그때는 유대인들이 즐겨 쓰는 올리브 기름 대신 마늘을 찧어 참기름에 섞어 발라 보긴 했습니다. 그러나 교회에서 장로들을 청해 기름을 바르고 기도한 적은 없습니다. 가끔 우리의 실제 생활 관습과 동떨어진 이와 같은 성경 말씀을 대하면 어떻게 해석하고 적용해야 하는지 누구나 한 번쯤은 고민해 볼 것입니다.

게다가 천주교적 배경지식을 가진 사람이라면 이른바 종부성사(병자성사, 생전에 마지막으로 치르는 의식)를 떠올릴 수도 있습니다. 천주교는 일곱 가지 성례전을 갖고 있습니다. 신교에서는 성경에 뚜렷한 근거가 있는 세례와 성찬만을 성례전으로 여기는 반면 그들은 그들의 전통에 따라 결혼도 혼배성사요, 죽기 직전에 기름을 바르는 의식까지 종부성사라고 부르며 성례전으로 여깁니다.

종부성사는 신부가 임종에 처한 교우의 눈과 귀, 코와 손, 발에 각각 기름을 바르는 의식입니다. 의식이 없어 죄를 고백할 수 없는 처지의 환자에게 이 의식을 치르므로 신부에 의해 면죄를 받는다는 의식입니다. 야고보서 5장 14절이 종부성사의 성경적 뒷받침을 제공한다고 주장합니다.

천주교 공인 영어 성경에는 이 구절에 주를 달고 있습니다. "보라 이 구절이야말로 종부성사의 명백한 성경적 근거이며 이 제도를 반대하는 모든 주장은 분명한 용어로 거룩한 성경에 표현된 하나님의 뜻에 대한 대항 행위이다."

오늘 본문은 천주교 나름대로 억지를 부리는 근거 구절이기도 합니다. 우선 그들은 본문에서 "교회의 장로들을 청하라"는 구절을 신부들로 읽고 있습니다. 천주교 공식 라틴어 성경 벌게이트(Vulgate)까지 신부 대신 장로로 되어 있는데도 말입니다. 또 본문에는 분명히 병든 신자 자신이 교회의 장로들을 초청하도록 말하고 있지, 무의식 상태에 빠진 신도의 사죄를 위해 신부가 찾아가는 것을 말하지 않습니다.

더 나아가서 본문의 강조점은 그의 회복을 위해 "기름을 바르며 기도하라"는 데 있지 죽음을 예비하는 의식과는 아무런 관계가 없음이 명백한데도 억지 주장을 내세웁니다. 신부가 기름을 (눈, 코, 손, 발에) 발라 죄를 사했다는 증표를 삼으면, 일단 유족들에게는 위로가 될지 모릅니다.

더 나아가서 천주교의 교권 신장에는 도움이 되겠지만 죄 용서와는 무관합니다. 성경은 죄 고백이 없는 죄 용서를 아무 데서도 가르치지 않습니다. 반드시 죄는 살아서 의식이 있을 때에 고백하십시오. 그러면 미쁘고 의로우신 분께서 여러분의 죄를 사하시고 모든 불의에서 여러분을 깨끗케 하실 것입니다.

저나 여러분이나 아플 때 기름을 바르면서 기도해 본 적은 없을 것입니다.

물론 천주교도 말고도 어떤 분들은 문자 그대로 아직 기름을 바르며 기도하기도 합니다. 그래서 이 구절은 보기보다 까다로운 구절입니다. 기름 자체가 무슨 주술적인 위력을 갖는다고 본문은 의미하지 않습니다. 그냥 기도하면 하나님이 듣지 않으시고, 기름을 발라 놓고 기도하면 고쳐 주신다는 뜻도 아닙니다. 성경을 보면 기름은 흔히 약용으로 사용되고 있습니다. 이사야 1장은 다음과 같이 말합니다.

> 발바닥에서 머리까지 성한 곳이 없이 상한 것과 터진 것과 새로 맞은 흔적뿐이거늘 그것을 짜며 싸매며 기름으로 부드럽게 함을 받지 못하였도다(사 1:6).

죄를 범한 이스라엘의 참상에 관한 은유적 표현입니다. 신약을 보면 선한 사마리아인의 비유에는 기름을 약용으로 사용하는 장면이 나옵니다.

> 어떤 사마리아 사람은 여행하는 중 거기 이르러 그를 보고 불쌍히 여겨 가까이 가서 기름과 포도주를 그 상처에 붓고 싸매고 자기 짐승에 태워 주막으로 데리고 가서 돌보아 주니라(눅 10:33-34).

기름은 경우에 따라 특히 상처 난 경우 아물게 하는 데 도움을 주는 약으로 기능하겠지만 모든 병마다 유익한 것이라고 주장할 수는 없습니다. 본문에 근거해서 신자는 약을 사용해서는 안 되고 '성경대로' 기름만 발라야 한다고 주장하면 잘못입니다. 하기는 "주의 이름으로 기름을 발라" 병을 고치는 기적적인 치료가 가끔 신약 시대에 있었던 것은 사실입니다.

> 많은 귀신을 쫓아내며 많은 병자에게 기름을 발라 고치더라(막 6:13).

그러나 동일한 마가의 기록을 보면 부활하신 주님께서 사도들에게 주신 명령에는 기름 사용이 언급되지 않습니다.

병든 사람에게 손을 얹은즉 나으리라 하시더라(막 16:18).

사도 시대에 이런 기적을 베푸신 분은 성령님이지 기름이나 안수 때문이 아닙니다. 주님 역시 어떤 때는 다른 매체를 사용해서 고치시기도 했음을 기억해 보십시오. 진흙에 침을 이겨 눈을 뜨게 하기도 했습니다. 여기 장로들로 하여금 기름을 바르도록 명한 것은 사도들이 안수한 것과 같은 역할을 한 것 같습니다. 병든 자로 하여금 주님의 뜻이면 치료해 주시리라는 확신을 갖게 하는 데 도울 수 있습니다.

또한 여기서 우리가 살펴야 할 것은 주님의 이름으로 이 행위가 행해진 점입니다. 주님의 능력으로 나타나는 역사지 사람의 행위가 아니라는 점입니다. 치료하시는 분은 하나님입니다. 주의 이름으로 기름을 바르며 위하여 기도할 때에도 역사하시는 분은 언제나 하나님입니다.

동일한 하나님께서 오늘 우리에게 말씀하십니다. 여러분, 지금 병든 처지에 있습니까? 간절한 도움을 교회에 요청하십시오. 이제는 함께 위하여 기도하는 교회가 됩시다. 병든 자를 위해 한마음으로 기도하는 교회를 향해 주시는 하나님의 약속이 여기 있습니다.

하나님 앞에서의 진실한 간구

오늘 본문 15절은 지금껏 병자 자신이, 그리고 도움을 요청받은 교회가 준행해야 하는 명령을 하고 나서 그 명령에 순종하는 교회에 놀라운 약속을 하고 있습니다.

믿음의 기도는 병든 자를 구원하리니 주께서 그를 일으키시리라 혹시 죄를 범하였을지라도 사하심을 받으리라(5:15).

사랑하는 성도 여러분, 본문이 말하는 '믿음의 기도'는 어떤 기도입니까? 병들었을 때 약방을 찾지 않고 드리는 기도입니까? 의료보험증보다 먼저 성경을 찾아 펴 들고 드리는 기도입니까? 기왕 병원에 가서 쓸 돈을 헌금으로 드리고 나서 떼를 쓰는 기도입니까? 하나님이 감동하실 만큼 열심히 부르짖는 기도를 뜻합니까? 가장 자연스런 이해는 앞 절에서 말한 기도, 병자를 찾아가서 드리는 장로들의 기도를 '믿음의 기도'라고 보는 것입니다.

뒷부분을 강조해서 생각한 나머지 이 믿음의 기도는 병든 자를 고치는 능력의 기도니까 보통 기도와는 다르다고 생각하기 쉽습니다. 그러나 모든 기도가 믿음 없이 드려지면 기도일 수 없습니다. 충분한 정도의 믿음을 갖고 드려야 믿음의 기도라고 생각한 나머지, 없는 믿음을 보강할 양으로 악을 쓰듯이 부르짖는 기도를 드리고 싶은 유혹에 빠집니다. 조용히 속삭이듯이 드려지는 기도도 믿음의 기도입니다. 고함치듯 큰 소리로 드려지는 기도도 믿음의 기도일 수 있습니다.

중요한 것은 하나님 앞에서의 진실한 간구입니다. 남의 방법을 흉내 내는 것만큼 위선적인 기도는 없습니다. 굉장한 믿음이 있는 것처럼 과시하는 기도만큼 믿음에서 떠난 기도는 없습니다. 오히려 귀신 들린 아이의 아버지처럼 요구할 필요가 있습니다. "나의 믿음 없음을 도와주소서"(막 9:24 참조)라고 호소할 때 그 기도는 응답되었습니다.

본문을 순리대로 이해하면 무슨 특별한 기도만을 '믿음의 기도'로 한정하는 대신 교회의 장로들이 부름 받아 병자의 머리맡에서 드리는 기도를 지칭하는 것으로 보입니다. 그러나 가끔 이런 경우에 기도를 드린 체험을 말하면서 병에서 건짐 받는 기도는 드릴 때부터 알 수 있다고들 합니다. 본인이 의 지적으로 일으킨 믿음의 기도라기보다는 위로부터 공급된 믿음으로 병자를 위해 드려진 기도일 경우, 기도하는 자신이나 함께 드리는 사람의 마음속에 확신과 평안이 기도하는 순간부터 주어질 수 있기 때문입니다.

본문의 가르침과 관련해서 요즈음 신유 기도 가운데서 잘못된 것 하나를 지적할 수 있습니다. 모든 사람이 최선의 건강을 유지하는 것이 언제나 하나님의 뜻이라고 주장하는 것은 잘못된 생각입니다. 신약 성경에는 이런 생각을 뒷받침할 만한 구절이 어디에도 없습니다.

오히려 어떤 구절들은 반대 방향을 가리키고 있습니다. 바울은 육체적 질병에서 벗어나고자 간구한 적이 있습니다. 그러나 소원대로 되지 않았습니다. 오히려 자기 생각을 초월한 하나님의 뜻을 받아들임으로 더는 같은 간구를 드리지 않았습니다.

이 부분에서 본문의 강조점은 '생의 어떤 상황 속에서도 역사하는 믿음'입니다. 어떤 경우에도 믿음의 기도가 성도들의 삶에 있음을 상기시킵니다. 어떤 절망적인 상황도 전능하신 하나님께 호소하는 기도 앞에는 희망이 있음을 보여 줍니다.

사랑하는 성도 여러분, 하나님의 약속을 믿으면 주님의 영광을 우리의 삶 속에서 경험할 것입니다. 병자를 대신해서 드리는 장로들의 기도는 전능하신 하나님의 귀에 반드시 도달함을 보여 줍니다. 본문에 병든 자라는 말은 병으로 연약해진 처지를 가리킵니다. "구원하리니"라는 말도 가끔 오해를 불러옵니다. 이 말은 영혼을 구원한다는 의미라기보다는 병에서 건지는 구원임이 분명합니다. 다음 구절인 "주께서 그를 일으키시리라"가 이런 오해 소지를 막아 줍니다.

"혹시 죄를 범하였을지라도 사하심을 받으리라"는 말씀 또한 문맥 내에서 이해해야 합니다. 위해서 기도하고 있는 사람이 꼭 죄를 범했다는 뜻은 아닙니다. 말하자면 모든 병이 직접적인 죄의 결과일 수 없다는 말입니다. 그리고 장로들의 기도는 그 자체가 죄를 사하는 효험이 있다는 말도 아닙니다. 이 말은 기름을 바르며 주의 이름으로 위해서 기도한 결과로 병자가 치료되면 병자의 모든 죄가 다 용서된 증표라는 의미입니다.

특히 특정 병이 죄 때문이었다면 그 죄는 용서받은 것으로 확인될 수 있다는 의미입니다. 마가복음 2장 5-11절을 보면 이해가 될 것입니다. 침상을 들고 일어난 병자는 분명 그 죄가 사해진 증거입니다. 모든 신체적 고통이 다 죄 때문은 아닙니다. 그러나 어떤 질병은 죄 때문에 오는 것이라고 가르치고 있습니다. 16절을 살펴봅시다.

> 그러므로 너희 죄를 서로 고백하며 병이 낫기를 위하여 서로 기도하라 (5:16).

역시 말 자체는 전혀 어렵지 않습니다만 실제 시행에는 여러 가지 문제가 따릅니다. 우선 이 구절에 나오는 죄는 고의적 범죄라기보다는 상호 간의 실수, 허물들을 뜻합니다. 서로를 위한 기도를 드리기 전에 상호 허물을 용서하고 함께 손을 맞잡고 기도하라는 교훈입니다. 무언가 서로에 대해 오해하는 것이나 진실치 못한 것을 마음에 두고 함께 기도하는 것은 당사자들에게 유익이 없습니다. 그런 의미에서 "너희 죄를 서로 고백하며 병이 낫기를 위하여 기도하라"는 것입니다.

이는 병이 낫기 위해 반드시 거쳐야 하는 절차가 아닙니다. 죄 고백이 선행된 기도라야 치유의 효력이 있다는 의식 절차 문제가 아닙니다. 서로의 마음을 여는 것은 치유를 위한 기도만 아니라 성도가 서로 함께 예배할 때도, 찬양할 때도 마찬가지입니다. 서로 간에 막힌 것이 없는 사귐 가운데 함께 예배하는 것은 성도가 누리는 축복입니다. 결과적으로 병이 낫든 그렇지 않든 주안점은 거기에 있지 않습니다.

상호 죄를 고백하는 방법

그러면 어떻게 상호 죄를 고백해야 할까요? 혼자서 조용히 하나님께 죄를 고백하라는 말은 아닙니다. 그런데 혼자서 조용히 하나님께 개인적인 죄를 고백하는 것은 중요합니다.

> 자기 죄를 숨기는 자는 형통치 못하나 죄를 자복하고 버리는 자는 불쌍히 여김을 받으리라(잠 28:13).

구약 지혜자만이 아니라 신약 사도도 마찬가지입니다.

> 만일 우리가 우리 죄를 자백하면 그는 미쁘시고 의로우사 우리 죄를 사하시며 우리를 모든 불의에서 깨끗하게 하실 것이요(요일 1:9).

각자 자기 죄를 고백하므로 용서받을 필요가 항상 있습니다만 본문은 개인적인 죄 고백을 염두에 두지 않습니다. 그렇다고 물론 혼자서 조용히 신부에게 죄를 아뢰는 고해성사를 말하지도 않습니다. 오히려 "너희 죄를 서로 고백하라"는 말이 이런 관습을 비성경적으로 규정합니다. 그렇다고 죄를 교회 앞에서 고백하라는 말도 아닙니다. 어떤 때는 온 회중 앞에서 죄를 고백하는 것이 유익할 때도 있습니다.

대속죄일에 이스라엘이 지은 죄를 대제사장이 속죄 염소의 귀에 말하기도 했습니다. 온 회중이 서서 자신과 자신의 조상의 죄를 느헤미야 시대에 고백한 경우도 있습니다. 하지만 자신이 지은 모든 죄를 교회 앞에 다 고백하는 경우, 유익한 결과보다는 유해한 결과를 가져올 수도 있습니다. 괜히 남의 허물을 이리저리 옮긴다고 교인들을 바쁜 주간으로 만들 수도 있습니다. 죄인을 대신해서 기도드리기 위한 목적에서 벗어난 결과를 유발시키기도 합니다. 잘못하면 (간증 역시) 죄 지은 것을 내세우고 자랑하는 불건전한 무대로 만들 수도 있습니다.

여기서 야고보 선생이 말하는 죄 고백은 교회의 장로들 앞에서, 택해진 사람들 앞에서, 은밀히 개인적인 잘못을 고백하는 경우입니다. 그런 경우라도 자신의 기억 속에 있는 모든 죄를 다 들추어내라는 뜻은 아닙니다.

얼마만큼 누구에게 감추어진 허물을 고백할 것인지를 분간하는 지혜가 요구됩니다. 이런 고백은 누구도 유도해서도 안 되고 강요해서도 안 됩니다. 다만, 죄를 가슴속에 두고는 기도할 수 없다는 강한 확신에 따라서 그 필요를 본인이 느낄 때에 한정되어야 합니다.

그 고백을 듣는 자는 동일한 심정으로 함께 용서를 위해 하나님께 기도해야 합니다. 하나님의 말씀에 따라 고백된 죄가 용서 받음을 믿고 그 허물을 하나님이 사하여 주신 것처럼 서로 받아 주어야 합니다.

죄를 고백하는 자의 아픈 마음을 이해하지 못하는 자는 그 고백을 들을 권리가 없습니다. 함께 아파하고 괴로워하며 용서로 인한 확신으로 함께 기뻐하는 자들 사이에 이런 죄의 고백이 있어야만 합니다. 사죄를 위해 자신의 잘못처럼 기도하는 동시에, 하나님의 말씀에 따라 위로해 줄 거룩한 의무를 가져야 합니다. 함께 기도하는 자 편에서도 누군가를 위해서 기도하는 일에 관여하기 전에 자신이 숨겨 온 죄를 두고는 하나님이 기도를 들으실 것 같지 않다는 확신이 들면 죄를 고백하고, 그다음 누군가를 위해서 주의 이름으로 기도하는 것이 순리입니다.

주 안에서 사랑하는 성도 여러분, 여러분은 어떤 문제를 두고 기도하길 원하십니까? 병든 자는 교회의 장로들을 청하여 기도하십시오. 그리고 하나님의 놀라운 약속을 붙드시기 바랍니다.

James
야고보서 5장

야고보서 5장 16-18절

¹⁶ 그러므로 너희 죄를 서로 고백하며 병이 낫기를 위하여 서로 기도하라 의인의 간구는 역사하는 힘이 큼이니라 ¹⁷ 엘리야는 우리와 성정이 같은 사람이로되 그가 비가 오지 않기를 간절히 기도한즉 삼 년 육 개월 동안 땅에 비가 오지 아니하고 ¹⁸ 다시 기도하니 하늘이 비를 주고 땅이 열매를 맺었느니라

43.
의인의 간구

그리스도 안에서 사랑하는 성도 여러분, 그리고 신앙생활을 하려고 이 자리를 찾으신 사랑하는 이웃 여러분, 기도는 하나님 아버지와의 대화입니다. 그러나 모든 기도가 대화는 아닙니다. 어떤 기도는 대화 이상입니다. 기도 가운데는 대화라기보다는 탄원이라고 불러야 하는 것도 있습니다. 간절한 호소, 애걸, 신원, 생의 승부를 거는 씨름과 같은 기도도 있습니다. 이 요청을 들어주어야 살 수 있다는 간절한 절규일 수 있습니다.

본문은 오늘 우리에게 그런 기도, 의인의 간구에 대해서 가르쳐 줍니다. "의인의 간구는 역사하는 힘이 큼이니라." 누구든지 그리스도인이라면 이 선언에 대해서 수긍할 것입니다. 그러나 그리스도인이라고 누구든지 이 진리를 바로 깨닫고 응용하는 것은 아닙니다. 그러므로 오늘 우리는 이 구절의 낱말 하나하나를 살펴서 바로 깨달아 놀라운 기도의 능력을 체험하는 시간이 되도록 합시다.

의인은 누구인가

그러면 본문이 말하는 의인은 누구입니까? 누구를 가리켜 본문은 의인이라고 말합니까? 의미를 찾을 때 앞뒤 문맥을 살펴보아야 한다는 사실을 망각하지 마십시오. 오늘 본문 처음에는 "너희 죄를 서로 고백하며 병이 낫기를 위하여 서로 기도하라"는 권면이 나옵니다. 서로 간에 원망과 비난, 시기와 다툼, 저주와 판단, 온갖 더러운 것과 넘치는 악으로 얼룩진 공동체이기에, 상호 간에 고백해야 할 허물과 잘못을 모두 갖고 있는 평범한 신자들을 향해서 "너희 죄를 서로 고백하며 병이 낫기를 위하여 서로 기도하라"고 합니다.

거기에 곧장 이어서 나오는 명제적 선언이 오늘 본문의 핵심입니다. "의인의 간구는 역사하는 힘이 큼이니라." 그러면 누가 의인입니까? 하나님의 거룩한 눈앞에 어떤 인생이 의인입니까? 우리의 의는 다 더러운 옷 같아서 하나님께서 기쁘게 받아들일 수 없습니다. 다만, 예수 그리스도의 보혈을 통해 정결케 되고 매일 죄 고백을 통해 씻은 바 될 때, 의로운 자라는 인정을 받습니다. 그러므로 성경은 우리를 향해 요청합니다.

······ 죄인들아 손을 깨끗이 하라 두 마음을 품은 자들아 마음을 성결하게 하라(4:8).

신앙 공동체라고 하면서도 서로 원망하고 비난할 수 있습니다. 어떤 때는 시기와 다툼으로 잠을 이루지 못할 수도 있습니다. 서로 판단하고 비난하기도 합니다. 입만 열었다 하면 온갖 더러운 악이 넘쳐 나오는 하수구와 같은 사람들인데도 불구하고, 성경은 놀랍게도 그런 사람들을 향해서 '의인'이라고 부르고 있습니다.

상호 간의 죄 고백과 병 고침을 위한 공동 기도를 말하고, 곧장 이어서 "의인의 간구는 역사하는 힘이 크다"고 하기 때문에, 여기서 '의인의 간구'에 대한 가장 자연스런 이해는 '범한 죄를 사하심을 받은'(5:15 참조) 자들이 하나님 앞에는 의인들이고, '청함을 받아서 기름을 바르고 주의 이름으로 기도하고 있는 그 장로들'(5:14 참조)의 모습이 바로 의인들의 모습이라고 생각할 수 있습니다. 아니 좀 더 보편적으로 말하면, 어려운 처지에 빠져서 기도하는 모든 신앙인을 가리킵니다.

너희 중에 고난 당하는 자가 있느냐 그는 기도할 것이요……(5:13).

그 모든 성도의 기도를 의인의 기도라고 부르는 것은 누구나 우리 주 예수 그리스도의 이름으로 기도드리기 때문입니다. 오늘 본문을 조금 더 앞부분과 관련시켜 보면 청함을 받은 장로들의 기도뿐 아니라 고난 중에 기도하는 모든 성도의 기도가 바로 의인의 간구 속에 포함되어 있다고 볼 수 있습니다. 모든 고난 속에 부르짖는 성도, 죄 사함을 받은 성도는 원리적으로 의인임이 틀림없습니다.

또 "의인의 간구는 역사하는 힘이 큼이니라"는 구절은 그다음에 나오는 구절과도 무관할 수 없습니다. "엘리야는 우리와 성정이 같은 사람이로되……." 마치 야고보가 의중에 두고 있는 의인의 대표로 엘리야를 등장시키고 있는 것 같습니다. "그러면 그렇지. 엘리야 정도는 되어야 의인이라고 하겠지"라고 생각할 수 있지만 야고보는 급히 그런 오해를 방지합니다.

"그렇게 생각하지 말라. 엘리야는 우리와 꼭 같은 사람이다." 엘리야를 예로 들면서도 그는 엘리야가 우리와 성정이 같은 사람이라는 것을 말하고 있습니다. 그리하여 그와 똑같은 성정을 가진 우리도 역사하는 힘이 엄청난 간구를 드릴 수 있음을 암시합니다.

간구란 무엇인가

그러면 간구란 무엇입니까? 일반적인 의미는 하나님 앞에 내 사정을 아뢰는 것입니다. 하나님의 전능하신 능력을 움직이기 위해서 부르짖는 것입니다. 하지만 여기에 쓰인 '간구'라는 말에는 특별히 두 가지 의미가 내포되어 있습니다.

첫째는 시간적으로 '자주', '지속적인', '끊임없는'이라는 의미가 있습니다. 간구의 성격 중에 하나는 '자주 드리는 기도'라는 것입니다. 끊임없이 지속되는 소원의 아룀입니다. 동시에 그것은 '열렬한', '간절한'이라는 의미가 포함되어 있습니다. '간구'라고 할 때는 '간절한 아룀'이요, '열렬한 아룀'입니다. '간구'라는 표현 속에는 시간적인 지속성과, 태도에서의 열렬함이 모두 포함되어 있다는 점에서 신자들의 흔한 기도와 다릅니다. 의인의 간구는 진지한 간구요, 열정적인 간구입니다.

하나님과 더불어 걷는 사람은 기도를 자주 할 뿐 아니라 기도에 자신을 온전히 쏟아붓습니다. 기도를 시키면 주저주저하지 않습니다. 부담스럽게 여기지 않습니다. 감히 하나님의 존전에 나가기 부족한 자신임을 늘 인식하지만 아들의 보혈로 용서하시고 맞아 주시는 아버지의 사랑에 강권받는 자입니다. 예수님의 보혈로 의롭다 인정받는 사람들의 기도는 동기가 순수합니다. 오로지 하나님의 뜻이 이뤄지기를 구합니다. 의로우신 아버지의 뜻이 무엇인지 분명히 알고 구합니다.

> 내가 비옵는 것은 그들을 세상에서 데려가시기를 위함이 아니요 다만 악에 빠지지 않게 보전하시기를 위함이니이다(요 17:15).

"하나님! 도무지 제 직장에서는 신앙생활하기가 힘듭니다. 옮겨 주십시오"

라는 기도보다는 "하나님! 이 직장에서 빛을 발할 수 있도록 해 주십시오"라고 기도할 것입니다. 이런 기도는 하나님을 기쁘시게 하는 기도입니다. 하나님의 뜻을 이루는 힘이 있습니다.

때로는 말 없는 탄식의 기도이기도 합니다. 동시에 폭포수와 같이 거침없는 말을 쏟아붓는 기도일 수 있습니다. 청산유수와 같이 하나님 앞에 자신의 소원을 아뢰는 기도입니다. 자신의 힘이 아니라 하나님의 힘으로 드리는 기도입니다. 하나님이 공급하시는 힘으로 드려지는 기도야말로 하나님의 도우시는 능력을 보장받는 기도입니다.

성도라면 누구나 이런 기도를 드릴 수 있음에도 성도라고 해서 아무나 이런 기도를 드리지는 않습니다. 이런 간구에 탁월한 모범을 보인 사람들 중에 야고보 선생은 엘리야를 들고 있습니다. 그 이유는 구약의 많은 인물 가운데서 엘리야가 차지하는 위치는 유대인들 사이에서는 특별했기 때문입니다.

구약에서 중요한 두 사람을 들라고 하면 율법을 준 모세, 그리고 엘리야입니다. 엘리야는 성경을 한 권도 쓰지 않았는데도 특별히 엘리야를 부각시킨 이유는 엘리야는 죽임을 보지 않았다는 사실에 있습니다. 에녹 다음으로 하늘나라로 직행한 사람이 엘리야입니다. 그렇습니다. 살아서 그대로 승천한 사람이기 때문에 유대인치고는 엘리야를 흠모하지 않는 사람이 없었을 것입니다. 모세는 율법의 대표자로서, 엘리야는 선지자의 대표로서, 변화 산상에서 주님을 만나 죽음과 부활에 대해서 의논하는 3자 회합에 대표로 나오고 있습니다.

엘리야, 그는 누구인가

그러면 엘리야 그는 어떤 일을 한 사람입니까? 하나님이 친히 다스리는 나라 이스라엘 역사의 한 암흑기에 등장합니다. 그를 통해서 하나님은 상황을, 영적인 분위기를 급격히 바꾸어 놓으십니다. 그런데 그는 공부를 많이 한 사람이라고 소개되지는 않습니다. 그러나 기도에 자신을 쏟아부은 사람입니다.

열왕기상 17장 1절은 엘리야를 길르앗 디셉 사람이라고 소개합니다. 길르앗 디셉이라고 하는 지역은 요단 동편 척박한 지역입니다. 간간이 숲이 있고 양 떼들이 풀을 뜯는 미개발 지역입니다. 이런 데는 땅을 가지고 있어 봐야 백 년 가도 땅값이 뛰는 일이라고는 없습니다. 어수룩하면서도 고집이 있는 강인한 시골 사람, 그래서 잘난 체하는 도시 사람 눈에는 언제나 업신여김을 당하는 산간벽지 출신입니다. 옷도 철마다 유행이 바뀐다는 사실조차 모르는지, 늘 입는 약대 털옷에 장발을 한 사나이입니다. 이 엘리야가 하루는 북쪽 이스라엘의 수도 사마리아 왕궁에 불쑥 나타납니다.

본래 왕이나 대통령의 자리는 아무나 앉아도 되는 자리가 아닙니다. 그 자리가 국민에게 소망을, 나라에 축복을 주기 위한 자리라는 것을 아는 사람이 앉아야 그 백성과 국민이 복을 받습니다. 그런데 아합 왕을 보십시오. 왕으로 부름 받았음에도 그저 더럽고 방탕하게 살아갑니다. 아합은 욕심이 끝이 없어서 왕이 되고도 만족이 없습니다. 온 나라를 다스리면서도 백성의 포도원 하나까지 탐을 내어 나물 밭을 삼고 싶어 합니다. 보통 권력을 잡으면 거기에 만족을 하는데 이 사람은 욕심이 끝이 없습니다.

돈에 대한 욕심, 토지에 대한 욕심이 남달랐습니다. 그런데 아합 왕의 곁에는 악의 대명사로 통하던 이세벨이 있었습니다. 이세벨, 그녀는 사악하고 간교하고 교만하며 모든 사교라고 하면 쌍수로 환영하는 여인입니다. 참 신앙과 순결의 대적자입니다. 남편의 성품 중 가장 악한 면을 부추기는 역사적 사명을 띠고 시집온 여자입니다. 안으로는 모든 음흉한 흉계를 직접 꾸미고, 밖으로는 하청을 주어 잔인한 권력을 휘두르던 여인입니다.

남편이 포도원 하나를 손에 못 넣어서 끙끙 앓는 것을 보니까 답답한 것입니다. 뒤로 가 있으라 하고, 자신이 앞장서 그냥 하루아침에 손에 넣습니다. 가짜 명령과 조서를 써서 선한 피를 흘리게 하고, 그것을 남편 명의로 돌리게 할 줄 아는 수완 좋은 여인입니다.

악한 정권 밑에서 독버섯처럼 무성해진 우상 숭배가 이스라엘 지역마다 득실거렸습니다. 가장 대표적인 것이 바알 숭배요, 거기에 항상 수반되는 것이 아세라 숭배입니다. 무속인이 수십만인 오늘날의 상황과 크게 다르지 않았던 모양입니다.

가나안 족속이 일찍부터 섬기는 신, 바알은 히브리어로 '주인, 남편'이란 뜻입니다. 대표적인 가나인 족속의 신으로 풍요의 신입니다. 말하자면 "잘살아 보세"가 이들이 부르는 대표적 찬양입니다. 가나안 족속 세상 사람들은 그때나 지금이나 이 세상에서 "잘살아 보세"가 생의 목표입니다.

그러나 하나님 백성의 생의 목표는 다릅니다. 잘사는 것이 아니라 바르게 사는 것입니다. 성도의 생의 목표는 "하나님을 영화롭게 하고 영원토록 그를 즐거워하는 것"(웨스트민스터 소요리 문답)입니다. 이스라엘 족속은 가나안 족속과 사는 목표가 달라야 합니다. 그러나 당시는 별반 다른 것이 없었습니다.

바알이 '주인, 남편'이라는 뜻이다 보니 여호와 역시 바알로 불리기도 했습니다. 여호와는 이스라엘 백성의 주인이요, 남편이므로 여호와를 '나의 바알'이라고 부르기 시작했습니다. 그러다 보니 여호와가 바알인지 바알이 여호와인지 구분이 안 될 정도였습니다. 그렇다고 완전히 한쪽으로 돌아선 것도 아닙니다. 안식일마다 종 치는 소리는 이전보다 더 많이 울리는데도 실제로는 여호와를 섬기는 것이 아니라 풍요의 신 '바알'을 섬기는 종교가 늘어갔습니다. 악한 정권 밑에서 이런 암흑기가 지속되었습니다. 그러다 보니까 바알 종교인지 여호와 종교인지 구별 없이 그냥 뒤섞이는 시대였습니다.

여호와를 섬긴다고 하면서도 잘살게 해 주는 이가 '내 남편, 내 주인'이라는 세속주의가 팽배해졌습니다. 또 이 바알 숭배는 항상 여신 아세라 숭배와 동행했습니다. 바알 제사장이 450명이라고 하면 아세라 선지자는 400명이었습니다. 그래서 850명 대 엘리야가 갈멜 산에서 싸움을 했던 것입니다.

그러면 이 아세라 신은 어떤 신입니까? 이 아세라는 번식과 다산, 사랑과 애정, 쾌락의 신이었습니다. 동시에 전쟁의 여신으로도 통했습니다. 바알 숭배의 찬가가 "잘살아 보세"라면 아세라 숭배의 찬가는 "즐겨 보세"였습니다. 말하자면 "노세, 노세, 젊어서 노세"입니다.

한마디로 당시 국민 의식을 지배하는 것은 '풍요롭게 살아보자'와 '쾌락을 추구하면서 살자'가 전부였습니다. 돈을 많이 벌어 즐기는 것이 도시 사람들의 목표인 동시에 시골 사람들의 목표인 시대였습니다. 이런 퇴폐한 국민 의식을 새롭게 하기 위해 하나님이 택한 사람이 디셉 사람 엘리야입니다.

하나님은 새로운 일을 위해서 단체를 설립하거나 기금을 마련하지 않으셨습니다. 하나님은 항상 한 사람을 택해서 당신의 거룩한 대업을 성취하십니다. 새 구상이나 엄청난 예산의 뒷받침이 아니라 기도하는 사람을 통해서 하나님은 역사의 물줄기를 바꾸십니다. 엘리야는 우리와 같은 성정의 사람입니다. 하루는 갈멜 산에서 호령하면서 이스라엘로 결단토록 촉구합니다.

> 엘리야가 모든 백성에게 가까이 나아가 이르되 너희가 어느 때까지 둘 사이에서 머뭇머뭇하려느냐 여호와가 만일 하나님이면 그를 따르고 바알이 만일 하나님이면 그를 따를지니라 하니 백성이 말 한마디도 대답하지 아니하는지라(왕상 18:21).

며칠 뒤에는 광야에서 한 로뎀 나무 아래 앉아 죽기를 구합니다.

> ······ 여호와여 넉넉하오니 지금 내 생명을 거두시옵소서 나는 내 조상들보다 낫지 못하니이다 하고(왕상 19:4).

"여호와여 넉넉하오니"라는 말이 무슨 말입니까? "됐습니다. 새로운 계획이고 뭐고 됐으니까 내 생명을 가져가십시오. 더는 이 일에 참여할 수 없습니다. 나는 내 열조보다 더 나은 사람이 아닙니다. 어쩌다가 나를 부르셔서 개혁하라고 그럽니까? 난 못하겠습니다."

엘리야는 그런 평범한 사람이었습니다. 한때는 열심히 온 민족을 호령하다가 다음 순간 낙심되면 죽겠다고 앙탈을 부리는 사람이었습니다. 야고보 선생이 본문에서 밝히는 바와 같이 그는 "우리와 성정이 같은 사람"이었습니다.

간절히 기도하는 자

하지만 우리 모두가 배워야 할 점은 엘리야는 모든 열정을 다해 기도했다는 것입니다. 그는 우리와 똑같은 인생이었지만 간절히 기도했습니다. 그는 "기도로 기도한" 사람입니다. 그는 기도하고 기도한 사람, 열심히 기도한 사람입니다. 기도하는 면에 있어서는 탁월했던 사람이었습니다. 모든 정열을 기도에 쏟아부은 사람입니다. 여기에 엘리야의 능력의 비결이 있습니다.

> 엘리야는 우리와 성정이 같은 사람이로되 그가 비가 오지 않기를 간절히 기도한즉 삼 년 육 개월 동안 땅에 비가 오지 아니하고(5:17).

"간절히 기도한즉", 성경이 그렇게 말했을 때는 정말 그가 간절히 기도한 것입니다. 우리도 기도할 때 '간절히'라는 단어를 많이 사용합니다만 사실 하나님은 아시지요? 내가 간절히 부르짖는지 그냥 보통으로 부르짖는지, 아니면 그냥 지나가는 말로 요청하는지 하나님은 다 아시는데, 자기 설득이 안 될 때일수록 '간절히'라는 단어를 얼마나 많이 쓰는지 말입니다. '간절히'

라는 단어는 제3자가 사용할 때 진가를 발휘합니다. 자기가 자기 기도에 사용하는 단어로는 효력이 없습니다.

엘리야는 거룩하신 분 여호와를 섬기는 대신 번영의 신 바알과 쾌락의 신 아세라를 섬긴 대가로 무서운 가뭄을 선포합니다.

> 길르앗에 우거하는 자 중에 디셉 사람 엘리야가 아합에게 말하되 내가 섬기는 이스라엘의 하나님 여호와께서 살아 계심을 두고 맹세하노니 내 말이 없으면 수년 동안 비도 이슬도 있지 아니하리라 하니라(왕상 17:1).

열왕기상 본문에는 하나님의 말씀을 대언하여 가뭄을 선언한 것으로 나옵니다. 그러나 신약은 그의 기도의 결과라고 분명히 보여 줍니다. 그가 간절히 비 오지 않기를 기도한즉 3년 6개월 동안 하늘이 비를 주지 아니했다고 말하고 있습니다.

구약 역시 본문을 자세히 살피면 그러한 근거를 찾을 수 있습니다. 우리말에 "내가 섬기는 이스라엘 하나님"이라는 표현은 항상 그분 앞에 서 있고 기도의 자리에 서 있다는 것을 뜻합니다. 이로부터 3년 6개월 뒤 우리는 갈멜산 꼭대기에서 엘리야를 다시 만납니다.

> …… 엘리야가 갈멜 산 꼭대기로 올라가서 땅에 꿇어 엎드려 그의 얼굴을 무릎 사이에 넣고(왕상 18:42).

이것이 무슨 의미입니까? 극심한 고통 중에서 하나님께 부르짖는 유대인의 기도 자세가 '땅에 꿇어 엎드려 그 얼굴을 무릎 사이에 넣고'라는 표현 속에 나타나고 있습니다. 하늘에는 구름 한 점 없습니다. 벌써 3년 6개월 동안 비가 오지 아니한 상황 속에서 갈멜 산에 올라가서 그는 자신을 쏟아붓고 있습니다. "하나님! 하나님! 비를 다시 주십시오." 이 집중적인 기도, 정열적인 기도, 하나님이 주시는 힘으로 드린 기도는 응답을 받습니다.

> 다시 기도하니 하늘이 비를 주고 땅이 열매를 맺었느니라(5:18).

엘리야나 아합이나 똑같은 열정의 사람이었습니다. 그들의 차이는 그 정열을 어디에 쏟는지였습니다. 아합은 왕으로서 권력을 다 차지해 놓고도 그것으로도 모자라 하나님이 금한 대상까지 자기 손에 넣고 싶어 했습니다. 거기에 쏟아부었던 것입니다. 말하자면 아합도 선택과 집중을 했습니다. 나쁜 일을 선택하고 거기에 집중했습니다. 나쁜 일을 골라 가면서 열정적으로 하던 임금입니다.

어디 그런 사람이 아합뿐이겠습니까? 사람들은 모두 자기가 하고 싶은 일에 정열을 쏟으면서 살아갑니다. 하고 싶은 일이 무엇이냐가 문제입니다. 사람들은 꼭 하기 원하는 일은 어떻게 해서라도 하려고 합니다.

동일한 시대를 동일한 정열로 살았지만 디셉 사람 엘리야는 아합 왕과 달랐습니다. 역사하는 힘이 엄청난 간구를 드린 의인의 표상으로 대두됩니다. 아합 왕은 아내 이세벨의 충동에 따라서 살았습니다. 그러나 엘리야는 성령의 거룩한 충동에 따라 살았습니다.

사랑하는 성도 여러분! 기도하고 싶은 욕망은 성령이 주시는 충동입니다. 다른 모든 충동은 그것이 정말 하나님이 주시는 것인지 아닌지를 분별해 볼 필요가 있을지 모르겠습니다. 그러나 기도하고 싶은 욕망은 언제나 하나님으로부터 오는 것입니다. 기도하고 싶은 욕망은 항상 성령이 우리 안에서 일으키는 욕망입니다. '이래 가지고는 되겠냐? 이런 식으로 신앙생활 해서 되겠냐? 10년 동안 신앙생활 했다고 하면서 이래서 되겠냐?' 하고 여러분을 향해서 말씀하는 분이 계시다면 그분은 성령이십니다. 기도의 충동은 언제나 하나님으로부터 옵니다.

더는 세상 것을 추구해서 다투고 싸우는 속에 휘말려 들지 마십시오. 돈을 사랑하고 쾌락을 추구하며 권력을 손에 넣기 위한 그런 부질없는 짓에 생을 허비하지 마십시오. 땅의 티끌을 핥으면서 인생을 낭비하지 마십시오. 남아 있는 정열을 이제 거룩한 것을 위해 쏟으십시오. 자신을 주께 맡기고 성령을 따라 기도에 자신을 쏟으십시오. 의인의 간구는 역사하는 힘이 많습니다. 생의 모든 상황을 기도로 이끄는 재료로 삼으십시오.

만족하지 못한 문제들로 인해서, 고통스런 문제들로 인해서 괴롭습니까? 그것이 여러분을 기도로 몰아가는 방편일 수 있습니다. 그것이 수능시험입니까? 아니면 대학은 졸업했는데 취업이 잘 안 되는 기로에 서 있습니까? 직장은 있지만 결혼할 배우자를 만나지 못했습니까? 혹 인간관계의 문제로 고민하십니까? 아니면 사업이 잘 풀리지 않아서 답답하십니까? 학자금으로 인해서 고민하고 계십니까? 아니면 사업 자금으로 답답해합니까? 청산해야 할 빚으로 인해서 괴로워하십니까? 병에 걸려 고통스럽습니까? 악습에서 벗어나길 원하십니까? 여러분의 뜻대로 풀리지 않을 때, 그때는 하나님의 말씀에 순종하십시오. 여러분이 정열을 다해서 기도하기를 하나님께서는 원하십니다. 열정적으로 끊임없이 간구해 보십시오. 모든 순풍과 역풍을 모두 기도할 수 있는 기회로 삼으십시오. 끊임없이 드리는 열정적인 간구는 반드시 일을 이루어 냅니다.

교회가 성숙해지기 위해서도 간구할 제목이 있습니다. 또한 우리는 국가를 위해서도 간구해야 할 제목을 가지고 있습니다. 지금 우리가 처해 살고 있는 조국 상황이 아합 왕 시대보다 더 낫다고 생각하십니까? 남쪽은 방종하고 북쪽은 얽매여 있습니다. 한쪽은 음식 쓰레기로 넘치고 다른 쪽은 굶주리고 있습니다. 양극화된 남북 관계를 위해서도 간구해야 합니다.

하나님은 나라와 민족과 교회를 위해서 온통 자신을 기도에 쏟아붓는 칠

천 명을 남기실 것입니다. 저는 그 가운데 여러분의 이름이 있기를 바랍니다. 온통 기도에 자신을 쏟아부을 때 하나님은 놀랍게 역사하십니다.

하나님은 온 땅을 두루 감찰하고 계십니다. 누가 전심으로 자기를 향하는지 보고 계십니다. 하나님은 누가 가장 일찍 교회에 나와서 가장 늦게 나가는지를 살피시지 않습니다. 다만 누가 생의 무게를 실어서 간절히 끊임없이 하나님의 얼굴을 찾는지 감찰하십니다.

사랑하는 성도 여러분, 정열을 다해서 기도하십시오. 그런 기도는 역사하는 힘이 많습니다. 의인의 간구가 응답되는 것을 목도하는 복된 남은 삶이 되기를 빕니다.

James
야고보서 5장

야고보서 5장 19-20절

¹⁹ 내 형제들아 너희 중에 미혹되어 진리를 떠난 자를 누가 돌아서게 하면
²⁰ 너희가 알 것은 죄인을 미혹된 길에서 돌아서게 하는 자가 그의 영혼을
사망에서 구원할 것이며 허다한 죄를 덮을 것임이라

44.
돌아서게 하라

그리스도 예수 안에서 사랑하는 성도 여러분, 특히 오늘은 우리 모두가 주위를 살펴보도록 합시다. 예배의 자리에 한 번도 참석해 보지 못한 사람부터 교회에 나와 진리를 들었지만 지금 이 자리에 없는 사람들을 떠올려 봅시다. 특히 한때는 함께 교제를 나누었는데 이제는 거짓 교리에 미혹된 사람들도 떠올려 봅시다.

오늘 본문은 진리를 떠난 자를 돌아서게 하는 고귀한 사명을 감당하도록 권면합니다. 그들을 회복시켜 진리 안에서 자유하게 하고 하늘의 기쁨을 누리도록 하는 일은 한 영혼을 사망에서 구원하는 소중한 일입니다.

그동안 마흔세 번의 설교를 통해 야고보서를 살펴보았습니다. 자, 그러면 그동안 살펴본 야고보서는 신약의 다른 서신과는 다른 특이한 강조점을 갖고 있다는 것을 아실 것입니다. 마치 구약 잠언을 대하는 것과 같은 느낌을 갖게 합니다. 구체적인 삶의 현장에 필요한 신앙인의 지혜가 구구절절 나타나고 있습니다. 야고보서는 우리 자신이나 우리 이웃의 삶에서 지혜를 측정할 수 있는 여러 가지 기준을 제시해 줍니다.

저는 중학교 겨울 방학 때 잠언을 읽은 기억이 있습니다. 그때 저는 잠언에 나오는 지혜로운 사람 이야기는 제 이야기 같고 미련한 사람 이야기는 다른 사람 이야기처럼 들렸습니다. 그런데 세월이 한참 지나고 외국에서 유학하는 동안에 하나님 말씀이 저에게 새롭게 다가오기 시작했습니다. 어릴 적 읽었던 잠언에 나와 있는 미련한 사람 이야기가 꼭 제 이야기 같았습니다.

사랑하는 성도 여러분, 성경에 나오는 우매자에 대한 기록을 남의 이야기처럼 들으려고 하지 맙시다. 아무 근거도 없이 우리 스스로를 지혜로운 자로 간주하려고 들지 맙시다. 야고보는 앞서 지혜가 없는 분명한 증표를 몇 가지로 우리에게 제시해 주었습니다. 그리고 세상과 벗 된 것은 하나님과 원수 되는 것이라고 선언했습니다.

죄를 가볍게 범하고 대수롭지 않게 여기는 곳에는 하나님의 지혜가 없습니다. 범한 잘못을 마음 아프게 생각하지 않고, 적당하게 변명하고 넘어가려고 하는 곳에는 하나님의 지혜가 함께하지 않습니다. 야고보가 제시한 지혜 없는 증표를 되새기며 하나님과 동행하는 지혜로운 자가 되도록 합시다.

편지의 끝맺음

사랑하는 성도 여러분, 이제 오늘 본문을 집중적으로 살펴봅시다. 본문은 야고보서 마지막 부분입니다. 대체로 신약 서신서를 보면 그 끝부분에는 마지막 인사가 나오든지 혹은 "성부, 성자, 성령이 너희와 함께할지어다"와 같은 축복 기도가 나오는데, 오늘 우리가 읽은 본문은 일반적인 규격에 어울리지 않는 끝맺음을 하고 있습니다.

생각하기에 따라서는 세련된 마지막 손질이 결여된 서신처럼 보입니다. 어디에 기준을 두고 판단하느냐에 따라서 다르게 볼 수 있습니다. 바울 서신들과 비교해 보면 야고보서는 흐름이 상당히 매끄럽지 못하고 끝나는 것도 갑작스럽게 끝나는 것처럼 느껴집니다.

그러나 야고보는 바울이 아닙니다. 야고보는 야고보대로 이해하고 받아들이면 되지, 야고보가 쓴 편지를 읽으면서 바울 서신과 비슷하지 않다고 불평하면 그런 사람들의 불평은 끝나지 않을 것입니다. 이 서신서를 읽을 때는 야고보 선생은 왜 이렇게 끝맺음을 했는지 이해해 보려고 노력하면 됩니다.

사람마다 생긴 것이 다른 것처럼 성격도 다릅니다. 어떤 사람은 상냥하게 인사를 못하기도 합니다. 그렇다고 정이 없다고 판단해서는 안 됩니다. 세련되게 인사하는 사람만큼 정이 없다고 판단하면 실수하는 것입니다.

어떤 사람은 오랜만에 만났을 때 손을 덥석 잡기도 합니다. 하지만 그렇게 씩씩하게 인사할 줄은 몰라도 깊은 강이 소리 없이 흐르는 것처럼 정이 깊게 흐르는 사람이 있습니다. 사람마다 모두 같은 패턴을 요구하면 그것은 잘못입니다.

서양 사람들을 만나 보십시오. 그냥 슬쩍 부딪혀도 "미안합니다"가 툭 튀어 나옵니다. 이것은 완전히 자동화되어 있습니다. 그런데도 불구하고 실상은 정말로 미안하게 생각하는 것 같지 않습니다. 그저 습관일 수 있습니다. 어릴 때부터 훈련이 되어 있으니까 여차하면 "미안합니다", "고맙습니다"라고 하는데 정말로 얼마나 미안하고 고맙게 느끼는지 알 수 없습니다. 물론 안 하는 것보다 하는 게 좋기는 합니다만 말로 한다고 해서 그것이 다 진심을 그대로 나타내는 것은 아닙니다.

사람에 따라서는 자기 스타일이라는 것이 있게 마련이지 않습니까? 야고보서는 자기 스타일대로 이야기를 5장으로 끌어 나갔고 자기 스타일대로 끝냅니다. 세련된 마지막 인사를 해야겠다고 생각한 것이 아닙니다. 마치 오늘

이 설교가 마지막 설교라면 무슨 이야기를 할까 생각하고 자기 나름대로 해야 될 마지막 한마디가 있었던 것입니다. 그렇기 때문에 그것을 말하고 끝내는 것 같습니다. 그래서 바울의 기준으로 야고보를 판단하지 말고 야고보는 야고보로 이해하면 됩니다.

"내 형제들아" 하고 부름으로 편지를 시작한 그는 다시 한 번 "내 형제들아" 하고 부르면서 편지를 끝맺고 있습니다. 마지막 문안이나 축복 기도 대신 간절한 호소로 편지를 끝내고 있습니다.

> 내 형제들아 너희 중에 미혹되어 진리를 떠난 자를 누가 돌아서게 하면 너희가 알 것은 죄인을 미혹된 길에서 돌아서게 하는 자가 그의 영혼을 사망에서 구원할 것이며 허다한 죄를 덮을 것임이라(5:19-20).

이렇게 갑자기 "내 형제들아" 하고 전개되는데 앞부분과 연결을 찾기가 힘듭니다. 그것은 야고보 선생에게 문제가 있는 것이 아니고 어쩌면 우리가 야고보를 이해하는 데에 문제가 있는 것 같습니다.

야고보만큼 뜨거운 가슴이 되면 흐름을 따라잡을 수가 있는데 야고보의 그 뜨거운 정열에 우리가 따라가지 못하기 때문에 우리가 볼 때는 왜 갑작스럽게 삼 년 육 개월 동안 비가 안 온 이야기를 하다 말고 "내 형제들아"라고 하는지 감을 잡기가 힘든 것입니다.

앞에서는 기도의 특권과 의무를 강조했습니다. 병든 자를 구원하는 기도의 위력을 말했습니다. 죄를 범하였을지라도 사하심을 얻으리라는 약속에 대해서 확인하고 있습니다.

그러나 육체적인 질병을 고치는 것만이 교회의 관심사가 될 수는 없습니다. 그는 영적 질병 역시 성도의 관심사가 되어야 한다고 느꼈던 것입니다. 육신의 질병을 고치는 데도 기도가 반드시 필요했지만 영적인 질병을 고치는 데도 기도의 뒷받침 없이는 한 영혼을 돌이킬 수 없다는 것입니다.

교회에 다시는 얼굴이 보이지 않는 형제들은 한 통의 전화로 돌이킬 수 있는 것이 아니며, 그 영혼을 위해 집중적으로 기도하지 않으면 결코 돌이키기 힘들다는 인식에서 이 본문을 읽어 보면, 왜 기도의 이야기에 이 이야기가 따라 나오는지, 기도를 통한 병 고침을 말하다 말고 왜 미혹한 길에서 헤매고 있는 형제를 돌이키라는 이야기를 연달아 하고 있는지 이해할 수가 있을 것입니다.

야고보는 신유의 기도냐 영혼의 구원이냐 하는 양자택일로 고민하지 않습니다. 믿음의 기도는 병든 자를 일으키는 동시에 믿음의 기도는 미혹된 길에서 헤매고 있는 자를 돌이키게 한다는 것이 그의 확신이었기 때문입니다.

믿음의 기도로 병든 자를 일으키도록 권면한 그는 이제 헤매고 있는 사람을, 이 예배의 시간에 참석하지 못한 사람을 돌이키라고 권면하고 있습니다.

돌이키는 일의 중요성

앞서 기도에 대해 말했기 때문에 더 이상 구체적으로 "기도하라"고 말하지 않지만 "그를 돌이키도록 하라"고는 말합니다. 이 돌이키는 일이 얼마나 중요한 일입니까? 한 영혼을 구원하는 일이고 허다한 죄를 덮어 주는 일이라고 설명해 주고 있습니다. 그는 고난 중에 있는 형제들에게 기도하도록 권면했습니다. 병중에 있는 형제들에게 장로들을 청해 기도하도록, 그리고 서로 죄를 고백하고 병 낫기를 위해서 기도하도록 권면했습니다. 그의 마지막 호소는 신앙 공동체의 교제에서 떨어지고 있는 형제를 위한 것입니다.

사랑하는 성도 여러분, 우리 자신과 공동체를 한 번 돌아봅시다. 함께 예배하던 형제자매 가운데서 지금 보이지 않는 이들이 누구입니까? 그들을 위해 우리가 무엇을 할 수 있는지 생각해 봅시다.

진리에서 떠난 발걸음을 돌이키게 하기 위해 우리가 무엇을 할 수 있습니까? 때로는 참된 도리를 깨닫지 못하므로 예배의 자리에 나오지 못할 수도 있습니다. 그들에게는 시간을 내어서 복음이 무엇인지, 성도의 교제가 무엇인지 가르쳐 주어야 할 필요가 있습니다.

어떤 사람은 진리와 기본 신앙에서 떠난 것이라기보다는 이런저런 주변적인 일로 인해서 나오지 못할 수도 있습니다. 그러나 나오지 못하는 시간이 길수록 그 영혼은 점점 더 위험한 상황에 빠지고 있는 것입니다. 때로는 세상의 유혹 때문에 신앙의 교제의 자리에 참여하지 못할 수도 있습니다. 재리의 유혹일 수도 있고, 세상의 염려 때문일 수도 있습니다. 우리가 노력해야 할 일은 보이지 않는 얼굴들을 위해서 기도하며 관심의 손길을 뻗치는 일입니다. 지금 예배의 자리에 함께 있지 못한 모든 발걸음을 돌아서게 하는 일에 총력을 기울입시다.

본문에서 말하는 총력을 기울여 돌아서게 해야 할 자는 불신자가 아닙니다. 불신자의 영혼을 사망의 자리에서 돌이키게 하는 일 역시 고귀한 일입니다. 영적으로 죽어서 하나님과의 교제가 단절되어 있는 사람을 생명의 자리로 인도하는 일도 중요한 일이고 교회가 항상 먼저 관심을 두어야 할 일입니다. 모든 교회 활동은 복음을 알지 못하는 이들에게 복음을 전하는 것에 맞추어져야 합니다.

그러나 오늘 본문이 관심을 갖고 있는 대상은 불신자라기보다는 신앙의 열심이 식어 가고 있는 사람입니다. 신앙의 열심이 식고 있는 형제자매를 염두에 두고 있습니다. "너희 중에 미혹하여 진리를 떠난 자"라고 본문이 지칭할 뿐 아니라 그를 향한 공동체의 노력이 돌아서게 하는 일로 규정하고 있습니다.

"돌아서다"라는 말이 두 번 나오는데 이 말은 회심을 말하는 것이 아닙니다. 주님이 베드로를 향해 "내가 너를 위하여 네 믿음이 떨어지지 않기를 기도하였노니 너는 돌이킨 후에 네 형제를 굳게 하라"(눅 22:32)라고 말씀하셨습니다. "돌이키다"라는 말이 여기에서 "돌아서게 하라"와 같은 말입니다. 즉 "네 스스로 돌이키라"고 베드로를 향해서 주님이 말씀하고 계신 것입니다.

야고보는 공동체를 향해서 "곁길로 나간 사람을 돌이키도록 노력하라"고 말하는 것입니다. "일시적인 타락의 자리에서부터, 열심이 식어진 자리에서부터 돌이키도록 하라"는 뜻입니다. 즉 지금 영적인 잠을 자고 있는 그를 깨우라는 뜻입니다. 그들은 예수를 이미 만난 형제요, 자매입니다. 그러나 지금 그는 위험한 자리에 있습니다. 그대로 방치해 두면 안 될 위기에 있습니다. 그래서 야고보 선생은 신앙 공동체 모두에게 마지막으로 그들의 직무를 깨우치고 있습니다.

추운 겨울밤에 길가에 잠들어 있는 것을 보고 그대로 지나가 버리면 얼어 죽을 수 있으니까 깨우려는 것입니다. 그게 야고보 선생의 마지막 이야기입니다. 이 충고는 교회의 몇몇 지도적인 위치에 있는 선생이나 장로만이 아니라 모든 성도의 우선적인 관심사가 되어야 한다고 호소합니다.

"내 형제들아"라고 부른 것을 보니까 야고보 선생과 형제로 만나는 신앙의 권속 모두의 의무로 말하고 있는 것입니다. 한 죄인을 그 미혹한 길에서 돌이키게 하는 일이 얼마나 고귀한 일인지 한 번 더 깨우치고 있습니다.

돌아서게 하는 일이 얼마나 엄청난 의의를 지니는지 상기시킵니다. 돌아서게 하는 일이 얼마나 지속적인 결과를 가져오는지를 밝혀 줍니다. 그것은 그 당사자의 영혼을 사망에서 돌아서게 하는 일이고 구원하는 일이며 그 허다한 죄를 덮어 주게 하는 일입니다.

사죄의 은총

오늘 본문을 그냥 읽고 지나가면 별일 아닌 것처럼 보입니다. 실제로 야고보서를 읽어 보면 다 쉬운 이야기들로만 되어 있고 어려운 논리를 길게 전개해 나가지 않습니다. 하지만 실상은 그렇게 쉽게만 끝나지 않습니다.

영혼을 사망에서 구원한 것보다 한 걸음 더 나아간 축복된 상태가 사죄의 은총입니다. 성경은 하나님의 공의로운 눈에서 죄가 덮어지는 일이 최고의 축복된 상태라 말합니다. 시편 32편의 기자는 소리치고 있습니다.

> 허물의 사함을 받고 자신의 죄가 가려진 자는 복이 있도다(시 32:1).

자기 죄로 인해서 괴로워해 본 사람들이라면 자기가 어찌 할 수 없는 죄가 하나님의 거룩하신 눈에서 가림을 받는다는 것, 허물을 용서받는다는 것이 얼마나 큰 축복인지를 알 수 있습니다.

말하자면 자신의 마음속에 사죄의 은총이 생생하지 않는 사람들은 그 영혼을 사망에서 구원한다는 말씀을 읽을 때 그냥 지나쳐 버립니다. 그 다음에 나오는 허다한 죄가 용서받는 이야기가 무슨 이야기인지 잘 모릅니다. 감동이 없으니까 마치 앞의 이야기보다 한 단계 낮은 이야기처럼 들리는 겁니다.

그러나 사죄는 성도들이 받아 누릴 마지막 축복입니다. 바울은 로마서에서 이 축복의 위대함을 밝히고 있습니다. 이는 인간의 노력의 결과로 얻은 것이 아닙니다. 죄 사함은 어떤 인간의 노력도 성취할 수 없는 순수한 하나님의 은혜의 결과입니다.

다윗이 시편에 노래한 구절을 바울은 예증하고 있습니다. 그 허물을 가림 받는다는 것은 자기 스스로 허물을 없애 버리는 것이 아니라 불법이 사함을 받고 죄가 가리어짐을 받는다고 바울은 로마서에서 말하고 있습니다(롬 4:7-8 참조).

도무지 내 노력이 아니라 그냥 주어진, 내가 그처럼 사모하던 것인데 그것이 내 노력을 통해서가 아니라 하나님이 그냥 받아 주셨다는 것이 은혜입니다. 하나님이 예수 그리스도에 근거해서 나를 사랑받는 자녀로 영접해 주셨다는 것이 은혜입니다.

사죄함의 은총, 보혈로 말미암아 속죄함을 받은 은혜를 오늘 본문에서 말하고 있는 것입니다. 하나님은 죄인을 결코 죄를 지은 적이 없는 자처럼 여기시는 분입니다. 그래서 미혹된 길에서 돌아서는 그 영혼을 사망에서 구원하는 동시에 생명의 자리로 옮겨진 그를 깨끗이 씻으시는 축복을 주시리라는 것을 그 다음 구절이 설명해 주고 있습니다.

이 놀라운 축복으로 본 서신은 끝을 맺고 있습니다. 갑작스럽게 끝을 냄으로써 말하자면 자기가 했던 말을 성도들의 마음속에 공감이 일어날 수 있도록 한 것입니다. 이런 마무리를 통해 야고보는 성도들을 향해서 그들이 해야 할 일이 무엇인지를 분명하게 인식하도록 합니다.

사랑하는 성도 여러분, 우리의 기도와 관심을 곁길을 헤매는 형제자매에게 향합시다. 그리하여 모든 예배당이 군중으로 가득 채워질 수 있기를 바랍니다. 가득 모여든 모습, 그 자체가 세상을 향한 주님의 임재를 나타내는 방편이기 때문입니다.

읽는 설교 야고보서

초판 발행	2019년 8월 20일
지은이	정근두
발행인	김수억
발행처	죠이선교회(등록 1980. 3. 8. 제5-75호)
주소	02576 서울시 동대문구 왕산로19바길 33
전화	(출판부) 925-0451
	(죠이선교회 본부, 학원사역부, 해외사역부) 929-3652
	(전문사역부) 921-0691
팩스	(02) 923-3016
인쇄소	송현문화
판권소유	ⓒ죠이선교회
ISBN	978-89-421-0423-9 03230

책값은 뒤표지에 있습니다.
잘못된 도서는 교환하여 드립니다.
이 책 내용을 허락 없이 옮겨 사용할 수 없습니다.

이 도서의 국립중앙도서관 출판예정도서목록(CIP)은 서지정보유통지원시스템 홈페이지(http://seoji.nl.go.kr)와 국가자료공동목록시스템(http://www.nl.go.kr/kolisnet)에서 이용하실 수 있습니다.(CIP제어번호: CIP2019029524)